Ullstein Materialien

Ullstein Materialien
Ullstein Buch Nr. 35187
im Verlag Ullstein GmbH,
Frankfurt/M – Berlin – Wien

Ungekürzte Ausgabe

Umschlagentwurf:
Kurt Weidemann

Printed in Germany 1984
Druck und Verarbeitung:
Elsnerdruck GmbH, Berlin
ISBN 3 548 35187 5

Februar 1984

CIP-Kurztitelaufnahme
der Deutschen Bibliothek
Marx, Karl:
Karl Marx und Friedrich Engels zur
russischen Revolution: Kritik e. Mythos /
Maximilien Rubel (Hrsg.). – Ungekürzte
Ausg. – Frankfurt/M; Berlin; Wien:
Ullstein, 1984.
[Ullstein-Buch; Nr. 35187:
Ullstein-Materialien)
ISBN 3-548-35187-5

NE: Engels, Friedrich:;
Rubel, Maximilien [Hrsg.]; GT

Maximilien
Rubel (Hrsg.)

Karl Marx und Friedrich Engels zur russischen Revolution

Kritik eines Mythos

Ullstein Materialien

[illegible] Schriften von Karl Marx [illegible]

[illegible] historische [illegible] (1853) [illegible]
[illegible] russische [illegible] (1883) [illegible]
[illegible]
Die [illegible] von Marx und Engels [illegible]
[illegible] Enthüllungen der diplomatischen Geschichte des 18. Jahrhunderts [illegible]
Die russische Gefahr (1853) [illegible]

[illegible] Schriften von Friedrich Engels [illegible]

[illegible]
[illegible] 1844 [illegible]
[illegible]
[illegible]

Inhalt

Abkürzungen

AW	=	W.I. Lenin, Ausgewählte Werke. 2 Bde. Berlin 1954
BBE	=	August Bebels Briefwechsel mit Friedrich Engels, hrsg. von Werner Blumenberg. Den Haag/London/Paris 1965
BE	=	Eduard Bernsteins Briefwechsel mit Friedrich Engels, hrsg. von Helmut Hirsch. Assen 1970
CEL	=	F. Engels – Paul et Laura Lafargue, Correspondance. 3 Bde. Paris 1956/59
MEAB	=	Marx/Engels, Ausgewählte Briefe. Berlin 1953
MEBK	=	Marx/Engels, Briefe über »Das Kapital«. Berlin 1954
MECI	=	La corrispondenza di Marx e Engels con italiani 1848–1895, a cura di G. del Bo. Mailand 1964
MEGA	=	Marx/Engels Gesamtausgabe. Berlin und Moskau 1926/35
MERR	=	K. Marx, F. Engels i rewoliutsionnaja Rossija. Moskau 1967
MESI	=	Marx/Engels, Scritti italiani, a cura di G. Bosio. Mailand/Rom 1955
MEW	=	Karl Marx/Friedrich Engels, Werke. Berlin 1956/70
NRhZ	=	Neue Rheinische Zeitung
NYDT	=	New-York Daily Tribune
NZ	=	Die Neue Zeit
RSME	=	Russkije sowremenniki o Markse i Engelse. Moskau 1969
SDG	=	Sowjetsystem und demokratische Gesellschaft. Eine vergleichende Enzyklopädie. Freiburg/Basel/Wien 1969; Bd. 3

Die Band- und Seitenzahl der MEW am Ende der Texte ist keine Quellenangabe, sondern lediglich ein *Hinweis* für den interessierten Leser. Die Texte wurden nach dem neuesten Stand der Forschung erarbeitet, z. T. erstmals ins Deutsche übersetzt.

Die umfangreiche Literatur zu diesem Thema ist in die Anmerkungen eingearbeitet.

Vorwort des Herausgebers

> »Man hat bisher geglaubt, die christliche Mythenbildung unter dem römischen Kaiserreich sei nur möglich gewesen, weil die Druckerei noch nicht erfunden war. Grade umgekehrt. Die Tagespresse und der Telegraph, der ihre Erfindungen im Nu über den ganzen Erdboden ausstreut, fabrizieren mehr Mythen (und das Bourgeoisrind glaubt und verbreitet sie) in einem Tag, als früher in einem Jahrhundert fertiggebracht werden konnten.«
> Marx an Ludwig Kugelmann, 27. Juli 1871.

DIESES BUCH HANDELT VON DER GENESIS DES KOMMUNISMUS.

AM ANFANG war die Utopie – der Traum von einer freien, also staaten-, klassen-, geld- und gottlosen Gesellschaft. Deren Aufhebung sollte durch den »wissenschaftlichen Sozialismus« geschehen, durch die Theorie der revolutionären Praxis, welche sich zum Ziel die Verwirklichung des utopischen Leitbildes stellte: »An die Stelle der alten bürgerlichen Gesellschaft mit ihren Klassen und Klassengegensätzen tritt eine Assoziation, worin die freie Entwicklung eines jeden die Bedingung für die freie Entwicklung aller ist.« (Kommunistisches Manifest)

AM ENDE war die Tat: 1917 eröffnet die Oktoberrevolution in Rußland die Ära des Kommunismus. Hegels bedeutsamer, aber vorzeitiger Ausspruch über die Französische Revolution schien nun zu einer universellen und unleugbaren Wahrheit geworden zu sein: »Solange die Sonne am Firmament steht und die Planeten um sie herumkreisen, war das nicht gesehen worden, daß der Mensch sich auf den Kopf, das ist, auf den Gedanken stellt und die Wirklichkeit nach diesem erbaut.« (Philosophie der Weltgeschichte)

Der Mensch – das war Lenin und seine Partei; der Gedanke – das war der Marxismus; die Wirklichkeit – das war das die bürgerliche Phase der Revolution hinter sich lassende und in die erste Phase des Kommunismus eintretende Rußland.

So will es die offizielle Legende von der Genesis des Kommunismus. Was in der hier vorgelegten Schriftensammlung geboten wird, ist die Zerstörung dieser Legende durch die »Begründer« des wissenschaftlichen Sozialismus selbst. Es handelt sich also um ein tendenziöses Unterfangen: Mit diesem Geständnis will der Herausgeber jenen Kritikern den Wind aus den Segeln nehmen, die zwar für sich das Recht zur Parteinahme vindizieren, es jedoch ihren Gegnern verweigern. Der Verdacht der Parteilichkeit kann aber den Herausgeber umso weniger treffen, als die Gegner, die auf diesen Seiten zur Sprache kommen, in der Hauptsache eben Marx und Engels selbst sind. Soweit die Einführungen und Anmerkungen, sowie besonders das Nachwort aus dem Rahmen eines sachlichen Kommentars fallen, sei dem Leser versichert, daß es ausschließlich darum geht, den Marx-Mythus zu erschüttern, der ja die Grundlage des Sowjet-Mythus bildet. Wer in diesem befangen ist, dem wird in der Bekämpfung jenes ein geistiges Heilmittel verordnet, wie er sich kein besseres wünschen kann. Damit sei der herausfordernde Untertitel dieses Buches gerechtfertigt, dessen polemische Absicht als eine Kriegsansage an jene gedeutet werden möge, die die Sache, für welche der utopische und der wissenschaftliche Sozialismus gleichermaßen eintraten, aus Machtgier »in ein Lügengebilde verwandelt [haben], in ein Opium für das Volk, das den neuen Herren und ihren Luxusarmeen, Atomraketen und Sputniks dienen muß«. [1]

Hauptthema der herangezogenen Aufsätze, Text- und Briefstellen bildet die russische Revolution und nicht der russische Zarismus. Mit Ausnahme eines einzigen Schriftfragmentes, das Marx zum Autor hat [2], wurden demnach sämtliche Arbeiten von Marx und Engels unberücksichtigt gelassen, die ausschließlich gegen die zaristische Autokratie und deren »unwandelbare« Welteroberungspläne gerichtet sind. Schriften dagegen, die *nur* von der russischen Revolution handeln, ohne auf die Innen- oder Außenpolitik des Zarentums einzugehen, gibt es so gut wie keine [3]. Es war also weder möglich noch zweckmäßig, das Zentralanliegen dieses Buches rein herauszuschälen: Revolution in Rußland bedeutete nach Marx und Engels im Wesentlichen nichts anderes als den Sturz des zaristischen Absolutismus; dies war die Vorbedingung der unvermeidlichen allmählichen Angleichung des rückständigen Bauernlandes an die bürgerlich-demokratischen Lebensformen der kapitalistisch entwickelten Länder des Westens. Selbst die historische »Chance« einer möglichen kommunistischen Entwicklung der russischen Bauerngemeinde war, gemäß dem Hauptaxiom der materialistischen Geschichtstheorie, an das Schicksal der westeuropäischen Arbeiterbewegung unlöslich gebunden. Mit diesem Axiom steht und fällt der sinnhafte Wahrheitsgehalt des sogenannten wissenschaftlichen Sozialismus, also des »Marxismus« der Begründer. [4]

Es sei dem Herausgeber noch eine persönliche Bemerkung gestattet, eine vorwegnehmende Replik auf den Vorwurf der gut- und schlechtgläubigen Kommunisten aller Spielarten, en désespoir de cause: hinter dieser Schriftenauslese verberge sich die Absicht, dem »Klassenfeind« die Sache der Arbeiter in die Hände zu spielen. Dieses Argument läuft darauf hinaus, den Arbeitern der Welt den Mythus vom Sowjetsozialismus als Erfüllung des Marxschen Vorbildes aufzwingen zu wollen. Nochmals sei daran erinnert, daß dieses Buch Marx und Engels zu Verfassern hat, die hier als Mythustöter auftreten, ungeachtet der vom Herausgeber in eigener Verantwortung formulierten Kommentare. Er könnte sich mit gutem Recht auf Engels berufen, der die von Anarchisten gegen den Generalrat der Internationalen erhobene Anklage, durch schonungslose Anprangerung verschwörerischer Methoden dem Klassenfeind dienlich zu sein, folgendermaßen zurückwies: »Mögen die Führer der Allianz also über Denunziation schreien. Wir denunzieren sie der Verachtung der Arbeiter und dem Wohlwollen der Regierungen, denen sie so gute Dienste geleistet haben, indem sie die proletarische Bewegung desorganisierten.« [5]

Die vorliegende Textsammlung ist in zwei Teile gegliedert. Im ersten Teil bringt sie Schriften von Marx, darunter auch das von ihm und Engels 1882 gezeichnete Vorwort zur russischen Ausgabe des *Kommunistischen Manifests;* außerdem Briefe oder Briefstellen von Engels, die zu Lebzeiten von Marx verfaßt wurden. Der zweite Teil enthält ausschließlich Texte von Engels. In beiden Abteilungen wurde die chronologische Anordnung befolgt, mit Ausnahme des Aufsatzes von Engels *Soziales aus Rußland* (1875), der mit dem Nachwort zu diesem Artikel (1894) vereint wurde.

Soweit es anging, benutzte der Herausgeber die Originaleditionen der Schriften von Marx und Engels. Bei Übersetzungen hielt er sich an bereits bestehende Ausgaben, nicht ohne sie auf Grund der Originaltexte zu überprüfen. [6]

M. R.

I. Teil

Schriften von Karl Marx

3. Von der Bauernbefreiung zur Schreckensherrschaft (1858–1860)

I/1 Von der Bauernbefreiung zur Schreckensherrschaft (1858–1860)

Bis zum Jahre 1858 scheint Rußland für Karl Marx mit der Autokratie und Welteroberungspolitik des Zarismus identisch zu sein, gerade so, als ob ein russisches Volk und eine russische Gesellschaft für ihn überhaupt nicht existierten. Von dieser überraschend wirkenden Einstellung zeugen am besten die im Sommer 1856 geschriebenen und in der Londoner »Free Press« (vom August 1856 bis April 1857) veröffentlichten »Enthüllungen der diplomatischen Geschichte des achtzehnten Jahrhunderts«, aus denen I/7 einige charakteristische Auszüge bringt. (S. 119/24)

Einzelne Studienhefte wie auch der Briefwechsel mit Engels und Lassalle aus den Jahren 1857–1863 weisen auf das Interesse hin, mit dem Marx sowohl die vergangene als auch die zeitgenössische Geschichte Rußlands verfolgte. Aus diesem Quellenmaterial kann man schließen, daß Marx die Entdeckung der russischen Klassengesellschaft nicht vor dem Jahre 1858 gemacht hat, nämlich erst im Zusammenhang mit dem damals viel diskutierten Problem der Befreiung der Leibeigenen. Am 29. April schreibt er an Engels: »Die Bewegung der Leibeigenenemanzipation in Rußland scheint mir wichtig, sofern es den Anfang einer inneren Geschichte in dem Lande zeigt, die der traditionellen auswärtigen Politik desselben in die Quere kommen mag. Herzen natürlich hat von neuem die Entdeckung gemacht, daß ›die Freiheit‹ von Paris nach Moscow ausgewandert ist.« [1]

Der Seitenhieb auf Alexander Herzen hat nichts Verwunderliches an sich, wenn man bedenkt, daß Marx dem hegelianisch inspirierten Propheten der historischen Mission Rußlands es nie verzeihen konnte, eine Geschichtsphilosophie konstruiert zu haben, die eine merkwürdige Symbiose von Sozialismus, Antieuropäismus und Panslawismus darstellte. Was Marx unter »innerer Geschichte« Rußlands verstand, geht aus den drei nachstehenden Aufsätzen klar hervor und läßt sich in der – später von Engels hartnäckig vertretenen – These zusammenfassen: Das russische Volk wird die Wiederholung der französischen Revolution in ihren zwei entscheidenden Phasen – 1789 und 1793, d.h. Sturm auf die Bastille und Schreckensherrschaft – erleben müssen.

Unter Alexander II. war die Bauernbefreiung zum Hauptproblem der wirtschaftlichen Entwicklung Rußlands geworden, besonders nach der im Krimkrieg erlittenen Niederlage. Die Zahl der während der Regierungszeit Nikolaus I. registrierten Bauernrevolten (556 zwischen 1826 und 1854) stieg auch in den folgenden Jahren an. Der »Reformzar« und das von ihm ins Leben gerufene »Geheimkomitee« hatten ein Problem zu bewältigen, dessen Tragweite durch folgende Ziffern zu ermessen ist: 20 Millionen Kronbauern, 21 bis 22 Millionen Leibeigene von Gutsherren, 1,5 Millionen leibeigenes Hausgesinde. Ein im Juli 1858 verkündeter Ukas emanzipierte die Kronbauern. Damit war die Reform eingeleitet, deren Fortführung in einer Versammlung der adeligen Vertreter der einzelnen Gouvernementskomitees erörtert werden sollte. Auf diese Versammlung, die erst für August 1859 angesetzt war, bezieht sich der Anfang Oktober 1858 geschriebene Artikel von Marx, den die »New York Daily Tribune« am 19. Oktober als anonymen Leitartikel veröffentlichte und den wir hier mit der Ziffer »1« bezeichnen. Welche Konsequenzen Marx von dieser »Zusammenberufung der ›Notables‹ nach Petersburg« erwartete, geht aus einem Brief vom 8. Oktober 1858 an Engels hervor, der auch in sonstiger Hinsicht aufschlußreich ist, weil darin nicht nur die Aufgabe der bürgerlichen Gesellschaft – durch die »Herstellung des Weltmarkts« – als beendet erklärt, sondern auch eine bevorstehende europäische Revolution sofortigen »sozialistischen Charakters« angekündigt wird, die aber Gefahr laufe, »in diesem kleinen Winkel« niedergeschlagen zu werden, »da auf viel größerem Terrain das movement der bürgerlichen Gesellschaft noch ascendant ist«. [2]

Marx schreibt: »Bei der optimistischen Wendung des Weltmarkts at this moment ... ist es wenigstens tröstlich, daß in Rußland die *Revolution angefangen* hat, denn als solchen Anfang betrachte ich die Zusammenberufung der ›Notables‹ nach Petersburg. Ebenso stehn in Preußen die Sachen schlimmer wie in 1847 ... Es wird den Franzosen nichts schaden, wenn sie sehn, daß die Welt auch ohne sie ›mov't‹ (pennsylvanisch). Gleichzeitig sind außerordentliche Bewegungen unter den Slawen, namentlich in Böhmen, die zwar konterrevolutionär sind, aber doch Ferment der Bewegung bieten. Der russische Krieg von 1854–1855, so lausig er war, und sowenig seine Resultate die Russen beschädigten (viel mehr nur die Türken), hat jedoch offenbar die jetzige Wendung der Dinge in Rußland beschleunigt. Der einzige Umstand, der die Deutschen in ihrer revolutionären Bewegung ganz zum Trabanten von Frankreich machte, war Rußlands attitude. Mit innerer Bewegung in Moscovy hört dieser schlechte Witz auf. Sobald sich die Sache dort etwas sichtbarer entwickelt, werden wir Beweis bekommen, was der brave Regierungsrat Haxthausen sich alles von den ›Behörden‹ und den von den Behörden dressierten Bauern hat aufbinden lassen.« [3]

Wie aus dem letzten, hier unter Ziffer 3. aufgeführten Artikel – der zusammen mit dem als Nr. 2. bezeichneten in der »New York Daily Tribune« vom 17. Januar 1859 mit dem Titel »The Emancipation Question« erschien – ersichtlich ist, wertete Marx die Ansichten des Freiherrn August von Haxthausen weniger kritisch, als er Engels gegenüber wahrhaben will. Es ist aber gewiß, daß er damals mit Haxthausens »Studien über die inneren Zustände, das Volksleben und insbesondere die ländlichen Einrichtungen Rußlands« (erschienen 1847–1852) hauptsächlich durch Alexander Herzens Schriften bekannt geworden war. Herzen hatte aus jenen »Studien« die Apologie der russischen Bauernkommune (*Obschtschina*) übernommen und sie zur Grundlage seiner Geschichtsphilosophie gemacht.

Daß Marx zu Beginn des Jahres 1860 an der in den drei Aufsätzen der New Yorker »Tribune« formulierten revolutionären Perspektive der Bauernbefreiung in Rußland festhielt, bestätigen folgende Sätze aus einem Brief an Engels:

»Nach meiner Ansicht ist das Größte, was jetzt in der Welt vorgeht, einerseits die amerikanische Sklavenbewegung, durch Browns Tod eröffnet, andererseits die Sklavenbewegung in Rußland. Du wirst gesehen haben, daß der Adel in Rußland sich direkt auf konstitutionelle Agitation geworfen und zwei oder drei Leute aus den Hauptfamilien bereits nach Sibirien gewandert sind. Zugleich hat Alexander es mit den Bauern verdorben, indem in dem neuesten Manifest wörtlich erklärt wird, ›the communistic principle‹ müsse mit der Emanzipation aufhören. So ist die ›soziale‹

Bewegung im Westen und Osten eröffnet. Dies zusammen mit dem bevorstehenden downbreak in Zentraleuropa wird grandios werden.« [4]

Im Laufe desselben Jahres sind Marx und Engels mehrfach auf das Thema der »innern Bewegung« in Rußland zurückgekommen, jener z. B. in seinem bedeutenden antibonapartistischen Pamphlet »Herr Vogt«, dieser in verschiedenen Artikeln und besonders in seiner anonym veröffentlichten Broschüre »Savoyen, Nizza und der Rhein«. Beide haben in gleichem Sinne das Problem der Bauernemanzipation in engem Zusammenhang mit den außenpolitischen Tendenzen der »unwandelbaren« zaristischen Autokratie einerseits und mit dem wahrscheinlichen Ausgang einer sozialen Umwälzung in Rußland andererseits erwogen. Die betreffenden Stellen aus »Herr Vogt« folgen als zusammenfassendes Gesamturteil den drei »Tribune«-Artikeln. Hier seien aber die zwei Schlußabsätze aus Engels' in durchaus patriotischem Geiste redigierten Broschüre zitiert, die wie eine Kampfansage an die durch eine drohende militärische Allianz verbundenen »französischen Prätorianer« und »russischen Kapustniki« klingt: »Inzwischen haben wir einen Bundesgenossen bekommen an den russischen Leibeigenen. Der Kampf, der jetzt in Rußland zwischen der herrschenden und der beherrschten Klasse der Landbevölkerung ausgebrochen ist, untergräbt schon jetzt das ganze System der russischen auswärtigen Politik. Nur solange Rußland keine innere politische Entwicklung hatte war dies System möglich. Aber diese Zeit ist vorbei. Die von der Regierung und dem Adel in jeder Weise gehobene industrielle und agrikole Entwicklung ist auf einen Grad gediehen, der die bestehenden sozialen Zustände nicht mehr erträgt. Ihre Aufhebung ist eine Notwendigkeit einerseits, eine Unmöglichkeit ohne gewaltsame Veränderung andrerseits. Mit dem Rußland, das von Peter dem Großen bis Nikolaus bestand, fällt auch die auswärtige Politik dieses Rußlands. Wie es den Anschein hat, ist es Deutschland vorbehalten, diese Tatsache den Russen nicht nur mit der Feder, sondern auch mit dem Schwert klarzumachen. Kommt es *dahin,* so ist das eine Rehabilitation Deutschlands, die Jahrhunderte politischer Schmach aufwiegt.« [5]

Krieg, Revolution, Schreckensherrschaft – alle diese für Rußland getanen Verkündigungen haben sich in unserem Jahrhundert als wahr erwiesen, aber nicht in der Weise und nicht mit den menschenbefreienden und – beglückenden Folgen, die die »Begründer« errechnet und erhofft hatten. Das Warum dieser Verrechnung erörtert mein Nachwort.

Nach der im Februar 1861 erfolgten Bekanntmachung des Gesetzes über die Aufhebung der Leibeigenschaft kam es zwei Jahre später zu einem anderen Ereignis, das Marx in seinen Erwartungen einer baldigen Erschütterung der russischen Autokratie bestärkte: der Polenaufstand vom Januar 1863. Wie groß seine Hoffnung damals war, bezeugt ein Brief an Engels: »Was sagst Du zur Polengeschichte? Soviel ist sicher, die era of revolution ist nun wieder fairly opened in Europe. Und der allgemeine Stand der Dinge gut. Aber die gemütlichen delusions und der fast kindliche Enthusiasmus, mit dem wir vor Februar 1848 die Revolutionsära begrüßten, sind zum Teufel. ... Zudem wissen wir jetzt, welche Rolle die Dummheit in Revolutionen spielt und wie sie von Lumpen exploatiert werden. ... Hoffentlich wälzt sich die Lava diesmal von Ost nach West und nicht umgekehrt, sodaß uns die ›Ehre‹ der französischen Initiative erspart bleibt.« [6]

Auch der sonst in Kriegskunde gut beschlagene Engels gab sich angesichts der polnischen Anfangserfolge der illusorischen Hoffnung hin, daß die russischen Truppen trotz ihrer bedeutenden zahlenmäßigen Überlegenheit eine Niederlage erleiden würden und daß die durch die Modalitäten der Reform getäuschten russischen Bauern zu einer allgemeinen Erhebung schreiten würden (siehe Engels an Marx, 17. Febr. 1863). Und da die Bismarcksche Politik darauf ausgerichtet war, ein unabhängiges Polen nicht zu dulden und gegebenenfalls die russischen Truppen bei der Niederwerfung des Aufstands zu unterstützen, beschlossen beide Freunde, ein »polnisches Manifest« herauszubringen; zur Ausführung dieses Plans kam es aber nicht, da ihnen bald klar wurde, daß das Spiel verloren war (siehe die Korrespondenz Marx-Engels, Februar-April 1863). Marx hatte indessen mit der Arbeit begonnen, deren Thema in einem aus dem Frühjahr 1863 stammenden Manuskript unter dem Titel »Polen, Preußen und Rußland« angedeutet ist. [7]

Die Übersetzung der Marxschen Artikel aus der »New York Daily Tribune« beruht auf der Textvorlage in MEW Bd. 12, S. 590ff und 873ff, die auf Grund der englischen Originale stellenweise abgeändert, bzw. verbessert wurde.

1

Die Frage der Leibeigenschaft scheint gegenwärtig in Rußland eine ernsthafte Wendung zu nehmen, was am besten der außergewöhnliche Schritt beweist, zu dem der Zar Alexander II. getrieben worden ist, eine Art allgemeiner Vertretung des Adels nach St. Petersburg einzuberufen, um die Abschaffung der Leibeigenschaft zu beraten. Die Arbeit der Zentralkommission zur Lösung der Bauernfrage war so gut wie erfolglos gewesen und hatte nur zu heftigen Streitigkeiten unter ihren eigenen Mitgliedern geführt, Streitigkeiten, in denen Großfürst Konstantin, Vorsitzender dieser Kommission, sich an die Seite der altrussischen Partei gegen den Zaren gestellt hatte. [8] Die Mehrzahl der Provinzkommissionen des Adels scheint ihrerseits diese Gelegenheit einer offiziellen Debatte der vorbereitenden Schritte zur Befreiung der Bauern einzig und allein dazu benutzt zu haben, diese Maßnahme zu vereiteln. Sicherlich gibt es unter dem russischen Adel eine Partei, die für die Aufhebung der Leibeigenschaft eintritt, doch bildet sie nicht nur eine Minderheit, sondern ist auch in den wichtigsten Fragen uneinig. Sich gegen die Hörigkeit erklären, aber die Emanzipation nur unter Bedingungen zulassen, die sie zu einem bloßen Betrug herabwürdigen, scheint selbst bei dem liberalen russischen Adel tonangebend zu sein. Im Grunde ist dieser offene Widerstand gegen die Emanzipation bzw. deren lauwarme Unterstützung seitens der alten Anhänger der Leibeigenschaft nur zu natürlich. Verlust ihrer Einkünfte, Entwertung ihres Grundeigentums und ernsthafte Einschränkung der politischen Macht, welche sie auszuüben pflegen als ebenso viele kleinere Selbstherrscher, die sich um den großen Autokraten als Mittelpunkt drehen – das sind die unmittelbaren Folgen, die sie voraussehen und die sie nur widerwillig zu ertragen bereit sind. Infolge der herrschenden Ungewißheit betreffs dieser drohenden Entwertung der Güter, ist es in einigen Gouvernements heute schon unmöglich geworden, Anleihen auf hypothekierten Landbesitz aufzunehmen. Ein großer Teil des Grundeigentums in Rußland ist direkt dem Staat verpfändet, und die Grundbesitzer fragen sich sogar, wie sie ihre Verpflichtungen gegenüber der Regierung erfüllen sollen. Viele Güter sind mit Privatschulden belastet. Zahlreiche Grundbesitzer leben von den Abgaben ihrer Leibeigenen, die sich in den Städten als Kaufleute, Gewerbetreibende, Handwerker und Arbeiter niedergelassen haben. Diese Einkünfte würden natürlich mit der Aufhebung der Leibeigenschaft verschwinden. Weiter gibt es kleine Bojaren, die eine sehr begrenzte Zahl von Leibeigenen besitzen, aber im Verhältnis dazu eine noch kleinere Landfläche. Wenn jeder Leibeigene, wie es im Falle der Bauernemanzipation geschehen muß, ein Fleckchen Land bekommt, werden die Eigentümer an den Bettelstab gebracht. Für die Großgrundbesitzer kommt die Bauernbefreiung fast einer Abdankung gleich. Welch wirkliche Barriere bleibt ihnen gegen die Willkür des Zaren, sobald die Leibeigenen befreit sind? Und dann, was wird mit den von Rußland so dringend benötigten Steuern, welche am wirklichen Wert des Bodens gebunden sind? Was wird mit den Kronbauern? Alle diese Fragen werden debattiert und bilden ebenso viele starke Positionen, hinter denen die Anhänger der Leibeigenschaft ihre Zelte aufschlagen. Diese Geschichte ist so alt wie die Geschichte der Völker. In der Tat kann man die unterdrückte Klasse nicht befreien, ohne der Klasse, die von ihrer Unterdrückung lebt, Schaden zu tun und ohne gleichzeitig den ganzen Überbau des Staates, der auf solch einer elenden sozialen Basis ruht, zu unterwühlen. Wenn die Zeit für solch eine Umwälzung gekommen ist, zeigt sich zunächst große Begeisterung, freudig beglückwünscht man sich gegenseitig zum guten Willen, verzapft feierliche Phrasen über die allgemeine Liebe zum Fortschritt und dergleichen mehr. Aber sobald an die Stelle der Worte Taten treten sollen, weichen manche zurück, erschreckt durch die Geister, die sie riefen, während die meisten ihre Entschlossenheit erklären, für ihre realen oder imaginären Interessen zu kämpfen. Nur unter dem Schutz einer Revolution oder infolge eines Krieges waren die legitimen Regierungen Europas imstande die Leibeigenschaft aufzuheben. Die preußische Regierung wagte erst dann an die Befreiung der Bauern zu denken, als sie unter dem eisernen Joch Napoleons schmachtete; und selbst dann löste sie die Frage so, daß man sie 1848 noch einmal aufnehmen mußte; und sie bleibt heute noch, wenn auch in veränderter Form, ein Problem, das erst in einer künftigen Revolution zu lösen sein wird. In Österreich war es weder die legitime Regierung noch der gute Wille der herrschenden Klassen, die diese Frage lösten, sondern die Revolution von 1848 und der Aufstand der Ungarn. In Rußland versuchten Alexander I. und Nikolaus, nicht etwa aus Gründen der Humanität, sondern aus Gründen der Staatsraison, auf friedlichem Wege eine Änderung der Lage der Volksmassen zu bewirken, doch beide scheiterten. [9] Es muß allerdings hinzugefügt werden, daß Nikolaus nach der Revolution 1848/49 seine eigenen früheren Befreiungspläne aufgab und ein williger Anhänger des Konservatismus wurde. Für Alexander II. war es wohl kaum eine Frage der Wahl, ob er die schlafenden Elemente wecken sollte oder nicht. Das ihm von seinem Vater hinterlassene Erbe des Krieges forderte von den russischen Volksmassen unerhörte Opfer, deren Ausmaß aus der Tatsache erhellt, daß in dem Zeitraum von 1853 bis 1856 die im Umlauf befindliche Summe des ungedeckten Papiergelds von dreihundertdreiunddreißig Millionen auf ca. siebenhundert Millionen Rubel stieg, wobei diese ganze Zunahme des Papiergeldes tatsächlich nur antizipierte Steuern darstellte. Alexander II. folgte bloß dem Beispiel Alexander I., der während des Krieges gegen Napoleon die Bauern mit Versprechungen auf Befreiung vertröstete. Außerdem führte der Krieg zu einer schmachvollen Niederlage, zumindest in den Augen der Leibeigenen, von denen man nicht annehmen kann, daß sie in die Geheimnisse der Diplomatie eingeweiht sind. Und seine neue Herrschaft mit einer offensichtlichen Niederlage und Demütigung einleiten und dann die den Bauern während der Kriege gemachten Versprechungen brechen – einen solchen Schritt zu wagen war sogar dem Zaren zu gefährlich.

Es ist zu bezweifeln, ob selbst Nikolaus, mit oder ohne Orientalischen Krieg, in der Lage gewesen wäre, diese Frage noch länger zu verschleppen. Alexander II. vermochte dies allerdings nicht, aber er nahm an – und die Vermutung war nicht ganz unbegründet – daß die Adligen, die alle gewohnt waren, sich unterzuordnen, seinen Befehlen gehorchen und es sogar als Ehre für sich betrachten würden, wenn man ihnen mittels verschiedener Komitees gestattete, in diesem großen Drama eine Rolle zu spielen. Diese Berechnungen haben sich jedoch als falsch erwiesen. Andererseits begannen die Bauern, die übertriebene Vorstellungen davon hatten, was der Zar für sie zu tun gedenke, ungeduldig zu werden angesichts des zögernden Vorgehens ihrer Herren. Die in einigen Gouvernements ausgebrochenen Feuerbrünste sind Alarmsignale, die unmißverständlich sind. Es ist auch bekannt, daß in Groß-Rußland, ebenso wie in den Gebieten, die früher zu Polen gehörten, Unruhen ausgebrochen sind, die von schrecklichen Szenen begleitet waren, was zur Folge hatte, daß der Adel vom Land in die Städte abwanderte, wo er unter dem Schutze von Mauern und Garnisonen seinen wütenden Sklaven Trotz bieten kann. Unter diesen Umständen hat es Alexander II. für richtig gehalten, eine Art Notabelnversammlung einzuberufen. Was dann, wenn diese Versammlung zu einem Wendepunkt in der Geschichte Rußlands wird? Was dann, wenn die Adligen ihre eigene politische Emanzipation vindizieren, als Vorbedingung für jegliche Konzession, die sie dem Zaren in Bezug auf die Befreiung ihrer Leibeigenen machen?

2

Der große »Initiator« (um einen Ausdruck Mazzinis zu verwenden) der russischen Revolution, Kaiser Alexander II., hat einen neuen Schritt vorwärts getan. Am vergangenen 13. November unterzeichnete die Kaiserliche Zentralkommission zur Aufhebung der Leibeigenschaft endlich ihren Bericht an den Zaren, worin die Basis bestimmt ist, auf welcher die Emanzipation der Leibeigenen durchgeführt werden soll. Die Grundprinzipien lauten folgendermaßen:

I. Die Bauern hören sofort auf, Leibeigene zu sein und treten in ein Verhältnis der »provisorischen Verpflichtung« gegenüber ihren Gutsbesitzern. Dieser Zustand soll zwölf Jahre andauern, während deren sie alle persönlichen und Eigentumsrechte der übrigen steuerpflichtigen Untertanen des Reiches genießen. Die Leibeigenschaft und all ihre Attribute werden für immer abgeschafft ohne jegliche Entschädigung der ehemaligen Eigentümer; denn die Leibeigenschaft, so heißt es im Bericht, wurde vom Zaren Boris Godunow* willkürlich eingeführt und

* Dies ist alles andere als richtig. Boris Godunow (Ukas vom 2. November 1601) setzte dem Recht der Bauern, das Reich zu durchwandern, ein Ende und band sie an die Güter, denen sie durch Geburt oder Wohnsitz angehörten. Unter seinen Nachfolgern wuchs rasch die Macht des Adels über die Bauernschaft, und der Zustand der Leibeigenschaft wurde willkürlich für die letztere allgemeingültig. Dies blieb aber eine willkürliche Usurpation seitens der Bojaren, bis Peter der Große sie 1723 legalisierte. Die Bauern wurden nun auch zum persönlichen Eigentum des adligen Gutsbesitzers gemacht, ohne von den Ketten befreit zu werden, die sie an die Scholle fesselten; der Gutsbesitzer erhielt das Recht, sie einzeln oder gruppenweise, mit oder ohne Land zu verkaufen, und wurde in Anbetracht dessen persönlich für sie und ihre Steuern der Regierung haftbar. Später verwandelte Katherina II. mit einem Federstrich vier oder fünf Millionen ver-

entwickelte sich durch Mißbrauch der Macht zu einem wesentlichen Bestandteil des Gewohnheitsrechts; durch den Willen des Herrschers geschaffen, kann sie also auch durch den Willen des Herrschers beseitigt werden. Was die pekuniäre Entschädigung für ihre Abschaffung anbelangt, so würde solch eine Geldleistung als Ausgleich für Rechte, die der Bauernschaft von Natur aus zukommen und deren sie niemals hätten beraubt werden dürfen, wahrlich, wie es im Bericht heißt, ein Schandfleck der russischen Geschichte bilden.

II. Während der zwölf Jahre provisorischer Verpflichtung bleibt der Bauer an das Gut gebunden; falls aber der Grundherr ihm nicht mindestens fünf Desjatinen Land zu seiner persönlichen Bewirtschaftung zuteilen kann, darf er das Gut verlassen. Wenn er jemand anderen findet, der seinen Anteil bebaut, wird ihm dieselbe Freiheit gestattet, solange er seine Zahlungen an den Staat leistet.

III. und IV. Jede Dorfgemeinde bleibt im Besitz der Wohnhäuser ihrer Mitglieder samt deren Gehöften, Viehställen, Gärten etc., wofür jährlich eine Rente von 3 Prozent ihres Schätzungswertes an den Grundherrn gezahlt wird. Die Gemeinde kann letzteren rechtlich zwingen, diesen Wert von einer gemischten Kommission, die aus zwei Gutsbesitzern und zwei Bauern besteht, abschätzen zu lassen. Wenn die Gemeinde es wünscht, kann sie ihre Gehöfte durch Bezahlung des geschätzten Bodenwertes auslösen.

V. Die Abgabe der Landanteile an die Bauern seitens der Grundherrn wird folgendermaßen geregelt: Wo auf einem Gut mehr als sechs Desjatinen auf jeden dort eingetragenen Leibeigenen kommen, erhält jeder erwachsene männliche Bauer einen Anteil von neun Desjatinen urbaren Landes; wo weniger Land vorhanden ist, werden zwei Drittel des gesamten urbaren Landes an die Bauern abgegeben; und dort wo so viele Bauern auf einem Gut sind, daß diese zwei Drittel nicht ausreichen, um jeden erwachsenen Mann zumindest mit fünf Desjatinen zu versorgen, wird der Boden in Parzellen von fünf Desjatinen aufgeteilt, und diejenigen, die durch das Los davon ausgeschlossen sind, eine Parzelle zu bekommen, erhalten von den Dorfbehörden Pässe und haben die Freiheit, zu gehen, wohin sie wollen. Was das Brennholz anbelangt, so ist der Gutsbesitzer verpflichtet, dies den Bauern in seinen Wäldern zu einem vorher festgesetzten Preis zu überlassen.

hältnismäßig freier Bauern in den neuerworbenen westlichen und südlichen Provinzen in Leibeigene. Es ist jedoch unschicklich, in russischen offiziellen Dokumenten solche Fakten mit Bezug auf Peter I. und Katherina II. zu erwähnen, und der arme Boris Godunow muß daher die Verantwortung für die Sünden all seiner Nachfolger tragen. (Fußnote von Marx)

VI. Für diese Vergünstigungen muß der Bauer dem Gutsbesitzer folgende Frondienste leisten: Für jede zugeteilte Desjatine zehn Arbeitstage mit Pferd und zehn Tage ohne (bei neun Desjatinen 180 Arbeitstage jährlich). Der Wert seiner Leistung (*corvée*) soll in jedem Gouvernement (Provinz) geldmäßig so festgelegt werden, daß ein Tag *corvée* nur ein Drittel einer freien Tagesarbeit wert ist. Nach den ersten sieben Jahren kann ein Siebentel dieser *corvées* und in jedem folgenden Jahr ein weiteres Siebentel in eine Getreiderente verwandelt werden.

VII. Die persönlichen Leibeigenen, die nicht an ein besonderes Gut gebunden sind, sondern an das Herrenhaus der Familie oder an die Person ihres Herrn, werden diesem zehn Jahre dienen müssen, jedoch Lohn empfangen. Sie können aber jederzeit ihre Freiheit zu einem Preis von 300 Rubeln für einen Mann und 120 Rubeln für eine Frau erkaufen.

IX. Der Grundherr bleibt das Oberhaupt der Dorfgemeinde und hat das Vetorecht gegen ihre Beschlüsse; macht er davon Gebrauch, so kann bei einer gemischten Kommission von Adligen und Bauern Berufung eingelegt werden.

Das ist der Inhalt dieses wichtigen Dokuments, welches in indirekter Form die Gedanken Alexanders II. über die große soziale Frage Rußlands zum Ausdruck bringt. Ich habe Kapitel VIII, das die Organisation der Dorfgemeinden behandelt, ausgelassen, ebenso Kapitel X, das lediglich die gesetzlichen Formen festlegt, in welche die offiziellen Dokumente über diese Reform gebracht werden sollen. Schon ein ganz oberflächlicher Vergleich zeigt, daß dieser Bericht eine bloße Fortsetzung und faktische Ausarbeitung des Programms ist, das von der Zentralkommission im vergangenen Frühjahr an die verschiedenen Körperschaften des Adels im ganzen Reiche ausgegeben wurde. Dieses Programm, dessen zehn Punkte genau den zehn Kapiteln des Berichts entsprechen, war in der Tat ein bloßes Schema, das den Adligen zeigen sollte, in welcher Richtung sie zu handeln und das sie auszufüllen hatten. Doch je mehr sich die Adligen in die Frage vertieften, um so größer wurde ihr Widerwillen; und es ist sehr bezeichnend, daß die Regierung sich acht Monate danach gezwungen sah, dieses Schema selbst auszuarbeiten und jenen Plan zu entwerfen, der eigentlich ein ureigener Akt der Adligen sein sollte.

Soviel zur Geschichte des vorliegenden Dokuments; jetzt zu seinem Inhalt.

Wenn der russische Adel denkt, daß der »4. August« (1789) für ihn noch nicht gekommen sei und daß bislang keine Notwendigkeit bestehe, seine Privilegien auf dem Altar seines Vaterlandes zu opfern, so schreitet die russische Regierung weitaus schneller voran; sie ist schon bei der »Erklärung der Menschenrechte« angelangt. Was soll man eigentlich dazu sagen, daß Alexander II. »Rechte, die der Bauernschaft naturgemäß gehören und deren sie nie hätte beraubt werden dürfen« verkündet? Wahrlich, das sind ungewöhnliche Zeiten! 1846 tritt ein Papst als Initiator einer lieberalen Bewegung auf; 1858 proklamiert ein russischer Despot, ein wahrer *samoderjetz vserossiiski* (Autokrat aller Reußen) die Menschenrechte! Und wir werden es noch erleben, daß die Proklamation des Zaren ein weltweites Echo finden und letztlich von weit größerer Tragweite sein wird als der Liberalismus des Papstes.

Die erste der Parteien, von der der Bericht handelt, ist der Adel. Wenn er sich weigert, einen 4. August zu feiern, dann erklärt ihm die Regierung sehr deutlich, daß er dazu gezwungen werden wird. Jedes Kapitel des Berichts enthält einen empfindlichen materiellen Verlust für die Aristokratie. Eine der Methoden des Adels, sein menschliches Kapital zu exploitieren, bestand darin, die Leibeigenen zu vermieten oder ihnen zu gestatten, gegen Zahlung einer Jahressumme (*obrok*) umherzuwandern und ihren Lebensunterhalt nach eigenem Belieben zu verdienen. Dieser Brauch kam wunderbar sowohl den Börsen der Adligen als auch dem Wandertrieb des russischen Leibeigenen zustatten. Für jene war es eine der wichtigsten Einnahmequellen. Durch das Kapitel I soll sie ohne Entschädigung beseitigt werden. Nicht nur das: Durch Kapitel II wird jeder Leibeigene, dem der Gutsbesitzer keine 5 Desjatinen urbares Land zuteilen kann, frei und kann gehen, wohin es ihm beliebt. Durch die Kapitel III–V verliert der Landherr die freie Verfügungsgewalt über etwa zwei Drittel seines Bodens und wird gezwungen, ihn den Bauern zuzuteilen. Zwar sitzen die Bauern schon jetzt darauf, aber unter seiner Herrschaft und gegen Verpflichtung von Dienstleistungen, die ausschließlich von ihm festgelegt waren. Nun soll der Boden in Wirklichkeit den Bauern gehören, die lebenslängliche Pächter werden, mit dem Recht, ihr ganzes Gehöft auszulösen, und deren Dienstleistungen, obwohl sie sehr hoch bemessen sind, sollen nun durch eine gesetzliche Verordnung festgelegt werden und, was noch schlimmer ist, sogar zu einem (für die Bauern) ziemlich vorteilhaften Tarif verändert werden können. Sogar den *dvorovye*, d. h. dem Dienstpersonal des gutsherrlichen Hauses, muß Lohn gezahlt werden und sie können, wenn sie wollen, ihre Freiheit erkaufen. Was das schlimmste ist, die Leibeigenen sollen dieselben Rechte wie alle anderen Bürger erhalten, was bedeutet, daß sie das ihnen bisher unbekannte Recht haben werden, ihre Herren vor Gericht zu stellen und Zeugnis gegen sie abzulegen; und obwohl die Landherren auf ihren Gütern das Oberhaupt des

Bauern bleiben und eine gewisse Rechtsgewalt über sie behalten, so werden doch die Erpressungen, durch die ein großer Teil des russischen Adels die Mittel zusammengescharrt hat, um elegante *lorettes* in Paris auszuhalten und in deutschen Badeorten dem Glückspiel zu frönen, in Zukunft eine starke Einschränkung erfahren. Um aber die Wirkung, die eine solche Verminderung des Einkommens auf die russischen Adligen haben könnte, beurteilen zu können, wollen wir einen Blick auf ihre finanzielle Lage werfen. Der gesamte Landadel Rußlands ist an die Kreditbanken (von der Krone eingerichtet) mit einer Summe von 4 000 000 000 Silberrubel verschuldet, wofür etwa 13 000 000 Leibeigene an diese Banken verpfändet sind. Die Gesamtzahl der Leibeigenen Rußlands (außer den Kronbauern) beträgt 23 750 000 (Zensus von 1857). Nun ist klar, daß die kleineren Besitzer von Leibeigenen die Hauptkontrahenten dieser Schuld sind, während die größeren verhältnismäßig schuldenfrei sind. Aus dem Zensus von 1857 wird ersichtlich, daß etwa 13 000 000 Leibeigene Gutsherren gehören, die weniger als 1 000 Leibeigene besitzen, während die übrigen 10 750 000 Leibeigenen Gutsbesitzern gehören, von denen jeder mehr als 1 000 Leibeigene besitzt. Es versteht sich, daß die letzteren sozusagen die unbelasteten und die ersteren die verschuldeten Adligen Rußlands darstellen. Dies mag nicht ganz exakt sein, aber entspricht im allgemeinen den Tatsachen.

Die Anzahl der Grundbesitzer, die 1 bis 999 »Seelen« nach dem Zensus von 1857 besitzen, beträgt 105 540, während die der Adligen, die 1 000 und mehr besitzen, nicht mehr als 4 015 beträgt. Es sieht also so aus, daß bei niedrigster Schätzung neun Zehntel der gesamten russischen Aristokratie an die Kreditbanken, oder was das gleiche ist, an die Krone, tief verschuldet sind. Es ist aber wohlbekannt, daß die russischen Adligen überdies in großem Maße an Privatpersonen, an Bankiers, Händler, Juden und Wucherer verschuldet und daß sie in der großen Mehrheit so schwer mit Schulden belastet sind, daß sie nur noch ein nominelles Interesse an ihren Besitzungen haben. Diejenigen, die noch gegen den Bankrott ankämpften, wurden durch die schweren Opfer des letzten Krieges völlig ruiniert, als sie außer den schweren Abgaben, die sie an Menschen, Geld und *corvées* zu leisten hatten, den Absatz für ihre Produkte verschlossen fanden und Darlehen zu außerordentlich drückenden Bedingungen aufnehmen mußten. Und nun fordert man sie dazu auf, völlig und ohne Entschädigung auf einen großen Teil ihrer Einnahmen zu verzichten und den Rest ihres Einkommens so zu regeln, daß es nicht nur vermindert, sondern auch fernerhin in dieser niedrigen Grenze gehalten wird.

Bei einem solchen Adel wie dem russischen kann man die Folgen leicht voraussehen. Sofern er es ablehnt, die große Mehrheit seiner Klasse ruiniert oder unmittelbar in den Bankrott getrieben zu sehen, um in jener Klasse des bürokratischen Adels aufzugehen, dessen Rang und Stellung gänzlich von der Regierung abhängt, muß er sich diesem Versuch der Bauernbefreiung widersetzen. Dies tut er nun wirklich, und wenn, wie es den Augenschein hat, sein gegenwärtiger legaler Widerstand nichts gegen den Willen des Herrschers ausrichten wird, so wird er gezwungen sein, zu anderen, weit wirkungsvolleren Mitteln zu greifen.

3

Der Widerstand der russischen Adligen gegen die Emanzipationspläne des Zaren hat bereits begonnen, sich in zweierlei Weise kundzutun – sowohl passiv als auch aktiv. Die persönlichen Ansprachen, die Alexander II. bei seiner Reise durch mehrere Provinzen an seine Adligen zu richten geruhte, Ansprachen, die bald sanft als humanitäre Appelle verkleidet waren, bald die überzeugende Form belehrender Darstellung annahmen, hernach zu schrillen Tönen des Befehls und der Drohung anstiegen – wozu haben alle diese Reden geführt? Die Adligen hörten sie in serviler Haltung mit gesenkten Köpfen an, aber in ihrem Herzen fühlten sie, daß der Kaiser, der daherkam, um sie abzukanzeln, sie zu beschwatzen, zu überreden, zu ermahnen und ihnen zu drohen, aufgehört hatte, jener allmächtige Zar zu sein, dessen Wille die Stelle der Vernunft selbst einnehmen sollte. Deshalb wagten sie es, eine negative Antwort zu geben, indem sie überhaupt keine Antwort gaben, die Gefühle des Zaren unerwidert ließen und zu dem einfachen Mittel der Verschleppung in ihren Kommissionen griffen. Sie ließen dem Kaiser keinen anderen Ausweg als den der römischen Kirche: *Compelle intrare* (»nötige sie, einzutreten«). Diese öde Monotonie des störrischen Schweigens wurde jedoch vom St. Petersburger Adelskomitee kühn durchbrochen, das ein von Herrn Platonow, einem seiner Mitglieder, entworfenes Dokument annahm, welches in der Tat eine »*petition of rights*« [10] darstellt. Darin wurde nichts weniger als ein Adelsparlament gefordert, das gemeinsam mit der Regierung nicht nur über die große Frage der Stunde, sondern über alle politischen Fragen entscheiden sollte. Vergeblich weigerte sich Herr Lanskoi, der Minister des Innern, dieses Dokument anzunehmen, indem er es den Adligen mit der zornigen Bemerkung zurückschickte, daß es nicht ihre Aufgabe sei, sich zur Überreichung von Petitionen zu vereinigen, sondern nur über die ihnen von der Regierung vorgelegten Fragen zu beraten. General Schuwalow ging im Namen des Komitees zum Angriff über und zwang Herrn Lanskoi durch die Drohung, das Dokument selbst dem Kaiser zu überreichen, es dennoch anzunehmen. So hat der russische Adel 1858, ebenso wie der französische Adel im Jahre 1788, die Parole der *Assemblée des États généraux* oder, wie man in Moskowiter Jargon sagt, des *Semski Sobor* bzw. der *Semskaja Duma* ausgegeben. So greifen die Adligen selbst mit ihren eigennützigen Versuchen, die veraltete soziale Grundlage der Pyramide unversehrt zu erhalten, ihren politischen Schwerpunkt an. Außerdem hat der *esprit de vertige* (Schwindelgeist), wie die alten französischen Emigranten den Geist des Zeitalters kennzeichneten, sie so heftig ergriffen, daß die Mehrheit der Adligen sich Hals über Kopf in die bürgerliche Aktiengesellschaftsmanie stürzt, während die Minderheit in den westlichen Provinzen sich darin gefällt, die neumodische literarische Bewegung zu lenken und zu fördern. Um eine Vorstellung von diesen provozierenden Bewegungen zu vermitteln, wird die Feststellung genügen, daß 1858 die Zahl der bestehenden Zeitungen schon auf 180 angestiegen war, während 109 neue für 1859 angekündigt wurden. Andererseits wurden 1857 sechzehn Handelsgesellschaften mit einem Kapitel von 303 900 000 Rubel gegründet, während in der Zeit von Januar bis August 1858 21 neue Gesellschaften mit einem Kapital von 36 175 000 Rubeln hinzukamen.

Betrachten wir nun die andere Partei, die an den von Alexander II. geplanten Veränderungen interessiert ist. Man sollte nicht vergessen, wie oft die russische Regierung vor den Augen der Bauernschaft die Fata Morgana der Freiheit heraufbeschworen hat. Zu Beginn seiner Herrschaft rief Alexander I. den Adel dazu auf, die Bauern zu befreien, doch ohne Erfolg. Im Jahre 1812, als die Bauernschaft aufgefordert wurde, sich in das *opoltschenie* (die Miliz) einzureihen, wurde die Befreiung von der Leibeigenschaft, zwar nicht offiziell, so doch mit stillschweigendem Einverständnis des Kaisers, als Belohnung für den Patriotismus in Aussicht gestellt; die Männer, die das Heilige Rußland verteidigt hatten, durften nicht länger als Sklaven behandelt werden. Sogar unter Nikolaus wurde die Macht der Adligen über ihre Leibeigenen durch eine Reihe von Ukasen eingeschränkt; so wurden die letzteren ermächtigt (Ukas von 1842), mit ihren Besitzern Verträge über die Dienstleistungen abzuschließen (wodurch ihnen indirekt gestattet wurde, ihre Herren auch vor dem Gericht anzuklagen); ein Ukas (1844) garantierte seitens der Regierung die Erfüllung der von den Bauern in solchen Verträgen eingegangenen Verpflichtungen; ein anderer (1846) ermöglichte den Leibeigenen, ihre Freiheit zu erkaufen, wenn das Gut, zu dem sie gehörten, öffentlich versteigert werden sollte; es wurde (Ukas 1847) der Gesamtheit der zu einem solchen Gut gehörenden Leibeigenen gestattet, das ganze Land zu kaufen, sobald dieses käuflich war. Zur großen Überraschung der Regierung und der Adligen erwies es sich plötzlich, daß die Leibeigenen darauf gefaßt waren und tatsächlich ein Gut nach dem anderen kauften; ja, daß sogar in vielen Fällen der Landherr nur der nominelle Eigentümer war, denn seine Leibeigenen, durch deren Geld er schuldenfrei geworden war, hatten natürlich Vorkehrungen getroffen, um sich faktisch ihre eigene Freiheit und das Eigentumsrecht an dem Land zu sichern. Als sich dies herausstellte, mußte die Regierung, die durch diese Anzeichen von Intelligenz und Energie unter den Leibeigenen und gleichzeitig durch die Erhebungen von 1848 in Westeuropa erschreckt war, nach einem Mittel gegen einen Gesetzesakt suchen, der den Adel allmählich von seinen Gütern zu verdrängen drohte. Es war aber zu spät, um den Ukas zu widerrufen; daher dehnte ein anderer Ukas (15. März 1848) das Kaufrecht, das bisher nur die Handelsvereinigungen der Leibeigenen besaßen, auf jeden einzelnen Leibeigenen aus. Diese Maßnahme war nicht nur darauf gerichtet, die Vereinigungen von Dörfern und Gruppen von Dörfern eines Gebiets zu sprengen, die bisher die Leibeigenen instand gesetzt hatten, das Kapital für einen solchen Kauf zu sammeln; sie wurde außerdem noch mit einigen Sonderbedingungen gewürzt. Das Land konnte von Leibeigenen gekauft werden, aber nicht die dazugehörigen Leute; mit anderen Worten – indem die Leibeigenen das Gut kauften, zu dem sie gehörten, erkauften sie nicht ihre eigene Freiheit. Im Gegenteil, sie blieben Leibeigene, und der gesamte Kaufvertrag unterlag überdies der Zustimmung des früheren Landherren! Um das Ganze zu krönen, wurden die zahlreichen Adligen, die ihren Besitz sozusagen für ihre Leibeigenen als Treuhänder verwalteten, durch denselben Ukas berechtigt und ermutigt, diese Treuhänderschaft zu brechen und den vollen Besitz ihrer Güter wiederzuerlangen, wobei alle Klagen der Leibeigenen ausdrücklich von den Gerichtshöfen abzuweisen waren. Seitdem waren für die Leibeigenen alle Schulen außer den Elementarschulen geschlossen, und alle Hoffnungen auf Emanzipation schienen zerschlagen, als der vergangene Krieg Nikolaus wieder dazu zwang, zu einer allgemeinen Bewaffnung der Leibeigenen aufzurufen und diesen Aufruf wie üblich durch Versprechungen der Befreiung von der Leibeigenschaft zu bekräftigen, die die unteren Regierungsbeamten unter der Bauernschaft zu verbreiten hatten.

Es ist ganz natürlich, daß sich Alexander II. nach all dem gezwungen sah, ernsthaft zur Befreiung der Bauern zu schreiten. Das Ergebnis seiner Bemühungen und die Umrisse seiner Pläne, soweit sie ausgereift waren, liegen vor uns. Was werden die Bauern zu einer zwölfjährigen Probezeit mit schweren *corvées* sagen, an deren Ende sie in einen Zustand eintreten sollen, den die Regierung nicht im einzelnen zu beschreiben wagt? Was werden sie zu einer kommunalen Verwaltung, Rechtsprechung und Polizei sagen, welche alle Organe der demokratischen Selbstverwaltung beseitigen, die jede russische Dorfgemeinde bisher besessen hatte, um ein System der patromonialen Macht der Gutsbesitzer nach dem Muster der preußischen Agrargesetzgebung von 1808 und 1809 zu errichten, ein System, das dem russischen Bauern völlig widerstrebt, dessen ganzes Leben von der Dorfgemeinschaft bestimmt wird, der keine Idee von individuellem Grundbesitz hat, sondern die Gemeinschaft als den Eigentümer des Bodens betrachtet, auf dem er lebt? [11]

Wenn wir uns daran erinnern, daß die Erhebungen der Leibeigenen gegen ihre Gutsherren und Gutsverwalter seit 1842 zu einer Epidemie geworden sind, daß die Leibeigenen sogar laut offizieller Statistik des Ministeriums des Innern jährlich ungefähr sechzig Adlige ermordet haben, daß die Bauernrevolten während des letzten Krieges stark zugenommen und sich in den westlichen Gebieten hauptsächlich gegen die Regierung gerichtet haben (es wurde eine Verschwörung organisiert, um beim Herannahen der englisch-französischen Armee – des ausländischen Feindes – einen Aufstand zu entfachen!), so kann es kaum einen Zweifel geben, daß der Versuch, die Vorschläge der Kommission zu verwirklichen, das Signal für eine gewaltige Feuersbrunst unter der Landbevölkerung Rußlands sein muß, sogar wenn sich der Adel der Emanzipation nicht widersetzt. Der Adel wird sich jedoch bestimmt widersetzen; der Zar, pendelnd zwischen Staatsnotwendigkeit und Zweckmäßigkeit, zwischen der Furcht vor den Adligen und der Furcht vor den wütenden Bauern, wird bestimmt schwanken, und die Leibeigenen, deren Erwartungen aufs höchste gespannt sind, werden sich in dem Glauben, daß der Zar auf ihrer Seite steht, aber nur von den Adligen gehemmt wird, sicherer denn je zuvor erheben. Und wenn sie dies tun, dann wird das russische 1793 anbrechen; die Schreckensherrschaft dieser halbasiatischen Leibeigenen wird etwas in der Geschichte noch nie Dagewesenes sein; indes wird sie der zweite Wendepunkt in der russischen Geschichte sein und schließlich eine wirkliche und universelle Zivilisation an die Stelle des schmachvollen Trugs setzen, den Peter der Große eingeführt hat. [12]

Aus: *Herr Vogt* [13]

Der Umstand, daß *Rußland* »durchweg feindselig gegen Östreich und sympathetisch zu Frankreich«, läßt dem Vogt keinen Zweifel über die völkerbefreienden Tendenzen Louis Bonapartes, ganz wie der Umstand, daß »seine« (Louis Bonapartes) »Politik *heute* mit derjenigen Rußlands auf *das engste* verbunden geht« (p. 30), ihm keinen Zweifel über die völkerbefreienden Tendenzen Alexanders II. gestattet.

Das heilige Rußland muß daher im Osten ganz ebenso als »Freund der freiheitlichen Bestrebungen« und der »volkstümlichen und nationalen Entwicklung« betrachtet werden wie das dezembristische Frankreich im Westen. Diese Parole war ausgeteilt unter alle Agenten des 2. Dezember. »Rußland«, las *Vogt* in der bei Dentu verlegten Schrift *La foi des traités, les puissances signataires et l'empereur Napoléon III*, Paris, 1859 – »Rußland gehört zur Familie der Slawen, einer auserwählten Race ... Man hat sich gewundert über die ritterliche Übereinstimmung, die plötzlich zwischen Frankreich und Rußland aufgesprungen ist. Nichts natürlicher: *Zusammenstimmung der Prinzipien, Übereinstimmung über den Zweck,* Unterwerfung unter *das Gesetz der heiligen Allianz der Regierungen und der Völker,* nicht um Fallen zu legen und zu zwingen, sondern um die göttlichen Bewegungen der Nation zu lenken und zu unterstützen. Aus dieser ganz vollkommenen Herzlichkeit« (zwischen Louis-Philippe und England herrschte nur *entente cordiale,* aber zwischen Louis Bonaparte und Rußland herrscht la cordialité la plus parfaite) »sind die glücklichsten Wirkungen hervorgegangen: Eisenbahnen, *Befreiung der Leibeigenen,* Handelsstationen im Mittelmeer usw.«

Vogt fängt sofort die »Befreiung der Leibeignen« auf und deutet an, daß »der jetzt gegebene Anstoß ... aus Rußland eher einen Genossen der freiheitlichen Bestrebungen statt eines Feindes derselben machen dürfte« (l.c., p. 10).

Er, wie sein Dentusches Original, leitet den Anstoß der sogenannten russischen Leibeignenemanzipation auf Louis Bonaparte zurück und verwandelt zu diesem Zweck den Anstoß gebenden englisch-türkisch-französisch-russischen Krieg in einen »*französischen Krieg*« (p. 9, l.c.).

Bekanntlich erscholl der Ruf nach Emanzipation der Leibeignen zuerst laut und nachhaltig unter Alexander I. Der Zar Nikolaus beschäftigte sich während seines ganzen Lebens mit der Leibeignenemanzipation, schuf 1838 zu diesem Behuf ein eignes Ministerium der Domänen, ließ dies Ministerium 1843 vorbereitende Schritte tun und erließ 1847 sogar über die Veräußerung adliger Ländereien bauernfreundliche Gesetze, zu deren Rücknahme ihn 1848 nur die Furcht vor der Revolution trieb. Wenn die Frage der Leibeignenemanzipation daher unter dem »wohlwollenden Zar«, wie Vogt Alexander II. gemütlich bezeichnet, gewaltigere Dimensionen angenommen hat, scheint dies einer Entwicklung ökonomischer Zustände geschuldet, die selbst ein Zar nicht niederherrschen kann. Übrigens würde die Leibeignenemanzipation im *Sinne der russischen Regierung* die Aggressivkraft Rußlands ums Hundertfache steigern. Sie bezweckt einfach die Vollendung der Autokratie, durch Niederreißung der Schranken, die der große Autokrat bisher an den vielen auf die Leibeigenschaft gestützten kleinen Autokraten des russischen Adels fand, sowie an den sich selbst verwaltenden bäuerlichen Gemeinwesen, deren materielle Grundlage, das Gemeineigentum, durch die sogenannte Emanzipation vernichtet werden soll.

Zufällig verstehn die russischen Leibeignen die Emanzipation in einem andern Sinn als die Regierung, und der russische Adel versteht sie wieder in anderm Sinn. Der »wohlwollende Zar« entdeckte daher, daß eine wirkliche Leibeignenemanzipation unvereinbar mit seiner Autokratie, ganz wie der wohlwollende Papst Pius IX. zur Zeit entdeckt hat, daß die italienische Emanzipation unvereinbar mit den Existenzbedingungen des Papsttums ist. Der »wohlwollende Zar« erblickt daher im Eroberungskrieg und in der Ausführung der traditionellen auswärtigen Politik Rußlands, die, wie der russische Geschichtsschreiber Karamsin bemerkt, »unveränderlich« ist, das einzige Mittel, die Revolution im Innern zu vertagen. Fürst Dolgorukow, in seinem Werke *La vérité sur la Russie,* 1860, hat die von bezahlten russischen Federn durch ganz Europa seit 1856 emsig verbreiteten, von den Dezembristen 1859 laut proklamierten und von Vogt in seinen »Studien« nachgebeteten Lügenmärchen über das unter Alexander II. eingebrochene Millenium kritisch vernichtet.

I/2 Dialog mit Bakunin (1874–75)

Die hier abgedruckten kritischen Glossen entstammen einem nachgelassenen Text, der in vollständiger Fassung zum ersten Mal 1962 in der Berliner Dietz-Ausgabe der Werke von Marx und Engels [1] nach dem Original-Manuskript veröffentlicht wurde. Es handelt sich um die stellenweise durch kürzere oder längere Einschaltungen unterbrochene Wiedergabe des Inhalts des Buches von Michail A. Bakunin: *Gossudarstwennost i anarchija* (Staatswesen und Anarchie), das 1873 in Genf erschien. Wir bringen hier nur den für die Thematik dieser Schriftenauswahl wichtigen Teil des Manuskripts, das hauptsächlich aus Exzerpten und gedrängten Zusammenfassungen der Bakuninschen Thesen besteht. Wo Marx einfach abschreibt und (unkommentiert) übersetzt, kann entweder seine Übereinstimmung mit dem hier als Historiker der »Deutschen« auftretenden Anarchisten vermutet, oder die Lust des Kuriositätensammlers, der so manche der gegen ihn gerichteten Anschmähungen jeder Replik für unwürdig hält, angenommen werden. Sieht man von den allgemeinen, jeder Originalität baren Ausführungen Bakunins zur neueren preußischen und österreichischen Geschichte ab, so bleibt ein Sammelsurium von gehässigen Ausfällen gegen den »Pangermanismus« der deutschen Sozialdemokratie, für deren Politik Marx die Verantwortung aufgeladen wird, sowie ein Hymnus auf die revolutionären Tugenden nicht nur der »kleinen Völker«, sondern auch von Bauernländern wie Italien und Spanien, wobei den angeblich anarchistischen Veranlagungen der Slawen ein besonderer Ruhmestitel verliehen wird. »Im Gegensatz zu den deutschen Sozialdemokraten, deren Programm als erstes Ziel hinstellt die Gründung des pangermanischen Reichs, erstreben die russischen sozialen Revolutionäre vor allem die Auflösung unsres (des russischen) Reichs«, schreibt Bakunin. [2] Staat und soziale Revolution sind Gegensätze; was aber den von den deutschen Sozialisten gepredigten »Volksstaat« anbelangt, so ist er von Marx und seinen Schülern – etwa Lassalle und Liebknecht – ausgedacht worden und bedeutet Herrschaft über die Massen, ausgeübt durch eine privilegierte Minderheit von »gelehrten« Marxisten. Während in Deutschland die Reform zum Staatsdespotismus führte und in Frankreich eine Niederlage durch den Katholizismus erhielt, bildete sie in Holland, in England und in den Vereinigten Staaten Amerikas eine neue »anti-staatliche«, aber bürgerlich-liberale Zivilisation. Hierzu bemerkt Marx: »Diese Stelle sehr charakteristisch für Bakunin; der eigentlich kapitalistische Staat für ihn antigouvernemental; zweitens die Verschiedenheit der Entwicklung in Deutschland einerseits, Holland und England andererseits, nicht aus verändertem Welthandel, sondern etc.« [3]

Solche und ähnliche Einfügungen deuten auf Marx' Wiederspruch hin, verweisen aber auch auf grundsätzliche Gegensätze der Auffassung betreffend die Aussichten der Revolution in den nach Wirtschaft und Kultur verschieden strukturierten Nationen Europas. Wenn Bakunin zugibt, daß Elend allein, wie schrecklich es auch sei, nicht genüge, um ganze Volksmassen – z. B. in Italien und Spanien – zur Revolte zu treiben, so geschieht dies nur in der Absicht, die Rolle seiner eigenen Geheimorganisation (der »Allianz der sozialistischen Demokratie«) hervorzustreichen, die sich anmaßte, als Geburtshelferin des jenen Völkern eigenen Freiheits- und Rechtsideals zu wirken, wogegen das von Marx in der Internationale entwickelte »staatskommunistische Programm« in jenen Ländern keine Wurzel fassen konnte. So sei auch der »slawische Stamm« jedem Eroberungsstreben und deshalb jeder Staatsgründung feind; sein Erwachen in Böhmen und Serbien habe nichts damit zu schaffen, wenn es auch der »verfluchten deutschen Zivilisation« gelungen sei, so manche slawische Patrioten mit dem Gedanken eines zentralistisch-bürokratisch-polizeilich-soldatisch großmächtigen Slawenreichs zu vergiften. Das »pangermanische Reich« allein verkörpere das Staatsideal, jedoch seien seine Tage gezählt: sein Fall werde die Befreiung aller Völker mit sich bringen. Zu alldem begnügt sich Marx mit der Glosse: »*England* existiert für den Mann als Kaffeehaus-Politiker nicht; es, die wahre Spitze der bürgerlichen Gesellschaft in Europa.« [4]

Dennoch passiert es Bakunin, andere als rassenbedingte Elemente in seine Geschichtsbetrachtung einzubeziehen. So z. B. wenn er das »Axiom« akzeptiert, daß es keinen erstrangigen Staat ohne weite Meeeresgrenzen geben könne, die ihm dank dem Seehandel die direkte Verbindung mit der Welt sichern, sofern auch das Volk Fähigkeit zu produktiver Arbeit besitzt. Hier schaltet Bakunin eine für die Zeit, wo er dies hinschrieb, ziemlich erstaunliche Betrachtung ein, die dem Übersetzer nicht entgangen ist: »Es mag sein, die *Luftschiffahrt* wird sich zeigen noch tauglicher in allen Beziehungen und wird besonders wichtig sein dadurch, daß sie schließlich *nivelliert* die Bedingungen der Entwicklung und des Lebens für alle Länder.« Dazu Marx: »Dies Hauptsache bei Bakunin – *Nivellieren,* z. B. ganz Europa auf die slowakischen Mausefallhändler. ›... Einstweilen bleibt Seeschiffahrt das *Hauptmittel* zur Wohlfahrt (großer Fortschritt, ⟨des Gedeihens der Völker⟩) der Völker. Dies der einzige Punkt, wo Herr Bakunin von *ökonomischen* Bedingungen spricht und einsieht, daß sie von dem ⟨Staat⟩ unabhängige Bedingungen und Völkerunterschiede gründen ...« [5]

Und wo Bakunin die Bedeutung des Weltmarkts für den materiellen Fortschritt auch »für die vom Meer entfernt Wohnenden« nach Beseitigung der Staatsformen unterstreicht und dabei behauptet, daß bis zur Entwicklung der Luftschiffahrt »die Uferbewohner in allen Beziehungen Avantgarde sein und eine Art Aristokratie in der Menschlichkeit bilden« werden, glossiert Marx: »*Die Bretagne z. B.*: Und der Unterschied von Flach- und Hochland, Flußgebieten, Klima, Boden, Kohle, Eisen, *erworbnen Produktivkräften,* materiellen und geistigen, Sprache, Literatur, technischen Fähigkeiten etc. etc. Fourier geht da heroischer mit der Nivellierung zum Werk. Bei der Gelegenheit entdeckt Bakunin, daß Deutschland (als nichtseeisch) in *Handelsbeziehungen unter Holland steht* und *industriell unter Belgien.«* [6] Am aufmerksamsten verfolgt Marx Bakunins für die heutige Weltlage durchaus weitsichtig klingenden Überlegungen mit Bezug auf Rußlands Drang nach Osten, ein Thema, das er und Engels unablässig seit der Orientkrise der fünfziger Jahre und dem Krimkrieg in zahlreichen Aufsätzen behandelt hatten. Indem Marx die betreffenden Seiten aus Bakunins Buch ohne Kommentar und mit wenigen Zitaten zusammenfaßt, erweckt er den Eindruck, seine Gedanken zu umschreiben. Aus diesem Exkurs, der das Einverständnis der sonst sich bekämpfenden Antipoden kennzeichnet, seien hier einige Stellen zitiert: »Das allrussische Reich ... kann die preußisch-germanische Allianz nicht entbehren. Es muß nach Südost gehen – statt Baltischen Meers das Schwarze; sonst abgeschnitten von Europa; und dazu *Konstantinopel* nötig; sonst kann ihm der Zugang ins Mittelländische Meer stets abgeschnitten werden ... Entgegen den Interessen des ganzen südlichen Europas, Frankreich eingeschlossen, entgegen den englischen Interessen und selbst denen Deutschlands, da die uneingeschränkte Herrschaft Rußlands im Schwarzen Meer das ganze Donauufer in direkte Abhängigkeit von Rußland stellt... Preußen half Rußland Vernichtung der Bedingungen des Pariser Friedens; wird es ebenso unterstützen mit Bezug auf China. Den Deutschen dazu nützlich, daß Rußland sich soweit als möglich nach Osten entfernt. Was ist der Zweck des russischen Kriegs gegen *China?*... Indien? Denkt nicht daran. China wäre viel leichter; auch plant die russische Regierung etwas der Art. ›Sie strebt auf offne Art, von ihm Mongolei und Mandschurei wegzunehmen‹; eines schönen Tags werden wir hören, daß das russische Heer Sieg auf der *Westgrenze* (!) Chinas ... Die Chinesen fühlen sich beengt innerhalb ihres Landes, zu volkreich; daher Auswanderung ... Und dann in einem Augenwink wird Sibirien, der ganze Kreis, der sich erstreckt von der Tartarischen Meerenge bis zum Uralgebirge und Kaspischen Meer, aufhören russisch zu sein. In dieser riesenhaften Region, 12200000 Quadratkilometer, ... jetzt nur 6 Mill. Einwohner, davon nur about 2600000 russisch, alle andren Eingeborne, tartarischer oder finnischer Rasse, und die Armeegröße ganz nichtig ... Die Chinesen werden noch über den Ural, bis an die Wolga kommen ... Die Bevölkerungszunahme macht den Chinesen fast unmöglich ihre verlängerte Existenz innerhalb der Grenzen Chinas. Im Innern Chinas energische kriegerische Leute, aufgewachsen in beständigem Bürgerkrieg, wo 10 und hundert Tausende auf einmal kaputtgemacht... In der letzten Zeit mit europäischen Waffen und Disziplin bekannt geworden, kurz mit der staatlichen Zivilisation Europas. Dabei große Barbarei; kein Freiheitsinstinkt oder menschlicher ... Mit dieser Gefahr spielt unsre russische Obrigkeit, einfältig wie ein Kind ... Will Grenzen erweitern; und Rußland bis zu diesem Augenblick nicht imstande, und wird es auch nicht sein, zu bevölkern den neuerworbnen Amurkreis ...; dabei das Elend des russischen Volks, daß es zum allgemeinen Aufstand getrieben wird; hofft die russische Regierung, ihre Macht über den ganzen asiatischen Osten auszudehnen ...« [7]

Aus der Übersicht, die daraufhin Bakunin der Geschichte Deutschlands seit 1815 widmet, um den »Knechtsinn und Unterdrückungssinn« der Deutschen nachzuweisen, exzerpiert Marx zunächst gelassen die direkt gegen ihn gerichteten Ausfälle seines politischen Gegners, wahrscheinlich als ein Kuriosum, das keiner Widerlegung bedarf; das vom Anarchisten gezeichnete Marx-Porträt verrät eher die Borniertheit und die pathologisch anmutende Haltung des schimpfenden Juden- und Deutschenhassers als die Wesenszüge des Abgebildeten. Schon die in allgemeinem Ton gehaltene Verurteilung der »doktrinären Revolutionäre«, für die »die soziologische Wissenschaft der Ausgangspunkt sein muß für die gesellschaftlichen Umwälzungen und Umgestaltungen« und die darum die diktatorische Leitung der Gesellschaft und des Staates beanspruchen –, schon diese indirekte Attacke mußte auf Marx höchst befremdend, wenn nicht komisch wirken. Das Weitere dürfte ihm als die Ausgeburt pursten Rassenhasses der Abschrift wert geschienen haben. In der Tat konnte Bakunin der Versuchung nicht widerstehn, den »Führer« der »doktrinären Revolutionäre« und »Staatsanbeter« zu porträtieren, wie er dies bereits bei anderen Gelegenheiten ausgiebig getan hatte, s.z.B. seine »konfidentiellen« Mitteilungen an seine Anhänger in Italien, der Schweiz und in Belgien aus den Jahren 1871–72 (nun veröffentlicht vom Internationalen Institut für Sozialgeschichte, Amsterdam, »Bakunin-Archiv«, Bd. 1 und 2, Leiden 1963, 1965). Hier eine Kostprobe dieses Marxbildes, worin auch die Spuren jener Haß-Liebe nicht fehlen, die der »Schüler« – denn als solchen hatte sich Bakunin 1865 in einem Brief an Marx bezeichnet – des öfteren dem überlegenen Denker bezeugte: »Aber der Hauptpropagandist des Sozialismus in Germanien, erst geheim und bald darauf öffentlich, war *Karl Marx*. Herr Marx spielte und spielt zu wichtige Rolle in der sozialistischen Bewegung des deutschen Proletariats, als daß es möglich wäre vorüberzugehn diese bemerkenswerte Persönlichkeit, ohne versucht zu haben, sie mit einigen wahren Zügen zu zeichnen. Seiner Abkunft nach Herr Marx Hebräer. Er vereinigt in sich, man kann es sagen, alle Eigenschaften und alle Mängel dieses begabten Stamms. Nervös, wie einige sagen, bis zur Feigheit, ist er außerordentlich ehrgeizig und eitel, zanksüchtig, intolerant und absolut wie Jehova, der Herrgott seiner Vorfahren und, wie er, rachsüchtig bis zum Wahnwitz. Es gibt keine Lüge, Verleumdung, die er nicht fähig wäre zu ersinnen gegen jeden, der das Unglück hatte, zu erwecken seine Eifersucht, oder, was ganz dasselbe, seinen Haß ... Dies sind seine negativen Eigenschaften. Aber auch positive sind in ihm sehr viel. Er ist sehr klug und außerordentlich vielseitig – gelehrt.« [8]

Folgt ein kurzer Rückblick auf Marx' geistige Laufbahn seit den vierzig Jahren, im Kreise der Hegelianer und der Nihilisten (?), dann in Paris, wo er sich französischen und deutschen Kommunisten anschließt und »seinem Kompatrioten, dem deutschen Hebräer Herrn Moritz [sic!] Heß« begegnet. Dort studiert Marx englische Ökonomie, zu deren praktischer Geistesrichtung er zwei Elemente hinzufügte: »die abstrakteste Dialektik . . ., die er in Hegels Schule erworben hatte und die er nicht selten bis zur Indezenz, bis zum Laster führte, und den Standpunkt der kommunistischen Richtung.« Bakunin erwähnt Marx' Schrift gegen Proudhon (1847), nicht ohne dem Verfasser das Lob zu spenden, die »unzweifelhafte Wahrheit« bewiesen zu haben, »daß das ökonomische fast überall vorherging und vorhergeht dem juristischen und Politischen Recht«. Und nun schleicht der geschickte Biograph eine Behauptung ein, die, obwohl sie aus der Luft gegriffen ist, ihm den Übergang zum abschließenden Urteil erleichtert: »Aber was vor allem merkwürdig und was Herr Marx niemals eingestanden hat [!], dies, daß in politischer Beziehung Herr Marx direkter Schüler des Herrn Louis Blanc. Übrigens erklärt sich diese Sonderbarkeit einfach: der rhetorische Franzos, als Bourgeoispolitiker und erklärter Anhänger Robespierres, und der gelehrte Deutsche in seiner Eigenschaft als Hegelianer, Hebräer und Deutscher, beide verzweifelt Staatsanbeter und beide predigen Staats-Kommunismus, nur mit dem Unterschied, daß der eine statt mit Argumenten, sich mit rhetorischen Deklamationen begnügt, und der andre ... dasselbe ihm gleich liebe Prinzip stützt durch alle Kunststücke der hegelschen Dialektik und allen Reichtum seiner vielseitigen Kenntnisse.« [9]

Es ist klar, daß Bakunin dieser Erfindung bedurfte, um die weitere Laufbahn seines Opfers in die Richtung hineinzuzwingen, wo es unvermeidlich im totalen

»Staatskommunismus« sein Schicksal beenden mußte. Aus dem Bund der Kommunisten wird so »eine geheime Gesellschaft deutscher Kommunisten oder Staats-Sozialisten«; Lassalle, »direkter Schüler jenes höchsten Führers der kommunistischen Partei in Deutschland«, aber diesem weit überlegen »in praktischer Beziehung«, erweckt nach seinem Tode die Eifersucht und den Neid des Lehrers; als Staatsanbeter hegen die Marxisten nur Verachtung und Feindschaft gegenüber jeder volkstümlichen, namentlich bäuerlichen Revolution. »Als alles verschlingende Pangermanisten müssen sie Bauernrevolution schon darum verwerfen, weil sie spezifisch slawische Revolution.« [10] Lassalle, der die deutsche Arbeiterpartei seiner Diktatur unterwarf, wurde ein Vorbild für Marx, der dieselbe Rolle in der Internationale spielen wollte, jedoch ohne Erfolg. Das Programm Lassalles ist dem von Marx und Engels geschriebenen *Manifest der Kommunistischen Partei* entnommen, dessen Hauptforderung ebenfalls in dem von Marx 1864 verfaßten Manifest der Internationalen Arbeiter-Assoziation ersichtlich ist: Eroberung der politischen Macht durch die Arbeiterklasse und Konzentration der Produktionsmittel »in den Händen des Staats, d. h. des als herrschende Klasse organisierten Proletariats«. Marx hat somit keinen Grund sich zu beklagen, wie er dies im *Kapital* getan, daß Lassalle ihn »bestohlen« habe, usw.

An diesem Ort beginnt die eigentliche, leider nur sehr kurz ausgefallene Auseinandersetzung von Marx mit Bakunin, die wir hier folgen lassen. Der damit eingeleitete Dialog zwischen dem angeblichen »Staatskommunisten« und dem seinem Meister untreu gewordenen Anarchisten wurde fortgesetzt und abgeschlossen in Marx' *Kritik des Gothaer Programms,* die einige Monate später niedergeschrieben, dem Vorstand der deutschen Arbeiterpartei mitgeteilt, jedoch erst 1891, also posthum von Engels veröffentlicht wurde (vgl. MEW 19, 15/32). Was diese »Randglossen zum Programm der deutschen Arbeiterpartei« bezwecken, geht sowohl aus Engels' Brief an Bebel (18./28. März 1875) sowie aus Marx' Begleitbrief an Wilhelm Bracke (5. Mai 1875) hervor. Uns interessieren hier folgende Stellen aus diesen Briefen: »Der freie Volksstaat ist in den freien Staat verwandelt. Grammatikalisch genommen ist ein freier Staat ein solcher, wo der Staat frei gegenüber seinen Bürgern ist, also ein Staat mit despotischer Regierung. Man sollte das ganze Gerede vom Staat fallenlassen, besonders seit der Kommune, die schon kein Staat im eigentlichen Sinne mehr war. Der *Volksstaat* ist uns von den Anarchisten bis zum Überdruß in die Zähne geworfen worden, obwohl schon die Schrift Marx' gegen Proudhon und nachher das *Kommunistische Manifest* direkt sagen, daß mit Einführung der sozialistischen Gesellschaftsordnung der Staat sich von selbst auflöst und verschwindet. ... Bedenken Sie, daß man *uns* im Auslande für alle und jede Äußerungen und Handlungen der deutschen Sozialdemokratischen Arbeiterpartei verantwortlich macht. So Bakunin in seiner Schrift *Politik und Anarchie,* wo wir einstehen müssen für jedes unüberlegte Wort, das Liebknecht ... gesagt und geschrieben. Die Leute bilden sich eben ein, wir kommandierten von hier aus die ganze Geschichte, während Sie so gut wie ich wissen, daß wir uns fast nie im geringsten in die inneren Parteiangelegenheiten gemischt, und auch dann nur, um Böcke, die nach unserer Ansicht geschossen worden, und zwar nur *theoretische,* wieder nach Möglichkeit gutzumachen. Sie werden aber selbst einsehn, daß dies Programm einen Wendepunkt bildet, der uns sehr leicht zwingen könnte, alle und jede Verantwortlichkeit mit der Partei, die es anerkennt, abzulehnen.« [11]

»Nach abgehaltenem Koalitionskongreß werden Engels und ich ... eine kurze Erklärung veröffentlichen, des Inhalts, daß wir besagtem Prinzipienprogramm durchaus fernstehn und nichts damit zu tun haben. Es ist dies unerläßlich, da man im Ausland die von Parteifeinden sorgsam genährte Ansicht – die durchaus irrige Ansicht – hegt, daß wir die Bewegung der sog. Eisenacher Partei insgeheim von hier aus lenken. Noch in einer jüngst erschienenen russischen Schrift macht Bakunin mich z. B. nicht nur für alle Programme etc. jener Partei verantwortlich, sondern sogar für jeden Schritt, den Liebknecht ... getan hat. Abgesehen davon ist es meine Pflicht, ein nach meiner Überzeugung durchaus verwerfliches und die Partei demoralisierendes Programm auch nicht durch diplomatisches Stillschweigen anzuerkennen.

Jeder Schritt wirklicher Bewegung ist wichtiger als ein Dutzend Programme. Konnte man also nicht ... *über* das Eisenacher Programm hinausgehen, so hätte man einfach eine Übereinkunft für Aktion gegen den gemeinsamen Feind abschließen sollen. Macht man aber Prinzipienprogramme ..., so errichtet man vor aller Welt Marksteine, an denen sich die Höhe der Parteibewegung mißt.« [12]

Wir verweisen den Leser, der den nachfolgenden Dialog zwischen Marx und Bakunin zur Kenntnis nimmt, auf des ersteren *Kritik des Gothaer Programms.* Er wird sich sodann um so besser Rechenschaft darüber geben können, daß Bakunins Kritik des angeblichen »Staatskommunismus« von Marx zwar nicht das gewählte Ziel, aber darüber hinaus die bolschewistische Variante des Marxismus ins Herz getroffen hat, deren Verurteilung Marx selber durch seine doppelten kritischen Randglossen vorweggenommen hat.

Daß Marx die von Bakunin gegen ihn erhobene Bezichtigung eines »Staatskommunisten« nicht glossiert, darf nicht Wunder nehmen. Früher als sein Gegner hatte er sich zur staatslosen Gesellschaft bekannt (siehe: *Das Elend der Philosophie,* 1847 u. das *Kommunistische Manifest,* 1848) und war von diesem Prinzip, dessen soziologisch-ethische Begründung im nachgelassenen Werk *Die deutsche Ideologie* (1845–46) ausgeführt wird, nie abgewichen. Dort heißt es: »Die Proletarier befinden sich ... im direkten Gegensatz zu der Form, in der die Individuen der Gesellschaft sich bisher einen Gesamtausdruck gaben, zum Staat, und müssen den Staat stürzen, um ihre Persönlichkeit durchzusetzen.« [13] Die Identität von Sozialismus, Kommunismus und Anarchismus wird von Marx in aphoristischer Form wie folgt proklamiert: »Die Existenz des Staats und die Existenz der Sklaverei sind unzertrennlich.« [14] Die Pariser Kommune von 1871 bot ihm endlich die Gelegenheit, sein Bekenntnis zum Anarchismus auf eine Weise zu erneuern, die damals selbst einen Bakunin entwaffnete, was aber zwei Jahre später diesen nicht hinderte, Marx zum »Staatsanbeter« zu stempeln.

Von der im Auftrag des Generalrats der Internationale verfaßten Adresse über den *Bürgerkrieg in Frankreich* sind seit 1932 zwei Entwürfe bekannt, von denen der erste eine Reihe Betrachtungen zum Thema »Staat« enthält, die zwar in der endgültigen Textfassung kondensiert sind, aber in ihrer Ursprünglichkeit und Ausführlichkeit unbedingt einen großen Eigenwert besitzen. Ich lasse deshalb dem »Dialog« einen Auszug aus diesem Entwurf folgen.

Danach folgen einige Fragmente aus der von Marx, Engels und Paul Lafargue 1873 geschriebenen Broschüre *L'Alliance de la démocratie socialiste et l'Association internationale des travailleurs* (deutsche Ausgabe: Ein Komplott gegen die Internationale Arbeiter-Assoziation), die trotz ihrer polemischen Übertreibungen durchaus nicht, wie Franz Mehring in seiner Marx-Biographie behauptet, als »eine einseitige Anklagerede« gegen Bakunin angesehen werden darf. Denn genau wie es heute klar ist, daß Bakunins Denunzierung des »Staatskommunismus« durchaus nicht Marx, aber wohl der bolschewistischen Abart des Marxismus gilt, ebenso erweist sich die in der Allianz-Broschüre angeprangerte sektiererisch-diktatoriale Struktur der Bakuninschen Geheimorganisationen als eine Vorwegnahme der Kritik, die z.B. Trotzki und Rosa Luxemburg an dem Leninschen Organisationsfetischismus geübt haben.

1. Randglossen zu Bakunin »Staatswesen und Anarchie«

»Wir haben bereits unsren tiefen Widerwillen gegen die Theorie von Lassalle und Marx ausgesprochen, die den Arbeitern, wenn nicht als letztes Ideal, so zum mindesten als nächstes Hauptziel – *die Gründung eines Volksstaats* empfiehlt, der, nach ihrem Ausdruck, nichts andres sein wird als ›das als herrschende Klasse organisierte Proletariat‹. Fragt sich, wenn das Proletariat die herrschende Klasse sein wird, dann über wen wird es herrschen? Das bedeutet, es wird noch ein andres Proletariat übrigbleiben, welches untertan sein wird dieser neuen Herrschaft, diesem neuen Staat.« [15]

Das meint, solange die andren Klassen, speziell die kapitalistische noch existiert, solange das Proletariat mit ihr kämpft (denn mit seiner Regierungsmacht sind seine Feinde und ist die alte Organisation der Gesellschaft noch nicht verschwunden), muß es *gewaltsame* Mittel anwenden, daher Regierungsmittel; ist es selbst noch Klasse, und sind die ökonomischen Bedingungen, worauf der Klassenkampf beruht und die Existenz der Klassen, noch nicht verschwunden und müssen gewaltsam aus dem Weg geräumt oder umgewandelt werden, ihr Umwandlungsprozeß gewaltsam beschleunigt werden.

»Z.B. das gemeine Bauernvolk, der Bauernpöbel, der sich bekanntermaßen des Wohlwollens der Marxisten [nicht erfreut] und der, sich befindend auf der untersten Stufe der Kultur, wird wahrscheinlich regiert werden durch das städtische und Fabrikproletariat.« [16]

D.h., wo der Bauer massenweise als Privateigentümer existiert, wo er sogar eine mehr oder minder beträchtliche Majorität bildet, wie in allen Staaten des westeuropäischen Kontinents, wo er nicht verschwunden und durch Agrikultur-Taglöhner ersetzt ist, wie in England, treten folgende Fälle ein: entweder er verhindert, macht scheitern jede Arbeiterrevolution, wie er das bisher in Frankreich getan hat; oder das Proletariat (denn der besitzende Bauer gehört nicht zum Proletariat, und da, wo er selbst seiner Lage nach dazu gehört, glaubt er, nicht dazu zu gehören) muß als Regierung Maßregeln ergreifen, wodurch der Bauer seine Lage unmittelbar verbessert findet, die ihn also für die Revolution gewinnen; Maßregeln, die aber im Keim den Übergang aus dem Privateigentum am Boden in Kollektiveigentum erleichtern, sodaß der Bauer von selbst ökonomisch dazu kommt; es darf aber nicht den Bauer vor den Kopf stoßen, indem es z. B. die Abschaffung des Erbrechts proklamiert oder die Abschaffung seines Eigentums; letztres nur möglich, wo der kapitalistische Pächter die Bauern verdrängt hat und der wirkliche Landbebauer ebensogut Proletarier, Lohnarbeiter ist wie der städtische Arbeiter, also genau mit ihm dieselben Interessen *unmittelbar* hat, nicht mittelbar; noch weniger darf das Parzelleneigentum dadurch gekräftigt werden, daß die Parzelle vergrößert wird, einfach durch Annexation der größern Güter an die Bauern, wie im Bakuninschen Revolutionsfeldzug.

»Oder, wenn man diese Frage vom nationalen Standpunkt betrachtet, dann, unterstellen wir, werden für die Deutschen die Slawen aus demselben Grund zum siegreichen deutschen Proletariat in derselben sklavischen Abhängigkeit stehn, worin das letztre sich befindet zu seiner Bourgeoisie.« [17]

Schülerhafte Eselei! Eine radikale soziale Revolution ist an gewisse historische Bedingungen der ökonomischen Entwicklung geknüpft; letztre sind ihre Voraussetzung. Sie ist also nur möglich, wo mit der kapitalistischen Produktion das industrielle Proletariat wenigstens eine bedeutende Stellung in der Volksmasse einnimmt. Und damit es irgendeine Chance zum Sieg habe, muß es wenigstens fähig sein, soviel unmittelbar mutatis mutandis für die Bauern zu tun, als die französische Bourgeoisie in ihrer Revolution für die damaligen französischen Bauern tat. Schöne Idee, daß der Arbeit Herrschaft einschließt Unterdrückung der ländlichen Arbeit! Aber hier kommt der innerste Gedanke des Herrn Bakunin heraus. Er versteht absolut nichts von sozialer Revolution, nur die politischen Phrasen davon; die ökonomischen Bedingungen derselben existieren nicht für ihn. Da nun alle bisherigen ökonomischen Formen, entwickelt oder unentwickelt, Knechtschaft des Arbeiters (sei es in Form des Lohnarbeiters, Bauern etc.) einschließen, so glaubt er, daß in allen gleichmäßig *radikale Revolution* möglich. Aber noch mehr! Er will, daß die auf der ökonomischen Basis der kapitalistischen Produktion gegründete europäische soziale Revolution auf dem Niveau der russischen oder slawischen Agrikultur- und Hirtenvölker sich vollziehe, dies Niveau nicht übertreffe, obgleich er einsieht, daß die *Meerschiffahrt* Unterschied unter den Brüdern bildet, aber auch nur die *Seeschiffahrt*, weil dies auch allen Politikern bekannter Unterschied! Der *Wille*, nicht die ökonomischen Bedingungen, ist die Grundlage seiner sozialen Revolution.

»Wenn Staat ist, dann ist unvermeidlich Herrschaft, folglich auch Sklaverei; Herrschaft ohne Sklaverei, verborgen oder maskiert, undenkbar – deswegen sind wir Feinde des Staats«

»Was heißt das, das als herrschende Klasse organisierte Proletariat?« [18]

D. h., daß das Proletariat, statt im einzelnen gegen die ökonomisch privilegierten Klassen zu kämpfen, Stärke und Organisation genug gewonnen hat, um allgemeine Zwangsmittel im Kampf gegen sie anzuwenden; es kann aber nur ökonomische Mittel anwenden, die seinen eignen Charakter als salariat, daher als Klasse aufheben; mit seinem völligen Sieg ist daher auch seine Herrschaft, weil sein Klassencharakter, zu Ende.

»Wird vielleicht das ganze Proletariat an der Spitze der Regierung stehn?« [19]

Bildet z. B. bei einer Trade-Union die ganze Union ihr Exukutivkomitee? Wird alle Teilung der Arbeit in der Fabrik aufhören und die verschiednen Funktionen, die daraus entspringen? Und bei der Bakuninschen Bildung »von unten nach oben« werden alle »oben« sein? Dann gibt es ja kein »unten«. Werden alle Mitglieder der Gemeine [*obschtschina*, Gemeinde] zugleich die gemeinschaftlichen Interessen des Gebiets verwalten? Dann kein Unterschied von Gemeine und Gebiet.

»Die Deutschen zählen ungefähr 40 Millionen. Werden z. B. alle 40 Millionen Glieder der Regierung sein?« [20]

Certainly! Da die Sache mit der Selbstregierung der Gemeine anfängt.

»Das ganze Volk wird regieren, und es wird keine Regierten geben.« [21]

Wenn ein Mensch sich selbst beherrscht, beherrscht er sich nach diesem Prinzip nicht; denn er ist doch er selbst und kein andrer.

»Dann wird es keine Regierung geben, keinen Staat, aber wenn Staat sein wird, wird es auch Regierende und Sklaven geben.« [22]

D. h. bloß: wenn die Klassenherrschaft verschwunden, wird es keinen Staat im jetzigen politischen Sinne geben.

»Dies Dilemma in der Theorie der Marxisten löst sich einfach. Unter Volksregierung verstehn sie« (d. h. Bakunin) »die Regierung des Volkes vermittelst einer geringen Zahl von Vorstehern, auserwählt (gewählt) durch das Volk.« [23]

Asine! Dies demokratische Gekohl, politische Faselei! Die Wahl

– politische Form, die in der kleinsten russischen Kommune und im Artel. Der Charakter der Wahl hängt nicht von diesem Namen ab, sondern von der ökonomischen Grundlage, den ökonomischen Zusammenhängen der Wähler; und sobald die Funktionen aufgehört haben, politisch zu sein, existiert 1. keine Regierungsfunktion; 2. die Verteilung der allgemeinen Funktionen ist Geschäftssache geworden, die keine Herrschaft gibt; 3. die Wahl hat nichts von heutigem politischen Charakter.

»Das allgemeine Wahlrecht durch das ganze Volk« – [24]

so ein Ding wie das ganze Volk, im jetzigen Sinne Phantasma –

»von Volksrepräsentanten und Beherrschern des Staats – das ist das letzte Wort der Marxisten, wie auch der demokratischen Schule – Lüge, unter der sich verbirgt der Despotismus der *regierenden Minderheit,* um soviel gefährlicher, als sie erscheint als Ausdruck des sogenannten Volkswillens.« [25]

Auf Kollektiveigentum verschwindet der sogenannte Volkswillen, um dem wirklichen Willen des Kooperativs Platz zu machen.

»So Resultat: Lenkung der großen Mehrheit der Volksmasse durch privilegierte Minorität. Aber diese Minderheit, sagen die Marxisten,«

wo?

»wird aus Arbeitern bestehn. Ja, mit Erlaubnis, aus gewesenen Arbeitern, aber die, sobald sie nur Repräsentanten oder Regierer des Volks geworden sind, *aufhören Arbeiter zu sein*« –

sowenig, wie ein Fabrikant heute dadurch aufhört Kapitalist zu sein, daß er Gemeinderat wird –

»und sehen werden auf die ganze gemeine Arbeiterwelt von der Höhe des Staatswesens; sie werden nicht mehr das Volk vertreten, sondern sich und ihre Ansprüche auf die Volksregierung. Wer daran zweifeln kann, der durchaus nicht bekannt mit der Natur des Menschen.« [26]

Wäre Herr Bakunin bekannt auch nur mit der Stellung eines Managers in einer Arbeiter-Kooperativ-Fabrik, alle seine herrschaftlichen Träume zum Teufel. Hätte sich fragen sollen: welche Form können Verwaltungsfunktionen auf Grundlage dieses Arbeiterstaats, wenn er es so nennen will, annehmen?

»Aber diese Auserwählten werden glühend überzeugte und daher gelehrte Sozialisten sein. Das Wort ›*gelehrter Sozialismus*‹« –

nie gebraucht worden –,

»*wissenschaftlicher Sozialismus*« [27] –

gebraucht worden nur im Gegensatz zum utopischen Sozialismus, der neue Hirngespinste dem Volk aufheften will, statt seine Wissenschaft auf der Erkenntnis der vom Volk selbst gemachten sozialen Bewegung zu beschränken; siehe meine Schrift gegen Proudhon –,

»welches unaufhörlich angewandt wird in den Werken und Reden der Lassalleaner und Marxisten, zeigen durch sich selbst, daß der sog. Volksstaat nichts andres sein wird als die sehr despotische Lenkung der Volksmassen durch neue und sehr wenig zahlreiche Aristokratie wirklicher oder angeblicher Gelehrten. Das Volk ist nicht wissenschaftlich, das bedeutet, es wird ganz und gar befreit werden von der Sorge der Regierung, es wird ganz und gar eingeschlossen werden im regierten Stall. Schöne Befreiung!«

»Die Marxisten fühlen diesen (!) Widerspruch und, erkennend, daß die Regierung der Gelehrten« (quelle rêverie!) »die drückendste, verhaßteste, verächtlichste der Welt, trotz aller demokratischen Formen tatsächliche Diktatur sein wird, trösten sie sich mit dem Gedanken, daß diese Diktatur nur vorübergehend und kurz sein wird.« [28]

Non mon cher! – Daß die *Klassenherrschaft* der Arbeiter über den mit ihnen kämpfenden Schichten der alten Welt nur so lang bestehen kann, als die ökonomische Grundlage der Klassenexistenz nicht vernichtet ist.

»Sie sagen, daß ihre einzige Sorge und Ziel sein wird, *zu bilden und zu erheben* das *Volk* (Wirtshauspolitiker!) wie ökonomisch so politisch auf solche Stufe, daß alle Regierung bald nutzlos wird und der Staat allen politischen Charakter verliert, das heißt beherrschenden Charakter, sich durch sich selbst verwandeln wird in freie Organisation ökonomischer Interessen und Gemeinden. Das offenbarer Widerspruch. Wenn ihr Staat wirklich volkstümlich sein wird, warum ihn vernichten, und wenn seine Vernichtung notwendig zur wirklichen Befreiung des Volks, warum wagen sie ihn volkstümlich zu nennen?« [29]

Abgesehn von dem Herumreiten auf dem Liebknechtschen *Volksstaat,* der Blödsinn ist, gegen das kommunistische Manifest etc. gewandt, heißt es nur: da das Proletariat während der Periode des Kampfs zum Umsturz der alten Gesellschaft noch auf der Basis der alten Gesellschaft agiert und daher auch noch in politischen Formen sich bewegt, die ihr mehr oder minder angehörten, hat es seine schließliche Konstitution noch nicht erreicht während dieser Kampfperiode und wendet Mittel zur Befreiung an, die nach der Befreiung wegfallen; daher schließt Herr B., daß es lieber gar nichts tun soll ... den *Tag der allgemeinen Liquidation* – des jüngsten Gerichts – abwarten soll. [30]

2. Kommune und Staat [31]

Der 4. September war nur die Wiederherstellung der Republik gegen den grotesken Abenteurer, der sie erdrosselt hatte. Der wahre Gegensatz des *Kaisertums selbst* – das heißt der Staatsmacht, der zentralisierten vollziehenden Gewalt, von der das Zweite Kaiserreich nur die erschöpfende Formel war – war *die Kommune.* Jene Staatsmacht ist in Wirklichkeit die Schöpfung der Bourgeoisie, zuerst als Mittel, den Feudalismus zu zerbrechen, dann als Mittel, die Freiheitsbestrebungen der Produzenten, der Arbeiterklasse, zu unterdrücken. Alle Reaktionen und alle Revolutionen haben nur dazu gedient, diese organisierte Macht – diese organisierte Gewalt zur Versklavung der Arbeit – aus einer Hand in die andere, von einer Fraktion der herrschenden Klassen an die andere zu übertragen. [32] Sie hatte den herrschenden Klassen als Mittel der Unterjochung und der Bereicherung gedient. Sie hatte aus jeder neuen Veränderung neue Kräfte gesogen. Sie hatte als Werkzeug gedient, um jede Volkserhebung niederzuschlagen und die arbeitenden Klassen zu unterdrücken, nachdem sie gekämpft hatten und ausgenutzt worden waren, um die Übertragung der Staatsmacht von einem Teil ihrer Unterdrücker an den andern zu sichern. Daher war die Kommune nicht eine Revolution gegen diese oder jene – legitimistische, konstitutionelle, republikanische oder kaiserliche – Form der Staatsmacht. Die Kommune war eine Revolution gegen den *Staat* selbst, gegen diese übernatürliche Fehlgeburt der Gesellschaft; sie war eine Wiederbelebung durch das Volk und des eignen gesellschaftlichen Lebens des Volkes. Sie war nicht eine Revolution, um die Staatsmacht von einer Fraktion der herrschenden Klassen an die andre zu übertragen, sondern eine Revolution, um diese abscheuliche Maschine der Klassenherrschaft selbst zu zerbrechen. Sie war keiner jener zwerghaften Kämpfe zwischen der Klassenherrschaft in Form der vollziehenden Gewalt und den parlamentarischen Formen der Klassenherrschaft, sondern eine Revolte gegen beide dieser Formen, die einander ergänzen, und von denen die parlamentarische Form nur das betrügerische Anhängsel der vollziehenden Gewalt war. Das Zweite Kaiserreich war die letzte Form dieser Staatsusurpation. Die Kommune war die entschiedene Negation jener Staatsmacht und darum der Beginn der sozialen Revolution des 19. Jahrhunderts. Was daher immer ihr Geschick in Paris, sie wird ‹ihren Weg um die Welt› machen. Sie wurde von der Arbeiterklasse Europas und der Vereinigten Staaten sogleich als das Zauberwort der Freiheit begrüßt. Der Ruhm und die vorsintflutlichen Taten des preußischen Eroberers schienen nur Trugbilder einer gewesnen Vergangenheit.

Nur die Arbeiterklasse konnte dieses neue Streben durch das Wort »Kommune« formulieren und durch die kämpfende Kommune von Paris einleiten. Sogar der letzte Ausdruck jener Staatsgewalt – das Zweite Kaiserreich – war, wenn es auch den Stolz der herrschenden Klassen demütigte und ihre parlamentarischen Ansprüche auf Selbstregierung hinwegfegte, nur die letztmögliche Form ihrer Klassenherrschaft gewesen. Obwohl das Zweite Kaiserreich sie politisch enteignete, war es die Orgie, unter der alle ökonomischen und sozialen Schändlichkeiten ihres Regimes zur vollen Herrschaft kamen. Die mittlere Bourgeoisie und das Kleinbürgertum waren kraft ihrer ökonomischen Existenzbedingungen davon ausgeschlossen, eine neue Revolution einzuleiten, und gezwungen, dem Weg der herrschenden Klassen zu folgen oder Verbündete der Arbeiterklasse zu werden. Die Bauern waren die passive ökonomische Basis des Zweiten Kaiserreichs, dieses letzten Triumphs eines von der Gesellschaft getrennten und von ihr unabhängigen *Staates*. Nur die Proletarier, von der neuen sozialen Aufgabe entflammt, die sie für die gesamte Gesellschaft zu vollbringen haben, nämlich die Abschaffung aller Klassen und der Klassenherrschaft, waren imstande, das Werkzeug dieser Klassenherrschaft – den Staat –, diese zentralisierte und organisierte Regierungsgewalt zu zerbrechen, der sich anmaßt, Herr statt Diener der Gesellschaft zu sein. [33] [...]

Die *Kommune* – das ist die Rücknahme der Staatsgewalt durch die Gesellschaft als ihre eigne lebendige Macht, an Stelle der Gewalt, die sich die Gesellschaft unterordnet und sie unterdrückt; das ist die Rücknahme der Staatsgewalt durch die Volksmassen selbst, die an Stelle der organisierten Gewalt der Unterdrückung ihre eigne Gewalt schaffen; das ist die politische Form ihrer sozialen Emanzipation an Stelle der künstlichen Gewalt (die sich ihre Unterdrücker aneigneten) (ihre eigne Gewalt, den Unterdrückern entgegengesetzt und gegen sie organisiert) der Gesellschaft, von ihren Feinden zu ihrer Unterdrückung gehandhabt. Die Form war einfach wie alles Große. Im Gegensatz zu früheren Revolutionen – wo die für jede historische Entwicklung notwendige Zeit in der Vergangenheit immer verlorenging und wo in den ersten Tagen des Triumphs des Volkes, sobald es seine siegreichen Waffen niedergelegt hatte, diese dann gegen das Volk selbst gerichtet wurden – setzte die Kommune als erstes an die Stelle der Armee die Nationalgarde. [34] [...]

Das ist gleichzeitig die sicherste Garantie gegen äußere Aggression, die faktisch den kostspieligen Militärapparat in allen andern Staaten unmöglich macht; das ist die Emanzipation des Bauern von der Blutsteuer und davon, die ergiebigste Quelle für alle staatliche Besteuerung und Staatsschulden [zu sein]. Hier schon der Punkt, in dem die Kommune ein *Anreiz für den Bauern* und das erste Wort seiner Emanzipation ist. Die »unabhängige Polizei« wird beseitigt und ihre Rohlinge durch Diener der Kommune ersetzt. Das allgemeine Stimmrecht, bisher entweder für die parlamentarische Sanktion der Heiligen Staatsmacht oder als Spielzeug in der Hand der herrschenden Klassen mißbraucht, vom Volk nur anwendbar, um einmal in vielen Jahren die parlamentarische Klassenherrschaft zu sanktionieren (deren Werkzeuge zu wählen), wird seinem wirklichen Zweck angepaßt: durch die Gemeinden ihre eignen Beamten für Verwaltung und Gesetzgebung zu wählen. Beseitigung der Täuschung, daß Verwaltung und politische Leitung Geheimnisse wären, transzendente Funktionen, die nur den Händen einer ausgebildeten Kaste – Staatsparasiten, hochbezahlten Sykophanten und Sinekuristen in den höheren Stellungen anvertraut werden könnten, die die Gebildeten der Massen aufsaugen und sie in den unteren Stellen der Hierarchie gegen sie selbst kehren. Beseitigung der Staatshierarchie überhaupt und Ersetzung der hochfahrenden Beherrscher des Volkes durch seine jederzeit absetzbaren Diener, der Scheinverantwortlichkeit durch wirkliche Verantwortlichkeit, da sie dauernd unter öffentlicher Kontrolle arbeiten. Bezahlt wie gelernte Arbeiter, 12 Pfund im Monat, das höchste Gehalt nicht über 240 Pfund im Jahr. Der ganze Trug von Staatsgeheimnissen und Staatsansprüchen wurde von einer Kommune beseitigt, die überwiegend aus einfachen Arbeitern besteht, die die Verteidigung von Paris organisieren, gegen die Prätorianer Bonapartes Krieg führen, die Versorgung dieser riesigen Stadt sichern, alle die Posten ausfüllen, die bisher zwischen Regierung, Polizei und Präfektur aufgeteilt waren; sie erledigen ihre Arbeit öffentlich, einfach, unter den schwierigsten und verwickeltsten Umständen, und erledigen sie, wie Milton sein »Paradise Lost« schrieb, das heißt für ein paar Pfund; [35] sie handeln vor aller Augen, ohne Ansprüche auf Unfehlbarkeit, ohne sich hinter Kanzleiausflüchten zu verstecken, und sie scheuen sich nicht, Fehler einzugestehen, indem sie sie korrigieren. Sie machen mit einem Schlag die öffentlichen Funktionen – militärische, administrative und politische – zu *wirklichen Arbeiterfunktionen* statt der verborgenen Eigenschaften einer ausgebildeten Kaste; (halten Ordnung in der Unruhe des Bürgerkrieges und der Revolution) (leiten Maßnahmen zur allgemeinen Erneuerung ein). Wie groß die Verdienste der einzelnen Maßregeln der Kommune auch sein mögen, ihre größte Maßregel war die Schaffung der Kommune selbst, die in einem Zeitpunkt geboren wurde, da der äußere Feind vor dem einen Tor stand und der Klassenfeind vor dem andern; und sie beweist durch ihr Dasein ihre Lebenskraft, bestätigt ihre Theorien durch ihre Taten. Ihr Erscheinen war ein Sieg über die Besieger Frankreichs. Das gefangengehaltene Paris nahm sich mit einem kühnen Sprung seine Führung Europas zurück, nicht indem es sich auf die rohe Gewalt stützte, sondern indem es an die Spitze der sozialen Bewegung trat, indem es in sich die Hoffnungen der Arbeiterklasse aller Länder verkörperte.

Wenn alle großen Städte sich nach dem Muster von Paris als Kommunen organisierten, könnte keine Regierung diese Bewegung durch den plötzlichen Vorstoß der Reaktion unterdrücken. Gerade durch diesen vorbereitenden Schritt würde die Zeit für die innere Entwicklung, die Garantie der Bewegung gewonnen. Ganz Frankreich würde sich zu selbsttätigen und sich selbst regierenden Kommunen organisieren, das stehende Heer würde durch die Volksmiliz ersetzt, die Armee der Staatsparasiten beseitigt, die klerikale Hierarchie durch die Schullehrer ersetzt, die Staatsgerichte in Organe der Kommune verwandelt werden; die Wahlen in die nationale Vertretung wären nicht mehr eine Sache von Taschenspielerstücken einer allmächtigen Regierung, sondern der bewußte Ausdruck der organisierten Kommunen; die Staatsfunktionen würden auf einige wenige Funktionen für allgemeine nationale Zwecke reduziert. [36]

Das ist also die *Kommune – die politische Form der sozialen Emanzipation,* der Befreiung der Arbeit von der Usurpation (der Sklaverei) der Monopolisten der Arbeitsmittel, die von den Arbeitern selbst geschaffen oder Gaben der Natur sind. So wie die Staatsmaschine und der Parlamentarismus nicht das wirkliche Leben der herrschenden Klassen, sondern nur die organisierten allgemeinen Organe ihrer Herrschaft, die politischen Garantien, Formen, Ausdrucksweisen der alten Ordnung der Dinge sind, so ist die Kommune nicht die soziale Bewegung der Arbeiterklasse und folglich nicht die Bewegung einer allgemeinen Erneuerung der Menschheit, sondern ihr organisiertes Mittel der Aktion. Die Kommune beseitigt nicht den Klassenkampf, durch den die arbeitenden Klassen die Abschaffung aller Klassen, und folglich aller [Klassenherrschaft] erreichen wollen (weil sie kein Sonderinteresse vertritt. Sie vertritt die Befreiung der »Arbeit«, das heißt der grundlegenden und natürlichen Bedingungen des individuellen und sozialen Lebens, die nur durch Usurpation, Betrug und künstliche Machenschaften von der Minderheit der Mehrheit auferlegt werden kann), aber sie schafft das rationelle Zwischenstadium, in welchem dieser Klassenkampf seine verschiednen Phasen auf rationellste und humanste Weise durchlaufen kann. Die Kommune kann gewaltsame

Reaktionen und ebenso gewaltsame Revolutionen hervorrufen. Sie beginnt die *Befreiung der Arbeit* – ihr großes Ziel –, indem sie einerseits die unproduktive und schädliche Tätigkeit der Staatsparasiten abschafft, die Ursachen beseitigt, denen ein riesiger Anteil des Nationalprodukts für die Sättigung des Staatsungeheuers zum Opfer gebracht wird, und indem sie andererseits die tatsächliche örtliche und nationale Verwaltungsarbeit für Arbeiterlohn durchführt. Sie beginnt daher mit einer unermeßlichen Einsparung, mit ökonomischer Reform ebenso wie mit politischer Umgestaltung.

Wenn die kommunale Organisation einmal im nationalen Maßstab fest errichtet ist, dann wären die Katastrophen, die ihr möglicherweise noch bevorstehen, sporadische Sklavenhalter-Rebellionen, die zwar das Werk des friedlichen Fortschritts für den Augenblick unterbrechen, die Bewegung aber nur beschleunigen würden, weil sie der Sozialen Revolution das Schwert in die Hand geben.

Die Arbeiterklasse weiß, daß sie durch verschiedene Phasen des Klassenkampfes hindurch muß. Sie weiß, daß die Ersetzung der ökonomischen Bedingungen der Sklaverei der Arbeit durch die Bedingungen der freien und assoziierten Arbeit nur das progressive Werk der Zeit sein kann (jene ökonomische Umgestaltung), daß sie nicht nur eine Veränderung der Verteilung erfordern, sondern auch eine neue Organisation der Produktion, oder besser die Befreiung (Freisetzung) der gesellschaftlichen Formen der Produktion in der gegenwärtigen organisierten Arbeit (erzeugt durch die gegenwärtige Industrie) von den Fesseln der Sklaverei, von ihrem gegenwärtigen Klassencharakter, und ihre harmonische nationale und internationale Koordinierung. Die Arbeiterklasse weiß, daß dieses Erneuerungswerk immer wieder aufgehalten und behindert werden wird durch die Widerstände erworbener Anrechte und Klassenegoismen. Sie weiß, daß das gegenwärtige »spontane Wirken der Naturgesetze des Kapitals und des Grundeigentums« nur im Verlauf eines langen Entwicklungsprozesses neuer Bedingungen durch »das spontane Wirken der Gesetze der gesellschaftlichen Ökonomie der freien und assoziierten Arbeit« ersetzt werden kann, so wie das »spontane Wirken der ökonomischen Gesetze der Sklaverei« und das »spontane Wirken der ökonomischen Gesetze der Leibeigenschaft« abgelöst wurde. Aber die Arbeiterklasse weiß zugleich, daß durch die kommunale Form der politischen Organisation sofort große Fortschritte erzielt werden können und daß die Zeit gekommen ist, jene Bewegung für sich selbst und die Menschheit zu beginnen. [37] [...]

Wenn die Kommune ... die einzige Macht ist, die (dem Bauern) große unmittelbare Wohltaten sogar unter ihren gegenwärtigen ökonomischen Bedingungen erweisen kann, so ist sie gleichzeitig die einzige Regierungsform, die ihm die Umgestaltung seiner gegenwärtigen ökonomischen Bedingungen sichern, ihn einerseits vor der Expropriation durch den Grundbesitzer bewahren und ihn andererseits aus der Bedrückung, Mühe und Elend, zu dem er unter dem Schein des angeblichen Eigentums verurteilt ist, retten kann; sie kann sein nominelles Eigentum an dem Boden in wirkliches Eigentum an den Früchten seiner Arbeit verwandeln, kann die Vorteile der modernen Agronomie, die von gesellschaftlichen Bedürfnissen diktiert werden und ihn jetzt täglich wie ein Feind bedrohen, mit der Erhaltung seiner Stellung als wirklich unabhängiger Produzent verbinden. Da er von der Republik der Kommune sofort Nutzen hätte, würde er ihr bald vertrauen. [38]

3. Gegen den autokratischen Anarchismus [39]

Wir haben also in dieser anarchischen Organisation der Tribunen-Barrikaden zunächst den Kommunalrat, sodann Vollziehungsausschüsse, die, um irgend etwas vollziehen zu können, doch mit irgendeiner Macht versehen und von der öffentlichen Gewalt unterstützt sein müssen; wir haben ferner ein ganzes Föderal*parlament,* dessen Hauptaufgabe es sein wird, diese *öffentliche Gewalt* zu organisieren. Dieses Parlament, ebenso wie der Kommunalrat, dann die *Exekutivgewalt* auf ein oder mehrere *Komitees* übertragen, die durch diese Tatsache selbst mit einem Autoritätscharakter versehen sind, den die Bedürfnisse des Kampfes schärfer und schärfer werden hervortreten lassen. Wir haben also alle Elemente des »Autoritätsstaates« aufs schönste wieder hergestellt, und es macht nichts aus, wenn wir diese Maschine »von unten herauf organisierte revolutionäre Kommune« nennen. Der Name ändert nichts an der Sache; die Organisation von unten herauf existiert in jeder Bourgeois-Republik und die imperativen Mandate datieren sogar aus dem Mittelalter. Übrigens erkennt Bakunin dies selbst an, wenn er (Art. 8) seiner Organisation den Namen des »neuen revolutionären Staates« beilegt. [...]

Damit das orthodoxe Programm auch befolgt werde und die Anarchie sich stets einer guten Aufführung befleißige,

»ist es notwendig, daß inmitten der Volksanarchie, welche eben das Leben und die ganze Kraft der Revolution bilden wird, *die Einheit des Gedankens und des revolutionären Handelns ein Organ finde.* Dieses Organ soll die *geheime und universelle Assoziation der internationalen Brüder sein.*« [40]

»Diese Assoziation geht von der Überzeugung aus, daß Revolutionen niemals gemacht werden, weder von Individuen, noch von geheimen Gesellschaften: Sie machen sich wie von selbst, durch die Macht der Dinge, durch die Bewegung der Ereignisse und der Tatsachen. Alles, was eine gut organisierte geheime Gesellschaft tun kann, besteht zunächst darin, daß sie die Geburt einer Revolution befördert, indem sie in den Massen die den Masseninstinkten entsprechenden Ideen verbreitet, und daß sie, nicht die Revolutionsarmee – die Armee muß immer das Volk sein« (das Kanonenfutter) »– wohl aber einen *revolutionären Generalstab* organisiert, der aus ergebenen, energischen, intelligenten Individuen und vor allem aus aufrichtigen und nicht ehrgeizigen oder eitlen Freunden des Volkes besteht, die die Fähigkeit besitzen, als Vermittler zwischen der« (von ihnen monopolisierten) »revolutionären Idee und den Volksinstinkten zu dienen.«

»Die Zahl dieser Individuen darf also nicht sehr groß sein. Für die internationale Organisation in ganz Europa *genügen hundert fest und ernst verbündete Revolutionäre.* Zwei-, dreihundert Revolutionäre werden für die Organisation des größten Landes genügen.« [41]

So zeigt sich uns auf einmal ein anderes Bild. Die Anarchie, das »entfesselte Volksleben«, die »bösen Leidenschaften« usw. reichen nicht mehr aus. Um den Erfolg der Revolution zu sichern, bedarf es der *Einheit des Gedankens und des Handelns.* Die Internationalen suchen diese Einheit zu schaffen durch die Propaganda, die Diskussion und die öffentliche Organisation des Proletariats; Bakunin braucht dazu bloß eine geheime Organisation von hundert Mann, den privilegierten Vertretern der revolutionären Idee; einen disponiblen, selbsternannten und vom permanenten »Bürger B.« kommandierten Revolutionsgeneralstab. Einheit des Gedankens und des Handelns heißt weiter nichts als Orthodoxie und blinder Gehorsam. *Perinde ac cadaver.* Wir befinden uns mitten in der Gesellschaft Jesu. [42]

Die geheimen Statuten sind bestimmt für die internationalen Brüder des Westens; die Anarchie wird dort zur »vollständigen Entfesselung des Volkslebens ... der bösen Leidenschaften«, aber mitten in dieser Anarchie existiert das geheime leitende Element – eben diese Brüder; man gibt ihnen nur einige unbestimmte Andeutungen über die allianzistische, dem heiligen Loyola entnommene Moral; man erwähnt nur die Notwendigkeit, keinen Stein auf dem andern zu lassen, – denn im Westen ist man noch mit philiströsen Vorurteilen genährt und man bedarf einiger Schonung. Man sagt ihnen, daß die Wahrheit, zu blendend für Augen, die des wahren Anarchismus noch ungewohnt, erst vollständig enthüllt werde im Programm der russischen Sektion. Nur zu den geborenen Anarchisten, zum auserwählten Volke, zu seiner Jugend des heiligen Rußlands wagt der Prophet offen zu reden. Da wird die Anarchie zur allgemeinen Allzerstörung, die Revolution zu einer Reihe von erst einzelnen individuellen, dann Massenmorden; die einzige Verhaltungsregel ist die gesteigerte Jesuitenmoral; das Urbild des Revolutionärs ist der Räuber. Da wird der Jugend das Denken und die Wissenschaft verboten als weltliche Beschäftigungen, die sie zum Zweifel an der allzerstörenden Orthodoxie führen könnten. Wer etwa bei ihren theoretischen Ketzereien hartnäckig zu verharren oder den Maßstab der gewöhnlichen Kritik an den allgemeinen Amorphismus anzulegen sich vermäße, wird mit der heiligen Inquisition bedroht. Vor der russischen Jugend braucht der Papst sich keinen Zwang mehr anzulegen, weder im Inhalt, noch in der Form. Da läßt er seiner Sprache den Zügel schießen. [43] [...]

Dieser selbe Mann, der 1870 den Russen blinden, unbedingten Gehorsam predigt gegenüber Befehlen, die von oben herab von einem unbekannten namenlosen Komitee kommen, der erklärt, daß die jesuitische Disziplin die notwendige Bedingung des Sieges, daß sie allein fähig sei, die furchtbare Zentralisation des Staats, und zwar nicht bloß des russischen, sondern jedes Staates zu besiegen; der einen Kommunismus verkündigt, der autoritärer ist als der primitivste Kommunismus – dieser selbe Mann zettelt im Jahre 1871 im Schoße der Internationalen eine separatistische und desorganisierende Bewegung an, unter dem Vorwande, den Autoritarismus und die Zentralisation der deutschen Kommunisten zu bekämpfen, die Autonomie der Sektionen, die freie Föderation autonomer Gruppen zu bilden und aus der Internationalen das zu machen, was sie sein sollte: das Bild der zukünftigen Gesellschaft. Wenn die künftige Gesellschaft nach dem Muster der Allianz, russischer Sektion, eingerichtet würde, dann würde sie das Paraguay der Ehrwürdigen Jesuiten-Patres weit überbieten. [44]

I/3 Rußlands historische Chance (1877)

(Brief an die Redaktion der »Otetschestwennyje Sapiski«)

Das zaristische Rußland war nicht nur das erste Land, in dem eine Übersetzung des »Kapital« erfolgte und in einem von der Zensur genehmigten Druck erschien (1872); es war auch das erste Land, in dem die wesentlichen soziologischen und ethischen Probleme des Marxschen Werkes gestellt und erörtert wurden.

So kam es, daß Marx unfreiwillig zum Diskussionspartner in einem Streite wurde, der vierzig Jahre vorher durch P. J. Tschaadajews »Erste Philosophische Briefe« (1836) ausgelöst und dessen Bilanz im Jahre 1869 in der Schrift von N. Danilewski »Rußland und Europa« im Geiste des Slawophilismus, im Gegensatz zu den Verfechtern der Verwestlichung Rußlands, gezogen wurde.

Unter den russischen Intellektuellen, die zur Rezeption des »Kapital« sowohl in wissenschaftlichen wie auch in politischen Kreisen viel beitrugen, ragt der in der Tradition des Narodnitschestwo wirkende Literat Nikolai K. Michailowski (1842–1904) hervor. Er war zweifellos der erste Leser des Marxschen Buches, der den ethischen Gehalt der darin entwickelten wissenschaftlichen Thesen erkannte und hervorhob. Er war es auch, der das Zentralproblem auf die Tagesordnung brachte, das später den Zankapfel bilden sollte zwischen den Epigonen des sozialistischen Populismus und den Pionieren des russischen Marxismus; und das sich wie folgt formulieren läßt: Gibt es für Rußland einen anderen Weg zum Sozialismus als den eines hochentwickelten Kapitalismus? Gegen Michailowski waren hauptsächlich die ganz im Tone und der Sinnesart der europäischen marxistischen Orthodoxie – von der Marx und Engels nur die ersten Anzeichen wahrnehmen konnten – gehaltenen Angriffe gerichtet. (Vgl. V. I. Lenin, *Was sind die »Volksfreunde« und wie kämpfen sie gegen die Sozialdemokraten?*, 1894; besonders G. V. Plechanow, *Zur Frage der Entwicklung der monistischen Geschichtsauffassung*, 1895.)

Anlaß zu dem hier abgedruckten, aus dem Französischen übersetzten Brief war ein im Oktoberheft der Petersburger »Vaterländischen Annalen« (Otetschestwennyje Sapiski) erschienener Artikel Michailowskis betitelt »Karl Marx vor dem Urteilsspruch des Herrn J. Shukowski«, worin der Verfasser die gehässige Besprechung des »Kapital« durch einen liberalen Ökonomen anprangerte und die von diesem vernachlässigte ethische Absicht der Marxschen Werttheorie betonte. Michailowski gewann außerdem den Ökonomen Nikolai I. Sieber für eine wissenschaftliche Widerlegung Shukowskis, die in der folgenden Nummer der Zeitschrift erschien. Er selbst war weit davon entfernt, sich mit der in seinen Augen von Hegel inspirierten »metaphysischen« Geschichtsphilosophie Marx' zu identifizieren. [1]

Über die posthume Veröffentlichung dieses Textes gibt Engels' Brief an Vera Sassulitsch vom 6. März 1884 Auskunft (siehe unten S. 226), worin auch der wahrscheinliche Grund angegeben wird, der Marx bestimmte, seine Antwort zurückzuhalten. Offenbar hat die unmarxistische Stellungnahme von Marx zum Problem der russischen Bauernkommune, seine Sympathieerklärung für den Narodnitschestwo, der seit dem Herbst 1883 in Genf konstituierten russisch-marxistischen Gruppe »Befreiung der Arbeit«, nicht behagt. Dafür gibt es Zeugnisse, u.a. die späte und lakonische Antwort von Sassulitsch an Engels [2] und die »Erinnerungen« P. Axelrods. [3] Auch die Tatsache, daß Plechanow, der führende Geist der Genfer Gruppe, in seinem ersten bedeutenden Bekenntnis zur marxistischen Orthoxie (*Naschi rasnoglassija,* Unsere Meinungsverschiedenheiten), dessen Vorwort vom 22. Juli 1884 datiert ist, mit keiner Silbe ein Dokument erwähnt, in dem Marx sich speziell zur revolutionären »Chance« Rußlands äußert –, auch dies ist bezeichnend für die kühle Aufnahme des Engelsschen Geschenks aus dem Nachlaß des ›Meisters‹. Engels scheint diese, einer Ablehnung gleichkommende, Haltung der russischen Schüler nicht entgangen zu sein, wie man aus seinem Brief an Sassulitsch vom 23. April 1885 (s. unten S. 228/30) entnehmen kann. Diese Deutung wird dadurch bekräftigt, daß Engels, auf Anraten seines populistischen Korrespondenten Danielson [4], eine Abschrift von Marx' Brief an die liberale Petersburger Zeitschrift »Sewerny Westnik« zur Veröffentlichung sandte. Engels Begleitschreiben an diese Zeitschrift lautet: »Unter den Papiren meines verstorbenen Freundes K.M. habe ich eine Antwort auf einen Artikel des Herrn Michailowski: ›Karl Marx vor dem Tribunal des Herrn Shukowski‹ gefunden. Da diese Antwort seinerzeit aus mir unbekannten Gründen nicht veröffentlicht worden ist, für die russische Öffentlichkeit jedoch noch von Interesse sein kann, stelle ich sie Ihnen zur Verfügung.« [5] Die Redaktion des »Sewerny Westnik« hielt es scheinbar für nicht ratsam, von diesem Angebot Gebrauch zu machen.

Eine litographierte Übersetzung des Marxschen Briefes zirkulierte 1885 in Rußland, wo ein großer Teil der Exemplare in die Hände der Polizei geriet. [6] Gedruckt erschien sie zum ersten Mal in der in Paris von P. Lawrow herausgegebenen Zeitschrift *Westnik Narodnoi Woli* (Bote des Volkswillens).

Die hier gebotene deutsche Übersetzung beruht auf dem Originaltext in MEAB S. 365ff und teilweise auf der Engelsschen Fassung im Nachwort zu *Soziales aus Rußland* (siehe unten S. 217f.).

Sehr geehrter Herr Redakteur! [November 1877]

Der Verfasser des Artikels »Karl Marx vor dem Urteilsspruch des Herrn Shukowski« ist offensichtlich ein Mann von Geist, und wenn er in meiner Darstellung der ursprünglichen Akkumulation eine einzige Stelle gefunden hätte, die ihm zur Bekräftigung seiner Schlußfolgerungen dienen könnte, hätte er sie angeführt. In Ermanglung einer solchen Stelle sieht er sich gezwungen, sich einer Nebenbemerkung zu bemächtigen, einer Art Polemik gegen einen russischen »Belletristen«, die im Nachtrag zur ersten deutschen Ausgabe des »Kapitals« abgedruckt ist. [7] Was werfe ich dort diesem Schriftsteller vor? Daß er die russische Landgemeinde nicht in Rußland, sondern in dem Buch des preußischen Regierungsrats Haxthausen entdeckt hat und daß unter seiner Feder die russische Landgemeinde nur als Beweis dafür dient, daß das verrottete alte Europa durch den Sieg des Panslawismus erneuert werden müsse. Meine Einschätzung dieses Schriftstellers mag richtig oder falsch sein, auf keinen Fall aber kann sie den Schlüssel liefern zu meinen Ansichten »von Russen, für ihr Vaterland einen Entwicklungsweg zu finden, der sich von jenem unterscheidet, den Westeuropa ging und geht,« usw. [8]

Im Nachwort zur zweiten deutschen Ausgabe des »Kapitals« – das der Verfasser des Artikels über Herrn Shukowski kennt, da er es zitiert – spreche ich von »einem großen russischen Gelehrten und Kritiker« mit der Hochachtung, die er verdient: Dieser hat in bemerkenswerten Artikeln die Frage behandelt, ob Rußland, um zum kapitalistischen System überzugehen, damit beginnen müsse – wie es die russischen liberalen Ökonomen wollen –, die Landgemeinde zu zerstören, oder ob es sich im Gegenteil, ohne die Qualen dieses Systems durchzumachen, alle seine Früchte aneignen könne, indem es seine eignen geschichtlich gegebenen Voraussetzungen weiterentwickelt. Er spricht sich in diesem letzten Sinne aus. Und mein werter Kritiker hätte zumindest ebensoviel Grund, aus meiner Wertschätzung dieses »großen russischen Gelehrten und Kritikers« [9] zu folgern, daß ich seine Ansichten über diese Frage teile, wie aus meiner Polemik gegen den »Belletristen« und Panslawisten zu schließen, daß ich sie ablehne.

Kurzum, da ich nicht gern »Rätselraten« spiele, will ich ohne Rückhalt sprechen. Um die ökonomische Entwicklung Rußlands in voller Sachkenntnis beurteilen zu können, habe ich Russisch gelernt und dann lange Jahre hindurch offizielle und andre Veröffentlichungen studiert, die sich auf diesen Gegenstand beziehen [10]. Ich bin zu folgendem Resultat gekommen: Wenn Rußland weiter auf dem Wege verharrt, den es seit 1861 verfolgt, so wird es die schönste Chance verlieren, die die Geschichte jemals einem Volk dargeboten hat, um dafür alle verhängnisvollen Wechselfälle des kapitalistischen Regimes durchzumachen.

2

Das Kapitel über die ursprüngliche Akkumulation will nur den Weg schildern, auf dem im westlichen Europa die kapitalistische Wirtschaftsordnung aus dem Schoß der feudalen Wirtschaftsordnung hervorgegangen ist. Es entwickelt also die geschichtliche Bewegung, die, indem sie die Produzenten von ihren Produktionsmitteln trennte, die ersteren in Lohnarbeiter (Proletarier im modernen Sinne des Wortes) und die Besitzer der letzteren in Kapitalisten verwandelte. In dieser Geschichte »sind alle Umwälzungen epochemachend, die der sich bildenden Kapitalistenklasse als Hebel dienen, vor allem aber die Momente, worin große Menschenmassen plötzlich und gewaltsam von ihren Subsistenzmitteln losgelöst und als vogelfreie Proletarier auf den Arbeitsmarkt geschleudert werden. Die Expropriation *des ländlichen Produzenten, des Bauern, von Grund und Boden* bildet die Grundlage des ganzen Prozesses. Sie ist bisher radikal nur in England durchgeführt ... Aber alle Länder Westeuropas durchlaufen die gleiche Entwicklung« etc. [11] Am Schluß des Kapitels wird die geschichtliche Tendenz der (kapitalistischen) Produktion wie folgt zusammengefaßt: »Sie erzeugt mit der Notwendigkeit eines Naturprozesses ihre eigene Negation« [12]; sie hat selbst die Elemente einer neuen Wirtschaftsordnung geschaffen, indem sie gleichzeitig den Produktivkräften der gesellschaftlichen Arbeit und der allseitigen Entwicklung jedes individuellen Produzenten den größten Aufschwung gibt; das kapitalistische Eigentum, das in der Tat schon auf einer Art kollektiver Produktion beruht, kann sich nur in gesellschaftliches Eigentum verwandeln. Dort liefere ich dafür keinen Beweis, aus dem guten Grunde, daß diese Behauptung selbst nichts anderes ist als die gedrängte Zusammenfassung langer Entwicklungen in den vorhergehenden Kapiteln über die kapitalistische Produktion.

Welche Anwendung auf Rußland konnte nun mein Kritiker von dieser historischen Skizze machen? Nur diese: Strebt Rußland dahin, eine kapitalistische Nation nach westeuropäischem Vorbild zu werden – und in den letzten Jahren hat es sich in dieser Richtung viel Mühe kosten lassen –, so wird es dies nicht fertig bringen, ohne vorher einen großen Teil seiner Bauern in Proletarier verwandelt zu haben; und dann, einmal hineingerissen in den Wirbel der kapitalistischen Wirtschaft, wird es die unerbittlichen Gesetze dieses Systems zu ertragen haben, genau so wie die andern profanen Völker. Das ist alles. Aber das ist meinem Kritiker zu wenig. Er muß durchaus meine historische Skizze von der Genesis des Kapitalismus in Westeuropa in eine geschichtsphilosophische Theorie des allgemeinen Entwicklungsganges verwandeln, der allen Völkern schicksalsmäßig vorgeschrieben ist, was immer die geschichtlichen Umstände sein mögen, in denen sie sich befinden, um schließlich zu jener ökonomischen Formation zu gelangen, die mit dem größten Aufschwung der Produktivkräfte der gesellschaftlichen Arbeit die allseitige Entwicklung des Menschen sichert. Aber er möge mir verzeihen. (Er tut mir zugleich zu viel Ehre und zu viel Schimpf an.) Nehmen wir ein Beispiel.

An mehreren Stellen des »Kapitals« spiele ich auf das Schicksal an, das die Plebejer des alten Roms ereilte. Sie waren ursprünglich freie

Bauern, die, jeder auf eigne Rechnung, ihr eignes Stück Land bebauten. Im Verlauf der Geschichte Roms wurden sie expropriiert. Die gleiche Entwicklung, die sie von ihren Produktions- und Subsistenzmitteln trennte, schloß nicht nur die Bildung des Großgrundbesitzes, sondern auch die großer Geldkapitalien ein. So gab es eines schönen Morgens auf der einen Seite freie Menschen, die von allem, außer ihrer Arbeitskraft, entblößt waren, und auf der andern, zur Ausbeutung dieser Arbeit, die Besitzer aller der erworbenen Reichtümer. Was geschah? Die römischen Proletarier wurden nicht Lohnarbeiter, sondern ein faulenzender Mob, noch verächtlicher als die weiland »poor whites« der Südstaaten Nordamerikas, und daneben entwickelte sich nicht eine kapitalistische, sondern auf Sklavenarbeit beruhende Produktionsweise. Ereignisse von einer auffallenden Analogie, die sich aber in verschiedenem historischen Milieu abspielten, führten also zu ganz verschiedenen Ergebnissen. Wenn man jede dieser Entwicklungen für sich studiert und sie dann miteinander vergleicht, wird man leicht den Schlüssel zu dieser Erscheinung finden; jedoch wird dies niemals gelingen mit dem Universalschlüssel einer allgemeinen geschichtsphilosophischen Theorie, deren größte Tugend darin besteht, übergeschichtlich zu sein.

I/4 Die russische Bauernkommune in revolutionärer Sicht (1881)

Das folgende, aus dem Nachlaß stammende Dokument verfaßte Marx zwei Jahre vor seinem Tode. Wie das vorige, vier Jahre früher entstandene, behandelt es das grundsätzliche Problem der Überlebenschancen der russischen Bauerngemeinde und der damit verbundenen revolutionären Umwandlung Rußlands, aber diesmal in erweiterter und vertiefter Form. Es ist in dreifacher Hinsicht von außerordentlicher Bedeutung:

1. Es stellt den letzten – man könnte sagen: verzweifelten – Versuch eines durch Krankheit zermürbten, zum Sterben verurteilten Denkers dar, das Ergebnis langjähriger Studien so zusammenzufassen, daß es zum theoretischen Verständnis der historischen und sozialen Bedingtheiten der unausbleiblichen russischen Revolution dienen kann.

2. Es ist als Antwort auf die mit dieser theoretischen Klärung verbundenen Frage gedacht, welche – wenn überhaupt – politische Praxis verfolgt werden müsse, damit diese Revolution in ihrem historischen Verlauf einen sozialistischen Charakter in einem Land annehme, das sich durch seine ökonomische Struktur noch im vorkapitalistischen Stadium befindet.

3. Es ist auch als Protest gedacht gegen bewußte Entstellungen und verflachende oder dogmatisierende Deutungen einer Theorie, die der Gefahr ausgesetzt ist, aus einer wesentlich zur Massenaufklärung und -erziehung bestimmten Lehre die Selbstbesinnung und -befreiung zu einer monolithischen, der Massenmanipulierung und -versklavung dienenden Parteiideologie verfälscht zu werden.

Der Anlaß zu dieser Arbeit war ein aus Genf vom 1. Februar 1881 datierter französischer Brief, den die damals kaum dreißigjährige russische Revolutionärin Vera Sassulitsch an Marx sandte. Drei Jahre vorher hatte sie auf den Stadthauptmann von Petersburg, der sich durch Mißhandlungen eingekerkerter Studenten in Verruf gebracht hatte, ein Attentat verübt. Ein durch die günstige öffentliche Meinung beeindrucktes Geschworenengericht hatte sie freigesprochen, worauf sie in die Schweiz imigrierte, um weiteren polizeilichen Verfolgungen zu entgehen. In Genf setzte sie ihre politische Tätigkeit als Mitglied der aus der Spaltung der Partei »Land und Freiheit« (*Semlja i Wolja*) hervorgegangenen Gruppe der »Schwarzen Umteilung« (*Tschornyi Peredel*) fort, zu der damals auch Georgi Plechanow und Pawel Axelrod gehörten. Zwei Jahre später, also im Todesjahre von Marx, waren sie die Begründer des russischen Marxismus.

Obwohl der Brief nur die Unterschrift von Vera Sassulitsch trägt, ging er von der damals noch im Geiste des *Narodnitschestwo* befangenen Gruppe aus, die von Marx gleichsam ein Verdikt erbaten sowohl die historischen Aussichten der Bauerngemeinde (*Obschtschima*) betreffend, als auch die Zweckmäßigkeit ihrer eigenen politischen Aktion. Es handle sich, schrieb Vera Sassulitsch, um »eine Frage von Leben und Tod« sowohl für die sozialistische Partei als solche, als auch für deren Mitkämpfer. Anhänger des »wissenschaftlichen Sozialismus« behaupten, daß dieser, wie die Geschichte selbst, die Bauernkommune als archaische Institution zum Untergang verurteilt. Sie bezeichnen sich als Marx' Schüler und nennen sich »Marxisten«, obwohl sie zugeben müssen, daß das *Kapital* sich mit Rußland so gut wie garnicht beschäftigt.

»Sie begreifen also«, hieß es weiter, »wie sehr Ihre Ansicht über diese Frage uns interessiert und welch großen Dienst Sie uns erweisen würden, wenn Sie Ihre Gedanken über das wahrscheinliche Schicksal unserer Landgemeinde und über die Theorie der historischen Notwendigkeit auseinandersetzen wollten, wonach alle Länder der Welt sämtliche Phasen der kapitalistischen Produktion durchschreiten müssen.« Marx möge seine Antwort in einem mehr oder weniger langen Brief darlegen und gestatten, daß dieser ins Russische übersetzt und in Rußland veröffentlicht werde.

Von Marx' französisch geschriebener Antwort sind vier Entwürfe von ungleicher Länge sowie eine kurze, ca. 35zeilige Reinschrift erhalten geblieben, die mit dem vierten Entwurf fast identisch ist. Das ganze Material wurde 1926 im 1. Band des vom Moskauer Marx-Engels-Institut herausgegebenen *Marx-Engels-Archivs* (S. 316/342) veröffentlicht. In seiner Einführung berichtet D. Rjazanov von den Umständen der Entdeckung dieser Dokumente, wobei er ein merkwürdiges Faktum anführt.

Nachdem er bei der Ordnung Marxscher, im Besitz von Paul und Laura Lafargue befindlicher Papiere die Briefkonzepte gefunden hatte, wollte er in Erfahrung bringen, ob die Pioniere des russischen Marxismus sich eines Gedankenaustausches mit Marx im Jahre 1881 erinnerten. Das Resultat dieser Erkundigung blieb negativ: Alle drei – also die Adressatin inbegriffen – hatten Marx' Antwort (die 1923 im Archiv Axelrods wiedergefunden wurde) »gründlich vergessen«. Rjazanov bemerkt dazu: »Man muß anerkennen, daß dieses Vergessen gerade im Hinblick auf das besondere Interesse, das solch ein Brief hervorrufen mußte, einen sehr befremdlichen Charakter trägt und wahrscheinlich für Fachpsychologen eines der interessantesten Beispiele für die außerordentlichen Unzulänglichkeiten des Mechanismus unseres Gedächtnisses bietet.«

Rjazanov irrte in einem Punkt: Man braucht kein »Fachpsychologe« zu sein, um zu begreifen, daß dies merkwürdige »Vergessen« einfach die natürliche Folge der Metamorphose war, die die ehemaligen Narodniki durchgemacht hatten, indem sie »Marxisten« wurden. Sie mußten Marx aus dem Gedächtnis wischen, weil er in dieser Debatte – wo es um »Leben und Tod« der russischen revolutionären Partei und deren Vertreter ging – den Standpunkt der Volkstümler unterstützte, folglich selber sozusagen ›Narodnik‹, also kein ›Marxist‹ war!

Ich verweise in diesem Zusammenhang auf die ausgezeichnete Studie von Helmut Krause, *Marx und Engels und das zeitgenössische Rußland,* Gießen 1958 (Marburger Abhandlungen zur Geschichte und Kultur Osteuropas, Band 1, S. 102ff). Ich bezweifle jedoch die Richtigkeit des Vergleichs, den der Verfasser zwischen dem »Optimismus« der populistischen These und der »Sprungtheorie« Trotzkis anstellt. Es scheint mir vielmehr, daß Trotzkis Zurückweisung des »Scheinmarxismus« insofern keine »Bewegungsfreiheit gegenüber einer marxistischen Schablone« darstellt, als seine These von der »Machteroberung durch die Arbeiterklasse in Rußland« (1917) sich als haltlos erwiesen hat und nur eine ideologische Verbrämung der bolschewistischen Parteidiktatur darstellte, genau wie die Phrase vom »Privileg der historischen Verspätung« Rußlands nicht nur gegen den »orthodoxen Marxismus« verstößt, sondern der Marxschen Soziologie der Revolution direkt ins Gesicht schlägt.

Der hier gebotene Text ist eine Kontamination der ersten drei Briefkonzepte zum Zwecke einer möglichst klaren und vereinheitlichenden Darstellung der Marxschen Überlegungen unter Vermeidung von Wiederholungen. Am Wortlaut der ausgewählten Textteile wurde nicht gerührt, soweit dies bei der Übersetzung einer stilistisch unausgereiften Schrift überhaupt möglich ist. Die im 19. Band der MEW (S. 384/406) gegebene Übersetzung wurde reichlich benützt. Die eigentliche, ganz knapp gehaltene Antwort von Marx an Vera Sassulitsch vom 8. März 1881 bringen wir unten S. 110f

Liebe Bürgerin!
Um die in Ihrem Brief vom 16. Februar aufgeworfenen Fragen gründlich zu behandeln, müßte ich auf Einzelheiten eingehen und dringende Arbeiten unterbrechen; ich hoffe jedoch, daß die gedrängte Darlegung, die ich mich beehre, Ihnen zu übersenden, genügen wird, um jedes Mißverständnis bezüglich meiner sogenannten Theorie zu zerstreuen.

1

Die Genesis der kapitalistischen Produktion analysierend sage ich: »Das kapitalistische System setzt die radikale Scheidung zwischen den Arbeitern und dem Eigentum an den Verwirklichungsbedingungen der Arbeit voraus ... *Die Expropriation des ländlichen Produzenten,* des Bauern von Grund und Boden bildet die Grundlage des ganzen Prozesses. Ihre Geschichte nimmt in verschiedenen Ländern verschiedene Färbung an und durchläuft die verschiedenen Phasen in verschiedener Reihenfolge ... Nur in England, das wir daher als Beispiel nehmen, besitzt sie klassische Form. *Aber alle anderen Länder Westeuropas machen dieselbe Entwicklung durch.«* [1]

Das »historische Fatum« dieser Entwicklung ist also *ausdrücklich* auf die *Länder Westeuropas* beschränkt. Die Begründung dieser Einschränkung gibt folgende Stelle aus dem 32. Kapitel: »*Das selbsterarbeitete ... Privateigentum* wird verdrängt durch das *kapitalistische Privateigentum,* welches auf Exploitation fremder Arbeit, auf der Lohnarbeit beruht.« [2]

Um über diese These nicht den geringsten Zweifel zu lassen, sage ich:

»*Privateigentum,* als Gegensatz zum (gesellschaftlichen), kollektiven Eigentum, besteht nur da, wo (die Arbeitsmittel) und die äußeren Bedingungen der Arbeit *Privatleuten* gehören. Je nachdem aber diese

Privatleute die Arbeiter oder die Nichtarbeiter sind, hat auch das Privateigentum einen anderen Charakter.« [3]

So hat der Prozeß, den ich analysiert habe, eine Form des privaten und zersplitterten Eigentums der Arbeitenden durch das kapitalistische Eigentum einer winzigen Minderheit ersetzt, *hat eine Art des Eigentums durch eine andere ersetzt.* [4]

Bei den russischen Bauern würde man im Gegenteil ihr *Gemeineigentum in Privateigentum umzuwandeln haben.* Man möge die Unvermeidlichkeit dieser Umwandlung bejahen oder verneinen, die Gründe für und wider haben nichts mit einer Analyse der Genesis des kapitalistischen Regimes zu tun. Man könnte höchstens daraus folgern, daß, angesichts der gegenwärtigen Lage der großen Mehrheit der russischen Bauern, der Prozeß ihrer Umwandlung in Kleinbesitzer nur der Prolog zu ihrer raschen Expropriation sein würde.

Das ist übrigens der Wunsch der russischen Liberalen; aber erweist sich ihr Wunsch begründeter als der Wunsch Katharinas II., die westliche Zunftordnung des Mittelalters auf russischen Boden zu verpflanzen?

So führte die Enteignung der Ackerbauern im Westen zur »Verwandlung des privaten und zersplitterten Eigentums der Arbeitenden« in konzentriertes Privateigentum der Kapitalisten. Aber dies bedeutet die Ersetzung einer Form des Privateigentums durch eine andere Form desselben. In Rußland würde es sich im Gegenteil darum handeln, das kommunistische Eigentum durch das kapitalistische zu ersetzen.

Gewiß, sollte die kapitalistische Produktion in Rußland vorherrschend werden, so muß die große Mehrheit der Bauern, d.h. des russischen Volkes, in Lohnarbeiter verwandelt und folglich durch die vorhergehende Abschaffung ihres Gemeineigentums expropriiert werden. Aber auf alle Fälle hätte der Präzedenzfall im Westen nichts damit zu schaffen.

Die russischen »Marxisten«, von denen Sie sprechen, sind mir völlig unbekannt. Die Russen, mit denen ich in persönlichen Beziehungen stehe, vertreten, soviel ich weiß, völlig entgegengesetzte Ansichten.

2

Das ernsthafteste Argument, das man gegen die russische Dorfgemeinde geltend gemacht hat, läuft auf folgendes hinaus:

Soweit man zu den Ursprüngen der westlichen Gesellschaften zurückgeht, findet man überall das Gemeineigentum an Grund und Boden; mit dem gesellschaftlichen Fortschritt mußte es überall dem Privateigentum den Platz räumen; also würde es dem gleichen Schicksal auch in Rußland nicht entrinnen können.

Dieses Argument kommt nur insofern in Betracht, als es sich auf europäische Erfahrungen stützt. Was zum Beispiel Ostindien anbelangt, so ist es jedermann, mit Ausnahme von Sir Henry Maine [5] und Leuten ähnlichen Schlags, bekannt, daß dort die Abschaffung des Gemeineigentums an Grund und Boden ein purer Akt des englischen Vandalismus war, der für das indische Volk keinen Fortschritt, sondern einen Rückschritt bedeutete.

Vor allem ist in Westeuropa der Untergang des Gemeineigentums und die Entstehung der kapitalistischen Produktion durch eine riesige Zeitspanne voneinander getrennt, die eine ganze Reihe aufeinanderfolgender ökonomischer Revolutionen und Evolutionen umfaßt, von denen die kapitalistische Produktion nur die jüngste ist. Auf der einen Seite hat sie die gesellschaftlichen Produktivkräfte großartig entwikkelt, auf der anderen hat sie die eigene Unvereinbarkeit mit den von ihr selbst hervorgebrachten Kräften gezeigt. Ihre Geschichte ist nichts weiter als eine Geschichte von Antagonismen, Krisen, Konflikten und Katastrophen. Schließlich hat sie aller Welt, mit Ausnahme derer, die auf Grund ihrer Interessen blind sind, ihren reinen Übergangscharakter offenbart. Die Völker, bei denen sie in Europa und in Amerika den größten Aufschwung genommen hat, streben nur danach, ihre Ketten zu sprengen, indem sie die kapitalistische Produktion durch die genossenschaftliche Produktion und das kapitalistische Eigentum durch eine höhere Form des archaischen Eigentumtyps, d.h. durch das kommunistische Eigentum, ersetzen wollen.

Wenn Rußland in der Welt isoliert wäre, müßte es auf seine eigene Rechnung die ökonomischen Errungenschaften herausbilden, die Westeuropa nur erworben hat, indem es eine lange Reihe von Evolutionen durchgemacht, von der Existenz seiner Urgemeinschaften bis zu seinem heutigen Zustande. Dann würde, so scheint es mir, kein Zweifel bestehen, daß seine Gemeinden mit der Entwicklung der russischen Gesellschaft unweigerlich zum Untergang verurteilt wären. Aber die Lage der russischen Gemeinde ist durchaus verschieden von der Lage der Urgemeinschaften des Westens. Rußland ist das einzige Land in Europa, wo sich das Gemeineigentum im großen, nationalen Maßstabe behauptet hat, aber gleichzeitig existiert Rußland in einem modernen historischen Milieu, es ist Zeitgenosse einer höheren Kultur, es ist mit einem Weltmarkt verbunden, auf dem die kapitalistische Produktion vorherrscht.

Indem es sich die positiven Ergebnisse dieser Produktionsweise aneignet, ist es also imstande, die noch archaische Form seiner Dorfgemeinde zu entwickeln und umzuformen, statt sie zu zerstören. (Ich bemerke nebenbei, daß die Form des kommunistischen Eigentums in Rußland die modernste Form des archaischen Typus ist, der wiederum selber eine ganze Reihe von Evolutionen durchgemacht hat.)

3

Die Urgemeinschaften sind nicht alle nach dem gleichen Muster zugeschnitten. Sie bilden vielmehr insgesamt eine Reihe von gesellschaftlichen Gruppierungen, die sich sowohl im Typus wie im Alter voneinander unterscheiden und die aufeinanderfolgenden Entwicklungsphasen kennzeichnen. Einer dieser Typen, den man gewohnheitsmäßig ›Landgemeinde‹ nennt, ist auch der der russischen Gemeinde. Ihr Gegenstück im Westen ist die germanische Gemeinde, die jüngeren Datums ist. Zur Zeit Julius Cäsars existierte sie noch nicht, und sie existierte nicht mehr, als die germanischen Stämme Italien, Gallien, Spanien etc. eroberten. In der Epoche Julius Cäsars gab es schon eine jährliche Aufteilung des Ackerlands unter Gruppen, den Gentes und den Stämmen, aber noch nicht unter die einzelnen Familien einer Gemeinde; wahrscheinlich erfolgte die Bebauung ebenfalls gruppenweise, gemeinschaftlich. Auf germanischem Boden selbst hat sich diese Gemeinschaft von archaischerem Typus durch eine natürliche Entwicklung zur Landgemeinde umgewandelt, so wie sie Tacitus beschrieben hat. Seither verschwindet sie aus unserem Gesichtsfeld. Sie ging in den unaufhörlichen Kriegen und Wanderungen ruhmlos zugrunde; vielleicht starb sie eines gewaltsamen Todes. Aber ihre natürliche Lebensfähigkeit ist durch zwei unbestreitbare Tatsachen erwiesen. Einige verstreute Exemplare dieses Typus haben alle Wechselfälle des Mittelalters überlebt und sich bis auf unsere Tage erhalten, z.B. in meiner Heimat, der Gegend von Trier. [6] Aber bedeutsamer ist, daß wir die Spur dieser »Landgemeinde« so deutlich wieder in der neuen Gemeinde finden, die aus jener hervorging, daß Maurer, da er die eine erforscht hatte, die andere rekonstruieren konnte. Die neue Gemeinde, in der das Ackerland den Ackerbauern als Privateigentum gehört, während Wälder, Weiden, Ödland etc. immer noch Gemeineigentum bleiben, wurde von den Germanen in allen eroberten Ländern eingeführt. Dank der ihrem Prototyp entlehnten Wesenszüge wurde sie während des ganzen Mittelalters zum einzigen Hort volkstümlicher Freiheit und volkstümlichen Lebens.

Man begegnet der »Dorfgemeinde« auch in Asien, bei den Afghanen etc., aber sie stellt überall den allerjüngsten Typus dar, sozusagen das letzte Wort der archaischen Gesellschaftsformation. Um diese Tatsache hervorzuheben, bin ich auf einige Einzelheiten hinsichtlich der germanischen Gemeinde eingegangen.

Wir müssen jetzt die charakteristischsten Züge betrachten, welche die »Landgemeinde« von den archaischeren Gemeinwesen unterscheiden.

1. Alle anderen Gemeinwesen beruhen auf Beziehungen der Blutsverwandtschaft zwischen ihren Mitgliedern. Man gehört zu ihr nur, wenn man blutsverwandt oder adoptiert ist. Ihre Struktur ist die eines Stammbaums. Die »Landgemeinde« war die erste gesellschaftliche Gruppierung freier Menschen, die nicht durch Blutsbande eingeengt war.

2. In der Landgemeinde gehören das Haus und was dazu gehört, der Hof, dem Ackerbauern persönlich. Das gemeinsame Haus und das Zusammenwohnen waren dagegen eine ökonomische Basis der primitiveren Gemeinwesen, und das schon lange vor dem Aufkommen von Hirtenleben und Ackerbau. Gewiß findet man Gemeinden, wo die Häuser, obwohl sie aufgehört haben, kollektive Wohnplätze zu sein, periodisch die Besitzer wechseln. Die persönliche Nutzung ist also kombiniert mit dem Gemeineigentum. Aber solche Gemeinden tragen noch ihr Geburtsmal – sie befinden sich im Übergangsstadium von einem archaischeren Gemeinwesen zur Landgemeinde im eigentlichen Sinne des Wortes.

3. Als unveräußerliches und gemeinsames Eigentum wird das Akkerland periodisch zwischen den Mitgliedern der Landgemeinde derart aufgeteilt, daß jeder die ihm zugewiesenen Felder auf eigene Rechnung bewirtschaftet und sich die Früchte persönlich aneignet. In den primitiveren Gemeinwesen wird die Arbeit gemeinsam verrichtet und das gemeinschaftliche Produkt bis auf den für die Reproduktion bestimmten Anteil entsprechend den Bedürfnissen aufgeteilt.

Man versteht, daß der der Landgemeinde innewohnende Dualismus sie mit großer Lebenskraft erfüllen kann. Befreit von den starken, aber engen Banden der Blutsverwandtschaft wird ihr durch das Gemeineigentum an Grund und Boden und die sich daraus ergebenden sozialen Beziehungen eine feste Grundlage gesichert, während gleichzeitig das Haus und der dazugehörige Hof ausschließlicher Bereich der einzelnen Familie, die Parzellenwirtschaft und die private Aneignung ihrer

Früchte der Entfaltung der Persönlichkeit einen Antrieb geben, der mit der Struktur der primitiveren Gemeinwesen unvereinbar ist.

Aber es ist nicht weniger offensichtlich, daß der gleiche Dualismus mit der Zeit ein Keim der Zersetzung werden kann. Abgesehen von allen von außen kommenden schädlichen Einflüssen trägt die Gemeinde in ihrem eigenen Innern die sie zerstörenden Elemente. Das Privateigentum an Grund und Boden hat sich bereits dorthin eingeschlichen in Gestalt eines Hauses mit seinem Hof, es kann sich in eine Festung verwandeln, von wo aus der Angriff gegen das gemeinschaftliche Land vorbereitet wird. Dies ist wohlbekannt. Aber das Wesentliche ist die Parzellenarbeit als Quelle der privaten Aneignung. Sie läßt der Akkumulation beweglicher Güter Raum, z. B. von Vieh, Geld, bisweilen sogar von Sklaven oder Leibeigenen. Dieses bewegliche, von der Gemeinde unkontrollierbare Eigentum, Gegenstand individuellen Tausches, wobei List und Zufall leichtes Spiel haben, wird auf die ganze Landwirtschaft einen immer größeren Druck ausüben. Das ist das zersetzende Element der ursprünglichen ökonomischen und sozialen Gleichheit. Es führt heterogene Elemente ein, die im Schoße der Gemeinde Interessenkonflikte und Leidenschaften schüren, die geeignet sind, zunächst das Gemeineigentum an Ackerland, dann das an Wäldern, Weiden, Brachland etc. anzugreifen, die, einmal in Gemeindeanhängsel des Privateigentums umgewandelt, ihm schließlich zufallen werden.

Als letzte Phase der primitiven Gesellschaftsformation ist die Landgemeinde gleichzeitig eine Übergangsphase zur sekundären Formation, also Übergang von der auf Gemeineigentum begründeten Gesellschaft zu der auf Privateigentum begründeten Gesellschaft. Die sekundäre Formation umfaßt natürlich die Reihe der Gesellschaften, die auf Sklaverei und Leibeigenschaft beruhen.

Aber ist damit gesagt, daß das historische Schicksal der Landgemeinde unvermeidlich zu diesem Ergebnis führen muß? Keineswegs. Der ihr innewohnende Dualismus läßt eine Alternative zu: entweder wird ihr Eigentumselement über das kollektive Element oder dieses über jenes siegen. Alles hängt vom historischen Milieu ab, in dem sie sich befindet.

Falls die Bewunderer des kapitalistischen Systems in Rußland – die Wortführer der »neuen Stützen der Gesellschaft« die Möglichkeit einer solchen Kombination leugnen, so mögen sie nachweisen, daß Rußland, um die Maschinen zu benutzen, gezwungen gewesen war, die Inkubationsperiode der Maschinenproduktion durchzumachen. Mögen sie mir erklären, wie sie es sozusagen in einigen Tagen fertiggebracht haben, den Tauschmechanismus (Banken, Kreditgesellschaften etc.) bei sich einzuführen, dessen Herausbildung dem Westen Jahrhunderte gekostet hat!

4

Sehen wir vorläufig von dem Elend ab, das die russische Gemeinde bedrückt, um allein ihre Entwicklungsmöglichkeiten zu betrachten. Sie nimmt eine einzigartige Stellung ein, die in der Geschichte beispiellos dasteht. Als einzige in Europa ist sie noch die organische, vorherrschende Lebensform auf dem Lande eines ungeheuren Reiches. Das Gemeineigentum an Grund und Boden bietet ihr die natürliche Basis der kollektiven Aneignung und ihr historisches Milieu, gleichzeitiges Bestehen der kapitalistischen Produktion, liefert ihr fix und fertig die materiellen Bedingungen der in großem Maßstabe organisierten assoziierten Arbeit. Sie kann sich also die von dem kapitalistischen System erzeugten positiven Errungenschaften aneignen, ohne durch dessen Kaudinisches Joch hindurchgehen zu müssen. Sie kann die Parzellenbewirtschaftung allmählich durch eine kombinierte und mit Hilfe von Maschinen betriebene Landwirtschaft ersetzen, wozu die physische Beschaffenheit des russischen Bodens sich besonders eignet. Sobald sie in ihrer jetzigen Form in eine normale Lage versetzt wird, kann sie der unmittelbare Ausgangspunkt des ökonomischen Systems werden, dem die moderne Gesellschaft zustrebt, und ein neues Dasein beginnen, ohne vorher Selbstmord zu begehen.

‹Aber ihr gegenüber steht das Grundeigentum, das fast die Hälfte des Bodens, und zwar den besseren Teil, in seinen Klauen hält. Eben deswegen fällt die Erhaltung der Dorfgemeinde vermittels ihrer Weiterentwicklung mit der allgemeinen Bewegung der russischen Gesellschaft zusammen, deren Erneuerung nur unter dieser Bedingung stattfinden kann. Rußland würde vergeblich versuchen, durch das kapitalistische Pachtsystem nach englischem Vorbild, dem alle sozialen Bedingungen des Landes widerstreben, aus der Sackgasse herauszukommen ...› [7]

Die Engländer haben solche Versuche in Ostindien gemacht; es ist ihnen bloß gelungen, die einheimische Landwirtschaft zu ruinieren und die Anzahl und das Ausmaß der Hungersnöte zu verdoppeln.

Eine Eigentümlichkeit der »Landgemeinde« in Rußland schwächt und gefährdet sie in jeder Hinsicht, nämlich ihre Isolierung, die fehlende Verbindung zwischen dem Leben der einen Gemeinde mit dem der anderen. Diesen lokal gebundenen Mikrokosmos trifft man zwar nicht überall als einen immanenten Wesenszug dieses Typus an, aber überall, wo er vorhanden ist, hat er einen mehr oder weniger zentralisierten Despotismus über die Gemeinden entstehen lassen. Die Föderation der nordrussischen Republiken beweist, daß diese Isolierung, ursprünglich wahrscheinlich durch die unermeßliche Weite des Territoriums verursacht, zu einem großen Teil durch die politischen Schicksalsschläge gefestigt wurde, die Rußland seit der mongolischen Invasion zu erleiden hatte. Heute ist das ein Hindernis, das ganz leicht zu beseitigen wäre. Man müßte einfach die *Wolost* [8], eine Regierungsinstitution, durch eine Bauernversammlung ersetzen, die die Gemeinden selbst wählen und die als ökonomisches und administratives Organ ihren Interessen dienen würde.

Es scheint mir, daß in Rußland dieser ursprünglichen Isolierung, die durch die ungeheure Ausdehnung des Territoriums verursacht wurde, leicht abzuhelfen ist, sobald die von der Regierung bereiteten Hindernisse beseitigt sein werden.

5

Es ist ein vom historischen Gesichtspunkt aus äußerst günstiger Umstand für die Erhaltung der »Landgemeinde« durch ihre Weiterentwicklung, daß sie nicht nur Zeitgenossin der kapitalistischen Produktionsweise des Westens ist, und sich daher deren Ergebnisse aneignen kann, ohne sich ihrem modus operandi unterwerfen zu müssen, sondern daß sie auch die Periode überdauert hat, in der sich das kapitalistische System noch intakt zeigte. Dieses befindet sich vielmehr, in Westeuropa wie in den Vereinigten Staaten, im Kampf sowohl mit den arbeitenden Massen, mit der Wissenschaft, als auch mit den Produktivkräften, die es selbst erzeugt hat – mit einem Wort, es durchlebt eine Krise, die mit seiner Beseitigung und der Rückkehr der modernen Gesellschaft zu einer höheren Form des »archaischen« Typus des kollektiven Eigentums und der kollektiven Produktion enden wird, oder, wie ein amerikanischer Autor [9], der keineswegs revolutionärer Tendenzen verdächtig ist und in seinen Arbeiten durch die Regierung in Washington unterstützt wird, es sagt – das neue System, dem die moderne Gesellschaft zustrebt, »wird eine Wiedergeburt (a revival) des archaischen Gesellschaftstypus in einer höheren Form (in a superior form) sein«. Man darf sich nur nicht allzusehr von dem Wort »archaisch« erschrecken lassen. [10]

Aber man müßte dann mindestens diese Wechselfälle kennen. Wir wissen jedoch nichts davon.

Die Geschichte des Verfalls der Urgemeinschaften (man würde einen Fehler begehen, wenn man sie alle über einen Leisten schlagen wollte; ebenso wie in den geologischen Formationen gibt es auch in den historischen Formationen eine ganze Reihe von primären, sekundären, tertiären etc. Typen) ist noch zu schreiben. Bisher hat man dazu nur magere Skizzen geliefert. Aber auf jeden Fall ist die Forschung weit genug vorgeschritten, um zu bestätigen: 1. daß die Lebensfähigkeit der Urgemeinschaften unvergleichlich größer war als die der semitischen, griechischen, römischen etc. Gesellschaften und a fortiori als die der modernen kapitalistischen Gesellschaften; 2. daß ihr Verfall durch ökonomische Umstände verursacht wurde, die sie hinderten, eine gewisse Stufe der Entwicklung zu überschreiten, in historischen Milieus, die von dem historischen Milieu der russischen Dorfgemeinde von heute absolut verschieden sind.

Es versteht sich, daß die Evolution der Gemeinde allmählich vor sich gehen wird und daß der erste Schritt sein müßte, sie *auf ihrer gegenwärtigen Basis* in normale Bedingungen zu versetzen.

‹Und die historische Situation der russischen »Dorfgemeinde« hat nicht ihresgleichen! Als einzige in Europa hat sie sich nicht in Gestalt von Trümmern in der Art jener seltenen und merkwürdigen Miniaturen, jener Überbleibsel des archaischen Typus erhalten, wie man sie noch unlängst im Westen antraf, sondern als quasi vorherrschende Form des Volkslebens und über ein ungeheures Reich verbreitet.› [11]

Wenn man von allem Elend, das die russische »Dorfgemeinde« gegenwärtig bedrückt, absieht und nur ihre innere Struktur und ihr historisches Milieu betrachtet, so ist es auf den ersten Blick augenscheinlich, daß einer ihrer charakteristischen Grundzüge, das Gemeineigentum am Boden, die natürliche Grundlage für die kollektive Produktion und Aneignung ist. Außerdem würde die Vertrautheit des russischen Bauern mit dem *Artel*verhältnis ihm den Übergang von der Parzellen- zur kollektiven Wirtschaft erleichtern, die er schon in gewissem Maße auf den ungeteilten Wiesen, bei den Entwässerungs- und anderen Arbeiten von öffentlichem Interesse durchführt. Aber damit die kollektive Arbeit im eigentlichen Ackerbau die Parzellenwirtschaft – eine Form der privaten Aneignung – ersetzen kann, sind zwei Dinge notwendig: das ökonomische Bedürfnis zu einer solchen Umwandlung und die materiellen Voraussetzungen für ihre Durchführung.

Was das ökonomische Bedürfnis anbelangt, so würde es sich bei der »Dorfgemeinde« bereits von dem Augenblick an fühlbar machen, da sie in normale Bedingungen versetzt werden würde, d.h., sobald die Lasten, die auf ihr liegen, beseitigt wären und das von ihr zu bebauende Land eine normale Ausdehnung erlangt hätte. Die Zeit ist vorbei, da die russische Landwirtschaft nur des Bodens und des mit mehr oder weniger primitiven Geräten ausgerüsteten Parzellenbauern bedurfte. Diese Zeit ist um so rascher vorbei, da die Unterdrückung des Ackerbauern sein Feld erschöpft und unfruchtbar macht. Er braucht jetzt die im großen Maßstab organisierte genossenschaftliche Arbeit. Und überdies, würde denn der Bauer, dem die notwendigsten Dinge für die Bebauung von 2 oder 3 Desjatinen fehlen, mit einer zehnfachen Anzahl Desjatinen besser daran sein?

Wo aber die Werkzeuge, die Dungmittel, die agronomischen Methoden etc., all die zur kollektiven Arbeit unerläßlichen Mittel hernehmen? Darin beruht gerade die große Überlegenheit der russischen »Landgemeinde« über die archaischen Gemeinden vom gleichen Typus. Sie allein hat sich in Europa im großen, nationalen Maßstabe behauptet.

Was die ersten Einrichtungskosten – intellektueller und materieller Natur – anbelangt, so schuldet die russische Gesellschaft diese der »Dorfgemeinde«, auf deren Kosten sie so lange gelebt hat und in der sie auch ihr »Element der Regeneration« finden muß.

6

Um sich entwickeln zu können, muß man vor allem leben, und es ist für niemand ein Geheimnis, daß gegenwärtig das Leben der »Landgemeinde« gefährdet ist.

Abgesehen von jeder mehr oder weniger theoretischen Frage, brauche ich Ihnen nicht zu sagen, daß heute die Existenz der russischen Gemeinde durch eine Verschwörung mächtiger Interessen bedroht ist. Eine gewisse Art von Kapitalismus, genährt durch Vermittlung des Staats auf Kosten der Bauern, hat sich der Gemeinde gegenübergestellt und hat ein Interesse daran, sie zu zerstören. Es ist auch im Interesse der Gutsbesitzer, die mehr oder minder begüterten Bauern zu einer ländlichen Mittelklasse zu konstituieren und die armen Ackerbauern – d.h. die Masse – in einfache Lohnarbeiter zu verwandeln und so wohlfeile Arbeit zu bekommen. Und wie könnte dem eine durch die Erpressungen des Staats erdrückte, durch den Handel ausgeplünderte, durch die Gutsbesitzer ausgebeutete und durch den Wucher von innen ausgehöhlte Gemeinde Widerstand leisten?

Was das Leben der russischen Gemeinde bedroht, ist weder ein historisches Fatum, noch eine Theorie; es ist die Unterdrückung seitens des Staats und die Ausbeutung durch kapitalistische Eindringlinge, die dank diesem Staat auf Kosten und zu Lasten der Bauern mächtig geworden sind.

Um die Ackerbauern zu expropriieren, braucht man sie nicht von ihrem Land zu verjagen, wie das in England und anderweitig geschehen ist; man braucht auch nicht das Gemeineigentum durch einen Ukas abzuschaffen. Machet euch daran, den Bauern das Produkt ihrer landwirtschaftlichen Arbeit über ein gewisses Maß hinaus zu entreißen und es wird euch trotz eurer Gendarmerie und eurer Armee nicht gelingen, sie an ihre Felder zu fesseln! In der Endperiode des Römischen Reichs flohen die Provinzdekurionen, keine Bauern, sondern Grundeigentümer, aus ihren Häusern, ließen ihre Ländereien im Stich, verkauften sich sogar in die Sklaverei, und das alles, um sich von einem Eigentum zu befreien, das nur noch ein offizieller Vorwand war, um sie erbarmungslos auszupressen.

Nach der sogenannten Bauernemanzipation wurde die russische Gemeinde durch den Staat in anomale ökonomische Bedingungen versetzt, und seit dieser Zeit hat er nicht aufgehört, sie mit Hilfe der in seinen Händen konzentrierten gesellschaftlichen Macht zu unterdrücken. Entkräftet durch die fiskalischen Erpressungen, wurde sie zu einem widerstandslosen Objekt der Ausbeutung durch Schacher, Grundbesitz und Wucher. Diese von außen kommende Unterdrückung hat innerhalb der Gemeinde selbst den bereits vorhandenen Interessenkonflikt entfesselt und die Keime der Zersetzung in ihr rasch entwikkelt. Aber das ist nicht alles. Auf Kosten und zu Lasten der Bauern hat der Staat jene Zweige des westlichen kapitalistischen Systems wie im Treibhaus großgezogen, die, ohne irgendwie die Produktivkräfte der Landwirtschaft zu entwickeln, am geeignetsten sind, den Diebstahl ihrer Früchte durch die unproduktiven Mittelsmänner zu erleichtern und zu beschleunigen. [12] Er hat auf diese Weise zur Bereicherung eines neuen kapitalistischen Ungeziefers beigetragen, das der ohnehin geschwächten »Dorfgemeinde« die letzten Blutstropfen aussaugt.

Mit einem Wort, der Staat hat seinen Beistand zu einer frühzeitigen Entwicklung jener technischen und ökonomischen Mittel geliehen, die am geeignetsten waren, um die Ausbeutung des Bauern, d. h. der größten Produktivkraft Rußlands, zu erleichtern und zu beschleunigen und die »neuen Stützen der Gesellschaft« zu bereichern.

Dieses Zusammenwirken zerstörender Einflüsse muß natürlich,

wenn es nicht durch eine mächtige Gegenbewegung zerschlagen wird, zum Untergang der Landgemeinde führen.

Aber man fragt sich: Warum verschwören sich wissentlich alle diese Interessengruppen (einschließlich der unter dem Schutz des Staates stehenden großen Industrien), die bei dem jetzigen Zustand der Landgemeinde so gut auf ihre Rechnung kommen, um die Henne zu töten, die ihnen goldene Eier legt? Eben darum, weil sie fühlen, daß »dieser jetzige Zustand« nicht mehr zu halten ist, daß infolgedessen die jetzige Ausbeutungsmethode nicht mehr zeitentsprechend ist. Schon hat das Elend des Ackerbauern die Erde infiziert, die unfruchtbar wird. Die guten Ernten werden durch Hungersnöte aufgewogen. Der Durchschnitt der letzten zehn Jahre offenbarte nicht nur eine stagnierende, sondern sogar rückläufige landwirtschaftliche Produktion. Schließlich muß Rußland zum erstenmal Getreide importieren, statt es zu exportieren. Es gilt also, keine Zeit mehr zu verlieren. Man muß damit Schluß machen. Man muß die mehr oder weniger begüterte Minderheit der Bauern zu einer ländlichen Mittelklasse konstituieren und die Mehrheit der Bauern in gewöhnliche Proletarier (in Lohnarbeiter) verwandeln. Zu diesem Zweck bezeichnen die Wortführer der »neuen Stützen der Gesellschaft« die von ihnen selbst der Gemeinde geschlagenen Wunden als natürliche Symptome ihrer Abgelebtheit.

Da so viel verschiedene Interessen und besonders die der »neuen Stützen der Gesellschaft«, die unter der milden Herrschaft Alexanders II. errichtet wurden, bei dem jetzigen Zustand der »Dorfgemeinde« auf ihre Rechnung gekommen sind, warum verschwören sie sich wissentlich, um ihren Tod herbeizuführen? Warum bezeichnen ihre Wortführer die ihr geschlagenen Wunden als unwiderlegbare Beweise ihrer natürlichen Hinfälligkeit? Warum wollen sie ihre Henne mit den goldenen Eiern töten? Bloß darum, weil die ökonomischen Tatsachen, deren Analyse mich zu weit führen würde, das Geheimnis enthüllt haben, daß der jetzige Zustand der Gemeinde nicht mehr zu halten ist und daß der bloße Zwang der Dinge die gegenwärtigen Methoden, die Volksmassen auszubeuten, unzeitgemäß macht. Also ist etwas Neues notwendig, und dieses unter den verschiedensten Formen eingeschlichene Neue läuft immer darauf hinaus, das Gemeineigentum abzuschaffen, die Bildung einer mehr oder weniger begüterten Minderheit der Bauern als ländliche Mittelklasse zu fördern und die große Mehrheit der Bauern in einfache Proletarier zu verwandeln.

Einerseits ist die »Landgemeinde« dem Untergang nahe, und andererseits lauert eine mächtige Verschwörung darauf, ihr den Todesstoß zu versetzen. Um die russische Gemeinde zu retten, ist eine russische

Revolution nötig. Übrigens tun die politischen und gesellschaftlichen Machthaber ihr Bestes, um die Massen auf eine solche Katastrophe vorzubereiten.

Zur selben Zeit, da man die Gemeinde schröpft, sie martert, ihr Land unfruchtbar macht und dem Elend preisgibt, bezeichnen die literarischen Lakaien der »neuen Stützen der Gesellschaft« ironisch die Wunden, die man ihr geschlagen hat, als Symptome ihres inneren und unverkennbaren Verfalls und verkünden, daß sie eines natürlichen Todes sterbe und daß man gut daran täte, ihre Agonie abzukürzen. Hier handelt es sich nicht mehr um ein Problem, das es zu lösen gilt; es geht einfach darum, einen Feind zu schlagen. Um die russische Gemeinde zu retten, ist eine russische Revolution nötig. Die russische Regierung und die »neuen Stützen der Gesellschaft« tun ihrerseits das Nötige, um die Massen auf eine solche Katastrophe vorzubereiten. Wenn die Revolution zur rechten Zeit erfolgt, wenn sie alle ihre Kräfte konzentriert [13], um den freien Aufschwung der Landgemeinde zu sichern, wird diese sich rasch als ein Element der Regeneration der russischen Gesellschaft und als ein Element der Überlegenheit gegenüber den vom kapitalistischen Regime versklavten Ländern entwickeln.

I/5 Rußlands kommunistische Entwicklung
(Vorrede zur zweiten russischen Ausgabe des »Kommunistischen Manifests«, 1882)

Mit der Ermordung Alexanders II. am 1. März 1881 und der darauf folgenden Dezimierung der terroristischen Organisation *Narodnaja Wolja* sowie der Zertrümmerung ihres Exekutivkomitees beginnt in der russischen revolutionären Bewegung eine Zwischenperiode, gekennzeichnet einerseits durch die Bemühungen der in der Emigration wirkenden und sich bekämpfenden sozialistischen Gruppierungen, eine einheitliche Front herzustellen, andrerseits durch eine allmählich stärker betonte Zuwendung ehemaliger Anarchisten und Populisten zum »wissenschaftlichen Sozialismus«. Als Verbindungsglied zwischen den ersten und den Begründern des letzteren trat der durch seinen bewußten Eklektizismus wohlbekannte, mit Marx und Engels in freundschaftlicher Beziehung stehende populistische Literat Piotr Lawrow hervor. In einem Trostschreiben, das er einige Wochen nach dem Ableben von Marx' Lebensgefährtin an den Leidtragenden richtete, ersuchte er die Verfasser des »Kommunistischen Manifests«, für eine geplante russische Ausgabe dieser Schrift eine spezielle Vorrede zu schreiben, worin sie u.a. ihre Stellung zu den 34 Jahre vorher formulierten Ansichten ausdrücken sollten. Der Text sollte als Broschüre in der in Genf begründeten *Russischen sozial-revolutionären Bibliothek* herausgegeben werden, versehen mit dem Kommentar eines jungen Marx-Enthusiasten namens Plechanow. [1]

Marx und Engels gaben dieser Bitte unverzüglich statt und zeichneten am 21. Januar 1882 die Vorrede, die Marx an Lawrow mit einem längeren, persönliche und allgemeine Fragen behandelnden Begleitschreiben sandte, dessen Beginn folgendermaßen lautet: »Lieber Freund! Einliegend einige Zeilen zur russischen Ausgabe des *Kommunistischen Manifests;* da dieselben ins Russische zu *übersetzen* sind, sind sie nicht so stilisiert, wie es nötig wäre für deren Veröffentlichung in the German vernacular.« [2]

Die von Plechanow übersetzte Vorrede erschien zunächst am 5. Februar 1882 in der illegalen Zeitung *Narodnaja Wolja* (Volkswille), Organ der gleichnamigen Geheimorganisation, die im August 1879 nach der Spaltung der populistischen Gruppe *Semlja i Wolja* (Land und Freiheit) entstanden war. Als Lawrow Engels von dieser Veröffentlichung verständigte [3], erklärte letzterer, er und Marx wären »stolz darauf, Mitarbeiter dieser Zeitung zu sein« und lobte die Vorzüglichkeit der Übersetzung. [4] Der »Sozialdemokrat«, das in Zürich erscheinende Zentralorgan der deutschen Arbeiterpartei, veröffentlichte am 13. April 1882 eine von einem Russen besorgte deutsche Rückübersetzung der »Vorrede«, die Engels mißfiel. [5] Es war ihm nicht gelungen, das deutsche Original rechtzeitig von Lawrow zurückzuerhalten. Als er sich acht Jahre später anschickte, im Vorwort zur vierten deutschen Ausgabe des Manifests die russische Vorrede zu zitieren, mußte er gleichfalls dieselbe übersetzen, da ihm das Originalmanuskript abhanden gekommen war. [6] Obwohl die Handschrift später wiedergefunden und veröffentlicht wurde [7], drucken wir hier die Engelssche Rückübersetzung ab, weil darin die von Marx gerügten Stilunebenheiten des Originals so gut wie ausgeglichen sind. Wichtige Abweichungen vermerken wir in Fußnoten.

Die von Lawrow angekündigte Ausgabe des *Kommunistischen Manifests* erschien 1882 in Genf als Nr. 2 der oben erwähnten russischen Schriftenreihe. Sie enthielt aber nicht nur die Vorrede von Marx und Engels, sondern auch ein Vorwort des sechsundzwanzig-jährigen Plechanow, worin dieser sein erstes öffentliches Bekenntnis zum Marxismus ablegte. Es ist überaus beachtenswert, daß die »Meister« dort die russische Bauernherrschaft als die eigentliche soziale Triebkraft der russischen Revolution bezeichnen und der Bauernkommune weiterhin eine – wenn auch historisch bedingte – Chance »kommunistischer Entwicklung« zuerkennen, also dadurch die »unmarxistischen« Populisten weiterhin in ihren Hoffnungen ermutigen, wogegen der sich als Marxist entpuppende Schüler bereits die in Rußland hereinbrechende Ära des Kapitalismus frohlockend begrüßt und dem künftigen russischen Industrieproletariat – also durchaus nicht der entstehenden russischen Bourgeoisie – eine führende Rolle in der zunächst *bürgerlichen* Etappe der Revolution zuweist! Wir stehen damit am Ursprung eines heute weltumfassenden Phänomens, das man mit gutem Recht als das größte ideologische Mißverständnis unserer Zeit betrachten kann und das sich im Ausdruck »Marxismus« zusammenfaßt, eine Erscheinung, die Marx kurz vor seinem Tode durch die ironisch-tragische Warnungsformel glaubte bannen zu können, er sei – kein Marxist.

Die erste russische Ausgabe des *Manifest der Kommunistischen Partei*, in Bakunins Übersetzung, erschien anfangs der sechziger Jahre in der Druckerei des *Kolokol* [8]. Damals hatte eine russische Ausgabe dieser Schrift für den Westen höchstens die Bedeutung eines literarischen Kuriosums. Heute ist eine solche Auffassung nicht mehr möglich. Einen wie beschränkten Umfang das Verbreitungsgebiet der proletarischen Bewegung hatte zur Zeit der ersten Veröffentlichung des *Manifests* (Januar 1848) [9], zeigt am besten das letzte Kapitel: »Stellung der Kommunisten zu den verschiedenen oppositionellen Parteien«. Hier fehlen vor allen Rußland und die Vereinigten Staaten. Es war die Zeit, wo Rußland die letzte große Reserve der europäischen Reaktion bildete und wo die Auswanderung nach den Vereinigten Staaten die überschüssigen Kräfte des europäischen Proletariats absorbierte. Beide Länder versorgten Europa mit Rohstoff und dienten gleichzeitig als Märkte für den Absatz seiner Industrieprodukte. Beide erschienen also, in dieser oder jener Weise, als Stützen der europäischen gesellschaftlichen Ordnung.

Wie hat sich das alles heute geändert! Grade die europäische Auswanderung hat die kolossale Entwicklung des nordamerikanischen Ackerbaus ermöglicht, die durch ihre Konkurrenz das große wie das kleine Grundeigentum in Europa in seinen Grundfesten erschüttert. Sie hat zugleich den Vereinigten Staaten die Möglichkeit gegeben, an die Ausbeutung ihrer reichhaltigen industriellen Hilfsquellen zu gehn, und zwar mit solcher Energie und auf solchem Maßstab, daß dies in kurzer Zeit dem industriellen Monopol des europäischen Westens ein Ende machen muß. Und diese beiden Umstände wirken auch auf Amerika in revolutionärer Richtung zurück. Das kleine und mittlere Grundeigentum der selbstarbeitenden Farmer, die Grundlage der ganzen politischen Ordnung Amerikas, erliegt mehr und mehr der Konkurrenz der Riesenfarmen, während gleichzeitig in den Industriebezirken sich zum erstenmal ein zahlreiches Proletariat bildet neben einer fabelhaften Konzentration der Kapitale.

Gehn wir nach Rußland. Zur Zeit der Revolution von 1848/49 sahen nicht nur die europäischen Monarchen, sondern auch die europäischen Bourgeois in der russischen Intervention die einzige Rettung vor dem damals eben erst seine Kräfte gewahr werdenden Proletariat. [10] Sie proklamierten den Zaren zum Haupt der europäischen Reaktion. Heute sitzt er in Gatschina als Kriegsgefangener der Revolution [11], und Rußland bildet die Vorhut der revolutionären Bewegung Europas.

Die Aufgabe des *Kommunistischen Manifests* war die Proklamation des unvermeidlich bevorstehenden Untergangs des heutigen [12] bürgerlichen Eigentums. In Rußland aber finden wir, neben der sich mit Fieberhast entwickelnden kapitalistischen Ordnung [13] und dem sich eben erst bildenden bürgerlichen Grundeigentum, die größere Hälfte des Bodens im Gemeineigentum der Bauern.

Es fragt sich nun: Kann die russische Bauerngemeinde, diese allerdings schon sehr zersetzte Form des urwüchsigen Gemeineigentums [14] am Boden, unmittelbar übergehen in eine höhere kommunistische Form des Grundeigentums, oder muß sie vorher denselben Auflösungsprozeß durchmachen, der sich in der historischen Entwicklung des Westens darstellt?

Die einzige heute mögliche Antwort auf diese Frage ist die folgende. Wenn die russische Revolution das Signal zu einer Arbeiterrevolution im Westen wird, so daß beide einander ergänzen, dann kann das heutige russische Gemeineigentum zum Ausgangspunkt einer kommunistischen Entwicklung dienen.

London, 21. Januar 1882.

I/6 Aus Briefen von Marx und Engels 1868–1882

Die vorliegende Auswahl von Briefen und Brieffragmenten (nur zwei der 79 Stücke sind anderen Texten entnommen) umfaßt die letzte sich über 24 Jahre erstreckende Periode von Marx' schriftstellerischem Wirken. Der leitende Gesichtspunkt bei dieser Auslese ergibt sich aus den zwei Hauptthemen, um welche sich das hier gesammelte Material gruppiert: die russische Bauernkommune und die russische Revolution. Nicht ohne Widerstreben gab Marx seine anfänglich rein ablehnende Haltung der Obschtschina gegenüber auf. Seine Überzeugung, daß von Rußland nichts Gutes kommen kann, wurde erst schwankend, als er dort die durch die Leibeigenenbefreiung hervorgerufene »innere Bewegung« wahrzunehmen glaubte (siehe oben S. 13 ff). Die im Blute erstickte Polenrevolte von 1863 entfachte jedoch von neuem seine langgenährte Russenfeindschaft, und als er ein Jahr später die Inauguraladresse der ersten Internationale verfaßte, benützte er die willkommene Gelegenheit, um die zaristische Außenpolitik und Annexionsgier aufs schärfste zu denunzieren: »Wenn die Emanzipation der Arbeiterklassen das Zusammenwirken verschiedener Nationen erheischt, wie jenes große Ziel erreichen mit einer auswärtigen Politik, die frevelhafte Zwecke verfolgt, mit Nationalvorurteilen ihr Spiel treibt und in piratischen Kriegen des Volkes Blut und Gut vergeudet? ... Der schamlose Beifall, die Scheinsympathie oder idiotische Gleichgültigkeit, womit die höheren Klassen Europas dem Meuchelmord der heroischen Polen und der Erbeutung der Bergveste des Kaukasus durch Rußland zusahen; die ungeheueren und ohne Widerstand erlaubten Übergriffe dieser barbarischen Macht, deren Kopf zu St. Petersburg und deren Hand in jedem Kabinett von Europa, haben den Arbeiterklassen die Pflicht gelehrt, in die Geheimnisse der internationalen Politik einzudringen, die diplomatischen Akte ihrer respektiven Regierungen zu überwachen, ihnen wenn nötig entgegenzuwirken (»by all means« im Originaltext); wenn unfähig zuvorzukommen, sich zu vereinen in gleichzeitigen Denunziationen und die einfachen Gesetze der Moral und des Rechts, welche die Beziehungen von Privatpersonen regeln sollten, als die obersten Gesetze des Verkehrs von Nationen geltend zu machen. Der Kampf für solch eine auswärtige Politik ist eingeschlossen im allgemeinen Kamp für die *Emanzipation der Arbeiterklasse.*« [1]

Bei der Londoner Vorkonferenz (September 1865) für den Genfer Kongreß der Internationale gelang es Marx u. a., folgenden Diskussionspunkt in die Tagesordnung einschreiben zu lassen: »Die moskwitische Gefahr für Europa und die Wiederherstellung eines unabhängigen und einheitlichen Polens« [2]. Nach Verständigung mit Marx, der im Zentralrat und auf dem Genfer Kongreß wegen seiner Kriegsfreudigkeit Widerspruch hervorrief, schrieb Engels eine Artikelreihe »Was hat die Arbeiterklasse mit Polen zu tun«. [3] Er sagte klipp und klar, daß sich die Außenpolitik der Arbeiterklasse in der Parole der Wiederherstellung Polens zusammenfasse. An die Inauguraladresse erinnernd, schrieb er, daß die Arbeiter »Einmischung« wollen, nämlich »Krieg mit Rußland, solange Rußland Polen nicht Ruhe läßt«.

Doch keine dieser antirussischen Invektiven reicht an jene hinan, die Marx auf einem Londoner Polenmeeting am 22. Januar 1867, zum vierten Jahrestag des polnischen Aufstands, losließ. Ich sehe von den Stellen ab, die nicht zum eigentlichen Thema dieser Auswahl gehören, nämlich die verächtliche Bloßstellung der »Heiligen Rus«. Es ist ein Kompendium der Sünden Rußlands, dessen Politik Marx wie folgt kennzeichnet: »Ist die Gefahr von seiten Rußlands geringer geworden? Nein. Nur die Verblendung der herrschenden Klassen in Europa hat den Gipfel erreicht. Vor allem hat sich in Rußland, wie sein offizieller Historiker Karamsin eingesteht, nichts geändert. Ihre Methoden, ihre Taktik, ihre Manöver können sich ändern, doch der Leitstern dieser Politik – die Weltherrschaft – ist unveränderlich.« [4] Peter I. hätte einst gesagt, die Moskowiter brauchten nichts als »Seelen«, um die Welt zu erobern; den belebenden Geist erhoffte er von der Verschlingung Polens. Marx polemisiert gegen die Meinung, Rußland hätte durch die Bauernbefreiung sich zu den zivilisierten Völkern gesellt. In Wahrheit, behauptet er, hat diese Reform »die oberste Regierungsgewalt von den Hindernissen befreit, die der Adel ihrer zentralisierenden Tätigkeit in den Weg legen konnte. Sie schuf ein weites Feld für die Rekrutierung ihrer Armee, löste das Gemeineigentum der russischen Bauern auf, trennte sie und festigte ihren Glauben an Väterchen Zar. Sie hat sie nicht von der asiatischen Barbarei frei gemacht, denn Zivilisation bildet sich in Jahrhunderten heraus. Jeder Versuch, das moralische Niveau der Bauern zu heben, gilt als Verbrechen und wird bestraft.« [5]

Hier noch der Schluß dieser Brandrede: »So steht vor Europa nur eine Alternative: Entweder wird die asiatische Barbarei unter Führung der Moskowiter wie eine Lawine über Europa hereinbrechen, oder Europa muß Polen wiederherstellen und schützt sich so durch einen Wall von zwanzig Millionen Helden vor Asien, um Zeit zu gewinnen für die Vollendung seiner sozialen Umgestaltung.« [6]

Denselben Geist atmet eine Rede, die Marx im Februar 1867 vor deutschen, in London lebenden Arbeitern hielt. Er sagte dort, daß das deutsche Proletariat genug geistige Reife besäße, um keine »langwierige bürgerliche Bewegung« durchmachen zu müssen und daß seine geographische Lage es zwingen werde, »dem östlichen Barbarismus den Krieg zu erklären, denn, von dort aus, von Asien, sei alle Reaktion gegen den Westen ausgegangen«. [7]

Dem unbedingten Pazifismus feindlich gesinnt, widersetzte sich Marx dem Anschluß der Internationale an die Friedens- und Freiheitsliga, die unter ihren Anhängern Männer wie Victor Hugo und Garibaldi zählte. Dabei geniert er sich nicht, seine Stellungnahme gegen die »Friedenswindbeutel« mit einem Argument zu begründen, das seither und bis auf heute alle Fürsprecher der Abschreckungsstrategie in West und Ost im Munde führen. Zweifellos wären die großen stehenden Heere das fatale Ergebnis des gegenwärtigen Gesellschaftszustands; doch ließen die Verfechter eines Friedens um jeden Preis »gern Rußland allein im Besitz der Mittel zur Führung eines Krieges gegen das übrige Europa; indes wäre schon die Existenz einer solchen Macht wie Rußland für alle anderen Länder Anlaß genug, ihre Armeen bestehen zu lassen.« [8]

Einige Wochen später erschien das *Kapital,* und wider alles Erwarten war es das »barbarische« Rußland, wo das Werk sofortigen Anklang fand und Gegenstand ernsthafter Diskussion in wissenschaftlichen Kreisen wurde, wogegen es im »zivilisierten« Westen eisigem Totschweigen begegnete.

Die aus derselben Periode (1868–1882) stammenden Engelsschen Briefe wurden hier dazugenommen, weil es sich bei dieser Korrespondenz nicht um einen bloßen

Gedankenaustausch, sondern um eine zielbewußte Zusammenarbeit handelt. Entscheidungen über theoretische und taktische Fragen der Außen- und Innenpolitik wurden von Marx und Engels nach gemeinsamem Einverständnis getroffen. Das aus der Engelsschen Feder rührende Briefmaterial nach Marx' Tod ist im zweiten Teil dieses Sammelbandes ersichtlich.

Zur Textgestaltung: Fremdsprachige Zitate und Ausdrücke wurden in der Regel übersetzt, Abkürzungen ausgeschrieben, Auslassungen innerhalb der Texte durch ... gekennzeichnet, größere Auslassungen durch [...], außer am Anfang und am Schluß derselben. Die Übersetzungen beruhen zumeist auf der Edition MEW, doch wurde gegebenenfalls auf die bestehenden Originalausgaben hingewiesen, deren Verzeichnis im Abkürzungsverzeichnis (S. 6) zu finden ist.

1

Vor einigen Tagen überraschte mich ein Petersburger Buchhändler mit der Nachricht, daß »Das Kapital« in russischer Übersetzung sich jetzt im Druck befindet. Er verlangte mein Photogramm dafür als Titelvignette, und diese Kleinigkeit konnte ich »meinen guten Freunden«, den Russen, nicht abschlagen. Es ist eine Ironie des Schicksals, daß die Russen, die ich seit 25 Jahren unausgesetzt, und nicht nur deutsch, sondern französisch und englisch bekämpft habe, immer meine »Gönner« waren. 1843/44 in Paris trugen mich die dortigen russischen Aristokraten auf Händen. Meine Schrift gegen Proudhon (1847), ditto die bei Duncker (1859) haben nirgends größeren Absatz gefunden als in Rußland. Und die erste fremde Nation, die »Das Kapital« übersetzt, ist die russische. Aber man muß das alles nicht hoch anschlagen. Die russische Aristokratie wird auf deutschen Universitäten und zu Paris, in ihrer Jünglingszeit, erzogen. Sie hascht immer nach dem Extremsten, was der Westen liefert. Es ist reine Gourmandise, wie ein Teil der französischen Aristokratie sie während des XVIII. Jahrhunderts trieb. Ce n'est pas pour les tailleurs et les bottiers, sagte Voltaire damals von seiner eignen Aufklärung. Dies hindert dieselben Russen nicht, sobald sie in Staatsdienst getreten, Halunken zu werden. [9]

Marx an Kugelmann, 12. Oktober 1868 (MEW 32, 566f)

2

Mit dem verfluchten Borkheim, den ich heut sehe, wird es unmöglich sein, den Abdruck Deiner 2 Artikel (es sind die über Bakunins Manifest an die Slawen) zu verhindern. Nur werde ich ihm sagen, daß Du ein alter persönlicher Freund des Bakunin bist, also die Sache unter keinen Umständen in einem beleidigenden Zusammenhang für den letztern stehn darf. [10] Borkheim nimmt sich ganz au sérieux und glaubt in der Tat, daß er eine politische Mission zu erfüllen hat. Er übersetzt mir die Hauptstellen aus der russischen Schrift über die Agrarauflösung [11], hat mir auch eine französische Schrift des Russen Schédo-Ferroti darüber gegeben. [12] Letzterer täuscht sich sehr – es ist überhaupt ein ganz oberflächlicher Kerl – wenn er sagt, das russische Gemeinwesen sei erst entsprungen in Folge des Verbots für die Bauern, sich vom Land zu entfernen. Die ganze Sache ist absolut, bis auf die kleinsten Züge, identisch mit dem *urgermanischen* Gemeinwesen. Was bei den Russen hinzukommt (und dies findet sich auch bei einem Teil der indischen Gemeinwesen, nicht im Punjab, aber im Süden), ist 1. der *nicht-demokratische,* sondern *patriarchalische* Charakter des Gemeindevorstands, und 2. die *Gesamthaft* für Steuern an den Staat usw. Es folgt aus Punkt 2, daß, je fleißiger ein russischer Bauer, er um so mehr von Staats wegen ausgebeutet wird, nicht nur für Steuern, sondern für Naturalverpflegung, Pferdelieferung etc. bei den beständigen Truppendurchzügen, für Staatskuriere etc. Die ganze Scheiße ist im Kaputtgehen.

Marx an Engels, 7. November 1868 (MEW 32, 197)

3

Das einliegende Dokument ersuche ich Dich – trotz seiner Fadaise – *ernsthaft* zu studieren. *Deine Randglossen* mir *französisch* zu schreiben und die Sache selbst bis *höchstens Saturday next mir zu retournieren!*

Herr Bakunin – im Hintergrund dieser Geschichte – ist so herablassend, die Arbeiterbewegung unter *russische* Leitung nehmen zu wollen.

Diese Scheiße existiert seit 2 Monaten. Erst heut abend hat sie old Becker brieflich dem Generalrat mitgeteilt. Diesmal hat Schaute [s. Borkheim] recht. Die Gesellschaft soll, wie old Becker schreibt, den mangelnden *»Idealismus«* unsrer Gesellschaft ersetzen. L'idéalisme Russe!

Es herrschte große Wut, namentlich unter den Franzosen, über dies Aktenstück heute abend in unsrem Conseil Général. Ich kannte die Scheiße längst. Ich betrachtete sie als totgeboren und, aus Rücksicht für old Becker, wollte sie ruhig sterben lassen.

Aber die Sache ist ernsthafter geworden, als ich dachte. Und Rücksichten auf old Becker sind nicht länger zuläßlich. Der Council hat heut abend beschlossen, *öffentlich* – in Paris, New York, Deutschland und Schweiz – diese interloping society zu repudiieren. Ich bin (für nächsten Dienstag) mit Abfassung des Repudiationsdekrets beauftragt. Ich bedaure das Ganze von wegen old Becker. Mais, unsre Gesellschaft kann nicht wegen old Becker a suicide begehn. [13]

Marx an Engels, 15. Dezember 1868 (MEW 32, 234)

4

Apropos, ich habe dem Borkheim geschrieben wegen Bakunin, daß *er* die Frage anregen soll, ob es überhaupt für uns Westliche möglich sei, mit diesem panslawistischen Pack irgendwie zusammenzugehn, solange die Kerls ihre Slawenherrschaft predigen, er wird Dir das morgen wohl vorlesen, wenn Du das Geld holst – im übrigen aber ihm gesagt, er soll sich mit Dir darüber benehmen.

Engels an Marx, 25. Februar 1869 (MEW 32, 262)

5

Die Herrn hatten außer dem Dir mitgeteilten offiziellen Schreiben [14] noch 4seitiges *Privatschreiben* an Eccarius gerichtet, wonach es nur den efforts von Becker, Bakunin und dem Schreiber Perret gelang, *direkten Bruch* zu vermeiden. Ihr »revolutionäres« Programm hat in wenigen Wochen mehr in Italien, Spanien etc. gewirkt als das der »Internationalen Arbeiterassoziation« in Jahren. Wenn wir ihr »revolutionäres Programm« verwerfen, so rufen wir *Scheidung* [hervor] zwischen den Ländern *»revolutionärer« Arbeiterbewegung* (dies sind nach der Aufzählung: *Frankreich,* wo sie 2 ganze Korrespondenten haben, *Schweiz* (!), *Italien* – wo die Arbeiter mit Ausnahme der uns angehörigen bloßer Mazzinischwanz – und *Spanien,* wo es mehr Pfaffen als Arbeiter gibt) von den Ländern *langsamer Entwicklung* der Arbeiterklasse (viz. England, Deutschland, United States und Belgien). Also Scheidung zwischen der vulkanischen und plutonischen Arbeiterbewegung einerseits, der aqueous andrerseits.

Daß die Schwyzer den revolutionären Typus repräsentieren, ist wirklich amüsant.

Wie dumm muß der alte Becker geworden sein, daß er wirklich glaubt, Bakunin habe ein »Programm« erfunden!

Marx an Engels, 14. März 1869 (MEW 32, 279)

6

Daß der fette Bakunin dahintersitzt, ist ganz klar. [15] Wenn dieser verdammte Russe in der Tat daran denkt, sich an die Spitze der Arbeiterbewegung hinaufzuintrigieren, so ist es Zeit, daß ihm einmal gehörig gedient wird und die Frage gestellt, ob ein Panslawist überhaupt Mitglied einer internationalen Arbeiterassoziation sein kann. Man kann den Kerl sehr leicht fassen. Er muß sich nicht einbilden, den Arbeitern gegenüber den kosmopolitischen Kommunisten und den Russen gegenüber den heißnationalen Panslawisten spielen zu können.

Engels an Marx, 30. Juli 1869 (MEW 32, 354)

7

Daß der Serno sich selbst von Leben zu Tod gebracht, ist natürlich. [16] Aber daß Bakunin, mit dem er bis zuletzt schlecht stand, sofort seine Papiere saisiert hat, ist eine widernatürliche Entdeckung. Apropos. Der Sekretär unsres französischen Genfer Komitees hat den Bakunin an den Hals satt und klagt, daß er durch seine »Tyrannei« alles desorganisiert. In der *»Égalité«* deutet Herr Bakunin an, daß die deutschen und englischen Arbeiter kein Bedürfnis der Individualität haben, daher unsren communisme autoritaire akzeptieren. Dagegen vertritt Bakunin *le collectivisme anarchique.* Die Anarchie allerdings in seinem Kopf, worin nur die eine klare Idee Platz hat, daß Bakunin die erste Geige spielen muß.

Marx an Engels, 30. Oktober 1869 (MEW 32, 380)

8

Von Flerowskis Buch [17] habe ich die ersten 150 Seiten gelesen ... Es ist dies die erste Schrift, worin die Wahrheit über die russischen ökonomischen Zustände gesagt ist. Der Mann ist ein entschiedener Feind des von ihm so genannten »russischen Optimismus«. Ich hatte nie sehr blühende Ansichten von diesem kommunistischen Eldorado, aber Flerowski übertrifft doch alle Erwartung. Es ist in der Tat wunderlich und jedenfalls ein Zeichen eines Umschwungs, daß so etwas in Petersburg gedruckt werden kann. »Es gibt bei uns zwar wenig Proletarier, aber dafür besteht die Masse der arbeitenden Klasse aus Arbeitsleuten, deren Los schlimmer ist als das jeden Proletariers.«

Die Darstellungsweise ist ganz originell, erinnert zuweilen am meisten noch an Monteil. [18] Man sieht, daß der Mann überall selbst herumgereist ist und beobachtet hat. Glühender Haß gegen den Landlord, Kapitalist und Beamten. Keine sozialistische Doktrin, kein Landmystizismus (obgleich für die Form des Gemeindeeigentums), keine nihilistische Überschwenglichkeit. Hier und da etwas wohlwollender Kohl, der jedoch für die Entwicklungsstufe der Leute, wofür die Schrift bestimmt ist, paßt. Jedenfalls ist dies das wichtigste Buch, was seit Deiner Schrift über die »Lage der arbeitenden Klassen« erschienen ist. [19] Auch das Familienleben des russischen Bauern – mit der scheußlichen Zu-Tode-Prügelei ihrer Weiber, Schnaps und Kebsweiber – gut geschildert. Es kommt mir also grade ganz gelegen, wenn Du mir jetzt die Phantasielügen des Bürgers Herzen schickst.

Marx an Engels, 10. Februar 1870 (MEW 32, 437)

9

Der zitierte Satz von Flerowski ist der erste russische Satz, den ich ganz ohne Wörterbuch verstehe. Wie ist der russische Titel des Buchs? Ich werde es mir anschaffen. Was ich Dir schicken wollte, ist nicht *Herzen*, sondern die deutsche Übersetzung des *Semlja i wolja,* Land und Freiheit, von dem Adligen *Lilienfeld,* worin auch die schlechten Folgen der Freiheit für die Bauern geschildert werden und das verkommen der Akkerbauproduktion dabei. Ich schrieb Dir schon vor über einem Jahr darüber, und seitdem hat Borkheim es auch angeschafft und Dir, glaub' ich, Stellen daraus übersetzt. [20] Sowie ich es durchgelesen, schick' ich es Dir.

Engels an Marx, 11. Februar 1870 (MEW 32, 440)

10

Der Titel des Buchs des N. Flerowski ist: *Die Lage der Arbeiterklasse in Rußland.* St. Petersburg. Verlag N. P. Poljakow.

Was mich in dem Flerowski u. a. sehr amüsiert, ist seine Polemik gegen die direkten Abgaben der Bauern. Es ist ganz die Reproduktion von Marschall Vauban und Boisguillebert. Er fühlt auch, daß die Lage der Landleute ihr Analogon in der Zeit der alten französischen Monarchie (seit Ludwig XIV.) besitzt. Wie Monteil, hat er sehr viel Sinn für Volkstümlichkeiten – der »gradsinnige Kalmücke«, »der trotz seines Schmutzes poetische Mordwine« (den er mit den Irländern vergleicht), der »gewandte, epikuräische, lebhaft Tartar«, der »talentvolle Kleinrusse« usw. Als guter Russe belehrt er seine Landsleute, was sie tun müßten, um den Haß, den alle diese Stämme gegen sie besitzen, ins Gegenteil zu verkehren. Als Beispiel des Hasses führt er u. a. an, [wie] eine wirklich russische Kolonie aus Polen nach Sibirien übersiedelt. Diese Leute wissen nur Russisch, kein Wort Polnisch, betrachten sich aber als Polen und widmen den Russen einen polnischen Haß usw.

Aus seinem Buch geht unwiderleglich hervor, daß die jetzigen Zustände in Rußland nicht mehr haltbar sind, daß die Leibeignenemanzipation, of course, nur den Auflösungsprozeß beschleunigt hat und daß eine furchtbare soziale Revolution bevorsteht. Man sieht hier auch die reale Basis des Schuljungennihilismus, der jetzt unter russischen Studenten usw. Mode ist. In Genf hat sich – by the by – eine neue Kolonie exilierter russischer Studenten gebildet, welche in ihrem Programm Bekämpfung des Panslawismus und »Internationale« an dessen Stelle proklamieren.

Flerowski zeigt in einem eignen Abschnitt, daß die »Russifikation« der fremden Stämme eine reine optimistische Täuschung ist, selbst im Osten.

Marx an Engels, 12. Februar 1870 (MEW 32, 443f)

11

Die Broschüre, die Du mir geschickt hast, ist eines der Plädoyers, womit die privilegierten Stände der deutsch-russisch-baltischen Provinzen in diesem Augenblick an deutsche Sympathien appellieren. [21] Diese *Kanaillen,* die sich durch ihren Diensteifer in der russischen Diplomatie, Armee und Polizei von jeher ausgezeichnet haben und die seit dem Übergang der Provinzen von Polen an Rußland ihre Nationalität mit Vergnügen für gesetzliche Legitimation ihrer Exploitation des Landvolks verschacherten, schreien jetzt auf, weil sie ihre privilegierte Stellung bedroht sehen. Das alte Ständewesen, orthodoxer Lutherianismus und Aussaugung der Bauern, das ist es, was sie *deutsche Kultur* nennen, zu deren Schutz Europa sich jetzt in Bewegung setzen soll. Daher auch das letzte Wort dieser Broschüre – *Grundeigentum als Basis der Zivilisation* und dazu Grundeigentum, was nach dem Geständnis des elenden Pamphletschreibers selbst größtenteils aus direkt herrschaftlichen Gütern besteht oder aus *tributpflichtigen* Bauerngütern.

In seinen Zitaten – soweit sie das russische Gemeineigentum betreffen – zeigt der Kerl sowohl seine Unwissenheit als den cloven foot. Schédo-Ferrroti ist einer der Burschen, die das Gemeineigentum zur Ursache des jämmerlichen Standes der russischen Bauern machen (natürlich in the interests of the landlorism) ganz wie früher die *Aufhebung der Leibeigenschaft* in Westeuropa – statt des Verlusts der Leibeignen an ihrem Land – als Ursache des Pauperismus verschrien wurde. Von demselben Kaliber ist das russische Buch »*Land und Freiheit*«. Sein Verfasser ist ein ostseeischer Krautjunker *von Lilienfeld.* [22] Was die russische Bauernschaft elend macht, ist dasselbe, was die französische unter Ludwig XIV. etc. elend machte – *Staatssteuern und der Obrok an die großen Grundbesitzer.* Statt das Elend hervorzubringen, hat das Gemeineigentum allein es gemäßigt.

Es ist ferner eine historische Lüge, dies *Gemeineigentum* sei *mongolisch.* Wie ich verschiedentlich in meinen Schriften angedeutet, ist es *indischer* Abkunft und findet sich daher bei allen europäischen Kulturvölkern im Beginn ihrer Entwicklung. Die spezifisch *slawische* (nicht mongolische) Form desselben in Rußland (die sich auch bei *nichtrussischen Südslawen* wiederholt) hat sogar am meisten Ähnlichkeit, mutatis mutandis, mit der *altdeutschen* Modifikation des indischen Gemeineigentums.

Daß der Pole *Duchiński* [23] in Paris den großrussichen Stamm für *nicht slawisch,* sondern *mongolisch* erklärt und dies mit viel Aufwand von Gelehrsamkeit zu beweisen gesucht hat, war vom Standpunkt eines Polen in der Ordnung. Dennoch ist die Sache falsch. Nicht die russische Bauernschaft, sondern nur der russische Adel ist stark mit mongolisch-tartarischen Elementen versetzt. Der Franzose *Henri Martin* hat seine Theorie von Duchinski genommen, und »der begeisterte Gottfried Kinkel« hat Martin übersetzt und sich zum Polenenthusiasten aufgeworfen, um die demokratische Partei seine servile Haltung gegen Bismarck vergessen zu machen. [24]

Daß dagegen der russische Staat in seiner *Politik* Europa und Amerika gegenüber den *Mongolismus* vertritt, ist natürlich eine jetzt schon zum Gemeinplatz gewordene Wahrheit, also selbst Leuten wie Gottfried und den ostseeischen Krautjunkern, Spießbürgern, Pfaffen und Professoren zugänglich. Der baltisch-deutsche Wehrufskandal muß daher trotz allem ausgebeutet werden, weil er die deutsche Großmacht *Preußen* in eine »ökliche« Position versetzt. Alles, was von unserer Seite Antipathie gegen jene »Vertreter der deutschen Kultur« hervorruft, muß sie ja grade in den Augen Preußens erst recht des Schutzes wert machen!

Noch ein Beispiel von der krassen Ignoranz des Pamphletschreibers! In seinen Augen war die Abtretung des russischen Nordamerika nichts als ein diplomatischer Pfiff der russischen Regierung, die nebenbei bemerkt was very hard pressed for costs. Aber die Hauptpointe ist die: Der amerikanische Kongreß hat neulich die Aktenstücke über jene Transaktion publiziert. Darin findet sich u. a. ein Bericht des amerikanischen Geschäftsführers, worin er ausdrücklich nach Washington schreibt: Die Erwerbung sei einstweilen *ökonomisch* keinen Cent wert, aber – aber England wird dadurch von einer Seite vom Meer durch die Yankees abgeschnitten und der Heimfall des ganzen britischen Nordamerika an die United States beschleunigt. Da liegt der Has im Pfeffer!

Marx an Kugelmann, 17. Februar 1870 (MEW 32, 649ff)

12

Flerowskis Buch über »Die Lage der Arbeiterklasse in Rußland« ist ein außergewöhnliches Buch. Ich bin wirklich froh, daß ich es jetzt einigermaßen fließend mit Hilfe des Wörterbuchs lesen kann. Dies ist das erste Mal, daß die gesamte ökonomische Lage Rußlands dargelegt wird. Eine gewissenhafte Arbeit. 15 Jahre lang reiste der Verfasser von den Westgrenzen des Landes bis zu den Ostgrenzen Sibiriens, vom Weißen bis zum Kaspischen Meer, zu dem einzigen Zweck, Fakten zu studieren und konventionelle Lügen aufzudecken. Natürlich ist er in einigen Irrtümern befangen, hinsichtlich la perfectibilité perfectible de la Nation russe, et le principe providentiel de la *propriété communale* dans sa forme russe. Doch lassen wir das. Nach dem Studium seines Werkes ist man fest davon überzeugt, daß eine äußerst schreckliche soziale Revolution – natürlich in den niederen Formen, wie sie dem gegenwärtigen Moskowiter Entwicklungsstand entsprechen – in Rußland unvermeidlich ist und nahe bevorsteht. Das sind gute Nachrichten. Rußland und England sind die beiden großen Eckpfeiler des gegenwärtigen europäischen Systems. Alles andere ist von zweitrangiger Bedeutung, sogar la belle France et la savante Allemagne.

Marx an Laura und Paul Lafargue, 5. März 1870 (MEW 32,656ff)

13

In seiner Sitzung vom 22. März gab der Generalrat durch einmütiges Votum bekannt, daß Euer Programm und das Statut mit den allgemeinen Statuten der Internationalen Arbeiterassoziation übereinstimmen. Er beeilte sich, Eure Sektion in die Internationale aufzunehmen. Mit Vergnügen übernehme ich die mir von Euch angebotene ehrenvolle Pflicht, Euer Vertreter beim Generalrat zu sein.

In Eurem Programm heißt es:

»... daß das zaristische Joch, das auf Polen lastet, ein Hemmschuh ist, der der politischen und sozialen Freiheit beider Länder – sowohl des russischen als auch des polnischen – hinderlich ist.«

Ihr könntet hinzufügen, daß die gewaltsame Eroberung Polens durch Rußland eine verderbliche Stütze und die wahre Ursache für die Existenz des Militärregimes in Deutschland und infolgedessen auf dem ganzen Kontinent ist. Deshalb übernehmen die russischen Sozialisten, indem sie auf die Zerschlagung der Ketten Polens hinarbeiten, eine hohe Aufgabe, die in der Beseitigung des Militärregimes besteht, die unbedingt notwendig ist als Vorbedingung für die allgemeine Befreiung des europäischen Proletariats.

Vor einigen Monaten wurde mir aus Petersburg Flerowskis Werk »Die Lage der Arbeiterklasse in Rußland« zugesandt. Dieses Werk ist eine wahre Enthüllung für Europa. Der *russische Optimismus,* sogar von den sogenannten Revulutionären über den Kontinent verbreitet, wird in diesem Werk schonungslos entlarvt. Sein Wert wird nicht verringert, wenn ich sage, daß es an einigen Stellen der Kritik, vom rein theoretischen Standpunkt gesehen, nicht völlig Genüge leistet. Das ist die Arbeit eines ernsten Beobachters, eines furchtlosen, unermüdlichen Arbeiters, eines unvoreingenommenen Kritikers und mächtigen Künstlers und vor allem eines Menschen, der über jede Art von Unterdrückung empört ist, der die verschiedenartigen nationalen Hymnen nicht duldet und der alle Leiden und Bestrebungen der produktiven Klasse leidenschaftlich teilt.

Arbeiten wie die von Flerowski und von Eurem Lehrer Tschernyschewski machen Rußland wahrhaft Ehre und beweisen, daß Euer Land ebenfalls beginnt, an der allgemeinen Bewegung unseres Jahrhunderts teilzunehmen.

Marx an die Mitglieder des Komitees der russischen Sektion der I.A.A. in Genf, 24. März 1870; erschienen in: »Narodnoje Delo«, 15. 4. 1870 [25]; Übers. aus d. Russischen (MEW 6, 407ff)

14

Einliegend Brief von *Russischer Kolonie* in Genf. Wir haben sie zugelassen, ich habe ihren Auftrag, ihr Vertreter im Generalrat zu sein, *angenommen* und ihnen auch ein kurzes Antwortschreiben (offizielles, neben lettre *privée)* geschickt mit der Erlaubnis, es in ihrem Blatt zu veröffentlichen. Drôle de position für mich, als Repräsentant der jeune Russie zu funktionieren! Der Mensch weiß nie, wozu er es bringen kann, und welche strange fellowship er zu untergehn hat. In der offiziellen Antwort lobe ich den Flerowski und betone, daß die Hauptaufgabe der russischen branche, für Polen zu arbeiten (d.h. Europa von ihrer eignen Nachbarschaft zu befreien). Über Bakunin hielt ich es für sichrer, kein Wort zu sagen, weder in dem öffentlichen noch konfidentiellen Schreiben [26]. Was ich den Kerls jedoch nie verzeihn werde, ist, daß sie mich zum »Vénérable« machen. Sie glauben offenbar, ich sei zwischen 80 und 100 Jahre alt.

Marx an Engels, 24. März 1870 (MEW 32, 466)

15

Wenn das Dein Freund Collet wüßte, daß Du jetzt auch bona fide und offenherzig russian agent geworden bist. Es ist aber ganz nett von den Kerlen, die allerdings eine ganz andre Sorte Russen zu sein scheinen als alle, mit denen wir vorher zu tun hatten. Den Versuch einer Protektion über die übrigen Slawen kann man ihnen so lange lassen, bis man in Östreich und Ungarn festen Fuß gefaßt, damit hört das von selbst auf. Von der serbischen Omladina haben sie auch gute Vorstellung, es ist eine Art Studentenverbindung mit Tendenzen ungefähr so klar wie weiland die Burschenschaft. [27]

Engels an Marx, 27. März 1870 (MEW 32, 470)

16

Der Brief des Bakunin ist wirklich sehr naiv. [28] Welch ein Pech für die Welt, wenn es nicht greulich gelogen wäre, daß in Rußland 40000 revolutionäre Studenten wären, ohne ein Proletariat oder auch nur ein revolutionäres Bauerntum hinter sich und ohne eine andre Karriere vor sich als das Dilemma: Sibirien oder Auswanderung nach Westeuropa. Wenn irgend etwas die westeuropäische Bewegung ruinieren könnte, so wäre es die Importation dieser 40000 mehr oder minder gebildeten, ambitiösen, hungrigen Nihilisten; lauter Offiziersaspiranten ohne Armee, die wir ihnen stellen sollten; eine kostbare Zumutung, daß, um Einheit ins europäische Proletariat zu bringen, es russisch kommandiert werden muß! Bei alledem, so stark der Bakunin auch übertreibt, ist es doch sonnenklar, daß die Gefahr da ist. Die *Swjataja Russ* [29] wird jährlich eine gewisse Anzahl dieser »karrierelosen« Russen ausspeien, und unter dem Vorwande des *principe international* werden sie sich überall bei den Arbeitern einschleichen, sich Führerrollen erschleichen, ihren, bei Russen unvermeidlichen Privatintrigenkrakeel in die Sektionen tragen, und dann wird der *General Council* Arbeit genug haben. Es ist mir das schon gleich aufgefallen, daß der Utin sich allbereits bei den Genfern in eine Position zu setzen gewußt. Und diese Russen jammern darüber, daß bei ihnen zu Hause alle Stellen mit Deutschen besetzt seien!

Engels an Marx, 29. April 1870 (MEW 32, 489)

17

Ich habe von Bakunin die 5 ersten Nr. des »Kolokol« neben französischem supplément erhalten. Das russische Programm gleich ist sehr charakteristisch. [30] Dies Blatt wird keineswegs der Ausdruck einer *ausschließlichen Partei* sein ..., sondern aller »anständigen Leute« ..., welche die »Befreiung Rußlands« wollen und mit »den jetzigen Zuständen unzufrieden« sind. Keine Prinzipienreiterei, vor allem *praktisch!* Wir, unsrerseits, das westliche Europa und United States, haben uns dagegen *ausschließlich* auf Propaganda der *Theorie* des Herrn Bakunin (i.e. der Absenz aller Theorie) zu beschränken, und zwar in der Art, als ob bereits alle Nationen abgeschafft seien. Er verbietet uns daher auch alle Einmischung, sei es in innere, sei es in auswärtige Politik. Welch ein Schlaukopf!

Marx an Engels, 7. Mai 1870 (MEW 32, 498)

18

Mit dem Bakunin hat sich entweder das Geschäft *verschlagen* oder man hat's so eingerichtet pour sauver les apparences. Ich finde nämlich bei näherer Ansicht, daß Ogarjew der Redakteur. Bakunin hat in den ersten Nummern nur *einen* Brief, worin er fremd tut, die Redaktion auch wegen Mangel an Prinzip etc. anklagt, sich als Sozialist und Internationalen breitmacht etc. Jedoch, with all that, kömmt sein Schreiben darauf hinaus, daß in der Theorie alle Koalitionen zu verdammen, aber in der Praxis allerdings Og[arew] recht habe. Es gelte jetzt vor allem die Zarenmacht zu stürzen, dazu sei Vereinigung aller ihr feindlichen Parteien nötig etc. etc. Später könnten sie sich untereinander hauen etc. Also die »Politik« in Rußland den Sozialisten erlaubt, jedoch beileibe nicht in Westeuropa!

Marx an Engels, 11. Mai 1870 (MEW 32, 508)

19

Lafargue hatte mir angezeigt, daß ein junger Russe, Lopatin, von ihm ein Empfehlungsschreiben bringen würde. Lopatin besuchte mich Sonnabend, ich lud ihn für Sonntag ein (war bei uns von 10 o'clock bis abens 12) und retournierte Montag nach Brighton, wo er wohnt. [31]

Er ist noch sehr jung, war 2 Jahre im Karzer, nachher 8 Monate Festungsgefangener im Kaukasus, von wo er entfloh. Er ist Sohn armen Adligens und hatte sein Brot auf der Universität von St. Petersburg sich durch Stundengeben zu verdienen. Lebt jetzt sehr dürftig von Übersetzungen für Rußland. [...]

Ein sehr aufgeweckter, *kritischer* Kopf, heitrer Charakter, stoisch wie ein russischer Bauer, der mit allem vorliebnimmt, was er findet. Schwacher Punkt: *Polen*. Hier spricht er ganz wie ein Engländer – say an English chartist of the old School – von Irland.

Er erzählte mir, daß die ganze Geschichte von Netschajew (23 Jahre) erstunken und erlogen. Netschajew hat *nie* in einem russischen Gefängnis gesessen, die russische Regierung hat nie ein Assassinat auf ihn unternommen etc. [32]

Die Sache ist die. Netschajew (einer der wenigen Agenten Bakunins in Rußland) gehörte einer geheimen Gesellschaft an. Ein andrer junger Mann [I. Iwanow], reich und enthusiastisch, unterstützte diese Gesellschaft via Netschajew mit Geld. One fine morning erklärte [Iwanow] dem Netschajew, er werde keinen Kopeken weiter geben, da er nicht wisse, was mit dem Geld geschehe. Herr Netschajew schlug darauf (vielleicht, weil er keine Rechenschaft über das Geld ablegen konnte) seinen Geheimbündlern vor, den [Iwanow] zu ermorden, weil er *künftig* einmal seine Ansichten wechseln und Verräter werden könne. *Er hat ihn wirklich ermordet*. Er ist also von der Regierung einfach *als Mörder* vulgaris verfolgt.

Lopatin in Genf stellte d'abord den Netschajew persönlich zur Rede (wegen seiner Lügen), der sich mit der politischen Sensationsnützlichkeit für die sogenannte Sache entschuldigte. Lopatin erzählte dann die Geschichte dem Bakunin, der ihm sagte, als »bon vieillard« habe er alles geglaubt. Bakunin forderte dann den Lopatin auf, dies in Gegenwart des Natschajew zu wiederholen. Lopatin ging sofort mit Bakunin zu Netschajew, wo sich die Szene wiederholte. Netschajew schwieg. Solange Lopatin in Genf war, hielt sich Netschajew sehr bescheiden, muckste nicht mehr. Kaum war Lopatin nach Paris abgereist, als die Affenkomödie von neuem begann. Kurz nachher erhielt Lopatin einen insultierenden Brief von Bakunin über diese Affäre. Er antwortete ihm noch insultierender. Resultat: Bakunin schrieb einen Pater-peccavi-Brief (in Lopatins Besitz *hier*), aber – il est un bon vieillard crédule! [...]

Tschernyschewski, erfuhr ich von Lopatin, wurde 1864 zu 8 Jahren travaux forcés in den sibirischen Minen verurteilt, hat also noch zwei Jahre zu schanzen. Das erste Gericht war anständig genug zu erklären, daß absolut *nichts* gegen ihn vorliege und die angeblichen umtrieberischen Komplott-Geheimbriefe evidente *forgeries* seien (was sie waren). Aber der *Senat*, auf kaiserlichen Befehl, warf dies Urteil allerhöchst um und sandte den listigen Mann, der so »geschickt sei«, hieß es im Urteil, »daß er seine Schriften in einer gesetzlich unantastbaren Form halte und dennoch darin öffentlich Gift ausschenke« – nach Sibirien. Voilà la justice russe.

Flerowski ist in besserer Lage. Er ist nur in administrativer Verbannung in einem kleinen Nest zwischen Moskau und Petersburg!

Marx an Engels, 5. Juli 1870 (MEW 32, 520ff)

20

Die Russen inliegend zurück. [33] Russ bleibt Russ. Was ist das für eine Klatschmichelei, sechs Russen zanken sich untereinander, als ob die Herrschaft der Welt vom Resultat abhinge. Und die Anklagepunkte gegen Bakunin auch noch nicht drin, bloß der Jammer über die Klüngelei in der Schweiz. Jedenfalls scheinen die Unsrigen ehrlich zu sein, soweit das einem Russen möglich, ich würde aber doch vorsichtig mit ihnen sein. Inzwischen ist es ganz gut, all den Klatsch zu kennen, er gehört einmal zur Diplomatie des Proletariats.

Engels an Marx, 31. Juli 1870 (MEW 33, 17)

21

Ich habe den Brief der russischen Freunde in Genf erhalten. Richte ihnen dafür meinen Dank aus.

Das beste ist in der Tat, wenn sie eine Broschüre über Bakunin schreiben, aber es muß *bald* geschehn. In diesem Fall brauchen sie mir keine weitren Dokumente über die Umtriebe Bakunins zu schicken.

Sie fragen mich, was Bakunin 1848 getan? Während seines Aufenthalts in Paris 1843–48 spielte er den entschiednen Sozialisten. Nach der Revolution ging er nach Breslau und verband sich dort mit den *bürgerlichen Demokraten,* wirkte unter ihnen für die Wahl *Arnold Ruges* (zum Frankfurter Parlament), damals entschiednen Feindes der Sozialisten und Kommunisten. Später – 1848 – veranstaltete er den panslawistischen Kongreß zu Prag. Es ist ihm von seiten der Panslawisten selbst vorgeworfen worden, er habe dort ein falsches Spiel gespielt. Ich glaube das jedoch nicht. Wenn er dort (vom Standpunkt seiner panslawistischen Freunde) Irrtümer beging, so nach meiner Ansicht »unfreiwillige«. Anfang 1849 erließ Bakunin Adresse (Pamphlet) [34] – sentimentaler Panslawismus! Das einzig Rühmliche, was von seiner Tätigkeit während der Revolution gemeldet werden kann, ist seine Beteiligung an der Dresdner Insurrektion Mai 1849.

Sehr wichtig zu seiner Charakteristik ist sein Auftreten unmittelbar nach seiner Rückkehr von Sibirien. Darüber hinreichendes Material im »*Kolokol*« und Borkheims »Russischen Briefen« in der »Zukunft«, die Du ja wohl hast. [35]

Marx an Becker, 2. August 1870 (MEW 33, 129ff)

22

Wer nicht ganz vom Geschrei des Augenblicks übertäubt ist oder ein *Interesse* hat, das deutsche Volk zu übertäuben, muß einsehen, daß der Krieg von 1870 ganz so notwendig einen *Krieg zwischen Deutschland und Rußland* im Schoße trägt, wie der Krieg von 1866 den Krieg von 1870.

Ich sage *notwendig, unvermeidlich,* außer im unwahrscheinlichen Falle eines vorherigen Ausbruches einer *Revolution in Rußland.*

Tritt dieser unwahrscheinliche Fall nicht ein, so muß der Krieg zwischen Deutschland und Rußland schon jetzt als un fait accompli (eine vollendete Tatsache) behandelt werden.

Es hängt ganz vom jetzigen Verhalten der deutschen Sieger ab, ob dieser Krieg nützlich oder schädlich.

Nehmen sie Elsaß und Lothringen, so wird Frankreich mit Rußland Deutschland bekriegen. Es ist überflüssig, die unheilvollen Folgen zu deuten.

Schließen sie einen ehrenvollen Frieden mit Frankreich, so wird jener Krieg Europa von der moskowitischen Diktatur emanzipieren, Preußen in Deutschland aufgehen machen, dem westlichen Kontinent friedliche Entwicklung erlauben, endlich der russischen sozialen Revolution, deren Elemente nur eines solchen Stoßes von außen zur Entwicklung bedürfen, zum Durchbruch helfen, also auch dem russischen Volke zugute kommen. [36]

Marx/Engels an den Ausschuß der SDAP, 22./30. August 1870 (MEW 17,269)

23

Der jetzige Krieg führt, was die preußischen Esel nicht sehn, ebenso notwendig zu Krieg zwischen Deutschland und Rußland, wie der Krieg von 1866 zum Krieg zwischen Preußen und Frankreich führte. Dies ist das *beste Resultat,* was ich von ihm für Deutschland erwarte. Das spezifische »Preußentum« hat nie anders existiert, und kann nie anders existieren, außer in Allianz mit und in Untertänigkeit gegen Rußland. Auch wird solcher Krieg Nr. II als Hebamme der unvermeidlichen sozialen Revolution in Rußland wirken.

Marx an Sorge, 1. September 1870 (MEW 33, 140)

24

In der heut angekommnen Nummer des »Volksstaat« finde ich eine Notiz, worin Herr Netschajew wieder einmal ungebührlich ernsthaft genommen wird. [37] Alles, was dieser Netschajew in der europäischen Presse über seine Taten und Leiden in Rußland drucken ließ, waren *unverschämte Lügenmärchen*. Die Beweise liegen in meiner Hand. Man sollte also niemals den Namen dieses Individuums erwähnen.

Marx an Natalie Liebknecht, 13. Januar 1871 (MEW 33, 169)

25

In Petersburg erscheint ein »*Archiv der gerichtlichen Medizin*« (in russischer Sprache), halbamtlich. Einer der mitarbeitenden Ärzte brachte in dem letzten Quartband einen Aufsatz »*Über den hygienischen Zustand des westeuropäischen Proletariats*«, worin er hauptsächlich – aber mit Quellenangabe – mein Buch zitiert. Infolgedessen ist folgendes Unglück passiert: Der Zensor hat einen gewaltigen Rüffel vom minister of the Interior erhalten, der editor in chief ist abgesetzt, und der Band selbst ist in allen noch zu fassenden copies – verbrannt worden!

Ich weiß nicht, ob ich Ihnen mitgeteilt, daß ich seit Anfang 1870 mich selbst im Russischen unterrichten mußte, was ich jetzt ziemlich geläufig lese. Die Sache kam daher, daß man mir von Petersburg Flerowskis sehr bedeutendes Werk über die »Lage der arbeitenden Klasse (bes. Bauern) in Rußland« zugeschickt hatte und daß ich auch mit den ökonomischen (famosen) Werken von Tschernyschewski (zum Dank zu den sibirischen Minen seit 7 Jahren verurteilt) bekannt werden wollte. Die Ausbeute lohnt die Mühe, die ein Mensch von meinen Jahren in der Überwältigung einer Sprache hat, die den klassischen, germanischen und romanischen Sprachstämmen so fernab liegt. Die geistige Bewegung, die jetzt in Rußland vorgeht, zeigt, daß es tief unten gärt. Die Köpfe hängen immer durch unsichtbare Fäden mit dem body des Volks zusammen.

Marx an S. Meyer, 21. Januar 1871 (MEW 33, 173)

26

In Rußland selbst scheint eine große Veränderung bevorzustehen. Seit der Annahme des Kaisertitels durch den König von Preußen hat die antideutsche Partei, die sogenannte moskowitische Partei, mit dem Thronfolger an der Spitze, wieder die Oberhand gewonnen. Es ist sehr wahrscheinlich, daß der jetzige Zar entweder ihr Diktat wird akzeptieren und damit seine auswärtige Politik umdrehen müssen, oder daß er das Schicksal seiner Vorfahren teilen und ins Gras beißen muß. Wenn solch eine Konvulsion in Rußland stattfindet, wird Preußen, dessen russische und österreichische Grenzen gänzlich von Truppen entblößt, ganz exponiert und unbefestigt sind, seine jetzigen Streitkräfte in Frankreich nicht erhalten können. Es wird sofort seinen Ton mäßigen und ganz umgänglich werden.

Marx an Paul Lafargue, 4. Februar 1871 (MEW 33, 178; aus dem Englischen)

27

Überdies ist die innere Lage in Rußland alles andere als zufriedenstellend. Die Finanzen sind fast hoffnungslos zerrüttet; die besondere Form, in der die Befreiung der Leibeigenen und die anderen damit verbundenen sozialen und politischen Veränderungen durchgeführt worden sind, hat die landwirtschaftliche Produktion in nahezu unglaublichem Grade aus dem Geleise gebracht. Die halben Maßregeln liberalen Charakters, die abwechselnd bewilligt, zurückgezogen und wieder bewilligt wurden, haben den gebildeten Klassen gerade genügend Spielraum gegeben, eine ganz bestimmte öffentliche Meinung zu entwickeln; diese öffentliche Meinung steht in allen Punkten im Gegensatz zur Außenpolitik, welche die jetzige Regierung bisher zu verfolgen schien. Die öffentliche Meinung in Rußland ist im wesentlichen ungestüm panslawistisch, das heißt feindlich gegen die drei großen »Bedrücker« der slawischen Race: die Deutschen, die Ungarn und die Türken. Ein preußisches Bündnis wäre ihr ebenso widerwärtig wie ein österreichisches oder türkisches. Sie fordert außerdem eine unmittelbare kriegerische Aktion im panslawistischen Sinne. Die ruhige, langsame, aber äußerst sichere unterirdische Aktion der russischen traditionellen Diplomatie stellt ihre Geduld auf eine schmerzliche Probe. Solche Erfolge, wie sie auf der Konferenz [38] erzielt wurden, so wichtig sie an sich auch sein mögen, gelten den russischen Panslawisten nichts. Sie hören nichts als den »Schrei der Qual« ihrer unterdrückten Racenbrüder; sie fühlen nichts eindringlicher als die Notwendigkeit, die verlorene Oberhoheit des heiligen Rußlands durch einen großen Schlag, einen Eroberungskrieg, wiederherzustellen. Sie wissen überdies, daß der mutmaßliche Erbe einer der ihrigen ist. Wenn wir all das und außerdem die großen strategischen Eisenbahnlinien nach Süden und Südwesten in Betracht ziehen, die jetzt weit genug fertiggestellt sind, um Angriffen gegen Österreich oder die Türkei oder gegen beide wirksam zu dienen, besteht da nicht ein starker Antrieb für die russische Regierung und für den Kaiser Alexander persönlich, das alte bonapartistische Mittel anzuwenden und sich der inneren Schwierigkeiten durch einen auswärtigen Krieg zu erwehren, solange das preußische Bündnis noch sicher erscheint?

Engels, *Die Lage in Rußland.* »The Pall Mall Gazette«, 16. März 1871 (MEW 7, 292; aus dem Englischen)

28

Unser Freund *muß* von seiner kommerziellen Expedition *nach London zurückkehren.* Ich habe Nachrichten von Korrespondenten der Firma, für die er reist, aus der Schweiz und anderswoher erhalten. Das Geschäft wird *ruiniert* sein, wenn er seine Rückkehr verzögert, und ihm selbst wird es für immer unmöglich sein, für die Firma weiter zu arbeiten. Die Konkurrenz ist informiert, verfolgt seine Schritte, wird ihn durch ihre Intrigen in die Falle bekommen.

Meinen besten Dank für die verschiedenen russischen Bücher, die Sie so freundlich waren, mir zuzuschicken. Alles ist richtig arriviert. Die übrigen Schriften des Verfassers (das über J. St. Mill habe ich) werden mir sehr willkommen sein. [39]

Marx an Danielson, 13. Juni 1871 (MEW 33, 231)

29

Aus St. Petersburg habe ich sehr wertvolle Bücher und sehr freundliche Briefe erhalten, worin mir Entgegenkommen aller Art erwiesen wird.

Lawrow [...] ist ein ganz guter Kerl, keineswegs ohne Fähigkeiten, aber er hat sein Gehirn verdorben und seine Zeit verloren, weil er in den letzten 20 Jahren hauptsächlich deutsche Literatur dieser Periode (Philosophie usw.) gelesen hat, die lausigste Literatur, die es gibt. Er scheint sich eingebildet zu haben, weil sie deutsch ist, muß sie »wissenschaftlich« sein.

Marx an seine Töchter, 13. Juni 1871 (MEW 33, 234)

30

Die zu London vom 17. bis 23. September 1871 versammelte Delegiertenkonferenz der Internationalen Arbeiterassoziation hat den Generalrat beauftragt, öffentlich zu erklären:

daß *Netschajew* niemals Mitglied oder Agent der *Internationalen Arbeiterassoziation* war;

daß seine (durch den politischen Prozeß zu St. Petersburg bekannt gewordenen) Versicherungen, er habe eine Sektion der *Internationalen* zu Brüssel gestiftet und von einer Brüsseler Sektion eine Mission nach Genf erhalten, Lügen sind;

daß der besagte Netschajew den Namen der *Internationalen Arbeiterassoziation* usurpiert und ausgebeutet hat, um in Rußland Betrogene und Opfer zu machen. [40]

London, 25. Oktober 1871 Im Auftrag des Generalrats:

Karl Marx,

Sekretär für Deutschland und Rußland

(MEW 17, 435)

31

Vor allem darf man nicht vergessen, daß unsere Assoziation, *die Kampforganisation* des Proletariats ist und keinesfalls eine Gesellschaft, die gegründet wurde, um dilettantische Doktrinäre nach vorn zu bringen. Unsere Organisation in diesem Augenblick zu zerschlagen, hieße die Waffen strecken. Sowohl die Bourgeois als auch die Regierungen könnten sich nichts Besseres wünschen. [...]

Wir haben seit der Londoner Konferenz ausgezeichnete Fortschritte gemacht.

Neue Föderationen sind in Dänemark, Neuseeland und Portugal gegründet worden; große Verbreitung in den *Vereinigten Staaten,* in Frankreich, ... in *Deutschland,* in Ungarn, in England. [...] Vor kurzem erst sind *irische* Sektionen gebildet worden. In Italien gehören die einzigen ernst zu nehmenden Sektionen, die in Mailand und in Turin, zu uns; die Führung der anderen liegt in den Händen von Advokaten, Journalisten und anderen doktrinären Bourgeois. (Apropos: Bakunin hegt einen persönlichen Groll gegen mich, weil er in Rußland, wo die revolutionäre Jugend mit mir geht, jeden Einfluß verloren hat.)

Marx an P. Lafargue, 21. März 1872 (MEW 33, 436ff; aus dem Französischen)

32

Selbst Herzen wagt nicht, in einem nach seinem Tode erschienenen, von seinem Sohne herausgegebenen Buch, das voller Lügen über mich ist, zu sagen, daß ich ihn als einen *russischen Spitzel* bezeichnet hätte

... Übrigens brauchen diejenigen, die sich gerne über den Wert, den man dem dilettantischen Sozialisten Herzen beimessen soll, aufklären möchten, nur das Büchlein *Unsere häuslichen Angelegenheiten* von Serno-Solowjewitsch zu lesen.

Marx an die Redaktion des »Gazzetino Rosa«, 23. Mai 1872 (MEW 18, 87ff; aus dem Italienischen)

33

Marx ist auch bedeutend wohler als vorigen Winter, hat aber viel zu tun mit der 2ten deutschen Auflage und mit der französischen Übersetzung des »*Kapitals*«, die jetzt herauskommt. Die russische ist heraus und sehr gut. Was die Russen im allgemeinen angeht, so ist ein ungeheurer Unterschied zwischen den früher nach Europa gekommenen, adligen, aristokratischen Russen, wozu Herzen und Bakunin gehören und die alle Schwindler sind, und den jetzt kommenden, aus dem *Volk* hervorgegangnen Russen. Unter diesen sind Leute, die nach Talent und Charakter unbedingt mit zu den Allerbesten gehören, die unsre Partei hat, Kerls von einem Stoizismus, einer Charakterfestigkeit und zugleich von einem theoretischen Verständnis, die wunderbar sind.

Engels an Becker, 14. Juni 1872 (MEW 33, 487)

34

In Rußland müssen die bereits fertiggedruckten Bücher, bevor sie fürs Publikum ausgegeben werden, der Zensur unterbreitet werden, die, wenn sie selbe nicht passieren lassen will, gerichtliche Klage einbringen muß.

Man schreibt mir über die russische Übersetzung meines Buchs (die meisterhaft ist) aus Rußland:

»In der Zensur haben zwei Zensoren das Werk vorgenommen und ihre Beschlüsse darüber dem Zensurkomitee vorgelegt. Noch vor der Durchsicht war prinzipiell festgesetzt, dies Buch nicht wegen des bloßen Namens des Verfassers aufzuhalten, aber genau zu untersuchen, wieweit es seinem Titel wirklich entspricht. Folgendes ist das Resümee des Beschlusses, welcher vom Zensurkomitee einstimmig angenommen und zur Gutachtung der Hauptverwaltung übergeben wurde.

›Obgleich der Verfasser nach seinen Überzeugungen ein vollständiger Sozialist ist und das ganze Buch einen vollständig bestimmten sozialistischen Charakter führt; jedoch in Rücksicht darauf, daß die Darstellung durchaus nicht für jeden zugänglich genannt werden kann und daß sie von der andren Seite die Form streng mathematisch wissenschaftlicher Beweisführung besitzt, erklärt das Komitee die Verfolgung dieses Werks vor Gericht für unmöglich.‹« [41] Demnach wurde ihm Laufpaß in die Welt gegeben. Es sind davon 3 000 Exemplare abgezogen. In die russische Öffentlichkeit kam es am 27. März und am 15. Mai waren schon 1 000 Exemplare verkauft.

Marx an Sorge, 21. Juni 1872 (MEW 33, 492)

35

Die Schicksale unsres lieben »mutual friend« haben meine ganze Familie aufs tiefste interessiert. Ich habe einen Plan, von Konstantinopel aus – auf diplomatischem Weg – ihm zu helfen. Vielleicht gelingt's. [42]

Das Mskr., das Sie mir geschickt, ist noch bei mir, weil Utin nicht in der Lage, sich mit dem Druck zu beschäftigen, Elpidin aber ein zur Bande gehöriger Lump ist. Es ist sehr interessant. [43]

Ich erwarte mit Spannung die mir versprochene Kritik (in Mskr.) [44] wie alles Gedruckte, was Sie in dieser line besitzen. Einer meiner Freunde will nämlich schreiben über die Aufnahme meines Buchs in Rußland. [...]

Ich wünschte sehr, das Buch des Prof. Sieber (Kiew) über Ricardos etc. Lehren vom Wert und Kapital – das auch Besprechung meines Buchs enthält – zu Gesicht zu bekommen. [...]

In Band II des »Kapital« werde ich im Abschnitt über das Grundeigentum mich sehr ausführlich mit der russischen Form beschäftigen. [45]

Noch eins. Ich wünsche über Tschernyschewskis Leben und Persönlichkeit etc. etwas zu drucken, um die Sympathie im Occident für ihn wachzurufen. Dazu bedarf ich aber Data.

Marx an Danielson, 12. Dezember 1872 (MEW 33, 549)

36

Ich habe nebst Ihrem Brief erhalten Sieber, Golowatschow und 5 Bände von Skrebizki. Es war mir fast peinlich, daß Sie so große Ausgaben für mich machen. Meinen herzlichsten Dank! [...]

Die »Snanije« hat mich selbst früher zur Mitarbeit aufgefordert [46], aber ich habe keine Zeit zu dergleichen. [...]

Was Tschernyschewski betrifft, so hängt es ganz von Ihnen ab, ob ich bloß die wissenschaftliche oder aber auch die andre Seite seiner Tätigkeit berühre. Im zweiten Band meiner Schrift wird er natürlich nur als Ökonom figurieren. Ein großer Teil seiner Schriften ist mir bekannt. [...]

As to Lubavin I should prefer suppressing that whole part of the enquiry to be published rather than expose him to the least danger. On the other hand, boldness is perhaps the best policy. According to something which Bakunin has published in Switzerland, not in his name, but in that of some of his Slavonian friends [47], they intend giving *their own account* of the transaction as soon *as circumstances* will permit them to do so. The indiscretion of their accomplices at the Hague was intentional and, I suppose, was meant as a sort of intimidation.

Marx an Danielson, 18. Januar 1873 (MEW 33, 559)

37

Ich wäre Ihnen sehr dankbar für *einige Informationen* über Tschitscherins Auffassungen von der historischen Entwicklung des Gemeineigentums in Rußland und über seine Polemik in dieser Angelegenheit mit Beljajew. [48] Die Art, wie diese Form des Eigentums (geschichtlich) in Rußland begründet wurde, ist natürlich eine Frage zweiten Ranges und hat überhaupt nichts mit der Bedeutung dieser Einrichtung zu tun. Indessen bedienen sich die deutschen Reaktionäre, wie Professor A. Wagner in Berlin etc., der Waffe, die ihnen Tschitscherin in die Hand gibt. Zudem spricht alle historische Analogie gegen Tschitscherin. Wie soll es möglich sein, daß in Rußland diese Institution als rein fiskalische Maßnahme, als Begleiterscheinung der Leibeigenschaft eingeführt worden sein soll, während sie sonst überall natürlich entstanden ist und eine notwendige Phase der Entwicklung freier Völker bildete?

Marx an Danielson, 22. März 1873 (MEW 33, 577)

38

Lopatin ist gestern abend wieder nach Paris, er will in 1–2 Monaten herkommen, um welche Zeit dann auch Lawrow mit seiner Druckerei hier einziehen wird, wenn er sich nicht wegen des Kostenpunkts, worauf ich Lopatin besonders aufmerksam machte, eines andern besinnt.

Lopatin und Utin werden wohl nie sehr dicke Freunde werden, ihre Naturen sind wenig sympathisch unter sich, und der Schatten ihrer ersten kühlen Berührung in Genf lastet noch auf ihnen. Dabei hat Lopatin noch einen großen russischen Patriotismus und behandelt die russische Sache immer noch als etwas Apartes, den Okzident nichts Angehendes, und scheint nicht eben sehr dankbar gegen Utin zu sein, daß dieser uns in die Mysterien eingeweiht. Dazu kommt, daß Lopatin eben durch

Lawrows Hände passiert ist und, ganz frisch aus der sibirischen Einsamkeit kommend [49], für dessen Versöhnungsduselei allerdings etwas empfänglich sein mußte.

Andrerseits ist ihm der ganze russische Emigrationskram widerwärtig bis an den Hals, und er will nichts mehr damit zu tun haben, während Utin trotz, und wegen, seines Gegensatzes gegen diese Bande immer noch bis über die Ohren in diesen Klatsch verwickelt ist und jedem Furz Bedeutung beilegt – so ärgert er sich schwarz darüber, daß Lopatin das Dir bekannte Manuskript von Tschernyschewski [»Briefe ohne Adresse«] nicht bei Trussow, sondern bei Lawrow will drucken lassen, parce que cela leur donne du prestige!

Engels an Marx, 29. November 1873 (MEW 33, 93)

39

Meinen besten Dank für die Veröffentlichungen, die Sie mir geschickt haben. Was mich am meisten interessiert hat, sind die Artikel »Was geht im Vaterlande vor?« [50] Wenn ich Zeit hätte, würde ich daraus Auszüge für den »Volksstaat« machen. Die *Ne Naschi* sind ausgezeichnete Leute. Ich vermute fast, daß unser Freund Lopatin einen gewissen Anteil an diesem Artikel hat. [51]

Man hatte mir aus St. Petersburg ein ganzes Paket mit Büchern und offiziellen Publikationen geschickt, aber – es ist gestohlen worden, wahrscheinlich von der russischen Regierung. Unter anderem enthielt es die Berichte der »Zur Untersuchung der gegenwärtigen Lage der Landwirtschaft und der ländlichen Produktivität in Rußland eingesetzten Kommission« und der »Zur Überprüfung des Steuer- und Abgabensystems eingesetzten Kommission«, unbedingt notwendiges Material für das Kapitel des zweiten Bandes, in dem ich das Grundeigentum etc. in Rußland behandle.

Marx an Lawrow, 11. Februar 1875 (MEW 34, 122; aus dem Französischen)

40

Das Land außerhalb Deutschland und Östreich, auf das wir am meisten aufmerksam sein müssen, bleibt Rußland. Dort wie bei uns ist die Regierung der Hauptbundesgenosse der Bewegung. Aber ein weit besserer als unsre Bismarck-Stieber-Tessendorfs. Die russische Hofpartei, die jetzt so ziemlich herrscht, sucht alle während der »neuen Ära« von 1861 und folgenden Jahren gemachten Konzessionen wieder umzuwerfen, und das mit echt russischen Mitteln. So sollen jetzt wieder nur »Söhne der höheren Stände« studieren dürfen, und um dies durchzuführen, läßt man alle andern im Abgangsexamen durchfallen. Dies Schicksal betraf 1873 allein nicht weniger als 24 000 junge Leute, denen so ihre ganze Karriere gesperrt, da man ihnen sogar ausdrücklich verbot, Elementarschullehrer zu werden! Und da wundert man sich über Ausbreitung des »Nihilismus« in Rußland. [...] Und es scheint fast, als ob der nächste Tanz in Rußland losgehn sollte. Wenn dies geschieht zu der Zeit, wo der *unvermeidliche* Krieg zwischen dem deutsch-preußischen Reich und Rußland im Gang ist, und dies ist sehr wahrscheinlich, so ist der Rückschlag auf Deutschland unvermeidlich.

Engels an Bebel, 15. Oktober 1875 (MEW 34, 162ff)

41

Der II. Band wird in einigen Tagen wieder in Angriff genommen werden. Wenn man übrigens *alle* Torheiten, die in Gelehrtenkreisen über Marx zirkulieren, berichtigen wollte, so hätte man viel zu tun. So erzählte gestern ein Russe, ein russischer Professor behauptete steif und fest, Marx studiere jetzt nur noch Russica, und zwar weil er fest überzeugt sei, daß die russische Gemeinde die Runde um die Welt machen würde! [52]

Der Krieg im Orient wird nun wohl bald losgehn. Die Russen haben nie unter so günstigen diplomatischen Bedingungen losschlagen können wie grade jetzt. Dagegen sind die militärischen Bedingungen weniger günstig als 1828, und die finanziellen für Rußland sehr ungünstig, indem ihm kein Mensch pumpt.

Engels an Kugelmann, 20. Oktober 1876 (MEW 34, 217ff)

42

Kowalewski hat mir auch mitgeteilt – Sie können in Ihrer Zeitung davon Gebrauch machen [53] –, daß eine erbärmliche russische Clique, die sich anmaßt, die literarische Spitze Rußlands darzustellen, und die in diesem Sinne ihr Unternehmen Rawlinson und anderen hohen englischen Persönlichkeiten angekündigt hat, beabsichtige, in London eine Zeitschrift herauszugeben, um die Engländer über die wirkliche politisch-soziale Bewegung in Rußland zu informieren. Chefredakteur soll Golochwastow sein nebst anderen Mitarbeitern des schmutzigen Blattes *Grashdanin* und, wie man sagt, Fürst Meschtscherski.

Die russische Regierung hat bereits das Signal ihrer Zahlungsunfähigkeit gegeben, indem sie die Bank von Petersburg erklären ließ, ausländische Wechsel würden nicht mehr gegen Gold (resp. Silber) eingelöst. ... Seit dem Tode von Nikolaus haben diese grotesken, sich periodisch wiederholenden Manipulationen Rußland mindestens 120 Millionen Rubel gekostet. So etwas kann nur eine Regierung tun, die allen Ernstes noch an die Allmacht des Staates glaubt. Die anderen Regierungen wissen wenigstens, daß »Geld keinen Herrn hat«.

Marx an Lawrow, 21. Oktober 1876 (MEW 34, 219ff; aus dem Französischen)

43

Wie übrigens der Krieg ausfallen mag, günstig oder ungünstig für das Väterchen in Petersburg, dieser »kranke Mann«, betäubt und beirrt durch das hysterische Philanthropiegebrüll der englischen liberalen »party of profit at any price«, hat das Signal zu einer seit lange sich vorbereitenden Konvulsion in seinem eignen Reich gegeben, die in ihrem schließlichen Resultat dem ganzen jetzigen status quo des alten Europa den Garaus machen wird. [54]

Marx an Fleckles, 21. Januar 1877 (MEW 34, 244)

44

Die »Orientalische Frage« (die mit Revolution in Rußland enden wird, was immer der Ausgang des Kriegs gegen die Türken) und die Musterung der sozialdemokratischen Streitkräfte im Vaterland werden den deutschen Kulturphilister wohl überzeugt haben, daß es noch wichtigere Dinge in der Welt gibt als Richard Wagners Zukunftsmusik. [55]

Marx an Freund, 21. Januar 1877 (MEW 34, 245)

45

Ein Mitglied des House of Commons (ein Irländer) will nächste Woche den Antrag einbringen, die englische Regierung solle von der *russischen* Regierung die Einführung (in Rußland) von Reformen verlangen, die sie hinsichtlich der Türkei für notwendig erachtet. Er will diese Gelegenheit nutzen, um von den Greueln zu sprechen, die in Rußland geschehen. Ich habe ihm schon einige Details zukommen lassen über die Maßregeln der russischen Regierung gegen die aufsässigen Polen der unierten Kirche. Könnten Sie eine kurze Übersicht – in französischer Sprache – über die gerichtlichen und polizeilichen Verfolgungen der letzten Jahre in Rußland machen? Da die Zeit drängt – ich bin erst heute über die Angelegenheit informiert worden – und da wenig besser ist als gar nichts, könnten Sie, der Sie sich dieser Vorfälle besser erinnern als ich, dieses »Wenige« tun? Ich glaube, damit würden Sie Ihren leidenden Landsleuten einen großen Dienst erweisen. [56]

Marx an Lawrow, 16. März 1877 (MEW 34, 256; aus dem Französischen)

46

Ich hoffe, die Russenfrechheiten jenseits des Balkan werden die Türken gegen ihr altes Regime aufrütteln. Daß Niederlagen der Russen in der europäischen Türkei direkt zur Revolution in Rußland führen, ist selbst für Lawrow und Lopatin bewiesen durch die von keiner Zensur niederzuhaltenden Ausbrüche der russischen Presse aus Anlaß der failures in Armenien. Der Ton der Petersburger Zeitungen ist bedrohlicher als der der deutschen Presse zur Zeit, wo die Pariser Belagerung nicht den erwarteten Fortgang hatte.

Marx an Engels, 18. Juli 1877 (MEW 34, 48ff)

47

Diese Krise ist *ein neuer Wendepunkt* der europäischen Geschichte. Rußland – und ich habe seine Zustände aus den *russischen* Originalquellen, unoffiziellen und offiziellen (letztere nur wenigen Menschen zugänglich, aber mir durch Freunde in Petersburg verschafft) – studiert, stand schon lang an der Schwelle einer Umwälzung; alle Elemente dazu fertig. Die braven Türken haben die Explosion um Jahre beschleunigt durch die Keile, die sie nicht nur der russischen Armee und den russischen Finanzen, sondern der die Armee *kommandierenden Dynastie* (Zar, Thronfolger und 6 andre Romanows) höchsteigen persönlich erteilt. Die Umwälzung wird secundum artem mit Konstitutionsspielereien beginnen, et puis il y aura un beau tapage. Wenn uns Mutter Natur nicht besonders ungünstig, erleben wir den Jubel noch!

Das dumme Zeug, das die russischen Studenten machen, ist nur Symptom, an sich selbst wertlos. Aber es ist Symptom. Alle Schichten der russischen Gesellschaft sind ökonomisch, moralisch, intellektuell in voller Dekomposition.

Die Revolution beginnt diesmal im Osten, wo das bisher unverletzte Bollwerk und die Reservearmee der Konterrevolution.

Herr Bismarck sah mit Vergnügen den Keilen zu, aber so weit sollte es nicht gehn. Rußland, zu sehr geschwächt, könnte nicht wieder wie im Deutsch-Französischen Krieg Östreich im Schach halten! Und wenn es dort gar zur Revolution käme, wo bleibt denn die letzte Garantie für die Hohenzollerndynastie?

Marx an Sorge, 27. September 1877 (MEW 34, 296ff)

48

Daß ich die Widerstandskraft der Türken und die Schwäche der Russen im Angriff richtig beurteilt hatte, wirst Du mir jetzt wohl zugeben. Im nächsten Jahr sind die Türken doppelt so stark, weil sie ihre Leute im Winter einüben können. Sollten die Russen, was ich kaum glauben kann, ihre Armee den Winter *nicht* über die Donau ziehn, so können sie noch ganz andre Dinge erleben. So ein Eisgang auf der Donau hat absolut keinen Respekt vor Schiffbrücken, auch wenn sie dem Kaiser von Rußland gehören. Übrigens mag es gehn, wie es will, vor Ende 1878 hat Rußland seine Konstitution und damit die zweite Ausgabe der französischen Revolution von 1789–94.

Engels an seinen Bruder Hermann, 5. Oktober 1877 (MEW 34, 298)

49

Hoffentlich stellen die Russen solche Friedensbedingungen, daß der Krieg fortdauert. Ihre Armee ist ohne Donaubrücken, also abgeschnitten, und kann elend verhungern, wenn's Wetter schlecht bleibt. Und ein erfolgloser Krieg oder neue Mißerfolge bringen die Revolution in Petersburg sicher zum Ausbruch. Erst vom Hof aus und konstitutionell, aber das ist 1789 vor 1793. Laß mal erst in Petersburg eine Nationalversammlung sitzen, und ganz Europa nimmt eine andre Physiognomie an.

Engels an Becker, 11. Januar 1878 (MEW 34, 316)

50

Wir nehmen die entschiedenste Partei für die Türken, aus 2 Gründen:

1. weil wir den *türkischen Bauer* – also die türkische Volksmasse – studiert und ihn daher als unbedingt einen der *tüchtigsten und sittlichsten Repräsentanten des Bauerntums in Europa* kennengelernt haben.

2. weil die *Niederlage der Russen* die *soziale Umwälzung in Rußland*, deren Elemente massenhaft vorhanden, sehr *beschleunigt* haben würde und *damit den Umschwung in ganz Europa.*

Die Sachen sind anders gegangen. Warum? Infolge *des Verrats von England und Östreich.* [...]

Endlich – und dies ist ein Hauptgrund ihrer schließlichen Niederlage – *die Türken versäumten, eine Revolution* in Konstantinopel zu machen, – so blieb die Inkarnation des alten Serailregiments – *Machmud Damad* – der Schwager des Sultans, der eigentliche Lenker des Krieges. ... Die systematische Paralysierung und Kompromittierung der türkischen Armee durch diesen Burschen kann bis ins kleinste Detail nachgewiesen werden. Übrigens ist's allbekannt in Konstantinopel, und dies *erhöht* die *historische Schuld* der *Türken.* Ein Volk, welches in solchen Momenten der höchsten Krise nicht revolutionär dreinzufahren weiß, ist verloren. [...]

Natürlich im Hintergrund des russischen Erfolges steht – *Bismarck.* Er stiftete den *Dreikaiserbund* [57], durch welchen *Östreich* ruhig gehalten wurde. [...]

Die Folge ist einfach die *Auflösung Östreichs,* die unvermeidlich ist, wenn die russischen Friedensbedingungen angenommen werden und damit die Türkei (wenigstens in Europa) nur noch formell fortexistieren wird. Die Türkei bildete den *Damm Östreichs gegen Rußland* und sein slawisches Gefolge. [...]

Aber Preußen als Preußen – also in seinem spezifischen Gegensatz zu Deutschland – hat noch andere Interessen: Preußen als solches *ist seine Dynastie,* ist *geworden* und ist auf russischer *»Hinterlage«,* was es ist. Niederlage Rußlands, Revolution in Rußland – wäre das Totengeläute für Preußen. [...]

Aber die ganze Geschichte hat auch andere Seiten. Die *Türkei* und *Östreich* waren das letzte Bollwerk der alten europäischen Staatenordnung, die 1815 wieder zurechtgeflickt wurde, sie bricht mit *ihrem* Untergange vollständig zusammen. Der Krach – der sich in einer Reihe (»lokalisierter« und zuletzt »allgemeiner«) Kriege vollziehen wird – beschleunigt die *soziale Krisis* – und mit ihr den *Untergang* aller dieser säbelrasselnden Shampowers.

Marx an Liebknecht, 4. Februar 1878 (MEW 34, 317ff)

51

Im Innern von Rußland steht's kraus. Der milde Alexander will in *Nowaja Zemlja* eine *Strafverbannungsanstalt* für *politische Verbrecher* errichten, das wäre la mort sans phrase – der Tod ohne Phrase. Es wäre wünschenswert, daß zunächst für ein Jahr oder 2 der Friede zustande käme. Es wäre namentlich nützlich für die Entwicklung des innern

Verfalls in Rußland. Der erste Schritt der dortigen Regierung (folgend dem preußischen Vorbild nach 1815) wäre Verfolgung der *panslawistischen Agitatoren*. Soweit nötig, hat man sie benutzt; die Strafe wird auf dem Fuß folgen, wenn das Kriegsgetümmel aufhört. [58]

Marx an Liebknecht, 11. Februar 1878 (MEW 34, 324)

52

Es ist die höchste Zeit, daß in Konstantinopel eine Änderung vorgeht, sonst wird aus den vielen Provinzialinsurrektionen ein Zustand, der den Zerfall der europäischen Türkei herbeiführt, also grade das, was die Russen und Bismarck wünschen, um den Berliner Vertrag nicht auszuführen und im trüben zu fischen. [59] ... Wenn der jetzige Zustand weitergeht, bleiben die Russen da und erhalten neue Aussichten auf Beute, die auch im Innern Rußlands den natürlichen Lauf der Dinge hemmen könnten.

Engels an Marx, 21. September 1878 (MEW 34, 86)

53

Der Schachzug der Russen in Afghanistan [60] wie die incidents in der Türkei – alles das interessiert mich jetzt nur noch so weit, als es argumentum ad hominem für die europäische Staatsweisheit liefert. Im übrigen steht mir fest, daß nichts, was Rußland und Preußen into the bargain tun können auf dem Welttheater, andre als ihrem Regime verderbliche Folgen haben, den Sturz desselben nicht aufhalten, sondern nur das Ende mit Schrecken beschleunigen kann.

Marx an Engels, 24. September 1878 (MEW 34, 87)

54

Die Unterbrechungen meiner Korrespondenz mit Ihnen ist lediglich die Folge von Warnungen, die ich von Freunden in Rußland ... erhalten hatte und die mich baten, den Briefverkehr mit ihnen einzustellen, da er sie trotz des harmlosen Inhalts der Briefe in Schwierigkeiten bringen könnte. [...]

Ich habe einige Schriften aus Petersburg erhalten; besten Dank dafür. Von den Polemiken *Tschitscherins* und anderer Leute gegen mich habe ich nichts zu Gesicht bekommen außer dem, was Sie mir 1877 zugesandt haben (einen Artikel von Sieber und einen anderen, ich glaube von Michailow, beide in den »Vaterländischen Denkschriften« als

Antwort auf den kuriosen Möchtegern-Enzyklopädisten – Herrn Shukowski). Prof. Kowalewski, der hier ist, sagte mir, es hätten ziemlich lebhafte Polemiken über das »Kapital« stattgefunden. [61]

Marx an Danielson, 15. November 1878 (MEW 34, 358ff; aus dem Engl., MEBK, S. 238)

55

Den »Dühring« haben mir die Preußen jetzt glücklich auch verboten. [62] Es darf nichts mehr in Deutschland verkauft werden, was gegen sozialistisch tuende Krakeeler gerichtet ist. So sind *alle* gegen die Bakunisten gerichteten Schriften von Greulich, von mir usw. verboten worden. ... Trotz alledem benehmen sich unsre Arbeiter in Deutschland ganz famos, und ich hoffe, das ganze preußische Reich wird an ihnen zuschanden. Das aber erreicht Bismarck: Wenn der Tanz in Rußland losgeht – und das dauert nicht lange mehr –, wird die Sache auch in Deutschland so ziemlich reif sein.

Engels an Becker, 12. Dezember 1878 (MEW 34, 366)

56

Frage: »Ihren Anhängern und Ihnen, Herr Dr. Marx, werden allerhand Brandreden gegen die Religion zugeschrieben. Sie möchten natürlich gerne das ganze System mit Stumpf und Stiel ausgerottet sehen?«

Marx: »Wir wissen, daß Gewaltmaßnahmen gegen die Religion unsinnig sind. Nach unserer Auffassung wird die Religion verschwinden in dem Maße, wie der Sozialismus erstarkt. Die gesellschaftliche Entwicklung muß diesem Verschwinden Vorschub leisten, wobei der Erziehung eine wichtige Rolle zufällt.«

Frage: »Der Pfarrer Joseph Cook in Boston hat letztens in einer Vorlesung behauptet: Karl Marx soll gesagt haben, in den Vereinigten Staaten und in Großbritannien, vielleicht auch in Frankreich, sei eine Arbeits-Reform ohne blutige Revolution durchführbar, aber in Deutschland und in Rußland sowie in Italien und Österreich müßte dazu Blut vergossen werden.«

Marx: »Ich habe von Herrn Cook gehört. Er ist über den Sozialismus sehr schlecht unterrichtet. Man braucht kein Sozialist zu sein, um vorauszusehen, daß es in Rußland, Deutschland, Österreich, und möglicherweise in Italien, wenn die Italiener auf dem bisherigen Wege fortschreiten, zu blutigen Revolutionen kommen wird. Die Ereignisse der

Französischen Revolution könnten sich in diesen Ländern noch einmal abspielen. Das ist jedem Kenner der politischen Verhältnisse deutlich. Aber diese Revolutionen werden von der Mehrheit gemacht werden. Revolutionen werden nicht von einer Partei gemacht, sondern von der ganzen Nation.«

Marx, Interview mit einem Korrespondenten der »Chicago Tribune«, 18. Dezember 1878 [63] (MEW 34, 514; aus dem Englischen)

57

Übrigens geht's in Deutschland rasch abwärts auf der schiefen Ebene. [...] Uns kann, abgesehn von den unvermeidlichen Leiden, die dabei auf einzelne fallen – im ganzen nichts Nützlicheres passieren, als was jetzt geschieht. Was Bismarck *uns* Böses antun konnte, hat er getan, was er jetzt tut, trifft unsre Gegner, die fortschrittlichen Kleinbürger und mit der Zeit auch die liberalen Großbürger. Also nur voran! Und daneben gehn die Sachen in Rußland famos voran, und das ist die Hauptsache. Kracht's da, so kann auch Wilhelm sein Bündel schnüren.

Engels an Becker, 30. Januar 1879 (MEW 34, 368)

58

Es ist, um damit diesen Brief abzuschließen, unmöglich, wirkliche Analogien zwischen den Vereinigten Staaten und Rußland zu finden. Dort vermindern sich die Regierungskosten täglich, und die Staatsschuld reduziert sich rasch und alljährlich, hier erscheint der Staatsbankrott immer mehr als das unvermeidliche Ende. Dort ist der Staat (wenn auch in höchst infamer Weise zum Vorteil der Gläubiger und auf Kosten des menu peuple) vom Papiergeld losgekommen, hier geht keine Fabrik so gut wie die Papiergeldfabrik. Dort ist die Konzentration des Kapitals und die schrittweise Expropriation der Massen nicht nur das Vehikel, sondern auch das natürliche (allerdings durch den Bürgerkrieg künstlich beschleunigte) Ergebnis einer beispiellos raschen industriellen Entwicklung, eines Fortschritts in der Agrikultur usw.; Rußland erinnert mehr an die Zeiten Ludwigs XIV. und Ludwigs XV., wo der finanzielle, kommerzielle, industrielle Überbau oder vielmehr die *Fassade* des sozialen Gebäudes wie eine Satire auf den stagnierenden Zustand des Hauptteils der agrarischen Produktion und auf die Not der Produzenten wirkte (obwohl man eine viel solidere Grundlage hatte als in Rußland). An Schnelligkeit des ökonomischen Fortschritts haben die Vereinigten Staaten England jetzt weit überholt, wenn sie auch noch, was das Ausmaß des angeeigneten Reichtums angeht, zurückstehen; aber gleichzeitig sind die Massen regsamer und haben größere politische Mittel in den Händen, die Form eines Fortschritts abzulehnen, der sich auf ihre Kosten vollzieht. Es erübrigt sich, die Antithesen fortzusetzen. [...]

Es wird behauptet, gewisse ausländische Bankiers, bei denen eine gewisse Regierung neue Anleihen aufnehmen wollte, hätten als Garantie eine Verfassung verlangt. Ich glaube das kaum, da ihre moderne Methode, Geschäfte zu machen, sich bis jetzt wenigstens mit allen Regierungsformen vertrug und dies auch weiterhin tun wird.

Marx an Danielson, 10. April 1879 (MEW 34, 374ff; aus d. Engl., MEAB S. 375ff)

59

Unsre Leute in Rußland haben einen großen Triumph erlebt: sie haben die russisch-preußische Allianz gesprengt. Hätten sie nicht die russische Regierung durch ihre rücksichtslose Aktion in diesen heillosen Schrekken versetzt, die Regierung wäre des inneren Verdrusses von Adel und Bürgertum über den von England verbotenen Einmarsch in das offene Konstantinopel und über die folgende diplomatische Niederlage in Berlin schon Meister geworden. So aber muß die Schuld dieser Niederlagen aufs Ausland abgewälzt werden, auf Preußen. ... Und wenn die Katastrophe in Rußland nicht sehr bald kommt, so kommt der Krieg zwischen Rußland und Preußen, den der Generalrat schon während des französischen Kriegs als dessen unabwendbare Folge vorhersagte und der 1873 mit Ach und Krach vermieden wurde.

Engels an Becker, 8. September 1879 (MEW 34, 391)

60

Seitdem die russische Diplomatie sich ihre Ziele durch innere russische Ereignisse muß vorschreiben lassen, geht ihr alles schief. In demselben Augenblick, wo ihr Nihilisten und Panslawisten die deutsche Allianz so in Stücke brechen, daß sie höchstens noch auf kurze Zeit scheinbar geflickt werden kann, in demselben Augenblick treiben ihre afghanischen Agenten England, für den Kriegsfall mit Deutschland, in Bismarcks Arme. Ich bin sicher, Bism[arck] arbeitet mit Händen und Füßen, um den Krieg mit Rußland zustande zu bringen. Mit Östreich und England vereint kann er's schon wagen; England sichert ihm die Neutralität Dänemarks, wahrscheinlich die Italiens, vielleicht selbst Frankreichs. Es wäre aber besser, die Sache in Rußland ginge rasch zur Krisis voran und beseitigte die Kriegsaussichten durch inneren Umsturz. Die Lage wird zu günstig für Bismarck. Ein gleichzeitiger Krieg gegen Rußland und Frankreich würde ein Kampf um die nationale Existenz, und in dem dabei entflammten Chauvinismus ginge unsre Bewegung auf Jahre zugrunde. Und dabei ständen die Chancen, sobald England beitritt, für Bismarck sehr günstig: ein langer, harter Kampf, aber 3:2 für endlichen Ausgang etwa wie der 7jährige Krieg.

Engels an Marx, 9. September 1879 (MEW 34, 105)

61

Das Charakteristische für Bismarck ist die Art und Weise, wie er in seinen Gegensatz zu Rußland hineingeriet. Er wollte Gortschakow ab- und Schuwalow einsetzen. Da das fehlschlug, verstand sich's von selbst: voilà l'ennemi! und ich zweifle auch nicht, daß Bucher die Gereiztheit des Meisters aufzustacheln nicht verfehlt hat. On retourne toujours à son premier amour. Für unsere Bewegung und für Europa im allgemeinen könnte nichts Schädlicheres sich ereignen als die Ausführung von B[ismarck]s Plan. Solange der alte Wilhelm lebt, wird das immerhin nicht so leicht gehn; möglich bleibt es immer, daß Bismarck selbst Opfer der Reaktion wird, die er mit dem Sozialistengesetz [64] eingeleitet. ... Nicht nur das eiserne Militärbudget wird in der nächsten Reichstagssitzung erneuert werden; es wird vielleicht »perpetuell« gemacht, wie Wilhelm ursprünglich wollte. Das Geheimnis der Erfolge der russischen Diplomatie abroad war die Grabesstille of Russia at home. Mit der inneren Bewegung war der Zauber gebrochen. Ihr letzter Sieg war der Pariser Vertrag von 1856. [65] Seitdem nur Böcke geschossen.

Marx an Engels, 10. September 1879 (MEW 34, 108)

62

Im übrigen geht die Weltgeschichte ihren Gang, unbekümmert um diese Weisheits- und Mäßigungsphilister. In Rußland muß die Sache jetzt in wenigen Monaten zum Klappen kommen. Entweder stürzt der Absolutismus, und dann weht sofort, nach dem Sturz der großen Reserve der Reaktion, ein andrer Wind durch Europa. Oder aber es gibt einen europäischen Krieg und der begräbt auch die *jetzige* deutsche Partei unter dem unvermeidlichen Kampf eines jeden Volks um die nationale Existenz. Solch ein Krieg wäre unser größtes Unglück, er könnte die Bewegung um 20 Jahre zurückwerfen. Aber die neue Partei, die daraus schließlich doch hervorgehen müßte, würde in allen europäischen Ländern frei sein von einer Masse Bedenklichkeiten und Kleinlichkeiten, die jetzt überall die Bewegung hemmen.

Engels an Bebel, 16. Dezember 1879 (MEW 34, 43)

63

In Rußland geht die Sache famos! Es wird da wohl bald zum Klappen kommen. Und wenn das geschieht, dann geht den großen Herren vom deutschen Reich sofort der Allerwerteste zentnerweis auf Grundeis. Das wird der nächste Wendepunkt der Weltgeschichte.

Die armen Anarchisten sollten Dich doch nicht so verdrießen. [66] Die sind ja auch ganz drunten durch. Im Westen haben sie nichts mehr zu tun, als unter sich Anarchie treiben, daß die Haare fliegen, und in Rußland holen sie mit all ihren Moritaten nur den Konstitutionellen die Kastanien aus dem Feuer – was sie eben jetzt zu ihrem Schrecken entdeckt haben.

Engels an Becker, 19. Dezember 1879 (MEW 34, 433ff)

64

Ich gratuliere Dir und Euch allen ebenfalls zum neuen Jahr und zur darin wohl sicher in Fluß kommenden *russischen Revolution,* die sofort ganz Europa einen andern Charakter aufdrücken wird. Auch dies haben wir wieder großenteils unserm Freund Bismarck zu danken, der durch seine demonstrative österreichische Reise und Allianz die russische Regierung grade im richtigen Moment (*für uns*!) vor die Alternative stellte: Krieg oder Revolution. Quel génie!

Engels an Liebknecht, 10. Januar 1880 (MEW 34, 437)

65

Auch in Rußland geht alles vortrefflich, trotz der Justizmorde, Verbannungen und der scheinbaren Ruhe. Die blasse Finanznot ist nicht zu bannen. *Kein Bankier pumpt* ohne Reichsversammlungsgarantie. Daher jetzt der letzte Versuch einer *innern* Anleihe. Sie wird *auf dem Papier* gelingen, in Wirklichkeit total fehlschlagen. Und dann wird man doch endlich irgendeine Versammlung berufen müssen, um nur Bares zu erhalten – wenn bis dahin nicht noch andre Dinge sein sollten.

Engels an Bebel, 27. März 1880 (MEW 34, 446)

66

Ich bedaure, Ihnen nicht selbst schon neues Material zur Verfügung stellen zu können; es ist mir leider nicht möglich gewesen, seit einer Reihe von Jahren der Entwicklung des Volksunterrichts im einzelnen folgen zu können. Sonst würde es mir besondre Freude gemacht haben, wenn ich Ihnen mehr hätte bieten können. An allem, was die Volksbildung und damit, wenn auch noch so indirekt, die Bewegung fördert in einem Lande wie Rußland, das am Vorabend einer weltgeschichtlichen Krisis steht und eine Bewegungspartei von unerhörter Aufopferungsfähigkeit und Energie erzeugt hat – an allem dem nehmen wir den innigsten Anteil.

Engels an Frau M. K. Gorbunowa, 22. Juli 1880 [67] (MEW 34, 449)

67

Ihre Mitteilungen über Ihre Tätigkeit in Moskau sowie über die Aussicht, die sich Ihnen eröffnet hat, mit Beihülfe des Präsidenten des Semstwo eine gewerbliche Schule zu errichten, habe ich mit großem Interesse gelesen; wir haben auch die statistischen Berichte sämtlicher russischen Semstwa hier, wie überhaupt ein ganz vorzügliches Material über die ökonomischen Zustände Rußlands, ich kann sie leider augenblicklich nicht nachsehn, da sie bei M[arx] liegen und dieser mit seiner ganzen Familie im Seebad ist. Es würde mir dies indes wenig zur Beantwortung Ihrer Frage [68] helfen, da hierzu eine Kenntnis der betreffenden Zweige der Hausindustrie, ihres Betriebs, ihrer Produkte, ihrer Konkurrenzfähigkeit gehört, wie sie nur an Ort und Stelle erworben werden kann. Im allgemeinen scheint mir, daß die von Ihnen erwähnten Industriezweige wenigstens großenteils wohl noch eine Zeitlang imstande sein dürften, mit der großen Industrie zu konkurrieren. Solche industrielle Umwälzungen gehn äußerst langsam vor sich, in Deutschland ist selbst der Handwebstuhl in manchen Zweigen noch nicht ganz verdrängt, aus denen er in England schon seit 20–30 Jahren vertrieben ist. In Rußland dürfte das noch langsamer gehn. Der lange Winter liefert dort dem Bauern so viel freie Zeit, und wenn er auch nur etwas während des Tages erarbeitet, es ist immer so viel gewonnen. Dem endlichen Untergang freilich können diese primitiven Produktionsmethoden nicht entgehn, und in einem hochentwickelten Industrielande, wie hier zum Beispiel, ließe sich behaupten, daß es humaner wäre, diesen Auflösungsprozeß zu beschleunigen, als ihn zu verlängern. In Rußland kann das leicht anders liegen, um so mehr, als dort gewaltige Veränderungen der gesamten politischen Lage in gewisser Aussicht stehn. Die kleinen Palliativmittelchen, die in Deutschland, wie Sie sich ja überzeugt haben, und auch anderswo blutwenig genützt haben, könnten in Rußland hie und da vielleicht dem Volk über die politische Krise weghelfen und seine Industrie so lang im Gang halten, bis es selbst mitzusprechen haben wird. Die Schulen aber könnten es vielleicht in den Stand setzen, daß es dann wenigstens einigermaßen weiß, *was* es zu sprechen hat. Und dazu tragen mehr oder weniger alle wirklichen Bildungselemente bei, die unter dem Volk verbreitet werden. Der technische Unterricht würde vielleicht noch am ersten seinen Zweck erreichen, wenn er einerseits versuchte, den Betrieb wenigstens der lebensfähigen üblichen Industriezweige rationeller zu gestalten und andrerseits die Kinder so weit allgemein technisch vorzubilden, daß ihnen ein Übergang zu andern Industrien erleichtert würde. Außer solchen Allgemeinheiten läßt sich aus der Ferne schwer etwas sagen. Nur soviel scheint mir ziemlich sicher, daß das Gouvernement Moskau wohl noch nicht so bald ein Sitz großer Industrie werden wird, da es weit von den Kohlenbezirken abliegt und das Brennholz schon jetzt nicht mehr reicht. Irgendeine Art wenn auch häufig wechselnder Hausindustrie dürfte sich da noch länger erhalten, selbst wenn durch Schutzzölle einzelne Großbetriebe ermöglicht würden, wie die Baumwollindustrie von Schuja und Iwanowo im Gouvernement Wladimir. Und schließlich ist den Bauern ja doch nur dadurch zu helfen, daß sie mehr Land erhalten und dies assoziiert bebauen.

Ihre Mitteilungen wegen beginnenden Zerfalls der Obschtschina und der Artels bestätigen uns auch von andrer Seite eingegangne Nachrichten. Trotzdem kann dieser Zersetzungsprozeß sehr lange dauern. Und da die allgemeine Strömung in Westeuropa in grade entgegengesetzter Richtung fließt und bei der nächsten Erschütterung eine ganz andre Kraft gewinnen muß, so darf man erwarten, daß auch in Rußland, das ja in den letzten 30 Jahren so viel kritische Köpfe hervorgebracht, diese Strömung noch rechtzeitig stark genug werden wird, um an den tausendjährigen naturwüchsigen Assoziationstrieb des Volkes appellieren zu können, ehe dieser ganz erloschen ist. Aus diesem Grunde dürften auch Produktivassoziationen und andre Beförderungen des Assoziationswesens unter dem Volk in Rußland von einem andern Gesichtspunkt anzusehn sein als im Westen. Palliativmittelchen bleiben sie freilich immer.

Engels an Frau M. K. Gorbunowa, 5. August 1880 (MEW 34, 451 ff)

68

Ich muß Ihnen nicht versichern, daß ich sehr froh wäre, wenn ich Ihnen irgendwie nützlich sein könnte, doch ein kurzer Hinweis auf die Umstände, in denen ich mich im Augenblick befinde, wird Sie überzeugen, daß ich gegenwärtig zu theoretischer Arbeit nicht in der Lage bin. Ich bin von den Ärzten hierher geschickt worden, um »nichts zu tun« und meine Nerven durch »far niente« auszukurieren. Eine Krankheit meiner Frau, unter der sie schon seit langem litt, verschlimmerte sich plötzlich so, daß ein *verhängnisvolles* Ende drohte. Was immer ich an Zeit erhaschen kann, ist notwendigerweise auf Dinge beschränkt, die ich mir vom Halse schaffen *muß.*

Nun haben Sie ja schon den für die *breite Öffentlichkeit* wichtigsten Teil abgeschlossen – die Aufstellung der Statistiken und die Deutung der darin enthaltenen *Fakten.* Es wäre schade, wenn Sie die Veröffentlichung, die ich mit größter Ungeduld erwarte, verzögerten.

Was immer Sie an Brauchbarem für Ihren Zweck in meinen Briefen gefunden haben, können Sie nach Belieben verwenden. Nur fürchte ich, es ist nicht viel, da ich Ihnen nur einige fragmentarische Brocken schickte. [69]

Die augenblickliche Krise ist, was Dauer, Ausmaß und Intensität anbelangt, die größte, die England je durchgemacht hat. [...]

Was die Agrarkrise betrifft, so wird sie sich entwickeln, an Stärke zunehmen und nach und nach zu einem Höhepunkt kommen, um eine völlige Revolution in den ländlichen Eigentumsverhältnissen mit sich zu bringen – ganz unabhängig von den Zyklen der kommerziell-industriellen Krisen. [...]

Ich hoffe, es wird in Europa keinen allgemeinen Krieg geben. Obwohl er im Endeffekt die soziale, ich meine damit die *ökonomische* Entwicklung nicht aufhalten könnte, sie vielmehr noch vorantreiben würde, brächte er doch sicher für eine längere oder kürzere Periode eine nutzlose Erschöpfung der Kräfte mit sich.

Marx an Danielson, 12. September 1880 (MEW 34, 463 ff; aus dem Englischen)

69

In Rußland – wo das »Kapital« mehr gelesen und anerkannt als irgend sonstwo – ist unser Erfolg noch größer. Wir haben einerseits die *Kritiker* (meist junge Universitätsprofessoren, z.T. persönlich mit mir befreundet, und auch some Revueschreiber), andrerseits das *terroristi-*

sche Zentralkomitee, dessen neulich in Petersburg heimlich gedrucktes und ausgegebnes *Programm* große Wut erregt hat unter den anarchistischen Russen in der *Schweiz,* die zu Genf »*Die schwarze Verteilung*« ausgeben. Sie – meist Leute (nicht alle), die *freiwillig* Rußland verlassen haben – bilden im Gegensatz zu den ihre Haut zu Markt tragenden Terroristen die sog. Partei der Propaganda. (Um *Propaganda in Rußland* zu machen – ziehn sie *nach Genf!* Welches Quidproquo!) Diese Herrn sind gegen alle politisch-revolutionäre Aktion. Rußland soll durch einen Salto mortale ins anarchistisch-kommunistisch-atheistische Millennium springen! Unterdes bereiten sie diesen Sprung vor durch ennuyanten Doktrinarismus, dessen sog. principes courent la rue depuis feu Bakounine. [70]

Marx an Sorge, 5. November 1880 (MEW 34, 477)

70

Ich habe mit dem größten Interesse Ihren Artikel gelesen, der im besten Sinne des Wortes »originell« ist. [71] Daher auch der Boykott. Wenn man mit seinem Denken die ausgefahrenen Geleise verläßt, muß man immer darauf gefaßt sein, zunächst »boykottiert« zu werden. ... Ich bin in Deutschland viele Jahre »boykottiert« worden und werde es in England immer noch ... Sie sollen aber beharren! Was zunächst – meiner Meinung nach – zu tun wäre, ist, die erstaunlich zunehmende *Verschuldung der Gutsherren,* die die höhere Klasse in der Landwirtschaft repräsentieren, ins Auge zu fassen, und zu zeigen, wie sie sich unter der Aufsicht der »neuen Stützen der Gesellschaft« in der Retorte »kristallisieren«.

Ich bin auf Ihre Polemik mit dem »Slowo« sehr gespannt. Sobald ich mehr Ruhe habe, werde ich ausführlicher auf Ihre *Skizze* eingehen. [...]

Vorigen Monat hatten wir hier russischen Besuch, darunter Prof. Sieber (jetzt in Zürich) und Herrn Kablukow (Moskau). Sie haben tagelang im Britischen Museum studiert.

Keine Nachricht von unserem »gemeinsamen« Freund? [72]

Apropos. *Jansons* letzte statistische Arbeit – ein Vergleich Rußlands mit Europa – hat viel Aufsehen errregt. [73] Ich würde es gern sehen.

Marx an Danielson, 19. Februar 1881 (MEW 35, 155ff)

71

Eine Nervenkrankheit, die mich seit zehn Jahren periodisch befällt, hat mich gehindert, früher auf Ihren Brief vom 16. Februar zu antworten.

Ich bedaure, Ihnen keine gedrängte, für die Öffentlichkeit bestimmte Behandlung der Frage geben zu können, die Sie mir vorzulegen die Ehre erwiesen haben. Vor Monaten habe ich bereits dem St. Petersburger Komitee eine Arbeit über denselben Gegenstand versprochen. Dennoch hoffe ich, daß einige Zeilen genügen werden, Sie von jedem Zweifel über das Mißverständnis hinsichtlich meiner sogenannten Theorie zu befreien.

Bei der Analyse der Entstehung der kapitalistischen Produktion sage ich:

»Dem kapitalistischen System liegt also die radikale Trennung des Produzenten von den Produktionsmitteln zugrunde ... Die Grundlage dieser ganzen Entwicklung ist *die Expropriation der Ackerbauern.* Sie ist auf radikale Weise erst in England durchgeführt ... Aber *alle anderen Länder Westeuropas* durchlaufen die gleiche Bewegung« (*Le Capital,* édit. française, p. 315).

Das »historische Fatum« dieser Bewegung ist also *ausdrücklich* auf die *Länder Westeuropas* beschränkt. Der Grund dieser Beschränkung wird in folgendem Passus des Kapitals angeführt:

»Das *Privateigentum,* das auf persönlicher Arbeit gegründet ist ..., wird verdrängt durch *das kapitalistische Privateigentum,* das auf der Ausbeutung der Arbeit andrer, auf Lohnarbeit gegründet ist« (l.c., p. 341).

Bei dieser Bewegung im Westen handelt es sich um die *Verwandlung einer Form des Privateigentums in eine andere* Form des Privateigentums. Bei den russischen Bauern würde man hingegen *ihr Gemeineigentum in Privateigentum umwandeln müssen.*

Die im *Kapital* gegebene Analyse enthält also keinerlei Beweise – weder für noch gegen die Lebensfähigkeit der Dorfgemeinschaft, aber die Spezialstudien, die ich darüber machte und wofür ich die Materialien aus Originalquellen geschöpft habe, haben mir die Überzeugung verschafft, daß diese Landgemeinde der Stützpunkt der sozialen Wiedergeburt Rußlands ist; damit sie aber als solcher wirken kann, müßte man zunächst die zerstörenden Einflüsse, die von allen Seiten auf sie einstürmen, beseitigen und ihr sodann die normalen Bedingungen einer spontanen Entwicklung sichern.

Marx an Vera Sassulitsch, 8. März 1881 [74] (aus dem Französischen, MEAB 408)

72

Als die Pariser Kommune dem furchtbaren Massaker unterlag, das die Verteidiger der »Ordnung« organisiert hatten, vermuteten die Sieger schwerlich, daß keine zehn Jahr vergehen würden, bis sich im fernen Petersburg ein Ereignis abspielen würde, das, wenn auch vielleicht nach langen und heftigen Kämpfen, schließlich und mit Sicherheit zur Errichtung einer russischen Kommune führen muß. [75]

Marx/Engels an den Vorsitzenden des Slawischen Meetings zur Feier der Pariser Kommune, 21. März 1881 (MEW 19, 244; aus dem Englischen)

73

Die russischen Refugees in Genf ... haben ... lange Europa zu überreden gesucht, daß *sie* in der Tat die Bewegung in Rußland dirigieren; jetzt, wo diese von ihnen selber verbreitete *Lüge* von Bismarck et Co. aufgegriffen und für sie gefährlich wird, konstatieren sie das Gegenteil und suchen vergeblich, die Welt von ihrer Unschuld zu überzeugen. In der Tat sind sie bloße Doktrinäre, konfuse Anarchismus-Sozialisten, und ihr Einfluß auf dem russischen »Kriegstheater« ist zero.

Hast Du die gerichtlichen Verhandlungen in St. Petersburg gegen die Attentäter verfolgt? [76] Es sind durch und durch tüchtige Leute, sans pose mélodramatique, einfach, sachlich, heroisch. Schreien und Tun sind unversöhnliche Gegensätze. Das Petersburger Exekutivkomitee, das so energisch handelt, erläßt Manifeste von raffinierter »Moderation«. Es ist weit entfernt von der schulbubenhaften Manier der Mosts und andrer kindischen Heulmeier, tyrannicide als eine »Theorie« und »Panacea« zu predigen ...; sie bestreben sich umgekehrt, Europa zu belehren, daß ihr modus operandi eine spezifisch-russische, historisch unvermeidliche Aktionsweise ist, worüber ebensowenig zu moralisieren ist – für oder gegen – als über das Erdbeben in Chios.

Marx an Jenny Longuet, 11. April 1881 (MEW 35, 178ff)

74

Im »Standard« stand auch wieder ein schöner Artikel, Brief eines russischen Generals über die Zustände und die Nihilisten [77], grade wie die preußischen Generale 1845 über Demagogen, Liberale, Juden, französische schlechte Prinzipien und ewige allgemeine Königstreue des gesunden Volkskerns schrieben und sprachen. Was die Revolution natürlich keinen Tag aufhielt. Du hast gesehn, wie die Semstwos gegen Ignatjew rebellieren, teils durch Petitionieren, teils durch direkte Weigerung des Zusammentritts. Das ist ein sehr bedeutender Schritt, der erste von offiziellen Körperschaften unter Alexander III.

Engels an Marx, 8. Januar 1882 (MEW 35, 32)

75

Eine der wirklichen Aufgaben der Revolution von 48 (und die *wirklichen,* nicht illusorischen Aufgaben einer Revolution werden immer infolge dieser Revolution gelöst) war die Herstellung der unterdrückten und zersplitterten Nationalitäten Mitteleuropas, soweit diese überhaupt lebensfähig und speziell zur Unabhängigkeit reif waren. Diese Aufgabe wurde von den Testamentsvollstreckern der Revolution, Bonaparte, Cavour, Bismarck, den damaligen Verhältnissen nach für Italien, Ungarn, Deutschland, gelöst. Blieben Irland und Polen. Irland kann hier unbeachtet bleiben, es berührt die Verhältnisse des Kontinents nur sehr indirekt. Aber Polen liegt mitten im Kontinent, und die Erhaltung seiner Teilung ist grade das Band, das die Heilige Allianz immer wieder zusammenführt, und Polen interessiert uns daher sehr.

Nun ist es für ein großes Volk geschichtlich unmöglich, irgendwelche innere Fragen auch nur ernsthaft zu diskutieren, solange die nationale Unabhängigkeit fehlt. [...]

Eine internationale Bewegung des Proletariats ist überhaupt nur möglich zwischen selbständigen Nationen. ... Solange Polen geteilt und unterjocht, kann sich also weder eine kräftige sozialistische Partei im Lande selbst entwickeln noch *mit andern Polen als der Emigration* ein wirklicher internationaler Verkehr der übrigen proletarischen Parteien in Deutschland etc. Jeder polnische Bauer und Arbeiter, der aus der Verdumpfung zur Teilnahme an allgemeinen Interessen aufwacht, stößt zuerst auf die Tatsache der nationalen Unterjochung, sie tritt ihm überall als erstes Hindernis in den Weg. Sie zu beseitigen ist Grundbedingung jeder gesunden und freien Entwicklung. Polnische Sozialisten, die nicht die Befreiung des Landes an die Spitze ihres Programms setzen, kommen mir vor wie deutsche Sozialisten, die nicht zunächst Abschaffung des Sozialistengesetzes, Preß-, Vereins-, Versammlungsfreiheit fordern wollten. Um kämpfen zu können, muß man erst einen Boden haben, Luft, Licht und Ellenbogenraum. Sonst bleibt alles Geschwätz. [...]

Wer sind übrigens die Leute, die gegen die polnischen Nationalitätsbestrebungen ankämpfen? Erstens die europäischen Bourgeois, bei denen die Polen seit der Insurrektion von 1846 und ihren sozialistischen Tendenzen allen Kredit verloren haben, zweitens die russischen Panslawisten und die von ihnen beeinflußten Leute wie Proudhon, der durch Herzens Brille sah. ... Ein panslawistischer Krieg als letzter Rettungsanker des russischen Zarentums und der russischen Reaktion wird in diesem Augenblick präpariert, ob er zustande kommt, ist sehr fraglich, geschieht's aber, so ist nur eins gewiß: daß die sich so prächtig vollziehende Entwicklung in der revolutionären Richtung, in Deutschland, Östreich und Rußland selbst, total derangiert und in andre, zunächst unberechenbare Bahnen gedrängt wird.

Engels an Kautsky, 7. Februar 1882 [78] (MEW 35, 269ff)

76

Wir haben uns Deinen Vorschlag [79] überlegt und sind der Ansicht, daß die Zeit zu seiner Ausführung noch nicht gekommen ist, aber heranrückt. [...]

Andrerseits aber *besteht* die Internationale tatsächlich fort. Die Verbindung zwischen den revolutionären Arbeitern aller Länder, soweit sie wirksam sein kann, ist da. ... Die Namen der Vorkämpfer eines Landes sind in allen andern bekannt, und eine von allen unterzeichnete und vertretene Manifestation würde einen kolossalen Eindruck machen, ganz anders als die meist unbekannten Namen des alten Generalrats. Aber ebendeshalb muß man eine solche Manifestation aufsparen bis zum Moment, wo sie durchschlagend wirken kann, d. h. wo europäische Ereignisse sie provozieren. Sonst verdirbt man sich den Effekt für die Zukunft und tut nur einen Schlag ins Wasser. Solche Ereignisse aber bereiten sich vor in Rußland, wo die Avantgarde der Revolution zum Schlagen kommen wird. Das und den unvermeidlichen Rückschlag auf Deutschland muß man abwarten – nach unsrer Meinung –, und dann wird auch der Moment einer großen Manifestation kommen und der Herstellung einer *offiziellen,* förmlichen Internationale, die aber keine Propagandagesellschaft mehr sein wird, sondern nur noch eine Gesellschaft für die Aktion. Deshalb sind wir entschieden der Ansicht, ein so famoses Kampfmittel nicht dadurch abzuschwächen, daß man es in verhältnismäßig noch ruhiger Zeit, schon am Vorabend der Revolution, vernutzt und verschleißt.

Engels an Becker, 10. Februar 1882 (MEW 35, 274ff)

77

Ich beantworte Ihren Brief gleich, 1. weil die panslawistische Geschichte immer brennender wird und 2. weil ich mich jetzt, nach Marx' Abreise, wieder ernsthaft an die Arbeit setzen muß und nicht mehr Zeit haben werde zu so langen Auseinandersetzungen. [...]

Daß mein Brief [80] Sie nicht bekehrt, da Sie schon Sympathien hatten für die »unterdrückten« Südslawen, ist sehr begreiflich. Wir alle haben ja ursprünglich, soweit wir erst durch Liberalismus oder Radikalismus durchgegangen, diese Sympathien für alle »unterdrückten« Nationalitäten mit herübergenommen, und ich weiß, wieviel Zeit und Studium es mich gekostet hat, sie, dann aber auch gründlich, loszuwerden.

Nun muß ich aber bitten, mir nicht Meinungen unterzuschieben, die ich nie ausgesprochen. Die in der Augsburger »Allgemeinen Zeitung« jahrelang vertretnen östreichischen Kanzleiargumente gehn mich nichts an. Was daran richtig war, ist veraltet, und was nicht veraltet, ist unrichtig. Ich habe durchaus keinen Grund, mich über die zentrifugale Bewegung in Östreich zu ärgern. Ein »Damm gegen Rußland« ist überflüssig von dem Augenblick, wo die Revolution in Rußland ausbricht, d.h., wo irgendwelche repräsentative Versammlung zusammentritt. Von dem Tage an ist Rußland im Innern beschäftigt, der Panslawismus klappt zusammen in sein Nichts, der Beginn des Reichszerfalls tritt ein. Der Panslawismus ist nur ein Kunstprodukt der »gebildeten Stände«, der Städte und Universitäten, Armee und Beamten, das Land weiß nichts davon, und selbst der Landadel ist so sehr in der Klemme, daß er jeden Krieg verflucht. [...]

Wir haben an der Befreiung des westeuropäischen Proletariats mitzuarbeiten und diesem Ziel alles andre unterzuordnen. Und wären die Balkanslawen etc. noch so interessant, sobald ihr Befreiungsdrang mit dem Interesse des Proletariats kollidiert, so können sie mir gestohlen werden. [...]

Der Sieg des Proletariats befreit sie wirklich und mit Notwendigkeit, nicht scheinbar und temporär, wie der Zar. Darum sollen sie, die für Europa und seine Entwicklung bisher nicht nur nichts geleistet, sondern ein Hemmschuh an ihr sind, mindestens soviel Geduld haben wie unsre Proletarier. Um der paar Herzegowzen willen einen Weltkrieg entflammen, der 1000mal mehr Menschen kostet, als in der ganzen Herzegowina wohnen – das ist nicht meine Ansicht von der Politik des Proletariats. [...]

Sie sagen, ein Großserbien sei ein ebensoguter Damm gegen Rußland wie Östreich. Ich habe schon gesagt, daß ich von der ganzen »Damm«-theorie nichts halte, seitdem in Rußland eine revolutionäre Bewegung Macht erhalten hat. Ebenso, daß ich Östreichs Zerfall mit Vergnügen entgegensehe. Aber nun kommen wir auf die *Qualität* dieser Natiönchen, die doch auch bei unsern Sympathien zu erwägen ist. [...]

Haben Sie übrigens so viel Sympathien mit den Naturvölkchen, wie Sie wollen, einen gewissen poetischen Schimmer haben diese ja ohnehin, machen auch noch Volkslieder ganz im Stil der altserbischen (und diese sind sehr schön), ich will Ihnen sogar einen »Standard«-Artikel als Beleg schicken. Aber Handlanger des Zarentums sind und bleiben sie, und in die Politik gehören poetische Sympathien nicht hinein. Und wenn aus dem Aufstand dieser Burschen ein Weltkrieg zu entbrennen droht, der uns unsre ganze revolutionäre Situation verdirbt, so müssen sie und ihr Recht auf Viehraub den Interessen des europäischen Proletariats ohne Gnade geopfert werden. [...]

Was den Krieg angeht, so scheinen Sie mir doch le coeur un peu trop léger zu haben. Kommt es zum Krieg, so bringt Bismarck es mit Leichtigkeit dahin, daß Rußland als der Angreifer erscheint: er kann warten, die russischen Panslawisten *nicht*. Ist aber Deutschland und Östreich einmal im Osten engagiert, so muß man die Franzosen und besonders die Pariser schlecht kennen, um nicht vorauszusehn, daß sofort ein chauvinistisches Revanchegeschrei entsteht, vor dem die sicher friedliche Majorität des Volks verstummen muß und das es dahin bringt, daß auch hier Frankreich als Angreifer dasteht; und daß der dann herrschende Chauvinismus sehr bald das linke Rheinufer fordern wird. Daß dabei Deutschland in einen Kampf um die Existenz gerät und damit auch dort der patriotische Chauvinismus wieder vollständig Oberwasser bekommt, scheint mir evident. Soweit also alle Aussichten gegen uns. Ist der Krieg aber einmal im Gang, so wird der Ausgang eines solchen europäischen Kampfs, des ersten seit 1813–15, ganz unberechenbar, und ich möchte ihn um keinen Preis herbeiwünschen. Kommt er, dann ist's eben nicht zu ändern.

Nun aber die andre Seite. Wir haben in Deutschland eine Situation, die mit steigender Geschwindigkeit der Revolution zutreibt und in kurzem unsre Partei in den Vordergrund drängen muß. Wir selbst brauchen dazu gar nichts zu tun, nur unsre Gegner für uns arbeiten zu lassen. Dabei eine bevorstehende neue Ära mit einem neuen liberalisierenden, höchst unentschlossenen und schwankenden Kaiser, der ganz zum Ludwig XVI. gemacht ist. Was uns fehlt, ist einzig ein rechtzeitiger Anstoß von außen. Diesen bietet die Lage Rußlands, wo der Beginn der Revolution nur noch Frage von Monaten ist. Unsre Leute in Rußland haben den Zar so gut wie gefangengenommen [81], die Regierung desorganisiert, die Volkstraditionen erschüttert. Auch ohne einen neuen großen Schlag muß der Zusammenbruch in nächster Zeit erfolgen, er wird sich jahrelang fortsetzen wie 1789 bis 94; er gibt also volle Zeit, um auf den Westen und besonders Deutschland zurückzuwirken, so daß die Bewegung eine allmählich ansteigende wird, nicht wie 1848, wo die Reaktion am 20. März schon in ganz Europa wieder in vollem Gang war. Kurz, es ist eine so prachtvolle revolutionäre Situation wie noch nie. Nur eins kann sie verderben: Skobelew hat's in Paris selbst gesagt, nur ein auswärtiger Krieg könne Rußland herausreißen aus dem Morast, in dem es versinke. Dieser Krieg soll alles gut machen, was unsre Leute mit Aufopferung ihres Lebens dem Zarismus angetan haben. Er würde jedenfalls genügen, die Gefangenschaft des Zaren zu brechen, die Sozialrevolutionäre der allgemeinen Volkswut auszusetzen, ihnen die Unterstützung der Liberalen, die sie jetzt besitzen, entziehn, und alle Opfer wären umsonst gebracht; alles müßte unter ungünstigeren Umständen von vorn wieder angefangen werden; aber ein solches Stück spielt schwerlich zweimal, und auch in Deutschland können Sie darauf bauen, daß unsre Leute entweder ins patriotische Geheul miteinstimmen oder einen Wutausbruch gegen sich hervorrufen müssen, gegen den der nach den Attentaten [82] ein Kinderspiel ist; dann würde Bismarck auf die letzten Wahlen noch ganz anders antworten als damals mit dem Sozialistengesetz.

Bleibt Friede, dann sind die russischen Panslawisten geprellt und müssen bald abtreten. Dann kann der Kaiser höchstens noch einen letzten Versuch machen mit den alten bankerotten Bürokraten und Generalen, die bereits Schiffbruch gelitten. Das kann höchstens ein paar Monate dauern, und dann bleibt kein Ausweg, als die Liberalen zu berufen – d.h., eine Nationalversammlung irgendwelcher Art, und das, wie ich Rußland kenne, ist Revolution à la 1789. Und da soll ich Krieg wünschen? Sicher nicht, und wenn 200 edle Räubervölker dabei kaputtgingen. [83]

Engels an Bernstein, 22./25. Februar 1882 (MEW 35, 278 ff)

78

Einige *neulich erschienenen russischen Veröffentlichungen,* gedruckt im Heiligen Rußland, nicht im Ausland, zeugen von der starken Verbreitung meiner Theorien in diesem Land. [84] Nirgends ist mir mein

Erfolg erfreulicher; er verschafft mir die Genugtuung, daß ich einer Macht schade, die außer England das echte Bollwerk der alten Gesellschaft ist.

Marx an Laura Lafargue, 14. Dezember 1882 (MEW 35, 408)

79

Einen europäischen Krieg würde ich für ein Unglück halten, diesmal würde er furchtbar ernst werden, überall den Chauvinismus entflammen auf Jahre hinaus, da jedes Volk um die Existenz kämpfen würde. Die ganze Arbeit der Revolutionäre in Rußland, die am Vorabend des Sieges stehn, wäre nutzlos, vernichtet, unsere Partei in Deutschland würde momentan von der Flut des Chauvinismus überschwemmt und gesprengt und ebenso ging's in Frankreich. Das einzig Gute, was dabei herauskommen könnte, die Herstellung eines kleinen Polens, kommt bei der Revolution ebenfalls und zwar von selbst heraus; eine russische Konstitution infolge eines unglücklichen Krieges hätte eine ganz andre, eher konservative Bedeutung als eine revolutionär erzwungene. Ein solcher Krieg, glaube ich, würde die Revolution um 10 Jahre aufschieben, nachher würde sie freilich um so gründlicher.

Engels an Bebel, 22. Dezember 1882 (MEW, 35, 416)

I/7 Aus Marx' »Enthüllungen der diplomatischen Geschichte des achtzehnten Jahrhunderts« (1856–57)

Obwohl diese Schriftensammlung auf das Problem der russischen Revolution im Denken von Marx und Engels ausgerichtet ist, wird es dem Leser nicht entgangen sein, daß die Stoffbegrenzung dadurch erschwert ist, daß das zentrale Thema mit dem Begriff des zaristischen Absolutismus – dem Hauptanliegen ihres politischen Kampfes – unzertrennlich verbunden ist. Bevor sie überhaupt die Möglichkeit einer »inneren Bewegung« in Rußland ins Auge faßten – seit der am Ende der 50er Jahre geplanten Agrarreform, die 1861 Gesetzesakt wurde –, gab es für sie nur *ein* Rußland, ein einheitliches, der Zarenautokratie gefügiges und von derselben absorbiertes Gesellschaftssystem. Darum griffen Marx und Engels oft zu dem scheinbar von selbst sich darbietenden historischen Vergleich zwischen dem zaristischen Rußland und dem *ancien régime* in Frankreich. An sich hatte diese Analogie nichts Befremdendes, sofern sie in die entwicklungsgeschichtliche Konstruktion der Marxschen Gesellschaftstheorie hineinpaßte, wonach »in großen Umrissen ... asiatische, antike, feodale und modern bürgerliche Produktionsweisen als progressive Epochen der ökonomischen Gesellschaftsformation bezeichnet werden (können)«. [1]

Es scheint also durchaus folgerichtig, wenn Marx und Engels in bezug auf das damalige Rußland ganz im Geiste der jakobinischen Tradition des französischen Nationalkonvents dachten, der den »revolutionären Krieg« gegen die unter monarchischen Regimen schmachtenden Nachbarländer zum sittlichen Imperativ erhob.

Diese Vorbemerkung soll dem Leser dazu verhelfen, das folgende Fragment aus Marxens »Enthüllungen« mit besserem Verständnis aufzunehmen als dies den Herausgebern der Marx-Engelsschen Werke in den »sozialistischen« Ländern gelungen ist, wo Marxens Schrift mit dem Stalinschen Banne belegt ist: sie fehlt in den zwei bisher gedruckten russischen Ausgaben der Werke der »Klassiker« des Marxismus ebenso wie – post hoc, ergo propter hoc – in der vom Dietz Verlag veranstalteten Ausgabe, die wir hier so reichlich unter der Abkürzung MEW benutzen. Welche Bedeutung Marx selbst dieser unvollendet gebliebenen Arbeit zumaß, kann man aus folgender Erklärung ersehen:

»Bei einer Durchmusterung im Britischen Museum befindlicher diplomatischer Manuskripte entdeckte ich eine Reihe englischer Aktenstücke, die sich vom Ende des 18. Jahrhunderts bis zur Epoche Peters des Großen erstrecken, das stetige geheime Zusammenwirken zwischen den Kabinetten von London und Petersburg enthüllen, die Zeit Peters des Großen aber als Geburtsstätte dieses Zusammenhangs erscheinen lassen. Von einer ausführlichen Arbeit über diesen Gegenstand habe ich bisher nur die Einleitung drucken lassen unter dem Titel: ›Revelations of the diplomatic history of the 18th Century‹.« [2]

Die Tatsache, daß Marx' »Enthüllungen« auf den ›sozialistischen‹ Index gesetzt wurde, läßt nur eine Deutung zu; sie erklärt sich als eine Folge der von Stalin ab 1934 und besonders seit dem »patriotischen Kriege« gegen Hitler befohlenen Uminterpretierung der gesamten vor-revolutionären Geschichte Rußlands im nationalistischen Sinne der Anerkennung sämtlicher machtpolitischer Eroberungen der russischen Zaren. Wollte man Stalins Geschichtsbewußtsein – das anscheinend zum bleibenden Erbgut der sowjetischen Machthaber geworden ist – hegelianisch parodieren, so könnte man sagen, daß im modernen Sowjetstaat das Rußland der Zaren in seinen drei Prinzipien »aufgehoben« ist, nämlich als Autokratie, Orthodoxie und Nationalismus ...

Das Totschweigen der »Enthüllungen« ist teilweise wettgemacht durch die Aufnahme in den erwähnten Ausgaben der von Marx und Engels anläßlich der Orientkrise und des Krimkrieges geschriebenen Artikel aus den fünfziger Jahren. Ich lege deshalb den Fragmenten aus der Schrift von 1856/57 einen Auszug aus einem der Feder von Marx entstammenden Artikel bei, der im August 1853 in der »New York Daily Tribune« veröffentlicht wurde.

Marx' »Revelations of the diplomatic history of the 18th century« erschienen vom 16. August 1856 bis zum 1. April 1857 in 13 Nummern des russophoben Urquhartschen Organs »The Free Press« in London. Eine Neuausgabe in Buchform, die aber eine bedeutende Lücke aufweist, wurde von Marx' Tochter Eleanor vorbereitet und nach ihrem Tode mit verändertem Titel gedruckt: »Secret diplomatic history of the 18th century«, London 1899. Unter demselben Titel, aber mit vollständigem Text, herausgegeben und eingeleitet von Lester Hutchinson, wurde die Schrift 1969 veröffentlicht; der Band enthält ebenfalls Marx' gesammelte Artikel »The story of the life of Lord Palmerston«.

Eine gründliche Analyse der »Enthüllungen« erfolgte 1909 durch den hervorragenden Marxforscher D. Rjazanov (N. Rjasanoff): *Karl Marx über den Ursprung der Vorherrschaft Rußlands in Europa,* mit dem Untertitel »Kritische Untersuchungen«, in »Ergänzungshefte zur Neuen Zeit«, Nr. 5, 5. März 1909, 64 S. Diese Studie verdient es heute mehr denn je, der Vergessenheit entrissen zu werden; nicht nur weil es Rjazanov gelang, Marx eine unmarxistische Behandlung der russischen Geschichte nachzuweisen, sondern weil die »Ironie der Weltgeschichte«, die er im Einklang mit Engels bewunderte, es gewollt hat, daß sein persönliches Schicksal die Richtigkeit der unmaterialistischen Ahnungen Marxens auf tragische Weise bestätigte: im Jahre 1931 hat Stalin den Leiter des Marx-Engels-Instituts, der mit der Verwirklichung einer historisch-kritischen Gesamtausgabe der Werke von Marx und Engels (bekannt unter der Sigle MEGA) begonnen hatte, nach Sibirien deportieren lassen, wo er wenige Jahre später starb.

Von anderen Arbeiten wäre zu erwähnen: *Karl Marx, La Russie et l'Europe.* Première édition intégrale présentée avec une introduction ..., par Benoît P. Hepner, Paris 1954. Helmut Krause, a.a.O., S. 49ff., gibt sachkundige Information zur Marx-Engelsschen Beurteilung der »traditionellen« russischen Außenpolitik.

Der unwiderstehliche Einfluß Rußlands hat Europa zu verschiedenen Zeiten überrascht, hat die Völker des Westens aufgeschreckt, und man hat sich darein wie in ein Fatum ergeben oder sich ihm nur in vereinzelten Konvulsionen widersetzt. Dennoch begleitet den Zauber, den Rußland ausübt, ein immer wieder auflebender Skeptizismus, der es wie sein Schatten verfolgt, mit seinem Wachstum wächst, schrille ironische Laute in das Ächzen gemarterter Völker mischt und seine Größe als pure Komödie verspottet, als eitel Lug und Trug. In ihren Anfängen begegneten auch andere Reiche solchen Zweifeln; Rußland aber wurde zum Koloß, ohne sie überwunden zu haben. Es bietet in der Geschichte das einzige Beispiel eines ungeheueren Reiches, dessen wirkliche Macht sogar nach weltgeschichtlichen Leistungen immer noch vielfach als Einbildung eher denn als Tatsache aufgefaßt wurde. Vom Ende des achtzehnten Jahrhunderts bis auf den heutigen Tag konnte kein Autor, ob er nun Rußland preisen oder in Schach halten wollte, es sich ersparen, zunächst nachzuweisen, daß es existiert.

Aber mögen wir nun Rußland als Spiritualisten oder als Materialisten, seine Macht als greifbare Tatsache oder als bloße Vision der schuldbeladenen Gewissen der europäischen Völker betrachten, die Frage bleibt immer bestehen: Wie konnte diese Macht oder dieses Phantom einer Macht zu solch ungeheuren Dimensionen gelangen, um auf der einen Seite leidenschaftliche Zustimmung, auf der anderen empörte Zurückweisung zu finden, da es die Menschheit mit einer Erneuerung der Universalmonarchie bedrohte? [3] [...]

Trotz dieser scheinbaren Ähnlichkeit unterscheidet sich die Politik der ersten Ruriks vollständig von der des heutigen Rußland. Sie war nichts mehr und nichts weniger als die Politik der germanischen Barbaren, die Europa überschwemmten. Die Geschichte der modernen Nationen begann erst, nachdem diese Sintflut sich verlaufen hatte. Die gotische Periode in Rußland bildet nur ein Kapitel der normannischen Eroberungen. So wie der Gründung des modernen Frankreich, Deutschland und Italien das Reich Karls des Großen vorhergeht, so geht das Reich der Ruriks der Begründung Polens, Litauens, der baltischen Niederlassungen, der Türkei und Moskau selbst voraus. Das rapide Streben nach Vergrößerung war nicht das Ergebnis schlau angelegter Pläne, sondern das natürliche Resultat der primitiven Organisation der normannischen Eroberungen – Vasallentum ohne Lehen oder Lehen, die nur in Tribut bestanden –, die Notwendigkeit neuer Eroberungen war durch den nie versiegenden Zufluß neuer warangischer Abenteurer gegeben, die nach Ruhm und Plünderung lechzten. [4] [...]

Unter Jaroslaw wird die Vorherrschaft der Waranger gebrochen, aber gleichzeitig mit ihr verschwindet die Eroberungssucht der ersten Periode, und der Verfall des gotischen Rußland beginnt. Die Geschichte dieses Verfalls beweist mehr noch als Eroberung und Aufbau den ausschließlich gotischen Charakter des Reiches der Ruriks.

Das haltlose, ungefüge und vorzeitige Reich, das die Ruriks zusammengebracht hatten, wurde, wie alle auf ähnliche Art erwachsenen Reiche, in Apanagen zersplittert, unter die Abkömmlinge der Eroberer immer weiter verteilt, durch Feudalkriege zerrissen und durch die Einmischung fremder Völker in Stücke zersetzt. Die Obergewalt des Großfürsten schwindet dahin vor den Mitansprüchen von siebzig Fürsten von Geblüt. ... So verschwindet das normannische Rußland ganz vom Schauplatz, und die wenigen schwachen Überreste, die noch daran gemahnen, vergehen bei dem furchtbaren Erscheinen Dschingis Khans. *Im blutigen Schlamme mongolischer Sklaverei, nicht in der rauhen Glorie der normannischen Epoche steht die Wiege Moskaus, und das moderne Rußland ist nichts anderes als eine Umgestaltung Moskaus.*[...]

Das Tatarenjoch lastete von 1227 bis 1462, also mehr als zwei Jahrhunderte, auf dem Volke; es war nicht nur drückend, sondern auch entehrend und zehrte an der Seele des Volkes, das ihm zum Opfer fiel. Die mongolischen Tataren errichteten ein Reich des Schreckens, zu dessen ständigen Einrichtungen Verheerungen und Menschenschlächtereien im Großen gehörten. [5] [...]

Iwan I. Kalita und Iwan III., der Große zubenannt, verkörpern der eine das durch die tatarische Herrschaft emporgekommene Moskau und der andere das durch das Verschwinden der Tatarenherrschaft zur selbständigen Macht gewordene Moskau. In der Geschichte dieser beiden Persönlichkeiten ist die ganze moskowitische Politik von dem Moment ihres Eintritts in die historische Arena zusammengefaßt. [6] ... So wurde Iwan Kalita zum Begründer der Machtstellung Moskaus, und es ist charakteristisch, daß ihm sein Volk den Beinamen Kalita gab, das ist der Geldbeutel, denn durch diesen und nicht durch das Schwert bahnte er seinen Weg. ... Sein ganzes System läßt sich in wenigen Worten ausdrücken: der Macchiavellismus des Sklaven, der die Herrschaft an sich reißen will. Seine eigene Schwäche – sein Sklaventum – wurde bei ihm zur Haupttriebfeder seiner Stärke.

Die Politik Iwan I. diente seinen Nachfolgern zum Vorbild; sie brauchten nur ihr Betätigungsfeld zu erweitern. Sie folgten ihr hartnäkkig, Schritt für Schritt, unbeugsam. [7] [...]

Iwan befreite Moskau vom Tatarenjoch nicht durch einen kühnen Schlag, sondern durch die zähe Arbeit von zwanzig Jahren. Er brach nicht das Joch, sondern befreite sich heimlich davon. Dessen Abschüttlung gleicht mehr einem Werke der Natur als einer Tat von Menschenhand. Als das tatarische Ungeheuer endlich verröchelte, erschien Iwan an seinem Totenbett eher wie ein Arzt, der die Prognose stellt und auf den Tod rechnet, denn als ein Krieger, der ihn verursacht.

Der Charakter jedes Volkes wächst mit seiner Befreiung von einem fremden Joche, der Moskaus in den Händen Iwans schien sich eher zu verkleinern. Man vergleiche nur Spanien in seinen Kämpfen gegen die Araber mit Moskau in seinen Kämpfen gegen die Tataren. [8] [...]

Einige stehende Redensarten der modernen russischen Diplomatie, wie zum Beispiel die Großmut, die verletzte Würde des Herrschers, sind den diplomatischen Instruktionen Iwans III. entnommen. [9] [...]

Es ist auch heute noch bemerkenswert, welche große Mühe sich stets Moskau gab – ebenso wie das moderne Rußland –, wenn es galt, Republiken zu Leibe zu gehen. Nowgorod und seine Kolonien führen den Reigen an; die Kosakenrepublik folgt und Polen schließt ihn ab. Will man die Zermalmung Polens durch Rußland begreifen, so studiere man die Niederwerfung Nowgorods, die von 1478 bis 1528 dauerte.

Iwan scheint den Mongolen die Ketten, mit denen sie Moskau gefesselt hielten, bloß entrissen zu haben, um mit ihnen die russischen Republiken in Bande zu schlagen. Er scheint die Republiken bloß deshalb zu unterjochen, um die russischen Fürsten zu republikanisieren. [10] [...]

Die griechisch-katholische Religion erwies sich als ein machtvolles Werkzeug. Wen in aller Welt aber erwählte Iwan, um die Erbschaft von Byzanz anzutreten, um das Brandmal des mongolischen Sklaven unter dem Mantel der Porphyrogeneten zu verbergen, um den Thron des Emporkömmlings von Moskau mit dem ruhmvollen Reiche des heiligen Wladimir zu verknüpfen und in seiner Person der griechischen Kirche ein neues weltliches Oberhaupt zu geben? Als denjenigen, der ihm alles das verschaffen sollte, suchte er sich den römischen Papst aus. Am Hofe des Papstes lebte die letzte Prinzessin von Byzanz. [11] [...]

Man braucht bloß eine Reihe von Namen und Daten durch andere zu ersetzen, und es tritt klar zutage, daß zwischen der Politik Iwans III. und der des heutigen Rußland nicht nur Ähnlichkeit, sondern Gleichheit herrscht. Iwan III. wieder vervollkommnete nur die traditionelle moskowitische Politik, die Iwan I. Kalita ihm vererbt hatte. Iwan Kalita, der mongolische Sklave, erwarb seine Größe dadurch, daß er die Macht seines größten Feindes, des Tataren, gegen seine kleineren Feinde, die russischen Fürsten, lenkte. Nur durch falsche Vorwände vermochte er diese Macht zu lenken. Er war gezwungen, die Stärke, die er wirklich erlangt, vor seinem Herrn zu verheimlichen, seine Mitsklaven mußte er mit einer Macht blenden, die er nicht besaß. Um diese Aufgabe zu lösen, mußte er die Listen des niedrigsten Sklaven in ein förmliches System bringen und dieses mit der zähen Geduld des Sklaven durchführen. Selbst die offene Gewalt wurde zur Intrige. In einem solchen System von Intrige, Korruption und heimlicher Usurpierung mußte er sein Opfer vergiftet haben, ehe er es offen niederschlug. Die Einförmigkeit des Zieles wurde bei ihm zur Zwiespältigkeit des Handelns. Durch betrügerische Ausnutzung einer feindlichen Macht Vorteile zu gewinnen, diese Macht gerade durch deren Ausnutzung zu schwächen und sie schließlich zu vernichten, weil sie sich als Werkzeug gebrauchen ließ – diese Politik wurde Iwan Kalita durch den eigentümlichen Charakter der herrschenden wie der beherrschten Rasse eingegeben. Seine Politik blieb auch die Iwans III. [12]

Es ist die Politik Peters des Großen und des modernen Rußland, wie auch immer der Name, das Land und der Charakter der von ihnen ausgenutzten feindlichen Macht gewechselt haben mögen. In der Tat ist Peter der Große der Erfinder der modernen russischen Politik, aber er wurde es nur, indem er der alten moskowitischen Methode des unvermerkten Eindringens und Aneignens ihren rein lokalen Charakter nahm und sie ihrer zufälligen Beimischungen entkleidete; indem er sie in eine abstrakte Formel goß, ihre Ziele verallgemeinerte und ihren Zweck erhöhte, sodaß ihr Streben nach Beseitigung bestimmter gegebener Machtgrenzen sich zum Streben nach unbegrenzter Macht erhob. Er brachte die Umgestaltung Moskaus durch die Verallgemeinerung seines Systems zuwege und nicht durch die bloße Hinzufügung einiger Provinzen.

Ich fasse zusammen: Moskau ist in der scheußlichen und erbärmlichen Schule mongolischer Sklaverei aufgewachsen und großgezogen worden. Seine Stärke erwarb es nur dadurch, daß es in den Künsten des Sklaventums zum Virtuosen wurde. Sogar nachdem Moskau frei wurde, spielte es seine hergebrachte Rolle des Sklaven als Herrscher noch weiter. Peter der Große war es endlich, der die politische Verschlagenheit des mongolischen Sklaven mit dem stolzen Streben des mongolischen Herrschers verband, dem Dschingis Khan in seinem letzten Willen die Eroberung der Erde vermacht hatte. [13]

I/8 Die russische Frage (1853)

Politiker pflegen sich gewöhnlich auf das Testament Peters I. zu berufen, wenn sie die traditionelle Politik Rußlands im allgemeinen und seine Absichten auf Konstantinopel im besonderen demonstrieren wollen. Sie könnten eigentlich noch viel weiter zurückgreifen. Vor mehr als achthundert Jahren erklärte Swiatoslaw, der damals noch heidnische Großfürst von Rußland, in einer Versammlung seiner Bojaren, daß »nicht nur Bulgarien, sondern auch das griechische Reich in Europa zusammen mit Böhmen und Ungarn unter die Herrschaft Rußlands gehörten«. Swiatoslaw eroberte Silistria und bedrohte Konstantinopel Anno Domini 968, genau wie Nikolaus es Anno Domini 1828 tat. Die Dynastie Rurik verlegte bald nach der Gründung des Russischen Reichs ihre Hauptstadt von Nowgorod nach Kiew, nur um Byzanz näher zu sein. Im elften Jahrhundert ahmte Kiew in allem Konstantinopel nach, und man nannte es das *zweite Konstantinopel;* in diesem Namen drückte sich das unablässige Streben Rußlands aus. Rußlands Religion und Zivilisation sind byzantinischen Ursprungs, und sein Bestreben, das byzantinische Reich zu unterjochen, das damals in demselben Stadium des Verfalls war wie heute das Ottomanische Reich, war ein viel natürlicheres als das der deutschen Kaiser nach der Unterjochung Roms und Italiens. Die Übereinstimmung in den Zielen der russischen Politik ist daher durch seine historische Vergangenheit, seine geographischen Verhältnisse und durch die Notwendigkeit gegeben, offene Seehäfen im Archipel wie in der Ostsee zu gewinnen, wenn es seine Vorherrschaft in Europa aufrechterhalten will. Die traditionelle Art jedoch, wie Rußland diese Ziele verfolgt, verdient bei weitem nicht den Tribut der Bewunderung, den ihr die europäischen Politiker zollen. Der Erfolg dieser ererbten Politik ist zwar ein Beweis für die Schwäche der Westmächte, gleichzeitig aber dokumentiert sich in der stereotypen Gleichförmigkeit dieser Politik die innere Barbarei Rußlands. ... Die russische Politik mag durch ihre traditionellen Ränke, Listen und Ausflüchte den europäischen Höfen imponieren, die selbst bloß in der Tradition begründet sind, den revolutionierten Völkern gegenüber wird sie völlig versagen. ...

Der Kampf zwischen Westeuropa und Rußland um den Besitz von Konstantinopel führt zu der Frage, ob der Byzantinismus der westlichen Zivilisation weichen wird oder ob der Antagonismus zwischen beiden in noch schrecklicheren und gewalttätigeren Formen als je zuvor wiederaufleben soll. Konstantinopel ist die goldene Brücke zwischen

Ost und West, und die westliche Zivilisation kann nicht der Sonne gleich die Welt umkreisen, ohne diese Brücke zu passieren; und sie kann die Brücke nicht passieren ohne Kampf mit Rußland. Der Sultan hält Konstantinopel nur noch für die Revolution in Verwahrung, und die jetzigen nominellen Würdenträger Westeuropas, die ihrerseits das letzte Bollwerk ihrer »Ordnung« an den Ufern der Newa sehen, können nichts anderes tun, als die Frage so lange in der Schwebe zu lassen, bis Rußland sich Aug' in Aug' seinem wahren Gegner gegenübersieht, der Revolution. Die Revolution, die das Rom des Westens niederwerfen wird, wird auch den dämonischen Einfluß des Roms des Ostens überwinden. [1]

Die russische Frage, NYDT, 12. Aug. 1853 (MEW 9, 234ff; aus dem Englischen)

II. Teil

Schriften von Friedrich Engels

II/1 Das Signal von Rußland (1874–79)

Die nachfolgenden, noch zu Marx' Lebzeiten publizierten vier Textfragmente von Engels ergänzen gewissermaßen die im ersten Teile dieses Buches dargelegten Gesichtspunkte zum Thema der »inneren Bewegung« im zaristischen Rußland; sie bilden gleichzeitig ein Bindeglied zwischen den von Marx vertretenen Ansichten und den nach seinem Ableben von Engels formulierten Prognosen betreffend die revolutionäre Zukunft Rußlands, die den eigentlichen Inhalt des zweiten Teils dieser Schriftensammlung ausmachen. Das Prinzip der chronologischen Anordnung ist hier insofern durchbrochen, als der aus dem Jahre 1875 stammende Aufsatz von Engels »Soziales aus Rußland« mit dem dafür geschriebenen »Nachwort« von 1894 vereint wurde.

Es muß vor allem festgehalten werden, daß Engels im Unterschied zu Marx, der sich während der siebziger Jahre und bis zu seinem Tode intensiv mit dem Studium der russischen Agrarverhältnisse im allgemeinen sowie der Obschtschina im besonderen befaßte, die soziale und politische Entwicklung Rußlands fast ausschließlich im Lichte des von Marx im »Kapital« für die abendländisch-bürgerliche Gesellschaft enthüllten »ökonomischen Bewegungsgesetzes« beurteilte. [1] Daher auch der oft wiederholte Vergleich der künftigen russischen mit der vergangenen französischen Revolution; daher sein wachsender Skeptizismus in bezug auf die Überlebenschancen der russsischen Bauerngemeinde; und schließlich die naiv-optimistische Einsegnung des kapitalistischen Fortschritts im Zarenreich.

Nr. 1 ist der letzte Absatz eines Artikels, den Engels für den »Volksstaat« im Rahmen der Aufsatzreihe »Flüchtlingsliteratur« schrieb. Anlaß dazu war eine von polnischen Flüchtlingen in London verbreitete Proklamation an das englische Volk, worin gegen den Besuch des Zaren Alexander II. Protest erhoben wurde. Die von Marx und Engels oft gepriesene Rolle Polens als des Vorkämpfers und Retters der von den Einfällen der »Ostbarbaren« bedrohten westeuropäischen Zivilisation wird von neuem betont und Rußlands Militarismus als Ursache der kolossalen militärischen Rüstungen im übrigen Europa hingestellt. »Preußen als erste europäische Militärmacht ist direkt ein Geschöpf Rußlands, wenn auch seitdem seinem Schutzpatron unangenehm über den Kopf gewachsen.« [2] Wie auch im Jahre 1866 unterstreicht Engels die Wichtigkeit der polnischen Frage für die deutschen Arbeiter und wiederholt, was Marx im zweiten Manifest des Generalrats der Internationalen über den deutsch-französischen Krieg schrieb: 1870 hinderte die russische Armee Österreich Partei für Frankreich zu ergreifen und förderte derart die Vollendung der preußisch-deutschen Monarchie. Der Sieg Deutschlands weise auf einen künftigen Krieg gegen Rußland hin, »sofern nicht die innere Entwicklung Rußlands bald in revolutionären Fluß gerät.« [3] Wenn die polnische Aristokratie, meint Engels, sich mehr und mehr an Rußland anschließt, so kämpften dagegen die revolutionären Massen der Polen im Geiste der Internationale, d. h. sie sind nicht bloß national gesinnt; 1846 und 1863 waren »direkt auf Befreiung der Bauern und Übertragung des Grundeigentums an diese gerichtet.« [4]

Die Stücke Nr. 2 und 4 sind den »Briefen aus London« entnommen, die Engels für die von Enrico Bignami redigierte und in Mailand erscheinende republikanisch-sozialistische Zeitung »La Plebe« schrieb. Sie stehen im Zeichen des Wahlsieges der deutschen sozialistischen Partei von 1877, den die späteren Wahlerfolge, trotz des von Bismarck Ende 1878 durchgebrachten Ausnahmegesetzes gegen die sozialistische Bewegung, so sehr übertrafen, daß Engels sich zu Prophezeiungen hinreißen ließ, die die spätere Geschichte als eitle Wunschträume abgestempelt hat.

Nr. 3 ist das Hauptstück dieser Auswahl. Es bildet den Schlußartikel eines Aufsatzes in 5 Teilen, der im März 1878 in der New Yorker Wochenschrift »The Labor Standard« unter dem Titel »The working men of Europe in 1877« erschien. Vieles von dem, was Engels in den vier vorhergehenden Artikeln sagt, ohne sich auf Rußland zu beziehen, erweist sich als eine indirekte Kritik des dogmatisch-marxistischen Antiliberalismus, der sich zu einem der Wesenszüge der russischen Sozialdemokratie entwickeln sollte, besonders nach Engels' Tod. So lobt Engels die »hohe instinktive politische Intelligenz« der französischen Arbeiter, die, angesichts der Gefahr einer monarchistischen Restauration, sich damit begnügten, als »der Schwanz der bürgerlichen Republikaner« zu handeln, und so die Partei unterstützten, »die verpflichtet ist, dem Volk im allgemeinen und damit den Arbeitern solche Freiheiten zu sichern, die ihnen eine unabhängige Organisation gestatten«, nämlich die Freiheit der Presse und der Versammlung, als unabdingbare Voraussetzung zur Begründung einer freien politischen Arbeiterpartei. [5]

1

Ein Volk, das andere unterdrückt, kann sich nicht selbst emanzipieren. Die Macht, deren es zur Unterdrückung der andern bedarf, wendet sich schließlich immer gegen es selbst. Solange russische Soldaten in Polen stehen, kann das russische Volk sich weder politisch noch sozial befreien. Bei dem jetzigen Stand der russischen Entwicklung aber ist es unzweifelhaft, daß an dem Tage, wo Rußland Polen verliert, in Rußland selbst die Bewegung mächtig genug wird, die bestehende Ordnung der Dinge zu stürzen. Unabhängigkeit Polens und Revolution in Rußland bedingen sich gegenseitig. Und Unabhängigkeit Polens und Revolution in Rußland – die bei der grenzenlosen gesellschaftlichen, politischen und finanziellen Zerrüttung und der das ganze offizielle Rußland durchdringenden Korruption weit näher ist, als die Oberfläche anzeigt – bedeuten für die deutschen Arbeiter: Beschränkung der Bourgeoisie, der Regierungen, kurz der Reaktion in Deutschland auf ihre eigenen Kräfte – Kräfte, mit denen wir dann mit der Zeit schon fertig werden.

Der Volksstaat, 17. Juni 1874 (MEW 18, 527)

2

Rußland ist jenes Land, glaube ich, das in naher Zukunft die bedeutendste Rolle spielen wird. Die durch die sogenannte Befreiung der Leibeignen geschaffene Lage war schon vor dem Kriege unerträglich. Diese große Reform ist so gut durchgeführt worden, daß sie schließlich Adelige und Bauern ruiniert hat. Ihr folgte eine weitere Reform – angeblich mit dem Ziel, den Gouvernements oder Kreisen eine Verwaltung zu geben, die verhältnismäßig frei von der Einmischung der Zentralregierung gewählt werden sollte –, die aber weiter nichts brachte als die Erhöhung der ohnehin unerträglichen Steuern.

Den Gouvernements wurden einfach die Kosten ihrer Verwaltung auferlegt, so daß der Staat weniger zahlte, jedoch weiter dieselben Steuern eintrieb; daher gab es neue Steuern für Begleichung der Ausgaben der Gouvernements und Gemeinden. Dann kam noch die allgemeine Wehrpflicht hinzu, was einer neuen Steuer gleichzusetzen ist, die drückender ist als die anderen, und einer neuen, zahlenmäßig stärkeren Armee gleichkommt.

So näherte sich der Zusammenbruch der Finanzen mit großen Schritten. Das Land befand sich schon vor dem Kriege im Zustande des Bankrotts. Die russische Hochfinanz, die in großem Maße an den betrügerischen Spekulationen 1871 und 1873 teilgenommen hatte, verwickelte das Land in die Finanzkrise, die 1874 in Wien und Berlin ausbrach und auf Jahre hinaus Industrie und Handel in Rußland ruinierte. Bei dieser Lage der Dinge begann der heilige Krieg gegen die Türken [6], und da man keine Anleihe im Ausland erhalten konnte und die inneren Anleihen nicht das ergaben, was man benötigte, mußte zu den Millionen der Bank (den Reservefonds) und der Ausgabe von Assignaten Zuflucht genommen werden; infolgedessen vermindert sich der Wert des Papiergeldes von Tag zu Tag, er wird bald, schon in ein oder zwei Jahren, seinen Tiefpunkt erreicht haben. Schließlich haben wir alle Elemente eines russischen 1789, dem notwendigerweise ein 1793 folgen wird. Was immer der Ausgang des Krieges sein wird, die russische Revolution steht vor der Tür, sie wird bald, vielleicht dieses Jahr ausbrechen; sie wird, entgegen den Annahmen von Bakunin, von oben, im Palast, im Schoße des verarmten und frondierenden Adels beginnen. Doch einmal in Bewegung, wird sie die Bauern mitreißen, und ihr werdet dann Szenen sehen, denen gegenüber jene von 1793 verblassen werden. Ist einmal Rußland zur Revolution getrieben, dann wird sich das Antlitz ganz Europas verändern. Das alte Rußland war bisher die große Reservearmee der europäischen Reaktion, so hat es 1789, 1805,

1815, 1830 und 1848 gehandelt. Wenn einmal diese Reservearmee vernichtet sein wird, – dann werden wir sehen! [7]

La Plebe, 22. Jan. 1878 (MEW 19, 114ff; aus dem Italienischen, MECI 279ff)

3

Es ist noch ein anderes wichtiges europäisches Land zu betrachten – Rußland. Nicht, daß es in Rußland eine erwähnenswerte Arbeiterbewegung gibt. Aber die inneren und äußeren Umstände, in denen Rußland sich befindet, sind von ganz besonderer Art und tragen in ihrem Schoß Ereignisse von höchster Bedeutung hinsichtlich der Zukunft nicht nur der Arbeiter Rußlands, sondern der Arbeiter ganz Europas.

Im Jahre 1861 führte die Regierung Alexanders II. die Befreiung der Leibeigenen durch, die Verwandlung der ungeheuren Mehrheit des russischen Volkes aus Leibeigenen, die an die Scholle gebunden und der Zwangsarbeit für den Gutsbesitzer unterworfen waren, in freie Bauern. Diese Veränderung, deren Notwendigkeit seit langem klar war, wurde auf solche Weise durchgeführt, daß weder die früheren Gutsbesitzer noch die früheren Leibeigenen Nutzen daraus zogen. [8] Die Bauerndörfer empfingen Bodenanteile, die künftig ihr Eigentum sein sollten, während die Gutsbesitzer entschädigt werden sollten für den Wert des Landes, das sie so an die Dörfer abtraten, und in einem gewissen Ausmaß auch für den Anspruch, den sie bis dahin auf die Arbeitskraft des Bauern besessen hatten. Da die Bauern offensichtlich nicht das Geld besaßen, die Gutsbesitzer zu bezahlen, schaltete sich der Staat ein. Ein Teil dieser Bezahlung erfolgte dadurch, daß den Gutsbesitzern ein Teil des Landes übertragen wurde, das die Bauern bis dahin auf eigene Rechnung bestellt hatten; der Rest wurde in Gestalt von öffentlichen Schuldverschreibungen bezahlt, die der Staat vorschoß und die ihm von den Bauern mit Zinsen in jährlichen Raten zurückgezahlt werden sollten. Die Mehrheit der Gutsbesitzer verkaufte diese Schuldscheine und verausgabte das Geld; sie sind so nicht bloß ärmer als früher, sondern sie können auch keine Landarbeiter finden, um ihre Grundstücke zu bestellen, da die Bauern es jetzt ablehnen, dort zu arbeiten und ihre eigenen Felder unbebaut zu lassen. Was die Bauern betrifft, so waren ihre Landanteile nicht nur im Verhältnis zu ihrem früheren Ausmaß verkleinert worden, und sehr oft so weitgehend, daß sie unter russischen Verhältnissen nicht mehr ausreichten, eine Familie zu unterhalten; diese Anteile bestanden in den meisten Fällen aus den allerschlechtesten Teilen der Gutsländereien, aus Sümpfen oder anderem unfruchtbaren

Boden, während das gute Land, das bis dahin den Bauern gehört hatte und durch ihre Arbeit verbessert worden war, auf die Gutsbesitzer übertragen worden war. Unter diesen Umständen waren auch die Bauern beträchtlich schlechter dran als zuvor; aber außerdem erwartete man von ihnen, daß sie der Regierung jedes Jahr die Zinsen und einen Teil des Kapitals zurückzahlten, das der Staat ihnen vorgestreckt hatte, um sie loszukaufen, und darüber hinaus wuchsen die ihnen auferlegten Steuern von Jahr zu Jahr. Sodann hatten die Bauern vor der Befreiung gewisse gemeine Rechte an dem Gutsland gehabt, Weiderechte für ihr Vieh, Recht zum Hauen von Holz für Bauten und andere Zwecke etc. Diese Rechte wurden ihnen ausdrücklich durch die Neuordnung genommen; wenn sie sie wieder ausüben wollten, so mußten sie mit ihrem früheren Gutsherrn darüber verhandeln.

Während so die Mehrheit der Gutsbesitzer infolge der Veränderung noch mehr verschuldete als es vorher der Fall gewesen war, so wurde die Bauernschaft in eine Lage heruntergedrückt, in der sie weder leben noch sterben konnte. Die große Tat der Emanzipation, die von der liberalen Presse Europas so allgemein gerühmt und gepriesen wurde, hatte nichts geschaffen als die Grundlage und die absolute Notwendigkeit einer künftigen Revolution.

Die Regierung tat alles, was in ihrer Macht lag, um diese Revolution zu beschleunigen: Die Bestechlichkeit, die alle offiziellen Kreise durchdringt und alle guten Vorsätze, die sie noch haben könnten, lähmt – diese traditionelle Bestechlichkeit blieb so schlimm wie nur je und trat grell in jedem öffentlichen Bereich ans Licht beim Ausbruch des türkischen Krieges. Man ließ die Finanzen des Reiches, die beim Ende des Krimkrieges völlig in Unordnung waren, sich immer mehr verschlechtern. Eine Anleihe nach der anderen wurde aufgenommen, bis es keine anderen Mittel mehr gab, die Zinsen der alten Schulden zu bezahlen, als neue Schulden auf sich zu laden. Während der ersten Jahre von Alexanders Herrschaft hatte der alte kaiserliche Despotismus sich ein wenig gelockert; man hatte der Presse mehr Freiheit gelassen, Geschworenengerichte eingeführt und Vertretungskörperschaften, die vom Adel, von den Bürgern der Städte und von den Bauern gewählt wurden, die Erlaubnis gegeben, an der örtlichen und provinziellen Verwaltung einigen Anteil zu nehmen. Sogar mit den Polen hatte ein gewisses Kokettieren stattgefunden. Aber die Öffentlichkeit hatte die wohlwollenden Absichten der Regierung mißverstanden. Die Presse wurde zu deutlich. Die Geschworenen sprachen politische Gefangene tatsächlich frei, während die Regierung erwartet hatte, daß sie sie ohne Beweise verurteilen würden. Die lokalen und provinziellen Körperschaften erklärten insgesamt, daß die Regierung durch ihr Emanzipationsgesetz das Land ruiniert hätte und daß die Dinge auf diesem Wege nicht länger fortgehen könnten. Es wurde sogar auf eine Nationalversammlung als auf das einzige Mittel angespielt, um aus den Schwierigkeiten herauszukommen, die fast unerträglich geworden waren. Und schließlich weigerten sich die Polen, sich mit schönen Worten abspeisen zu lassen und erhoben sich zu einem Aufstand, der alle Kräfte des Reiches und alle Brutalität der russischen Generale erforderte, um ihn in Strömen von Blut zu ersticken. [9] Darauf machte die Regierung kehrt. Wiederum stand die strenge Unterdrückung auf der Tagesordnung. Die Presse wurde geknebelt, die politischen Gefangenen wurden Sondergerichten überantwortet, die sich aus Richtern zusammensetzten, die man für diesen Zweck parteiisch ausgewählt hatte, die lokalen und provinziellen Körperschaften wurden ignoriert. Aber es war zu spät. Nachdem die Regierung einmal Furcht gezeigt hatte, hatte sie ihr Prestige verloren. Mit dem Glauben an ihre Beständigkeit und an ihre Macht, jeden inneren Widerstand gänzlich niederzuschlagen, war es vorbei. Die Keime einer künftigen öffentlichen Meinung waren aufgegangen. Die Kräfte der Gesellschaft konnten nicht zu der früheren gänzlichen Unterwürfigkeit gegenüber dem Diktat der Regierung zurückgeführt werden. Das Diskutieren über öffentliche Angelegenheiten, wenn auch nur in privaten Kreisen, war unter den gebildeten Klassen zur Gewohnheit geworden. Und schließlich wollte die Regierung bei all ihrem Verlangen, zu dem ungezügelten Despotismus der Regierung Nikolaus' zurückzukehren, vor den Augen Europas noch weiter den Schein des Liberalismus aufrechterhalten, den Alexander eingeführt hatte. Die Folge war ein System des Schwankens und Zögerns, von Zugeständnissen, die heute gemacht und morgen zurückgezogen, dann abwechselnd wieder halb gemacht und halb zurückgezogen wurden, eine Politik, die von Stunde zu Stunde wechselte, die für jedermann die innere Schwäche, den Mangel an Einsicht und Willen offenbar werden ließ bei einer Regierung, die nichts war, wenn sie nicht einen Willen hatte und die Mittel, ihn durchzusetzen. Was war natürlicher, als daß mit jedem Tage die Verachtung wachsen mußte, die man für eine Regierung empfand, von der man seit langem wußte, daß sie zum Guten machtlos war und der man nur aus Furcht gehorchte, und die nun bewies, daß sie an ihrer Macht, die eigene Existenz aufrechtzuerhalten, zweifelte, und daß sie zum mindesten ebensoviel Furcht vor dem Volke hatte wie das Volk vor ihr? Es gab nur einen Weg der Rettung, den Weg, der sich allen Regierungen anbietet, die sich einem überwältigenden Widerstand des Volkes gegenüber befinden – den Krieg nach außen. Und man entschloß sich zu einem auswärtigen Krieg, zu einem Krieg, von dem man Europa erklärte, daß man ihn unternehme, um die Christen von der langen türkischen Mißherrschaft zu befreien, dem russischen Volk aber sagte man, er würde geführt, um die stammverwandten slawischen Brüder aus der türkischen Knechtschaft in die Gemeinschaft des heiligen russischen Reiches zu bringen. [10]

Nach Monaten ruhmloser Niederlagen ist dieser Krieg jetzt zu einem Abschluß gekommen durch die ebenso ruhmlose Vernichtung des türkischen Widerstandes teils durch Verrat, teils durch ungeheure zahlenmäßige Überlegenheit. Aber die Eroberung des größten Teils der europäischen Türkei durch die Russen ist selbst nur das Vorspiel zu einem allgemeinen europäischen Krieg. Entweder wird Rußland auf der bevorstehenden europäischen Konferenz (wenn diese Konferenz jemals zusammentritt) von seiner jetzt gewonnenen Stellung soweit zurückweichen müssen, daß das Mißverhältnis zwischen den ungeheuren Opfern und den jämmerlichen Ergebnissen die Unzufriedenheit im Volk zum gewaltigen revolutionären Ausbruch bringen muß, oder Rußland wird seine neu eroberte Stellung in einem europäischen Krieg zu behaupten haben. Mehr als zur Hälfte erschöpft, wie das Land jetzt schon ist, kann seine Regierung es ohne bedeutende Zugeständnisse an das Volk nicht durch einen solchen Krieg hindurchbringen – wie immer auch das Endergebnis sein wird. Solche Zugeständnisse angesichts einer Lage wie der hier beschriebenen, das bedeutet den Beginn einer Revolution. Dieser Revolution kann die russische Regierung unmöglich entrinnen, selbst wenn es ihr glücken sollte, ihren Ausbruch ein oder zwei Jahre hinauszuschieben. Aber eine russische Revolution bedeutet mehr als einen bloßen Regierungswechsel in Rußland selbst. Sie bedeutet das Verschwinden einer gewaltigen, aber schwerfälligen Militärmacht, die seit der Französischen Revolution stets das Rückgrat des verbündeten europäischen Despotismus gebildet hat. Sie bedeutet die Befreiung Deutschlands von Preußen, denn Preußen war bisher die Kreatur Rußlands gewesen und hat nur dadurch existiert, daß es sich auf dieses stützte. Sie bedeutet die Befreiung Polens. Sie bedeutet das Erwachen der kleineren slawischen Nationalitäten Osteuropas aus den panslawistischen Träumen, die von der gegenwärtigen russischen Regierung bei ihnen großgezogen werden. Und sie bedeutet den Anfang eines aktiven nationalen Lebens innerhalb des russischen Volkes selbst und damit zugleich den Beginn einer wirklichen Arbeiterbewegung in Rußland. Zusammengefaßt bedeutet sie eine solche Veränderung der ganzen Lage Europas, die von den Arbeitern jedes Landes mit Freuden begrüßt werden muß als ein Riesenschritt zu dem gemeinsamen Ziel – der allgemeinen Befreiung der Arbeit.

The Labor Standard, 31. März 1878 (MEW 19, 133ff; aus dem Englischen)

4

... Die letzten sozialistischen Wahlsiege in Deutschland beweisen, daß die sozialistische Bewegung nicht abgewürgt werden kann, indem man ihr den Mund knebelt. Vielmehr wird das Sozialistengesetz für uns ein ausgezeichnetes Ergebnis haben. Es wird die revolutionäre Erziehung der deutschen Arbeiter vollenden ... [11]

Sie erfreuten sich jenes Grades von Presse-, Assoziations- und Versammlungsfreiheit, den sie mit großen Anstrengungen und mit großen Opfern errungen hatten; es war ein ständiger Kampf, aber schließlich blieb der Sieg immer auf seiten der Arbeiter. Sie konnten sich organisieren und jedesmal, wenn es allgemeine Wahlen gab, war dies für sie ein neuer Triumph.

Diese legale Agitation führte jedoch dazu, daß einige glaubten, mehr brauche man nicht zu tun, um den Endsieg des Proletariats zu erringen. Das konnte in einem Lande, das so arm an revolutionären Traditionen ist wie Deutschland, gefährlich werden. Glücklicherweise haben die brutale Aktion Bismarcks und die Feigheit der deutschen Bourgeoisie, die ihn stützt, die Dinge verändert. Die deutschen Arbeiter haben erfahren, was konstitutionelle Freiheiten wert sind, sobald das Proletariat sich erlaubt, sie ernst zu nehmen und davon Gebrauch zu machen, um die kapitalistische Herrschaft zu bekämpfen. Wenn es diesbezüglich noch Illusionen gab, Freund Bismarck hat sie rücksichtslos zerstreut. Ich sage, *Freund* Bismarck, weil niemand zuvor der sozialistischen Bewegung in Deutschland solche Dienste geleistet hat wie er. Nachdem er die Revolution durch den raffiniertesten und unerträglichsten Militarismus, durch ständig wachsende Steuern, durch das Bündnis des Staates mit dem unverschämtesten Börsenwucher, durch die Rückkehr zu den Traditionen des ärgsten Feudalismus und der Polizeiherrschaft des alten Preußens, durch die ebenso zahlreichen wie kleinlichen Verfolgungen und durch die Herabwürdigung und öffentliche Erniedrigung einer Bourgeoisie, die übrigens keine bessere Behandlung verdiente, nachdem er also dadurch die Revolution vorbereitet hatte, krönte er sein Werk, indem er das deutsche Proletariat zwang, den revolutionären Weg einzuschlagen.

Freund Bismarck mag ruhig sein. Die Revolution, die er so gut vorbereitet hat, werden die deutschen Arbeiter schon machen. Wenn das Signal von Rußland gegeben werden wird, werden sie bereit sein.

Seit einigen Jahren lenke ich die Aufmerksamkeit der europäischen Sozialisten auf den Zustand Rußlands, wo sich eine entscheidende Bewegung vorbereitet. Der Kampf zwischen der Regierung und den Geheimgesellschaften hat dort einen so gewalttätigen Charakter angenommen, daß er nicht lange andauern kann. Es scheint, daß die Bewegung von einem Tage zum anderen ausbrechen kann. Die Agenten der Regierung begehen dort unglaubliche Grausamkeiten. Gegen solche wilden Bestien muß man sich verteidigen, so gut es geht, mit Pulver und Blei. In Rußland ist der politische Mord das einzige Mittel, das intelligente, anständige und charakterfeste Menschen haben, um sich gegen die Agenten eines unerhörten Despotismus zu verteidigen. [12]

Die mächtige Verschwörung im Heer und sogar am kaiserlichen Hofe, das durch die diplomatischen Niederlagen nach dem Kriege gedemütigte nationale Bewußtsein, die leere Staatskasse, der erschütterte Kredit, die Bankiers, die sich weigern, Anleihen zu geben, wenn sie nicht von einer Nationalversammlung garantiert werden, und schließlich das Elend. Das ist die Bilanz Rußlands.

La Plebe, 30. März 1879 (MEW 19, 148ff; aus dem Italienischen, MESI 127ff)

II/2 Die auswärtige Politik des russischen Zarentums (1890)

Den vorliegenden dreiteiligen Aufsatz verfaßte Engels auf Veranlassung der in Genf seit 1883 wirkenden, marxistisch orientierten russischen »Gruppe Befreiung der Arbeit« (*Gruppa Oswoboshdenie Truda*), die von G. Plechanow, P. Axelrod und Vera Sassulitsch geleitet wurde. Er war für die zunächst in London und später in Genf gedruckte russische Zeitschrift »Sozial-Demokrat« bestimmt, die es aus finanziellen Gründen zu wenigen Nummern brachte. Den ersten Teil schrieb Engels im Dezember 1889 und schickte ihn zur Übersetzung nach Genf. Dieser Anfang erschien russisch im 1. Heft der Zeitschrift, das im Februar 1890 herauskam. Der zweite und dritte Teil entstanden während der Monate Januar und Februar und wurden in Nummer 2 des »Sozial-Demokrat« veröffentlicht, die erst im August 1890 erschien. Inzwischen hatte Engels die deutsche Originalfassung der von Karl Kautsky in Stuttgart geleiteten »Neuen Zeit« zur Veröffentlichung anvertraut und auch eine englische Übersetzung hergestellt. In der Mainummer der »Neuen Zeit« kam der ganze Text heraus, nachdem Engels gegen eine in der Aprilnummer verstümmelte Wiedergabe der ersten zwei Teile protestiert hatte. Die englische Fassung, die gewisse formelle Änderungen und mehrere Zusätze aufweist, erschien in der von Belfort Bax redigierten Monatsschrift »Time« im April und Mai 1890.

Auskunft über die oben erwähnten Umstände dieser Veröffentlichung gibt Engels' Briefwechsel aus dem Jahre 1890. [1] Die Arbeit fand weite Verbreitung und es fehlte auch nicht an Versuchen, sie nach Rußland einzuschmuggeln. Welch »schockierende« Wirkung die »Gruppe Befreiung der Arbeit« von Engels' Beitrag erwartete, verdeutlicht ein Brief von Vera Sassulitsch, in dem sich die Schreiberin über die russischen, in populistischen »Vorurteilen« befangenen Leser beklagt. [2] Sie schien damit den wiederholt gemachten Versuch, Engels zu einer klaren Stellungnahme gegenüber den sich bekämpfenden Richtungen innerhalb der russischen revolutionären Bewegung zu bestimmen, erneuern zu wollen; sie hatte jedoch auch dieses Mal keinen Erfolg (s. unten S. 243 ff). Was Engels über die »innere Bewegung« in Rußland und deren Zielsetzung zu sagen hatte, wußte die »Gruppe Befreiung der Arbeit« bereits sehr gut und sie erfuhr eine neuerliche Bestätigung in dem speziell für sie geschriebenen Aufsatz; sämtliche Oppositionsparteien, ob »konstitutionell« oder »revolutionär«, konnten nichts Besseres anstreben als eine »russische Nationalversammlung«, die jedoch erst *nach* dem Sturz des zaristischen Absolutismus zustande kommen könne und müsse. Engels' Arbeit enthält also keine Spur von Bevorzugung »marxistischer« Tendenzen in der russischen Emigration, deren fortwährende Streitigkeiten er als ein ernstes Hemmnis der *inneren* sozialen Kämpfe Rußlands betrachtete.

Daß diese vorgeblich neutrale Haltung Engels' von der russischen »Gruppe« als eine Zurückweisung ihrer sektiererischen und ideologisierenden Systematisierung der Marxschen Theorie empfunden worden ist, geht aus den im 2. Teil dieser Anthologie dargelegten Engelsschen Äußerungen hervor. [3] Diesem Engelsschen Aufsatz war indes noch ein seltsames Schicksal – man könnte auch von einem Abenteuer sprechen – vorbehalten. Er nimmt nämlich in der Rezeptionsgeschichte des Marx-Engelsschen Vermächtnisses in der »marxistischen« Sowjetunion einen besonderen Platz ein, wie es die folgende Episode zeigt.

Im Juli 1934 wollten die verantwortlichen Herausgeber des Kampforgans der kommunistischen Partei »Bolschewik« in einer Spezialnummer zum zwanzigsten Jahrestag des »imperialistischen Weltkriegs« Engels' Artikel einen Ehrenplatz zuweisen. Stalin, der damals die völlige Kehrtwendung der russischen Geschichtsschreibung befohlen hatte, nämlich die Verherrlichung der russischen Vergangenheit (die zaristische Eroberungs- und Annexionspolitik inbegriffen) – widersetzte sich dieser Veröffentlichung mit dem Hinweis auf die »Mängel« in Engels' Analyse. Er teilte seine kritischen Bemerkungen dem Politbüro in einem vom 19. Juli 1934 datierten Brief mit. Daß diese Kritik einer Verweigerung des »Imprimatur« gleichkam ist umso evidenter, als das Jahr 1934, beginnend mit dem 17. Parteitag, die große Säuberungswelle einleitete, die sogar die »Terreur« der französischen Revolution in den Schatten stellte. Die Hypothese, wonach die beabsichtigte Veröffentlichung des Aufsatzes von Engels eine letzte Geste der »neuen Opposition« (Bucharin, Rykow und Tomski) war, um die autokratische Diktatur des neuen »Gengis Khan« (Bucharin dixit) anzuprangern, mag begründet sein.

Wie dem auch sei, Engels' Aufsatz kam damals nicht in den »Bolschewik« und Stalins Brief gelangte erst sieben Jahre später in die Öffentlichkeit. Im Mai 1941, also sieben Wochen vor dem Einfall der deutschen Truppen und acht Monate nach Unterzeichnung des Nichtangriffspaktes zwischen Stalin und Hitler – ein Vertrag, der die Aufteilung Westeuropas implizierte – veröffentlichte »Bolschewik« Stalins »Kritik« an der Engelsschen Denunzierung der zaristischen Außenpolitik. Zweifellos wollte Stalin damit beweisen, daß Engels' »irrtümliche« Thesen, die sein Schüler bereits 1934 theoretisch widerlegt hatte, nun auch eine praktische Widerlegung erfahren hatten: was dem zaristischen Rußland als Sünde vorgeworfen werden konnte, war im »sozialistischen« Rußland zu einer Tugend geworden, nämlich die territorialen Gewinne (die baltischen Staaten, Teile Finnlands, Bessarabien, Ostpolen, Bukowina).

Die von Stalin gegen Engels erhobenen Einwände erwähne ich in einigen Fußnoten der hier abgedruckten Schrift. Zum Thema der sowjetischen Geschichtsbetrachtung in ihren drei Hauptperioden verweise ich auf die Studie von Georg von Stackelberg »Die Auswirkungen der Politik der UdSSR auf die sowjetische Geschichtsauffassung«. [4]

Der hier mit einigen – weil das Hauptthema dieses Buches nicht betreffenden – Auslassungen vorgelegte Text der Engelsschen Arbeit beruht auf dem nach der »Neuen Zeit« erfolgten Abdruck in MEW 22, 13/48. Die wichtigsten englischen Varianten bringe ich hingegen im Original. Zur Begründung der letzteren kann man sich auf Engels Bemerkung in einem Brief an Paul Lafargue (7. März 1890) beziehen: »Was die ›Time‹ angeht, so ist das keine sozialistische Zeitschrift, ganz im Gegenteil. Bax hat Angst, daß man dort das Wort Sozialismus überhaupt ausspricht.« [5]

Es sei noch erwähnt, daß ein Meinungsaustausch zwischen Bebel und Engels über diesen Artikel stattfand, worin jener diesem vorwarf, »zu offen ... in bezug auf die Perspektive für uns« gewesen zu sein. Bebel selber behandelte das Thema in Anknüpfung an Engels' Artikel im »Vorwärts« unter dem Titel »Die russische Anleihe« (27. September 1891). [6]

1

Wir, die westeuropäische Arbeiterpartei, haben ein doppeltes Interesse am Sieg der russischen revolutionären Partei.

Einmal, weil das russische Zarenreich die große Hauptfestung, Reservestellung und Reservearmee zugleich der europäischen Reaktion bildet, weil seine bloße passive Existenz bereits eine Drohung und Gefahr für uns ist.

Zweitens aber – und dieser Punkt ist von unserer Seite noch immer nicht genug hervorgehoben –, weil es durch seine unaufhörliche Einmischung in die Angelegenheiten des Westens unsere normale Entwicklung hemmt und stört, und zwar mit dem Zweck, sich geographische Positionen zu erobern, die ihm die Herrschaft über Europa sichern und damit den Sieg des europäischen Proletariats unmöglich machen würden.

Es ist das Verdienst von Karl Marx, zuerst und wiederholt seit 1848 betont zu haben, daß die westeuropäische Arbeiterpartei aus diesem letzten Grunde genötigt sei, mit dem russischen Zarentum einen Krieg auf Leben und Tod zu führen. Wenn ich in demselben Sinn auftrete, bin ich auch hier nur der Fortsetzer meines verstorbenen Freundes, hole nach, was ihm zu tun nicht vergönnt war. [7]

Auch unter den russischen Revolutionären herrscht manchmal noch eine relativ große Unbekanntschaft mit dieser Seite der russischen Geschichte. Einerseits, weil in Rußland selbst darüber nur die offizielle Legende geduldet wird; anderseits bei manchen, weil man die Zarenregierung zu sehr verachtet, sie für unfähig hält, irgend etwas Rationelles zu tun, unfähig teils aus Beschränktheit, teils aus Korruption. Für die innere Politik ist dies ja auch richtig; hier liegt die Impotenz des Zarentums offen zutage. Man muß aber nicht nur die Schwächen, sondern auch die Stärken des Gegners kennen. [8] Und die auswärtige Politik ist unbedingt die Seite, wo das Zarentum stark, sehr stark ist. Die russische Diplomatie bildet gewissermaßen einen modernen Jesuitenorden, mächtig genug, im Notfall selbst zaristische Launen zu überwinden und der Korruption in seinem eigenen Innern Herr zu werden, um sie desto reichlicher nach außen auszustreuen; einen Jesuitenorden, rekrutiert ursprünglich und vorzugsweise aus Fremden, Korsen wie Pozzo di Borgo, Deutschen wie Nesselrode, Ostseedeutschen wie Lieven, wie seine Stifterin Katharina II. eine Fremde war.

Der altrussische hohe Adel hatte noch zu viele weltliche Privat- und Familieninteressen, er besaß nicht die unbedingte Zuverlässigkeit, die der Dienst dieses neuen Ordens beanspruchte. Und da man ihm nicht die persönliche Besitzlosigkeit und das Zölibat der katholischen Jesuitenpriester auflegen konnte, begnügte man sich damit, ihm zunächst nur sekundäre und Repräsentationsposten, Gesandtschaften usw. anzuvertrauen und so allmählich eine Schule einheimischer Diplomaten heranzubilden. Bis jetzt hat nur *ein* Vollblutrusse, Gortschakow, die höchste Stelle in diesem Orden bekleidet, und sein Nachfolger, von Giers, trägt wieder fremden Namen.

Es ist diese ursprünglich aus fremden Abenteurern rekrutierte geheime Gesellschaft, die das Russische Reich auf seine gegenwärtige Machtfülle gehoben hat. Mit eiserner Ausdauer, unverrückt den Blick aufs Ziel geheftet, vor keinem Treubruch, keinem Verrat, keinem Meuchelmord, keiner Kriecherei zurückschreckend, Bestechungsgelder mit vollen Händen austeilend, durch keinen Sieg übermütig, durch keine Niederlage verzagt gemacht, über die Leichen von Millionen Soldaten und wenigstens eines Zaren hinweg, hat diese ebenso gewissenlose wie talentvolle Bande mehr als alle russischen Armeen dazu beigetragen, die Grenzen Rußlands vom Dnepr und der Dwina bis über die Weichsel, bis an den Pruth, die Donau und das Schwarze Meer, vom Don und der Wolga bis über den Kaukasus und zu den Quellgebieten des Oxus und Jaxartes vorzuschieben, Rußland groß, gewaltig, gefürchtet zu machen und ihm den Weg zur Weltherrschaft zu eröffnen. Dadurch aber hat sie auch die Zarenmacht nach innen gestärkt. Für das vulgär-patriotische Publikum wiegt der Siegesruhm, die einander folgenden Eroberungen, die Macht und der Glanz des Zarentums alle seine Sünden, allen Despotismus, alle Ungerechtigkeit und Willkür reichlich auf; die Großprahlerei des Chauvinismus entschädigt reichlich für alle Fußtritte. Und zwar um so mehr, je weniger in Rußland die wirklichen Ursachen und Einzelheiten dieser Erfolge bekannt und durch eine offizielle Legende ersetzt sind, wie wohlwollende Regierungen solche überall (z.B. in Frankreich und Preußen) zum Besten der Untertanen und zur Beförderung des Patriotismus erfinden. Welcher Russe also Chauvinist ist, der wird auch früher oder später auf die Knie fallen vor dem Zarentum, wie wir das erlebt haben bei Tichomirow. [9]

Wie aber konnte eine solche Abenteurerbande dahin kommen, einen so gewaltigen Einfluß auf die europäische Geschichte zu erobern? Sehr einfach. Sie haben nicht etwas Neues aus Nichts geschaffen, sie haben nur eine vorhandene tatsächliche Situation richtig ausgebeutet. Die russische Diplomatie hat für alle ihre Erfolge eine sehr handgreifliche materielle Unterlage. [10] [...]

So lagen die Dinge in Deutschland zu Peter des Großen Zeit. Dieser wirklich große Mann – ganz anders groß als Friedrich »der Große«, der gehorsame Knecht von Peters Nachfolgerin Katharina II. – war der erste, der die für Rußland so wunderbar günstige Lage Europas vollständig erfaßte. Wie er gegenüber Schweden, der Türkei, Persien, Polen die Grundzüge der russischen Politik mit klarem Blicke übersah, feststellte und ihre Ausführung einleitete – viel klarer, als dies in seinem sog. Testament geschieht, das das Werk eines Epigonen zu sein scheint –, so auch gegenüber Deutschland. Deutschland beschäftigte ihn mehr als irgendein anderes Land außer Schweden. Schweden mußte er brechen; Polen konnte er haben, sobald er die Hand ausstreckte; die Türkei lag ihm noch zu weit ab; aber in Deutschland festen Fuß zu fassen, die Stellung zu erhalten, die Frankreich so reichlich ausnutzte und die Schweden auszunutzen zu schwach war, das war eine Hauptaufgabe für ihn. Er tat alles, um durch Erwerbung deutschen Gebiets deutscher Reichsfürst zu werden, aber vergebens; er konnte nur das System der Verschwägerung mit deutschen Reichsfürsten und der diplomatischen Ausbeutung der deutschen inneren Zwistigkeiten einleiten. [11]

Seit Peter hatte sich diese Lage noch bedeutend zugunsten Rußlands verschoben durch das Emporkommen Preußens. Dem deutschen Kaiser erwuchs hiermit im Reiche selbst ein fast ebenbürtiger Gegner, der die Spaltung Deutschlands verewigte und auf die Spitze trieb. Und gleichzeitig war dieser Gegner immer noch schwach genug, um auf die Hilfe Frankreichs oder Rußlands angewiesen zu sein – am meisten auf Rußlands Hilfe, sodaß, je mehr er sich von der Vasallenschaft gegenüber dem Deutschen Reich emanzipierte, desto sicherer er der Vasallenschaft Rußlands verfiel.

So blieben in Europa nur noch drei Mächte zu berücksichtigen: Österreich, Frankreich, England. Und diese untereinander zu verhetzen, oder durch den Köder der Gebietserwerbung zu bestechen, war keine schwere Kunst. England und Frankreich waren immer noch Rivalen zur See; Frankreich war zu haben durch Aussicht auf Landerwerb in Belgien und Deutschland; Österreich köderte man durch vorgespiegelte Vorteile auf Kosten Frankreichs, Preußens und seit Joseph II. auch Bayerns. Hier waren also, bei geschickter Ausnutzung der Interessenkonflikte, starke, ja überwiegend starke Bundesgenossen für jede diplomatische Aktion Rußlands zu haben. Und nun, gegenüber diesen zerfallenden Grenzländern, gegenüber diesen durch Tradition, ökonomische Lebensbedingungen, politische oder dynastische Interessen oder Eroberungsgelüste in ewige Zänkereien verwickelten, stets mit gegenseitigen Überlistungsversuchen beschäftigten drei Großmächten, hier das eine, homogene, jugendliche, rasch emporwachsende Rußland, kaum angreifbar und nicht zu erobern, dabei ein unbearbeiteter, fast widerstandsloser, bildsamer Rohstoff – welche Gelegenheit für Leute von Talent und Ehrgeiz, für Leute, die nach Macht strebten, einerlei wo und wie, sofern es nur wirkliche Macht, ein wirklicher Tummelplatz für ihr Talent und ihren Ehrgeiz war! Und solche Leute produzierte das »aufgeklärte« achtzehnte Jahrhundert in Menge: Leute, die im Dienst der »Menschheit« ganz Europa durchzogen, die Höfe aller aufgeklärten Fürsten – und welcher Fürst wollte damals nicht aufgeklärt sein – besuchten, die sich niederließen, wo immer sie eine günstige Stelle fanden, eine »vaterlandslose«, adlig-bürgerliche Internationale der Aufklärung. Diese Internationale fiel auf die Knie vor der Semiramis des Nordens, der ebenfalls vaterlandslosen Sophie Auguste von Anhalt-Zerbst, genannt Jekaterina II. von Rußland, und diese Internationale war es, aus deren Reihen diesselbe Katharina die Elemente zog zu ihrem Jesuitenorden der russischen Diplomatie.

Karl Kautsky hat in seiner Schrift über Thomas Morus nachgewiesen, wie die erste Form der bürgerlichen Aufklärung, der »Humanismus« des 15. und 16. Jahrhunderts, in weiterer Entwicklung auslief in das katholische Jesuitentum. [12] Ganz so sehn wir hier ihre zweite, vollreife Form im 18. Jahrhundert auslaufen in das moderne Jesuitentum, in die russische Diplomatie. Dieser Umschlag in das Gegenteil, dies schließliche Anlanden bei einem dem Ausgangspunkt polarisch entgegengesetzten Punkt ist das naturnotwendige Schicksal aller geschichtlichen Bewegungen, die über ihre Ursachen und Daseinsbedingungen im unklaren und daher auch auf bloß illusorische Ziele gerichtet sind. Sie werden von der »Ironie der Geschichte« unerbittlich korrigiert.

Sehen wir nun, wie dieser Jesuitenorden arbeitet, wie er die unaufhörlich wechselnden Ziele der konkurrierenden Großmächte als Mittel benutzt zur Erreichung seines einen, nie wechselnden, nie aus den Augen verlornen Ziels: der Weltherrschaft Rußlands.

2

Nie war die Weltlage zaristischen Eroberungsplänen günstiger als

1762, da die große Hure Katherina II. nach Ermordung ihres Gemahls den Thron bestieg. Ganz Europa war durch den Siebenjährigen Krieg in zwei Lager gespalten. England hatte die französische Macht zur See, in Amerika, in Indien gebrochen und ließ nun seinen kontinentalen Bundesgenossen Friedrich II. von Preußen im Stich. Dieser stand 1762 am Rand des Untergangs, als Peter III. von Rußland auf den Thron kam und vom Krieg gegen Preußen zurücktrat; von seinem letzten und einzigen Bundesgenossen, England, verlassen, mit Österreich und Frankreich auf die Dauer verfeindet, durch siebenjährigen Kampf um die Existenz erschöpft, blieb ihm keine andere Wahl, als sich der neugekrönten Zarin zu Füßen zu werfen. Dadurch erhielt er nicht nur mächtigen Schutz, sondern Anwartschaft auf das Stück Polen, das Ostpreußen vom Körper seiner Monarchie getrennt hielt und das zu erobern jetzt sein Lebensziel war. Am 31. März (11. April) 1764 schlossen Katharina und Friedrich zu Petersburg ein Bündnis, dessen geheimer Artikel beide verpflichtete, die bestehende polnische Verfassung, dies beste Mittel zum Ruin Polens, mit Waffengewalt gegen jeden Reformversuch aufrechtzuhalten. Damit war die künftige Teilung Polens beschlossen. Ein Stück Polen war der Knochen, den die Zarin Preußen zuwarf, damit es sich für ein Jahrhundert ruhig an die russische Kette legen ließ.

Ich gehe nicht ein auf die Einzelheiten der ersten Teilung Polens. Aber bezeichnend ist, daß sie durchgeführt wurde – gegen den Willen der altmodischen Maria Theresia – wesentlich von den drei großen Säulen der europäischen Aufklärung: Katharina, Friedrich und Joseph. Die beiden letzteren, stolz auf die erleuchtete Staatsweisheit, mit der sie den Aberglauben an ein hergebrachtes Völkerrecht mit Füßen traten, waren dabei dumm genug, nicht zu sehen, wie sie sich durch ihre Teilnahme am polnischen Raub mit Leib und Seele dem russischen Zarentum verschrieben.

Nichts konnte für Katharina günstiger sein als diese aufgeklärten fürstlichen Nachbarn. Aufklärung, das war im achtzehnten Jahrhundert die Parole des Zarismus in Europa, wie Völkerbefreiung im neunzehnten. Kein Länderraub, keine Gewalttat, keine Unterdrückung von seiten des Zarentums, die nicht vollbracht worden unter dem Vorwand der Aufklärung, des Liberalismus, der Völkerbefreiung. Und die kindischen westeuropäischen Liberalen glaubten es bis herab auf Gladstone, während die ebenso albernen Konservativen ebenso felsenfest glauben an die Phrasen von Schutz der Legitimität, von Erhaltung der Ordnung, der Religion, des europäischen Gleichgewichts und von Heiligkeit der Verträge, die das offizielle Rußland gleichzeitig im Munde führte. Die russische Diplomatie hat es fertiggebracht, beide großen bürgerlichen Parteien Europas einzuseifen. Ihr und nur ihr erlaubt man, legitimistisch und revolutionär, konservativ und liberal, orthodox und aufgeklärt in einem Atem zu sein. Man begreift die Verachtung, womit ein russischer Diplomat auf den »gebildeten« Westen herabsieht. [...] [13]

Während des Amerikanischen Unabhängigkeitskriegs formulierte Katharina zuerst für sich und ihre Bundesgenossen der »bewaffneten Neutralität« (1780) jene Forderungen zur Beschränkung der von England für seine Kriegsschiffe auf hoher See beanspruchten Rechte, die seitdem ein stetiges Ziel der russischen Politik blieben und der Hauptsache nach im Pariser Frieden 1856 von Europa und England selbst anerkannt wurden. Nur die Vereinigten Staaten von Amerika wollen bis heute nichts davon wissen.

Der Ausbruch der französischen Revolution war ein neuer Glücksfall für Katharina. Weit entfernt, sich vor der Ausbreitung der revolutionären Ideen nach Rußland zu fürchten, sah sie darin nur eine neue Gelegenheit, die europäischen Staaten untereinander zu verfeinden, damit Rußland freie Hand bekomme. Nach dem Tod ihrer beiden aufgeklärten Freunde und Nachbarn hatten Friedrich Wilhelm II. in Preußen, Leopold in Österreich eine unabhängige Politik versucht. Die Revolution bot Katharina die beste Gelegenheit, beide unter dem Vorwand der Bekämpfung des republikanischen Frankreich wieder an Rußland zu ketten und gleichzeitig, während jene an der französischen Grenze beschäftigt, in Polen neue Erwerbungen zu machen. Beide, Österreich und Preußen, gingen in die Falle. Und wenn auch Preußen – das 1787 bis 1791 den Bundesgenossen Polens gegen Katherina gespielt hatte – sich noch rechtzeitig besann und diesmal einen größeren Anteil am polnischen Raub in Anspruch nahm und Österreich ebenfalls mit einem Stück Polen abgefunden werden mußte, so konnte Katherina doch wieder bei weitem den größten Teil der Beute einheimsen; fast ganz Weißrußland und Kleinrußland war nun mit Großrußland vereinigt.

Aber diesmal hat die Medaille eine Kehrseite. Indem der Raub an Polen die Kräfte der Koalition 1792–1794 ebenfalls in Anspruch nahm, schwächte er ihre Angriffskraft gegen Frankreich, bis dieses stark genug war, allein den Sieg zu erfechten. Polen fiel, aber sein Widerstand hatte die französische Revolution gerettet, und mit der französischen Revolution begann eine Bewegung, wogegen auch das Zarentum ohnmächtig ist. Und das werden wir im Westen den Polen nie vergessen. Es ist übrigens, wie wir sehen werden, nicht das einzige Mal, daß die Polen die europäische Revolution gerettet haben.

In Katharinas Politik finden wir bereits alle wesentlichen Züge der heutigen russischen Politik scharf gezeichnet: Einverleibung Polens, wenn man auch zunächst noch den Nachbarn einen Teil der Beute überlassen mußte; Verwandlung Deutschlands in das nächstfolgende Teilungsobjekt; Konstantinopel das große, nie zu vergessende, langsam zu erringende Hauptziel; Eroberung Finnlands zur Deckung von Petersburg und Entschädigung Schwedens durch Norwegen, das Katharina zu Frederikshamm dem König Gustav III. anbot; Schwächung der britischen Übermacht zur See durch völkerrechtliche Einschränkungen; Erregung von Aufständen der christlichen Raja in der Türkei; endlich die glückliche Vereinigung liberaler und legitimistischer Phrasen, womit je nach Bedarf der an Phrasen glaubende westeuropäische »gebildete« Philister, die sogenannte öffentliche Meinung, zum Narren gehalten wird.

Bei Katharinas Tod besaß Rußland schon mehr, als selbst der übertriebenste nationale Chauvinismus verlangen konnte. Alles, was russischen Namen führte – bis auf die wenigen österreichischen Kleinrussen – stand unter dem Zepter ihres Nachfolgers, der sich nun mit vollem Recht Selbstherrscher aller Reußen nennen konnte. Nicht nur der Zugang zum Meer war erkämpft; an der Ostsee wie am Schwarzen Meer besaß Rußland ein breites Litoral und zahlreiche Häfen. Nicht nur Finnen, Tataren und Mongolen, auch Litauer, Schweden, Polen und Deutsche standen unter russischer Herrschaft. Was verlangt ihr mehr? Für jede andere Nation war das ein Abschluß. Für die zaristische Diplomatie – die Nation wurde nicht gefragt – war das nur eine Grundlegung, um jetzt erst recht anzufangen.

Die französische Revolution hatte sich ausgetobt und sich selbst einen Herrscher, einen Napoleon erzeugt. Die hatte also scheinbar der überlegnen Weisheit der russischen Diplomatie recht gegeben, die sich nicht durch die riesenhafte Volkserhebung hatte einschüchtern lassen. Jetzt bot das Emporkommen Napoleons ihr Gelegenheit zu neuen Erfolgen: Deutschland reifte dem Geschick Polens entgegen. Aber Katharinas Nachfolger, Paul, war störrisch, launenhaft, unberechenbar; er durchkreuzte die Aktion der Diplomaten jeden Augenblick; er wurde unerträglich, er mußte entfernt werden. Das auszuführen, dazu fanden sich leicht die nötigen Gardeoffiziere; der Thronfolger Alexander war im Komplott und deckte es; Paul wurde erdrosselt, und alsbald begann eine neue Kampagne zum größeren Ruhm des neuen Zaren, der durch die Art seiner Thronbesteigung der diplomatischen Jesuitenbande lebenslänglicher Knecht geworden war.

Diese überließ es Napoleon, das Deutsche Reich vollends zu zertrümmern und die herrschende Zerrüttung auf die Spitze zu treiben. Als es aber zur Abrechnung kam, da trat Rußland wieder hervor. Der Friede von Lunéville (1801) hatte Frankreich das ganze deutsche linke Rheinufer zugesprochen, mit der Bestimmung, daß die hierdurch depossedierten deutschen Fürsten auf dem rechten Rheinufer aus Besitzungen geistlicher Reichsstände, Bischöfe, Äbte etc. entschädigt werden sollten. [...]

Der deutsche Reichsverband war tatsächlich aufgelöst, Österreich und Preußen agierten als selbständige europäische Staaten und betrachteten, ganz wie Rußland und Frankreich, die kleineren Reichsstände als bloßes Eroberungsgebiet. Was sollte nun aus diesen Kleinstaaten werden? Preußen war noch zu klein und zu jung, um die Oberherrschaft über sie zu beanspruchen, und Österreich hatte soeben die letzte Spur dieser Oberherrschaft eingebüßt. Aber Rußland und Frankreich beanspruchten beide die Erbschaft des deutschen Kaisertums. Frankreich hatte das alte Reich mit Waffengewalt gesprengt, es drückte auf die Kleinstaaten mit seiner unmittelbaren Nachbarschaft den ganzen Rhein entlang; der Siegesruhm Napoleons und der französischen Armeen tat den Rest, ihm die kleinen deutschen Fürsten zu Füßen zu werfen. Und Rußland? Jetzt, wo es das Ziel fast mit der Hand erreichen konnte, wonach es seit hundert Jahren gestrebt, jetzt, wo Deutschland in voller Auflösung, auf den Tod ermattet, hilflos und ratlos dalag, gerade jetzt sollte Rußland sich die Beute von dem korsischen Emporkömmling vor der Nase wegreißen lassen?

Die russische Diplomatie eröffnete sofort einen Feldzug zur Erkämpfung der Suprematie über die deutschen Kleinstaaten. Daß dies nicht ohne einen Sieg über Napoleon möglich, war selbstredend. Es galt also, die deutschen Fürsten und die sogenannte öffentliche Meinung Deutschlands, soweit damals davon die Rede sein konnte, zu gewinnen. Die Fürsten wurden diplomatisch, das Philisterium wurde literarisch bearbeitet. Während russische Schmeicheleien, Drohungen, Lügen und Bestechungsgelder an den Höfen verschwenderisch ausgeteilt wurden, überschwemmte man das Publikum mit geheimnisvollen Flugschriften, worin Rußland als die einzige Macht angepriesen wurde, die Deutschland retten und unter wirksamen Schutz nehmen könne und die hierzu das Recht und Pflicht habe kraft des Teschener Vertrags von 1779. Und als der Krieg von 1805 ausbrach, mußte es jedem klar sein, der die Augen einigermaßen offenhielt, daß es sich nur darum handelte, ob die Kleinstaaten einen französischen Rheinbund bilden sollten oder einen russischen.

Das Schicksal schützte Deutschland. Die Russen und Österreicher wurden bei Austerlitz geschlagen, und der neue Rheinbund war immerhin kein Vorposten des Zarentums. Das französische Joch war wenigstens ein modernes, das die deutschen Fürsten zwang, mit den schmählichsten Anachronismen ihrer bisherigen Daseinsweise aufzuräumen.

Nach Austerlitz kam das preußisch-russische Bündnis, Jena, Eylau, Friedland und der Tilsiter Friede 1807. Hier zeigte sich wieder, welch ungeheuren Vorteil Rußland von seiner strategisch sichern Lage hat. In zwei Feldzügen geschlagen, erwarb es neues Gebiet auf Kosten des bisherigen Bundesgenossen und die Allianz mit Napoleon zur Teilung der Welt: für Napoleon den Westen, für Alexander den Osten!

Die erste Frucht dieser Allianz war die Eroberung Finnlands. Ohne irgendwelche Kriegserklärung, aber mit Zustimmung Napoleons, rückten die Russen ein; Unfähigkeit, Uneinigkeit und Käuflichkeit der schwedischen Generale sicherten einen leichten Sieg; die kühne Überschreitung der gefrorenen Ostsee durch russische Abteilungen erzwang einen gewaltsamen Thronwechsel in Stockholm und die Abtretung Finnlands an Rußland. Als aber drei Jahre später der Bruch Alexanders mit Napoleon herannahte, ließ der Zar den zum Kronprinzen von Schweden gewählten Marschall Bernadotte nach Abo kommen und versprach ihm Norwegen, wenn er dem Bündnis Englands und Rußlands gegen Napoleon beitrete. So kam es, daß 1814 der Plan Katharinas: Finnland mir, Norwegen dir, erfüllt wurde.

Finnland war aber nur das Vorspiel. Worum es sich für Alexander handelte, das war, wie immer, Zaregrad. In Tilsit und Erfurt waren ihm die Moldau und Walachei von Napoleon fest zugesagt und auf eine Teilung der Türkei Aussicht gemacht worden, wovon jedoch Konstantinopel ausgeschlossen sein sollte. Seit 1806 lag Rußland im Krieg mit der Türkei; diesmal waren nicht nur die Griechen, sondern auch die Serben aufgestanden. Aber was von den Polen nur ironisch, das galt von den Türken in Wahrheit: die Unordnung erhielt sie. Der unverwüstliche gemeine Soldat, der Sohn des unverwüstlichen türkischen Bauern, fand eben durch diese Unordnung Gelegenheit, das wieder gutzumachen, was die korrumpierten Paschas verdarben. Die Türken konnten geschlagen, aber nicht niedergeworfen werden, und die russische Armee rückte nur langsam vor auf dem Weg nach Zaregrad.

Der Preis aber für diese »freie Hand« im Osten war der Beitritt zu Napoleons Kontinentalsystem, der Abbruch allen Handels mit England. Und das hieß für das damalige Rußland kommerzieller Ruin. Das war die Zeit, wo Eugen Onegin (bei Puschkin) aus Adam Smith lernte, wie ein Staat reich wird und wie er kein Geld braucht, wenn er nur

Überfluß an Produkten hat; während auf der andern Seite sein Vater das nicht begreifen konnte und ein Landgut nach dem andern verhypothekieren mußte.

Rußland konnte Geld nur erhalten durch Seehandel und Ausfuhr seiner Rohprodukte nach dem damaligen Hauptmarkt England, und Rußland war bereits viel zu sehr verwestlicht, um ohne Geld leben zu können. Die Handelssperre wurde unerträglich. Die Ökonomie war mächtiger als Diplomatie und Zar zusammen; der Verkehr mit England wurde im stillen wieder aufgenommen; die Abmachungen von Tilsit wurden gebrochen, und der Krieg brach aus 1812.

Napoleon mit den vereinigten Armeen des ganzen Westens überschritt die russische Grenze. Die Polen, die den Fall beurteilen konnten, rieten ihm, an Dwina und Dnepr haltzumachen, Polen zu reorganisieren und dort den Angriff der Russen zu erwarten. Ein Feldherr vom Schlage Napoleons mußte einsehn, daß dies der richtige Plan war. Aber Napoleon, auf der schwindelnden Höhe und mit der unsichern Basis, worauf er stand, *konnte* keine langsamen Feldzüge mehr machen. Rasche Erfolge, blendende Siege, im Sturm eroberte Friedensschlüsse waren ihm unentbehrlich. Er schlug den polnischen Rat in den Wind, ging nach Moskau und brachte eben dadurch die Russen nach Paris.

Die Vernichtung der großen napoleonischen Armee auf dem Rückzug von Moskau gab das Signal zum allgemeinen Aufstand gegen die französische Oberherrschaft im Westen. In Preußen stand das ganze Volk auf und zwang den feigen Friedrich Wilhelm III. zum Krieg gegen Napoleon. Sobald Österreich mit seinen Rüstungen fertig, schloß es sich den Russen und Preußen an. Nach der Schlacht von Leipzig fiel der Rheinbund von Napoleon ab, und kaum achtzehn Monate nach Napoleons Einzug in Moskau zog Alexander ein in Paris, der Herr und Gebieter Europas.

Die Türkei, von Frankreich verraten, hatte 1812 zu Bukarest Frieden geschlossen und den Russen Bessarabien geopfert. Der Wiener Kongreß brachte Rußland das Königreich Polen, sodaß jetzt fast neun Zehntel des ehemals polnischen Gebiets mit Rußland vereinigt waren. Mehr aber als das alles galt die europäische Stellung, die der Zar jetzt einnahm. Auf dem europäischen Kontinent hatte er keinen Nebenbuhler mehr. Österreich und Preußen waren in seinem Schlepptau. Die französische Bourbonendynastie war durch ihn wieder eingesetzt und daher ebenfalls ihm gehorsam. Schweden hatte durch ihn Norwegen erhalten als Pfand einer zarenfreundlichen Politik; selbst die spanische Dynastie verdankte ihre Zurückführung weit mehr den Siegen der

Russen, Preußen und Österreicher als denen Wellingtons, die doch nie imstande waren, das französische Kaiserreich zu stürzen.

Nie vorher hatte Rußland eine so gewaltige Stellung eingenommen. Aber es hatte auch einen weitern Schritt getan über seine natürlichen Grenzen hinaus. Wenn der russische Chauvinismus für die Eroberungen Katharinas noch einige – ich will nicht sagen Rechtfertigung – aber Entschuldigungsvorwände hatte, so ist davon bei den Eroberungen Alexanders gar nicht mehr die Rede. Finnland ist finnisch und schwedisch, Bessarabien rumänisch, Kongreßpolen polnisch. Hier ist nicht mehr die Frage von Vereinigung zerstreuter und verwandter Stämme, die alle den Namen Russen führen, hier handelt es sich um die nackte, gewaltsame Eroberung fremder Gebiete, um einfachen Raub. [14]

3

Der Sieg über Napoleon war der Sieg der europäischen Monarchien über die französische Revolution, deren letzte Phase das napoleonische Kaiserreich gewesen; dieser Sieg wurde gefeiert durch die Herstellung der »Legitimität«. Aber während Talleyrand glaubte, durch diese von ihm erfundene Phrase den Zar Alexander ködern zu können, war es vielmehr die russische Diplomatie, die mit dieser Phrase ganz Europa an der Nase herumführte. Unter dem Vorwand, die Legitimität zu schützen, stiftete sie die »Heilige Allianz«, diese Erweiterung des russisch-österreichisch-preußischen Bündnisses zu einer Verschwörung aller europäischen Fürsten gegen ihre Völker unter russischem Präsidium. Die andern Fürsten glaubten daran; was der Zar und seine Diplomatie davon hielten, werden wir gleich sehen.

Für diese handelte es sich nun darum, die errungene Hegemonie über Europa auszunützen zu einem Schritt näher nach Zaregrad. Hierzu konnte sie drei Hebel ansetzen: die Rumänen, die Serben, die Griechen. Die Griechen waren das brauchbarste Element. Sie waren ein Handelsvolk, und die Kaufleute litten am meisten von den Bedrückungen türkischer Paschas. Der christliche Bauer unter türkischer Herrschaft befand sich materiell wohler als irgendwo anders. Er hatte seine vortürkischen Institutionen, seine vollständige Selbstregierung bewahrt; solang er seine Steuern zahlte, kümmerte sich der Türke in der Regel nicht um ihn; nur selten war er Vergewaltigungen ausgesetzt, wie der westeuropäische Bauer sie im Mittelalter vom Adel zu erdulden hatte. Es war eine unwürdige, nur geduldete, aber keine materiell gedrückte Existenz, die dem damaligen Kulturzustand jener Völker nicht unangemessen war, und es dauerte daher lange, bis der slawische Raja entdeckte, daß diese Existenz unerträglich sei. Dagegen war der Handel der Griechen, seitdem die türkische Herrschaft sie von der erdrückenden Konkurrenz der Venetianer und Genuesen befreit, rasch emporgeblüht und bereits so bedeutend geworden, daß er nunmehr auch die türkische Herrschaft nicht mehr vertragen konnte. In der Tat ist die türkische wie alle orientalische Herrschaft unverträglich mit kapitalistischer Gesellschaft; der ergatterte Mehrwert ist nicht sicher vor den Händen raubgieriger Satrapen und Paschas; es fehlt die erste Grundbedingung bürgerlichen Erwerbs: Sicherheit der kaufmännischen Person und ihres Eigentums. Kein Wunder daher, daß die Griechen, nachdem sie seit 1774 schon zwei Aufstandsversuche gemacht, jetzt sich noch einmal erhoben.

Der griechische Aufstand bot also die Handhabe; damit aber die zaristische Diplomatie hier kräftig drücken könne, mußte der Westen verhindert werden, sich einzumischen; er mußte also bei sich zu Hause beschäftigt werden. Dafür hatte die Phrase von der Legitimität glänzend vorgearbeitet. Die legitimen Herrscher hatten sich überall gründlich verhaßt gemacht. Die Versuche, die vorrevolutionären Zustände wiederherzustellen, brachten im ganzen Westen das Bürgertum in Aufregung; in Frankreich und Deutschland gärte es, in Spanien und Italien brach offener Aufstand los. Die zaristische Diplomatie hatte in allen diesen Verschwörungen und Aufständen ihr Händchen im Spiel; nicht, daß sie sie gemacht oder auch nur wesentlich zu deren momentanen Erfolgen beigetragen hätte. Aber was sie durch ihre offiziösen Agenten tun konnte, um ihren legitimen Alliierten im eigenen Hause Unfrieden zu stiften, das tat sie. Direkt aber protegierte sie die rebellischen Elemente des Westens, sobald diese unter der Maske der Griechenfreundlichkeit auftraten, und wer anders waren die Philhellenen, die Gelder sammelten, Freiwillige und ganze bewaffnete Hilfskorps nach Griechenland schickten – wer anders als eben die Karbonari und andre Liberale des Westens?

Alles das verhinderte den aufgeklärten Zar Alexander nicht, auf den Kongressen von Aachen, Troppau, Laibach, Verona seine legitimen Kollegen zu den energischsten Schritten gegen ihre rebellischen Untertanen aufzufordern und zur Unterwerfung der Revolution die Österreicher 1821 nach Italien und die Franzosen 1823 nach Spanien zu schicken, ja selbst den Aufstand der Griechen anscheinend zu verdammen, während er gleichzeitig denselben Aufstand schürte und die Philhellenen des Westens zu verdoppelter Tätigkeit aufmuntern ließ. Wiederum wurde das dumme Europa in unglaublicher Weise zum Narren gehalten; den Fürsten und Reaktionären predigte das

Zarentum Legitimität [15], dem liberalen Philisterium Völkerbefreiung und Aufklärung, und beide glaubten ihm. [...] [16]

Ehe diese Vorteile weiter ausgenutzt werden konnten, brach die Julirevolution aus. Jetzt wurden die liberalen Phrasen der russischen Agenten für einige Zeit in die Tasche gesteckt; es galt nur noch die »Legitimität« zu schützen. Ein Feldzug der Heiligen Allianz gegen Frankreich wurde vorbereitet – da brach der polnische Aufstand los, hielt Rußland für ein Jahr in Schach; und so rettete Polen zum zweitenmal die europäische Revolution durch eigene Aufopferung. [17]

Ich übergehe die russisch-türkischen Verhältnisse der Epoche 1830 bis 1848. Sie waren wichtig dadurch, daß Rußland zum erstenmal als Schützer der Türkei gegen ihren rebellischen Vasallen Mechmed Ali von Ägypten auftreten, 30000 Mann zum Schutz von Konstantinopel an den Bosporus schicken und die Türkei durch den Vertrag von Hunkiar-Iskelessi auf eine Reihe von Jahren faktisch unter russische Herrschaft stellen konnte; daß es ihm ferner gelang, 1840 eine drohende europäische Koalition gegen Rußland durch Palmerstons Verrat über Nacht in eine Koalition gegen Frankreich zu verwandeln [18] und dadurch, daß es die Donauprovinzen durch fortgesetzte Okkupation und Ausbeutung der [19] Bauern, wie durch Köderung der Bojaren vermittelst des Règlement organique (s. Marx, »Kapital«, Bd. I, Kap. 8) zur Annexion vorbereiten konnte. In der Hauptsache aber war diese Periode der Eroberung und Russifizierung des Kaukasus gewidmet, die nach zwanzigjährigen Kämpfen endlich gelang. [...]

Die russische Diplomatie hatte nun schon so viel westeuropäische Revolutionen nicht nur ohne Schaden, sondern mit direktem Profit überstanden, daß sie den Ausbruch der Februarrevolution von 1848 als ein überaus günstiges Ereignis zu begrüßen imstande war. Daß die Revolution sich nach Wien ausdehnte und dadurch nicht nur den Hauptgegner Rußlands, Metternich, beseitigte, sondern auch die österreichischen Slawen – diese voraussichtlichen Bundesgenossen des Zarentums – aus ihrem Schlummer aufrüttelte; daß sie Berlin ergriff und dadurch den alles wollenden und nichts könnenden Friedrich Wilhelm IV. von seinen Unabhängigkeitsgelüsten gegenüber Rußland kurierte – was konnte willkommner sein? Rußland war vor aller Ansteckung sicher, und Polen war so stark besetzt, daß es sich nicht rühren konnte. Und als nun gar die Revolution sich bis in die Donauprovinzen ausdehnte, da hatte die russische Diplomatie, was sie wollte: Vorwand zu neuem Einmarsch in die Moldau und Walachei, um die Ordnung wiederherzustellen und die russische Herrschaft hier mehr und mehr zu befestigen.

Damit nicht genug. Österreich, der zäheste, harnäckigste Gegner Rußlands an den Grenzen der Balkanhalbinsel, war durch den ungarischen und Wiener Aufstand an den Rand des Untergangs gebracht. Der Sieg der Ungarn war aber gleichbedeutend mit dem erneuerten Ausbruch der europäischen Revolution, und die zahlreichen Polen im ungarischen Heer bürgten dafür, daß diese Revolution nicht wieder an der polnischen Grenze haltmachte. Da spielte Nikolaus den Großmütigen. Er ließ seine Armeen in Ungarn einbrechen, erdrückte die ungarischen Heere mit Übermacht und besiegelte damit die Niederlage der europäischen Revolution. [...] Nicht nur Ungarn, ganz Europa lag zu den Füßen des Zaren, und zwar direkt infolge der Revolution. Hatte die russische Diplomatie nicht recht, wenn sie im stillen für Revolutionen im Westen begeistert war?

Aber die Februarrevolution war dennoch die erste Totenglocke des Zarentums. Die kleine Seele des beschränkten Nikolaus konnte das unverdiente Glück nicht vertragen; er hatte es zu eilig mit dem Vorgehn gegen Konstantinopel; der Krimkrieg brach aus; England und Frankreich kamen der Türkei zu Hilfe, Österreich brannte vor Begierde, d'étonner le monde par la grandeur de son ingratitude. Denn Österreich wußte, daß als Dank für die ungarische Kriegshilfe und für das Warschauer Urteil erwartet werde seine Neutralität oder gar Beihilfe zu russischen Eroberungen an der Donau, die gleichbedeutend waren mit Österreichs Umklammerung durch Rußland von Krakau bis Orsova und Semlin. Und diesmal hatte Österreich, was sonst fast nie vorkam, den Mut seiner Meinung.

Der Krimkrieg war eine einzige kolossale Komödie der Irrungen, wo man sich jeden Augenblick fragt: Wer ist hier der Geprellte? Aber diese Komödie kostete ungezählte Schätze und über eine Million Menschenleben. Kaum waren die ersten alliierten Truppen in Bulgarien gelandet, da rückten die Österreicher in die Donauprovinzen ein, und die Russen zogen sich über den Pruth zurück. Damit hatte sich Österreich an der Donau zwischen die beiden Kriegführenden geschoben; eine weitere Fortführung des Krieges auf diesem Gebiete war nur mit seiner Zustimmung möglich. Aber Österreich war zu haben für einen Krieg an der Westgrenze Rußlands. Österreich wußte, daß Rußland ihm diese seine brutale Undankbarkeit nie verzeihen werde; Österreich war also bereit, sich mit den Alliierten zu verbinden, aber nur für einen ernstlichen Krieg, der Polen wiederherstellte und die russische Westgrenze bedeutend zurückschob. Ein solcher Krieg mußte auch Preußen in die Allianz ziehn, durch dessen Gebiet Rußland alle seine Zufuhren bezog; eine europäische Koalition hätte Rußland zu Land wie zu Wasser blokkiert und mit so überlegenen Kräften angegriffen, daß der Sieg unzweifelhaft war.

Das aber war keineswegs die Absicht Englands und Frankreichs. Beide waren im Gegenteil froh, durch Österreichs Vorgehn aller Gefahr eines ernsthaften Krieges ledig zu sein. Was Rußland wünschte – daß die Alliierten nach der Krim gingen und sich dort festbissen –, das schlug Palmerston vor, und Louis-Napoleon griff hocherfreut mit beiden Händen zu. Von der Krim aus ins Innere von Rußland vorzudringen, wäre strategischer Wahnsinn gewesen. So war der Krieg glücklich in einen Scheinkrieg verwandelt und alle Hauptbeteiligten zufriedengestellt. [20] Aber der Zar Nikolaus konnte es auf die Dauer nicht ertragen, daß feindliche Truppen am Saum seines Reiches auf russischem Boden sich festsetzten; für ihn wurde der Scheinkrieg bald wieder ein Ernstkrieg. [...]

Der Friede, den sein Nachfolger [21] nun eiligst abschloß, fiel sehr glimpflich aus. Aber die Folgen des Krieges im Innern waren um so größer. Um im Innern absolut herrschen zu können, mußte das Zarentum nach außen mehr als unbesiegbar, es mußte ununterbrochen siegreich, mußte imstande sein, den unbedingten Gehorsam zu belohnen durch chauvinistischen Siegesrausch, durch immer neue Eroberungen. Und jetzt war das Zarentum elend zusammengeknickt, und das gerade in seiner äußerlich imposantesten Gestalt; es hatte Rußland bloßgestellt vor der Welt, und damit sich selbst vor Rußland. Es erfolgte eine ungeheure Ernüchterung. Das russische Volk war durch die kolossalen Opfer des Kriegs zu sehr aufgerüttelt, der Zar hatte zu sehr an seine Hingebung appellieren müssen, als daß es ohne weiteres in die Passivität des gedankenlosen Gehorsams zurückzubringen war. Denn allmählich hatte sich auch Rußland ökonomisch und intellektuell weiterentwickelt; neben dem Adel standen jetzt die Anfänge einer zweiten gebildeten Klasse, der Bourgeoisie. Kurz, der neue Zar mußte den Liberalen spielen, aber diesmal nach innen. Damit aber war der Anfang gegeben für eine innere Geschichte Rußlands, für eine Bewegung der Geister in der Nation selbst und für ihren Reflex: eine, wenn auch noch so schwache, aber mehr und mehr sich geltend machende, immer weniger zu mißachtende öffentliche Meinung. Und damit entstand für die zaristische Diplomatie der Feind, an dem sie untergehen muß. Denn diese Art Diplomatie ist nur möglich, solange das Volk unbedingt passiv bleibt, keinen Willen hat als den der Regierung, keinen Beruf, als Soldaten und Steuern zu liefern für die Durchführung der Ziele der Diplomaten. Sobald Rußland eine innere Entwicklung und damit innere Parteikämpfe hat, ist die Eroberung einer konstitutionellen Form, in der diese Parteikämpfe sich ohne gewaltsame Erschütterung ausfechten, nur eine Frage der Zeit. Dann aber ist auch die bisherige russische Eroberungspolitik ein Ding der Vergangenheit; die unveränderliche Stetigkeit des diplomatischen Ziels geht verloren im Ringen der Parteien um die Herrschaft; die unbedingte Verfügung über die Kräfte der Nation ist dahin – Rußland bleibt schwer angreifbar und relativ ebenso schwach im Angriff, wird aber sonst ein europäisches Land wie die andren auch, und die eigentümliche Stärke seiner bisherigen Diplomatie ist für immer gebrochen.

La Russie ne boude pas, elle se recueille [22], sagte der Kanzler Gortschakow nach dem Kriege. Er wußte selbst nicht, wie wahr er sprach. Er sprach bloß vom diplomatischen Rußland. Aber auch das nichtoffizielle Rußland sammelte sich. Und diese Sammlung (recueillement) wurde unterstützt durch die Regierung selbst. Der Krieg hatte bewiesen, daß Rußland Eisenbahnen und großer Industrie bedurfte, schon aus rein militärischen Rücksichten. Somit warf sich die Regierung darauf, eine russische Kapitalistenklasse zu züchten. Eine solche kann aber nicht bestehn ohne ein Proletariat, und um dessen Elemente zu schaffen, mußte die sogenannte Bauernbefreiung erfolgen; die persönliche Freiheit bezahlte der Bauer mit Übertragung des besten Teils seines Grundbesitzes an den Adel. Was ihm davon blieb, war zum Sterben zuviel, zum Leben zuwenig. Während so die russische bäuerliche Obschtschina [23] an der Wurzel angegriffen wurde, wurde gleichzeitig die neue große Bourgeoisie durch Eisenbahnprivilegien, Schutzzölle und andere Begünstigungen treibhausmäßig entwickelt und so in Stadt und Land eine vollständige soziale Revolution eingeleitet, die die einmal in Bewegung gebrachten Geister nicht wieder zur Ruhe kommen ließ. Die junge Bourgeoisie reflektierte sich in einer liberal-konstitutionellen Bewegung, das eben entstehende Proletariat in der Bewegung, die man gewöhnlich Nihilismus [24] nennt. Das waren die wahren Folgen des recueillement in Rußland.

Einstweilen schien die Diplomatie noch nicht zu merken, welcher Gegner ihr im Innern entstanden war. Im Gegenteil, nach außen schien sie Sieg über Sieg zu erfechten. Auf dem Pariser Kongreß 1856 spielte Orlow die vielumworbene Hauptrolle; statt Opfer zu bringen, errang er neue Erfolge; die von England beanspruchten, von Rußland seit Katharina bekämpften Kriegsrechte zur See wurden definitiv beseitigt und eine russisch-französische Allianz gegen Österreich begründet. Diese trat 1859 in Tätigkeit, als Louis-Napoleon sich dazu hergab, Rußland an Österreich zu rächen. Den Folgen der russisch-französischen Abmachungen, die Mazzini damals enthüllte und wonach im Fall des verlängerten Widerstandes ein russischer Großfürst als Thronkandidat eines unabhängigen Ungarn aufgestellt werden sollte – diesen Folgen entging Österreich durch raschen Friedensschluß. Aber seit 1848 verdarben die Völker der Diplomatie das Handwerk. Italien wurde unabhängig und einig gegen den Willen des Zaren und Louis-Napoleons.

Der Krieg 1859 hatte auch Preußen aufgeschreckt. Es hatte seine Armee fast verdoppelt und einen Mann ans Ruder gestellt, der es mit der russischen Diplomatie wenigstens in einem Punkt aufnehmen konnte: in der Rücksichtslosigkeit in betreff der anzuwendenden Mittel. Dieser Mann war Bismarck. Während des polnischen Aufstandes 1863 nahm er gegenüber Österreich, Frankreich und England in theatralischer Weise Partei für Rußland und tat alles, um diesem den Sieg zu verschaffen. Das sicherte ihm den Abfall des Zaren von seiner gewohnten Politik in der schleswig-holsteinischen Frage; die Herzogtümer wurden 1864 mit Erlaubnis des Zaren von Dänemark losgerissen. Dann kam der Preußisch-Österreichische Krieg 1866; hier freute sich der Zar wieder über die erneute Züchtigung Österreichs und die wachsende Macht Preußens, des allein treuen – selbst nach den Fußtritten von 1849/1850 noch treuen – Vasallen. Der Krieg von 1866 zog den Deutsch-Französischen Krieg 1870 nach sich, und wieder trat der Zar auf die Seite seines preußischen »Djadja Molodez« [25]; er hielt Österreich direkt in Schach und beraubte so Frankreich des einzigen Bundesgenossen, der es vor vollständiger Niederlage retten konnte. Aber wie Louis Bonaparte 1866, so wurde Alexander 1870 geprellt durch die raschen Erfolge der deutschen Waffen. Statt eines langwierigen, beide Kämpfer auf den Tod erschöpfenden Kriegs, erfolgten die raschen Schläge, die in fünf Wochen das bonapartistische Kaiserreich stürzten und seine Armeen nach Deutschland gefangenführten.

Damals gab es nur einen Ort in Europa, wo die Lage richtig begriffen wurde, und das war im Generalrat der Internationalen Arbeiter-Assoziation. [26] Am 9. September 1870 erließ dieser ein Manifest, worin die Parallele zwischen 1866 und 1870 gezogen wurde. [27] Der Krieg 1866 sei mit Bewilligung Louis-Napoleons geführt worden; aber die Siege und die preußische Machterweiterung hätten genügt, um Frankreich sofort in eine feindliche Stellung gegen Preußen hineinzutreiben. Ebenso würden die neuen Erfolge von 1870 und die damit verknüpfte neue Steigerung der preußisch-deutschen Macht den russischen Zaren, trotzdem er Deutschland während des Kriegs diplomatisch unterstützte, in die Feindschaft gegen Deutschland hineinzwingen. Rußlands vorwiegender Einfluß in Europa habe zur notwendigen Voraussetzung seine traditionelle Macht über Deutschland, die nun gebrochen sei. Im Augenblick, wo in Rußland selbst die revolutionäre Bewegung anfängt, drohend zu werden, könne der Zar diesen Verlust an Prestige im Ausland nicht ertragen. Und wenn nun noch Deutschland durch Annexion von Elsaß-Lothringen Frankreich in die Arme Rußlands treibe, müsse es sich entweder zum offenkundigen Werkzeug russischer Eroberungspläne hergeben oder aber, nach kurzer Rastzeit, sich vorbereiten auf einen Krieg gegen Rußland und Frankreich zugleich, einen Krieg, der leicht in einen Rassenkrieg gegen das verbündete Slawentum und Romanentum ausarten könne.

Das neue Deutsche Reich tat Rußland den Gefallen, Elsaß-Lothringen von Frankreich loszureißen und damit in der Tat Frankreich in die Arme Rußlands zu jagen. Die zaristische Diplomatie war nun in der beneidenswerten Lage, die beiden durch diese Losreißung auf den Tod verfeindeten Länder, Frankreich wie Deutschland, von Rußland abhängig zu wissen. Diese günstige Lage wurde wiederum ausgenutzt zu einem Vorstoß gegen Zaregrad, zum Türkenkrieg von 1877. Nach langen Kämpfen kamen die russischen Truppen im Januar 1878 bis vor die Tore der türkischen Hauptstadt; da erschienen vier englische Panzerschiffe im Bosporus und zwangen die Russen, angesichts der Türme der Sophienkirche haltzumachen und ihren Friedensplan von San Stefano einem europäischen Kongreß zur Revision vorzulegen.

Dennoch war – scheinbar – ein ungeheurer Erfolg errungen. Rumänien, Serbien, Montenegro vergrößert und unabhängig gemacht durch Rußland, und daher in seiner Schuld; das Festungsviereck zwischen Donau und Balkan, dies starke Bollwerk der Türkei, vorläufig vernichtet; der letzte Schutzwall Konstantinopels, der Balkan, den Türken entrissen und entwaffnet; Bulgarien und Ostrumelien scheinbar türkische, in Wirklichkeit russische Vasallenstaaten; der Gebietsverlust von 1856 in Bessarabien wieder gutgemacht; in Armenien neue wichtige Stellungen erobert; Österreich durch die Besetzung von Bosnien zum Mitschuldigen an der Teilung der Türkei und zum notwendigen Gegner aller serbischen Unabhängigkeits- und Einigungsbestrebungen gemacht; endlich die Türkei durch Gebietsverlust, Erschöpfung und eine unerschwingliche Kriegsentschädigung in vollständige Abhängigkeit von Rußland gebracht, in eine Stellung, wo sie nach russischer, ganz richtiger Auffassung den Bosporus und die Dardanellen nur noch einstweilen für Rußland in Verwahrung hielt. So, schien es, brauchte Rußland nur noch den Moment zu wählen, wo es ihm beliebte, von seinem großen Endziel, von Konstantinopel, »la clef de notre maison« [28], Besitz zu ergreifen.

In Wirklichkeit aber sah es doch ganz anders aus. Hatte Elsaß-Lothringen Frankreich in Rußlands Arme getrieben, so trieb der Vorstoß auf Konstantinopel und der Berliner Friede Österreich in die Arme Bismarcks. Und damit änderte sich wieder die ganze Lage. Die großen Militärmächte des Kontinents spalteten sich in zwei große, einander bedrohende Feldlager: Rußland und Frankreich hier, Deutschland und Österreich dort. Um diese beiden haben die kleineren Staaten sich zu gruppieren. Das aber bedeutet, daß das russische Zarentum den letzten großen Schritt nicht tun, von Konstantinopel nicht wirklich Besitz ergreifen kann, ohne einen Weltkrieg mit ziemlich gleich verteilten Chancen, dessen letzte Entscheidung wahrscheinlich nicht von den beiden den Kampf eröffnenden Parteien abhängen wird, sondern von England. Denn ein Krieg, wo Österreich und Deutschland gegen Rußland und Frankreich kämpfen, schneidet den ganzen Westen von der russischen Kornzufuhr zu Lande ab. Alle Länder des Westens aber leben nur durch Kornzufuhr vom Ausland. Diese könnte also nur zur See erfolgen, und Englands Überlegenheit zur See erlaubt ihm, sowohl Frankreich wie Deutschland auch diese Zufuhr abzuschneiden, also jenes wie dieses auszuhungern, je nachdem es sich auf diese oder jene Seite schlägt. [29] Um Konstantinopel aber zu kämpfen in einem Weltkrieg, worin England den Ausschlag gibt – das ist genau die Lage, die zu vermeiden die russische Diplomatie seit hundertfünfzig Jahren gearbeitet hat. Also eine Niederlage. [30]

In der Tat ist auch die Allianz mit einem republikanischen Frankreich, dessen regierende Personen stetem Wechsel ausgesetzt sind, keineswegs sicher für das Zarentum und noch weniger seinen Herzenswünschen entsprechend. Nur eine restaurierte französische Monarchie könnte genügende Garantien bieten als Bundesgenossin in einem so furchtbaren Krieg, wie er jetzt allein möglich ist. Daher hat das Zarentum auch seit fünf Jahren die Orléans unter seinen ganz besondern Schutz genommen; sie haben sich mit ihm verschwägern müssen, indem sie in die dänische Königsfamilie, diesen russischen Vorposten am Sund, hineinheirateten. Und um die Restauration der so ebenfalls zum russischen Vorposten avancierten Orléans in Frankreich vorzubereiten, wurde der General Boulanger benutzt, dessen eigene Anhänger in Frankreich sich rühmen, daß die geheimnisvolle Quelle der von ihnen so verschwenderisch ausgeteilten Gelder niemand anders sei als die russische Regierung, die ihnen für ihre Kampagne *fünfzehn Millionen Franken* zur Verfügung gestellt. [31] So mischt sich Rußland wiederum in die inneren Angelegenheiten der westlichen Länder, diesmal unverhüllt als Stütze der Reaktion, und spielt den ungeduldigen Chauvinismus der französischen Bourgeois aus gegen den revolutionären Geist der französischen Arbeiter.

Überhaupt zeigt sich seit 1878 erst recht, wie sehr die Position der russischen Diplomatie sich verschlechtert hat, seitdem die Völker sich mehr und mehr erlauben mitzusprechen, und das mit Erfolg. Sogar auf der Balkanhalbinsel, dem Gebiet, wo Rußland ex professo völkerbefreiend auftritt, will nichts mehr gelingen. Die Rumänen haben zum Dank dafür, daß sie den Russen vor Plewna den Sieg erst ermöglicht, ihr Stück Bessarabien wieder abtreten müssen und werden sich schwerlich durch Zukunftsversprechungen auf Siebenbürgen und das Banat ködern lassen. Die Bulgaren haben die zaristische Art der Befreiung infolge der ihnen ins Land gesandten zaristischen Agenten herzlich satt bekommen; nur die Serben und allenfalls die Griechen – beide weil sie außerhalb der direkten Schußlinie auf Konstantinopel liegen – sind noch nicht kopfscheu gemacht. Die österreichischen Slawen, die der Zar von der deutschen Unterdrückung zu befreien sich berufen fühlte, haben seitdem, wenigstens im zisleithanischen Reichsteil, die Herrschaft selbst ausgeübt. Die Phrase von der Völkerbefreiung [32] durch den allmächtigen Zar hat ausgespielt, sie kann höchstens noch auf Kreta und Armenien angewandt werden, und damit macht man in Europa selbst bei englischen christlich-frommen Liberalen keinen Effekt mehr; wegen Kretas und Armeniens riskiert sogar der Zarenbewunderer Gladstone keinen europäischen Krieg mehr, seitdem der Amerikaner Kennan die Niederträchtigkeiten vor aller Welt enthüllt hat [33], womit das Zarentum jede Regung des Widerstands im eignen Reich unterdrückt.

Und hier kommen wir auf den Kernpunkt. Die innere Entwicklung Rußlands seit 1856, unterstützt von der Politik der Regierung, hat gewirkt; die soziale Revolution hat riesige Fortschritte gemacht; Rußland verwestlicht sich täglich mehr; die große Industrie, die Eisenbahnen, die Verwandlung aller Naturalleistungen in Geldzahlungen und damit die Auflösung der alten Grundlagen der Gesellschaft entwickeln sich mit steigender Geschwindigkeit. In demselben Verhältnis aber entwikkelt sich auch die Unverträglichkeit des absoluten Zarentums mit der in der Bildung begriffnen neuen Gesellschaft. Es bilden sich Oppositionsparteien, konstitutionelle und revolutionäre, deren die Regierung nur durch gesteigerte Brutalität Herr werden kann. Und die russische Diplomatie sieht mit Entsetzen den Tag heranrücken, wo das russische Volk ein Wort mitsprechen und wo die Erledigung seiner eigenen inneren Angelegenheiten ihm die Zeit und die Lust benehmen wird, sich mit solchen Kindereien zu beschäftigen, wie die Eroberung Konstantinopels, Indiens und der Weltherrschaft. Die Revolution, die 1848 an der polnischen Grenze haltmachte, pocht jetzt an die Tür Rußlands, und drinnen hat sie schon Bundesgenossen genug, die nur auf die Gelegenheit warten, ihr die Tür aufzumachen.

Allerdings, wenn man die russischen Zeitungen liest, sollte man meinen, ganz Rußland schwärme für die zaristische Eroberungspolitik; da ist alles Chauvinismus, Panslawismus, Christenbefreiung vom türkischen, Slawenbefreiung vom deutsch-magyarischen Joch. Aber erstens weiß jedermann, in welchen Fesseln die russische Presse gebunden liegt; zweitens hat die Regierung diesen Chauvinismus und Panslawismus seit Jahren in allen Schulen gezüchtet; und drittens drückt diese Presse, soweit sie überhaupt eine unabhängige Meinung ausdrückt, nur die Stimmung der städtischen Bevölkerung, d.h. der neugebildeten Bourgeoisie aus, die natürlich an neuen Eroberungen als an Ausdehnungen des russischen Markts interessiert ist. Diese städtische Bevölkerung bildet aber im ganzen Land eine verschwindende Minorität. Sobald eine Nationalversammlung der ungeheuren Majorität des russischen Volks, der Landbevölkerung, Gelegenheit gibt, ihre Stimme zu erheben, wird man ganz andere Dinge vernehmen. Die Erfahrungen, die die Regierung mit den Semstwos gemacht hat und die sie zwangen, die Semstwos wieder zu nullifizieren [34], bürgen dafür, daß eine russische Nationalversammlung, um nur die dringendsten inneren Schwierigkeiten zu überwinden, sehr bald allem Drängen nach neuen Eroberungen einen entschiedenen Riegel vorschieben muß.

Die heutige europäische Lage wird beherrscht von drei Tatsachen: 1. der Annexion von Elsaß-Lothringen durch Deutschland, 2. dem Drang des zaristischen Rußland nach Konstantinopel, 3. dem in allen Ländern immer heißer entbrennenden Kampf zwischen Proletariat und Bourgeoisie, dessen Thermometer die überall im Aufschwung begriffene sozialistische Bewegung ist.

Die ersten beiden bedingen die heutige Gruppierung Europas in zwei große Heerlager. Die deutsche Annexion macht Frankreich zum Bundesgenossen von Rußland gegen Deutschland, die zaristische Bedrohung Konstantinopels macht Österreich, selbst Italien, zu Bundesgenossen Deutschlands. Beide Lager rüsten für einen Entscheidungskampf, für einen Krieg, wie die Welt noch keinen gesehen, wo zehn bis fünfzehn Millionen Kämpfer einander in Waffen gegenüberstehen werden. Nur zwei Umstände haben bis heute den Ausbruch dieses furchtbaren Kriegs verhindert: erstens der unerhört rasche Fortschritt der Waffentechnik, der jedes neuerfundene Gewehrmodell durch neue Erfindungen überflügelt, ehe es nur bei *einer* Armee eingeführt werden kann, und zweitens die absolute Unberechenbarkeit der Chancen, die totale Ungewißheit, wer aus diesem Riesenkampf schließlich als Sieger hervorgehen wird.

Diese ganze Gefahr eines Weltkriegs verschwindet an dem Tag, wo eine Wendung der Dinge in Rußland dem russischen Volk erlaubt, durch die traditionelle Eroberungspolitik seiner Zaren einen dicken Strich zu machen und sich mit seinen eignen, aufs äußerste gefährdeten innern Lebensinteressen zu beschäftigen, statt mit Weltherrschaftsphantasien. [35]

An diesem Tage verliert Bismarck alle die Bundesgenossen gegen Frankreich, die die russische Bedrohung ihm in die Arme getrieben hat. Weder Österreich noch Italien haben dann noch das geringste Interesse, Bismarcks Kastanien aus dem Feuer eines europäischen Riesenkampfes zu holen. Das Deutsche Reich fällt zurück in die isolierte Stellung, wo, wie Moltke sagt, jedermann es fürchtet und niemand es liebt [36], wie das das unvermeidliche Resultat seiner Politik ist. Dann wird auch die gegenseitige Annäherung des um seine Freiheit ringenden Rußland und des republikanischen Frankreich der Lage beider Länder ebenso entsprechend wie der europäischen Gesamtlage ungefährlich sein, und dann wird auch Bismarck, oder wer ihm nachfolgt, sich dreimal besinnen, ehe er einen Krieg mit Frankreich vom Zaun bricht, wo weder Rußland gegen Österreich, noch Österreich gegen Rußland ihm die Flanke deckt, wo beide sich über jede ihm zugefügte Niederlage freuen würden und wo es sehr fraglich ist, ob er mit den Franzosen allein fertig wird. Dann wären alle Sympathien auf seiten Frankreichs und dieses im schlimmsten Fall vor fernerem Gebietsverlust sicher. Statt also auf Krieg loszusteuern, würde das Deutsche Reich wahrscheinlich die Isolierung bald so unerträglich finden, daß es einen aufrichtigen Ausgleich mit Frankreich suchte, und dann wäre all die furchtbare Kriegsgefahr beseitigt, *Europa könnte abrüsten,* und Deutschland hätte von allen am meisten gewonnen. [37]

Österreich verliert an demselben Tage seine einzige historische Existenzberechtigung, die einer Barriere gegen den russischen Vormarsch auf Konstantinopel. Wird der Bosporus nicht mehr von Rußland her bedroht, so verliert Europa jedes Interesse am Bestand dieses bunt zusammengewürfelten Völkerkomplexes. Ebenso gleichgültig wird dann die sogenannte orientalische Frage, der Fortbestand der türkischen Herrschaft in slawischen, griechischen und albanesischen Gegenden, und der Streit um den Besitz des Eingangs zum Schwarzen Meer, den dann niemand mehr gegen Europa monopolisieren kann. Magyaren, Rumänen, Serben, Bulgaren, Arnauten, Griechen und Türken werden dann endlich in die Lage kommen, ohne Einmischung fremder Gewalt ihre gegenseitigen Streitpunkte zu erledigen, ihre einzelnen nationalen Gebiete untereinander abzugrenzen, ihre inneren Angelegenheiten nach eignem Ermessen zu ordnen. Es zeigt sich mit einem Schlag, daß das große Hindernis der Autonomie und freien Gruppierung der Völker und Völkertrümmer zwischen den Karpaten und dem Ägäischen Meer niemand anders war als dasselbe Zarentum, das die vorgebliche Befreiung dieser Völker zum Deckmantel seiner Weltherrschaftspläne gebraucht.

Frankreich wird befreit aus der unnatürlichen Zwangsstellung, worin die Allianz mit dem Zaren es eingeklemmt hat. Widerstrebt dem Zaren die Allianz mit der Republik, so widerstrebt dem französischen revolutionären Volk noch weit mehr der Bund mit dem Despoten, dem Knebler Polens und Rußlands. In einem Krieg an der Seite des Zaren wäre es Frankreich verboten, im Fall einer Niederlage sein großes, einzig wirksames Rettungsmittel anzuwenden, das Heilmittel von 1793, die Revolution, die Aufbietung aller Volkskräfte durch den Schrecken und die revolutionäre Propaganda in Feindesland; in diesem Fall würde der Zar sofort mit den Feinden Frankreichs sich vereinigen, da die Zeiten seit 1848 sich bedeutend geändert haben und der Zar seitdem auch in Rußland den Terror aus eigner Anschauung kennengelernt hat. Die Allianz mit dem Zaren ist also keine Stärkung Frankreichs, im Gegenteil: Im Moment der höchsten Gefahr hält sie sein Schwert in der Scheide fest. Steht aber in Rußland an der Stelle des mächtigen Zaren eine russische Nationalversammlung, dann ist die Allianz des neubefreiten Rußland mit der Französischen Republik eine selbstverständliche und naturgemäße, dann fördert sie die revolutionäre Bewegung in Frankreich, statt sie zu hemmen, dann ist sie ein Gewinn für das um seine Emanzipation kämpfende europäische Proletariat. Also auch Frankreich gewinnt durch den Sturz der Allgewalt des Zaren.

Damit schwinden alle Vorwände für die wahnsinnigen Rüstungen, die ganz Europa in ein Heerlager verwandeln und den Krieg fast als eine Erlösung erscheinen lassen. Sogar der Deutsche Reichstag müßte dann bald den unaufhörlich wachsenden Geldforderungen für Kriegszwecke einen Damm entgegensetzen.

Und damit käme der Westen in die Lage, sich ungestört durch fremde Ablenkung und Einmischung mit seiner gegenwärtigen historischen Aufgabe beschäftigen zu können: mit dem Konflikt zwischen Proletariat und Bourgeoisie und der Überführung der kapitalistischen Gesellschaft in die sozialistische. [38]

Der Sturz der zarischen Selbstherrschaft in Rußland würde diesen

Prozeß aber auch direkt beschleunigen. An dem Tage, wo die Zarenherrschaft fällt, diese letzte starke Festung der gesamteuropäischen Reaktion – an dem Tage weht ein total anderer Wind in ganz Europa. Denn das wissen die reaktionären Regierungen Europas [39] sehr genau: Trotz aller Zänkereien mit dem Zaren wegen Konstantinopel etc. können Augenblicke kommen, wo sie ihm Konstantinopel, Bosporus, Dardanellen und alles, was er sonst noch verlangt, in den Schoß werfen, wenn er sie nur gegen die Revolution schützt. An dem Tage daher, wo diese Hauptfestung selbst in die Hände der Revolution übergeht, ist es aus mit dem letzten Funken von Selbstvertrauen und Sicherheit bei den reaktionären Regierungen Europas; sie sind dann allein auf sich selbst angewiesen und werden bald erfahren, welchen Unterschied das macht. Vielleicht wären sie imstande, ihre Armeen einmarschieren zu lassen, um die Autorität des Zaren herzustellen – welche Ironie der Weltgeschichte! [40]

Das sind die Punkte, kraft deren der Westen Europas überhaupt, und namentlich die westeuropäische Arbeiterpartei, interessiert, sehr tief interessiert ist am Sieg der russischen revolutionären Partei und am Sturz des zaristischen Absolutismus. Europa gleitet wie auf einer schiefen Ebene mit wachsender Geschwindigkeit abwärts, dem Abgrund eines Weltkriegs von bisher unerhörter Ausdehnung und Heftigkeit entgegen. Nur eins kann hier Halt gebieten: ein Systemwechsel in Rußland. Daß er binnen wenig Jahren kommen muß, daran kann kein Zweifel sein. Möge er noch rechtzeitig kommen, ehe das sonst Unvermeidliche geschieht. [41]

London, Ende Februar 1890

II/3 Krieg und Revolution (1891)

Würde Engels sich selbst und seinen politischen Nachfahren nicht untersagt haben, irgendeiner seiner Schriften eine historische Tragweite zuzumessen, d.h. als geschichtemachend zu betrachten, so wäre man versucht, zwischen dem hier teilweise abgedruckten Aufsatz und dem Ausbruch des ersten Weltkriegs einen ursächlichen Zusammenhang zu vermuten – habent sua fata libelli! Einer solchen Versuchung würde man sehr schwer widerstehen können, wenn man sich z.B. der Mühe unterzieht, Karl Kautskys letztes, 700 Seiten starkes, Werk zu lesen: *Sozialisten und Krieg. Ein Beitrag zur Ideengeschichte des Sozialismus von den Hussiten bis zum Völkerbund,* Prag 1937. Wenn es je ein Buch gegeben hat, das mit dem größten Aufwand marxistischer Phraseologie die Unvollziehbarkeit des Begriffes Marxismus endgültig bewiesen hat, so ist es diese selbstapologetische Begründung und Rechtfertigung der Haltung des deutschen sozialdemokratischen Parteivorstandes und der Reichstagsfraktion am 4. August 1914, nach der am 1. bzw. 3. August erfolgten Kriegserklärung der deutschen Regierung an Rußland und Frankreich. Daß also Kautsky den Hauptabschnitt seines Buches (»Die Sozialisten im Zeitalter des Imperialismus«, S. 250ff) mit einem Kapitel beginnt, das er »Engels gegen den Krieg« betitelt, wobei er Zitate aus Engels' Artikel bringt, darf nicht Wunder nehmen, ebensowenig wie der Umstand, daß der als wissenschaftliches Orakel der deutschen Sozialdemokratie geltende marxistische Theoretiker die »hervorragendste Vertreterin« der parteispaltenden Richtung mit folgenden Worten abtat: »Rosa Luxemburg und ihre Anhänger waren blind dafür, daß damals die Massen genau so dachten, wie die Führer, daß diese nur aussprachen, was jene empfanden.« (S. 477ff) Dabei unterläßt es Kautsky, die von der »Spalterin« in ihrer *Juniusbroschüre* entwickelte Analyse, welche sich nicht minder auf Marx und Engels beruft, auch nur mit einer Silbe zu erwähnen.

Den Aufsatz schrieb Engels in französischer Sprache auf Ersuchen von Laura Lafargue, die ihm im Einverständnis mit Paul Lafargue und Jules Guesde das Thema vorschlug: »Die Fortschritte des Sozialismus in Deutschland.« Er erschien Anfang Dezember 1891 im *Almanach du Parti Ouvrier pour 1892* und wurde sogleich von Engels ins Deutsche übersetzt und an die *Neue Zeit* gesandt, wo er – unter Hinzufügung einer Vorbemerkung und eines Schlußteils in Nr. 19, X. Jg., I. Bd. 1891/92, S. 580ff, unter dem Titel *Der Sozialismus in Deutschland* veröffentlicht wurde. In seiner Vorbemerkung betonte Engels, er sei verpflichtet, sowohl den französischen wie den deutschen Sozialisten gegenüber, den französischen Aufsatz auch in deutscher Sprache zu publizieren, und zwar aus folgendem Grunde: »Der französischen, weil es in Deutschland bekannt werden muß, wie unverhohlen man mit ihnen den Fall erörtern kann, wo deutsche Sozialisten an einem Krieg, auch gegen Frankreich, unbedingt teilnehmen würden, und wie frei *diese* Franzosen sind von dem Chauvinismus und Revanchedurst, den alle bürgerlichen Parteien, von den Monarchisten bis zu den Radikalen, so prunkhaft zur Schau tragen. Den deutschen, weil diese ein Recht haben, von mir selbst in authentischer Weise zu erfahren, was ich den Franzosen über sie erzählt.« [1] Abschließend schrieb Engels, daß er nur in seinem Namen spräche und nicht im Namen der deutschen Partei, wozu nur die gewählten Vertreter derselben ein Recht hätten. Seine internationale Stellung verbiete ihm überdies, als Wortsprecher irgendeiner nationalen sozialistischen Partei aufzutreten, obwohl er als Deutscher stolz sei auf die Position, die die deutschen Arbeiter »vor allen andern sich erkämpft«.

Im ersten hier nicht wiedergegebenen Abschnitt seines Artikels läßt Engels die historischen Etappen des deutschen Sozialismus Revue passieren, wobei er zunächst drei Namen erwähnt: Weitling, Marx und Lassalle. Dank den Bemühungen Liebknechts und Bebels entstand die deutsche Arbeiterpartei, die nach Erscheinen des »Kapitals« sich des »spezifischen Lassalleanismus« entledigen konnte und dank dem allgemeinen Stimmrecht und der Verfolgungen Bismarcks nach elfjährigem Kampfe zur stärksten Partei Deutschlands heranwuchs. Außerdem sei die deutsche Armee vom Sozialismus infiziert, da die junge Generation der Partei ihre zahlreichsten Rekruten liefere und man mit 20 Jahren Soldat werde. Die durch den Fall des Ausnahmegesetzes wiederhergestellte Legalität mache den Gebrauch gewaltsamer Mittel überflüssig, solange die Bourgeoisie im Rahmen der Gesetzlichkeit verbleibe, aber diese Aussicht sei zweifelhaft. Jedoch könne die kontrerevolutionäre Übermacht den Triumph des Sozialismus nur verzögern, »aber nur, damit er dann um so vollständiger und endgültiger wird.« [2]

Die im folgenden zweiten Abschnitt dargelegten Ansichten spiegeln den Gedankenaustausch wider, der sich Ende der achtziger und zu Beginn der neunziger Jahre zwischen Engels und Bebel sowie zwischen ersterem und dem Ehepaar Lafargue vollzog (siehe unten S. 233ff).

Das vorhin Gesagte gilt nur unter dem Vorbehalt, daß es Deutschland vergönnt wird, seine ökonomische und politische Entwicklung in Frieden zu verfolgen. Ein Krieg würde das alles ändern. Und der Krieg kann von heute auf morgen losbrechen.

Und was »der Krieg« heutzutage bedeutet, das weiß jedermann. Das will sagen: Frankreich und Rußland hier, gegen Deutschland, Österreich, vielleicht Italien dort. Die Sozialisten aller dieser Länder, wider Willen eingestellt, müßten sich gegeneinander schlagen: Was würde in solchem Fall die deutsche Sozialdemokratische Partei tun, was würde aus ihr werden?

Das Deutsche Reich ist eine Monarchie mit halbfeudalen Formen, die aber in letzter Reihe bestimmt wird durch die ökonomischen Interessen der Bourgeoisie. Diese Monarchie hat – dank Bismarck – ungeheure Fehler begangen. Ihre polizistische, kleinliche, auf Plackereien ausgehende, einer großen Nation unwürdige innere Politik hat ihr die Verachtung aller bürgerlich-liberalen Länder eingebracht; ihre auswärtige Politik das Mißtrauen, ja den Haß der Nachbarvölker. Durch die gewaltsame Annexion von Elsaß-Lothringen hat die deutsche Regierung jede Versöhnung mit Frankreich auf lange Jahre hinaus unmöglich und, ohne für sich selbst einen wirklichen Vorteil einzuheimsen, Rußland zum Schiedsrichter von Europa gemacht. Das ist so augenfällig, daß gleich am Tage nach Sedan der Generalrat der Internationale die heutige europäische Situation hat vorhersagen können. In seiner Adresse vom 9. September 1870 heißt es: »Bilden sich denn die teutonischen Patrioten wirklich ein, sie würden den Frieden und die Freiheit sicherstellen, indem sie Frankreich in die Arme Rußlands treiben? Wenn Deutschland, fortgerissen durch den Erfolg der Waffen, durch den Übermut des Siegs, durch dynastische Intrige einen Gebietsraub an Frankreich begeht, dann von zweien Dingen eins: Entweder muß es sich zum offenkundigen Werkzeug russischer Eroberungspolitik hergeben, oder es steht ihm ein neuer ›Verteidigungskrieg‹ bevor – kein Krieg wie die neumodischen ›lokalisierten‹ Kriege, sondern ein Racenkrieg, ein Krieg gegen die vereinten Slawen und Romanen.« [3]

Kein Zweifel: gegenüber *diesem* Deutschen Reich vertritt auch die heutige französische Republik die Revolution – allerdings nur die bürgerliche Revolution, aber immerhin die Revolution. Sowie aber diese Republik sich unter die Befehle des russischen Zaren stellt, ist das anders. Der russische Zarismus, das ist der Feind aller westlichen Völker, selbst der Bourgeois dieser Völker. Kämen die zarischen Horden nach Deutschland, sie brächten nicht die Freiheit, sondern die Knechtschaft, nicht die Entwicklung, sondern die Verwüstung, nicht den Fortschritt, sondern die Verrohung. Arm in Arm mit dem Zaren kann Frankreich den Deutschen nicht die geringste freiheitliche Idee bringen; der französische General, der von deutscher Republik spräche, würde von ganz Europa und Amerika ausgelacht. Frankreich würde seine ganze revolutionäre Geschichtsrolle verleugnen und dem Bismarckschen Kaiserreich erlauben, sich als Vertreter des westlichen Fortschritts aufzuspielen gegenüber orientalischer Barbarei.

Nun aber steht hinter dem offiziellen Deutschland das sozialistische Deutschland, die Partei, der die Zukunft, die nahe Zukunft des Landes gehört. [4] Sobald diese Partei an die Herrschaft kommt, kann sie diese weder ausüben noch festhalten, ohne die Ungerechtigkeiten wiedergutzumachen, die ihre Amtsvorgänger gegen andre Nationen begangen. Sie wird die Wiederherstellung des heute so schnöde von der französischen Bourgeoisie verratenen Polens vorbereiten, sie wird Nordschleswig und Elsaß-Lothringen in die Lage versetzen müssen, frei über ihre politische Zukunft zu entscheiden. Alle diese Fragen lösen sich also leicht und in naher Zukunft, vorausgesetzt nur, daß Deutschland sich selbst überlassen bleibt. Zwischen einem sozialistischen Frankreich und einem sozialistischen Deutschland kann keine elsaß-lothringische Frage aufkommen, der Fall ist im Handumdrehen erledigt. Nur handelt es sich darum, etwa zehn Jahre länger zu warten. In Frankreich, England, Deutschland wartet das gesamte Proletariat noch auf seine Befreiung; sollten die elsaß-lothringischen Patrioten nicht auch etwas warten können? Soll wegen ihrer Ungeduld ein ganzer Kontinent verwüstet und schließlich der zarischen Knute ausgeliefert werden? Ist das Spiel solchen Einsatz wert?

Kommt es zum Krieg, so wird zunächst Deutschland, sodann auch Frankreich Hauptschauplatz sein, diese beiden Länder werden vor allen anderen die Kriegskosten und Verwüstungen zu tragen haben. Und dazu wird dieser Krieg, gleich von Anfang, sich auszeichnen durch eine Reihe gegenseitiger Verrätereien unter Verbündeten, wie selbst die Erzverräterin, die Diplomatie, dergleichen bisher noch nicht aufweisen konnte; und die Hauptopfer dieser Verrätereien werden wiederum sein Frankreich oder Deutschland – oder alle beide. Keins dieser beiden Länder wird, angesichts solcher Aussichten, den offnen Kampf provozieren. Rußland dagegen, durch seine geographische und ökonomische Lage gedeckt gegen die vernichtendsten Folgen einer Reihe von Niederlagen, Rußland, das offizielle Rußland allein kann bei einem so furchtbaren Krieg sein Interesse finden und direkt darauf hinarbeiten. Aber in jedem Fall, wie die politischen Dinge heute liegen, ist zehn gegen eins zu wetten, daß beim ersten Kanonenschuß an der Weichsel die französischen Armeen an den Rhein marschieren. [5]

Und dann kämpft Deutschland einfach um seine Existenz. Siegt es, so findet es nirgends Annexionsstoff vor; im Westen wie im Osten trifft es nur auf fremdsprachige Provinzen, und deren hat es schon mehr als genug. Wird es besiegt, zermalmt zwischen dem französischen Hammer und dem russischen Amboß, so verliert es an Rußland Altpreußen und die polnischen Provinzen, an Dänemark ganz Schleswig, an Frankreich das ganze linke Rheinufer. Selbst wenn Frankreich diese Eroberung zurückwiese, Rußland würde sie ihm aufzwingen. Denn Rußland braucht vor allem einen ewigen Zankapfel, einen Grund unaufhörlicher Entzweiung zwischen Frankreich und Deutschland. Versöhnt diese beiden großen Länder, und es ist aus mit der russischen Vorherrschaft in Europa. Ein so zerstückeltes Deutschland wäre aber außerstande, die ihm in der europäischen geschichtlichen Entwicklung zukommende Rolle durchzuführen. Herabgedrückt auf den Stand, den ihm Napoleon nach Tilsit aufzwang, könnte es sich am Leben erhalten nur in der Vorbereitung eines neuen Kriegs zur Wiederherstellung seiner nationalen Lebensbedingungen. Inzwischen aber bliebe es das gefügige Werkzeug des Zaren, der nicht ermangeln würde, sich seiner zu bedienen – gegen Frankreich.

Was würde unter solchen Umständen aus der deutschen Sozialdemokratischen Partei? Soviel ist sicher: Weder der Zar noch die französischen Bourgeoisrepublikaner, noch die deutsche Regierung selbst würden eine so schöne Gelegenheit vorübergehen lassen zur Erdrükkung der einzigen Partei, die für sie alle drei »der Feind« ist. Man hat gesehn, wie Thiers und Bismarck sich die Hände gereicht haben über den Ruinen des Paris der Kommune; wir würden dann erleben, wie der Zar, Constans und Caprivi – oder ihre beliebigen Nachfolger – sich in die Arme sinken über der Leiche des deutschen Sozialismus.

Nun aber hat die deutsche Sozialdemokratische Partei, dank den ununterbrochnen Kämpfen und Opfern von dreißig Jahren, eine Stellung erobert wie keine andere sozialistische Partei in der Welt, eine Stellung, die ihr binnen kurzer Frist den Heimfall der politischen Macht sichert. Das sozialistische Deutschland nimmt in der internationalen Arbeiterbewegung den vordersten, den ehrenvollsten, den verantwortlichsten Posten ein; es hat die Pflicht, diesen Posten gegen jeden Angreifer bis auf den letzten Mann zu behaupten.

Wenn aber der Sieg der Russen über Deutschland die Erdrückung des deutschen Sozialismus bedeutet, was wird dann, gegenüber einer solchen Aussicht, die Pflicht der deutschen Sozialisten sein? Sollen sie die Ereignisse passiv über sich ergehen lassen, die ihnen Vernichtung drohn, sollen sie widerstandslos den Posten räumen, für den sie die Verantwortung übernommen haben vor dem Proletariat der ganzen Welt?

Keineswegs. Im Interesse der europäischen Revolution sind sie verbunden, alle eroberten Stellungen zu behaupten, nicht zu kapitulieren, ebensowenig vor dem äußern wie vor dem innern Feind. Und das können sie nur, indem sie bis aufs äußerste Rußland bekämpfen und alle seine Bundesgenossen, wer sie auch seien. Sollte die französische Republik sich in den Dienst Seiner Majestät des Zaren und Selbstherrschers aller Reußen stellen, so würden die deutschen Sozialisten sie mit Leidwesen bekämpfen, aber bekämpfen würden sie sie. Gegenüber dem deutschen Kaisertum *kann* die französische Republik möglicherweise die bürgerliche Revolution repräsentieren. Aber gegenüber der Republik eines Constans, eines Rouvier und selbst eines Clemenceau, besonders aber gegenüber der Republik im Dienste des russischen Zaren repräsentiert der deutsche Sozialismus unbedingt die proletarische Revolution.

Ein Krieg, wo Russen und Franzosen in Deutschland einbrächen, wäre für dieses ein Kampf auf Tod und Leben, worin es seine nationale Existenz nur sichern könnte durch Anwendung der revolutionärsten Maßregeln. Die jetzige Regierung, falls sie nicht gezwungen wird, entfesselt die Revolution sicher nicht. Aber wir haben eine starke Partei, die sie dazu zwingen oder im Notfall sie ersetzen kann, die Sozialdemokratische Partei.

Und wir haben das großartige Beispiel nicht vergessen, das Frankreich uns 1793 gab. [6] Das hundertjährige Jubiläum von 1793 naht heran. Sollte der Eroberungsdurst des Zaren und die chauvinistische Ungeduld der französischen Bourgeoisie den siegreichen, aber friedlichen Vormarsch der deutschen Sozialisten aufhalten, so sind diese – verlaßt euch darauf – bereit, der Welt zu beweisen, daß die deutschen Proletarier von heute der französischen Sansculotten von vor hundert Jahren nicht unwürdig sind und daß 1893 sich sehen lassen kann neben 1793. Und wenn dann die Soldaten des Herrn Constans den Fuß auf deutsches Gebiet setzen, wird man sie begrüßen mit den Worten der Marseillaise:

Quoi, ces cohortes étrangères
Feraient la loi dans nos foyers!
Wie, soll dies fremde Heer uns schnöde
Gewalt antun am eignen Herd? [7]

Kurz und gut: Der Friede sichert den Sieg der deutschen Sozialdemokratischen Partei in ungefähr zehn Jahren. Der Krieg bringt ihr entweder den Sieg in zwei bis drei Jahren oder vollständigen Ruin, wenigstens auf fünfzehn bis zwanzig Jahre. Demgegenüber müßten die deutschen Sozialisten toll sein, wünschten sie den Krieg, bei dem sie alles auf eine Karte setzen, statt den sichern Triumph des Friedens abzuwarten. Noch mehr. Kein Sozialist, von welcher Nationalität auch immer, kann den kriegerischen Triumph weder der heutigen deutschen Regierung wünschen noch den der französischen Republik, am allerwenigsten den des Zaren, der eins wäre mit der Unterjochung Europas. Und deshalb sind die Sozialisten in allen Ländern für den Frieden. Kommt aber der Krieg dennoch, dann ist nur eins sicher: Dieser Krieg, wo fünfzehn bis zwanzig Millionen Bewaffneter sich untereinander abschlachten und ganz Europa verwüsten würden wie nie vorher – dieser Krieg muß entweder den sofortigen Sieg des Sozialismus bringen oder aber die alte Ordnung der Dinge derart von Kopf zu Fuß umstürzen und einen solchen Trümmerhaufen hinterlassen, daß die alte kapitalistische Gesellschaft unmöglicher würde als je und daß die soziale

Revolution zwar um zehn oder fünfzehn Jahre hinausgeschoben würde, dann aber auch siegen müßte nach um so rascherem und gründlicherem Verlauf.

Soweit der Artikel aus dem französischen Arbeiterkalender. Er wurde geschrieben im Spätsommer, als noch der Champagnerrausch von Kronstadt [8] die Köpfe der französischen Bourgeoisie erhitzt hielt und die großen Manöver auf dem 1814er Schlachtengebiet zwischen Seine und Marne die patriotische Begeisterung auf die Spitze gebracht. Damals war Frankreich – das Frankreich, das seinen Ausdruck in der großen Presse und der Kammermajorität findet – in der Tat reif für ziemlich ungemeßne Dummheiten im Dienst Rußlands, und der Kriegsfall rückte, als Möglichkeit, in den Vordergrund. Und damit, wenn er sich verwirklichte, kein Mißverständnis im letzten Augenblick zwischen die französischen und die deutschen Sozialisten trete, hielt ich es für nötig, den ersteren klarzumachen, welches nach meiner Überzeugung die notwendige Haltung der letzteren sein würde gegenüber einem solchen Krieg.

Da aber wurde dem russischen Kriegsschürer ein kräftiger Dämpfer aufgesetzt. Die Mißernte zu Hause, die eine Hungersnot erwarten ließ, wurde zuerst bekannt. Dann kam der Mißerfolg der Pariser Anleihe [9], die den endgültigen Zusammenbruch des russischen Staatskredits bedeutet. Die vierhundert Millionen Mark wurden, hieß es, vielmals überzeichnet; als aber die Pariser Bankiers die Schuldscheine dem Publikum anhängen wollten, schlugen alle Versuche fehl; die Herren Zeichner mußten ihre guten Wertpapiere losschlagen, um auf diese schlechten einzahlen zu können, und zwar in solchem Maß, daß die übrigen großen Börsen Europas durch diese Massenverkäufe mit herabgedrückt wurden; die neuen »Russen« sanken mehrere Prozent unter den Emissionspreis – kurzum, es entstand eine solche Krise, daß die russische Regierung hundertsechzig Millionen Schuldscheine zurücknehmen mußte und nur für zweihundertvierzig statt für vierhundert Millionen Deckung erhielt. Damit fiel denn auch die schon fröhlich in die Welt hinausgekrähte Ankündigung eines weitern russischen Pumpversuchs – diesmal volle achthundert Millionen Mark – jämmerlich ins Wasser. Und damit zeigte sich auch, daß das französische Kapital absolut keinen »Patriotismus« hat, wohl aber – wie es auch in der Presse schwadronieren lassen mag – eine heilsame Angst vor dem Krieg.

Seitdem hat sich die Mißernte wirklich zu einer Hungersnot entwikkelt, und zwar zu einer solchen, wie wir sie in Westeuropa auf diesem

Maßstab seit langem nicht mehr kennen, wie sie selbst in Indien, dem typischen Land für diese Kalamitäten, nicht oft vorkommt, ja, wie sie im heiligen Rußland in frühern Zeiten, wo es noch keine Eisenbahnen gab, schwerlich je diese Höhe erreicht hat. Woher kommt das? Wie das erklären?

Sehr einfach. Die russische Hungersnot ist nicht das Resultat einer bloßen Mißernte, sie ist ein Stück aus der ungeheuren gesellschaftlichen Revolution, die Rußland seit dem Krimkrieg durchmacht; sie ist nur die durch diese Mißernte bewirkte Verwandlung der mit dieser Revolution verknüpften chronischen Leiden in akute.

Das alte Rußland ging unwiederbringlich zu Grabe an dem Tag, wo der Zar Nikolaus, an sich und an Altrußland verzweifelnd, Gift nahm. Auf seinen Ruinen baut sich auf das Rußland der Bourgeoisie.

Die Anfänge einer Bourgeoisie waren schon damals vorhanden. Teils Bankiers und Importkaufleute – meist Deutsche und Deutschrussen oder deren Abkömmlinge –, teils im Binnenhandel emporgekommne Russen, namentlich aber auf Kosten des Staats und des Volks reich gewordne Schnapspächter und Armeelieferanten, dazu auch schon einige Fabrikanten. Von nun an wurde diese Bourgeoisie, namentlich die industrielle, förmlich gezüchtet durch massenhafte Staatshilfe, durch Subventionen, Prämien und allmählich bis aufs äußerste gesteigerte Schutzzölle. Das unermeßliche russische Reich sollte ein sich selbst genügendes Produktionsgebiet werden, das der Einfuhr von außen ganz oder fast ganz entraten könne. Und damit nicht nur der innere Markt stets wachse, sondern auch Produkte wärmerer Zonen im Innern des Landes selbst hervorgebracht würden, deshalb das fortwährende Streben nach Eroberungen auf der Balkanhalbinsel und in Asien, mit Konstantinopel hier, mit Britisch-Indien dort als letztem Ziel. Dies ist das Geheimnis, dies die ökonomische Grundlage des unter der russischen Bourgeoisie so stark grassierenden Ausdehnungsdrangs, dessen nach Südwesten strebende Richtung man Panslawismus nennt.

Mit solchen industriellen Plänen war aber die Leibeigenschaft der Bauern absolut unverträglich. Sie fiel 1861. Aber wie! Die preußische, von 1810 bis 1851 immer langsam voran durchgeführte Beseitigung der Hörigkeit und Frondienste wurde als Vorbild genommen; aber in ein paar Jahren sollte alles erledigt sein. Die Folge war, daß, um den Widerstand der Großgrund- und »Seelen«besitzer zu brechen, ihnen noch ganz andere Konzessionen gemacht werden mußten als die, die der preußische Staat und seine bestochnen Beamten ihrerzeit den gnädigen Gutsherren bewilligt. Und was Bestechlichkeit angeht, so war der preußische Bürokrat immer noch ein unschuldiges Kindlein gegen den russischen Tschinownik. So kam es, daß bei der Landteilung der Adel den Löwenanteil, und in der Regel das durch die Arbeit vieler Generationen von Bauern fruchtbar gemachte Land, die Bauern aber nur den allernotwendigsten Anteil und auch diesen meist in schlechtem Ödland zugewiesen erhielten. Gemeinwald und Gemeinweide fiel dem Grundherrn zu; wollte der Bauer sie benutzen – und ohne sie konnte er nicht bestehn – so mußte er dem Grundherrn dafür zahlen.

Damit aber beide, Grundadel wie Bauern, so rasch wie möglich ruiniert würden, erhielt der Adel die kapitalisierte Ablösungssumme in Staatsschuldscheinen von der Regierung auf einmal, während die Bauern sie in langjährigen Raten abzahlen sollten. Wie nicht anders zu erwarten, verjubelte der Adel größtenteils das erhaltne Geld unverzüglich, während der Bauer durch die für seine Lage enorm gesteigerte Geldzahlung plötzlich hinausgeschleudert wurde aus der Naturalwirtschaft in die Geldwirtschaft.

Der russische Bauer, der früher außer relativ geringen Steuern kaum Geldzahlungen zu machen hatte, soll nun von dem verringerten und verschlechterten Grundstück, das ihm zugewiesen, und nach Abschaffung des freien Holzes und der freien Weide vom Gemeindeland nicht nur leben, sein Arbeitsvieh überwintern und sein Grundstück verbessern, sondern noch erhöhte Steuern und dazu die jährliche Ablösungsrate zahlen, und zwar in barem Gelde. Damit war er in eine Lage versetzt, worin er nicht leben und nicht sterben kann. Dazu kam noch die Konkurrenz der neuerstandnen Großindustrie, die ihm den Markt für seine Hausindustrie entzog – Hausindustrie war Hauptgeldquelle für zahllose russische Bauern – oder, wo dies noch nicht ganz der Fall, diese Hausindustrie der Gnade des Kaufmanns, d.h. des Mittelsmanns, des sächsischen Verlegers oder englischen sweaters, überantwortete, die hausindustriellen Bauern also direkt zum Sklaven des Kapitals machte. Kurz, wer da wissen will, wie dem russischen Bauern in den letzten dreißig Jahren mitgespielt wurde, der braucht nur im ersten Band von Marx' »Kapital« das Kapitel nachzulesen von der »Herstellung des innern Markts« (Kap. 24, Sektion 5).

Die Verwüstungen, die der Übergang von der Naturalwirtschaft zur Geldwirtschaft, dies Hauptmittel zur Herstellung des innern Markts für das industrielle Kapital, unter den Bauern anrichtet, sind in klassischer Weise dargelegt von Boisguillebert und Vauban am Beispiel Frankreichs unter Ludwig XIV. Aber was damals geschah, ist ein Kinderspiel gegen das, was sich in Rußland vollzieht. Erstens ist der Maßstab drei- bis viermal so groß, und zweitens ist die Umwälzung der Produktionsbedingungen, in deren Dienst dieser Übergang den Bauern aufgezwungen wird, unendlich einschneidender. Der französische Bauer wurde langsam hineingezogen in den Bereich der Manufaktur, der russische gerät über Nacht in den Wirbelsturm der großen Industrie. Wenn die Manufaktur Bauern fällte mit der Steinschloßflinte, so besorgt die große Industrie dies Geschäft mit dem Repetiergewehr.

Das war die Lage, als die Mißernte von 1891 mit einem Schlag die ganze, im stillen seit Jahren vorgegangne, aber dem europäischen Philister unsichtbar gebliebne Umwälzung und ihre Folgen aufdeckte. Diese Lage war eben so, daß die erste Mißernte eine nationale Krisis werden mußte. Und eine Krisis ist da, die auf Jahre hinaus nicht überwunden wird. Vor einer solchen Hungersnot ist jede Regierung ohnmächtig, am meisten aber die russische, die sich ihre Beamten expreß auf den Diebstahl dressiert. Die altkommunistischen Sitten und Einrichtungen der russischen Bauern sind seit 1861 teils durch die ökonomische Entwicklung untergraben, teils durch die Regierung systematisch vernichtet. Die alte kommunistische Gemeinde ist zerfallen oder doch im Zerfall, aber in dem Augenblick, wo der einzelne Bauer auf seine eignen Füße gestellt wird, in demselben Augenblick zieht man ihm den Boden unter den Füßen weg. Was Wunder, daß die Wintersaat im vorigen Herbst in den wenigsten Distrikten bestellt wurde? Und wo sie bestellt, hat das Wetter sie meist ruiniert. Was Wunder, daß das Hauptinstrument des Bauern, das Arbeitsvieh, erst selbst nichts zu essen hatte und aus diesem unwiderleglichen Grund sodann vom Bauern selbst aufgegessen wurde? Was Wunder, daß der Bauer Haus und Hof verläßt und in die Städte flüchtet, wo er Arbeit vergebens sucht, aber um so sicherer den Hungertyphus hinbringt?

Mit einem Wort: Hier haben wir keine einmalige Hungersnot vor uns, sondern eine durch jahrelange, stille, ökonomische Revolution vorbereitete und durch Mißernte nur akut gemachte gewaltige Krisis. Diese akute Krisis aber nimmt ihrerseits wieder chronische Form an und droht jahrelang anzuhalten. Ökonomisch beschleunigt sie die Auflösung der altkommunistischen Bauerngemeinde, die Bereicherung, und Verwandlung in Großgrundbesitzer, der Dorfwucherer (Kulaki), überhaupt den Übergang des Adels- und Bauerngrundbesitzes in die Hände der neuen Bourgeoisie.

Für Europa bedeutet sie einstweilen den Frieden. Die russische Kriegshetzerei ist auf eine Reihe von Jahren lahmgelegt. Statt daß Millionen von Soldaten auf den Schlachtfeldern fallen, sterben Millionen russischer Bauern den Hungertod. Was aber dabei für den russischen Despotismus herauskommt, das wollen wir abwarten. [10]

II/4 Gespräche

Die hier gebotenen Gesprächsfragmente zeichnen sich durch die Prägnanz aus, mit der Engels seine in den eigentlichen Untersuchungen dargelegten Gesichtspunkte über Rußlands gesellschaftliches Schicksal thesenartig zusammenfaßt. Dabei kommt jeder Gesprächspartner zu seinem Recht, mag er russischer oder westeuropäischer Sozialist sein. Der warnende Grundton ist bei allen diesen spontan gemachten Äußerungen unverkennbar: von einer spezifisch russischen Prädestination Rußlands für einen wie immer gearteten Sozialismus – den von den Narodniki erträumten Bauernkommunismus nicht ausgenommen – will Engels nichts wissen. Nirgends ist die Hauptforderung deutlicher und strenger ausgesprochen als in diesen Unterhaltungen: gesellschaftliche Umwälzungen von großer historischer Tragweite sind nur möglich, wenn die Volksmassen seelisch und geistig herangereift sind; ökonomische und politische Reformen können diesen Reifeprozeß fördern und müssen deshalb erstrebt und erkämpft werden. Der Begriff »Nationalversammlung« – bei dem Engels immer an den französischen Konvent gedacht hat – wird so zum Losungswort, das die russischen Schüler auf ihre Fahne zu schreiben verpflichtet sind. Russischer »Marxist« sein soll nicht heißen: Marx studieren, um ihn zu zitieren, sondern umgekehrt: die ökonomischen und sozialen Verhältnisse Rußlands studieren, um Marx zu verstehen. Plechanow möge sich weniger um marxistische Philosophie und mehr um russische Agrarverhältnisse kümmern. Wenn Engels es auch nicht klar heraussagt: der Gedanke einer »Hegemonie des Proletariats« im russischen Revolutionsprozeß *muß* ihm absurd vorgekommen sein. Dies mag seine kaum versteckte, ironisch verkleidete Animosität gegen Plechanow, den Begründer des marxistischen Sektierertums in der russischen Sozialdemokratie, erklären. Man kann ruhig annehmen, daß Engels der Verstand still stand, als Woden ihn mit Plechanows Begriff der Diktatur des Proletariats als Diktatur einer marxistisch eingeschulten Intelligenzia bekannt machte.

Daß Engels unentwegt am Gedanken festhielt, die westeuropäische Arbeiterbewegung könne ihr Ziel ohne den vorherigen Sturz des Zarismus nicht erreichen, ist ebenso konsequent wie seine Hoffnung, daß Rußlands Eintritt in die liberale Phase seiner Entwicklung den Anstoß für eine europäische Revolution bedeuten würde. Aber diese Konsequenz seiner gedanklichen Konstruktion darf nicht vergessen lassen, daß hinter derselben ein *ethisches* Postulat sich verbirgt: der schöpferische Wille und die schöpferische Tat der zum Elend Verdammten. Nur so kann man verstehen, daß er in einem Interview mit dem Korrespondenten einer amerikanischen Zeitung auf die Frage, ob er 1888 genau so denke wie 1882 – also zum Zeitpunkt, wo Marx und er die Vorrede zu einer russischen Ausgabe des Kommunistischen Manifests zeichneten – folgende Antwort gab: »Bin im Ganzen noch der Ansicht, daß eine Revolution oder selbst nur die Berufung irgend welcher Nationalversammlung in Rußland die ganze Gestalt der europäischen politischen Lage umwälzen würde. Aber dies ist heute nicht mehr die nächstliegende Möglichkeit. Dafür haben wir einen anderen Wilhelm.« (Sozialdemokrat, 13. Okt. 1888) Engels hatte damals allen Grund, eher die Wahrscheinlichkeit eines europäischen Krieges vorauszusetzen als die einer europäisch-revolutionären Bewegung als Folge einer russischen Revolution. Weder die Vernunft noch die Ironie der Geschichte haben bisher vermocht, die Menschheit aus der Ära der von Engels richtig vorausgesehenen Weltkriege in das vermittels der materialistischen Geschichtstheorie errechnete Zeitalter der freien Gesellschaft freier Individuen hinüberzuführen, die vom Proletariat aller Länder geschaffen werden muß.

1. Mit Lopatin

... Ich kann nicht umhin, Ihnen das Ergebnis meines ersten Zusammentreffens mit Engels mitzuteilen, da ich annehme, daß manche seiner Ansichten Sie sehr ansprechen werden.

Wir haben viel über russische Probleme gesprochen, darunter über die Frage, wie sich unsere politische und soziale Erneuerung wahrscheinlich vollziehen wird. Wie zu erwarten war, ergab sich eine völlige Übereinstimmung unserer Ansichten; jeder von uns ergänzte im Gespräch immerfort die Gedanken und Worte des anderen. Er ist ebenfalls (wie Marx und ich) der Meinung, daß in Rußland die Aufgabe einer *revolutionären* Partei oder einer Partei der *Aktion* augenblicklich nicht darin besteht, ein neues sozialistisches Ideal zu propagieren, und schon gar nicht darin, dieses bei weitem noch nicht ausgearbeitete Ideal vermittels einer aus unseren Genossen gebildeten provisorischen Regierung zu verwirklichen zu suchen; es handelt sich darum, alle Kräfte zu sammeln, um 1. den Zaren zu zwingen, einen Semski Sobor (Ständeversammlung) einzuberufen, oder um 2. durch Einschüchterung des Zaren und dgl. mehr so starke Unruhen hervorzurufen, daß diese ebenfalls zur Einberufung dieses Sobors oder irgend etwas Ähnlichem führen würden. Er glaubt wie ich, daß ein derartiger Sobor *unweigerlich* zu einer radikalen, nicht nur politischen, sondern auch sozialen Umgestaltung führen wird. Er ist überzeugt von der außerordentlichen Bedeutung der Wahlperiode, die eine unvergleichlich erfolgreichere Propaganda ermöglichen wird als sämtliche Bücher und mündliche Propaganda. Seiner Meinung nach ist eine rein liberale Konstitution ohne tiefgehende ökonomische Umgestaltungen unmöglich, sodaß er dieses Risiko nicht befürchtet. Er meint, daß sich unter den tatsächlichen Bedingungen des Volkslebens genügend Materialien angesammelt haben, um die Gesellschaft auf neuer Grundlage umzugestalten. Natürlich glaubt er nicht an eine sofortige Verwirklichung des Kommunismus oder irgend etwas Ähnlichem, sondern nur dessen, was bereits im Leben und in der Seele des Volkes herangereift ist. Seiner Überzeugung nach, wird das Volk es verstehen, beredte Wortführer für seine

Nöte und Bestrebungen usw. zu finden. Er ist sich dessen gewiß, daß diese revolutionäre Umgestaltung, einmal begonnen, durch keine Macht aufgehalten werden kann. Wichtig ist deshalb nur eins: die verhängnisvolle Macht des Stillstands zu brechen, das Volk und die Gesellschaft für einen Augenblick aus dem Zustand der Trägheit und Unbeweglichkeit aufzurütteln, und einen Wirrwarr hervorzurufen, der Regierung und Volk zwingen würde, an die innere Umgestaltung heranzugehen, eine Unruhe, die die schlafenden Volksmassen aufwühlen und das allgemeine Interesse und den allgemeinen *Enthusiasmus* für eine vollständige gesellschaftliche Umgestaltung erzeugen würde. Die Folgen werden sich dann von selbst ergeben, und zwar solche, die möglich, wünschenswert und für die gegebene Epoche verwirklichbar sind.

Alles das ist verdammt kurz, aber ausführlicher kann ich jetzt nicht schreiben. Außerdem wird Ihnen das alles vielleicht nicht ganz gefallen, deshalb beeile ich mich, Ihnen wortwörtlich seine anderen Ansichten wiederzugeben, die für die russische revolutionäre Partei sehr schmeichelhaft sind. Hier sind sie:

»Alles hängt jetzt davon ab, was man in nächster Zeit in Petersburg tun wird, auf das jetzt die Augen aller denkenden, weitblickenden und tiefsinnigen Menschen ganz Europas gerichtet sind.«

»Rußland – das ist das Frankreich des gegenwärtigen Jahrhunderts. Ihm gehört gesetz- und rechtmäßig die revolutionäre Initiative für eine *neue* soziale Umgestaltung.«

»Den Deutschen mangelt es vollständig an revolutionärer Initiative. In gewissem Sinne gehen die Dinge bei ihnen ausgezeichnet. Von ihnen ist kein Impuls zu erwarten. Sie können auf den revolutionären Weg nur von anderen Völkern gestoßen werden; im gegenwärtigen historischen Moment von – Rußland.«

»Der Untergang des Zarismus, mit dem das letzte Bollwerk des Monarchismus in Europa zerstört, die ›Aggressivität‹ Rußlands, der Russenhaß Polens und vieles andere beseitigt, wird eine völlig andere Mächtekonstellation herbeiführen, Österrreich zertrümmern und allen Ländern einen mächtigen Anstoß zu inneren Umgestaltungen geben.«

»Was das ›Beseitigen‹ betrifft, so gilt es, wie es mir scheint, alle Kräfte gegen den ›Barin‹ zu konzentrieren: um ihn geht es, um niemanden sonst. Nach dem 1. März [1] ist alles Übrige von gar keiner Wichtigkeit.«

»Deutschland wird sich wohl kaum dazu entschließen können, die russischen Wirren zu benutzen, um seine Truppen zur Aufrechterhaltung des Zarismus nach Rußland in Marsch zu setzen. Täte es dies dennoch, dann um so besser. Das würde das Ende seiner gegenwärtigen

Regierung und den Anfang einer neuen Ära bedeuten. Der Anschluß der Ostseeprovinzen ist undenkbar und undurchführbar. Ähnliche Eroberungen benachbarter oder gegenüberliegender schmaler Küstenstreifen und Gebietsfetzen und die daraus resultierenden unförmigen Staatsgebilde waren nur im 16. und im 17. Jahrhundert möglich, aber nicht jetzt. Zu alledem ist es für niemanden ein Geheimnis, daß dort die Deutschen eine winzige reaktionäre Minderheit ausmachen.« [...]

»Sowohl ich als auch Marx finden, daß der Brief des Komitees an Alexander III. seinem diplomatischen und ruhigen Ton nach einfach großartig ist. [2] Beweis, daß es in den Reihen der Revolutionäre Menschen gibt, die staatsmännisch denken.«

Ich hoffe, daß dies alles ziemlich schmeichelhaft und angenehm für Sie ist, und daß Sie mir für diese Zeilen dankbar sein werden. Erinnern Sie sich noch, daß ich Ihnen sagte, Marx selbst sei kein Marxist gewesen? Engels erzählte, daß während des Kampfes, der sich zwischen Brousse, Malon und Co. und den anderen abspielte, Marx lachend ausrief: »Ich kann nur eins sagen, daß ich *kein Marxist* bin ...« [3]

Ich sagte Engels, daß es bei uns gewohntermaßen nötig ist *nachzuweisen,* daß Marx nicht *gegen* politische Tätigkeit war. Er lachte unbändig und erzählte mir in diesem Zusammenhang ähnliche erstaunliche Dinge.

G.A. Lopatin an M.N. Oschanina, 20. September 1883

2. Mit Kautsky

... Engels liest jetzt Plechanows neueste Broschüre. [4] Er findet sie sehr interessant, theoretisch im ganzen und großen richtig, mit einigen ganz famosen Ausführungen. Im Munde Engels sicher ein großes Lob. Aber so sehr die Broschüre ihm THEORETISCH auch gefällt, so findet er ihre TAKTISCHEN Ausführungen – ich will nicht sagen falsch, aber nicht gut angebracht. Um was es sich heute in Rußland handelt, sagt Engels, das ist nicht ein Programm, sondern die REVOLUTION. Ist diese aber im Gange, dann kommen nicht die Sozialisten, sondern die Liberalen in Rußland an die Spitze. Erst wenn unter dem Anstoße dieser Revolution die sozialistische Revolution in Westeuropa siegreich sein sollte, kann dieser Sieg auf Rußland zurückwirken, dort den Sozialismus obenauf bringen.

Die Leute, welche in Rußland die Revolution machen, werden sie nicht fortführen. Es kommt nicht so sehr auf ihre theoretische Klarheit als auf ihre Tatkraft an. Man muß heute in Rußland alle tatkräftigen Elemente ohne Unterschied des Programms zur Aktion zusammenfassen, und Plechanow tut Unrecht, die einzigen Leute, die in Rußland jetzt etwas machen, die Narodnaja Wolja, anzugreifen, wenn er auch theoretisch ihnen gegenüber recht hat. In Rußland handelt es sich jetzt um den Sturz des Zarismus und um Zusammenfassung aller Elemente zu diesem Zwecke, und Engels wird stets sich auf Seite derjenigen stellen, die dementsprechend HANDELN, wenn auch ihre Programme unvollständig sind. Plechanow möge ferner nicht vergessen, unter welchen Umständen diese Programme entstanden, und endlich, daß im entscheidenden Momente (März 1881) die Leute, die er angreift, ein Programm losließen, wie es staatsmännischer nicht gedacht werden kann. [5] So sprach Engels mir gegenüber. Ich weiß nicht, ob wir berechtigt sind, das auch Axelrod und Plechanow mitzuteilen. Er wird diesem jedenfalls schreiben, sobald er die Broschüre fertig gelesen. Ich teile es bloß zu Deiner Orientierung mit, für den Fall, daß Axelrod oder sonst jemand etwas für den »Sozialdemokrat« darüber schreibt.

Karl Kautsky an Eduard Bernstein, 30. Juni 1885 (BE, S. 437ff)

3. Mit einem Journalisten

Die russische Diplomatie

»Fürchten Sie nicht, daß all diese inneren Erschütterungen die Regierungen dahin bringen, den Ausweg in einem europäischen Krieg zu suchen? Zum Beispiel Ihr Kaiser Wilhelm ...«

»Nein. Ich wünsche, daß Kaiser Wilhelm lange lebe zum größten Wohle der deutschen Sozialisten«, sagte Herr Engels lachend. »Übrigens glaube ich nicht an einen unmittelbar bevorstehenden Krieg.«

»Hat Ihnen die Allianz Rußlands mit Frankreich keine Besorgnis in dieser Hinsicht eingeflößt?«

»Keine. Im vergangenen Jahre gab es in Rußland vielleicht Aggressionsgelüste. Die Demonstrationen von Kronstadt [6], das ganz offensichtliche Entgegenkommen des kaiserlichen Rußlands gegenüber dem republikanischen Frankreich konnten verdächtig erscheinen. Die Truppenkonzentrationen an der Grenze schienen auch einigen Alarm zu verursachen. Aber heute ist es ganz anders.

Rußland müßte tatsächlich einen Krieg führen wollen, den es nicht führen könnte. Aber es hat augenblicklich einen schlimmeren Feind als alle anderen zu bekämpfen: den Hunger.

Diese Geißel ist nicht das Ergebnis einer vorübergehenden Notlage, die durch schlechte Witterungsverhältnisse oder anderes entstand: Sie ist die Frucht der neuen Organisation der russischen Gesellschaft.

Seit dem Krimkrieg, in dem ganze Regimenter im Schnee umkamen, hat sich die Situation sehr verändert. Dieser Krieg kennzeichnet den Beginn einer großen Krise in der russischen Geschichte. Als die Niederlage vollständig und die Ohnmacht Rußlands ganz Europa klar vor Augen geführt worden war und als Zar Nikolaus verzweifelt feststellte, in welch beklagenswertem Zustand sich sein Reich befand, zögerte er nicht, sich zu vergiften. [7] So sah sich Alexander II. bei der Thronbesteigung verpflichtet, irgend etwas zu versuchen, um der schrecklichen Situation abzuhelfen, in der sich sein Land befand.

Die Ursachen der Hungersnot in Rußland

Und damals ging der Zar an die Emanzipation der Leibeigenen, eine Emanzipation, die als Vorwand für eine Neuaufteilung der Ländereien zwischen den Adligen und den Bauern diente. Den Adligen gab man die besseren Ländereien, dazu die Gewässer und Wälder. Den Bauern überließ man nur Landstücke geringerer Qualität; überdies erfolgte diese Verteilung auf unbefriedigende Art und Weise und gegen eine Ablösungssumme, die in Jahresraten im Laufe von 49 Jahren zu zahlen war! Was ist dabei herausgekommen?

Die Bauern konnten die Abgaben an den Staat nicht zahlen und waren gezwungen, Geld zu leihen: sie hatten zum Sterben zuviel und zum Leben zuwenig. Eine Bande von *Kulaken* (Geldverleihern) stürzte sich auf diese Ackerleute, und nach und nach gerieten diese so in Schulden, daß sie jede Hoffnung verloren, sich jemals befreien zu können. Wenn die Wucherer keine Vorschüsse mehr geben wollten, waren die Bauern gezwungen, ihre Ernten zu verkaufen, um sich Geld zu verschaffen, und sie verkauften nicht nur das für ihre Ernährung notwendige Getreide, sondern auch jenes, das für die Aussaat unerläßlich war, so daß die künftigen Ernten in Frage gestellt wurden.

Unter diesen Umständen mußte die erste schlechte Ernte zu einer wahren Hungersnot führen. Diese Hungersnot kam und versetzte ihrerseits der landwirtschaftlichen Produktion Rußlands den letzten Schlag. Der Bauer, der sein Vieh nicht mehr ernähren konnte, war tatsächlich gezwungen, es entweder zu töten oder zu verkaufen. Ohne Haustiere jedoch kann man das Land weder bearbeiten noch düngen. So ist die landwirtschaftliche Produktion auf Jahre hinaus lahmgelegt.

Die Emanzipation der Bauern war nur die eine Seite der ökonomischen Revolution, die in Rußland vor sich gegangen ist; die andere ist die künstliche Schaffung einer Industriebourgeoisie, dazu bestimmt, als Zwischenklasse zu dienen. Um schneller dahin zu gelangen, errichtete man ein ganzes Prohibitivsystem, das die russische Industrie auf eine außergewöhnliche Art begünstigte und entwickelte; da aber diese Industrie nicht exportieren konnte, brauchte sie einen inneren Markt. Der russische Bauer kauft aber fast gar nichts, da er gewöhnt ist, alles selber herzustellen: Häuser, Handwerkszeug, Kleidung etc.; er fertigte sogar noch unlängst viele Artikel aus Holz, Eisen und Leder selber und verkaufte sie auf den Jahrmärkten. Als man aber den Bauern das Holz entzog, indem man die Wälder den Gutsbesitzern gab, geriet die ländliche Industrie in Gefahr. Die Fabrikindustrie richtete sie vollends zugrunde, und nun mußten die Bauern zur Fabrikindustrie Zuflucht nehmen. In dem Augenblick jedoch, als diese Industrie dabei war, ihren Siegeszug anzutreten, versetzte ihr die Hungersnot einen tödlichen Schlag: die Bauern können nichts mehr von ihr kaufen, und der Ruin der einen führt zum Ruin der anderen.«

Die ökonomische und militärische Situation

»Dann wird also nach Ihrer Ansicht die ökonomische Situation Rußlands es daran hindern, an einen Krieg zu denken?«

»Ja. Ich übertreibe nicht, wenn ich sage, daß das Bild, das Vauban und Boisguillebert vom französischen Bauern im siebzehnten Jahrhundert zeichneten, sich auf den russischen Bauern anwenden läßt, der heute genötigt ist, Gras zu essen. Der Übergang vom Feudalregime zum bürgerlichen Regime vollzog sich in Frankreich nicht ohne Erschütterungen; in Rußland erzeugte er soeben eine Krise, die aus dem jetzigen akuten Zustand chronisch zu werden droht. Aus allen diesen Gründen denken die Russen im Augenblick eher ans Essen als daran, sich zu schlagen.« [8] [...]

»Noch eine Frage: und Elsaß-Lothringen, die Ursache aller Zwistigkeiten? Glauben Sie nicht an eine friedliche Lösung, die zugleich Frankreich und Deutschland zufriedenstellen würde?«

»Ich hoffe, daß die deutsche sozialistische Partei in etwa zehn Jahren an der Macht sein wird. Es wird ihre erste Sorge sein, den Elsaß-Lothringern die Möglichkeit zu bieten, ihre politische Zukunft selbst zu bestimmen. Die Frage wird also entschieden werden, ohne daß sich ein einziger französischer Soldat rührt. Umgekehrt wäre ein Krieg zwischen Deutschland und Frankreich das einzige Mittel, den Machtantritt der Sozialisten zu verhindern. Und wenn Frankreich und Rußland als Verbündete Deutschland angriffen, würde dieses seine nationale Existenz, an der die deutschen Sozialisten noch mehr interessiert sind als die Bourgeois, bis zum äußersten verteidigen. Die Sozialisten würden bis auf den letzten Mann kämpfen und nicht zögern, sich der revolutionären Mittel zu bedienen, die 1793 von Frankreich gebraucht wurden.«

Aus einem Interview für die Zeitung *L'Eclair*, 6. April 1892

4. Mit Alexei M. Woden

Mitte März des Jahres 1893 hatte ich mir (mit Mathematikunterrichtsstunden in Lausanne) so viel Geld verdient, daß ich meinen alten Traum, einige Zeit in London zu verbringen, verwirklichen konnte. Ich hatte auch ein ganz bestimmtes Ziel: über die Geschichte der englischen Philosophie zu arbeiten, was man am zweckmäßigsten im Britischen Museum vollbringen konnte. Als ich G. W. Plechanow um einige Empfehlungen bat – und zwar nicht nur an in London lebende Russen –, schlug er mir vor, Briefe an Stepniak und Bernstein, ja sogar an Engels selbst zu überbringen.

Ich dankte für die mir erwiesene Ehre und erbat Hinweise, wie ich mich wohl am besten auf Gespräche mit Engels vorbereiten könne. Doch G. W. Plechanow ging unverzüglich zu einem *examen rigorosum* über, fragte mich über die Geschichtsphilosophie von Marx aus und die Geschichtsphilosophie von Hegel; über die Narodniki-Subjektivisten, wobei er auf einer klaren und präzisen Wiedergabe bestand; über den zweiten Band des »Kapitals«, bis seine Assistentin – Vera Iwanowna (Sassulitsch) – eine Atempause für mich forderte; und weiter über Proudhon (ohne Zuhilfenahme von Marx' »Misère de la philosophie«; endlich über Feuerbach, Bauer, Stirner, die Tübinger Schule, (David Friedrich) Strauß, und, gleichsam zum Nachtisch, über den ganzen Hegel, wobei sich einige Meinungsverschiedenheiten über das Verhältnis zwischen der »Phänomenologie« und der »Logik« ergaben. Vera Iwanowna nahm an dieser »Bibelstunde« teil. Sie unterstellte Georgij Walentinowitsch (Plechanow) die Absicht, die russischen Marxisten im allgemeinen auf ein solches Minimalprogramm verpflichten zu wollen; doch G. W. hielt dies in der damaligen Zeit für eine Utopie, selbst im Hinblick auf jene Genossen, die eine literarische Tätigkeit im Sinn hatten. G. W. nahm es für ein gutes Omen, daß ich unwillkürlich in die deutsche Sprache verfiel. Ich äußerte den Zweifel, ob irgend jemand irgend wann philosophisch in russischer Sprache gedacht habe; doch Vera Iwanowna überführte mich mit dem ironischen Hinweis nicht nur auf den ukrainischen Weisen Skoworoda [9], sondern auch auf Flerowski – Berwi . [10]

Am folgenden Tag übergab mir Plechanow einen Brief an Engels und wünschte mir gute Reise. Ich riet ihm eindringlich, unverzüglich das

Terrain für die Veröffentlichung eines gedrängten aber gründlichen und scharfen, doch im Ton zurückhaltenden Aufsatzes in der »Neuen Zeit« vorzubereiten, in dem die Ursache des Konfliktes mit den Narodniki-Subjektivisten aufgedeckt würde. Ich hielt es für äußerst wichtig, daß dieser Aufsatz, der während meines Aufenthaltes in London erscheinen sollte, Engels mit der Tatsache der begonnenen Polemik konfrontieren und ihn veranlassen würde, sich zu äußern. Überdies hatte ich allen Grund zu vermuten, daß irgend jemand von den russischen Marxisten die Narodniki-Subjektivisten in der deutschen Presse erwähnen würde, und in diesem Fall hätte ich es vorgezogen, daß dies Plechanow selbst auf sich nehme und zwar natürlich gründlich und gewissenhaft. Ich versicherte ihm, daß ein solcher Aufsatz unverzüglich in ganz Rußland, sowohl im Original als auch in einer Unzahl von Übersetzungen, Verbreitung finden und sich als Ferment erweisen würde, so daß darüber eine Reihe von Referaten auch in Petersburg zu erwarten seien ... Plechanow behauptete, daß es sich nicht lohne, die Aufmerksamkeit europäischer Leser auf die russischen Narodniki-Subjektivisten zu lenken. In dieser Ablehnung Plechanows, zur rechten Zeit klar und bestimmt die Initiative zu einem prinzipiellen Auftreten gegen das Norodnitschestwo im wissenschaftlichen Organ der europäischen Sozialdemokratie zu ergreifen, sah ich – und sehe ich noch immer – den Hauptgrund dafür, daß es nicht nur mir, sondern Plechanow selbst, bei seinen Treffen mit Engels zur Zeit des Internationalen Züricher Kongresses und später in London, nicht gelang, Engels zu bewegen, sich prinzipiell gegen die russischen Narodniki-Subjektivisten zu stellen oder sich wenigstens bei einem konkreten Anlaß in der Presse gegen sie auszusprechen: Denn wenn es selbst Plechanow nicht für nötig hielt, die Leser der »Neuen Zeit« über seine methodologischen Meinungsverschiedenheiten mit den Narodniki-Subjektivisten aufzuklären, dann mußte Engels seinerseits es als überflüssig erachten, sich in die Zänkereien unter den Russen einzumischen ...[11]

In den drei Monaten (von Ende März bis Anfang Juli 1893), die ich in London verbringen konnte, besuchte ich Engels nicht weniger als zehn Mal – jedes Mal auf Grund einer besonderen (mündlichen oder schriftlichen) Einladung. Ich muß betonen, daß ich mich bei kaum jemand anderem vom ersten Besuch an bis zu meinem Abschied so frei und ungezwungen fühlte wie bei Engels. Auf meinem Weg zu ihm dachte ich mir allerlei Redewendungen aus und suchte nach den präzisesten Formulierungen. Aber all das erwies sich als vollkommen überflüssig. Sein Charme als Gesprächspartner hinderte mich nicht, in seiner Gegenwart ganz ich selbst zu sein [...] Mit Engels zu sprechen, bedeutete für mich ein seltenes Glück: Ich brauchte nicht darüber nachzudenken, welchen Unsinn oder welche Ungereimtheiten mir mein Gesprächspartner aufzudrängen versucht, ich konnte mich ganz auf das Thema konzentrieren. Das ergab sich sofort von selbst. Nachdem ich erkannt hatte, daß man in den Gesprächen mit Engels *lasciare ogni sospetto* konnte, ja mußte, weil ich bei ihm vor der Versuchung absolut gefeit war, mir den Anschein zu geben, meine Argumentation mit vorgefertigten Etiketten begründen zu können, worauf die – zur Klärung von wesentlichen Fragen so »ertragreichen« – typisch russischen Diskussionen hinauslaufen, hörte ich auf, »mit den Worten zu kämpfen«. Aus naheliegenden Gründen zog ich es vor, Engels zuzuhören; doch zuweilen mußte auch ich mich äußern und nicht nur in fragmentarischen Sätzen, sondern in ganzen Gedankenfolgen: Ich mußte nicht nur den marxistischen Gesichtspunkt und den der Narodniki über eine Reihe von theoretischen und programmatischen Fragen darstellen. Engels ließ mich auch Handschriften von Marx einsehen, sobald er sich überzeugt hatte – aber nicht mittels eines »Examens« wie Plechanow, sondern in ganz ungezwungenem Gespräch –, daß ich auch für Details der Geschichte des deutschen Denkens aufgeschlossen war. Davon abgesehen, interessierte sich Engels für vieles in Rußland und zwar nicht nur für dessen Wirtschaft, sondern auch für die Ideologien: was man von Marx und wie man diesen lese; welche Art das geistige Durchschnittsniveau der Leser des »Kapitals« sei; welche Utopisten gelesen würden; er zeigte auch Interesse an den provinziellen und hauptstädtischen Spielarten des russischen Liberalismus, an den konkreten Formen des Tolstojanertums, an der Belletristik der Narodniki und an der russischen Literaturkritik, deren klassische Vertreter er in der Tat sehr hoch einschätzte. – [...]

Als ich das erste Mal bei ihm erschien, machte er mich zuallererst mit seinem riesigen Kater bekannt, und dann begann er mich über Plechanow, Vera Iwanowna und Lawrow auszufragen. Über den letzten äußerte er sich mit gutherziger Ironie. Er drückte seine hohe Meinung über Plechanows Talent aus (»nicht unbedeutender als das Lafargues oder sogar Lassalles«) und informierte sich über seine literarischen Pläne. Er bezeichnete sowohl die Arbeiten über die Geschichte des französischen Materialismus, als auch die Aufsätze über die russische Literatur der Narodniki als äußerst zweckdienlich. Dann sprach er seine Überzeugung aus, daß es für die russischen Sozialdemokraten am Wichtigsten sei, sich ernsthaft mit der Agrarfrage in Rußland zu beschäftigen; daß dieser Forschungsbereich ganz neue und wesentliche Resultate für die Geschichte der Formen von Grundbesitz und Bodennutzung verspräche, ebenso wie für die Anwendung und Verifizierung der ökonomischen Lehren, besonders der Theorie der Differentialrente, im Lichte eines ungeheuren Materials. Er erwähnte, daß er täglich die Arbeit seines verehrten russischen Korrespondenten Danielson erwarte, doch bei aller Wertschätzung für ihn glaube er nicht, daß sein Buch die Frage genügend ausschöpfen würde. Engels meinte ferner, daß er es für außerordentlich wünschenswert hielte, wenn speziell Plechanow sich mit dieser für Rußland so grundlegenden Frage beschäftigen würde, und zwar in einer ernsthaften Untersuchung, nicht in polemisierenden Artikeln. – [...]

Beim nächsten Male fragte er mich geradeheraus, ob Plechanow mir nichts Bestimmtes an ihn aufgetragen habe. Ich teilte ihm die Wünsche Plechanows mit, wobei ich hinzufügte, daß dieser sich gezwungen sehe, sich selbst zu verteidigen und die grundsätzlichen Thesen des Marxismus und ihre praktischen Schlußfolgerungen gegen die Verzerrungen von Seiten der Narodniki zu schützen. Als ich Engels von Plechanows Beschwerden über die gegen ihn gerichtete Polemik Mitteilung machte, zitierte er lächelnd: »Quis tulerit Gracchos de seditione querentes?« und fügte auf Russisch hinzu: »Wer beleidigt Plechanow? Ist es nicht vielmehr Plechanow, der alle andern beleidigt?« Ich versicherte, daß Plechanow auf mich den Eindruck eines sanftmütigen Lammes machte, das zur Schlachtbank geführt werde. Dann war die Rede von Schlußfolgerungen über die ökonomische Entwicklung Rußlands in nächster Zukunft, die in praktischer Hinsicht höchst bedeutend wären. [...] Engels äußerte die Ansicht, daß die Polemik mit den Mitgliedern der *Narodnaja Wolja* etwas weniger scharf geführt werden könne, daß er aber natürlich nicht kompetent genug sei, über den realen Inhalt zu urteilen, der sich hinter den russischen Parteiparolen verberge. Ich beeilte mich festzustellen, daß die Mitglieder der Narodnaja Wolja über Plechanow im Grunde seit seiner Rede auf dem Internationalen Pariser Kongreß entrüstet seien [12], aber auch wegen seiner Scharfsinnigkeit, die er in bezug auf Tichomirow [13] bewiesen. Engels bemerkte, daß die Rede auf dem Pariser Kongreß sowohl ihm als auch vielen seiner Freunde gefallen habe, doch meinte er, daß man Tichomirow nicht mit der Partei der *Narodnaja Wolja* identifizieren dürfe, schon gar nicht mit Lopatin. Von mir wollte Engels ein knappes Resümee über den Standpunkt der Narodniki hören. Ich begann – auf Plechanows Rat hin – mit W. Woronzow.[14] Engels äußerte Zweifel: Könne man – ohne polemisch zu übertreiben – mit W. W. nicht nur die aktiven Mitglieder der *Narod-*

naja Wolja, sondern auch seinen Korrespondenten Danielson in einen Topf werfen? Dabei schlug er mir vor, mich eines Urteils über diesen Ökonomen noch zu enthalten, bis ich sein Buch gelesen hätte, von dem er mir ein Exemplar versprach.[15] Ich führte an, daß die Idealisierung überlebter Formen, die sich dank einer Gesamthaftung noch erhielten, eine Klärung der realen Perspektiven für eine Lösung der Agrarfrage in Rußland erschwerte. Engels fragte, ob ich auf einem Dorf gelebt habe und wo, und meinte daraufhin, daß vielleicht einige Illusionen über die Zukunft bei den Vorkämpfern unvermeidlich seien. Ich entgegnete, daß jedoch die Idealisierung der »Arbeitsgenossenschaft«, des Artels und der verschiedenen Aspekte der Heimindustrie einer Klarstellung von Fragen im Wege stünde, die mit dem unaufschiebbaren Kampf gegen die Ausbeutung unzähliger Opfer der Heimindustrie zusammenhingen. Engels interessierte sich für Tatsachen und erkannte bald, daß, wenn die Narodniki in der Tat die Heimindustrie idealisierten, man dagegen nicht nur ankämpfen durfte, sondern mußte; daß man dies aber wohl doch in größerer Ausführlichkeit tun müsse und innerhalb des Rahmens der Zensur, und zwar an Hand konkreter Anlässe, die klar zu erkennen geben, was an Ort und Stelle zu tun war.

Dann erstaunte mich Engels durch seine skeptische Haltung zu den Perspektiven der Entwicklung der russischen Industrie. Er hörte geduldig an, was an meiner Stelle wahrscheinlich jeder russische Marxist der 90iger Jahre gesagt hätte, und bekundete dann – sehr ernsthaft – seine Überzeugung: Wenn – was er ganz und gar nicht wünsche, weder für Rußland, noch für Deutschland – ein Krieg für längere Zeit Rußland vom Auslandsimport abschnitte, dann würde uns, den Russen, die bittere Erfahrung nicht erspart bleiben, daß wir aus eigenen Kräften noch lange nicht die Herstellung fast aller Waren bewerkstelligen könnten. Ich zeigte mein Erstaunen, dies gerade von ihm zu hören. Engels erklärte, daß er weder das Vorhandensein des Kapitalismus in einzelnen Bereichen, noch die Unvermeidbarkeit seiner ferneren Entfaltung bestreite und dies für eine konkrete Motivierung eines sozialdemokratischen Programms genüge, daß er natürlich den Aufstand der russischen Arbeiter begrüßen würde und überzeugt sei, daß sie eine entscheidende Rolle beim Sturz der Selbstherrschaft spielen würden. Diese seine Überzeugung bedürfe jedoch schwerlich einer Wiederholung, da sie sich von jenem Standpunkt herleite, den Marx und er in allen ihren Werken bezogen hätten, so daß in dieser Hinsicht niemand, der auch nur in etwa mit ihren Schriften bekannt sei, Zweifel hegen könne. Ich bemerkte, daß es Plechanow sicherlich besonders angenehm sein würde, eben dies zu hören, da die Narodniki die Zweckmäßigkeit einer Propaganda unter den Arbeitern verneinten. Engels stellte diese Tatsache in Frage, da sie doch begreifen müßten, daß zwangsverschickte Arbeiter die besten Propagandisten und Agitatoren auf dem Dorf abgäben, fügte jedoch hinzu, daß es den Genossen an Ort und Stelle überlassen werden sollte, diese taktischen Fragen zu entscheiden. Weiter sagte Engels, ihm sei bekannt, daß viele Russen ihn für einen deutschen Chauvinisten hielten, einen Slawophoben. Man müsse aber begreifen, daß die Sache durchaus nicht darum ginge, die ökonomische Abhängigkeit Rußlands von Deutschland zu verewigen, sondern darum, daß, seiner, Engels Überzeugung nach, die Auslandsmärkte für den Absatz von Produkten der russischen Industrie lange Zeit schwer zugänglich sein würden. Der Binnenmarkt werde sich aber beim Übergang des Großgrundbesitzes an die Bauern ausdehnen; dies sei ein Hauptproblem des künftigen Rußland. Der russische Sozialdemokrat, sofern er diesen Namen verdiene, sei verpflichtet – und zwar nicht mit Marx-Zitaten, sondern unter Erwägung der Frage, wie Marx selbst sie erwogen hätte –, das Programm der Bodenenteignung, speziell der Gutsbesitzer, rechtfertigen zu können. Andernfalls würde es zu einer willkürlichen Besitzergreifung und Verwüstung der Landgüter kommen; die Frage aber, ob mit oder ohne Entschädigung, werde faktisch – ganz unabhängig von Programmen – letztlich vom realen Verhältnis der Kräfte bestimmt. Was weiterhin geschehe, werde hauptsächlich von den Erfolgen der Arbeiterbewegung im Westen zu eben dieser Zeit abhängen.[16]

Dann sagte Engels, daß er von mir die »klassische« Frage über den Sinn des Briefes von Marx in den »Vaterländischen Annalen« erwarte. Er könne nicht verstehen, was man an diesem Brief unklar finde: Marx habe dort völlig eindeutig seine und Engels Überzeugung dargelegt, es sei von höchster Wichtigkeit, daß die Machtergreifung der Sozialdemokratie im Westen mit der politischen und landwirtschaftlichen Revolution in Rußland zusammenfalle.[17] Darüberhinaus hielt Engels es für wünschenswert, daß die Russen – und nicht nur sie allein – nicht fortwährend Zitate aus Marx' und seinen, Engels', Schriften herausklaubten, sondern so dächten, wie Marx an ihrer Stelle gedacht hätte; nur in diesem Falle hätte das Wort »Marxist« eine *raison d' être*. Zur Chance eines Zusammenfallens der sozialdemokratischen Machtergreifung in Westeuropa mit einer agrarpolitischen Revolution in Rußland mußte Engels bekennen, daß er sich speziell mit dieser Frage herumquäle: Würden sich diese Ereignisse ohne einen europäischen Krieg vollziehen? Dieses Problem sei von weltgeschichtlicher Tragweite.

Seine Lösung sei vor allem mit der Frage verbunden: Wird die deutsche Sozialdemokratie es verstehen und imstande sein, ihre Machtergreifung richtig auszunützen? Dies wäre in dem Falle gewährleistet, daß sie die Macht nicht im Gefolge eines europäischen Krieges erringe. Im entgegengesetzten Fall könnte Engels nur mit Schrecken daran denken, was sowohl die westliche Sozialdemokratie als auch Rußland erwarte, obgleich er eine politische Herrschaft der Bourgeoisie für Deutschland für undenkbar halte. Das nächste Mal bat mich Engels um ein kurzes Exposé über die methodologischen Meinungsverschiedenheiten zwischen Plechanow und den Narodniki. Er verzog das Gesicht bei der Erwähnung der »subjektiven Methode in den Gesellschaftswissenschaften« und gestattete mir, Lawrow zu übergehen [...] Doch als ich ihm Plechanows Ansichten über die Arbeiten N. I. Karejews vortrug, zog mich Engels zu einem seiner Bücherschränke, zeigte mir das Exemplar der Dissertation von Karejew über die Bauernfrage in Frankreich, das Marx vom Autor erhalten hatte und sagte, daß sowohl Marx wie er selbst diese Arbeit als äußerst gewissenhaft und als »eine bahnbrechende Leistung« bezeichnet hatten und riet mir – wie auch Plechanow – ihr Beachtung zu schenken, was auch immer für Unklarheiten in prinzipiellen und methodologischen Fragen dem verdienstvollen Historiker unterlaufen seien.[18] Ich mußte anerkennen, daß Engels recht hatte und zog entsprechende Schlußfolgerungen. Engels sagte, daß er voller Interesse »sachliche« Einwände gegen die Narodniki-Subjektivisten in der »Neuen Zeit« lesen würde, daß dies jedoch kein Anlaß für ihn wäre, gegen sie aufzutreten; den Brief von Marx in den »Vaterländischen Annalen« zu kommentieren, hielt er angesichts seiner eindeutigen Verständlichkeit für jeden unvoreingenommenen Leser und der Mangelhaftigkeit eines wie immer beschaffenen Kommentars für den voreingenommenen Leser für vollkommen überflüssig: mit einem Kommentar würde er nur neue Meinungsverschiedenheiten hervorrufen, und wieder würden die Parteien an ihn appellieren usw ...[19] [...] Zum Abschied überreichte mir Engels ein Exemplar der »Skizzen« Danielsons. Er selbst habe noch nicht die Zeit gefunden, diese Abhandlung richtig durchzulesen, erwarte jedoch zuvor darüber ein Schreiben von Plechanow usw. Nachdem er nochmals seine unverrückbare Absicht geäußert hatte, im vorliegenden wie auch in analogen Fällen Neutralität zu wahren, sagte Engels freimütig, daß er sich nicht *nur* von jenen Überlegungen leiten lasse, die er für gewöhnlich anführe, wenn er es ablehne, sich einzumischen.

Engels bat mich, Plechanow zu überbringen, daß er es nicht gutheißen könne, wenn der Konflikt mit den revolutionären Narodniki – ohne äußerste Notwendigkeit – weiter zugespitzt werde, daß er (Engels) mit dem Vorhaben, möglichst bald eine Konfrontation in Rußland durchzusetzen: hier die rechtgläubigen Marxisten, dort die sich nur in Nuancen unterscheidende »reaktionäre« Masse [20], nicht sympathisieren könne, und zwar weil eine solche Konfrontation politisch für das Rußland von 1893 höchst unzweckmäßig sei. Ich sah mich gezwungen festzustellen, daß solche Ermahnung auf Plechanow schwerlich eine Wirkung ausüben dürfte, und noch weniger auf die unmittelbar von den Narodniki provozierten Sozialdemokraten in Rußland. Ich führte Beispiele von »Widersprüchen« der Narodniki an. Engels fragte, wie Plechanow persönlich sich zur Frage der Diktatur des Proletariats stelle. Ich mußte zugeben, daß Plechanow mir gegenüber mehrmals geäußert hatte, daß wenn »wir« an der Macht sein werden, »wir« natürlich niemanden außer »uns« Freiheiten einräumen werden ... Doch damit es für die Sozialdemokraten in Rußland einen Sinn hätte, nach der Machtergreifung zu streben, wäre es seiner (Plechanows) Meinung nach selbstverständlich außerordentlich wünschenswert, wenn die russischen Sozialdemokraten sich die Erfahrung der deutschen Genossen zu Nutze machten. Auf meine Frage, wen man folgerichtig unter den Monopolisten der Freiheit zu verstehen habe, hatte Plechanow geantwortet: die Arbeiterklasse unter der Leitung von Genossen, die die Lehre von Marx richtig verstanden haben und aus dieser Lehre die richtigen Schlußfolgerungen ableiten. Auf meine Frage: Gibt es ein objektives Kriterium für das richtige Verständnis der Lehre von Marx und die richtigen, aus ihr abgeleiteten Schlußfolgerungen, beschränkte sich Plechanow auf den Hinweis, daß all dies in seinen (Plechanows) Werken doch wohl »genügend klar« dargelegt sei. Nachdem Engels sich erkundigt hatte, ob ich persönlich mich mit einem derartigen objektiven Kriterium zufrieden geben könne, drückte er die Vermutung aus, daß die Anwendung solcher Kriterien entweder zu einer Verwandlung der russischen Sozialdemokratie in eine Sekte mit unvermeidbaren und höchst unerwünschten praktischen Folgen führen oder in der russischen Sozialdemokratie, zumindest unter den russischen Sozialdemokraten im Ausland, eine Reihe von Spaltungen hervorrufen dürfte, die selbst Plechanow bedauern würde.[21] Dann erwähnte Engels, daß in der letzten Zeit auch ihn Gerüchte über die sich häufenden Reibungen zwischen Plechanow und anderen russischen, im Ausland lebenden Sozialdemokraten erreicht hätten, die ernsthafte Befürchtungen für die Zukunft der russischen Partei aufkommen lassen müßten. Engels sagte, er hielte es für kaum möglich, mich darüber auszufragen, weil ich es höchst wahrscheinlich für meine Pflicht ansehe, mich mit meinem Parteiführer solidarisch zu erklären, ganz gleich welcher Art meine persönlichen Eindrücke seien. Ich betonte, wenig Russen in der Schweiz und in Paris getroffen zu haben. Die ganze Sache drehe sich jedoch, Plechanows Worten nach, darum, daß man von ihm fordere, lediglich Broschüren elementarer Art zu verfassen.

Dann sagte Engels, Plechanow erscheine ihm wie eine russische Ausgabe von Hyndman.*

Seiner Meinung nach wäre es am zweckmäßigsten, wenn Plechanow seine Ansichten verteidigte, wie er es in »Sozialismus und politischer Kampf« getan habe, worin er sich jeglicher polemischer Übertreibung enthalten hatte. Ich führte an, daß Plechanow sich mehrmals auf das Vorbild von Marx und Engels in analogen Fällen berufen habe, doch Engels beteuerte, daß Marx und er nur dann zu einer schonungslosen Polemik Zuflucht genommen hätten, wenn alle Möglichkeiten gutwilliger Überzeugung erschöpft gewesen wären: zum Beispiel mit Willich und Schapper, mit den Lassalleanern, den Bakunisten, mit Most; Engels betonte, daß er durchaus nicht gegen Polemik im allgemeinen sei, es bei den Russen aber für außerordentlich wichtig hielte, sich den Gebrauch giftiger Waffen zu versagen, insbesondere aber das künftig Mögliche nicht für unmittelbar aktuell auszugeben.

Er (Engels) hieß es nicht nur nicht gut, alle Narodniki als Reaktionäre abzustempeln, sondern äußerte die Ansicht, daß er persönlich nichts gegen die vermutliche Mitarbeit der Avelings am Petersburger Organ der Narodniki einzuwenden habe, und sogar selbst an diesem Organ mitarbeiten würde, wenn die Zensur es erlaube. Abschließend sagte Engels, er hoffe, daß bald in Rußland selbst energische Führer auftreten würden, da es im allgemeinen unmöglich sei, eine politische Bewegung vom Ausland aus zu lenken, daß er persönlich sich nicht in die »inneren Angelegenheiten« der deutschen Sozialdemokratie einmische, obgleich er mit dem »Vorwärts« nicht immer einverstanden sei. Er trug mir auf, Plechanow den freundschaftlichen Rat zu überbringen: sich hauptsächlich mit ihm würdigen, wissenschaftlichen Arbeiten zu beschäftigen, speziell mit der Agrarfrage, doch nicht polemisch, sondern grundsätzlich. Dabei fügte Engels hinzu, daß die Russen allgemein

* G. W. Plechanow verstand diese Charakteristik – die mir Engels gestattet hatte, ihm zu überbringen, als ich ihm versicherte, daß Plechanow am Urteil Engels über ihn interessiert sei und sich schwerlich mit Lobreden über sein literarisches Talent zufrieden gebe – als Kompliment: denn Hyndman verteidigte die Unerschütterlichkeit des Marxismus. Doch Engels' Vergleich eines Politikers mit dem Führer der sozialdemokratischen Förderation war nicht als Kompliment gemeint. [22] Im Gegensatz dazu fand G. W. Plechanow den Vergleich mit Lassalle nicht schmeichelhaft.

sehr empfindlich seien und daß zum Beispiel Stepniak, den er nicht mit seiner *entourage* verwechsle, seine Besuche bei ihm wegen eines lächerlichen Mißverständnisses eingestellt habe ...

Aus: *Na sare ›legalnowo marxisma‹ (Is wospominanii).* In: *Letopisi Marxisma. Moskau-Leningrad,* 1927, Bd. IV. Vgl. M. Rubel, »Gespräche über Rußland mit Friedrich Engels . . .«, Internationale Wissenschaftliche Korrespondenz (IWK), Berlin, Nr. 11 (12. April 1971), S. 11–24.

II/5 Soziales aus Rußland (1874–1894)

1

Im März 1875 übermittelte Marx dem für das Organ der Sozialdemokratischen Arbeiterpartei schreibenden Engels eine zwölfseitige Broschüre betitelt *Offener Brief an Herrn Friedrich Engels, Verfasser der Artikel »Flüchtlings-Literatur« in Nr. 117 und 118 des »Volksstaats«, Jahrgang 1874*. Die Titelseite trug Marx' handschriftlichen Vermerk: »Drauf hauen in lustiger Manier; so dumm, daß Bakunin mitgearbeitet haben kann. Peter Tc[atschoff] will vor allem den Lesern einreden [?], daß du *ihn* als Deinen Gegner behandelst und er erfindet daher allerlei nicht stattgefundene Streitpunkte.« Die in der Broschüre mit Rotstift unterstrichenen Stellen scheinen ebenfalls von Marx zu stammen (s. das Handexemplar, im Besitz des Amsterdamer Internationalen Instituts für Sozialgeschichte).

Piotr Nikititsch Tkatschow (1844–1885) gilt als der Hauptvertreter der jakobinistischen Richtung in der russischen revolutionären Bewegung. Während seiner Studienjahre nahm er tätigen Anteil zuerst an Pissarews literarisch-nihilistischen Unternehmungen, später an Netschajews verschwörerischen Experimenten zur Bildung einer Organisation, die sich an die Spitze der erwarteten Bauernrevolte in Rußland stellen sollte. Im März 1869 festgenommen, blieb er zwei Jahre in Haft und wurde im Netschajew-Prozeß zu 16 Monaten Gefängnis und zur Verbannung nach Sibirien verurteilt, konnte jedoch Ende 1873 ins Ausland entkommen. Seine Versuche, in Zürich mit Bakunin und Lawrow zu einer politischen Verständigung zu gelangen, schlugen fehl. [1]

Tkatschow war Engels nicht unbekannt, wie man aus einem seiner im »Volksstaat« unter dem allgemeinen Titel »Flüchtlingsliteratur« veröffentlichten Artikel vom 6. und 8. Oktober 1874 ersehen kann. [2] Es ist eine Entgegnung auf Piotr Lawrows Eintreten für den aus der Internationale vom Haager Kongreß (September 1873) ausgestoßenen Bakunin. [3] In Engels Replik sind zwei Punkte bemerkenswert: I. Die Rechtfertigung der im Anklageakt des Haager Kongresses eingestreuten, Bakunin kompromittierenden »Privattatsachen«; 2. Die Kritik an Lawrows duldsamer und versöhnlicher Haltung gegenüber den überheblichen und verletzenden Angriffen Tkatschows. Den ersten Punkt betreffend, bezeichnet es Engels als »unverantwortlich«, wenn Lawrow von »Privatsachen« spricht, wo es darum ging, die europäische Arbeiterbewegung vor der Gefahr zu schützen, der »verborgenen Diktatur« einer »geheimen Gesellschaft« aufgeopfert zu werden, die ihre Tätigkeit nicht auf Rußland beschränken wollte. Engels spart dagegen nicht mit dem Lob an russischen Denkern wie Tschernyschewski und Dobroljubow, »zwei sozialistische Lessings«, im Vergleich zu denen Bakunin ihm als ein »Humbug« und Tkatschow als ein »grüner Gymnasiast von seltener Unreife« erscheinen. Zum zweiten Punkt sei erwähnt, daß Engels sich über Lawrows »Spitzfindigkeiten« lustig macht, mit denen letzterer Tkatschows Anklage und Vorwurf zu widerlegen sucht, »das Volk für die Revolution *vorbereiten,* es zum ›klaren Verständnis und Bewußtsein seiner Bedürfnisse‹ bringen zu wollen«. [4] Dies, so meinte Tkatschow, sei der Wille eines Reaktionärs, der nicht an die stete und sofortige Bereitschaft des Volkes glaubt, zu revolutionieren; kurz, Lawrow träume von einer »unblutigen Revolution nach deutschem Geschmack«. [5]

Engels schließt seinen Aufsatz mit Bemerkungen über das Verhältnis von russischer und westeuropäischer Bewegung und es ist anzunehmen, daß es hauptsächlich diese Zeilen waren, die ihm Tkatschows »Offene Antwort« und infolgedessen auch die Aufforderung von Marx eintrugen, »draufzuhauen in lustiger Manier«. Wir zitieren deshalb diesen Schlußabsatz von Engels' Artikel im »Volksstaat« vom 8. Oktober 1874: »Eine Menge befremdlicher Erscheinungen in der bisherigen russischen Bewegung erklärt sich daraus, daß lange Zeit jede russische Schrift dem Westen ein Buch mit sieben Siegeln war und daß es daher den Bakunin und Konsorten leicht wurde, ihr unter den Russen längst bekanntes Treiben dem Westen zu verbergen. Mit Eifer verbreiteten sie die Behauptung, selbst die Schmutzseiten der russischen Bewegung müßten – im Interesse der Bewegung selbst – dem Westen verheimlicht werden; wer Russisches, soweit es unangenehmer Natur war, dem übrigen Europa mitteile, der sei ein Verräter. Das hat jetzt aufgehört. Die Kenntnis der russischen Sprache – einer Sprache, die sowohl um ihrer selbst willen, als einer der kraftvollsten und reichsten lebenden Sprachen, wie wegen der durch sie aufgeschlossenen Literatur das Studium reichlich lohnt – ist wenigstens unter den deutschen Sozialdemokraten keine so große Seltenheit mehr. Die Russen werden sich in das unvermeidliche internationale Schicksal fügen müssen, daß ihre Bewegung fortan unter den Augen und der Kontrolle des übrigen Europas vor sich geht. Niemand hat die frühere Abgeschlossenheit so schwer zu büßen gehabt wie sie selbst. Ohne diese Abgeschlossenheit hätten sie nie jahrelang so schmählich beschwindelt werden können, wie dies von Bakunin und Konsorten geschah. Wer von der Kritik des Westens, von der internationalen Wechselwirkung der verschiedenen westeuropäischen Bewegungen auf die russische und umgekehrt, von der endlich sich vollziehenden Verschmelzung der russischen Bewegung mit der gesamteuropäischen, am meisten Nutzen ziehen wird, das sind die Russen selbst.« [6]

2

Die Aufforderung, eine Erwiderung auf Tkatschows Broschüre zu schreiben, erging an Engels auch von Wilhelm Liebknecht, dem die allgemeine Leitung des »Volksstaat« oblag. Engels entledigte sich seiner Aufgabe in zwei Aufsätzen, die er in die im Juni 1874 begonnene Artikelserie »Flüchtlingsliteratur« als Nr. IV und V einreihte, von denen der erste ohne besonderen Titel am 28. März und 2. April erschien, wogegen der zweite, veröffentlicht am 16., 18. und 21. April 1874, mit der Überschrift *Soziales aus Rußland* versehen war. [7] Im ersten Teil seiner Entgegnung berührte er, dem Wunsche Marx' entsprechend, »in lustiger Manier« die persönlichen Punkte im *Offenen Brief* von Tkatschow; der zweite ist, wie der hier gebrachte Abdruck zeigt, eine in sachlichem Ton gehaltene Widerlegung der gegnerischen These von der wenn schon nicht unmittelbar bevorstehenden, so zumindest möglichen *sozialistischen* Revolution in Rußland. Was Engels hier beabsichtigt, ist das von Tkatschow gestellte Problem im Lichte der materialistischen Geschichtsauffassung zu untersuchen und dessen Bedeutung im Zusammenhang mit der westeuropäischen Arbeiterbewegung zu beleuchten. Wie wichtig ihm dieser Teil der Auseinandersetzung war, erhellt aus dem Umstand, daß er ihn ein Jahr später auch als Broschüre drucken ließ und dafür eigens eine Vorbemerkung schrieb. Trotzdem mag es nicht unaktuell sein, hier einige Stellen aus dem ersten Teil – den Engels in den Neudruck nicht aufnahm – zu zitieren.

Auf den Vorwurf, er habe durch seine Ausfälle gegen Tkatschow dem »gemeinschaftlichen Feind, dem russischen Staat, einen guten Dienst geleistet« und überdies die »Grundprinzipien des Programms der Internationalen Arbeiter-Assoziation verletzt«, erwiderte Engels:

»Hier haben wir den richtigen Bakunisten. Die Herren, als wahre Revolutionäre, erlauben sich uns gegenüber alles, besonders im Dunkeln; behandelt man *sie* aber nicht mit der höchsten Ehrerbietung, zieht man *ihr* Treiben ans Licht, kritisiert man *sie* und ihr Phrasengeklingel, so dient man dem Kaiser von Rußland und verletzt die Grundprinzipien der Internationalen. Die Sache verhält sich gerade umgekehrt. Wer der russischen Regierung einen Dienst geleistet, ist niemand anders als Herr Tkatschow. Hätte die russische Polizei einigen Witz, so würde sie die Broschüre dieses Herrn massenhaft in Rußland verbreiten. Einerseits könnte sie kaum ein besseres Mittel finden, die russischen Revolutionäre, als deren Vertreter der Verfasser sich hinstellt, bei allen Leuten von Verstand in Mißkredit zu bringen. Andrerseits ließen sich möglicherweise immer einige brave aber unerfahrene junge Leute dadurch zu Unbesonnenheiten verführen und lieferten sich damit selbst ins Garn.« [8]

Die Behauptung Tkatschows, Engels habe den russischen Revolutionären ihren Hang zu verschwörerischer Tätigkeit vorgeworfen und sie dafür gezüchtet, selbst im europäischen Westen von ihren konspiratorischen Gewohnheiten nicht lassen zu wollen, wies der Betroffene folgendermaßen zurück:

»Erstens ist es falsch, daß den russischen Revolutionären kein andres Mittel bleibt als die reine Verschwörung. Hat Herr T. doch soeben erst die Wichtigkeit der literarischen Propaganda, vom Ausland nach Rußland hinein, hervorgehoben! Auch im Inland kann der Weg der mündlichen Propaganda selbst unter dem Volk, besonders in den Städten, nie ganz verschlossen werden, was auch Herr T. darüber zu sagen in seinem Interesse finden mag. Der beste Beweis dafür ist, daß bei den jüngsten Massenverhaftungen in Rußland nicht die Gebildeten oder Studenten, sondern die Arbeiter in der Mehrzahl waren.

Zweitens unternehme ich, in den Mond zu fliegen, noch ehe T. Rußland befreit, sobald dieser letztere mir nachweist, daß ich irgendwo und zu irgendeiner Zeit in meiner politischen Karriere mich dahin erklärt habe, daß Verschwörungen überhaupt und unter allen Umständen zu verwerfen seien. Ich unternehme, ihm ein Andenken aus dem Mond zurückzubringen, sobald er mir nachweist, daß in meinem Artikel von andern Komplotten die Rede ist, als von denen gegen die Internationale, von der Allianz. Ja, wenn die russischen Herren Bakunisten nur wirklich und ernstlich gegen die russische Regierung konspirierten! Wenn sie, statt auf Lug und Trug gegen die Mitverschworenen gegründeter Schwindelverschwörungen wie die Netschajews, dieses nach Tkatschow ›typischen Vertreters unsrer gegenwärtigen Jugend‹, statt Komplotte gegen die europäische Arbeiterbewegung wie die glücklicherweise enthüllte und damit vernichtete Allianz, wenn sie, die ›Täter‹ (dejateli), wie sie sich prahlend nennen, endlich einmal eine Tat fertigbrächten, die den Beweis lieferte, daß sie wirklich eine Organisation besitzen und daß sie sich mit etwas anderm beschäftigen als mit dem Versuch, ein Dutzend zu bilden! ... Und das ganze Geflunker von weitverzweigten Verschwörungen dient nur als Deckmantel, hinter dem sich weiter nichts verbirgt als revolutionäres Nichtstun gegenüber den Regierungen und ehrgeizige Klüngeleien innerhalb der revolutionären Partei.« [9]

Mit diesen und ähnlichen ironisierenden Ausfällen verabschiedete Engels den »persönlichen Teil« des »Offenen Briefes« von Tkatschow und wandte sich zum eigentlichen Thema der Polemik.

3

Die 1874 begonnene Polemik mit Tkatschow sollte zwanzig Jahre später ihren eigentlichen Abschluß finden, als der Verfasser des *Offenen Briefes* nicht mehr am Leben war. Während dieser Periode hatte sich die europäische Arbeiterbewegung, besonders seit Marx' Tod, in dem Maße verstärkt – vornehmlich in Ländern wie Deutschland, Frankreich und England – als die wirtschaftlichen und politischen Interessen der großen Mächte sich zu immer schärferen Gegensätzen zuspitzten, die in den neunziger Jahren die Gefahr eines Krieges heraufbeschworen. Für Engels' Einschätzung dieser Spannungen in Europa kommt hauptsächlich der Umstand in Betracht, daß er die seit der Aufhebung des Sozialistengesetzes errungenen Erfolge der Sozialdemokratischen Partei bei den Reichstagswahlen von 1889 und 1893 mit einem an Naivität grenzenden Optimismus als unbezweifelbares Anzeichen des in naher Zukunft sicheren Endsieges des Sozialismus in Deutschland wertete. Diese Überzeugung wurde bei ihm gestärkt durch die Ergebnisse der zwei internationalen sozialistischen Arbeiterkongresse von 1891 und 1893, auf welchen die sich zum Marxismus bekennenden Vertreter der europäischen Arbeiterparteien ihre prinzipiellen und taktischen Richtlinien gegenüber allen anderen Tendenzen – hauptsächlich der anarchistischen – durchzusetzen vermochten.

Die Gelegenheit, den 1875 als Broschüre erschienenen Aufsatz *Soziales aus Rußland* zu erweitern, bot sich Engels Ende 1893, als er sich entschloß, seine 1871/74 für den »Volksstaat« geschriebenen Artikel gesammelt herauszugeben. So entstand eine Broschüre von ca. 70 Seiten mit dem Titel *Internationales aus dem Volksstaat (1871–75)*, die Anfang 1894 im Verlag des »Vorwärts« gedruckt wurde. Das zwölfseitige *Nachwort (1894)* zu *Soziales aus Rußland* stellt gewissermaßen die letzte öffentliche Botschaft Engels' an die russischen Revolutionäre dar, die er gleichzeitig an die auf die Bauernkommune schwörenden Populisten und ihre immer hartnäckigeren marxistischen Gegner richtete. Von dieser rein äußerlichen Gelegenheit des Neudrucks früherer Artikel muß man jedoch den Grund unterscheiden, der Engels dazu bestimmte, gerade den gegen den nun bereits toten Tkatschow geschriebenen Aufsatz mit einem Nachwort zu versehen. Daß dieses nicht einfach eine »Berichtigung« war, die darauf hinauslief, Tkatschow von der Beschuldigung des Anarchismus reinzuwaschen, um ihn als einen Schüler Blanquis, für den er sich selbst ausgab, zu präsentieren, bezeugen Engels' Zeilen.

Will man das wahre Motiv dieses Nachworts erfassen, so muß man vor allem die von Engels mit russischen Sozialisten verschiedener Schattierungen bis zu seinem Tode unterhaltene Korrespondenz studieren. Seine Briefe sind nun vollständig in der Berliner Dietz-Ausgabe (MEW) enthalten, ebenso wie die an Nicht-Russen gerichteten Briefe, die von Rußland handeln (besonders an Bebel und Liebknecht).

Dank der vom Moskauer Institut für Marxismus-Leninismus veranstalteten Ausgabe des Briefwechsels zwischen Marx, Engels und ihren russischen Freunden und Bekannten ist jetzt auch die von jenen erhaltene Korrespondenz der Forschung zugänglich, wenn auch nur in russischen Übersetzungen. [10]

Im Anschluß an den Aufsatz *Soziales aus Rußland* bringen wir Briefe, Briefauszüge und mündliche Äußerungen von Engels, soweit sie sich auf das hier vorgeschlagene Thema beziehen. Sie vervollständigen die bei Marx fragmentarisch gebliebene Soziologie der russischen Revolution. Der Leser wird sich vielleicht dem Eindruck nicht verschließen können, daß Engels seinen verfehlten Optimismus in bezug auf die deutsche Entwicklung reichlich wettgemacht hat durch den »materialistisch« begründeten Pessimismus, mit dem er die Chancen einer zunächst liberalen Entwicklungsphase für Rußland erwog.

Es ist deshalb unerläßlich, dem Leser den Schlußabsatz aus dem Vorwort vor Augen zu führen, das Engels für die Broschüre *Internationales aus dem Volksstaat (1871–75)* schrieb und mit dem Datum »London, den 3. Januar 1894« zeichnete. Er läßt die übrigen Aufsätze Revue passieren und erklärt dann, warum er sich nicht als »Sozialdemokraten«, sondern als »Kommunisten« bezeichne – dies vornehmlich deshalb, weil in Deutschland die »Lassalleaner« sich »Sozialdemokraten« nannten und die als notwendig erkannte Vergesellschaftung der Produktionsmittel mit Verstaatlichung derselben verwechselten, wogegen das politische Endziel der Partei »die Überwindung des ganzen Staates, also auch der Demokratie« sei:

»Der letzte Aufsatz: *Soziales aus Rußland,* 1875 ebenfalls im Sonderabdruck als Broschüre erschienen, konnte unmöglich wieder abgedruckt werden, ohne ein mehr oder weniger ausführliches Nachwort. Die Frage nach der Zukunft der russischen Bauerngemeinde beschäftigt mehr als je alle Russen, die sich um die ökonomische Entwicklung ihres Landes kümmern. Unter den russischen Sozialisten hat der von mir zitierte Brief von Marx [s. oben, S. 49ff] die verschiedenartigsten Deutungen erfahren. Noch neuerdings ist mir mehrfach von Russen des In- und Auslandes die Aufforderung zugekommen, über diese Frage meine Ansicht zu äußern. Ich habe mich lange gesträubt, da ich nur zu gut weiß, wie ungenügend meine Kenntnisse der Einzelheiten der ökonomischen Lage Rußlands sind [s. u. etwa Engels' Brief an Danielson vom 24. November 1894]; wie soll ich den dritten Band des »Kapital« fertigstellen und daneben die wahrhaft kolossale Literatur durchstudieren, worin das alte Rußland, wie Marx zu sagen liebte, vor seinem Ableben sein Inventar aufnimmt? Nun gut, der Wiederabdruck des ›Sozialen aus Rußland‹ wird dringend gewünscht, und dieser Umstand nötigt mich, zur Ergänzung jenes alten Aufsatzes den Versuch zu machen, aus der geschichtlich vergleichenden Untersuchung der heutigen ökonomischen Lage Rußlands einige Schlüsse zu ziehen. Sind sie auch nicht unbedingt zu Gunsten einer großen Zukunft der russischen Gemeinde ausgefallen, so suchen sie doch auch andrerseits die Ansicht zu begründen, daß die herannahende Auflösung der kapitalistischen Gesellschaft im Westen auch Rußland in die Lage bringen wird, seinen jetzt unvermeidlich werdenden Durchgang durch den Kapitalismus bedeutend abzukürzen.« [11]

Vorbemerkung

Die folgenden Zeilen wurden geschrieben bei Gelegenheit einer Polemik, in die ich mit einem Herrn Peter Nikititsch Tkatschow verwickelt wurde. In einem Artikel über die in London erscheinende russische Zeitschrift »Vorwärts« (»Volksstaat« 1874, Nr. 117 und 118) hatte ich Veranlassung, den Namen dieses Herrn ganz nebenbei, aber in einer Weise zu erwähnen, die mir seine werte Feindschaft zuzog. Herr Tkatschow erließ unverweilt einen »Offenen Brief an Herrn Friedrich Engels«, Zürich 1874, worin er mir allerhand wunderliche Dinge nachsagt und dann, meiner krassen Unwissenheit gegenüber, seine eigne Meinung vom Stand der Dinge und von den Aussichten einer sozialen Revolution in Rußland zum besten gibt. Form wie Inhalt des Machwerks trugen den gewöhnlichen bakunistischen Stempel. [12] Da es in deutscher Sprache erschienen war, hielt ich es der Mühe wert, im »Volksstaat« zu antworten (s. »Flüchtlingsliteratur«, Nr. IV und V, »Volksstaat« 1875, Nr. 36 und folgende). Der erste Teil meiner Antwort schilderte vorwiegend die bakunistische Art des literarischen Kampfs, die einfach darin besteht, dem Gegner eine tüchtige Tracht direkter Lügen anzuhängen. Durch Abdruck im »Volksstaat« war diesem vorherrschend persönlichen Teil hinlänglich Genüge geschehn. Ich unterdrücke ihn daher und lasse bei dem von der Verlagshandlung gewünschten Sonderabdruck nur den zweiten Teil bestehn, der sich hauptsächlich mit den gesellschaftlichen Zuständen Rußlands beschäftigt, wie sie sich seit 1861, seit der sogenannten Bauern-Emanzipation gestaltet haben.

Die Entwicklung der Dinge in Rußland ist von der höchsten Wichtigkeit für die deutsche Arbeiterklasse. Das bestehende Russische Reich bildet den letzten großen Rückhalt aller westeuropäischen Reaktion. Das hat sich 1848 und 1849 schlagend gezeigt. Weil Deutschland 1848 versäumte, Polen zu insurgieren und den russischen Zar mit Krieg zu überziehen (wie dies die »Neue Rheinische Zeitung« von Anfang an verlangt hatte [13]), konnte derselbe Zar 1849 die bis an die Tore Wiens vorgedrungne ungarische Revolution niederschlagen, 1850 über Österreich, Preußen und die deutschen Kleinstaaten in Warschau zu Gericht sitzen und den alten Bundestag wiederherstellen. Und noch vor wenig Tagen – Anfang Mai 1875 – hat der russische Zar ganz wie vor fünfundzwanzig Jahren die Huldigung seiner Vasallen in Berlin entgegengenommen und bewiesen, daß er auch heute noch der Schiedsrichter von Europa ist. [14] Keine Revolution in Westeuropa kann endgültig siegen, solange der jetzige russische Staat neben ihr besteht. Deutschland aber ist sein nächster Nachbar, auf Deutschland fällt also der erste Anprall der russischen Reaktionsarmeen. Der Sturz des russischen Zarenstaats, die Ablösung des Russischen Reichs ist also eine der ersten Bedingungen für den endgültigen Sieg des deutschen Proletariats.

Dieser Sturz braucht aber keineswegs von außen herbeigeführt zu werden, obwohl ein auswärtiger Krieg ihn sehr beschleunigen könnte. Im Innern des Russischen Reichs selbst gibt es Elemente, die kräftig an seinem Ruin arbeiten.

Das erste sind die *Polen.* Sie sind durch hundertjährige Unterdrükkung in eine Lage versetzt, wo sie entweder revolutionär sein, jede wirklich revolutionäre Erhebung des Westens als ersten Schritt zur Befreiung Polens unterstützen oder aber untergehen müssen. Und gerade jetzt sind sie in einer Lage, wo sie ihre westeuropäischen Bundesgenossen nur im Lager des Proletariats suchen können. Seit hundert Jahren werden sie fortwährend von allen bürgerlichen Parteien des Westens verraten. In Deutschland zählt die Bourgeoisie überhaupt erst seit 1848, und seitdem war sie stets polenfeindlich. In Frankreich verriet Napoleon Polen 1812 und verlor infolge dieses Verrats Feldzug, Krone und Reich; seinem Beispiel folgte 1830 und 1846 das Bürgerkönigtum, 1848 die bürgerliche Republik, im Krimkrieg und 1863 das zweite Kaisertum. Eins verriet Polen so schnöde wie das andere. Und heute noch kriechen die radikalen bürgerlichen Republikaner Frankreichs vor dem Zaren, um für einen erneuerten Verrat an Polen eine Revanche-Allianz gegen Preußen zu erschachern, ganz wie die deutschen Reichsbourgeois denselben Zar vergöttern als den Schirmherrn des europäischen Friedens, d.h. des deutsch-preußischen Annexionsbestandes. Nirgends als bei den revolutionären Arbeitern finden die Polen aufrichtige und rückhaltlose Stütze, weil beide gleiches Interesse am Sturz des gemeinsamen Feindes haben und weil die Befreiung Polens gleichbedeutend ist mit diesem Sturz.

Aber die Tätigkeit der Polen ist eine örtlich begrenzte. Sie beschränkt sich auf Polen, Litauen und Kleinrußland; der eigentliche Kern des Russischen Reichs, Großrußland, bleibt ihrer Wirksamkeit so gut wie verschlossen. Die vierzig Millionen Großrussen sind ein viel zu großes Volk und haben eine viel zu eigentümliche Entwicklung gehabt, als daß ihnen eine Bewegung von außen aufgezwungen werden könnte. Dies ist aber auch gar nicht nötig. Allerdings hat die Masse des russischen Volks, die Bauern, seit Jahrhunderten in einer Art geschichtsloser Versumpfung von Geschlecht zu Geschlecht dumpf dahingelebt; und die einzige Abwechslung, die diesen öden Zustand etwa unterbrach, bestand in einzelnen fruchtlosen Aufständen und in neuen Bedrückungen durch Adel und Regierung. Dieser Geschichtslosigkeit hat die russische Regierung selbst ein Ende gemacht (1861) durch die nicht länger mehr aufschiebbare Abschaffung der Leibeigenschaft und die Ablösung der Frondienste – eine Maßregel, die in einer so überpfiffigen Weise angelegt wurde, daß sie die Mehrzahl sowohl der Bauern wie der Adligen dem sichern Ruin entgegenführt. [15] Die Zustände selbst also, in die der russische Bauer jetzt versetzt ist, treiben ihn in die Bewegung hinein, eine Bewegung, die allerdings erst im allerersten Entstehen sich befindet, die aber durch die täglich sich verschlimmernde ökonomische Lage der Bauernmasse unaufhaltsam weitergetrieben wird. Die grollende Unzufriedenheit der Bauern ist schon jetzt eine Tatsache, mit der sowohl die Regierung wie alle unzufriedenen und Oppositionsparteien rechnen müssen.

Es folgt hieraus, daß, wenn im folgenden von Rußland die Rede ist, darunter nicht das ganze Russische Reich, sondern ausschließlich Großrußland zu verstehen ist, d. h. das Gebiet, dessen westlichste Gouvernements Pskow und Smolensk und dessen südlichste Kursk und Woronesh sind. [16]

Soziales aus Rußland (1874)

Zur Sache erzählt Herr Tkatschow den deutschen Arbeitern, daß ich in Beziehung auf Rußland nicht einmal »wenige Kenntnisse«, sondern vielmehr gar nichts besitze als »Unwissenheit«, und fühlt sich deshalb gedrungen, ihnen den wahren Sachverhalt und namentlich die Gründe auseinanderzusetzen, weshalb eine soziale Revolution gerade jetzt in Rußland mit spielender Leichtigkeit zu machen sei, viel leichter als in Westeuropa.

»Bei uns gibt es kein städtisches Proletariat, das ist allerdings wahr; allein dafür haben wir auch keine Bourgeoisie ... unsere Arbeiter werden bloß mit der *politischen Macht* zu kämpfen haben – die *Macht des Kapitals* ist bei uns noch im Keime. Und Sie, mein Herr, werden wohl wissen, daß der Kampf mit der ersteren viel leichter als mit der letzteren ist.«

Die vom modernen Sozialismus erstrebte Umwälzung ist, kurz ausgedrückt, der Sieg des Proletariats über die Bourgeoisie und die Neuorganisation der Gesellschaft durch Vernichtung aller Klassenunterschiede. Dazu gehört nicht nur ein Proletariat, das diese Umwälzung durchführt, sondern auch eine Bourgeoisie, in deren Händen sich die gesellschaftlichen Produktionskräfte soweit entwickelt haben, daß sie die endgültige Vernichtung der Klassenunterschiede gestatten. Auch bei Wilden und Halbwilden bestehn häufig keine Klassenunterschiede, und jedes Volk hat einen solchen Zustand durchgemacht. Ihn wiederherzustellen, kann uns schon deswegen nicht einfallen, weil aus ihm, mit der Entwicklung der gesellschaftlichen Produktivkräfte, die Klassenunterschiede notwendig hervorgehn. Erst auf einem gewissen, für unsere Zeitverhältnisse sogar sehr hohen Entwicklungsgrad der gesellschaftlichen Produktivkräfte wird es möglich, die Produktion so hoch zu steigern, daß die Abschaffung der Klassenunterschiede ein wirklicher Fortschritt, daß sie von Dauer sein kann, ohne einen Stillstand oder gar Rückgang in der gesellschaftlichen Produktionsweise herbeizuführen. Diesen Entwicklungsgrad haben die Produktivkräfte aber erst erhalten in den Händen der Bourgeoisie. Die Bourgeoisie ist demnach auch nach dieser Seite hin eine ebenso notwendige Vorbedingung der sozialistischen Revolution wie das Proletariat selbst. Ein Mann also, der sagen kann, daß diese Revolution in einem Lande leichter durchzuführen sei, weil dasselbe *zwar* kein Proletariat, *aber* auch keine Bourgeoisie besitze, beweist damit nur, daß er vom Sozialismus noch das Abc zu lernen hat. [17]

Die russischen Arbeiter – und diese Arbeiter sind, wie Herr Tkatschow selbst sagt, »Landarbeiter, und als solche keine Proletarier, sondern *Eigentümer*« – haben es also leichter, weil sie nicht mit der Macht des Kapitals, sondern »bloß mit der politischen Macht zu kämpfen haben«, mit dem russischen Staat. Und dieser Staat »scheint nur aus der Ferne als eine Macht ... Er hat keine Wurzel im ökonomischen Leben des Volks; er verkörpert nicht in sich die Interessen irgendwelches Standes ... Bei Ihnen ist der Staat keine scheinbare Macht. Er stützt sich mit beiden Füßen auf das Kapital; er verkörpert in sich (!!) gewisse ökonomische Interessen ... Bei uns verhält sich diese Angelegenheit gerade umgekehrt – unsere Gesellschaftsform hat ihre Existenz dem Staate zu verdanken, dem sozusagen in der Luft hängenden Staate, der mit der bestehenden sozialen Ordnung nichts Gemeinschaftliches hat, der seine Wurzel im Vergangenen, aber nicht im Gegenwärtigen hat.«

Halten wir uns nicht auf bei der konfusen Vorstellung, als brauchten die ökonomischen Interessen den Staat, den sie selbst schaffen, um einen *Körper* zu erhalten, oder bei der kühnen Behauptung, die russische Gesellschaftsform (zu der doch auch das Gemeinde-Eigentum der Bauern gehört) habe ihre Existenz dem Staat zu verdanken, oder bei dem Widerspruch, daß dieser selbe Staat mit der bestehenden sozialen Ordnung, die doch sein eigenstes Geschöpf sein soll, »nichts Gemeinschaftliches hat«. Besehen wir uns lieber gleich diesen »in der Luft hängenden Staat«, der die Interessen auch nicht eines einzigen Standes vertritt.

Im europäischen Rußland besitzen die Bauern 105 Millionen Desjatinen, die Adligen (wie ich die großen Grundbesitzer hier kurzweg nenne) 100 Millionen Desjatinen Land, wovon ungefähr die Hälfte auf 15 000 Adlige kommen, die sonach durchschnittlich jeder 3 300 Desjatinen besitzen. Das Bauernland ist also nur um eine Kleinigkeit größer als das Adelsland. Die Adligen, wie man sieht, haben nicht das mindeste Interesse am Bestehen des russischen Staats, der sie im Besitz des halben Landes schützt. Weiter. Die Bauern zahlen von ihrer Hälfte jährlich 195 Millionen Rubel Grundsteuer, die Adligen – 13 Millionen! Die Ländereien der Adligen sind im Durchschnitt doppelt so fruchtbar als die der Bauern, weil bei der Auseinandersetzung wegen Ablösung der Fronden der Staat den Bauern nicht nur das meiste, sondern auch das beste Land ab- und dem Adel zusprach, und zwar mußten die Bauern für dies schlechteste Land dem Adel den Preis des besten zahlen. der russische Adel hat kein Interesse am Bestehen des russischen Staats!

Die Bauern – der Masse nach – sind durch die Ablösung in eine höchst elende, vollständig unhaltbare Lage gekommen. Nicht nur hat man ihnen den größten und besten Teil ihres Landes genommen, so daß in allen fruchtbaren Gegenden des Reichs das Bauernland – für russische Ackerbauverhältnisse – viel zu klein ist, als daß sie davon leben könnten. Nicht nur wurde ihnen dafür ein übertriebener Preis angerechnet, den ihnen der Staat vorschoß und den sie jetzt dem Staat verzinsen und allmählich abtragen müssen. Nicht nur ist fast die ganze Last der Grundsteuer auf sie gewälzt, während der Adel fast ganz frei ausgeht – so daß die Grundsteuer allein den ganzen Grundrentenwert des Bauernlandes und darüber auffrißt, und alle weiteren Zahlungen, die der Bauer zu machen hat und von denen wir gleich sprechen werden, direkte Abzüge von dem Teil seines Einkommens sind, der den Arbeitslohn repräsentiert. Nein. Zur Grundsteuer, zur Verzinsung und Abtragungsrate des Staatsvorschusses kommen noch die Provinzial- und Kreissteuern seit der neu eingeführten Lokalverwaltung. Die wesentlichste Folge dieser »Reform« war eine neue Steuerbelastung für die Bauern. Der Staat behielt im ganzen seine Einnahmen, wälzte aber einen großen Teil der Ausgaben auf die Provinzen und Kreise, die dafür neue Steuern ausschrieben; und in Rußland ist es Regel, daß die höheren Stände fast steuerfrei sind und der Bauer fast alles zahlt.

Eine solche Lage ist wie geschaffen für den Wucherer, und bei dem fast beispiellosen Talent der Russen zum Handel auf niederer Stufe, zur Ausbeutung günstiger Geschäftslagen und zu der davon untrennbaren Prellerei – sagte doch schon Peter I., ein Russe werde fertig mit drei Juden –, bleibt der Wucherer nirgends aus. Wenn die Zeit herannaht, wo die Steuern fällig werden, so kommt der Wucherer, der Kulak – häufig ein reicher Bauer derselben Gemeinde –, und bietet sein bares Geld an. Der Bauer muß das Geld unter allen Umständen haben und muß die Bedingungen des Wucherers ohne Murren annehmen. Damit gerät er nur noch tiefer in die Klemme, braucht mehr und mehr bares Geld. Zur Erntezeit kommt der Kornhändler; das Geldbedürfnis zwingt den Bauern, einen Teil des Korns loszuschlagen, das er und seine Familie zum Leben bedürfen. Der Kornhändler verbreitet falsche, die Preise drükkende Gerüchte, zahlt einen niederen Preis, und auch diesen oft zum Teil in allerhand hochberechneten Waren; denn auch das Trucksystem ist in Rußland hoch entwickelt. Die große Kornausfuhr Rußlands beruht, wie man sieht, ganz direkt auf dem Hunger der Bauernbevölkerung. – Eine andere Art der Bauernausbeutung ist diese: Ein Spekulant pachtet von der Regierung Domänenland auf längere Jahre, bebaut es selbst, solange es ohne Dünger guten Ertrag liefert; dann teilt er es in Parzellen und verpachtet das ausgesogene Land zu hoher Rente an benachbarte Bauern, die mit ihrem Landanteil nicht auskommen. Wie oben das englische Trucksystem, so haben wir hier genau die irischen Middlemen. Kurz, es gibt kein Land, wo, bei aller Waldursprünglichkeit der bürgerlichen Gesellschaft, der kapitalistische Parasitismus so entwickelt ist, so das ganze Land, die ganze Volksmasse mit seinen Netzen überspannt und umspinnt, wie gerade in Rußland. Und alle diese Bauernaussauger hätten kein Interesse am Bestehen des russischen Staats, dessen Gesetze und Gerichtshöfe ihre sauberen und profitlichen Praktiken beschützen?

Die große Bourgeoisie von Petersburg, Moskau, Odessa, die in den letzten zehn Jahren, namentlich durch die Eisenbahnen, sich unerhört rasch entwickelt und in den letzten Schwindeljahren lustig »mitgekracht« hat, die Korn-, Hanf-, Flachs- und Talgexporteure, deren ganzes Geschäft auf dem Elend der Bauern sich aufbaut, die ganze russische große Industrie, die nur durch den Schutzzoll besteht, den der Staat ihr bewilligt, alle diese bedeutenden und rasch wachsenden Elemente der Bevölkerung hätten kein Interesse an der Existenz des russischen Staats? Gar nicht zu reden von dem zahllosen Heer von

Beamten, das Rußland überflutet und ausstiehlt und hier einen wirklichen Stand bildet. Und wenn nun Herr Tkatschow uns versichert, der russische Staat habe »keine Wurzel im ökonomischen Leben des Volks, er verkörpert nicht in sich die Interessen irgendwelchen Standes«, er hänge »in der Luft«, so will es uns bedünken, als sei es nicht der russische Staat, der in der Luft hängt, sondern vielmehr Herr Tkatschow.

Daß die Lage der russischen Bauern seit der Emanzipation von der Leibeigenschaft eine unerträgliche und auf die Dauer unhaltbare geworden, daß schon aus diesem Grunde eine Revolution in Rußland im Anzuge ist, das ist klar. Die Frage ist nur, was kann, was wird das Resultat dieser Revolution sein? Herr Tkatschow sagt, sie wird eine soziale sein. Das ist reine Tautologie. Jede wirkliche Revolution ist eine soziale, indem sie eine neue Klasse zur Herrschaft bringt und dieser gestattet, die Gesellschaft nach ihrem Bilde umzugestalten. Aber er will sagen, sie werde eine sozialistische sein, sie werde die vom westeuropäischen Sozialismus erstrebte Gesellschaftsform in Rußland einführen, noch ehe wir im Westen dazu gelangen – und das bei Gesellschaftszuständen, wo Proletariat wie Bourgeoisie nur erst sporadisch und auf niederer Entwicklungsstufe vorkommen. Und dies soll möglich sein, weil die Russen sozusagen das auserwählte Volk des Sozialismus sind und die Artel und das Gemeinde-Eigentum an Grund und Boden besitzen. [18]

Die Artel, die Herr Tkatschow nur nebenbei erwähnt, die wir aber hier mitnehmen, weil sie schon seit Herzens Zeit bei manchen Russen eine geheimnisvolle Rolle spielt, die Artel ist eine in Rußland weitverbreitete Art von Assoziation, die einfachste Form freier Kooperation, wie sie in der Jagd bei Jägervölkern vorkommt. Wort und Sache sind nicht slawischen, sondern tartarischen Ursprungs. Beide finden sich bei Kirgisen, Jakuten etc. einerseits, wie bei Lappen, Samojeden und anderen finnischen Völkern andererseits.* Daher entwickelt sich in Rußland die Artel ursprünglich im Norden und Osten, in der Berührung mit Finnen und Tartaren, nicht im Südwesten. Das harte Klima macht industrielle Tätigkeit verschiedener Art nötig, wobei dann der Mangel an städtischer Entwicklung und an Kapital durch jene Form der Kooperation möglichst ersetzt wird. – Eins der bezeichnendsten Merkmale der Artel, die solidarische Haftbarkeit der Mitglieder füreinander, Dritten gegenüber, beruht ursprünglich auf blutsverwandtschaftlichem Band,

* Über Artel u. a. zu vergleichen: »Sbornik materialov ob Arteljach v Rossiji« (Sammlung von Materialien über die Artels in Rußland), St. Petersburg 1873, 1. Lieferung. (Anm. von Engels)

wie die Gewere bei den alten Deutschen, die Blutrache usw. – Übrigens wird in Rußland das Wort Artel für jede Art nicht nur gemeinschaftlicher Tätigkeit, sondern auch gemeinschaftlicher Einrichtungen gebraucht. – Bei den Arbeiter-Artels wird immer ein Vorsteher (starosta, Ältester) gewählt, der die Verrichtungen des Schatzmeisters, Buchführers etc., soweit nötig, Geschäftsführers besorgt, und ein besonderes Gehalt empfängt. Solche Artels finden statt:

1. für vorübergehende Unternehmungen, nach deren Beendigung sie sich auflösen;
2. für die Mitglieder eines und desselben Geschäfts, z.B. Lastträger usw.;
3. für eigentlich industrielle, fortlaufende Unternehmungen.

Sie werden durch einen von allen Mitgliedern unterschriebenen Kontrakt errichtet. Können nun diese Mitglieder nicht das nötige Kapital zusammenschießen, was sehr häufig vorkommt, z.B. bei Käsereien und Fischereien (für Netze, Boote etc.), so verfällt die Artel dem Wucherer, der das Fehlende zu hohen Zinsen vorschießt und von nun an den größten Teil des Arbeitsertrags einsteckt. Noch scheußlicher ausgebeutet aber werden diejenigen Artels, die sich im ganzen an einen Unternehmer als Lohnarbeits-Personal verdingen. Sie dirigieren ihre industrielle Tätigkeit selbst und ersparen dadurch dem Kapitalisten die Aufsichtskosten. Dieser vermietet den Mitgliedern Hütten zur Wohnung und schießt ihnen Lebensmittel vor, wobei sich dann wieder das scheußlichste Trucksystem entwickelt. So bei den Holzfällern und Teerbrennern im Gouvernement Archangel, bei vielen Geschäften in Sibirien usw. (vgl. Flerowski, »Položenie rabočago klassa v Rossiji«. Die Lage der arbeitenden Klasse in Rußland, Petersburg 1869). [19] Hier also dient die Artel dazu, dem Kapitalisten die Ausbeutung der Lohnarbeiter wesentlich zu *erleichtern*. Andererseits aber gibt es auch Artels, die selbst wieder Lohnarbeiter beschäftigen, welche *nicht* Mitglieder der Assoziation sind.

Man sieht, die Artel ist eine naturwüchsig entstandene und daher noch sehr unentwickelte Kooperativ-Gesellschaft und als solche keineswegs ausschließlich russisch oder gar slawisch. Solche Gesellschaften bilden sich überall, wo das Bedürfnis dazu besteht. So in der Schweiz bei Melkereien, in England bei Fischern, wo sie sogar sehr verschiedenartig sind. Die schlesischen Erdarbeiter (Deutsche, keine Polen), die in den vierziger Jahren so manche deutsche Eisenbahn gebaut, waren in vollständige Artels organisiert. Das Vorwiegen dieser Form in Rußland beweist allerdings das Vorhandensein eines starken Assoziationstriebes im russischen Volk, beweist aber noch lange nicht dessen Befähigung, mit Hilfe dieses Triebes ohne weiteres aus der Artel in die sozialistische Gesellschaftsordnung überzuspringen. Dazu gehört vor allen Dingen, daß die Artel selbst entwicklungsfähig werde, ihre naturwüchsige Gestalt, in der sie, wie wir gesehen, weniger den Arbeitern als dem Kapital dient, abstreife, und sich *mindestens* auf den Standpunkt der westeuropäischen Kooperativ-Gesellschaften erhebe. Wenn wir aber Herrn Tkatschow einmal Glauben schenken dürfen (was nach allem Vorhergegangenen allerdings mehr als gewagt), so ist dies keineswegs der Fall. Im Gegenteil versichert er uns mit einem für seinen Standpunkt höchst bezeichnenden Stolz:

»Was die nach Rußland seit kurzer Zeit künstlich verpflanzten Kooperativ- und Kredit-Assoziationen nach deutschem (!) Muster anbetrifft, so sind diese von der Mehrheit unserer Arbeiter mit völliger Gleichgültigkeit aufgenommen worden und haben fast überall Fiasko gemacht.«

Die moderne Kooperativ-Gesellschaft hat wenigstens bewiesen, daß sie große Industrie auf eigene Rechnung mit Vorteil betreiben kann (Spinnerei und Weberei in Lancashire). Die Artel ist, bis jetzt, nicht nur unfähig dazu, sie geht an der großen Industrie sogar notwendig zugrunde, wenn sie sich nicht weiterentwickelt. [20]

Das Gemeinde-Eigentum der russischen Bauern wurde um das Jahr 1845 von dem preußischen Regierungsrat Haxthausen entdeckt und als etwas ganz Wunderbares in die Welt hinausposaunt, obwohl Haxthausen in seiner westfälischen Heimat noch Überreste genug davon finden konnte und als Regierungsbeamter sogar verpflichtet war, sie genau zu kennen. Von Haxthausen erst lernte Herzen, selbst russischer Grundbesitzer, daß seine Bauern den Grund und Boden gemeinsam besaßen, und nahm davon Gelegenheit, die russischen Bauern als die wahren Träger des Sozialismus, als geborene Kommunisten darzustellen gegenüber den Arbeitern des alternden, verfaulten europäischen Westens, die sich den Sozialismus erst künstlich anquälen müßten. Von Herzen kam diese Kenntnis zu Bakunin und von Bakunin zu Herrn Tkatschow. Hören wir diesen:

»Unser Volk ... ist in seiner großen Mehrheit ... von den Prinzipien des Gemeinguts durchdrungen; es ist, wenn man sich so ausdrücken darf, instinktiv, traditionell Kommunist. Die Idee des Kollektiv-Eigentums ist so tief verwachsen mit der ganzen Weltanschauung« (wir werden gleich sehen, wie weit die Welt des russischen Bauern reicht) »des russischen Volks, daß jetzt, wo die Regierung zu begreifen anfängt, daß diese Idee mit den Prinzipien einer ›wohlgeordneten‹ Gesellschaft nicht vereinbar ist, und im Namen dieser Prinzipien die Idee des individuellen

Eigentums in das Volksbewußtsein und Volksleben einprägen will, sie dies nur mit Hülfe der Bajonette und der Knute erreichen kann. Daraus erhellt, daß unser Volk, ungeachtet seiner Unwissenheit, viel näher zum Sozialismus steht als die Völker des westlichen Europas, obwohl diese gebildeter sind.«

In der Wirklichkeit ist das Gemeinde-Eigentum an Grund und Boden eine Einrichtung, die wir auf einer niedrigen Entwicklungsstufe bei allen indogermanischen Völkern von Indien bis Irland finden, und sogar bei den unter indischem Einfluß sich entwickelnden Malaien, z. B. auf Java. Noch 1608 diente im neueroberten Norden von Irland das zu Recht bestehende Gemeineigentum des Bodens den Engländern zum Vorwand, das Land für herrenlos zu erklären und als solches zum Besten der Krone zu konfiszieren. In Indien besteht bis heute eine ganze Reihe von Formen des Gemeineigentums. In Deutschland war es allgemein; die hier und da noch vorkommenden Gemeindeländereien sind ein Überrest davon, auch finden sich, namentlich im Gebirge, oft noch deutliche Spuren, zeitweilige Teilungen des Gemeindelandes etc. Die genaueren Nachweise und Einzelheiten in Beziehung auf das altdeutsche Gemeineigentum kann man in den verschiedenen Schriften *Maurers* nachlesen, die für diesen Punkt klassisch sind. [21] In Westeuropa, einschließlich Polens und Kleinrußlands, wurde dies Gemeineigentum auf einer gewissen Stufe der gesellschaftlichen Entwicklung eine Fessel, ein Hemmschuh der ländlichen Produktion und wurde mehr und mehr beseitigt. In Großrußland dagegen (d. h. dem eigentlichen Rußland) hat es sich bis heute erhalten und liefert damit zunächst den Beweis, daß die ländliche Produktion und die ihr entsprechenden ländlichen Gesellschaftszustände sich hier noch auf einer sehr unentwickelten Stufe befinden, was auch wirklich der Fall ist. Der russische Bauer lebt und webt nur in seiner Gemeinde; die ganze übrige Welt existiert nur insoweit für ihn, als sie sich in diese seine Gemeinde einmischt. So sehr ist dies der Fall, daß im Russischen dasselbe Wort »mir« einerseits »die Welt« bedeutet, andrerseits aber »Bauerngemeinde«. »Ves' mir« – »die ganze Welt« bedeutet für den Bauern die Versammlung der Gemeindemitglieder. Wenn also Herr Tkatschow von der »*Welt*anschauung« der russischen Bauern spricht, so hat er das russische »mir« offenbar falsch übersetzt. Eine solche vollständige Isolierung der einzelnen Gemeinden voneinander, die im ganzen Lande zwar gleiche, aber das grade Gegenteil von gemeinsamen Interessen schafft, ist die naturwüchsige Grundlage für den *orientalischen Despotismus;* und von Indien bis Rußland hat diese Gesellschaftsform, wo sie vorherrschte, ihn stets produziert, stets in ihm ihre Ergänzung gefunden. [22] Nicht bloß der russische

Staat im allgemeinen, sondern sogar seine spezifische Form, der Zarendespotismus, statt in der Luft zu hängen, ist notwendiges und logisches Produkt der russischen Gesellschaftszustände, mit denen sie nach Herrn Tkatschow »nichts Gemeinschaftliches hat«! – Die Fortentwicklung Rußlands in *bürgerlicher* Richtung würde das Gemeinde-Eigentum auch hier nach und nach vernichten, ohne daß die russische Regierung mit »Bajonetten und Knute« einzuschreiten braucht. Und dies um so mehr, als das Gemeindeland in Rußland nicht von den Bauern gemeinsam bebaut und erst das Produkt geteilt wird, wie dies in einigen Gegenden von Indien noch der Fall ist; im Gegenteil, das Land wird von Zeit zu Zeit unter die einzelnen Familienhäupter verteilt, und jeder bebaut seinen Anteil für sich. Es ist daher eine sehr große Verschiedenheit des Wohlstandes unter den Gemeindemitgliedern möglich, und sie besteht auch in Wirklichkeit. Fast überall gibt es darunter einige reiche Bauern – hie und da Millionäre –, die die Wucherer spielen und die Masse der Bauern aussaugen. Niemand weiß dies besser als Herr Tkatschow. Während er den deutschen Arbeitern aufbindet, den russischen Bauern, diesen instinktiven, traditionellen Kommunisten, könne die »Idee des Kollektiv-Eigentums« nur mit Knute und Bajonett ausgetrieben werden, erzählt er in seiner russischen Broschüre p. 15: »In der Mitte der Bauern arbeitet sich eine Klasse von *Wucherern* (kulakov), von *Aufkäufern* und *Anpächtern* bäuerlicher und adliger Ländereien heraus – eine Bauernaristokratie.« [23]

Es sind das dieselben Sorten Blutsauger, die wir oben näher geschildert.

Was dem Gemeinde-Eigentum den schwersten Stoß versetzt, war wieder die Ablösung der Fronden. Dem Adligen wurde der größte und beste Teil des Bodens zugeteilt; für die Bauern blieb kaum genug, oft nicht genug zum Leben. Dabei wurden die Wälder den Adligen zugesprochen; das Brenn-, Werk- und Bauholz, das der Bauer sich früher dort frei holen durfte, muß er jetzt kaufen. So hat der Bauer jetzt nichts mehr als sein Haus und das nackte Land, ohne die Mittel, es zu bebauen, und im Durchschnitt nicht Land genug, um ihn und seine Familie von einer Ernte zur andern zu erhalten. Unter solchen Verhältnissen und unter dem Druck von Steuern und Wucher ist das Gemeinde-Eigentum an Grund und Boden keine Wohltat mehr, es wird eine Fessel. Die Bauern entlaufen ihm häufig, mit oder ohne Familie, um sich als wandernde Arbeiter zu ernähren, und lassen ihr Land daheim.*

* Über die Lage der Bauern vergleiche man u. a. den offiziellen Bericht der Regierungskommission über ländliche Produktion (1873), ferner Skaldin, »W Zacholusti i w Stolice« (Im ent-

Man sieht, das Gemeinde-Eigentum in Rußland hat seine Blütezeit längst passiert und geht allem Anscheine nach seiner Auflösung entgegen. Dennoch ist unleugbar die Möglichkeit vorhanden, diese Gesellschaftsform in eine höhere überzuführen, falls sie sich in der Weise entwicklungsfähig zeigt, daß die Bauern das Land nicht mehr getrennt, sondern gemeinsam bebauen*; sie in diese höhere Form überzuführen, ohne daß die russischen Bauern die Zwischenstufe des bürgerlichen Parzellen-Eigentums durchzumachen hätten. Dies kann aber nur dann geschehen, wenn in Westeuropa noch vor dem gänzlichen Zerfall des Gemeinde-Eigentums eine proletarische Revolution siegreich durchgeführt wird und dem russischen Bauer die Vorbedingungen zu dieser Überführung liefert, namentlich auch die materiellen, deren er bedarf, um nur die damit notwendig verbundene Umwälzung in seinem ganzen Ackerbausystem durchzusetzen. Es ist also reines Geflunker, wenn Herr Tkatschow sagt, die russischen Bauern, obwohl »Eigentümer«, stehen »näher zum Sozialismus« als die eigentumslosen Arbeiter Westeuropas. Ganz im Gegenteil. Wenn etwas noch das russische Gemeinde-Eigentum retten und ihm die Gelegenheit geben kann, sich in eine neue, wirklich lebensfähige Form umzuwandeln, so ist es eine proletarische Revolution in Westeuropa. [24]

Ebenso leicht wie mit der ökonomischen Revolution, macht es sich Herr Tkatschow mit der politischen. Das russische Volk, erzählt er, »protestiert unaufhörlich« gegen die Sklaverei, bald in Form »religiöser Sekten ... Verweigerung der Steuern ... Räuberbanden« (die deutschen Arbeiter werden sich gratulieren, daß hiernach Schinderhannes der Vater der deutschen Sozialdemokratie ist) »... Brandstiftungen ... Aufständen ... und darum kann man das russische Volk einen instinktiven Revolutionär nennen«. Und somit ist Tkatschow überzeugt, »es sei nur nötig, das angehäufte Gefühl der Erbitterung und der Unzufriedenheit, das ... immer in der Brust unseres Volks kocht, in mehreren Ortschaften gleichzeitig wachzurufen«. Dann werde »die Vereinigung der revolutionären Kräfte *schon von selbst* zustande kommen, und der Kampf ... günstig für die Sache des Volks werden müssen. Die praktische Notwendigkeit, der Instinkt der Selbsterhaltung« erzielt dann

ferntesten Provinzwinkel und in der Hauptstadt), Petersburg 1870; letztere Schrift von einem Liberalkonservativen. (Anm. von Engels)

* In Polen, besonders im Gouvernement Grodno, wo der Adel durch den Aufstand von 1863 großenteils ruiniert ist, kaufen oder pachten die Bauern jetzt häufig adlige Güter und bebauen sie ungeteilt und *für gemeinsame Rechnung*. Und diese Bauern haben seit Jahrhunderten kein Gemeinde-Eigentum mehr und sind keine Großrussen, sondern Polen, Litauer und Weißrussen. (Anm. von Engels)

ganz von selbst »ein festes und unzerreißbares Bündnis unter den protestierenden Gemeinden«.

Leichter und angenehmer kann man sich eine Revolution gar nicht vorstellen. Man schlägt an drei, vier Orten gleichzeitig los, und der »instinktive Revolutionär«, die »praktische Notwendigkeit«, der »Instinkt der Selbsterhaltung« tun alles andere »schon von selbst«. Warum bei dieser spielenden Leichtigkeit die Revolution nicht längst gemacht, das Volk befreit und Rußland in das sozialistische Musterland verwandelt ist, das ist rein nicht zu begreifen.

In der Tat steht es ganz anders. Das russische Volk, dieser instinktive Revolutionär, hat zwar zahllose vereinzelte Bauernaufstände gegen den *Adel* und gegen einzelne Beamte gemacht, aber *nie gegen den Zar,* es sei denn, daß sich *ein falscher Zar* an seine Spitze stellte und den Thron reklamierte. Der letzte große Bauernaufstand unter Katharina II. wurde nur dadurch möglich, daß Jemeljan Pugatschow sich für deren Gemahl Peter III. ausgab, der von seiner Frau nicht ermordet, sondern entthront und eingesteckt, nun aber entkommen sei. Der Zar im Gegenteil ist des russischen Bauern irdischer Gott: Bog vysok, Car daljok, Gott ist hoch und der Zar ist fern, ist sein Notschrei. Daß die Masse der Bauernbevölkerung, namentlich seit der Ablösung der Fronden, in eine Lage versetzt worden, die ihr den Kampf auch gegen die Regierung und den Zaren mehr und mehr aufzwingt, daran ist kein Zweifel; aber das Märchen vom »instinktiven Revolutionär« mag Herr Tkatschow woanders unterzubringen suchen.

Und dann, selbst *wenn* die Masse der russischen Bauern noch so instinktiv-revolutionär wäre, selbst *wenn* wir uns vorstellen, man könne Revolutionen auf Bestellung machen, wie man ein geblümtes Stück Kattun oder einen Teekessel macht – selbst dann frage ich, ist es einem Menschen von mehr als zwölf Jahren gestattet, sich den Gang einer Revolution in so überkindlicher Weise vorzustellen, wie dies hier geschieht? Und nun bedenke man noch, daß dies geschrieben wurde, nachdem die erste nach diesem bakunistischen Modell angefertigte Revolution – die von 1873 in Spanien – so brillant gescheitert war. Auch dort wurde an mehreren Orten zugleich losgeschlagen. Auch dort rechnete man darauf, daß die praktische Notwendigkeit, der Instinkt der Selbsterhaltung, schon von selbst ein festes und unzerreißbares Bündnis unter den protestierenden Gemeinden zustande bringen werde. Und was geschah? Jede Gemeinde, jede Stadt verteidigte nur sich selbst, von gegenseitiger Unterstützung war keine Rede, und mit nur 3000 Mann warf Pavía in 14 Tagen eine Stadt nach der andern nieder und machte der ganzen anarchischen Herrlichkeit ein Ende (vgl.

meine »Bakunisten an der Arbeit«, wo dies im einzelnen geschildert). [25]

Kein Zweifel, Rußland steht am Vorabend einer Revolution. Die Finanzen sind zerrüttet bis aufs äußerste. Die Steuerschraube versagt den Dienst, die Zinsen der alten Staatsschulden werden bezahlt mit neuen Anleihen, und jede neue Anleihe stößt auf größere Schwierigkeiten; kann man sich doch das Geld nur noch verschaffen unter dem Vorwand des Eisenbahnbaues! Die Verwaltung von jeher durch und durch korrumpiert; die Beamten mehr von Diebstahl, Bestechung und Erpressung lebend als vom Gehalt. Die ganze ländliche Produktion – die bei weitem wesentlichste für Rußland – vollständig in Unordnung gebracht durch die Ablösung von 1861; der große Grundbesitz ohne hinreichende Arbeitskräfte, die Bauern ohne hinreichendes Land, von Steuern erdrückt, von Wucherern ausgesogen; der Ackerbauertrag von Jahr zu Jahr abnehmend. Das Ganze mühsam und äußerlich zusammengehalten durch einen orientalischen Despotismus, von dessen Willkürlichkeit wir im Westen uns gar keine Vorstellung zu machen vermögen; einen Despotismus, der nicht nur von Tag zu Tag in schreienderen Widerspruch tritt mit den Anschauungen der aufgeklärten Klassen und namentlich denen der rasch wachsenden hauptstädtischen Bourgeoisie, sondern der auch unter seinem jetzigen Träger irre geworden ist an sich selbst, der heute dem Liberalismus Konzessionen macht, um sie morgen erschrocken wieder zurückzunehmen, und der sich damit selbst mehr und mehr um allen Kredit bringt. Dabei unter den in der Hauptstadt konzentrierten aufgeklärteren Schichten der Nation eine zunehmende Erkenntnis, daß diese Lage unhaltbar, daß eine Umwälzung bevorstehend ist, und die Illusion, diese Umwälzung in ein ruhiges konstitutionelles Bett leiten zu können. Hier sind alle Bedingungen einer Revolution vereinigt, einer Revolution, die von den höheren Klassen der Hauptstadt, vielleicht gar von der Regierung selbst eingeleitet, durch die Bauern weiter und über die erste konstitutionelle Phase rasch hinausgetrieben werden muß; einer Revolution, die für ganz Europa schon deswegen von der höchsten Wichtigkeit sein wird, weil sie die letzte, bisher intakte Reserve der gesamteuropäischen Reaktion mit einem Schlage vernichtet. Diese Revolution ist im sichern Anzug. Nur zwei Ereignisse könnten sie länger hinausschieben: ein glücklicher Krieg gegen die Türkei oder Österreich, wozu Geld und sichere Allianzen gehören, oder aber – ein vorzeitiger Aufstandsversuch, der die besitzenden Klassen der Regierung wieder in die Arme jagt. [26]

Nachwort (1894)

Zunächst habe ich zu berichtigen, daß Herr P. Tkatschow, genau gesprochen, nicht ein Bakunist, d. h. Anarchist, war, sondern sich für einen »Blanquisten« ausgab. Der Irrtum war natürlich, da besagter Herr, nach der damaligen russischen Flüchtlingssitte, sich dem Westen gegenüber mit der ganzen russischen Emigration solidarisch machte und in der Tat in seiner Broschüre auch Bakunin und Genossen gegen meine Angriffe verteidigte, als wenn diese ihm selbst gegolten hätten. [27]

Die Ansichten über die russische kommunistische Bauerngemeinde, die er mir gegenüber vertrat, waren im wesentlichen die von Herzen. Dieser zum Revolutionär aufgebauschte panslawistische Belletrist hatte aus Haxthausens »Studien über Rußland« erfahren, daß die leibeignen Bauern auf seinen Gütern kein Privateigentum am Boden kennen, sondern das Acker- und Wiesenland von Zeit zu Zeit unter sich neu umteilen. Als Belletrist brauchte er nicht zu lernen, was bald darauf allgemein bekannt wurde, daß das Gemeineigentum am Boden eine bei Deutschen, Kelten, Indiern, kurz, allen indogermanischen Völkern in der Urzeit herrschende, in Indien noch bestehende, in Irland und Schottland erst neuerdings gewaltsam unterdrückte, in Deutschland sogar hie und da noch vorkommende, eben aussterbende Besitzform ist, die in der Tat auf einer gewissen Entwicklungsstufe allen Völkern gemeinsam ist. Aber als Panslawist fand er, der höchstens der Phrase nach Sozialist war, hierin einen neuen Vorwand, sein »heiliges« Rußland und dessen Mission, den verrotteten, abgelebten Westen, nötigenfalls durch Waffengewalt, zu verjüngen und wiederzugebären, diesem selbigen faulen Westen gegenüber in noch glänzenderes Licht zu stellen. Was die verschlissenen Franzosen und Engländer mit aller Mühe nicht fertigbringen können, das haben die Russen fertig bei sich zu Hause.

»Die Bauerngemeinde aufrechterhalten und die Freiheit der Person herstellen, die Selbstverwaltung des Dorfes auf die Städte und den ganzen Staat ausdehnen, unter Bewahrung der nationalen Einheit – darin ist die ganze Frage von der Zukunft Rußlands zusammengefaßt, d. h. die Frage derselben sozialen Antinomie, deren Lösung die Geister des Westens beschäftigt und bewegt.« (Herzen, »Briefe an Linton«.) [28]

Also eine politische Frage mag es für Rußland geben; die »soziale Frage« ist für Rußland bereits gelöst.

Ebenso leicht wie Herzen machte es sich sein Nachtreter Tkatschow. Wenn er auch im Jahr 1875 nicht mehr behaupten konnte, die »soziale Frage« sei in Rußland schon gelöst, so stehn nach ihm die russischen Bauern als geborne Kommunisten doch unendlich näher zum Sozialismus und befinden sich obendrein unendlich wohler als die armen, gottverlassenen westeuropäischen Proletarier. Wenn die französischen Republikaner kraft ihrer hundertjährigen revolutionären Tätigkeit ihr Volk für das politisch auserwählte Volk halten, so erklärten manche damalige russische Sozialisten Rußland für das sozial auserwählte Volk; nicht aus den Kämpfen des westeuropäischen Proletariats, sondern aus dem innersten Innern des russischen Bauern heraus sollte der alten ökonomischen Welt ihre Wiedergeburt kommen. Gegen diese kindische Auffassung wandte sich mein Angriff.

Nun aber hat die russische Gemeinde auch Beachtung und Anerkennung gefunden unter Leuten, die unendlich höher stehn als die Herzen und Tkatschow. Darunter auch Nikolai Tschernyschewski, jener große Denker, dem Rußland so unendlich viel verdankt und dessen langsamer Mord durch jahrelange Verbannung unter sibirische Jakuten ein ewiger Schandfleck bleiben wird auf dem Gedächtnis Alexanders II., des »Befreiers«.

Tschernyschewski, infolge der russischen intellektuellen Grenzsperre, hat nie die Werke von Marx gekannt, und als »Das Kapital« erschien, saß er längst in Mittel-Wiljuisk unter den Jakuten. Seine ganze geistige Entwicklung hatte stattzufinden in dem umgebenden Mittel, das durch diese intellektuelle Grenzsperre geschaffen wurde. Was die russische Zensur nicht hineinließ, das existierte für Rußland kaum oder gar nicht. Finden sich da einzelne Schwächen, einzelne Schranken des Ausblicks, so muß man nur bewundern, daß ihrer nicht mehr sind.

Auch Tschernyschewski sieht in der russischen Bauerngemeinde ein Mittel, um aus der bestehenden Gesellschaftsform zu einer neuen Entwicklungsstufe zu kommen, die höher ist als einerseits die westeuropäische kapitalistische Gesellschaft mit ihren Klassengegensätzen. Und darin, daß Rußland dies Mittel besitzt, während es dem Westen abgeht, darin sieht er einen Vorzug.

»Die Einführung einer bessern Gesellschaftsordnung wird in Westeuropa überaus erschwert durch die grenzenlose Erweiterung der Rechte der einzelnen Persönlichkeit ... man verzichtet nicht so leicht auch nur auf einen kleinen Teil dessen, was man gewohnt ist zu genießen; in Westeuropa ist der einzelne schon gewöhnt an die Unbegrenztheit der Privatrechte. Den Vorteil und die Unvermeidlichkeit gegenseitiger Konzessionen lehrt nur bittre Erfahrung und lange Überlegung. Im Westen ist eine beßre Ordnung der ökonomischen Verhältnisse mit Opfern verbunden und daher schwer herzustellen. Sie geht gegen die Gewohnheiten des englischen und französischen Landmanns.« Aber:

»Was dort eine Utopie scheint, existiert hier als Tatsache ... jene Gewohnheiten, deren Überführung ins Volksleben dem Engländer und Franzosen unermeßlich schwierig erscheint, bestehn bei dem Russen als Tatsache seines Volkslebens ... die Ordnung der Dinge, zu der der Westen auf einem langen und schwierigen Weg erst hinstrebt, besteht schon bei uns in der machtvollen Volkssitte unsres ländlichen Daseins ... Wir sehn, welche traurigen Folgen im Westen der Untergang des Gemeineigentums am Boden erzeugt hat und wie schwierig es den westlichen Völkern wird, das Verlorne wiederherzustellen. Das Beispiel des Westens darf uns nicht umsonst gegeben sein.« (Tschernyschewski, Werke, Genfer Ausgabe, V, p. 16–19; zitiert bei Plechanow, »Naschi rasnoglasija«, Genf 1885.)

Und von den uralischen Kosaken, bei denen noch gemeinsame Bebauung des Bodens und nachherige Teilung des Produkts unter die Einzelfamilien herrschte, sagt er:

»Wenn diese Uralier mit ihren jetzigen Einrichtungen fortbestehn bis zu der Zeit, wo in die Kornproduktion Maschinen eingeführt werden, dann werden sie sehr froh sein, daß sie eine Eigentumsordnung beibehalten haben, die ihnen die Anwendung auch solcher Maschinen gestattet, welche Wirtschaftseinheiten von kolossalem Maßstab, von Hunderten von Desjatinen voraussetzen« (ib., p. 131).

Wobei nur nicht zu vergessen, daß die Uralier mit ihrer – durch militärische Rücksichten (wir haben ja auch den Kasernenkommunismus) vor dem Untergang bewahrten – gemeinsamen Bebauung ganz einsam in Rußland dastehn, ungefähr wie die Gehöferschaften an der Mosel bei uns mit ihren zeitweiligen Neuteilungen. Und bleiben sie bei ihrer jetzigen Verfassung, bis sie reif sind zur Einführung der Maschinen, so haben nicht sie den Vorteil davon, sondern der russische Militärfiskus, dessen Knechte sie sind.

Jedenfalls war die Tatsache da: Um dieselbe Zeit, wo in Westeuropa die kapitalistische Gesellschaft zerfällt und an den notwendigen Widersprüchen ihrer eignen Entwicklung zugrunde zu gehn droht, um dieselbe Zeit findet sich in Rußland noch ungefähr die Hälfte des ganzen bebauten Bodens im Gemeineigentum der Bauerngemeinden. Wenn nun im Westen die Lösung der Widersprüche durch eine Neuorganisation der Gesellschaft zur Voraussetzung hat die Übernahme sämtlicher Produktionsmittel, also auch des Bodens, in das Gemeineigentum der Gesellschaft, wie verhält sich zu diesem erst zu schaffenden Gemeineigentum des Westens das schon oder vielmehr noch bestehende Gemeineigentum in Rußland? Kann es nicht dienen als Ausgangspunkt einer nationalen Aktion, die, unter Überspringung der ganzen kapitalistischen Periode, den russischen Bauernkommunismus sofort hinüberführt in das moderne sozialistische Gemeineigentum an allen Produktionsmitteln, indem sie ihn bereichert mit den sämtlichen technischen Errungenschaften der kapitalistischen Ära? Oder, um die Worte zu gebrauchen, worin Marx in einem weiter unten zu zitierenden Brief die Auffassung Tschernyschewskis zusammenfaßt: »soll Rußland zunächst die Bauernkommune zerstören, wie die Liberalen dies verlangen, um dann zum kapitalistischen System überzugehn, oder kann es, im Gegenteil, ohne die Qualen dieses Systems durchzumachen, sich alle Früchte desselben aneignen, indem es seine eignen, geschichtlich gegebenen Voraussetzungen weiter entwickelt?« [29]

Die Stellung der Frage selbst gibt schon die Richtung an, in der ihre Lösung zu suchen ist. Die russische Gemeinde hat Hunderte von Jahren bestanden, ohne daß aus ihr je ein Antrieb hervorgegangen wäre, aus ihr selbst eine höhere Form des Gemeineigentums zu entwickeln; ebenso wenig wie dies der Fall war mit der deutschen Markverfassung, den keltischen Clans, den indischen und sonstigen Gemeinden mit primitiv-kommunistischen Einrichtungen. Sie alle haben im Laufe der Zeit, unter dem Einfluß der sie umgebenden resp. in ihrer eignen Mitte entspringenden und sie allmählich durchdringenden Warenproduktion und des Austausches zwischen Einzelfamilien und Einzelpersonen mehr und mehr von ihrem kommunistischen Charakter verloren und sich in Gemeinden gegeneinander selbständiger Grundbesitzer aufgelöst. Wenn also überhaupt die Frage aufgeworfen werden kann, ob die russische Gemeinde ein andres und besseres Schicksal haben wird, so ist nicht sie selbst schuld daran, sondern einzig der Umstand, daß sie sich in einem europäischen Land in relativer Lebenskraft erhalten hatte bis zu einer Zeit, wo nicht nur die Warenproduktion überhaupt, sondern selbst deren höchste und letzte Form, die kapitalistische Produktion, in Westeuropa in Widerspruch geraten ist mit den von ihr selbst erzeugten Produktivkräften, wo sie sich unfähig beweist, diese Kräfte fernerhin zu leiten, und wo sie an diesen innern Widersprüchen und den ihnen entsprechenden Klassenkonflikten zugrunde geht. Schon hieraus geht hervor, daß die Initiative zu einer solchen etwaigen Umgestaltung der russischen Gemeinde nur ausgehn kann nicht von ihr selbst, sondern einzig von den industriellen Proletariern des Westens. Der Sieg des westeuropäischen Proletariats über die Bourgeoisie, die damit verknüpfte Ersetzung der kapitalistischen Produktion durch die gesellschaftlich geleitete, das ist die notwendige Vorbedingung einer Erhebung der russischen Gemeinde auf dieselbe Stufe.

In der Tat: Nie und nirgends hat der aus der Gentilgesellschaft überkommene Agrarkommunismus aus sich selbst heraus etwas andres entwickelt als seine eigne Zersetzung. Die russische Bauerngemeinde selbst war schon 1861 eine relativ abgeschwächte Form dieses Kommunismus; die in einzelnen Gegenden Indiens und in der südslawischen Hausgenossenschaft (Zádruga), der wahrscheinlichen Mutter der russichen Gemeinde, noch bestehende gemeinsame Bebauung des Bodens hatte der Bewirtschaftung durch Einzelfamilien Platz machen müssen; das Gemeineigentum machte sich nur noch geltend bei den je nach den verschiedenen Lokalitäten in sehr verschiedenen Zeiträumen wiederholten Neuteilungen des Bodens. Diese Neuteilungen brauchen nur einzuschlafen oder durch Beschluß abgeschafft zu werden, und das Dorf von Parzellenbauern ist fertig.

Die bloße Tatsache aber, daß neben der russischen Bauerngemeinde gleichzeitig in Westeuropa die kapitalistische Produktion sich dem Punkt nähert, wo sie in die Brüche geht und wo sie selbst schon auf eine neue Produktionsform hinweist, bei der die Produktionsmittel als gesellschaftliches Eigentum planmäßig angewandt werden – diese bloße Tatsache kann der russischen Gemeinde nicht die Kraft verleihen, aus sich selbst diese neue Gesellschaftsform zu entwickeln. Wie sollte sie die riesigen Produktivkräfte der kapitalistischen Gesellschaft sich als gesellschaftliches Eigentum und Werkzeug aneignen können, noch ehe die kapitalistische Gesellschaft selbst diese Revolution vollbracht; wie sollte die russische Gemeinde der Welt zeigen können, wie man große Industrie für gemeinsame Rechnung betreibt, nachdem sie schon verlernt hat, ihren Boden für gemeinsame Rechnung zu bebauen?

Allerdings gibt es in Rußland Leute genug, die die westliche kapitalistische Gesellschaft mit all ihren unversöhnlichen Gegensätzen und Konflikten genau kennen und auch über den Ausweg mit sich im reinen sind, der aus dieser scheinbaren Sackgasse führt. Aber erstens leben die paar tausend Leute, die dies begreifen, nicht in der Gemeinde, und die vielleicht fünfzig Millionen, die in Großrußland noch im Gemeineigentum am Boden leben, haben von alledem nicht die entfernteste Ahnung. Die stehn jenen paar tausend mindestens ebenso fremd und verständnislos gegenüber, wie die englischen Proletarier 1800–1840 den Plänen gegenüberstanden, die Robert Owen zu ihrer Rettung ersann. Und unter den Arbeitern, die Owen in seiner Fabrik in New-Lanark beschäftigte, bestand die Mehrzahl ebenfalls aus Leuten, die in den Einrichtungen und Gewohnheiten einer zerfallenden kommunistischen Gentilgesellschaft, im keltisch-schottischen Clan, herangewachsen waren; aber mit keiner Silbe berichtet er, daß er bei diesen beßres Verständnis gefunden. Und zweitens ist es eine historische Unmöglichkeit, daß eine niedrigere ökonomische Entwicklungsstufe die Rätsel und Konflikte lösen soll, die erst auf einer weit höhern Stufe entsprungen sind und entspringen konnten. Alle vor der Warenproduktion und dem Einzelaustausch entstandenen Formen der Gentilgenossenschaft haben mit der künftigen sozialistischen Gesellschaft dies eine gemein: daß gewisse Dinge, Produktionsmittel, im gemeinsamen Eigentum und gemeinsamer Nutzung gewisser Gruppen sind. Diese eine gemeinschaftliche Eigenschaft befähigt aber nicht die niedre Gesellschaftsform, die künftige sozialistische Gesellschaft, dies eigenste und letzte Produkt des Kapitalismus, aus sich zu erzeugen. Jede gegebne ökonomische Formation hat ihre eignen, aus ihr selbst entspringenden Probleme zu lösen; die einer andern, wildfremden Formation lösen zu wollen, wäre absoluter Widersinn. Und dies gilt von der russischen Gemeinde nicht minder als von der südslawischen Zádruga, von der indischen Gentilhaushaltung oder jeder andern durch Gemeinbesitz an Produktionsmitteln gekennzeichneten Gesellschaftsform der Wildheit oder Barbarei.

Dagegen ist es nicht nur möglich, sondern gewiß, daß nach dem Sieg des Proletariats und nach Überführung der Produktionsmittel in Gemeinbesitz bei den westeuropäischen Völkern, den Ländern, die der kapitalistischen Produktion erst eben verfallen und noch Gentileinrichtungen oder Reste davon gerettet haben, in diesen Resten von Gemeinbesitz und in den entsprechenden Volksgewohnheiten ein mächtiges Mittel gegeben ist, ihren Entwicklungsprozeß zur sozialistischen Gesellschaft bedeutend abzukürzen und sich den größten Teil der Leiden und Kämpfe zu ersparen, durch die wir in Westeuropa uns durcharbeiten müssen. Aber dazu ist das Beispiel und der aktive Beistand des bisher kapitalistischen Westens eine unumgängliche Bedingung. Nur wenn die kapitalistische Wirtschaft in ihrer Heimat und in den Ländern ihrer Blüte überwunden ist, nur wenn die zurückgebliebnen Länder an diesem Beispiel sehn, »wie man's macht«, wie man die modernen industriellen Produktivkräfte als gesellschaftliches Eigentum in den Dienst der Gesamthilfe stellt, nur dann können sie diesen abgekürzten Entwicklungsprozeß in Angriff nehmen. Dann aber auch mit sicherm Erfolg. Und dies gilt von allen Ländern vorkapitalistischer Stufe, nicht nur von Rußland. In Rußland aber wird es verhältnismäßig am leichtesten sein, weil hier ein Teil der einheimischen Bevölkerung sich bereits die intellektuellen Resultate der kapitalistischen Entwicklung angeeignet hat und es dadurch möglich wird, in revolutionärer Zeit hier die gesellschaftliche Umgestaltung ziemlich gleichzeitig mit dem Westen zu vollziehn. [30]

Dies wurde bereits ausgesprochen von Marx und mir am 21. Januar 1882 in der Vorrede zu der von Plechanow verfaßten russischen Übersetzung des »Kommunistischen Manifests«. Es heißt dort: »Neben einem sich rasch entwickelnden kapitalistischen Schwindel und einem sich erst eben bildenden bürgerlichen Grundeigentum finden wir in Rußland die größre Hälfte des Bodens im Gemeineigentum der Bauern. Es fragt sich nun: Kann die russische Gemeinde, diese in der Tat schon stark in der Zersetzung begriffene Form des ursprünglichen gemeinsamen Eigentums am Boden, unmittelbar übergehn in eine höhere kommunistische Form des Grundeigentums – oder muß sie vorher denselben Auflösungsprozeß durchmachen, der die geschichtliche Entwicklung des Westens charakterisiert? – Die einzige, heute mögliche Antwort auf diese Frage ist folgende: Wenn die russische Revolution das Signal gibt zu einer Arbeiterrevolution im Westen, so daß beide einander ergänzen, dann kann das russische Grundeigentum zum Ausgangspunkt einer kommunistischen Entwicklung werden.« [31]

Nun aber ist nicht zu vergessen, daß die hier erwähnte starke Zersetzung des russischen Gemeineigentums seitdem bedeutende Fortschritte gemacht hat. Die Niederlagen im Krimkrieg hatten die Notwendigkeit rascher industrieller Entwicklung für Rußland klargelegt. Vor allem brauchte man Eisenbahnen, und diese sind ohne einheimische große Industrie nicht auf großem Maßstab möglich. Die Vorbedingung für diese war die sog. Bauernbefreiung; mit ihr brach die kapitalistische Ära für Rußland an; damit aber auch die Ära der raschen Untergrabung des Gemeineigentums am Boden. Die den Bauern auferlegten Ablösungszahlungen, neben erhöhten Steuern und gleichzeitiger Verkleinerung und Verschlechterung des ihnen zugeteilten Bodens, warfen sie unfehlbar in die Hände der Wucherer, meist reichgewordner Mitglieder der Bauerngemeinde. Die Eisenbahnen eröffneten vielen bisher abgelegnen Gegenden einen Absatzmarkt für ihr Korn, brachten aber auch die wohlfeilen Produkte der großen Industrie dahin und verdrängten durch diese die Hausindustrie der Bauern, die bisher ähnliche Erzeugnisse teils für Selbstbedarf, teils für Verkauf angefertigt hatten. Die altgewohnten Erwerbsverhältnisse wurden in Unordnung gebracht, die Zerrüttung trat ein, die überall den Übergang der Naturalwirtschaft in die Geldwirtschaft begleitet, in der Gemeinde traten große Vermögensunterschiede zwischen den Mitgliedern hervor – die Ärmern wurden die Schuldsklaven der Reichen. Kurz, derselbe Prozeß, der in der Zeit vor Solon die athenische Gens vermittelst des Einbruchs der Geldwirtschaft zersetzt hatte*, begann hier die russische Gemeinde

* Vgl. Engels, »Der Ursprung der Familie etc.«, 5. Aufl., Stuttgart 1892, S. 109 bis 113.

zu zersetzen. Solon konnte zwar durch einen revolutionären Eingriff in das, damals noch ziemlich junge, Recht des Privateigentums die Schuldsklaven befreien, indem er die Schulden einfach annullierte. Aber die altathenische Gens konnte er nicht wieder ins Leben zurückrufen, und ebensowenig wird irgendeine Macht der Welt imstande sein, die russische Gemeinde wiederherzustellen, sobald deren Zerrüttung einen bestimmten Höhepunkt erreicht hat. Und obendrein hat die russische Regierung verboten, die Umteilungen des Bodens unter den Gemeindemitgliedern öfter als alle 12 Jahre zu wiederholen, damit der Bauer sich mehr und mehr davon entwöhnen und anfangen soll, sich als Privateigentümer seines Anteils anzusehn.

In diesem Sinne sprach sich auch bereits im Jahre 1877 Marx aus in einem Brief nach Rußland. Ein Herr Shukowski, derselbe, der jetzt als Kassierer der Staatsbank mit seiner Unterschrift die russischen Kreditbilletts einweiht, hatte im »Europäischen Boten« (Westnik Jewropy) etwas über Marx geschrieben, worauf ein anderer Schriftsteller geantwortet hatte in den »Vaterländischen Denkschriften« (Otečestvennija Zapiski). Zur Berichtigung dieses Artikels schrieb Marx einen Brief an den Redakteur der »Denkschriften«, der, nachdem er in Abschriften des französischen Originals lange in Rußland zirkuliert hatte, im »Boten des Volkswillens« (Westnik Narodnoj Woli) 1886 in Genf und später auch in Rußland selbst in russischer Übersetzung erschien. Der Brief hat in russischen Kreisen, wie alles, was von Marx ausging, große Beachtung und verschiedenartige Deutung gefunden; und deshalb gebe ich hier seinen wesentlichen Inhalt. [32]

Zunächst weist Marx die ihm in den »Denkschriften« untergeschobene Ansicht zurück, als sei er der Ansicht der russischen Liberalen, wonach Rußland nichts Eiligeres zu tun habe, als das Gemeineigentum der Bauern aufzulösen und sich in den Kapitalismus zu stürzen. Seine kurze Notiz über Herzen im Anhang zur ersten Ausgabe des »Kapital« beweise nichts. Diese Notiz lautet: »Wenn auf dem Kontinent von Europa der Einfluß der kapitalistischen Produktion, welche die Menschenrace unterwühlt ..., sich, wie bisher, Hand in Hand entwickelt mit der Konkurrenz in Größe der nationalen Soldateska, Staatsschulden, Steuern, eleganter Kriegsführung usw., möchte die vom Halbrussen und ganzen Moskowiter Herzen (dieser Belletrist hat, nebenbei bemerkt, seine Entdeckungen über den ›russischen Kommunismus‹ nicht in Rußland gemacht, sondern in dem Werk des preußischen Regierungsrats Haxthausen) so ernst prophezeite Verjüngung Europas durch die Knute und obligate Infusion von Kalmückenblut schließlich unvermeidlich werden.« (»Kapital«, I, erste Ausgabe, p. 763.) – Dann fährt Marx fort: Diese Stelle »kann in keinem Fall den Schlüssel liefern zu meiner Ansicht über die Bemühungen« (das Folgende ist im Original in russischer Sprache zitiert) »›russischer Männer, für ihr Vaterland einen Entwicklungsgang zu finden, verschieden von dem, den das westliche Europa gegangen ist und noch geht‹, usw. – Im Nachwort zur zweiten deutschen Auflage des ›Kapitals‹ spreche ich von einem ›großen russischen Gelehrten und Kritiker‹« (Tschernyschewski) »mit der Hochachtung, die er verdient. Dieser hat in bemerkenswerten Artikeln die Frage behandelt, ob Rußland, wie die liberalen Ökonomen verlangen, mit der Zerstörung der Bauerngemeinde anfangen und dann zum kapitalistischen Regime übergehn muß, oder ob es im Gegenteil, ohne die Qualen dieses Systems durchzumachen, sich alle Früchte desselben aneignen kann, indem es seine eignen geschichtlich gegebnen Voraussetzungen weiterentwickelt. Er spricht sich in diesem letztern Sinn aus.

Kurzum, da ich nicht gern ›etwas zu erraten‹ lassen möchte, will ich ohne Rückhalt sprechen. Um die ökonomische Entwicklung Rußlands in voller Sachkenntnis beurteilen zu können, habe ich Russisch gelernt und dann lange Jahre hindurch die darauf bezüglichen offiziellen und sonstigen Druckschriften studiert. Das Resultat, wobei ich angekommen bin, ist dies: *Fährt Rußland fort, den Weg zu verfolgen, den es seit 1861 eingeschlagen hat, so wird es die schönste Chance verlieren, die die Geschichte jemals einem Volk dargeboten hat, um dafür alle verhängnisvollen Wechselfälle des kapitalistischen Systems durchzumachen.*«

Weiterhin klärt Marx einige fernere Mißverständnisse seines Kritikers auf; die einzige auf unsre vorliegende Frage bezügliche Stelle lautet:

»Welche Anwendung auf Rußland konnte nun mein Kritiker machen von dieser geschichtlichen Skizze?« (Der Darstellung der ursprünglichen Akkumulation im »Kapital«.) »Einfach nur diese: Strebt Rußland dahin, eine kapitalistische Nation nach westeuropäischem Vorbild zu werden – und in den letzten Jahren hat es sich in dieser Richtung sehr viel Mühe kosten lassen –, so wird es dies nicht fertigbringen, ohne vorher einen guten Teil seiner Bauern in Proletarier verwandelt zu haben; und dann, einmal hineingerissen in den Wirbel der kapitalistischen Wirtschaft, wird es die unerbittlichen Gesetze dieses Systems zu ertragen haben, genauso wie die andern profanen Völker. Das ist alles.«

So schrieb Marx 1877. Damals gab es in Rußland zwei Regierungen: die des Zaren und die des geheimen Vollziehungsausschusses (ispolnitel'nyi komitet) der terroristischen Verschwörer. Die Macht dieser geheimen Nebenregierung stieg von Tag zu Tag. Der Sturz des Zarentums schien bevorzustehn; eine Revolution in Rußland mußte die gesamte europäische Reaktion ihrer stärksten Stütze, ihrer großen Reservearmee berauben und dadurch auch der politischen Bewegung des Westens einen neuen, gewaltigen Anstoß und obendrein unendlich günstigere Operationsbedingungen geben. Kein Wunder, daß Marx da den Russen rät, es weniger eilig zu haben mit dem Sprung in den Kapitalismus. [33]

Die russische Revolution ist nicht gekommen. Das Zarentum ist Herr geworden über den Terrorismus, der jenem sogar alle besitzenden, »ordnungsliebenden« Klassen für den Augenblick wieder in die Arme getrieben hat. Und während der 17 Jahre, die seit jenem Brief verflossen, hat sowohl der Kapitalismus wie die Auflösung der Bauerngemeinde in Rußland enorme Fortschritte gemacht. Wie steht die Frage nun heute, 1894?

Als nach den Niederlagen des Krimkriegs und dem Selbstmord des Kaisers Nikolaus der alte zarische Despotismus unverändert fortbestand, war nur ein Weg offen: der möglichst rasche Übergang zur kapitalistischen Industrie. Die Armee war zugrunde gegangen an den Riesendimensionen des Reichs, auf den langen Märschen nach dem Kriegsschauplatz; die Entfernungen mußten vernichtet werden durch ein strategisches Eisenbahnnetz. Aber Eisenbahnen, die bedeuten kapitalistische Industrie und Revolutionierung des primitiven Ackerbaus. Einerseits tritt das Ackerbauprodukt auch der entlegensten Striche in direkte Verbindung mit dem Weltmarkt, andrerseits ist ein ausgedehntes Eisenbahnsystem nicht zu bauen und in Betrieb zu halten ohne eine einheimische Industrie, die Schienen, Lokomotiven, Waggons etc. liefert. Man kann aber nicht *einen* Zweig der großen Industrie einführen, ohne das ganze System mit in den Kauf zu nehmen; die Textilindustrie auf relativ modernem Fuß, die schon vorher in der Gegend von Moskau und Wladimir sowie an den Ostseeküsten Wurzel gefaßt, erhielt einen neuen Aufschwung. Den Eisenbahnen und Fabriken schlossen sich die Ausdehnungen schon bestehender und Gründungen neuer Banken an; die Freisetzung der Bauern aus der Leibeigenschaft stellte die Freizügigkeit her, in Erwartung der bald von selbst erfolgenden Freisetzung eines großen Teils dieser Bauern auch vom Bodenbesitz. Damit waren in kurzer Zeit alle Grundlagen der kapitalistischen Produktionsweise in Rußland gelegt. Aber es war auch die Axt gelegt an die Wurzel der russischen Bauerngemeinde.

Darüber jetzt zu wehklagen, ist nutzlos. Hätte man nach dem Krimkrieg den Zarendespotismus ersetzt durch eine direkte parlamentarische Adels- und Bürokratenherrschaft, so wäre der Prozeß vielleicht etwas verlangsamt worden; kam das aufkeimende Bürgertum ans Ruder, so wurde er sicher noch beschleunigt. Wie die Dinge lagen, war keine andre Wahl. Neben dem Zweiten Kaiserreich in Frankreich, neben dem glänzendsten Aufschwung der kapitalistischen Industrie in England, konnte doch wahrlich nicht von Rußland verlangt werden, es solle sich auf Grund der Bauerngemeinde in staatssozialistische Experimente von oben herab stürzen. Etwas mußte geschehen. Was unter den Umständen möglich war, geschah, wie überall und immer in Ländern der Warenproduktion, meist mit nur halbem Bewußtsein oder ganz mechanisch und ohne zu wissen, was man tat.

Nun kam die neue Zeit der Revolutionen von oben, die von Deutschland ausging, und damit die Zeit des raschen Wachstums des Sozialismus in allen europäischen Ländern. Rußland nahm teil an der allgemeinen Bewegung. Hier erhielt diese – wie selbstverständlich – die Form des Ansturms zum Sturz des zarischen Despotismus, zur Eroberung intellektueller und politischer Bewegungsfreiheit für die Nation. Der Glaube an die Wunderkraft der Bauerngemeinde, aus der die soziale Wiedergeburt kommen könne und müsse – ein Glaube, an dem, wie wir sehn, Tschernyschewski nicht ganz unschuldig war –, dieser Glaube tat das Seinige, die Begeisterung und die Tatkraft der heroischen russischen Vorkämpfer zu steigern. Mit den Leuten, die, kaum ein paar Hundert an Zahl, durch ihre Aufopferung und ihren Heldenmut das absolute Zarentum dahin brachten, daß es schon die Möglichkeit und die Bedingungen einer Kapitulation in Erwägung ziehn mußte – mit diesen Leuten rechten wir nicht, wenn sie ihr russisches Volk hielten für das auserwählte Volk der sozialen Revolution. Aber ihre Illusion brauchen wir deshalb nicht zu teilen. Die Zeit der auserwählten Völker ist für immer vorbei. [34]

Während dieses Kampfs aber ging der Kapitalismus flott voran in Rußland und erreichte mehr und mehr das, was der Terrorismus nicht fertiggebracht: das Zarentum zur Kapitulation zu bringen.

Das Zarentum brauchte Geld. Nicht nur für seinen Hofluxus, seine Bürokratie, vor allem für seine Armee und seine auf Bestechung beruhende auswärtige Politik, sondern namentlich auch für seine elende Finanzwirtschaft und die ihr entsprechende alberne Eisenbahnpolitik. Das Ausland wollte und konnte nicht länger für alle Defizits des Zaren aufkommen; das Inland mußte helfen. Ein Teil der Eisenbahnaktien mußte im Lande selbst untergebracht werden, ein Teil der Anleihen ebenfalls. Der erste Sieg der russischen Bourgeoisie bestand in den Eisenbahnkonzessionen, die den Aktionären alle künftigen Gewinne, dem Staat aber alle künftigen Verluste aufluden. Dann kamen die Subventionen und Prämien für industrielle Unternehmungen, die Schutzzölle zugunsten der einheimischen Industrie, die zuletzt die Einfuhr vieler Artikel gradezu unmöglich machten. Der russische Staat hat bei seiner grenzenlosen Verschuldung und bei seinem fast total ruinierten Kredit im Auslande ein direkt fiskalisches Interesse an einer Treibhausmäßigen Entwicklung der einheimischen Industrie. Er braucht fortwährend Gold zur Zahlung der Schuldzinsen ans Ausland. Aber in Rußland ist kein Gold, da zirkuliert nur Papier. Ein Teil wird geliefert durch die vorschriftsmäßige Zahlung der Zölle in Gold, die beiläufig auch diese Zölle um 50% erhöht. Aber der größte Teil soll geliefert werden durch den Überschuß der Ausfuhr russischer Rohstoffe über die Einfuhr fremder Industrieprodukte; die für diesen Überschuß gezognen Wechsel aufs Ausland kauft die Regierung im Inland für Papier auf und erhält Gold dafür. Will also die Regierung die Zinsenzahlung ans Ausland anders als durch neue ausländische Anleihen bestreiten, so hat sie dafür zu sorgen, daß die russische Industrie rasch so weit erstarkt, um den ganzen inländischen Bedarf zu befriedigen. Daher die Forderung, Rußland müsse ein vom Ausland unabhängiges, sich selbst genügendes Industrieland werden, daher die krampfhaften Anstrengungen der Regierung, die kapitalistische Entwicklung Rußlands in wenigen Jahren auf den Höhepunkt zu bringen. Denn geschieht dies nicht, so bleibt nichts als den in der Staatsbank und im Staatsschatz angehäuften metallischen Kriegsfonds anzugreifen, oder aber der Staatsbankerott. Und in beiden Fällen wäre es aus mit der russischen auswärtigen Politik.

Das eine ist klar: Unter solchen Umständen hat die junge russische Bourgeoisie den Staat vollkommen in der Gewalt. In allen wichtigen ökonomischen Fragen muß er ihr zu Willen sein. Wenn sie sich inzwischen die despotische Selbstherrlichkeit des Zaren und seiner Beamten noch gefallen läßt, so nur, weil diese Selbstherrlichkeit, ohnehin gemildert durch die Bestechlichkeit der Bürokratie, ihr mehr Garantien bietet als Veränderungen selbst im bürgerlich-liberalen Sinn, deren Folgen, bei der innern Lage Rußlands, niemand absehn kann. Und so geht die Umwandlung des Landes in ein kapitalistisch-industrielles, die Proletarisierung eines großen Teils der Bauern und der Verfall der alten kommunistischen Gemeinde in immer rascherem Tempo voran.

Ob von dieser Gemeinde noch so viel gerettet ist, daß sie gegebenenfalls, wie Marx und ich 1882 noch hofften, im Einklang mit einem Umschwung in Westeuropa zum Ausgangspunkt einer kommunistischen Entwicklung werden kann, das zu beantworten maße ich mir nicht an.

Das aber ist sicher: Soll noch ein Rest von dieser Gemeinde erhalten bleiben, so ist die erste Bedingung dafür der Sturz des zarischen Despotismus, die Revolution in Rußland. Diese wird nicht nur die große Masse der Nation, die Bauern, aus der Isolierung ihrer Dörfer, die ihren »mir«, ihre »Welt« bilden, herausreißen und auf die große Bühne führen, wo sie die Außenwelt und damit sich selbst, ihre eigne Lage und die Mittel zur Rettung aus der gegenwärtigen Not kennenlernt, sondern sie wird auch der Arbeiterbewegung des Westens einen neuen Anstoß und neue, bessere Kampfesbedingungen geben und damit den Sieg des modernen industriellen Proletariats beschleunigen, ohne den das heutige Rußland weder aus der Gemeinde noch aus dem Kapitalismus heraus zu einer sozialistischen Umgestaltung kommen kann. [35]

II/6 Aus Briefen (1883–1895)

»Es ist mein Schicksal, daß ich den Ruhm und die Ehre einernten muß, deren Saat ein Größerer als ich, Karl Marx, ausgestreut hat. Und so kann ich nur geloben, den Rest meines Lebens im aktiven Dienst des Proletariats so zu verbringen, daß ich womöglich mich jener Ehren noch nachträglich würdig mache.«
Friedrich Engels, Brief vom 2. Dezember 1890.

Was dem lebenden Marx kaum zuteil wurde, erreichte der Tote dank dem unermüdlichen Bekehrungseifer des ihn um zwölf Jahre überlebenden Freundes. Daß das Proselytentum von Engels Marx zum »eigentlichen« Begründer der unter dem von Marx schroff zurückgewiesenen Namen berühmt gewordenen Verhüllungsideologie »Marxismus« machte, ist heute kaum zu bestreiten. Es darf aber zu Engels' Entschuldigung gesagt werden, daß er nicht ahnen konnte, daß er durch seinen Entschluß, aus einer von Marx-Gegnern erfundenen Bezeichnung einen Ruhmestitel zu machen, der der Mythologie des 20. Jahrhunderts den Weg bahnen würde. Gerade durch seine Haltung den russischen Schülern gegenüber hat Engels auf vorbildliche Weise verständlich machen wollen, wie man im besten Sinne ... Marxist sein sollte. Sein Mißerfolg darf ihm auf keinen Fall als Schuld angerechnet werden: Er hat es an Warnungen nicht fehlen lassen, wie man dies oben aus seinen Gesprächen und nun hier aus seinen Briefen ersehen kann.

Nach dem Ableben von Marx übernahm Engels die verantwortungsvolle Rolle eines Fürsprechers der von ihm und Marx ins Leben gerufenen politischen Schule innerhalb der internationalen Arbeiterbewegung. Es galt, den Führern der allmählich in den westeuropäischen Ländern aufkommenden, sich zum »wissenschaftlichen Sozialismus« bekennenden Arbeiterparteien mit aufklärendem Rat beizustehen, wobei es sich jedoch weniger um Befolgung abstrakter Prinzipien der allgemeinen Gesellschafts- und Geschichtstheorie handelte, als um taktische Entscheidungen der Parteibeauftragten in bestimmten konkreten, durch wirtschaftliche und politische Klasseninteressen und -gegensätze gekennzeichneten Konfliktsituationen. Ein entscheidender Faktor war dabei der scheinbar unaufhaltsame Aufstieg der deutschen Sozialdemokratie, der bei Engels' strategischen Erwägungen auf lange Sicht den Ausschlag gab und ihn dazu verleitete, nach dem Wahlerfolg von 1890 – 20% der Stimmen und 35 Mandate – die legale Machteroberung durch den Stimmzettel zu einem bestimmten Datum gleichsam als das »fin de siècle«, die kapitalistische Götterdämmerung, vorauszusagen.

Diese Perspektive bestimmte sein Urteil angesichts der zahlreichen auf gewaltsame Erschütterungen und Ausbrüche hinweisenden Krisensymptome, die sich gerade während der ihm noch beschiedenen Fünfjahresperiode seines Lebens anhäuften: Militarismus und Kriegsgefahr, rivalisierende Kolonialmächte, Imperialismus, französischer Chauvinismus, russischer Vorstoß nach Asien usw. Mit bezug auf Rußland verzichtet Engels endgültig auf die von ihm und Marx bis zu dessen Tode bewahrte Hoffnung auf eine kommunistische Entwicklung der Bauernkommune. Damit verschwindet die historische Chance dieser Institution aus Engels' russischer Geschichtskonzeption, wenn er auch seinem populistisch eingestellten Korrespondenten Danielson die neue Überzeugung mit weniger Brutalität beizubringen sich bemüht als der nunmehr marxistisch gesinnten, durchaus auf den russischen Kapitalismus bauenden Genfer Emigrantengruppe. Dieser gegenüber verhält sich Engels reserviert, im richtigen Vorausgefühl sektiererischer Tendenzen innerhalb der entstehenden russischen Sozialdemokratie. Wie prophetisch seine warnende Zurückweisung des Antiliberalismus der russischen Marxjünger auch klingen mag, so darf nicht vergessen werden, daß viele seiner deutschen Nachfahren es sich im ersten Weltkrieg leisten konnten, aus seinem von August Bebel überlieferten »russischen Testament« den kategorischen Imperatif konterrevolutionärer Strategie herauszulesen.

1

Wäre nicht das massenhafte amerikanische und russische Material (an russischer Statistik allein über 2 Kubikmeter Bücher) gewesen, der 2. Band [des *Kapitals*] wäre längst gedruckt. Diese Detailstudien haben ihn jahrelang aufgehalten. Es sollte wie immer alles vollständig sein bis auf den heutigen Tag, ...

Engels an Sorge, 29. Juni 1883 (MEW 36, 46)

2

Ich bin kaum imstande, auf die Fragen zu antworten, die Sie an mich gerichtet haben. [1] Die Veröffentlichung des zweiten Bandes des *Kapitals* im Originaltext ist noch sehr im Verzug; ich mußte mich bis jetzt vor allem mit der 3. Auflage des ersten Bandes beschäftigen.

Bis heute habe ich aus St. Petersburg noch keine Mitteilungen über die Veröffentlichung einer russischen Übersetzung des 2. Bandes erhalten. Ich glaube auch nicht, daß man gegenwärtig an eine derartige Veröffentlichung in der russischen Hauptstadt denkt; man wird zweifellos vorher den deutschen Text sehen wollen.

Andererseits ist die politische Situation in Rußland so gespannt, daß eine Krise von einem Tag zum anderen ausbrechen könnte. Ich halte es sogar für möglich, daß die Pressefreiheit in Rußland eher erreicht wird als in Deutschland. Und in diesem Falle könnte der Übersetzer des ersten Bandes, G. Lopatin, mit einigem Recht auch die Übersetzung des zweiten Bandes für sich beanspruchen. [2]

Ich glaube daher, daß es ein wenig verfrüht wäre, jetzt schon eine endgültige Entscheidung treffen zu wollen. Ich merke Ihr freundliches Anerbieten vor und danke Ihnen aufrichtig dafür; vielleicht werden wir in einigen Monaten klarer sehen und können uns dann von neuem darüber unterhalten.

Sie machen mir eine große Freude mit der Nachricht, daß Sie die Übersetzung meiner *Entwicklung* usw. [3] übernommen haben; ich erwarte Ihr Werk mit Ungeduld und weiß die Ehre wohl zu schätzen, die Sie mir erweisen.

Engels an Vera Sassulitsch, 13. Nov. 1883 (MEW 36, 69; aus dem Französischen)

3

Freund Lawrow muß es allerdings hart angekommen sein zu unterschreiben, daß er und seine Russen jetzt »definitiv mit ihren anarchistischen Traditionen gebrochen haben«. [4] Nicht, daß er viel drauf gab, aber es war doch etwas apart »Russisches«. Übrigens ist er ein sehr braver alter Kerl, der aber immer die Henne ist, die an ihrer »russischen Jugend« Enteneier ausbrütet und die Entchen mit Entsetzen auf das horrible Wasser gehn sieht. Das ist ihm jetzt zum x-tenmal passiert.

Engels an Bernstein, 13. Nov. 1883 (MEW 36, 72)

4

Die russische Konstitution wird nun so oder so doch wohl im Lauf dieses Jahres kommen und dann kann's losgehen.

Engels an Bebel, 18. Januar 1884 (MEW 36, 88)

5

Ich bin dabei – meine Gesundheit läßt es endlich zu –, unter den von Marx hinterlassenen Büchern usw. Ordnung zu schaffen. Darunter gibt es diese ganze russische Bibliothek, die er Danielson verdankt und die sehr wichtige Materialien über die gegenwärtige soziale Lage in Rußland enthält; es ist fast alles dabei, was erschienen ist. In meinem Alter und bei der Arbeitsüberlastung ist es mir unmöglich, *a novo* die gründlichen Studien über Rußland aufzunehmen, worin der Tod unseren Freund unglücklicherweise unterbrochen hat. Da habe ich gedacht, und Tussy ist derselben Meinung wie ich, daß es unsere Pflicht ist, Ihnen diese Bücher zur Verfügung zu stellen. Sie, als anerkannter Vertreter der russischen revolutionären Emigration wie auch als alter Freund des Verstorbenen, haben sicher mehr als jeder andere das Recht auf eine Kollektion von Büchern, die dank der Ergebenheit Ihrer und unserer Freunde in Rußland zustande gekommen ist, sei es zu Ihrer persönlichen Benutzung, sei es, um daraus den Kern einer Bibliothek der russischen revolutionären Emigration zu bilden. [5]

Engels an Lawrow, 28. Januar 1884 (MEW 36, 94; aus d. Franz.)

6

Als ich von der Lage in Rußland sprach, dachte ich natürlich unter anderem auch und speziell an die Finanzen – aber nicht ausschließlich. Für eine Regierung, die nicht aus noch ein weiß, wie die von Petersburg, und für einen Zaren, der ein Gefangener ist, wie der Einsiedler von Gatschina, kann die Situation in Zukunft nur noch gespannter werden. Die Adligen und Bauern, die einen wie die anderen ruiniert, die Armee in ihren chauvinistischen Gefühlen gekränkt und über das tägliche Schauspiel eines sich verbergenden Herrschers entrüstet; die Notwendigkeit eines Krieges nach außen, um den »schlechten Leidenschaften« und der allgemeinen Unzufriedenheit ein Ventil zu öffnen; zugleich die Unmöglichkeit, sich in ihn zu stürzen, aus Mangel an Geld und günstigen politischen Aussichten; eine starke nationale Intelligenz, die darauf brennt, die Ketten zu zerbrechen, die sie fesseln; zu alledem völliger Mangel an Geld und das Messer der Politiker an der Gurgel der Staatsmacht – es scheint mir, daß jeder Monat die Lage verschlimmern muß und daß, wenn man einen konstitutionellen und beherzten Großfürsten fände, die russische »Gesellschaft« von selbst in einer Palastrevolution den besten Ausweg aus dieser Sackgasse sehen müßte. [...]

Inliegend ein Manuskript von Marx (Abschrift), von dem Sie nach Gutdünken Gebrauch machen können [siehe oben S. 50ff]. Ich weiß nicht mehr, ob es das *Slowo* oder die *Otetschestwennyje Sapiski* waren, worin er den Artikel »Karl Marx vor dem Tribunal des Herrn Shukowski« fand. Er verfaßte diese Antwort so, daß sie die Prägung einer für die Veröffentlichung in Rußland bestimmten Schrift trägt; aber er hat sie nie nach Petersburg geschickt, da er befürchtete, allein durch seinen Namen die Existenz der Zeitschrift zu gefährden, die seine Antwort gedruckt hätte. [...]

Ihre Übersetzung meiner Broschüre scheint mir ausgezeichnet. Was für eine schöne Sprache ist doch das Russische! Es besitzt alle Vorzüge des Deutschen ohne dessen schreckliche Derbheit.

Engels an Vera Sassulitsch, 6. März 1884 (MEW 3, 120ff; aus dem Französischen)

7

Tun Sie nicht Ihren Landsleuten ein wenig unrecht? [6] Wir beide, Marx und ich, hatten keine Ursache, uns über sie zu beklagen. Wenn es gewisse Schulen gegeben hat, die mehr durch ihren revolutionären Eifer als durch ihre wissenschaftlichen Studien bemerkenswert sind, wenn es hie und da ein Herumtappen gegeben hat und noch gibt, so hat es andererseits einen kritischen Geist und eine Hingabe an die Forschungen sogar auf rein theoretischem Gebiet gegeben, die der Nation würdig sind, die einen Dobroljubow und einen Tschernyschewski hervorgebracht hat. Ich spreche nicht nur von den aktiven revolutionären Sozialisten, sondern auch von der historischen und kritischen Schule in der russischen Literatur, die allem, was Deutschland und Frankreich in dieser Art auf dem Gebiet der offiziellen Geschichtswissenschaft hervorgebracht haben, haushoch überlegen ist. Und selbst unter den aktiven Revolutionären haben unsere Ideen und die von Marx umgestaltete ökonomische Wissenschaft immer Verständnis und Sympathien gefunden. Sie wissen sicherlich, daß erst vor kurzem mehrere unserer Arbeiten ins Russische übersetzt und veröffentlicht worden sind, und daß weitere, namentlich »Misère de la philosophie« von Marx, folgen werden.

Engels an Jewgenija Papritz, 26. Juni 1884 (MEW 36, 169; aus dem Französischen)

8

Den russischen Revolutionären ist ihre Kampfweise durch die Not, durch die Aktion ihrer Gegner vorgeschrieben. Für die Mittel, die sie anwenden, sind sie ihrem Volk und der Geschichte verantwortlich. Aber die Herren, die diesen Kampf in Westeuropa ohne Not in Schuljungenart parodieren, die die Revolution auf den Schinderhannes herunterzubringen suchen, die ihre Waffen nicht einmal gegen wirkliche Feinde, sondern gegen das Publikum im allgemeinen richten, diese Herren sind keineswegs Nachfolger und Bundesgenossen der russischen Revolutionäre, sondern ihre schlimmsten Feinde. Seitdem sich herausgestellt, daß außer dem offiziellen Rußland niemand ein Interesse hat an dem Gelingen dieser Heldentaten, ist es nur noch die Frage, welche von ihnen unfreiwillige und welche freiwillige, bezahlte Agenten des russischen Zarismus sind. [7]

Kaiserlich Russische Wirkliche Geheime Dynamiträte. Der Sozialdemokrat, 29. Januar 1885 (MEW 21, 189ff)

9

Außerdem sind noch Übersetzungen zu überprüfen (...) und russische Broschüren zu entziffern (Vera Sassulitsch hat mir eine von Plechanow übersandt, die gegen Lawrow und Tichomirow polemisiert, und möchte, daß ich ihr meine Meinung schreibe, auch sind diese russischen Streitigkeiten nicht uninteressant) und ähnliches. [8]

Engels an Laura Lafargue, 8. März 1885 (MEW 36, 286; aus dem Englischen)

10

Ich erhielt Ihren freundlichen Brief vom 9. (21.) vergangenen Monats und danke Ihnen vielmals für die darin enthaltenen sehr interessanten Informationen. [9] Daß das Gesetz, wonach die Löhne in umgekehrter Proportion zur Länge der Arbeitszeit stehen, sich auch in Rußland bewahrheitet, ist tatsächlich sehr interessant. Ebenso die rasche Auflösung des *mir* [Bauerngemeinde] durch den Fortschritt der modernen Industrie und Geldwirtschaft, wie das die wachsende Zahl der landlosen Bauernwirtschaften zeigt. Alle diese Tatsachen sind für mich von größter Wichtigkeit, und ich werde Ihnen sehr dankbar sein, wenn Sie mir von Zeit zu Zeit mitteilten, was Sie über die ökonomische Lage und Entwicklung Ihres großen Landes wissen. Leider ist meine ganze Zeit augenblicklich mit der Herausgabe der Manuskripte so in Anspruch genommen, daß ich nicht nur davon unabhängige Arbeiten, sondern sogar meine Studien unterbrechen muß und kaum Zeit für Korrespondenz finde; Sie sehen also, ich kann Ihr freundliches Angebot, mir russische Originalschriften über ökonomische Fragen zuzusenden, im Augenblick nicht annehmen, da ich wirklich keine Zeit hätte, von ihnen Gebrauch zu machen. Aber ich hoffe, Sie werden es mir nicht übelnehmen, wenn ich mir bei der nächsten Gelegenheit erlauben werde, Sie an Ihr freundliches Versprechen zu erinnern.

Engels an Danielson, 23. April 1885 (MEW 36, 301; aus dem Englischen)

11

Sie haben mich nach meiner Meinung über Plechanows Buch *Naschi rasnoglassija* gefragt. Dazu müßte ich es gelesen haben. Ich lese Russisch ziemlich mühelos, wenn ich mich eine Woche lang damit beschäftigt habe. Aber manchmal kann ich das ein halbes Jahr lang nicht, dann verliere ich die Übung und bin gezwungen, es gewissermaßen von neuem zu lernen. So ist es mir mit den *Rasnoglassija* ergangen. – Die Manuskripte von Marx, die ich einem Sekretär diktiere, beschäftigen mich den ganzen Tag über ... Nun, alle diese Unterbrechungen haben mich gehindert, weiter als bis auf Seite 60 der *Rasnoglassija* zu kommen. Wenn ich drei Tage für mich hätte, wäre die Sache erledigt, und ich hätte außerdem noch meine russischen Kenntnisse aufgefrischt.

Indessen genügt, denke ich, das Wenige, was ich von dem Buch gelesen habe, mich mehr oder weniger mit den Meinungsverschiedenheiten [10] vertraut zu machen, um die es sich handelt.

Vorerst wiederhole ich Ihnen, daß ich stolz darauf bin zu wissen, daß es unter der russischen Jugend eine Partei gibt, die sich offen und ohne Umschweife zu den großen ökonomischen und historischen Theorien von Marx bekennt und entschieden mit allen anarchistischen und den, wenn auch wenigen, slawophilen Traditionen ihrer Vorgänger gebrochen hat. Und Marx selbst wäre ebenso stolz darauf gewesen, wenn er noch etwas länger gelebt hätte. Das ist ein Fortschritt, der von großer Bedeutung für die revolutionäre Entwicklung Rußlands sein wird. Die historische Theorie von Marx ist nach meiner Meinung die Grundbedingung jeder *zusammenhängenden und konsequenten* revolutionären Taktik; um diese Taktik zu finden, braucht man nur die Theorie auf die ökonomischen und politischen Verhältnisse des betreffenden Landes anzuwenden.

Aber dazu muß man diese Verhältnisse kennen; und was mich betrifft, so weiß ich zu wenig von der gegenwärtigen Lage in Rußland, um mir die Kompetenz anzumaßen, die Einzelheiten der Taktik zu beurteilen, die dort in einem gegebenen Moment erforderlich ist. Außerdem ist mir die innere und geheime Geschichte der russischen revolutionären Partei, besonders die der letzten Jahre, fast völlig unbekannt. Meine Freunde unter den Narodowolzen haben darüber niemals mit mir gesprochen. [11] Und das ist eine unerläßliche Bedingung, um sich eine Meinung zu bilden.

Das, was ich über die Lage in Rußland weiß oder zu wissen glaube, veranlaßt mich anzunehmen, daß man sich dort seinem 1789 nähert. Die Revolution *muß* zu gegebener Zeit ausbrechen; sie *kann* jeden Tag ausbrechen. Unter diesen Umständen ist das Land wie eine geladene Mine, an die man nur noch die Lunte zu legen braucht. Besonders seit dem 13. März. Dies ist einer der Ausnahmefälle, in denen es einer Handvoll Leute möglich ist, eine Revolution zu *machen*, d. h. durch einen kleinen Anstoß ein ganzes System zu stürzen, dessen Gleichgewicht mehr als labil ist (um mich der Metapher Plechanows zu bedienen), und durch einen an sich unbedeutenden Akt Explosivkräfte freizusetzen, dann nicht mehr zu zähmen sind. Nun, wenn jemals der Blanquismus – die Phantasie, eine ganze Gesellschaft durch die Aktion einer kleinen Verschwörergruppe umzuwälzen – eine gewisse Daseinsberechtigung gehabt hat, dann sicherlich in Petersburg. [12] Einmal das Feuer ans Pulver gelegt, einmal die Kräfte befreit und die nationale Energie aus potentieller in kinetische transformiert (noch ein Lieblingsbild Plechanows, und ein sehr gutes) –, so werden die Männer, die das Feuer an die Mine gelegt haben, durch die Explosion fortgerissen werden, die tausendmal stärker sein wird als sie und sich ihren Ausweg suchen wird, wie sie kann, wie die ökonomischen Kräfte und Widerstände entscheiden werden.

Nehmen wir an, diese Leute bilden sich ein, die Macht ergreifen zu können, was schadet das? Wenn sie nur das Loch bohren, das den Deich zerreißen wird, der Strom selbst wird sie bald über ihre Illusionen aufklären. Aber wenn diese Illusionen zufällig bewirkten, ihnen überlegene Willensstärke zu verleihen, warum sich darüber grämen? Die Leute, die sich rühmten, eine Revolution *gemacht* zu haben, haben noch immer am Tag darauf gesehen, daß sie nicht wußten, was sie taten, daß die *gemachte* Revolution jener, die sie machen wollten, durchaus nicht ähnlich sah. Hegel nennt das die Ironie der Geschichte, eine Ironie, der wenige historische Politiker entgehen. Nehmen Sie nur Bismarck, den Revolutionär wider Willen, und Gladstone, der schließlich mit seinem angebeteten Zaren aneinander geraten ist.

Die Hauptsache ist meiner Meinung nach, daß der Anstoß in Rußland gegeben wird, daß die Revolution ausbricht. Ob nun diese oder jene Fraktion das Signal gibt, ob es unter dieser oder jener Fahne geschieht, interessiert mich nicht. Wäre es eine Palastrevolution – sie würde am Tage darauf hinweggefegt werden. Da, wo die Lage so gespannt ist, wo sich die revolutionären Elemente in einem solchen Grade angesammelt haben, wo die ökonomische Lage der ungeheuren Masse des Volkes von Tag zu Tag unmöglicher wird, wo alle Stufen der gesellschaftlichen Entwicklung vertreten sind, von der Urgemeinschaft bis zur modernen Großindustrie und Hochfinanz, und wo alle diese Widersprüche gewaltsam zusammengehalten werden durch einen Despotismus ohnegleichen, einen Despotismus, der immer unerträglicher wird für eine Jugend, die in sich die nationale Intelligenz und Würde vereint – wenn dort das 1789 einmal begonnen hat, wird das 1793 nicht auf sich warten lassen. [13]

Engels an Vera Sassulitsch, 23. April 1885 (MEW 36, 303ff; aus dem Französischen)

12

In einigen Tagen denke ich Ihnen das Vorwort usw. schicken zu können. [14] Aus diesem Vorwort werden Sie ersehen, daß das Ms. von Bd. III schon 1864/66, also vor der Zeit geschrieben worden ist, da der Verfasser dank Ihrer Liebenswürdigkeit in der Lage war, sich mit den Agrarverhältnissen Ihres Landes so gründlich vertraut zu machen. Augenblicklich arbeite ich an dem Kapitel über die Grundrente und habe bis jetzt noch keine Anspielung auf russische Verhältnisse gefunden. Sobald das ganze Manuskript in eine leserliche Schrift übertragen worden ist, werde ich es ordnen müssen, indem ich es mit anderen Materialien, die vom Autor hinterlassen wurden, vergleiche; und für das Kapitel über die Grundrente sind sehr umfangreiche Auszüge aus den verschiedenen statistischen Werken, die er von Ihnen bekam, vorhanden – aber ob diese irgendwelche kritischen Notizen enthalten, die für diesen Band verwertbar sind, kann ich noch nicht sagen. Was aber da ist, soll aufs gewissenhafteste genutzt werden. [...]

Die Analyse der Grundrente ist theoretisch so vollständig, daß Sie darin sicher allerhand Interessantes für die speziellen Bedingungen Ihres Landes finden werden. Allerdings werden in diesem Ms. die vorkapitalistischen Formen des Grundeigentums nicht behandelt; sie werden lediglich hie und da des Vergleichs wegen erwähnt.

Engels an Danielson, 3. Juni 1885 (MEW 36, 322; aus dem Englischen)

13

Auch ich habe schon öfter, seit 1848, die Behauptung ausgesprochen, daß das russische Zarentum der letzte Hort und die große Armeereserve der europäischen Reaktion ist. Indes ist da seit 20 Jahren in Rußland manches geändert. Die sogenannte Bauernemanzipation hat eine durchaus revolutionäre Lage geschaffen, indem sie die Bauern in eine Lage versetzt hat, in der sie weder leben noch sterben können. Die rasche Entwicklung der großen Industrie und ihrer Verkehrsmittel, der Banken etc. haben diese Lage nur verschärft. Rußland steht vor seinem 1789. Die Nihilisten einerseits, die Finanznot andrerseits sind Symptome dieser Lage. Vor der letzten Anleihe stand die Sache so, daß die russische Regierung sogar in Berlin kein Geld auftreiben konnte, es sei denn, die Anleihe werde von einer repräsentativen Versammlung garantiert.... Da, als das Zarentum in der tiefsten Klemme stak, trat Bismarck ein, ermöglichte eine Anleihe ... Bismarck unterjochte sich dadurch Rußland, das ohne ihn auch jetzt kein Geld bekommt, und vertagte andrerseits dadurch die russische Revolution, die ihm auch nicht in den Kram paßt. Es ist das erstemal, daß Bismarck etwas getan hat, was uns nicht indirekt und wider seinen Willen zum Vorteil ausgeschlagen ist, und wenn er so fortfährt, können wir ihn nicht länger brauchen. [15]

Engels an S. Faerber, 22. Okt. 1885 (MEW 36, 374)

14

Ich danke Ihnen sehr für die Auszüge aus den Briefen des Autors von 1879 bis 1881. [16] Ich konnte sie nicht ohne ein schmerzliches Lächeln lesen. Nun ja, wir sind so an diese Entschuldigungen für die Nichtvollendung des Werks gewöhnt! Immer, wenn sein Gesundheitszustand es nicht zuließ, sich mit Arbeit zu befassen, bedrückte ihn das sehr, und er war nur zu froh, wenn er irgendeine theoretische Entschuldigung dafür finden konnte, warum das Werk damals nicht zum Abschluß kam. Alle diese Argumente hat er seinerzeit mir gegenüber gebraucht; sie schienen sein Gewissen zu beruhigen.

Nach Beendigung des 3. Bandes und sobald ich aus den anderen Ms. das zur Veröffentlichung Geeignete ausgewählt habe, werde ich sehr gern versuchen, den wissenschaftlich bedeutenden Teil der Korrespondenz unseres Autors zu sammeln, und da gehören seine Briefe an Sie zu den wichtigsten. Wenn es soweit ist, werde ich daher auf Ihr freundliches Anerbieten, mir Abschriften dieser Briefe zur Verfügung zu stellen, zurückkommen.

Engels an Danielson, 13. Nov. 1885 (MEW 36, 385; aus dem Englischen)

15

Ihr ausgezeichnetes Vorwort [17] habe ich mit viel Vergnügen gelesen, und daß ich es auch sehr aufmerksam gelesen habe, möchte ich durch die Feststellung beweisen, daß der Setzer auf Seite X, Zeile 17, offenbar ein Wort ausgelassen hat. [...]

Besten Dank für Ihre Bemerkungen über die ökonomische Lage Ihres Landes. Jede Mitteilung dieser Art ist für mich immer von höchstem Interesse. Die letzten 30 Jahre haben in der ganzen Welt gezeigt, in wie kurzer Zeit die immensen Produktivkräfte der modernen Industrie sogar in Länder, die bisher reine Agrarländer waren, verpflanzt werden und feste Wurzeln schlagen können. Und die Begleiterscheinungen dieses Prozesses wiederholen sich überall.

Engels an Danielson, 8. Febr. 1886 (MEW 36, 437; aus dem Englischen)

16

Das günstigste für uns wäre ein friedliches oder kriegerisches Zurückdrängen Rußlands, dann wäre die Revolution dort fertig. Die Panslawisten würden dabei mitmachen, aber am nächsten Morgen über den Löffel barbiert sein. Es war dies ein Punkt, über den Marx sich immer mit der größten Sicherheit aussprach –, und ich kenne niemand, der Rußland so gut verstand wie er, nach innen wie nach außen: daß, sowie in Rußland das alte System gebrochen, einerlei durch wen, und eine Repräsentativversammlung zusammen, einerlei welche, es am Ende sei mit der russischen Eroberungspolitik, daß dann die inneren Fragen alles beherrschen würden. Und der Rückschlag auf Europa, wenn diese letzte Burg der Reaktion gebrochen, würde enorm sein; wir in Deutschland würden es zuerst merken. [18]

Engels an Bebel, 14. Sept. 1886 (MEW 26, 527)

17

Wenn der zweite Akt des Balkandramas beginnt, wird ein Krieg zwischen Rußland und Österreich ausbrechen und dann vogue la galère – wird ganz Europa in Flammen aufgehen. Es täte mir sehr leid – zweifellos würde es der *letzte* Krieg sein, und zweifellos muß auch das, wie alles andere, schließlich zu unseren Gunsten ausgehen. Aber es würde wahrscheinlich unseren Sieg verzögern, und der andere Weg ist sicherer. Was das angeht, so gibt es allerdings kaum einen anderen Weg als den einer Revolution in Rußland, und solange Alexander der Führung der Panslawisten folgt, ist das ziemlich unwahrscheinlich. Tatsächlich war das entscheidende Argument von Giers [19] gegen Bismarck: wir stehen zwischen Panslawisten und Nihilisten; wenn wir den Frieden halten, werden sie sich vereinigen und die Palastrevolution wird ein fait accompli sein – folglich müssen wir gegen Konstantinopel gehen, und das wird für euch, Bismarck und Wilhelm, von geringerem Schaden sein als eine russische Revolution.

Engels an Laura Lafargue, 13. Sept. 1886 (MEW 36, 530f; aus dem Englischen)

18

Die Bulgaren benehmen sich in der Tat bis jetzt unerwartet gut, und wenn sie noch 8 – 10 Tage aushalten, sind sie entweder durch, oder die Russen können nur gegen sie vorgehn auf Gefahr eines europäischen Kriegs. Das verdanken sie dem Umstand, daß sie so lange unter den *Türken* standen, die ihre alten Reste von Gentilinstitutionen ruhig konserviert haben und nur dem aufkommenden Bürgertum – durch Brandschatzung der Paschas – hinderlich waren. Die Serben dagegen, die seit 80 Jahren frei von den Türken, haben ihre alten Gentilinstitutionen durch eine östreichisch geschulte Bürokratie und Gesetzgebung ruiniert und deswegen von den Bulgaren unvermeidlich Prügel bekommen. Gib den Bulgaren 60 Jahre bürgerlicher Entwicklung – wo sie doch es zu nichts bringen – und bürokratischer Regierung, und sie sind ebenso im Arsch wie jetzt die Serben. Für die Bulgaren wie für uns wäre es unendlich besser gewesen, wenn sie türkisch geblieben bis zur europäischen Revolution; die Gentilinstitutionen hätten einen famosen Anknüpfungspunkt gegeben zur Fortentwicklung in den Kommunismus, ganz wie der russische mir, der uns jetzt auch vor der Nase kaputtgemacht wird.

Wie die Sachen jetzt liegen, ist meine Ansicht die:

1. Die Südslawen unterstützen, wenn und solange sie *gegen Rußland* gehn, dann gehn sie *mit* der europäischen revolutionären Bewegung. [20]

2. Gehn sie aber gegen die *Türken,* d.h., verlangen sie à tout prix die Annexierung der wenigen jetzt noch türkischen Serben und Bulgaren, so tun sie bewußt oder unbewußt das Werk Rußlands, und da können wir nicht mit. Dies kann nur erreicht werden auf Gefahr eines europäischen Kriegs, und das ist die Sache nicht wert. [...]

3. Sobald aber in Rußland die Revolution losbricht, können die Herren machen, was sie wollen. Dann werden sie aber auch sehn, daß sie mit den Türken nicht fertig werden.

Engels an Bernstein, 9. Okt. 1886 (MEW 36, 546f)

19

Inzwischen scheint Alexander wirklich toll geworden zu sein – er soll einen Adjutanten für einen Nihilisten angesehn und erschossen haben – und der alte Wilhelm rasch bergab zu gehn. Die russische Revolution – eingeleitet selbst durch eine Palastrevolution – wird nötiger als je und würde sofort Klarheit in den ganzen Kram bringen.

Engels an Bernstein, 22. Okt. 1886 (MEW 36, 549)

20

Daß Bismarck sich weit tiefer mit den Russen eingelassen, als er wegen Frankreich braucht, ist auch meine Ansicht und zwar ist der Hauptgrund dafür – außer den von Dir angegebenen und sie entscheidend beherrschend [21] – der, daß die Russen ihm gesagt, und daß er weiß, daß es wahr ist: »Wir brauchen entweder entschieden große Erfolge in der Richtung auf Konstantinopel oder aber – wir bekommen *Revolution.*« Alexander III. und selbst die russische Diplomatie können nicht den heraufbeschworenen panslawistischen und chauvinistischen Geist beschwören ohne Opfer, sonst wird Alexander III. von den Generälen abgemurkst und dann gibt's Nationalversammlung, sie mögen wollen oder nicht. Und eine russische Revolution fürchtet Bismarck mehr als alles. Mit dem russischen Zarismus fällt auch die preußisch-bismarcksche Wirtschaft. Und deshalb muß alles geschehen, den Krach aufzuhalten, trotz Östreich, trotz der Bürgerentrüstung in Deutschland, trotzdem daß Bismarck weiß, daß er auch so sein System schließlich untergräbt, das ja auf der deutschen Hegemonie über Europa beruht; und daß am Tage, wo der alte Wilhelm stirbt, Rußland wie Frankreich noch ganz anders die Zähne zeigen werden. [...]

Inzwischen haben wir Zeit bis zum Frühjahr, und da kann noch manches passieren. Es kann auch so in Rußland losgehn, der alte Wilhelm kann abfahren und eine andre Politik in Deutschland aufkommen – die Türken ... können aus dem russischen Fahrwasser wieder hinauskommen usw.

Engels an Bebel, 23. Okt. 1886 (MEW 36, 553f)

21

Die zuerst direkte, dann indirekte Herrschaft der Russen genügte, um in weniger als 4 Jahren jegliche Sympathien, die Bulgarien für Rußland gehabt hatte, zu ersticken – und sie waren groß und herzlich gewesen. Das Volk widersetzte sich mehr und mehr der Unverschämtheit der »Befreier«. [...]

Inzwischen gingen die Dinge in Rußland ihren Gang. Der Regierung war es durch Gewaltmaßnahmen gelungen, die Nihilisten für einige Zeit zu zerstreuen und zu desorganisieren. Aber das genügte nicht für immer, sie bedurfte einer Stütze in der öffentlichen Meinung, sie mußte die Aufmerksamkeit von der sozialen und politischen Misere im Innern ablenken; kurz, sie brauchte ein wenig chauvinistische Phantasmagorie. Und wie unter Louis-Napoleon das linke Rheinufer dazu gedient hatte, die revolutionären Leidenschaften nach außen abzulenken, so präsentierte man jetzt in Rußland dem beunruhigten und erregten Volke die Eroberung Konstantinopels, die »Befreiung« der von den Türken unterdrückten Slawen und ihre Vereinigung in einer großen Föderation unter der Ägide Rußlands. Aber es genügte nicht, diese Phantasmagorie hervorzurufen, man mußte auch etwas tun, um sie in den Bereich der Realität zu rücken. [...]

Aber wider alles Erwarten schlugen die Bulgaren ohne russische Offiziere und bei einem zahlenmäßigen Verhältnis von zwei zu drei die Serben aufs Haupt und gewannen so die Achtung und Bewunderung des erstaunten Europas. Diese Siege haben zwei Ursachen. Zunächst ist Alexander Battenberg [22] zwar ein weicher Politiker, aber ein guter Soldat ... Außerdem hatten die Serben seit 60 Jahren unter dem österreichischen bürokratischen Regime gelebt. Dieses Regime hatte – ohne ihnen eine starke Bourgoisie und unabhängige Bauern zu geben ... – ausgereicht, um die Reste des *Gentil*kommunismus zu unterminieren und zu desorganisieren, der ihnen Stärke in ihren Kämpfen gegen die Türken gegeben hatte. Bei den Bulgaren hingegen waren diese mehr oder weniger kommunistischen Institutionen von den Türken nicht angetastet [23] worden; das erklärt ihre außerordentliche Tapferkeit. [...]

Um sich vor der Revolution zu retten, ist der arme Zar gezwungen, einen neuen Schritt vorwärts zu tun. Aber jeder neue Schritt macht die Sache gefährlicher, denn er vergrößert nur das Risiko eines europäischen Krieges, den die russische Diplomatie immer zu vermeiden versucht hat. Es steht fest, daß bei einer russischen Einmischung in Bulgarien, falls dies zu äußersten Komplikationen führen sollte, der Augenblick eintritt, wo die Feindschaft zwischen den russischen und den österreichischen Interessen offen zum Ausbruch kommt. Und dann gibt es kein Mittel, den Konflikt zu lokalisieren. Es wird zu einem allgemeinen Krieg kommen. Und bei den Spitzbuben, die Europa heute regieren, ist es unmöglich vorauszusagen, wie sich die beiden Lager gruppieren werden. Bismarck ist imstande, sich mit den Russen gegen Österreich zu verbünden, falls es kein anderes Mittel gibt, die Revolution in Rußland aufzuhalten. Aber wahrscheinlicher ist ein Krieg Österreichs gegen Rußland, Deutschland wird Österreich nur im Notfalle zu Hilfe eilen, um zu verhindern, daß es vernichtet wird. [...]

In jedem Falle *befinden sich die Bourgeoisrepublikaner in Frankreich in derselben Lage wie der Zar in Rußland: sie sehen vor sich die Revolution und sehen nur ein einziges Mittel zur Rettung: den Krieg.*

In Frankreich wie in Deutschland entwickeln sich die Dinge so sehr zu unseren Gunsten, daß wir nichts anderes als die Fortsetzung des *Status quo* wünschen können. Und wenn die Revolution in Rußland ausbräche, so würde das ein Zusammenwirken von Bedingungen hervorrufen, wie man sie sich besser nicht wünschen kann. Ein allgemeiner Krieg dagegen würde uns in den Bereich des Unvorhergesehenen und der unberechenbaren Ereignisse zurückwerfen. Die Revolution in Rußland und in Frankreich würde hinausgeschoben; die glänzende Entwicklung unserer Partei in Deutschland gewaltsam aufgehalten, und in Frankreich würde es wahrscheinlich zur Wiederherstellung der Monarchie kommen. Ohne Zweifel wird sich all das schließlich zu unseren Gunsten wenden, aber wieviel Zeitverlust, wieviel Opfer, wieviel neue Hindernisse wären zu überwinden! [...]

Was mich betrifft, so glaube ich, es muß für uns feststehen, daß der Krieg, sollte er ausbrechen, nur zu dem Zweck geführt werden wird, um die Revolution zu verhindern: in Rußland, um der gemeinsamen Aktion aller Unzufriedenen, Slawophilen, Konstitutionellen, Nihilisten und Bauern zuvorzukommen; in Deutschland, um Bismarck zu halten; in Frankreich, um die siegreiche Bewegung der Sozialisten zurückzudrängen und (worauf die ganze Großbourgeoisie rechnet) die Monarchie wiederherzustellen. Daher bin ich für »den Frieden um jeden Preis«, denn nicht wir werden diesen Preis zu zahlen haben. [24]

Engels an Paul Lafargue, 25. Okt. 1886 (MEW 36, 557/64; aus dem Französischen)

22

Jetzt ersehe ich aus den Zeitungen, daß in Petersburg ein neuer Nihilisten-Prozeß bevorsteht, und nach der Art, wie darüber berichtet wird, betrifft er wahrscheinlich auch Lopatin, wenn er noch am Leben ist. Würdest Du so gut sein und Lawrow, wenn Du ihn wieder siehst, mal fragen, wie es damit steht, und was ich seiner Meinung nach im Hinblick auf Lopatin tun soll, denn ich werde immer gern bereit sein, mit meinem Zeugnis zur Bestätigung und Anerkennung der großen Dienste beizusteuern, die er der Sache geleistet hat, vorausgesetzt ich weiß, was gebraucht wird und wie seine Lage im gegebenen Moment ist. [25]

Engels an Laura Lafargue, 24. Nov. 1886 (MEW 36, 571; aus dem Englischen)

23

Ich glaube, Sie werden ein gutes Werk tun, wenn Sie der Öffentlichkeit

Ihres Landes die Anwendung der Theorie unseres Autors auf die *dortigen* Verhältnisse zeigen. Aber vielleicht warten Sie besser, wie Sie selbst sagen, bis sein Werk vollständig vorliegt. Der Abschnitt über die Grundrente wird für Sie unerläßlich sein, obwohl der Verfasser ihn geschrieben hat, bevor er die ökonomischen Verhältnisse Rußlands studierte, und ohne auf sie einzugehen. [26]

Engels an Danielson, 19. Febr. 1887 (MEW 36, 617; aus dem Englischen)

24

Mit großem Vergnügen habe ich gesehen, daß die Sozialisten Rumäniens in ihrem Programm den Grundprinzipien der Theorie zustimmen, die es vermochte, fast alle Sozialisten Europas und Amerikas zu einer einzigen Kämpferschar zusammenzuschließen, ich meine die Theorie meines verstorbenen Freundes Karl Marx. [...] [27]

Da Rußland eine fast uneinnehmbare strategische Position innehat, bildet der russische Zarismus das Kernstück dieser Allianz, die größte Reserve der europäischen Reaktion. Den Zarismus zu stürzen, diesen Alpdruck zu vernichten, der auf ganz Europa lastet, das ist in unseren Augen die erste Bedingung für die Emanzipation der Nationen Mittel- und Osteuropas. Ist erst einmal der Zarismus gestürzt, wird die unheilvolle, heute durch Bismarck repräsentierte Macht, der dann die Hauptstütze genommen ist, zusammenbrechen; Österreich wird zerfallen, da es seine einzige Daseinsberechtigung verliert, nämlich durch seine Existenz den Zarismus daran zu hindern, sich die verstreuten Nationen der Karpaten und des Balkans einzuverleiben; Polen wird neu erstehen; Kleinrußland kann frei seine politischen Verbindungen wählen; die Rumänen, die Magyaren, die Südslawen werden frei von jeder fremden Einmischung ihre Angelegenheiten und ihre Grenzfragen unter sich regeln können; schließlich wird die edle Nation der Großrussen nicht mehr sinnlosen Eroberungen zugunsten des Zarismus nachjagen, sondern ihre wahre zivilisatorische Bestimmung in Asien erfüllen und in Verbindung mit dem Westen ihre bedeutenden geistigen Fähigkeiten entwickeln, statt ihre Besten auf dem Schafott und in der Zwangsarbeit zu opfern.

Übrigens müssen die Rumänen den Zarismus kennen: Sie haben genug gelitten durch das »Règlement organique« von Kisselew, durch die Niederwerfung des Aufstands von 1848, durch den zweimaligen Raub Bessarabiens [28], durch die zahllosen Einfälle in Rumänien, das für Rußland weiter nichts als ein Lagerplatz auf dem Wege zum Bosporus war; durch die Gewißheit, daß die nationale Unabhängigkeit Rumäniens an dem Tage aufhört, an dem sich der Traum des Zarismus, die Eroberung Konstantinopels, erfüllen würde. Bis dahin wird Euch der Zarismus hinhalten, indem er Euch auf das rumänische Transsilvanien in den Händen der Magyaren hinweist, während doch gerade der Zarismus es von Rumänien getrennt hält; wenn morgen der Despotismus in Petersburg fiele, gäbe es übermorgen in Europa kein Österreich-Ungarn mehr.

Gegenwärtig scheint die Allianz aufgelöst, der Krieg bevorzustehen. Aber selbst wenn es Krieg gäbe, so nur, um das widerspenstige Österreich-Ungarn und Preußen wieder gefügig zu machen. Hoffen wir, daß es nicht zum Krieg kommt; in einem derartigen Kampf könnte man mit keinem der Kämpfenden sympathisieren, man würde im Gegenteil wünschen, daß *alle* geschlagen würden, wenn das möglich wäre. Das würde ein furchtbarer Krieg sein. Aber komme was wolle, sicher ist, daß schließlich alles zugunsten der sozialistischen Bewegung enden und die Machtübernahme durch die Arbeiterklasse beschleunigt würde.

Entschuldigen Sie diese Weitschweifigkeit, aber es war mir unmöglich, einem Rumänen zu schreiben, ohne meine Ansicht über diese brennenden Fragen zu äußern. Sie läßt sich kurz so zusammenfassen: Eine Revolution in Rußland im gegenwärtigen Augenblick würde vor dem Unglück eines allgemeinen Krieges bewahren und wäre der Anfang der Revolution in der ganzen Welt.

Engels an I. Nădejde, 4. Jan. 1888 (MEW 37, 316; aus dem Rumänischen)

25

Ehe in Rußland die Revolution im Gang, darf Bismarck nicht durch äußere Niederlage gestürzt werden. Das würde ihn nur wieder populär machen.

Was aber aus der Sache wird, wenn es wirklich zum Krieg kommt, das ist nicht abzusehn. Man wird sicher versuchen, einen Scheinkrieg daraus zu machen, das geht aber nicht so leicht. Wenn es nach dem geht, was *uns* am besten paßt und viel Chancen für sich hat, dann stehender Krieg mit wechselndem Erfolg an der französischen, Angriffskrieg mit Einnahme der polnischen Festungen an der russischen Grenze und Revolution in Petersburg, die den Herren Kriegführenden auf einmal alles in ganz anderm Licht erscheinen läßt.

Engels an Liebknecht, 23. Febr. 1888 (MEW 37, 29f)

26

Die Rumänen sind sonderbare Leute. Ich schrieb an Nadejde in Jassy einen Brief, in dem ich versuchte, sie auf die antirussische Linie zu lenken. Jetzt streiten sich die Jassyer Marxisten mit den Bukarester Anarchisten wegen der von den Russen angezettelten Bauernrevolte [29], und deshalb übersetzen und drucken sie meinen Brief sofort! Diesmal tut es mir nicht leid, doch es zeigt, was für indiskrete Kerls sie sind.

Engels an Laura Lafargue, 9. Mai 1888 (MEW 37, 62; aus dem Englischen)

27

Das schönste dabei ist, daß drei Monate nach diesen beiden Kongressen Boulanger aller Wahrscheinlichkeit nach Diktator von Frankreich sein wird, mit dem Parlamentarismus Schluß macht, die Richter unter dem Vorwand der Korruption hinauswirft, eine Regierung à poigne und eine chambre pour rire schafft und die Marxisten, Blanquisten und Possibilisten alle miteinander unterdrücken wird. Und dann ma belle France – tu l'as voulu! [30]

Sechs Monate danach *könnten* wir Krieg haben – das hängt vollständig von Rußland ab; es ist jetzt zur Wiederherstellung seines Kredits mit gewaltigen Finanzoperationen beschäftigt und kann sich nicht gut in einen Kampf einlassen, bevor diese beendet sein werden. In diesem Krieg wird die Neutralität Belgiens und der Schweiz das erste sein, was in Scherben geht, und wenn der Krieg wirklich gefährlich wird, ist unsere einzige Chance die, daß die *Russen* geschlagen werden und dann Revolution machen. Die Franzosen können keine machen, solange sie mit dem Zaren alliiert sind – das wäre Hochverrat. Doch wenn der Krieg nicht durch eine Revolution unterbrochen wird, wenn er seinen Lauf nehmen kann, dann wird die Seite siegen, der sich England anschließt, wenn England überhaupt in den Krieg eintritt.

Engels an Laura Lafargue, 7. Mai 1889 (MEW 37, 199; aus dem Englischen)

28

Da Lawrow Schwierigkeiten macht, wenden Sie sich an

N. Axelrod, Kephir-Anstalt,

Hirschengraben, Zürich,

und bitten Sie ihn, uns die Unterschriften von Vera Sassulitsch (deren

Adresse Sie nicht haben), seine eigene, die von G. Plechanow und anderen russischen Marxisten zu schicken. Das wird unseren braven Eklektiker in Erstaunen setzen. [31]

Engels an Paul Lafargue, 27. Mai 1889 (MEW 37, 225; aus dem Französischen)

29

Ich fürchte, daß, sobald Rußland seine Schuldkonvertierung erledigt und dadurch eine Kreditstellung erhalten hat wie noch nie zuvor, wird die panslawistische Partei einerseits und die Notwendigkeit, der Armee (deren jüngere *gebildete* Offiziere durch die Bank konstitutionell [32], also den Preußen weit voraus sind) Beschäftigung und dadurch Abwendung von politischen Konspirationen zu geben, andrerseits, die russische Regierung zum Krieg treiben. Was dann wird, kann kein Mensch vorhersagen.

Engels an C. Schmidt, 12. Juni 1889 (MEW 37, 237)

30

Stepniak hat mir auch ein Exemplar der Zeitschrift übergeben, wofür ich Ihnen danke; von der Lektüre Ihres Artikels und der Artikel von Plechanow verspreche ich mir viel Vergnügen. [33]

Sie haben völlig recht; bei einer solchen Veröffentlichung [34] darf jede Nummer nur Artikel enthalten, die in sich abgeschlossen und nicht von irgendeiner Fortsetzung in der nächsten Nummer abhängig sind. Ich hätte es auch so gemacht, wenn ich nicht gerade so in Eile gewesen wäre.

Ich stimme völlig mit Ihnen überein, daß man das *narodnitschestwo* überall, sei es das deutsche, das französische, das englische oder das russische, bekämpfen muß. Das ändert nichts an meiner Meinung, daß es besser gewesen wäre, wenn die Dinge, die ich sagen mußte, von einem Russen gesagt worden wären. Übrigens gebe ich zu, daß zum Beispiel die Teilung Polens vom russischen Standpunkt aus ganz anders aussieht als vom polnischen, der der Standpunkt des Westens geworden ist. Aber schließlich schulde ich auch den Polen Achtung. Wenn die Polen Gebiete beanspruchen, die von den Russen im allgemeinen als für immer erworben und als russisch von der Nationalität her betrachtet werden, so habe nicht ich darüber zu entscheiden. Alles was ich sagen kann, ist, daß meiner Meinung nach die in Frage kommende Bevölkerung selbst über ihr Los zu entscheiden hat, ebenso wie die Elsässer selbst zwischen Deutschland und Frankreich wählen müssen. Leider war es mir, als ich über die russische Diplomatie und ihr Wirken in Europa schrieb, unmöglich, nicht von Dingen zu sprechen, die die heutige Generation in Rußland als *innere Angelegenheiten* betrachtet; die – wenigstens scheinbare – Unziemlichkeit besteht darin, daß nicht ein Russe, sondern ein Ausländer so davon spricht. Aber das war unvermeidlich.

Wenn Sie es für nützlich halten, in diesem Sinne in meinem Namen eine kleine Anmerkung zu machen, so setzen Sie sie bitte an die Stelle, die Sie für die geeignetste halten.

Ich hoffe, daß die Veröffentlichung meines Artikels in englischer Sprache eine gewisse Wirkung haben wird. Gegenwärtig ist der Glaube der Liberalen an das Befreiungsstreben des Zaren durch die Nachrichten aus Sibirien, durch das Buch von Kennan und durch die letzten Studentenunruhen in Rußland stark erschüttert. Daher habe ich die Veröffentlichung beschleunigt, um das Eisen zu schmieden, solange es heiß ist. Die Petersburger Diplomatie hat für ihre nächste Kampagne im Orient mit dem Regierungsantritt Gladstones gerechnet, des Zarenfreundes, des Bewunderers der »divine figure of the North«, wie er Alexander III. nannte ... Deshalb halte ich die wieder beginnende antizaristische Stimmung unter den englischen Liberalen für äußerst wichtig für unsere Sache; es ist sehr gut, daß Stepniak hier ist und das schüren kann. [35]

Seit es in Rußland selbst eine revolutionäre Bewegung gibt, gelingt dieser einst unbesiegbaren Diplomatie nichts mehr. Und das ist sehr gut so, denn diese Diplomatie ist unser gefährlichster Feind, Ihrer wie auch unserer. Sie ist bisher die einzige nicht erschütterte Kraft in Rußland, wo selbst die Armee den Zaren abtrünnig wird, das beweisen die zahlreichen Verhaftungen von Offizieren, die davon zeugen, daß die russischen Offiziere geistig und charakterlich höher stehen als die preußischen. Und sobald Sie in den Reihen der Diplomatie über Anhänger und treue Mittelsleute verfügen werden, so haben Sie – Sie oder schlechthin die Konstitutionellen – gewonnenes Spiel.

Engels an Vera Sassulitsch, 3. April 1890 (MEW 37, 374f; aus dem Französischen)

31

Nein, die Ursache für dieses Übermaß an Boulangismus liegt tiefer. Es ist Chauvinismus. Die französischen chauvins beschlossen nach 1871, daß die Geschichte stillstehe, bis das Elsaß wiedererobert sei. Alles andere wurde dem untergeordnet. Und unsere Freunde hatten niemals den Mut, gegen diesen Unsinn aufzutreten. Es gab Kerls beim *Citoyen* und *Cri* [36], die mit den Massen gegen alles Deutsch heulten, ganz egal, was, und unsere Freunde beugten sich dem. Die Konsequenzen sind da. Die *einzige* Rechtfertigung für den Boulangismus ist la revanche, die Wiedereroberung des Elsaß. Ist es da ein Wunder, daß die Pariser Arbeiter jetzt an dem, wogegen keine Partei aufzutreten wagte, wie am Evangelium hängen?

Doch trotz der französischen Patrioten stand die Geschichte nicht still – nur in Frankreich nach dem Sturz von Mac-Mahon. Und die notwendige Konsequenz dieser französischen patriotischen Verirrung ist, daß die französischen Arbeiter jetzt die Verbündeten des Zaren sind, nicht nur gegen Deutschland, sondern auch gegen die russischen Arbeiter und Revolutionäre! Um Paris die Position als revolutionäres Zentrum zu erhalten, muß die Revolution in Rußland zerschlagen werden, wie denn sonst sollte man ohne die Hilfe des Zaren die Paris rechtmäßig zustehende führende Position wiedererobern?

Engels an Laura Lafargue, 16. April 1890 (MEW 37, 387; aus dem Englischen)

32

Der »Sozialdemokrat« befindet sich gegenüber den Russen im Westen in einer recht heiklen Lage. [37] Es braucht nicht betont zu werden, daß Sie dort *als Verbündete und besondere Freunde der deutschen Bewegung* angesehen werden. Aber andere sozialistische Fraktionen haben auch das Recht auf eine gewisse Beachtung. Um zu den deutschen Arbeitern zu sprechen, sind sie gewissermaßen gezwungen, sich an den Sozialdemokrat zu wenden; darf man ihnen da jede Gastfreundlichkeit verweigern? Das wäre eine Einmischung in die inneren Angelegenheiten der Russen, und gerade das muß um jeden Preis vermieden werden. Nehmen Sie die inneren Kämpfe der französischen und dänischen Sozialisten; der Sozialdemokrat hat den Possibilisten [38] gegenüber die Neutralität gewahrt, soweit es ihm möglich war, d.h., solange er nicht selbst in die Sache verwickelt war; und er bewahrt sie noch gegenüber den beiden dänischen Parteien, obwohl all seine Sympathien auf seiten der »Revolutionäre« sind. Dasselbe gegenüber den Russen. Bei Bernstein gibt es auch nicht die kleinste Spur von schlechtem Willen Ihnen gegenüber, dafür verbürge ich mich. Aber er hat ein zu stark entwickeltes Gefühl für Recht und Gerechtigkeit, und ehe er einem Feind oder einem Menschen, der ihm nicht sympathisch ist, *eine* Ungerechtigkeit zufügte, würde er lieber *zehn* seinen Freunden und Verbündeten antun. Alle seine Freunde werfen ihm diese übertriebene Unparteilichkeit vor, die schließlich zur Parteilichkeit gegen seine Verbündeten wird. So kommt es, daß er in Zweifelsfällen immer der Seite des Feindes zuneigt.

Hinzu kommt noch, daß wir alle über die sich ständig verändernden Gruppierungen unter den Russen im Westen sehr wenig wissen und folglich jeden Augenblick Gefahr laufen, ein Fiasko zu erleiden. Bernstein weiß darüber viel mehr als ich ... Bernstein sagte mir, er habe Becks Brief als Äußerung der Anhänger Lawrows angesehen, ich weiß nicht, ob er recht hat oder nicht, aber das war einer der Gründe, die ihn bestimmten, den Brief abzudrucken. [...]

Ich weiß aus Erfahrung, was eine Bewegung wie die in der kleinen russischen Kolonie im Westen bedeutet. Einer kennt den anderen, steht in persönlichen freundschaftlichen oder feindseligen Beziehungen, und infolgedessen ist die ganze Entwicklung natürlich von Meinungsverschiedenheiten, Spaltungen und Polemiken begleitet und nimmt einen überaus persönlichen Charakter an. Das gehört zu jeder politischen Emigration, und wir haben von 1849–1860 genug davon erlebt. Aber ich habe dabei auch gelernt, daß die Partei, die die moralische Kraft besitzt, sich als erste über diese Atmosphäre persönlicher Zänkereien zu erheben und sich nicht davon beeinflussen zu lassen, gerade deshalb einen großen Vorteil gegenüber den anderen Parteien erlangt. Je weniger empfindlich Sie gegen die Nadelstiche sein werden, um so mehr Kraft und Zeit werden Sie für den großen Kampf behalten.... Schließlich ist es doch unmöglich, Ihren russischen Gegnern die gesamte sozialistische Presse des Westens zu verschließen; und die russische Bewegung selbst, würde sie nicht gewinnen, wenn sie sich ein wenig mehr vor der breiten westlichen Öffentlichkeit abspielen würde, statt sich in kleinen, von der Welt isolierten Zirkeln zu verstecken und gerade dadurch Intrige und Kabale zu begünstigen? Es war eines der stärksten und am häufigsten angewandten Mittel von Marx: sobald er sich heimlichen Intrigen gegenübersah, seine Gegner ans Tageslicht zu ziehen und sie vor der Öffentlichkeit anzugreifen.

Engels an Vera Sassulitsch, 17. April 1890 (MEW 37, 390ff; aus dem Französischen)

33

Vielen Dank für Ihre ständigen und interessanten Informationen über die ökonomischen Verhältnisse Ihres großen Landes. Unter der glatten Oberfläche politischer Ruhe vollzieht sich dort eine ebenso tiefgreifende und bedeutsame ökonomische Umwälzung wie in jedem anderen europäischen Lande, die zu beobachten von größtem Interesse ist. Die Folgen dieser ökonomischen Umwälzung müssen sich früher oder später auch auf anderen Gebieten zeigen.

Wir haben hier mit großer Trauer und tiefem Mitgefühl von dem Tode N. G. Tch[ernyschewskis] gehört. Aber vielleicht ist es besser so.

Engels an Danielson, 10. Juni 1890 (MEW 37, 414; aus dem Französischen)

34

In dem Buch von Kowalewski [39] ist etwas Wichtiges enthalten, und zwar stellt er zwischen das Matriarchat und die Markgemeinde (oder *mir*) die patriarchalische Familiengenossenschaft, so wie sie in Frankreich (Franche-Comté und Nivernais) bis 1789 existierte und wie sie jetzt bei den Serben und Bulgaren unter dem Namen Zádruga existiert. Er sagte mir, daß das die in Rußland allgemein übliche Ansicht sei. Wenn die Sache sich bestätigt, würde sie mehrere schwer verständliche Stellen bei Tacitus und anderen aufklären, während sie neue Fragen aufwürfe. Der große Fehler des Buches von Kowalewski ist die *rechtliche Illusion.* Ich werde darüber in der neuen Auflage meines Buches sprechen. [40] Der andere Fehler (allgemein bei den Russen, die Wissenschaft betreiben): übertriebener Glaube an *anerkannte Autoritäten.*

Engels an Paul Lafargue, 27. Aug. 1890 (MEW 37, 451; aus dem Französischen)

35

Tausend Dank für Ihren wohlwollenden Brief vom 27. November sowie für Ihre Glückwünsche und die Ihrer sozialistischen Landsleute, in deren Namen Sie sprechen. Aber es ist immer dasselbe. Der weitaus größte Teil der Ehrenbezeugungen, mit denen man mich am letzten Freitag überhäuft hat, sind nicht mir geschuldet, und niemand weiß das besser als ich. Darum erlauben Sie mir, den größten Teil der Ehren, die Sie mir erwiesen haben, auf das Grab von Marx niederzulegen, da ich sie nur als sein Fortsetzer annehmen kann; was den geringen Teil betrifft, den ich, ohne unbescheiden zu sein, für mich in Anspruch nehmen darf, so werde ich mein Bestes tun, mich dessen würdig zu erweisen.

Schließlich sind wir beide noch nicht so alt, und wir haben die Hoffnung, zu leben und zu erleben. Wir haben den Aufstieg, die Größe und den Sturz Bismarcks erlebt, und warum sollten wir nach der Größe nicht auch den (schon begonnenen) Verfall und den endgültigen Sturz des russischen Zarismus, unseres großen gemeinsamen Feindes, erleben?

Engels an Lawrow, 5. Dez. 1890 (MEW 37, 515; aus dem Französischen)

36

Jedenfalls ist der Friede für dieses Jahr und den größten Teil des nächsten gesichert – wenn nicht einige Leute den Verstand verlieren. Das ist das Hauptergebnis der Hungersnot in Rußland. [41]

Doch es gibt noch andere. Es wird innere Erschütterungen in Rußland geben, und sie *können* zu einer Veränderung führen; es ist sogar wahrscheinlich, daß sie *irgendeine* Veränderung hervorrufen, etwas Bewegung in diesen Sumpf der Stagnation bringen; aber es kann auch sein, daß dies nicht nur der Anfang vom Ende, sondern das Ende selbst ist.

Engels an Laura Lafargue, 17. Aug. 1891 (MEW 38, 146; aus dem Englischen)

37

Wird hingegen der Zarismus diese Krise überstehen? Ich zweifle daran. Es gibt zuviel rebellische Elemente in den großen Städten und besonders in Petersburg, als daß man nicht versuchen würde, diese sich bietende Gelegenheit zu benutzen, den Trunkenbold Alexander III. abzusetzen oder ihn unter Kontrolle einer Nationalversammlung zu stellen – vielleicht wird er selbst die Initiative zu ihrer Einberufung ergreifen. Rußland (das heißt die Regierung und die junge Bourgeoisie) hat enorm an der Schaffung einer großen nationalen Industrie gearbeitet (siehe Plechanow an der »Neuen Zeit« [42], diese Industrie wird in ihrer Entwicklung stark aufgehalten werden, weil ihr die Hungersnot ihren einzigen Markt – den inneren Markt – verschließen wird. Der Zar wird sehen, was es heißt, Rußland zu einem *selfsufficient country* gemacht zu haben, das vom Ausland unabhängig ist; er wird eine Ackerbaukrise haben, die von einer Industriekrise verdoppelt wird.

Engels an Paul Lafargue, 2. Sept. 1891 (MEW 38, 152; aus dem Französischen)

38

Dein Russenartikel im »Vorwärts« hat uns allen sehr gefallen, er wird sehr gute Wirkung tun. [43] Über den Punkt, daß Kriegsgefahr droht und zwar speziell von Rußland her und daß, wenn sie sich verwirklicht, mit aller Macht auf Niederwerfung Rußlands gerade von uns und in unserem eigenen Interesse hinzuwirken ist, darüber sind wir einig. Der Differenzpunkt ist, daß Du glaubst, die Russen wollen Krieg, und ich, sie wollen nur drohen, ohne die positive Absicht des Losschlagens, aber in gleichzeitiger Erkenntnis, daß es doch auch zum Losschlagen kommen kann. [...]

Du meinst, wegen innerer Schwierigkeiten *müsse* Rußland losschlagen. Das glaube ich nicht – wenigstens nicht in dem Sinn, wie Du es wahrscheinlich verstehst. In Rußland leiden drei Klassen: der grundbesitzende Adel, der Bauer, das entstehende Proletariat. Letzteres ist noch, ersterer schon zu schwach zu einer Revolution, und der Bauer bringt's nur zu unfruchtbaren Lokalaufständen, solange nicht der siegreiche Aufstand der städtischen Zentren diesen Aufständen den fehlenden Zusammenhang und Halt gibt. Dagegen floriert die junge Bourgeoisie wie nirgendswo anders; sie rückt allmählich dem Punkt entgegen, wo sie mit der Bürokratie in Konflikt kommen muß, aber das kann noch Jahre dauern. Die russische Bourgeoisie ist entstanden aus Schnapspächtern und staatsplündernden Armeelieferanten, ist was sie ist durch den Staat: Schutzzölle, Subventionen, Staatsberaubung, Erlaubnis und Staatsschutz zur drückendsten Arbeiterausbeutung. Da muß es hart kommen, bis diese, die unsrige an Niedertracht noch weit übertreffende, Bourgeoisie am Zarentum rüttelt.

Wenn Rücksicht auf *diese* Bourgeoisie einen Krieg begünstigt, so nur, weil sie den Panslawismus ins Materialistische übersetzt oder vielmehr seine materielle Grundlage entdeckt hat: Vergrößerung des inneren Marktes durch Annexionen. Daher der slawophile Fanatismus, daher der wilde Deutschenhaß – bis vor 20 Jahren war ja Handel und Industrie Rußlands fast ausschließlich in deutschen Händen! – daher die Judenhetze. Diese hundsgemeine und unwissende, nicht über ihre Nase hinaussehende Bourgeoisie allerdings wünscht den Krieg und hetzt dazu in der Presse. Aber aus Furcht vor einer Revolution im Innern braucht *heute* kein Zar Krieg anzufangen. Das galt in den 70er Jahren, wo der verkommende Adel in den Semstwos zur Erkenntnis seiner überall gleichen Lage und Verstimmung kam. Jetzt ist dieser Adel zu sehr herunter, wird von den Bourgeois aus seinem Grundbesitz ausgekauft, ist schon der Geldmacht der Bourgeoisie zu sehr verfallen, und diese letztere bildet den neuen Schutzwall des Zarismus gerade in den Hauptstädten, wo allein Gefahr drohen könnte. Und eine Palastrevolution oder ein geglücktes Attentat könnte heute nur die Bourgeoisie an die Herrschaft bringen, einerlei von wem der Streik gemacht. Diese Bourgeoisie allerdings wäre imstande, sich noch eher in den Krieg zu stürzen als selbst der Zar.

Doch das ist Nebensache. Die Kriegsgefahr sehen wir beide, und trotz der Hungersnot in Rußland, die Du entschieden unterschätzest, kann den Regierenden der Zügel entgleiten, und auf diesen Fall müssen auch wir vorbereitet sein. Ich werde sehen, was in Frankreich zu machen ist, die Leute müssen auf verschiedenes aufmerksam gemacht werden, das muß aber *von Franzosen selbst* geschehen. Die Leute müssen einsehen, daß ein Krieg gegen Deutschland im Bunde mit Rußland vor allem auch ein Krieg gegen die stärkste und schlagfertigste sozialistische Partei in Europa ist und daß uns nichts übrigbleibt, als mit aller Macht auf jeden Angreifer, der Rußland hilft, loszuschlagen. Denn entweder unterliegen wir, und dann ist die sozialistische Bewegung auf 20 Jahre kaputt, oder wir kommen selbst ans Ruder und dann gilt von den *Franzosen*, was die Marseillaise sagt: *Quoi, ces cohortes étrangères feraient la loi dans nos foyers?* Das jetzige System in Deutschland überlebt den Krieg keinesfalls, dazu braucht die Verteidigung zu gewaltige Anstrengungen, zu revolutionäre Mittel.

Du hast recht, kommt's zum Krieg, so müssen wir allgemeine Volksbewaffnung fordern. [...]

Die Proklamation an die Franzosen wird in der Form etwas anders ausfallen müssen. So dumm sind die russischen Diplomaten nicht, daß sie den Krieg vor ganz Europa provozieren werden. ... Jedenfalls müssen wir erklären, daß wir seit 1871 stets bereit waren zur friedlichen Verständigung mit Frankreich, daß, sobald unsre Partei zur Herrschaft kommt, sie diese Herrschaft nicht ausüben kann, ohne daß Elsaß-Lothringen frei über seine Zukunft entscheidet; daß wir aber, wenn uns der Krieg aufgezwungen wird, und zwar Krieg im Bund mit *Rußland*, darin einen Angriff auf unsre Existenz sehn und uns mit allen Mitteln verteidigen müssen, alle Positionen benutzen, die uns zu Gebot stehn, also auch Metz und Straßburg. [...]

Soviel scheint mir sicher: Werden wir geschlagen, so ist dem Chauvinismus und Revanchekrieg in Europa Tür und Tor geöffnet auf Jahre hinaus. Siegen wir, so kommt unsre Partei ans Ruder. Der Sieg Deutschlands ist also der Sieg der Revolution, und wir müssen ihn, kommt's zum Krieg, nicht nur wünschen, sondern mit allen Mitteln befördern. [44]

Engels an Bebel, 29. September 1891 (MEW 38, 159/62)

39

Heute hab' ich nur Zeit, Dir wegen der Russen zu antworten, und das ist in der Tat das einzig Wichtige, der andre Kram ist abgetan. [45]

Was den möglichen Kriegsausbruch im Frühjahr betrifft, so sind da in Rußland drei Strömungen von Wichtigkeit. Die erste ist die Diplomatie. Von dieser behaupte ich nach wie vor, daß sie Erfolge ohne Kriegskosten und Kriegsrisikos sucht, aber eben deswegen, um die enorm günstige Verteidigungsstellung Rußlands bis aufs äußerste ausnutzen zu können, *alles zum Krieg vorbereitet*. Das geschieht jedesmal; man kann dann schnöde Forderungen stellen, sie aufrechthalten bis zum letzten Moment und dann aus der Kriegsangst des Gegners, der mehr riskiert, den größten Profit herausschlagen, ohne daß es zum Klappen kommt. Neben der Diplomatie aber geht die Armee, die in Rußland trotz dem vielen erlittnen Schlachtenpech sehr siegsgewiß und großprahlerisch ist, mehr als irgendwo anders. Die will losschlagen. Und drittens die junge Bourgeoisie, der die Marktausdehnung ähnlich wie in den 40er Jahren der amerikanischen Bourgeoisie als manifest destiny, als geschichtlicher Beruf Rußlands zur Slawen- und Griechenbefreiung und zur Herrschaft über den östlichen Kontinent erscheint. Alle drei kommen in Rechnung; bisher hat unter Alexander III. die Diplomatie stets gesiegt. Nun kommt dazu die Hungersnot. [...]

Wird die Kriegsgefahr größer, dann können wir der Regierung sagen, wir wären bereit, wenn man es uns möglich macht durch anständige Behandlung, sie zu unterstützen gegen den auswärtigen Feind, vorausgesetzt, daß sie den Krieg mit allen, auch revolutionären Mitteln und rücksichtlos führe. Wird Deutschland von Ost und West angegriffen, so ist jedes Mittel der Verteidigung gut. Es geht um die nationale Existenz und auch für uns um die Behauptung der Position und der Zukunftschancen, die wir uns erkämpft. Je revolutionärer der Krieg geführt wird, desto mehr in unserem Sinne wird er geführt. Und es kann kommen, daß gegenüber der Feigheit der Bourgeois und Junker, die ihr Eigentum retten wollen, *wir* die einzige wirkliche energische Kriegspartei sind. Natürlich kann auch kommen, daß wir ans Ruder treten müssen und 1793 spielen, um die Russen und ihre Alliierten herauszuwerfen. [...]

Ich mache den Franzosen etwas zurecht über den Kriegsfall, es ist aber verdammt schwer, da nicht mehr Schaden zu tun als Nutzen, die Leute sind so empfindlich. [46]

Engels an Bebel, 13. Oktober 1891 (MEW 38, 174/76)

40

Die »Züchtung von Millionären«, wie Bismarck sagt, scheint in Ihrem Lande tatsächlich mit Riesenschritten vorwärtszugehen. Solche Profite, wie sie Ihre offiziellen Statistiken aufweisen, sind heutzutage in englischen, französischen oder deutschen Textilfabriken unbekannt. [...]

Das einzige Land, wo heutzutage ähnliche oder annähernd ähnliche Profite in einigen Hauptindustrien möglich sind, sind die Vereinigten Staaten von Amerika. [...]

Ihre Beschreibung der durch diese Ausdehnung der modernen Industrie im Leben der Volksmassen hervorgebrachten Veränderungen, des Ruins ihrer für den *direkten Bedarf der Produzenten* bestimmten und allmählich auch der auf den kapitalistischen Käufer eingestellten Hausindustrie erinnert mich lebhaft an das Kapitel unseres Autors über die Herstellung des innern Markts [47] und an die Vorgänge in fast ganz Mittel- und Westeuropa während der Zeit von 1820 bis 1840. Diese Veränderung hat natürlich bei Ihnen bis zu einem gewissen Grade andere Auswirkungen. [...]

Bei Ihnen muß erst der Widerstand der Bauerngemeinde überwunden werden (obwohl ich annehmen möchte, daß er im ständigen Kampf mit dem modernen Kapitalismus bedeutend nachlassen muß); ferner hat der Bauer, wie Sie in Ihrem Brief vom 1. Mai [48] beschreiben, die Möglichkeit, vom großen Grundeigentümer Land zu pachten, ein Mittel für den Grundeigentümer, sich Mehrwert zu sichern, aber auch für den Bauern, *als Bauer* weiter dahinzuvegetieren; und auch die kulaki behalten den Bauern, soweit ich sehen kann, im allgemeinen lieber als ein Ausbeutungsobjekt in ihren Klauen, als daß sie ihn ein für allemal ruinieren und sich sein Land aneignen. So scheint es mir, daß der russische Bauer dort, wo er nicht als Arbeiter für die Fabrik oder für die Stadt gebraucht wird, ebenfalls sehr zählebig sein wird, und es bedarf schon einiger harter Schläge, bis er kaputt ist.

Die enormen Profite, die sich die junge Bourgeoisie in Rußland sichert und die Abhängigkeit dieser Profite von einer guten Ernte (harvest), wie Sie das so vorzüglich dargestellt haben, erklären viele sonst unverständliche Dinge. Wie sollte ich sonst die Feststellung in der heute morgen veröffentlichten Odessaer Korrespondenz eines Londoner Blattes begreifen, daß die kommerziellen Klassen Rußlands von der einen Idee besessen scheinen, ein Krieg sei die einzige wirkliche Panazee für die immer weiter anwachsende Depression und das Mißtrauen, worunter jetzt alle russischen Industrien leiden – was sollte ich damit anfangen und wie sollte ich mir das erklären, wenn ich nichts von der vollständigen Abhängigkeit einer durch den Zoll geschaffenen Industrie vom inneren Markt und von der Ernte der landwirtschaftlichen Distrikte wüßte, von der die Kaufkraft ihrer einzigen Kunden abhängt! Und wenn dieser Markt schwindet, was erscheint naiven Leuten natürlicher, als ihn durch einen erfolgreichen Krieg auszudehnen?

Engels an Danielson, 29. Okt. 1891 (MEW 38, 195/97)

41

[Am 5. März] hat Rußland hier in London einen Sieg erfochten, der ihm aber jetzt nichts mehr nützt. Bei den Grafschaftsratswahlen (in London heißt Grafschaftsrat, was sonst Stadtrat heißt) hier haben die Liberalen einen ganz eklatanten Sieg erfochten, und es ist kein Zweifel mehr, wenn überhaupt noch einer war, daß Gladstone nach der Parlamentsneuwahl ans Ruder kommt. Gladstone aber ist fanatischer Russenfreund und Antitürk und Antiöstreicher, und sein Regierungsantritt wäre ein neues Kriegsmotiv für Alexander gewesen, da er die wohlwollende Neutralität Englands und daneben Englands Druck auf Italien, um dies ebenfalls neutral zu halten, bedeutet hätte. Die Hungersnot und die hoffentlich daraus sich ergebenden innern Konflikte in Rußland schneiden alledem den Stachel aus, wenn nicht eben - Tollheiten passieren, die diesseits und jenseits der russischen Grenze immer nicht ganz unmöglich sind.

Engels an Bebel, 8. März 1892 (MEW 38, 294)

42

Ihr Land macht jetzt in der Tat eine folgenschwere Periode durch, deren volle Bedeutung kaum überschätzt werden kann. Aus Ihren Briefen scheint hervorzugehen, daß Sie die gegenwärtige Mißernte nicht als einen Zufall betrachten, sondern als das notwendige Resultat, als eine der unvermeidlichen Begleiterscheinungen der ökonomischen Entwicklung, in die Rußland seit 1861 eingetreten ist. Und das ist auch meine Meinung, soweit man das überhaupt aus der Entfernung beurteilen kann. Mit dem Jahre 1861 begann Rußland die Entwicklung einer modernen Industrie in einem Maßstab, der einer großen Nation entspricht. Die Überzeugung befestigte sich, daß heutzutage kein Land den ihm angemessenen Platz unter den zivilisierten Nationen einnehmen kann, ohne eine mit Dampf betriebene industrielle Maschinerie zu besitzen und ohne den Eigenbedarf an Fabrikaten, wenigstens zu einem großen Teil, selbst zu decken. Nach dieser Überzeugung hat Rußland, und zwar mit großer Energie, gehandelt. Daß es sich dabei mit einem Wall von Schutzzöllen umgab, war ganz natürlich, die englische Konkurrenz zwang diese Politik fast jedem großen Lande auf. Sogar Deutschland, wo sich eine Großindustrie unter *fast absolutem Freihandel* erfolgreich entwickelt hatte, schloß sich dem Chor an und wurde schutzzöllnerisch, nur um den Prozeß der Züchtung von Millionären – um mit Bismarck zu reden – zu beschleunigen. Und wenn Deutschland diesen Weg ging, sogar ohne jede Notwendigkeit, wer kann Rußland für das schelten, was für dieses Land eine Notwendigkeit *war,* seit es einmal den neuen industriellen Weg eingeschlagen hatte?

In gewissem Maße scheint mir die augenblickliche Lage bei Ihnen eine Parallele in der Frankreichs unter Ludwig XIV. zu finden. [50] Auch dort wurden die Manufakturen durch Colberts Schutzzollsystem lebensfähig gemacht; und im Verlauf von 20 bis 30 Jahren fand man heraus, daß eine nationale Manufakturindustrie unter den damals vorhandenen Bedingungen nur auf Kosten der Bauernschaft geschaffen werden könne. Die Naturalwirtschaft der Bauern wurde beseitigt und durch die Geldwirtschaft ersetzt; der innere Markt wurde geschaffen und gleichzeitig, wenigstens für eine gewisse Zeit, durch den gleichen Prozeß und durch die beispiellose Gewalt, mit der sich die ökonomische Notwendigkeit durchsetzte, nahezu wieder zerstört. Hinzu kamen das Anziehen der Steuerschraube und die verstärkten Aushebungen, welche durch die Einführung der stehenden Heere nötig wurden, wie sich das heute auch aus der Einführung des auf der allgemeinen Wehrpflicht beruhenden preußischen Militärsystems notwendig ergibt. Kamen dann ein oder zwei Mißernten, so trat überall im Land jene allgemeine Notlage ein, die wir bei Boisguillebert und Marschall Vauban beschrieben finden.

Aber es gibt da einen ungeheuren Unterschied: den Unterschied zwischen der alten »Manufaktur« und der modernen »grande industrie«, der (in der Wirkung auf den Bauern, den landwirtschaftlichen Kleinproduzenten mit eigenen Produktionsmitteln) dem Unterschied zwischen der alten Steinschloßflinte von 1680 und dem modernen Repetiergewehr von 1892, Kaliber 7,5 Millimeter, gleichkommt. Ferner: war im Jahre 1680 die Kleinproduktion in der Landwirtschaft noch die normale Produktionsweise und der landwirtschaftliche Großbetrieb eine erst *in der Entstehung* begriffene Ausnahme, aber immer nur eine Ausnahme, so ist heute der landwirtschaftliche Großbetrieb mit Maschinen die Regel und wird mehr und mehr die einzig mögliche Art der landwirtschaftlichen Produktion. So scheint der Bauer heute zum Untergang verurteilt.

Sie erinnern sich an das, was unser Autor in dem Brief über Shukowski gesagt hat – daß die Fortsetzung des im Jahre 1861 eingeschlagenen Weges den Ruin der bäuerlichen Landgemeinde mit sich bringen müßte. Das scheint sich gerade jetzt zu erfüllen. Offenbar rückt, wenigstens in manchen Distrikten, der Augenblick heran, wo sämtliche alten sozialen Institutionen des russischen Dorflebens nicht nur ihren Wert für den einzelnen Bauern verlieren, sondern eine Fessel werden, genau wie früher in Westeuropa. Ich fürchte, wir werden die Obschtschina bald als einen Traum der Vergangenheit zu betrachten und in Zukunft mit einem kapitalistischen Rußland zu rechnen haben. Zweifellos geht damit eine große Chance verloren, aber gegen ökonomische Tatsachen kann man eben nichts machen. Das einzig Kuriose dabei ist, daß dieselben Leute in Rußland, die nie müde werden, die unschätzbare Überlegenheit der primitiven Institutionen Rußlands über die des verderbten Abendlandes herauszustreichen, ihr Bestes tun, diese primitiven Institutionen zu zerstören und sie durch die des verderbten Abendlandes zu ersetzen.

Doch wenn der russische Bauer einmal dazu verurteilt ist, sich in einen Industrie- oder Landproletarier zu verwandeln, so erscheint auch der Untergang des pomeschtschik [Grundbesitzer] besiegelt. Aus allem schließe ich, daß diese Klasse noch mehr als die Bauern in Schulden steckt und allmählich ihren Besitz ausverkaufen muß. Und zwischen die beiden scheint eine neue Klasse von Grundbesitzern, Dorf-Kulaken oder Stadtbourgeois, zu treten – vielleicht die Väter einer zukünftigen russischen Grundaristokratie??

Die Mißernte des letzten Jahres hat das alles ins helle Licht gerückt. Ich bin ganz Ihrer Meinung, daß die Ursachen völlig sozialer Natur sind. Was die Entwaldung betrifft, so ist sie ebenso wie der Ruin der Bauern eine wesentliche Lebensbedingung der bürgerlichen Gesellschaft. Kein »zivilisiertes« Land Europas, das dies nicht gespürt hätte, und Amerika, und Rußland zweifellos auch, erfährt es im jetzigen Augenblick. So ist die Entwaldung in meinen Augen wesentlich sowohl sozialer Faktor als auch soziales Resultat. Aber sie liefert den interessierten Parteien zugleich einen beliebten Vorwand, die Schuld an ökonomischen Fehlschlägen einer Ursache zuzuschieben, für die offensichtlich doch niemand verantwortlich gemacht werden kann.

Die Mißernte hat, meiner Meinung nach, nur *an die Oberfläche* gebracht, was *latent* schon vorhanden war. Aber sie hat die Geschwindigkeit des Prozesses ungeheuer beschleunigt. Der Bauer wird zur diesjährigen Frühjahrsaussaat bedeutend schwächer sein als zur Aussaat im vorigen Herbst. Und er wird seine Kräfte unter viel ungünstigeren Bedingungen wieder sammeln müssen. Was kann er, ein Pauper, der bis über die Ohren in Schulden steckt und kein Vieh hat, nun anfangen, selbst in den Gebieten, wo er den Winter überstanden hat, ohne sein Land verlassen zu müssen? Mir scheint deshalb, daß es Jahre dauern wird, bis diese Kalamität völlig überwunden ist, und daß Rußland, wenn dieser Punkt erreicht ist, ein ganz anderes Land sein wird, als es am 1. Januar 1891 war. Aber wir werden uns mit dem Gedanken trösten müssen, daß all das in letzter Instanz der Sache des menschlichen Fortschritts dienen muß.

Engels an Danielson, 15. März 1892 (MEW 38, 303ff)

43

Ich glaube, wir sind in Wirklichkeit völlig einer Meinung über die Tatsachen, welche die augenblickliche ökonomische Lage Ihres Landes bestimmen, und über deren Bedeutung. Nur scheinen Sie einige *ironische* Wendungen meines letzten Briefes ernst genommen zu haben, besonders das, was ich über verschiedene Dinge sagte, die letztlich der Sache des menschlichen Fortschritts dienen. Faktisch gibt es ja in der Geschichte nichts, was nicht in der einen oder anderen Weise dem menschlichen Fortschritt dient, aber oft auf einem ungeheuren Umweg. Und so mag es mit der augenblicklichen ökonomischen Umwälzung Ihres Landes sein.

Was ich besonders hervorheben wollte, ist, daß die *neuroshaij* [Mißernte] des letzten Jahres, um den offiziellen Ausdruck zu gebrauchen, keine isolierte und zufällige Erscheinung, sondern eine notwendige Folge der ganzen Entwicklung seit dem Krimkrieg ist, ein Resultat des Übergangs vom ackerbautreibenden Gemeinwesen und der patriarchalischen Hausindustrie zur modernen Industrie, und es scheint mir, daß diese Umwälzung schließlich die Existenz der Bauerngemeinde gefährden und das kapitalistische System auch in der Landwirtschaft einführen muß.

Aus Ihren Briefen entnehme ich, daß Sie, was die Tatsache als solche betrifft, mit mir übereinstimmen; ob wir sie mögen oder nicht, das ist eine andere Frage, und sie werden auch unabhängig davon, ob wir sie mögen oder nicht, weiterbestehen. Je mehr wir unsere Sympathien und Antipathien aus dem Spiel lassen, desto besser können wir die Tatsachen selbst und ihre Folgen beurteilen.

Es kann keinem Zweifel unterliegen, daß das augenblickliche stürmische Wachstum der modernen *»großen Industrie«* in Rußland nur durch künstliche Mittel, Schutzzölle, staatliche Subventionen usw. verursacht worden ist. Das gleiche geschah in Frankreich, wo das Schutzzollsystem seit Colbert ohne Unterbrechung bestanden hat, in Spanien, in Italien und seit 1878 sogar in Deutschland. Und das, obwohl Deutschland seine Industrialisierung fast schon vollendet hatte, als 1878 die Schutzzölle eingeführt wurden, um den Kapitalisten dazu zu verhelfen, ihren inländischen Abnehmern so hohe Preise aufzuzwingen, daß sie im Ausland unter dem Kostpreis verkaufen konnten. Und Amerika hat genau das gleiche getan, um die Periode abzukürzen, in der die amerikanischen Fabrikanten nicht in der Lage gewesen wären, mit England unter gleichen Bedingungen zu konkurrieren. Ich zweifle nicht daran, daß Amerika, Frankreich, Deutschland und selbst Österreich so weit kommen werden, daß sie der englischen Konkurrenz auf dem freien Weltmarkt wenigstens in einer Anzahl wichtiger Artikel mit Erfolg entgegentreten können. Frankreich, Amerika und Deutschland haben das Industriemonopol Englands schon jetzt bis zu einem gewissen Grade gebrochen, was sich hier sehr bemerkbar macht. Wird Rußland es ebensoweit bringen? Ich bezweifle es, da Rußland, wie Italien, unter Kohlenmangel an den für die Industrie günstigen Orten leidet; und mehr noch, es muß, wie Sie in Ihrem Brief vom 12. (24.) März so gut entwickeln, mit völlig andersgearteten historischen Bedingungen fertig werden. Doch hier taucht eine andere Frage auf: Hätte Rußland 1890 als reines Agrarland, das Getreide exportiert und dafür fremde Industrieprodukte importiert, existieren und seine Stellung in der Welt behaupten können? Und da, glaube ich, können wir mit Bestimmtheit sagen: *Nein.* Eine Nation von 100 Millionen, die eine wichtige Rolle in der Weltgeschichte spielt, konnte unter den gegenwärtigen ökonomischen und industriellen Bedingungen nicht auf der Entwicklungsstufe stehenbleiben, auf der Rußland sich bis zum Krimkrieg befand. Die Einführung von Dampf- und Arbeitsmaschinen, der Versuch, Textil- und Metallprodukte mit Hilfe moderner Produktionsmittel wenigstens für den Inlandsbedarf herzustellen, *mußte* früher oder später erfolgen, auf jeden Fall aber zu *irgendeiner* Zeit zwischen 1856 und 1880. Wäre das nicht geschehen, so wäre Ihre patriarchalische Hausindustrie dennoch durch die Konkurrenz der englischen Maschinen zerstört worden, und das Ende wäre gewesen – Indien, ein Land, das der großen Werkstatt der Welt, England, ökonomisch untertan ist. Aber sogar Indien hat sich durch Schutzzölle gegen englische Baumwollwaren gewehrt, und auch die übrigen britischen Kolonien schützten, kaum daß sie die Selbstverwaltung erlangten, ihre eigene Industrie gegen die übermächtige Konkurrenz des Mutterlandes. Englische Interessen vertretende Schriftsteller können es nicht verstehen, daß alle Welt es ablehnt, ihr Freihandelsbeispiel zu befolgen, und statt dessen Schutzzölle eingeführt hat. Natürlich *wagen* sie nicht zu sehen, daß dieses jetzt fast allgemeine Zollsystem ein – mehr oder weniger kluges und in manchen Fällen absolut dummes – Mittel der Selbstverteidigung gegen ebendenselben englischen Freihandel ist, der das englische Industriemonopol zu seiner höchsten Vollendung geführt hat. ... Ich betrachte dieses allgemeine Zurückgreifen auf den Schutzzoll nicht als einen bloßen Zufall, sondern als Reaktion gegen das untragbare Industriemonopol Englands; die *Form* dieser Reaktion mag, wie gesagt, unzulänglich und sogar noch schlechter sein, aber die historische Notwendigkeit einer solchen Reaktion scheint mir klar und offensichtlich.

Alle Regierungen, seien sie noch so unabhängig, sind in letzter Instanz nur die Vollstrecker der ökonomischen Notwendigkeiten der nationalen Lage. Sie mögen diese Aufgabe in verschiedener Weise – gut, schlecht oder leidlich – besorgen; sie mögen die ökonomische Entwicklung und ihre politischen und juristischen Konsequenzen beschleunigen oder hemmen, aber schließlich müssen sie ihr doch folgen. Ob die Mittel, mit denen die industrielle Revolution in Rußland durchgeführt worden ist, die geeignetsten waren, ist eine Frage für sich, die zu diskutieren zu weit führen würde. [51] Für meinen Zweck genügt der Nachweis, daß diese industrielle Revolution als solche unvermeidlich war.

Was Sie über die notwendigen Begleiterscheinungen solcher ungeheuren ökonomischen Umwälzungen sagen, ist ganz richtig, trifft aber mehr oder weniger auf alle Länder zu, die diesen Prozeß durchgemacht haben oder noch durchmachen. Erschöpfung des Bodens – *siehe* Amerika; Entwaldung – *siehe* England, Frankreich und gegenwärtig Deutschland und Amerika; Klimawechsel, Austrocknen von Flüssen zeigt sich vermutlich in Rußland stärker als irgendwo anders wegen der Ebenheit des Landes, das diese ungeheuren Ströme mit Wasser versorgt, und wegen des Fehlens eines alpinen Schneereservoirs, das den Rhein, die Donau, die Rhône und den Po speist. Die Zerstörung der alten Agrarverhältnisse, der schrittweise Übergang zur kapitalistischen Landwirtschaft auf großen Pachtungen sind Prozesse, die in England und Ostdeutschland vollzogen sind und jetzt überall fortschreiten. Und es scheint mir offensichtlich zu sein, daß in Rußland die Großindustrie die Landgemeinde vernichten wird, wenn nicht andere große Veränderungen vor sich gehen, die die *Obschtschina* erhalten könnten. Die Frage ist, ob genug Zeit für einen Wandel in der öffentlichen Meinung Rußlands bleiben wird, der es ermöglicht, moderne Industrie und moderne Agrikultur auf die Bauerngemeinde aufzupfropfen und diese gleichzeitig so umzuformen, daß sie ein geeignetes und taugliches Instrument für die Organisation dieser modernen Produktion und für die Umwandlung dieser Produktion aus einer kapitalistischen in eine vergesellschaftete Form wird? Ehe an eine solche Umwälzung auch nur gedacht werden kann, muß – das werden Sie mir einräumen – ein gewaltiger Fortschritt in der öffentlichen Meinung Ihres Landes gemacht werden. Wird genug Zeit dafür bleiben, bevor die kapitalistische Produktion, unterstützt von den Auswirkungen der jetzigen Krise, die *Obschtschina* zu tief unterminiert? Ich zweifle nicht im geringsten daran, daß sich in recht zahlreichen Distrikten die Gemeinde von dem im Jahre 1861 erhaltenen Schlag erholt hat (wie von W. Woronzow beschrieben). [52] Aber wird sie den unausgesetzten Schlägen widerstehen können, die ihr durch die industrielle Umgestaltung, durch den sich stürmisch entwickelnden Kapitalismus, durch die Zerstörung der Hausindustrie, durch das Fehlen kommunaler Weide- und Waldrechte, durch die Verwandlung der bäuerlichen Naturalwirtschaft in Geldwirtschaft und durch den wachsenden Reichtum und die zunehmende Macht der Kulaken und Ausbeuter versetzt werden? [...]

Dieser Brief ist mir schon zu lang geraten, als daß ich noch auf die Einzelheiten Ihres Briefes vom 18. Mai eingehen könnte; aber es scheint mir, daß auch die dort von Ihnen angeführten Tatsachen den Ruin der Bauernschaft beweisen und daneben die wenigstens zeitweise Erschöpfung des Bodens. Ich stimme ganz mit Ihnen darin überein, daß jetzt beides mit wachsender Schnelligkeit fortschreitet. Wird das jetzige System beibehalten, so muß das Ende der Ruin sowohl der Gutsbesitzer wie der Mushiks und die Entstehung einer neuen Klasse bürgerlicher Grundeigentumer sein. Aber die Frage hat noch eine andere Seite, die Euer *Westnik finansow* [53], wie ich fürchte, nicht sonderlich hervorheben wird. Das ist der Zustand der öffentlichen Finanzen. Die letzte Anleihe in Paris (1891) sollte 20 Millionen £ bringen. ... Und kann diese Anleihe noch lange auf sich warten lassen nach den ungeheuren Opfern, die dem Schatzamt durch die Mißernte aufgezwungen wurden? Wird Wyschnegradsky ein Calonne sein, dem ein Necker folgen wird?

Engels an Danielson, 18. Juni 1892 (MEW 38, 363ff)

44

Soweit stimmen wir nun also in dem einen Punkt überein, daß Rußland im Jahre 1892 nicht als ein reines Agrarland existieren könnte, daß seine landwirtschaftliche Produktion durch industrielle ergänzt werden muß.

Ich behaupte nun, daß industrielle Produktion heutzutage Großindustrie bedeutet, Dampf, Elektrizität, mechanische Spindeln und Webstühle und schließlich maschinelle Herstellung der Maschinen selbst. Von dem Tage an, da Rußland Eisenbahnen einführte, war die Einführung dieser modernen Produktionsmittel beschlossene Sache. Ihr *müßt* imstande sein, Eure eigenen Lokomotiven, Waggons, Schienenwege zu reparieren, und das kann nur auf billige Weise geschehen, wenn Ihr bei Euch auch die Dinge *herstellen* könnt, die Ihr reparieren wollt. Von dem Augenblick an, da die Kriegführung ein Zweig der grande industrie wurde (Panzerschiffe, gezogene Geschütze, schnellfeuernde Repetierkanonen, Repetiergewehre, Stahlmantelkugeln, rauchloses Pulver usw.), ist die grande industrie, ohne die alle diese Dinge nicht produziert werden können, eine politische Notwendigkeit geworden. All das kann man nicht ohne eine hochentwickelte Metallindustrie haben, und diese wieder ist unmöglich ohne eine entsprechende Entwicklung aller anderen Industriezweige, namentlich der Textilindustrie.

Ich pflichte Ihnen völlig bei, wenn Sie den Beginn der neuen industriellen Ära Ihres Landes ungefähr mit dem Jahre 1861 ansetzen. Es war der hoffnungslose Kampf einer Nation mit primitiven Produktionsformen gegen Nationen mit moderner Produktion, der dem Krimkrieg seinen Stempel aufdrückte. Das russische Volk hat das voll und ganz verstanden; daher sein Übergang zu modernen Formen, ein Übergang, der mit der Emanzipationsakte von 1861 unwiderruflich wurde.

Gibt man diese Notwendigkeit des Übergangs von den primitiven Produktionsmethoden, die 1854 vorherrschten, zu den modernen Methoden, die jetzt vorzuherrschen beginnen, erst einmal zu, so wird es zu einer Frage zweiten Ranges, ob die treibhausmäßige Förderung der industriellen Revolution durch ein System von Schutzzöllen vorteilhaft oder sogar notwendig oder sonstwas war.

Diese industrielle Treibhausatmosphäre läßt den Prozeß akut werden, der sonst möglicherweise eine mehr chronische Form angenommen hätte. Sie preßt eine Entwicklung, die sonst vielleicht sechzig oder noch mehr Jahre verlangt hätte, in einen Zeitraum von zwanzig Jahren zusammen. Aber sie beeinflußt nicht die Natur dieses Prozesses selbst, der, wie Sie sagen, von 1861 datiert.

Eines ist sicher: Wenn Rußland tatsächlich eine eigene grande industrie brauchte und entschlossen war, sie zu bekommen, so konnte es sie, wenn überhaupt, nur bei einem *gewissen* Grade des Schutzes bekommen, und das geben Sie zu. Von diesem Gesichtspunkt aus ist also dann die Schutzzollfrage nur eine Frage des *Grades* und nicht des Prinzips; das Prinzip war unvermeidlich.

Noch etwas steht fest: Wenn Rußland nach dem Krimkrieg eine eigene grande industrie brauchte, so konnte es sie nur in einer Form bekommen: der *kapitalistischen*. Und damit mußte es all die Folgen auf sich nehmen, die die kapitalistische Grande industrie in allen anderen Ländern mit sich bringt.

Ich kann nun nicht einsehen, inwiefern die Resultate der industriellen Revolution, die sich in Rußland vor unseren Augen abspielt, in irgendeiner Beziehung von denen verschieden sind, die sich in England Deutschland, Amerika zeigen oder gezeigt haben. In Amerika sind die landwirtschaftlichen Betriebs- und Besitzverhältnisse anders. Und das *ist* allerdings ein Unterschied.

Sie beklagen sich über das langsame Anwachsen der Zahl der in der Textilindustrie beschäftigten Arbeiter, verglichen mit dem Wachstum des Produktionsvolumens. – Das ist überall so. Woher sonst unsere »industrielle Reservearmee«? (*Kapital*, Kap. 23, 3 und 4)

Sie weisen die allmähliche Ersetzung der Männerarbeit durch Frauen- und Kinderarbeit nach – *Kapital*, Kap. 13, 3, a.

Sie klagen darüber, daß die maschinell produzierten Waren die Produkte der Hausindustrie verdrängen und so eine ergänzende Produktion zerstören, ohne die der Bauer nicht leben kann. Aber das ist eine absolut notwendige Folge der kapitalistischen Großindustrie: die Schaffung des inneren Markts (*Kapital*, Kap. 24, 5), wie sie in Deutschland zu meiner Zeit und unter meinen eigenen Augen vor sich ging. Sie führen ferner an, daß die Einführung von Baumwollwaren nicht nur die häusliche Spinnerei und Weberei der Bauern, sondern auch ihre *Flachskultur* verdrängt; aber das gleiche haben wir in Deutschland in der Zeit von 1820 bis jetzt beobachtet. Und was diese Seite der Frage – die Zerstörung der Hausindustrie und der ihr zugrunde liegenden Zweige der Landwirtschaft – angeht, so scheint mir der springende Punkt der zu sein, daß die Russen entscheiden mußten, ob *ihre eigene* grande industrie ihre Hausindustrie zerstören oder ob *der Import englischer Waren* dies vollbringen sollte. *Mit* Schutzzoll haben das die *Russen* selbst besorgt, *ohne* Schutzzoll hätten es die *Engländer* getan. Das scheint mir ganz klar.

Ihre Berechnung, daß die Summe der Textilprodukte der grande industrie und der Hausindustrie nicht wächst, sondern gleichbleibt, ja sogar zurückgeht, ist nicht nur völlig richtig, sie wäre unrichtig, wenn sie zu einem anderen Resultat käme. Solange sich die russische Manufaktur auf den inneren Markt beschränken muß, können ihre Produkte auch nur den Inlandsbedarf decken. Dieser aber kann nur langsam wachsen und sollte sogar, wie mir scheint, unter den gegenwärtigen Bedingungen in Rußland abnehmen.

Denn es ist eine der notwendigen Folgeerscheinungen der grande industrie, daß sie ihren eigenen inneren Markt durch denselben Prozeß *zerstört,* durch den sie ihn *schafft.* Sie schafft ihn, indem sie die Basis der bäuerlichen Hausindustrie vernichtet. Aber ohne Hausindustrie kann die Bauernschaft nicht leben. Die Bauern werden *als Bauern* ruiniert; ihre Kaufkraft wird auf ein Minimum reduziert; und bis sie sich als *Proletarier* in die neuen Existenzbedingungen hineingefunden haben, geben sie für die neuentstandenen Fabriken einen sehr schlechten Markt ab.

Die kapitalistische Produktion als eine vorübergehende ökonomische Phase ist voll innerer Widersprüche, die sich in dem Maße entfalten und sichtbar werden, in dem sie sich selbst entfaltet. Die Tendenz, ihren eigenen Markt zu schaffen und zugleich zu zerstören, ist einer dieser Widersprüche. Ein anderer liegt in der ausweglosen Situation, zu der sie führt und die in einem Land *ohne* auswärtigen Markt, wie Rußland, eher eintritt als in Ländern, die auf dem freien Weltmarkt mehr oder weniger konkurrenzfähig sind. Diese letzgenannten Länder finden in einer solchen scheinbar ausweglosen Lage eine Lösung in der Ausdehnung des Handels durch gewaltsame Erschließung neuer Märkte. Aber auch da steht man vor einer Sackgasse. Nehmen Sie England! Der letzte neue Markt, dessen Erschließung dem englischen Handel eine zeitweilige Wiederbelebung bringen könnte, ist China. Daher besteht das englische Kapital darauf, die chinesischen Eisenbahnen zu bauen. Aber chinesische Eisenbahnen bedeuten die Zerstörung der ganzen Basis der chinesischen kleinen Landwirtschaft und Hausindustrie, und da es nicht einmal eine chinesische grande industrie als Gegengewicht gibt, wird es Hunderten von Millionen Menschen unmöglich gemacht, ihr Dasein zu fristen. Die Folge wird eine Massenauswanderung sein, wie sie die Welt noch nicht gesehen hat, eine Überflutung Amerikas, Asiens und Europas durch den verhaßten Chinesen, der dem amerikanischen, australischen und europäischen Arbeiter auf der Grundlage des chinesischen Lebensstandards, des niedrigsten der Welt, Konkurrenz machen wird – und wenn die Produktionsweise in Europa bis dahin noch nicht umgewälzt ist, so wird ihre Umwälzung dann notwendig werden.

Die kapitalistische Produktion erzeugt ihren eigenen Untergang, und Sie können sicher sein, sie wird das auch in Rußland tun. Sie kann, und wenn sie sich lange genug hält, wird sie bestimmt eine fundamentale Agrarrevolution bewirken – ich meine eine Revolution in den ländlichen Besitzverhältnissen, die den Grundbesitzer wie den Kulaken ruinieren und sie durch eine neue Klasse von Großgrundbesitzern ersetzen wird, welche sich aus den Dorf-Kulaken und den Bourgeoisspekulanten der Städte rekrutiert. Auf jeden Fall werden die konservativen Elemente, die den Kapitalismus in Rußland eingeführt haben, eines Tages über die Folgen ihres eigenen Handelns erstaunt sein. [54]

Engels an Danielson, 22. Sept. 1892 (MEW 38, 467ff)

45

Rußland ist derart erschöpft durch die soziale Desorganisation als Folge der ökonomischen Veränderungen, die es seit 1861 durchmacht, durch die rücksichtslose Entwaldung, durch den Ruin der Landwirtschaft und Hausindustrie der Bauern, durch die Hungersnot und die Cholera, daß es einen Krieg gar nicht zu Ende führen könnte. Seine Finanzen und sein Kredit sind in einem Zustand der Zerrüttung, der an das Frankreich von 1788 erinnert; wenn das Publikum im Westen seinen Geldbeutel nicht weiter aufmachen will, bleiben ihm nur drei Chancen: 1. der Bankrott, 2. die Einberufung der Nationalversammlung, um eine neue Anleihe sanktionieren zu lassen, die dann in Westeuropa Aussicht auf Erfolg haben könnte, 3. der Verzweiflungskrieg – *und für diesen letzten Fall braucht man Frankreich;* ist der Krieg erst einmal erklärt und die französische Armee hineingezogen, so ist 10 zu 1 damit zu rechnen, daß der Zar sich mit Wilhelm und Franz Joseph, die ihm entgegenkommen werden, verständigen wird, und das schöne Frankreich wird die Kosten des Versöhnungsbanketts zu bezahlen haben.

Engels an Bonnier, Okt. 1892 (MEW 38, 500)

46

Guesde sagt im *Figaro:* »ebenso wie Liebknecht erklärte, er wäre im Falle einer Aggression von seiten Frankreichs gezwungen, sich daran zu erinnern, daß er Deutscher ist, ebenso werden wir uns in der Arbeiterpartei im Falle einer Aggression Deutschlands daran erinnern, daß wir Franzosen sind«.

Also sind Guesde und ich völlig einer Ansicht, und Sie müssen sich mit ihm auseinandersetzen.

Sie sprechen von einem *unheilvollen* Satz Bebels – von welchem? Sie werfen ihm soviel vor! Wenn es der aus dem *Figaro* ist, daß er auf Guesde schießen würde, so stammt er von Herrn Huret; Bebel schreibt uns, daß dies nur in der Phantasie dieses Herrn existiert hat.

Sie sprechen davon, den Krieg zu verhindern, und Sie rühmen sich, für Domela gestimmt zu haben – mit seinem Plan würden Sie alle sozialistischen Parteien Europas zugrunde richten. [55]

Es ist sehr schön zu sagen, den Krieg verhindern zu müssen, von welcher Seite er auch drohe. [56] Aber warum sich Illusionen hingeben? Haben denn die französischen Sozialisten ein Mittel, den jungen Wilhelm daran zu hindern, in einem Augenblick der Tollheit den Krieg zu erklären? Könnten denn die deutschen Sozialisten einem Carnot oder einem patriotischen Kabinett verbieten, dieselbe Dummheit zu begehen? Wenn es noch Wilhelm oder die Boulevard-Revanchisten wären, die die wahre Gefahr sind! Es ist doch die russische Regierung, die diese Marionetten tanzen läßt und den einen Hoffnungen, den anderen Angst einflößt. Hindern Sie sie doch daran, den Krieg zu provozieren!

Wenn der Krieg ausbricht, werden *diejenigen, die eine Niederlage erleiden,* die Möglichkeit und die Pflicht haben, die Revolution durchzuführen – das ist alles. [57]

Engels an Bonnier, 24. Okt. 1892 (MEW 38, 503)

47

Wir scheinen über alle Punkte bis auf den einen übereinzustimmen, den Sie in Ihren beiden Briefen vom 3. Okt. und 27. Januar behandeln, wenn auch jeweils unter verschiedenen Gesichtspunkten.

Im ersten fragen Sie: War die ökonomische Umgestaltung, die nach 1854 unvermeidlich geworden war, derart, daß sie die historischen Institutionen Rußlands, statt zu entwickeln, im Gegenteil in ihrer Wurzel angreifen mußte? Mit anderen Worten, könnte die Dorfgemeinde nicht als Basis der neuen ökonomischen Entwicklung genommen werden?

In Ihrem Brief vom 27. Jan. drücken Sie denselben Gedanken in folgender Form aus: Die grande industrie war eine Notwendigkeit für Rußland geworden, aber war es unvermeidlich, daß sie in kapitalistischer Form entwickelt wurde?

Nun, etwa um 1854 begann Rußland mit dem Gemeineigentum einerseits und der Notwendigkeit der grande industrie andererseits. Wenn Sie nun den damaligen Zustand Ihres Landes in Rechnung stellen, sehen Sie da eine Möglichkeit, die grande industrie auf die Bauerngemeinde in einer Form aufzupfropfen, die einerseits die Entwicklung dieser grande industrie möglich machen und andererseits das primitive Gemeineigentum in den Rang einer gesellschaftlichen Einrichtung erheben würde, die allem überlegen wäre, was die Welt bisher gesehen hat? Und das, während der ganze Westen noch unter dem kapitalistischen Regime lebt? Ich bin der Meinung, daß eine solche Entwicklung, die alles, was aus der Geschichte überliefert ist, übertroffen hätte, andere ökonomische, politische und intellektuelle Bedingungen erfordert hätte, als sie zu jener Zeit in Rußland vorhanden waren.

Kein Zweifel, die Gemeinde und bis zu einem gewissen Grad das Artel enthielten Keime, die sich unter bestimmten Bedingungen hätten entwickeln können und Rußland die Notwendigkeit erspart hätten, die Qualen des kapitalistischen Regimes durchzumachen. Ich unterschreibe den Brief unseres Autors über Shukowski voll und ganz. Aber nach seiner wie nach meiner Auffassung war die erste Bedingung dafür der *Anstoß von außen,* die Umwälzung des ökonomischen Systems in Westeuropa, die Zerschlagung des Kapitalismus in seinen Ursprungsländern. Unser Autor erklärte in einem gewissen Vorwort zu einem gewissen alten Manifest im Januar 1882 als Antwort auf die Frage, ob die russische Gemeinde nicht der Ausgangspunkt einer höheren sozialen Entwicklung sein könne: Wenn die Umwandlung des ökonomischen Systems in Rußland mit einer Umwandlung des ökonomischen Systems im Westen zusammenfällt, »sodaß beide einander ergänzen, so kann das jetzige russische Gemeindeeigentum zum Ausgangspunkt einer neuen gesellschaftlichen Entwicklung werden«. [58]

Wären wir im Westen in unserer eigenen ökonomischen Entwicklung schneller gewesen, hätten wir das kapitalistische System vor zehn oder zwanzig Jahren stürzen können, dann hätte Rußland vielleicht noch Zeit gehabt, die Tendenz seiner eigenen Entwicklung zum Kapitalismus zu umgehen. Leider sind wir zu langsam, und diese ökonomischen Konsequenzen des kapitalistischen Systems, die es seinem kritischen Punkt entgegentreiben müssen, beginnen sich erst jetzt in den verschiedenen Ländern um uns herum zu entwickeln: während England sein Industriemonopol schnell verliert, nähern sich Frankreich und Deutschland dem industriellen Stand Englands, und Amerika ist drauf und dran, sie alle vom Weltmarkt, sowohl was Industrie- wie Agrarprodukte anlangt, zu vertreiben. Die Einführung einer wenigstens relativen Freihandelspolitik in Amerika wird den Ruin von Englands Industriemonopol bestimmt vollenden und zu gleicher Zeit den industriellen Exporthandel Deutschlands und Frankreichs zugrunde richten; dann muß die Krise kommen, tout ce qu'il y a de plus *fin de siècle.* [59] Doch in der Zwischenzeit verfällt die Gemeinde bei Ihnen, und wir können nur hoffen, daß der Übergang zu einem besseren System bei uns bald genug kommen wird, um wenigstens in einigen der entlegeneren Teile Ihres Landes Einrichtungen zu retten, die unter solchen Umständen aufgerufen werden können, einer großen Zukunft zu dienen. Aber Tatsachen sind Tatsachen, und wir dürfen nicht vergessen, daß diese Möglichkeiten mit jedem Jahr geringer werden.

Im übrigen gestehe ich Ihnen zu, daß der Umstand, daß Rußland das *letzte* Land ist, dessen sich die kapitalistische grande industrie bemächtigt, und gleichzeitig das Land mit der weitaus *größten Bauernbevölkerung* ist, dazu führen muß, die durch diese ökonomische Umgestaltung hervorgerufene Erschütterung akuter werden zu lassen, als sie anderswo gewesen ist. Der Prozeß der Verdrängung von etwa 500000 Landeigentümern und von etwa 80 Millionen Bauern durch eine neue Klasse *bürgerlicher* Grundbesitzer kann sich nur unter fürchterlichen Leiden und Konvulsionen vollziehen. Aber die Geschichte ist nun einmal der grausamste aller Götter, und sie führt ihren Triumphwagen über Haufen von Leichen, nicht nur im Krieg, sondern auch in Zeiten »friedlicher« ökonomischer Entwicklung. Und wir Männer und Frauen sind unglücklicherweise so stupide, daß wir nie den Mut zu einem wirklichen Fortschritt aufbringen können, es sei denn, wir werden dazu durch Leiden angetrieben, die beinahe jedes Maß übersteigen.

Engels an Danielson, 24. Febr. 1893 (MEW 39, 36ff; aus dem Englischen)

48

Vielen Dank für Ihre interessante Studie über *The economics of the Russian village,* die ich, wie ich hoffe, nicht ohne Nutzen gelesen habe. [60]

Was die brennenden Fragen der russischen revolutionären Bewegung angeht und die Rolle, welche die Bauernschaft darin spielen könnte, so sind das Themen, über die ich eine zur Veröffentlichung geeignete Meinung nicht mit gutem Gewissen äußern kann, ohne zuvor die ganze Frage erneut zu studieren und meine sehr unvollkommenen Faktenkenntnisse hierüber zu vervollkommnen, also auf den neuesten Stand zu bringen. Aber dazu habe ich leider jetzt keine Zeit. Außerdem habe ich allen Grund zu bezweifeln, ob eine solche öffentliche Feststellung von mir die Wirkung hätte, die Sie erwarten. Aus eigener Erfahrung (1849–1852) weiß ich, wie sich jede politische Emigration unweigerlich in verschiedene Gruppen spaltet, solange es im Mutterland ruhig bleibt. Der leidenschaftliche Wunsch zu handeln, trotz der

Unmöglichkeit, etwas Wirksames zu tun, ruft in vielen klugen und energischen Köpfen übereifriges geistiges Spekulieren hervor, Versuche, neue und beinahe wunderbare Aktionsmittel zu entdecken oder zu erfinden. Das Wort eines Außenseiters würde nur eine geringfügige und bestenfalls vorübergehende Wirkung haben. Wenn Sie die russische Emigrationsliteratur der letzten zehn Jahre verfolgt haben, werden Sie selbst wissen, wie zum Beispiel von den verschiedenen russischen Emigrantengruppen Passagen aus den Schriften und dem Briefwechsel von Marx in höchst widersprüchlicher Weise ausgelegt worden sind, genau so, als wären es Texte aus Klassikern oder aus dem Neuen Testament. Was ich auch immer über den von Ihnen erwähnten Gegenstand sagen könnte, würde wahrscheinlich dasselbe Schicksal erleiden, wenn ihm irgendwelche Aufmerksamkeit erwiesen würde. Und aus allen diesen verschiedenen Gründen denke ich, daß es für alle, die es angehen kann, darunter auch für mich, das beste ist, davon Abstand zu nehmen.

Engels an Gurwitsch, 27. Mai 1893 (MEW 39, 75; aus dem Englischen)

49

Ich danke Ihnen herzlich für die Zusendung von Nr. 2 Ihres »Sozial-Demokrat«, und ich bemühe mich, Ihnen durch die Überschrift dieser Zeilen klarzumachen, daß ich wenigstens anfange, Ihre Sprache zu verstehen. Die Ansprüche der Internationalität wachsen mit jedem Jahr. Bis 1848 konnte man glauben, genug getan zu haben, wenn man die Hauptsprachen von West- und Zentraleuropa einigermaßen verstand, aber nun ist es dahin gekommen, daß ich auf meine alten Tage sogar noch Rumänisch und Bulgarisch lernen muß, wenn ich dem Vormarsch des Sozialismus nach Osten und Südosten folgen will. Aber wir im Westen freuen uns dieser unsrer südöstlichen Vorposten an der Grenze Asiens darum nicht minder, die bis ans Schwarze und Ägäische Meer die von Marx entfaltete Fahne des modernen Proletariats tragen – hätte Marx dies nur noch selbst erleben können! – und die den Lockungen und Drohungen des russischen Zarismus antworten, indem sie den zarischen Proklamationen entgegenstellen die sozialistischen Arbeiten der russischen Vorkämpfer des Proletariats. Es hat mich sehr gefreut, Plechanows Arbeiten bulgarisch übersetzt zu sehn. *Es lebe der internationale Sozialismus!* [61]

Engels an den bulgarischen »Sozial-Demokrat«, 9. Juni 1893 (MEW 22, 407)

50

Vielen Dank für die Exemplare der *Otcherki* [62], von denen ich drei an Freunde, die es zu schätzen wissen, geschickt habe. Ich freue mich zu sehn, daß das Buch beträchtliche Aufregung verursacht, ja sogar Sensation gemacht hat, wie es das durchaus verdiente. Unter den Russen, die ich getroffen habe, bildete es das Hauptgesprächsthema. Erst gestern schreibt einer von ihnen: »Bei uns wird gestritten über das ›Schicksal des Kapitalismus‹ in Rußland«.

Im Berliner »Sozialpolitischen Centralblatt« [III. Jg., Nr. 1, 2. Okt. 1893] hat ein Herr P. v. Struve einen langen Artikel über Ihr Buch veröffentlicht. [63] In einem Punkt muß ich ihm zustimmen: Auch mir erscheint die gegenwärtige kapitalistische Phase der Entwicklung in Rußland als eine unvermeidliche Folge der historischen Bedingungen, die der Krimkrieg geschaffen hat, des Weges, auf dem 1861 die Umwälzung in den Agrarverhältnissen zustande kam, und der politischen Stagnation in Europa im allgemeinen. Entschieden unrecht hat er, wo er den gegenwärtigen Zustand Rußlands mit dem der Vereinigten Staaten vergleicht, um das zu widerlegen, was er Ihre pessimistischen Zukunftsansichten nennt. Er sagt, die üblen Folgen des modernen Kapitalismus in Rußland werden ebenso leicht überwunden werden wie in den Vereinigten Staaten. Hier vergißt er ganz, daß die USA von allem Anfang an modern, bourgeois waren; daß sie von Kleinbürgern und Bauern gegründet wurden, die dem europäischen Feudalismus entflohen, um eine rein bürgerliche Gesellschaft zu errichten. Dagegen haben wir in Rußland ein Fundament von primitiv-kommunistischem Charakter, eine noch aus der Zeit vor der Zivilisation stammende Gentilgesellschaft, die zwar schon in Trümmer fällt, aber immer noch als Fundament, als Material dient, auf und mit dem die kapitalistische Revolution (denn es ist eine wirkliche soziale Revolution) wirkt und operiert. In Amerika gibt es seit mehr als einem Jahrhundert Geldwirtschaft, in Rußland war fast ausnahmslos Naturalwirtschaft die Regel. Deshalb ist es selbstverständlich, daß die Umwälzung in Rußland weit heftiger, weit einschneidender und von unermeßlich größern Leiden begleitet sein muß als in Amerika. [64]

Doch bei alledem scheint mir, daß Sie die Sache düstrer sehen, als die Tatsachen es rechtfertigen. Ohne Zweifel kann sich der Übergang von einem primitiven Agrarkommunismus zum kapitalistischen Industrialismus nicht vollziehen ohne eine gewaltige Umwälzung der Gesellschaft, nicht ohne das Verschwinden ganzer Klassen und ihre Umwandlung in andere Klassen; und was für ungeheure Leiden, welche

Vergeudung von Menschenleben und Produktivkräften dies notwendigerweise mit sich bringt, haben wir – in kleinerm Maßstabe – in Westeuropa gesehen. Aber von da bis zum vollständigen Ruin einer großen und hochbegabten Nation ist noch ein weiter Weg. Die schnelle Bevölkerungszunahme, an die Sie sich gewöhnt haben, mag gehemmt werden; die rücksichtslose Abholzung, verbunden mit der Expropriation der alten Grundbesitzer wie der Bauern, mag eine kolossale Verschwendung von Produktivkräften verursachen; aber trotz alledem wird eine Bevölkerung von mehr als 100 Millionen schließlich einen sehr beträchtlichen inneren Markt für eine sehr ansehnliche Großindustrie schaffen, und bei Ihnen wie anderswo werden die Dinge schließlich ihr eignes Niveau finden – falls der Kapitalismus in Westeuropa lange genug durchhält.

Sie geben selbst zu, daß »die sozialen Bedingungen in Rußland nach dem Krimkrieg nicht günstig waren für die Entwicklung der Produktionsweise, die uns durch unsre geschichtliche Vergangenheit überliefert worden ist«. [65] Ich würde weiter gehn und sagen, daß es in Rußland ebensowenig wie anderswo möglich gewesen wäre, eine höhere Gesellschaftsform aus dem primitiven Agrarkommunismus zu entwikkeln, es sei denn, daß diese höhere Form in einem andern Land *schon existiert* hätte, so daß sie als Vorbild dienen können. Da diese höhere Form, wo immer sie historisch möglich wird, die notwendige Folge der kapitalistischen Produktionsweise und des durch sie hervorgerufnen sozialen dualistischen Antagonismus ist, konnte sie nicht direkt aus der Dorfgemeinde entwickelt werden, es sei denn in Nachahmung eines schon irgendwo existierenden Beispiels. Wäre der Westen Europas 1860–70 für eine solche Umwandlung reif gewesen, wäre diese Umwälzung dann in England, Frankreich usw. in Angriff genommen worden, dann wäre es an den Russen gewesen zu zeigen, was aus ihrer Gemeinde, die damals noch mehr oder weniger intakt war, hätte gemacht werden können. Aber der Westen rührte sich nicht, keinerlei derartige Umwandlung wurde versucht, und der Kapitalismus wurde immer schneller entwickelt. Da nun Rußland keine Wahl hatte als die, entweder die Gemeinde zu einer Produktionsweise zu entwickeln, von der es durch eine Reihe historischer Stadien getrennt war und für die selbst im Westen die Bedingungen damals nicht reif waren – offensichtlich eine unmögliche Aufgabe-, oder aber sich zum Kapitalismus zu entwikkeln, was blieb ihm andres als die letzte Möglichkeit? [66]

Was die Gemeinde betrifft, so ist sie nur möglich, solange ihre Mitglieder sich in bezug auf ihren Wohlstand nur wenig voneinander unterscheiden. Sobald diese Unterschiede groß werden, sobald einige ihrer Mitglieder die Schuldsklaven der reichern Mitglieder werden, kann sie nicht länger leben. Die Kulaken und Ausbeuter Athens vor Solon haben die athenische *gens* mit derselben Unbarmherzigkeit zerstört, mit der diese Elemente in Ihrem Lande die Gemeinde zerstören. Ich fürchte, diese Institution ist zum Untergang verurteilt. Aber andrerseits eröffnet der Kapitalismus neue Aussichten und neue Hoffnungen. Sehen Sie sich an, was er im Westen getan hat und tut. Eine große Nation wie die Ihre überlebt jede Krise. Es gibt kein großes historisches Übel ohne einen ausgleichenden historischen Fortschritt. Nur der modus operandi hat sich geändert. *Que les destinées s'accomplissent!*

Engels an Danielson, 17. Okt. 1893 (MEW 39, 148ff; aus dem Englischen)

51

Gegen eine Veröffentlichung einer ungenehmigten russischen Übersetzung meiner Arbeiten über Rußland aus *Internationales aus dem »Volksstaat«* prostestiere ich umso mehr, als ich das Übersetzungsrecht für die russische Sprache hierüber und über andre Arbeiten bereits vergeben habe, nämlich an Frau Vera Sassulitsch. [67]

Engels an B.N. Kritschewski, 20. Mai 1894 (MEW 39, 246)

52

Selbst bei ehrlicher Absicht, in den inneren Angelegenheiten und Streitigkeiten der russischen Emigration Neutralität zu wahren, ist das Verfahren von Kritschewski bezüglich der Übersetzung von *Soziales aus Rußland* tatsächlich nicht zu entschuldigen, nachdem er davon benachrichtigt worden war, daß V. Sassulitsch die Übersetzung übernommen hat. [...]

Ignatjew ist, so sagte mir Kautsky, das Pseudonym von Helphand ..., der sich in Stuttgart aufhält ... Nach dem, was Kautsky und Bernstein mir sagten, scheint Helphand ein anständiger Junge zu sein, der mehr aus Versehen als aus böser Absicht in die von Jogiches gestellte Falle gegangen ist. [68]

Engels an Plechanow, 22. Mai 1894 (MEW 39, 250; aus dem Französischen)

53

Ich freue mich, daß die *Essays* Erfolg haben, hoffentlich ist eine neue Auflage im Druck. Es wäre sehr schön, wenn ich einen deutschen Übersetzer für das Buch finden könnte ...

Vielen Dank für den russischen *Ursprung* usw., die Übersetzung scheint mir, soweit ich sie gelesen habe, sehr gut, und auch der Zensor ist offenbar mit dem Buch im ganzen sehr glimpflich umgegangen. [...]

Die Bände über die industrielle und landwirtschaftliche Entwicklung Rußlands (Chikagoer Ausstellung) habe ich erhalten. Herzlichsten Dank. Die Bücher sind wirklich sehr nützlich, besonders wenn man sie mit den *Essays* vergleicht.

Engels an Danielson, 1. Juni 1894 (MEW 39, 252f)

54

Sobald Sie diese Mitteilung empfingen, waren Sie erst recht und aufs neue verpflichtet, sich an *mich* zu wenden, als den einzigen, der das Recht hatte, hier zwischen den beiden Prätendenten zu entscheiden. Sie taten es nicht, weil Sie im voraus wußten, was meine Antwort sein werde; weil Sie V. Sassulitsch und Plechanow auf unehrenhafte Weise den Rang ablaufen wollten und darauf rechneten, daß ich mich dem fait accompli fügen würde. Sie haben sich durchweg geirrt, weil Sie sich überhaupt in der Zeit geirrt haben und sich einbilden, man könne auf der heutigen Entwicklungsstufe der europäischen wie russischen sozialistischen Bewegung die alten bakunistisch-netschajewschen Unverschämtheiten und Unwahrhaftigkeiten noch einmal verwerten, und diesmal sogar mit Erfolg. [69]

Engels an B.N. Kritschewski, Juli 1894 (MEW 39, 263)

55

Vor andern Weltereignissen wird der Tod des russischen Zaren wahrscheinlich eine Veränderung hervorrufen, sei es durch innere Bewegung, sei es durch die Finanznot und Unmöglichkeit, Geld im Ausland zu erhalten. Ich kann mir nicht vorstellen, daß das jetzige System den Thronwechsel überdauert, der einen durch Onanie körperlich und geistig zerrütteten Idioten ans Ruder bringt.... Geht's aber in Rußland los, dann wird Jung-Wilhelm [70] auch etwas Neues gewahr werden. Dann geht in ganz Europa ein liberaler Wind, der uns *jetzt* nur nützlich sein kann.

Der Krieg in China [71] hat dem alten China den Todesstoß gegeben. Die Abschließung ist unmöglich geworden, die Einführung von Eisenbahnen, Dampfmaschinen, Elektrizität, großer Industrie ist schon aus Gründen der militärischen Verteidigung eine Notwendigkeit geworden. Damit aber fällt auch das alte ökonomische System kleiner Bauernkultur, wo die Familie auch ihre Industrieprodukte selbst machte, in Stücke, und damit das ganze alte gesellschaftliche System, das relativ dichte Bevölkerung erlaubte. Millionen werden an die Luft gesetzt und gezwungen zur Auswanderung; und diese Millionen werden den Weg finden bis nach Europa, und das in Massen. Die chinesische Konkurrenz wird aber bei Euch und bei uns die Sache rasch auf die Spitze treiben, sowie sie massenhaft wird, und so wird die Eroberung Chinas durch den Kapitalismus zugleich den Anstoß geben zum Sturz des Kapitalismus in Europa und Amerika. [72]

Engels an Sorge, 10. Nov. 1894 (MEW 39, 310)

56

Der Zar [Alexander III.] ist tot, vive le Czar [Nikolaus II.], und tatsächlich, der arme Bettler braucht die ganze Ermutigung, welche die französische Bourgeoisie und ihre Presse ihm durch ihre Jubelrufe verschaffen können. Er ist ein halber Idiot, schwach an Geist und Körper, und gerade das läßt auf die unentschlossene Herrschaft eines Mannes schließen, der in den Händen von Leuten, die sich mit gegenseitigen Intrigen ins Gehege kommen, zum bloßen Spielball wird, und das ist nötig, um das russische despotische System endlich zu vernichten. Finanzielle Schwierigkeiten werden dem nachhelfen.... Als vor 6 oder 7 Jahren der Versuch gemacht wurde, in Berlin Geld aufzutreiben, erwiderten die Bankiers einmütig: mit der Bürgschaft einer Nationalversammlung jeden Betrag, ohne diese nicht einen Pfennig! Könnte dieser Ruf nicht jetzt, wenn sich die Gelegenheit bietet, in der *Petite République* ertönen? Könnte man denn nicht den französischen Einfaltspinseln sagen, daß in Rußland eine Verfassung kommen *muß* und es deshalb nicht ungefährlich ist, wenn sie ihr Geld einem sterbenden Absolutismus anvertrauen? Oder macht le patriotisme ein solches Vorgehen zu gefährlich? [73]

Engels an Laura Lafargue, 12. Nov. 1894 (MEW 39, 313; aus dem Englischen)

57

Ich danke Ihnen bestens für Ihre Übersetzung meiner »Entwicklung des Sozialismus« [74] und neuerdings des »Kommunistischen Manifests« in Ihre armenische Muttersprache. Leider aber bin ich nicht imstande, Ihren Wunsch zu erfüllen, Ihnen einige Zeilen der Einleitung für diese letztere Übersetzung zu schreiben. Ich kann nicht gut etwas schreiben, das veröffentlicht werden soll in einer Sprache, die ich nicht verstehe. [...]

Dann aber auch – so dankbar ich Ihnen auch bin für Ihre interessante Darstellung der armenischen Situation, weil ich es nicht für recht und billig halten kann, wollte ich ein Urteil abgeben über Dinge, die ich nicht aus *eignem Studium* habe kennen lernen. Und dies um so mehr, als es sich hier um ein unterdrücktes Volk handelt, das das Unglück hat, zwischen der *Scylla* des türkischen und der *Charybdis* des russischen Despotismus eingekeilt zu sein; wo der russische Zarismus auf die Rolle des Befreiers spekuliert und wo die knechtische russische Presse nie verfehlt, jedes der armenischen Befreiung sympathische Wort zugunsten des erobernden Zarismus auszubeuten.

Meine aufrichtige Privatansicht ist aber die, daß die Befreiung Armeniens von Türken *und* von Russen möglich wird erst an dem Tag, wo der russische Zarismus stürzt.

Engels an J.N. Atabekjanz, 23. Nov. 1894 (MEW 39, 327)

58

Von Herrn Struves Arbeiten habe ich nur den Artikel in Brauns »Centralblatt« gesehen, und kann daher nicht über irgendwelche Behauptungen sprechen, die er gemacht haben könnte. Wenn Sie in meinen Briefen einige *Tatsachen* finden, die für Ihre Antwort nützlich sein könnten, so dürfen Sie sie ruhig verwenden. [75] Aber was meine *Ansichten* betrifft, so fürchte ich, daß Ihre Opponenten – vielleicht nicht Herr Struve, aber die russische Presse im allgemeinen – sie in unstatthafter Weise ausschlachten würden. Meine russischen Freunde bestürmen mich ununterbrochen mit der Bitte, auf russische Zeitschriften und Bücher zu antworten, in denen die Worte unseres Autors [Marx] nicht nur falsch interpretiert, sondern auch falsch zitiert werden; sie behaupten, mein Eingreifen würde genügen, um alles in Ordnung zu bringen. Ich habe das ständig abgelehnt, weil ich mich nicht, ohne dringende und wichtige Arbeiten aufzugeben, in Kontroversen hineinzerren lassen kann, die in einem weit entfernten Land in einer Sprache geführt werden, die ich noch nicht so leicht wie die bekannteren westeuropäischen Sprachen zu lesen vermag, und in Druckschriften, von denen ich im besten Falle nur gelegentliche Bruchstücke zu Gesicht bekomme, und daher die Debatte ganz unmöglich gründlich und in allen ihren Phasen und Einzelheiten verfolgen kann. Überall trifft man ja Leute, die, um eine einmal eingenommene Position zu verteidigen, vor keiner Verzerrung und keinem unfairen Manöver zurückschrecken; und wenn man das mit den Schriften unseres Autors gemacht hat, so befürchte ich, daß man auch mit mir nicht glimpflicher verfahren und mich so schließlich zwingen würde, in die Debatte einzugreifen, um andere und mich selbst zu verteidigen. Würden jedoch meine Ansichten, wie ich sie in meinen Privatbriefen geäußert habe, mit meiner Genehmigung in der russischen Presse veröffentlicht, so hätte ich *vis-à-vis* meinen russischen Freunden hier und auf dem Kontinent, die mich drängen, aktiv in die russischen Debatten einzugreifen, um diesen oder jenen in dem einen oder anderen Punkt zu widerlegen, kein Argument mehr; ich hätte dann keinen ausreichenden Grund abzulehnen, da sie mir sagen könnten: Sie *haben* ja schon einmal in die russischen Debatten eingegriffen; Sie müssen doch zugeben, daß das im gegebenen Fall ebenso wichtig ist, wie im Fall des Herrn D., also behandeln Sie uns bitte ebenso, wie Sie ihn behandelt haben. Aber dann würde meine Zeit nicht mehr mir gehören, und mein Eingreifen in die russischen Debatten wäre trotz alledem völlig unwirksam und ungenügend.

Das sind die Gründe, die mich zu meinem größten Bedauern zwingen, Sie zu bitten, nicht darauf zu bestehen, meine Ansichten zu zitieren, wenigstens nicht *als meine* Ansichten. [76]

Engels an Danielson, 24. Nov. 1894 (MEW 39, 328; aus dem Englischen)

59

Das Buch von Georgi [77] kommt sehr gelegen; heute steht in den Zeitungen, daß Nikolai den Semstwos erklärt hat, er werde genau so entschlossen wie sein Vater an der *Samodershawije* [Autokratie] festhalten. Gegen die Dummheit der Fürsten gibt es kein Mittel. Um so besser, wenn Georgi Furor erregt hat.

Engels an Vera Sassulitsch, 30. Jan. 1895 (MEW 39, 401; aus dem Französischen)

60

Vera hat mir Ihr Buch gegeben, für das ich Ihnen danke; ich habe es angefangen, aber es wird Zeit in Anspruch nehmen. Auf jeden Fall ist es ein großer Erfolg, daß es gelungen ist, es *im Land selbst* herauszubringen. Das ist eine Etappe mehr, und selbst wenn wir die neue soeben eroberte Position nicht halten können, so ist es immerhin ein Präzedenzfall, das Eis ist gebrochen. Das Verbot der *Russkaja Shisn* [78] scheint schon der Anfang der Reaktion zu sein. Nikolai scheint seine Muschiks durch Zwangserziehung auf die Freiheit *vorbereiten* zu wollen, so daß für die Verfassung erst die nächste Generation reif sein wird; immerhin eine neue Variante des alten Rezepts: nach uns die Sintflut! Aber die Sintflut ist wie der Teufel aus dem »Faust«:

Den Teufel spürt das Völkchen nie,
und wenn er sie beim Kragen hätte.

Und wenn der Teufel der Revolution einen beim Kragen hätte, so hat er Nikolai II.

Engels an Plechanow, 8. Febr. 1895 (MEW 39, 405)

61

Ich werde nicht die Zeit haben, die Kritik des *Russkoje Bogatswo* über mein Buch zu lesen. [79] Ich habe über dieses Thema schon in der Nr. vom Januar 94 genug gelesen. Was Danielson betrifft, so fürchte ich, daß nichts mit ihm zu machen ist. Ich habe ihm *per Brief* den Teil über die russischen Fragen geschickt, der in *Internationales aus dem »Volksstaat«* erschienen ist, und vor allem das Nachwort von 1894, das *teilweise* direkt an seine Adresse gerichtet war. Er hat ihn erhalten, aber wie Sie sehen, war es zwecklos. Es ist ganz unmöglich, mit dieser Generation von Russen zu diskutieren, zu der er gehört und die immer noch an die spontane kommunistische Mission glaubt, die Rußland, die wahre *Swataija Russ* [das heilige Rußland] von den anderen profanen Völkern unterscheidet.

Übrigens, in einem Lande wie dem Ihrigen, wo die moderne Großindustrie auf die usprüngliche Bauerngemeinde aufgepfropft ist und alle Zwischenphasen der Zivilisation nebeneinander bestehen, in einem Lande, das außerdem von einer mehr oder weniger wirksamen geistigen chinesischen Mauer umgeben ist, die der Despotismus errichtet hat, in einem solchen Lande darf man sich nicht wundern, wenn dort die seltsamsten und unmöglichsten Ideenverbindungen entstehen. Sehen Sie den armen Teufel Flerowski an, der sich einbildet, daß Tische und Betten denken, aber kein Gedächtnis haben. Das ist eine Phase, die das Land durchmachen muß. Allmählich, mit dem Anwachsen der Städte, wird die Isolierung der talentvollen Leute verschwinden und mit ihr diese geistigen Verirrungen, die zurückzuführen sind auf die Abgeschlossenheit, auf die Zusammenhanglosigkeit der zufälligen Kenntnisse dieser merkwürdigen Denker und auch ein wenig – bei den Narodniki – auf die Verzweiflung, ihre Hoffnungen schwinden zu sehen. In der Tat, ein ex-terroristischer narodnik könnte schließlich sehr wohl ein Anhänger des Zarismus werden. [80]

Um mich auf diese Polemik einzulassen, müßte ich eine ganze Literatur lesen, sie verfolgen und darauf antworten. Das würde jedoch meine ganze Zeit für ein Jahr verschlingen, und das einzige nützliche Resultat wäre wahrscheinlich, daß ich das Russische viel besser als jetzt beherrrschen würde; aber um dasselbe bittet man mich für Italien wegen des illustren Loria. Und ich bin so schon genug mit Arbeit überhäuft!

Jaurès ist auf dem rechten Wege. Er *lernt* den Marxismus, man sollte ihn nicht allzusehr antreiben. Er hat schon ziemlich große Fortschritte gemacht, viel mehr, als ich zu hoffen wagte. Übrigens verlangen wir nicht zuviel Orthodoxie! Die Partei ist so groß und die Theorie von Marx so weit verbreitet, daß die mehr oder weniger isolierten Wirrköpfe nicht viel Unheil im Westen anrichten können. Bei Euch ist das anders, so wie bei uns 1845–59.

Betreffs Nikolaus bin ich Ihrer Meinung. Der *Semskij Sobor* [die Ständeversammlung] wird trotz dieses unbedeutenden Schwachkopfs kommen.

Engels an Plechanow, 26. Febr. 1895 (MEW 39, 416; aus dem Französischen)

62

Es tut mir sehr leid, Ihnen als Antwort auf Ihren freundlichen Brief vom 29. Jan. mitteilen zu müssen, daß unser Autor keine für den russischen Übersetzer brauchbaren Manuskripte hinterlassen hat, in denen er seine Ansichten über die Lage des Grundeigentums in Rußland und die sich daraus ergebenden Schlußfolgerungen entwickelt. Alles, was ich finden konnte, waren einfache und sehr umfangreiche Auszüge aus russischen statistischen und allgemeinen ökonomischen Quellen, die aber, mehr oder weniger *entgegen* seiner Gewohnheit, nicht mit eigenen Bemerkungen durchflochten sind. [81]

Engels an Danielson, 5. März 1895 (MEW 39, 422; aus dem Engl.)

63

In Frankreich sind die Sozialisten die einzige wirklich ehrliche Partei, in Deutschland sind sie die einzige wirkliche Oppositionspartei; im Falle einer Krisis gibt es keine andere Partei, auf die man zurückgreifen könnte. In Österreich sind sich alle einig, daß die Sozialisten ins Parlament einziehen werden, es handelt sich nur darum zu entscheiden, durch welche Tür. Und in Rußland hat uns der kleine Nikolaus den Dienst erwiesen, die Revolution absolut unvermeidlich zu machen.

Engels an Vaillant, 5. März 1895 (MEW 39, 421; aus dem Französischen)

Nachwort

»Telle est la propagande russe, infiniment variée, selon les peuples et les pays. Hier elle nous disait: ›Je suis le christianisme‹. Demain elle nous dira: ›Je suis le socialisme‹ . . .‹

Jules MICHELET, Légendes démocratiques du Nord, Paris 1854.

I

1. Europa oder Asien?

Dem Geschichtsdenken des vorigen Jahrhunderts erschien Rußland als eine Sphinx, deren Rätsel in der ebenso einfachen wie sinnvollen Frage beschlossen waren: *Europa oder Asien?* Noch an der Schwelle des ersten Weltkriegs schien das Problem der geistig-kulturellen Zugehörigkeit dieses Riesenlandes ungelöst. [1] Erst mit der Teilnahme am I. Weltkrieg auf seiten der Entente und der zweieinhalb Jahre später ausbrechenden Revolution enthüllte Rußland das lang verborgene Geheimnis seiner historischen Entscheidung, indem es seine von Peter I. erstrebte Schicksalsverbundenheit mit Westeuropa zu einer unumstößlichen Tatsache machte. Diese Revolution – vor allem der Sturz des Zarismus – war längst fällig und hatte ihr Vorspiel im Jahre 1905. An sich war also dieses Ereignis für die nicht-russische und besonders für die westeuropäische Welt keine Überraschung. Das Unerwartete dabei war der Umstand, daß die Revolution, die im Februar 1917 sämtlichen russischen Gesellschaftsschichten und vor allem den direkt an ihr Beteiligten als bürgerlich-demokratische bewußt war, im November desselben Jahres von der Führerschaft einer siegreichen, sich zum »wissenschaftlichen Sozialismus« bekennenden politischen Partei als ein durch die Diktatur des Proletariats vermittelter und gesicherter »Schritt zum Sozialismus« ausposaunt wurde. [2] Es ist durchaus anzunehmen, daß diese von einem politisch-militärischen Generalstab getroffene Entscheidung, ein elitäres Herrschaftsverhältnis nicht nur als ein Ergebnis gesellschaftlicher Willensbildung, sondern darüber hinaus als einen Auftrag zur sozialistischen Umgestaltung zu betrachten, weder von der überwältigenden Mehrheit der Bauernmassen, noch von der zahlenmäßig schwachen Arbeiterschaft als Ausdruck eines eigenen zielbewußten Entschlusses verstanden wurde. Die rechtlich gesicherte Besitznahme der Erde war den russischen Bauern wichtiger als jedwede politische Ideologie; den Arbeitern mußte die von den Bolschewisten in Aussicht gestellte Konstituierung einer auf die Sowjets der Arbeiter-, Soldaten- und Bauerndeputierten begründeten Staatsmacht als die einzige Möglichkeit erscheinen, den wirtschaftlichen Aufbau ihres durch den Krieg zerrütteten Landes unter ihre eigene Kontrolle zu bringen. Lenin und Trotzki konnten sich also darüber keine Illusionen machen, daß die Bauern- und Arbeitermassen nicht genügend geistige Reife besaßen, um das bolschewistische Postulat einer »von der Arbeiterklasse geführten sozialistischen Revolution« [3] begrifflich zu verarbeiten und als die Bestätigung ihres eigenen Willens zu akzeptieren. Es war demnach von vornherein klar, daß sich die weitere Entwicklung der russischen Gesellschaft in ihren sämtlichen Gestaltungen, materiellen wie geistigen, gemäß dem Führungsanspruch der zur Staatsgewalt gewordenen Parteielite vollziehen mußte. Begonnen, wie es im *Kommunistischen Manifest* mit Bezug auf das westeuropäische Proletariat heißt, als die »selbständige Bewegung der ungeheuren Mehrzahl im Interesse der ungeheuren Mehrzahl« [4], verwandelte sich die hauptsächlich von den Bauernmassen getragene russische Revolution in einen von den Begründern der materialistischen Soziologie nicht vorhergesehenen Revolutionstypus: sie wurde zur selbständigen Bewegung einer politisch reifen Minderheit im – ohne Zweifel ehrlich verstandenen – Interesse der ungeheuren Mehrzahl. Daß ein solcher Fall von Marx und Engels nicht ins Auge gefaßt worden war, zeugt jedoch nicht von einem Mangel ihrer Theorie, sondern vielmehr von der Unvereinbarkeit der bolschewistischen Diktaturideologie mit dem Begriff der proletarischen Diktatur, den Marx für die industriell entwickelten, den Gesetzen des kapitalistischen Wirtschaftssystems unterworfenen Ländern geprägt hatte. Nur eine ernste rückschauende Erwägung der Umstände, die dazu geführt haben, daß die Sowjetunion – mit oder ohne Stalin – sich selbst als ersten »sozialistischen Staat« proklamierte und als solcher anerkannt wurde, kann begreiflich machen, warum die Innen- und Außenpolitik dieses Staates den Werturteilen der von Marx begründeten proletarisch-sozialistischen Ethik zuwiderläuft und zugleich ihre wissenschaftliche Erklärung in den Lehrsätzen der materialistischen Geschichtsauffassung findet. Der marxsche Materialismus erweist einerseits die Unmöglichkeit einer sozialistischen Lebensordnung unter den historischen Bedingungen der russischen Revolution von 1917; er erklärt anderseits die zwangsläufige Benutzung der »sozialistischen« Ideologie als Theorie- und Religionsersatz im Dienste der als Staatsmacht konstituierten Herrschaftselite, die darauf bedacht sein mußte, ihre Minderheitsdiktatur als »Diktatur des Proletariats« glaubhaft und damit annehmbar zu machen. Dies vermochte sie nur, indem sie mit dialektischer Spitzfindigkeit die materialistische Revolutionstheorie in ihr Gegenteil verwandelte und diese Umkehrung als »echten« dem »vulgären« und »scholastischen« Marxismus entgegenstellte. Ihre der ideologischen Rechtfertigung dienende »marxistische« These kann, wie unglaublich dies auch klingen mag, auf folgende Formel reduziert werden: Gerade weil Rußland im Jahre 1917 keine ökonomischen, sozialen und geistigen Bedingungen erfüllte, die gemäß der marxschen Revolutionstheorie für eine Diktatur des Proletariats und eine sozialistische Umwälzung notwendig sind, gelang es diesem Lande, im Oktober 1917 die »erste Etappe der Weltrevolution«, den »ersten proletarischen Staat«, den »ersten Schritt zum Sozialismus« zu verwirklichen! [5]

Diese Formel ist der einzige logische Schluß, den man aus der bolschewistischen Theorie der »Ungleichmäßigkeit der historischen Entwicklung« und deren Korollar vom »schwächsten Glied in der Kette des Kapitalismus« zu folgern berechtigt ist. [6] Marxistisch verbrämt, bedeuten diese Thesen einerseits die »dialektische« Aufhebung der kritisch-materialistischen Revolutionssoziologie der »Begründer« und andererseits den gefühlsmäßig motivierten Rückfall in den von vielen Vertretern der russischen Intelligenz im 19. Jahrhundert kultivierten Glauben an die wesenhafte Verschiedenheit zwischen dem russischen und dem europäischen Menschentypus und an die Berufung Rußlands zur sozialistischen oder religiösen Rettung der Welt. Nicht bei Marx, sondern bei Tschaadajew, Herzen und den Slawophilen, bei Tschernyschewski, Tkatschew und Bakunin, bei Dostojewski und Berdjajew – um bloß einige wichtige Vertreter des russischen Messianismus in seinen vielfältigen Ausdrucksformen zu nennen – findet sich der Gedanke der sozial, politisch oder religiös bestimmten historischen Sendung Rußlands: die »russische Idee«. [7]

2. Die historische Sendung der Bourgeoisie

Der Gedanke einer historischen Mission nicht nur der modernen Arbeiterklasse sondern auch des sich von den feudalen Produktions- und Lebensverhältnissen befreienden Bürgertums bildet den Grundpfeiler der marxschen Geschichtsauffassung – oder Geschichtskonstruktion –, wie auch immer man dieses Postulat deuten mag: als sozial-ethischen, pragmatisch-politischen oder pseudo-religiösen

Begriff. [8] Unzweifelhaft hat Marx sich bemüht, das sowohl der Klasse der Ausbeuter als auch der Ausgebeuteten zugeschriebene Bewußtsein großer revolutionärer Aufgaben aus dem Zwang ökonomischer Existenzbedingungen herzuleiten, als »materialistisch« zu begründen. Dies hat ihn – und seinen Schüler Engels – nicht daran gehindert, im Laufe seiner politischen Karriere unablässig den moralischen Mentor zu spielen und je nach den Umständen bald die Bourgeoisie, bald das Proletariat an die Erfüllung ihrer historischen Pflichten zu gemahnen. Es galt zunächst, den durch das Restaurationswerk der Heiligen Allianz niedergehaltenen liberalen und nationalen Kräften, die das westeuropäische Bürgertum seit der Französischen Revolution in sich aufgestaut hatte, zu neuen, revolutionären Durchbrüchen zu verhelfen, den Rückfall in den Absolutismus ein für allemal unmöglich zu machen und damit den Wirkungs- und Entwicklungsraum der erst beginnenden Arbeiterbewegung möglichst günstig zu gestalten. [9] Eine unzweideutige, durch ungemeine Prägnanz sich auszeichnende Umschreibung des historischen Verhältnisses zwischen den zwei Hauptklassen der modernen Gesellschaft hat Marx einige Monate vor der Februarrevolution gegeben und damit das von ihm und Engels dem Liberalismus und der bürgerlichen Demokratie bis zu ihrem Lebensende bezeugte Interesse »materialistisch« gerechtfertigt:

»Warum sollten sie (die deutschen Arbeiter) ... die brutale Plackerei der absoluten Regierung mit ihrem halbfeudalen Gefolg der direkten *Bourgeoisherrschaft* vorziehen? Die Arbeiter wissen sehr wohl, daß die Bourgeoisie nicht nur politisch ihnen breitere Konzessionen machen muß als die absolute Monarchie, sondern daß sie im Dienst ihres Handels und ihrer Industrie wider ihren Willen die Bedingungen zur Vereinigung der Arbeiterklasse hervorruft, und die Vereinigung der Arbeiter ist das erste Erfordernis ihres Siegs. Die Arbeiter wissen, daß die Abschaffung der *bürgerlichen* Eigentumsverhältnisse nicht herbeigeführt wird durch Erhaltung der *feudalen*. Sie wissen, daß die revolutionäre Bewegung der Bourgeoisie gegen die feudalen Stände und die absolute Monarchie ihre eigne revolutionäre Bewegung nur beschleunigt werden kann. Sie wissen, daß ihr eigner Kampf mit der Bourgeoisie erst anbrechen kann an dem Tag, wo die Bourgeoisie gesiegt hat ... Sie können und müssen die *bürgerliche Revolution* als eine Bedingung der *Arbeiterrevolution* mitnehmen. Sie können sie aber keinen Augenblick als ihren Endzweck betrachten.« [10]

Im Pathos dieser Rede eröffnet sich der tiefe Sinn der pathetischen Anklagen, die Marx bis an sein Lebensende gegen die westeuropäische Bourgeoisie unter Berufung auf deren eigene politische Ideale erhoben hat. Marx erwies sich damit nicht nur als einer der konsequentesten revolutionären Demokraten seiner Zeit; er hielt sich überdies für verpflichtet, gegenüber dem Bürgertum – besonders dem deutschen nach der Märzrevolution – die Rolle eines politischen Erziehers zu spielen. Die *ethisch* ausgerichtete Tendenz seines »wissenschaftlichen« Sozialismus wird gerade in dieser quasi permanenten Haltung des liberal gesinnten Anklägers gegenüber einer in reaktionärem Konservatismus verharrenden Bourgeoisie offenbar. Wenn von Edmund Burke mit Recht gesagt wird, er habe »die echten politischen Anliegen des Liberalismus in das konservative Weltbild hineingenommen« [11], so darf mit noch größerer Berechtigung behauptet werden, daß Marx diese Anliegen seiner sozialistischen Geschichtstheorie einverleibt hat.

Nur so kann man begreifen, weshalb Marx und Engels bisweilen – und nicht bloß im Revolutionsjahre 1848 – sich »jakobinischer Losungen« bedienten: ihr Jakobinismus war nicht, wie Karl Korsch in der Periode seines selbstkritischen Umdenkens des zur Mythologie gewordenen Marxismus meinte, der Beweis der historischen Bedingtheit und Begrenztheit ihrer Revolutionstheorie [12], sondern vielmehr das politische Gebot in einer geschichtlichen Entwicklungsphase, deren aktive Träger die Bourgeoisie sein mußte, solange das soziale Terrain des Klassenkampfes von feudal-absolutistischen Gewächsen überwuchert war. Mit einem Wort: Ihr Jakobinismus war die bürgerlich-sittliche Waffe gegen ein Bürgertum, das seinen *historischen* Auftrag verriet, um seine *Augenblicksinteressen* zu bewahren, gegen ein Bürgertum, das der *Revolution* verpflichtet war und sich verräterisch mit der *Konterrevolution* verband. [13] Wie tief das bürgerlich-jakobinische Element in der von Marx und Engels bestimmten Gesamtperspektive der proletarischen Revolutionstheorie verwurzelt war, möge man aus folgendem Zitat ermessen, das einer Artikelserie entnommen ist, in der Marx die deutsche Bourgeoisie, nach dem Auseinanderjagen der preußischen Nationalversammlung, an den Pranger der Revolutionsgeschichte stellt:

»Die preußische Bourgeoisie war nicht, wie die französische von 1789, die Klasse, welche die *ganze* moderne Gesellschaft den Repräsentanten der alten Gesellschaft, dem Königtum und dem Adel gegenüber vertrat. Sie war zu einer Art von *Stand* herabgesunken, ebenso ausgeprägt gegen die Krone als gegen das Volk ...; von vornherein zum Verrat gegen das Volk und zum Kompromiß mit dem gekrönten Vertreter der alten Gesellschaft geneigt, weil sie selbst schon zur alten Gesellschaft gehörte; nicht die Interessen einer neuen Gesellschaft gegen eine alte, sondern erneute Interessen innerhalb einer veralteten Gesellschaft vertretend; nicht an dem Steuerruder der Revolution, weil das Volk hinter ihr stand, sondern weil das Volk sie vor sich hindrängte; nicht an der Spitze, weil sie die Initiative einer neuen, sondern nur weil sie die Rankünе einer alten Gesellschaft vertrat; ... Phrasen statt Ideen, eingeschüchtert vom Weltsturm, den Weltsturm exploitierend – Energie nach keiner Richtung, Plagiat nach allen Richtungen, gemein, weil sie nicht originell war, originell in der

Gemeinheit – schachernd mit ihren eigenen Wünschen, ohne Initiative, ohne Glauben an sich selbst, ohne Glauben an das Volk, ohne weltgeschichtlichen Beruf – ein vermaledeiter Greis, der sich dazu verdammt sah, die ersten Jugendströmungen eines robusten Volkes in seinem eigenen altersschwachen Interesse zu leiten und abzuleiten – ohn' Aug! ohn' Ohr! ohn' Zahn, ohn' alles – so fand sich die *preußische Bourgeoisie* nach der Märzrevolution am Ruder des preußischen Staates.« [14]

Das Scheitern der Revolution bewies nicht nur, daß die Bourgeoisie, entgegen der im *Kommunistischen Manifest* ausgesprochenen Ansicht, keine »höchst revolutionäre Rolle« spielen wollte, sondern daß sie damals noch weit davon entfernt war, sich eine Welt nach ihrem Bilde schaffen zu wollen, wie dies ebendort in dithyrambischem Tone verkündet wurde. [15] Erst das in London wieder aufgenommene Studium der Revolutionsgeschichte und der Volkswirtschaft ermöglichte es Marx, sowohl die Ursachen und den Ablauf der vergangenen Ereignisse besser zu verstehen, als auch die Perspektiven der europäischen Arbeiterbewegung richtiger einzuschätzen. Er kam zu der Erkenntnis, daß nach der Entdeckung der neuen Goldquellen in Kalifornien und Australien sowie durch die langsam vor sich gehende Bildung der europäischen Kolonialreiche die historische Rolle des Bürgertums und ihres Kapitals noch lange nicht ausgespielt war. Dies hinderte ihn jedoch nicht daran, weiterhin als anklägerischer Mentor einer sich der Reaktion verkaufenden Bourgeoisie aufzutreten, wozu ihm das zwei Jahrzehnte dauernde bonapartistische Regime in Frankreich sowie die sich dem König- und Junkertum verschreibende bürgerliche und kleinbürgerliche Klasse in Deutschland reichlichen Anlaß gaben. [16] Zum Problem der erst im Gestaltungsprozeß befindlichen bürgerlichen Demokratie gesellte sich die in jener Zeit durch die nationalen Bestrebungen ausgelöste Krisis, die nur in der Zertrümmerung des durch die Großmächte geschaffenen Systems von 1815 ihre endgültige Lösung finden konnte.

Die von Marx und Engels so oft gerühmte Ironie der Geschichte hat es gewollt, daß die sich zum revolutionären Kommunismus bekennenden Begründer der Theorie der modernen Arbeiterpolitik als Fürsprecher des bürgerlich-revolutionären Liberalismus auftreten mußten. Indem sie die Eroberung der bürgerlichen Demokratie durch das Proletariat als erstes Ziel der beginnenden Arbeiterbewegung bestimmten, legten sie sich die Verpflichtung auf, für die volle Verwirklichung dieser Demokratie einzutreten. Die Demokratie war der Preis, den das kapitalanhäufende Bürgertum den ausgebeuteten Produzenten zu zahlen hatten, gleichsam als moralische Kompensation für deren materielle Unterdrückung.

3. Die Sendung des Proletariats

Wenn man bedenkt, daß während des ganzen 19. Jahrhunderts der bürgerliche Liberalismus als Erfüller des Auftrags der Französischen Revolution seinen Kampf auf die Bildung demokratischer Rechts- und Nationalstaaten im europäischen Raum konzentrieren mußte, so wird man es verständlich finden, daß der Schwerpunkt der politisch-erzieherischen Tätigkeit von Marx und Engels innerhalb der Arbeiterbewegung darin bestand, »die Organisation der Proletarier zur Klasse, und damit zur politischen Partei« voranzutreiben. [17] Damit waren sowohl das Ziel als auch die Grenze ihrer eigenen Aktion streng umschrieben, entsprechend dem Zentralaxiom ihrer Revolutionstheorie, wonach die »geschichtliche Selbsttätigkeit« des Proletariats keiner von außen aufgezwungenen sozialistischen und kommunistischen Systeme, keiner von Systemerfindern ausgeheckten Gesellschaftspläne bedürfe, um sich zur weltbefreienden Macht zu gestalten. [18] Die von Marx und Engels Mitte der vierziger Jahre ausgearbeitete materialistische Geschichtsauffassung war lediglich als ein theoretischer Ausdruck jener bereits bestehenden gesellschaftlichen Bewegung, also nicht einmal als »Anleitung zum Handeln« verstanden, – von einem »Credo« gar nicht zu reden. [19] Ihre Versuche, zuerst durch die *Kommunistischen Korrespondenzkomitees,* hernach durch den *Bund der Kommunisten* auf die europäische, keimhaft sich entwickelnde Arbeiterbewegung zu wirken, waren hauptsächlich darauf gerichtet, der Arbeiterklasse »Bildungselemente« zuzuführen. [20] Als die Niederlage der Revolution von 1848/49 die Arbeiter der »legalen Mittel der Parteiorganisation« – d.h. der Presse, der Redefreiheit und des Assoziationsrechts – beraubten und dem Kommunistenbund nur der Weg der geheimen Verbindung übrigblieb, sah sich Marx veranlaßt, einer bürgerlich-reaktionären Justiz klarzumachen, daß der Bund »die Bildung nicht der *Regierungs-,* sondern der *Oppositionspartei der Zukunft«* bezweckte, und daß es nicht zu seiner Aufgabe gehörte, eine Revolution »vorzubereiten«, deren Hauptträger die Bourgeoisie und die Mittelstände waren. [21] Die Bundesmitglieder konnten und mußten diese Vorbereitung »den allgemeinen Verhältnissen und den direkt beteiligten Klassen« überlassen, da sie sonst »auf ihre eigene Parteistellung und auf die historischen Aufgaben verzichten (mußten), die aus den allgemeinen Existenzbedingungen des Proletariats selbst hervorgehen«. [22]

Während der 50er und zu Beginn der 60er Jahre hatte die »Partei Marx« – diese von preußischen Polizeispitzeln wenn nicht erfundene so doch abwertend verbreitete Bezeichnung war während des Kölner Kommunistenprozesses in die deutsche Öffentlichkeit gedrungen – so gut wie keinen Kontakt mit der im Abflauen begriffenen europäischen Arbeiterbewegung. Journalismus hohen Stils, intensives Studium der wirtschaftlichen Praxis und Theorie, Arbeit an der »Ökonomie«, dies war die Hauptbeschäftigung des in den schwierigsten finanziellen Verhältnissen lebenden Marx, dem Engels half wie er konnte. Im Vordergrund aller Schriften aus dieser fast 15 Jahre währenden Periode stand notgedrungen nicht das Proletariat, sondern die in fieberischem Machtdrang sich ausbreitende Weltbourgeoisie, die, allen Finanz- und Handelskrisen zum Trotz, den anscheinend in Lethargie verfallenen Arbeitermassen das ökonomische Gesetz des Kapitals aufzuzwingen wußte. Nachdem selbst die internationale Wirtschaftskrise von 1857, die Marx und Engels als den Anfang vom Ende des Kapitalismus betrachtet hatten, glücklich überstanden war, drückte Marx seinen revolutionären Optimismus in einer Weise aus, die vermuten läßt, daß er fortan mit größeren Zeiträumen rechnete, wenn es galt, den Verbürgerlichungs- und Kapitalisierungsprozeß der Welt im Zusammenhang mit den sozialistischen Chancen Westeuropas zu beurteilen:

»Die eigentliche Aufgabe der bürgerlichen Gesellschaft ist die Herstellung des Weltmarkts, wenigstens seinen Umrissen nach, und einer auf seiner Basis ruhenden Produktion. Da die Welt rund ist. scheint dies mit der Kolonisation von Kalifornien und Australien und dem Aufschluß von China und Japan zum Abschluß gebracht. Die schwierige question für uns ist die: auf dem Kontinent ist die Revolution imminent und wird auch sofort einen sozialistischen Charakter annehmen. Wird sie in diesem kleinen Winkel nicht notwendig gecrusht werden, da auf viel größerm Terrain das movement der bürgerlichen Gesellschaft nocht ascendant ist?« [23]

Als Marx diese Zeilen schrieb, war er überzeugt, daß trotz der Niederlage Österreichs im italienischen Krieg die Tage des bonapartistischen Kaiserreichs gezählt waren und daß eine neue europäische Krise gewaltige soziale und nationale Erschütterungen zur Folge haben würde, deren revolutionäre Herde Deutschland und Frankreich sein würden. [24] Die »Partei Marx« hatte Lassalles österreichfeindliche Stellungnahme, die einer Rechtfertigung der Politik Napoleons III. gleichkam, streng verurteilt, und die Verleumdungskampagne des Karl Vogt bot Marx die willkommene Gelegenheit zu einer polemisch-historischen Abrechnung mit dem »kaiserlichen Sozialismus« und seinem Verbündeten, dem »völkerbefreienden« russischen Zaren. [25] In diesem Rückblick auf seine politische Karriere seit 1846 sah sich Marx genötigt, von neuem das Problem des historisch bedingten Zusammenhangs der kommunistischen Arbeiterbewegung mit der bürgerlich-liberalen Bewegung aufzurollen: es ging ihm darum, für die sittliche Reinheit der Partei »im eminent historischen Sinne« [26] eine Lanze zu brechen und seine eigene revolutionäre Rolle weder als die eines Systemgründers noch als die eines Parteidiktators – wie es seine Gegner wahrhaben wollten – verstanden zu wissen. Seine wissenschaftliche Aufgabe bezeichnete er als »kritische Einsicht in die Bedingungen, den Gang und die allgemeinen Resultate der wirklichen gesellschaftlichen Bewegung«. [27] Blieb der Vorwurf, er hätte im *Kommunistischen Manifest* einen »Proletarier-Katechismus« verfaßt, worin er seiner Verachtung der Bourgeoisie und seiner Hochschätzung der Aristokraten Ausdruck gegeben hätte.

Marx' Entgegnung ist von entscheidender Wichtigkeit nicht nur im Hinblick auf das Selbstverständnis seiner und Engels' propagandistischen Tätigkeit in der Periode der beginnenden Parteibildung innerhalb der westeuropäischen Arbeiterbewegung des vergangenen Jahrhunderts, sondern auch als vorwegnehmende Kritik der im Namen des Marxismus und im Geiste des Lassalleanismus sich entwickelnden sozialistischen und kommunistischen Parteibewegungen des 20. Jahrhunderts. Hier sei aus *Herr Vogt* (1860) eine Stelle zitiert, worin Marx unter Rückgriff auf frühere Schriften seine »Auffassungsweise über das Verhältnis von Aristokratie, Bourgeoisie und Proletariat« darlegt:

»In dem ersten Abschnitt des ›Manifestes‹, betitelt ›Bourgeois und Proletarier‹ .., wird ausführlich entwickelt, daß die ökonomische und daher auch, in einer oder der andern Form, die politische *Herrschaft der Bourgeoisie* die Grundbedingung ist sowohl für die Existenz des modernen Proletariats wie für die Schöpfung der ›materiellen Bedingungen seiner Befreiung‹. Die ›Entwicklung des modernen Proletariats‹ (siehe *Revue der Neuen Rheinischen Zeitung*, Januar 1850, p. 15) ›ist überhaupt bedingt durch die Entwicklung der industriellen Bourgeoisie. *Unter ihrer Herrschaft* gewinnt es erst die ausgedehnte nationale Existenz, die seine Revolution zu einer nationalen erheben kann, schafft es selbst erst die modernen Produktionsmittel, welche ebenso viele Mittel seiner revolutionären Befreiung werden. *Ihre Herrschaft* reißt erst die materiellen Wurzeln der feudalen Gesellschaft aus und ebnet das Terrain, *worauf allein eine proletarische Revolution möglich ist.*‹ Ich erkläre daher in derselben ›Revue‹ jede proletarische Bewegung, an welcher sich England nicht beteiligt, für einen ›Sturm in einem Glase Wasser‹. Engels hatte schon 1845 ... dieselbe Ansicht entwickelt. In Ländern also, wo die Aristokratie im kontinentalen Sinn ... erst von der ›Herrschaft verdrängt‹ werden muß, fehlt meiner Ansicht nach die erste Voraussetzung einer proletarischen Revolution, nämlich ein *industrielles Proletariat* auf nationaler Stufenleiter.« [28]

In bezug auf das Verhältnis der deutschen Arbeiter zur bürgerlichen Bewegung berief sich Marx ebenfalls auf das *Kommunistische Mani-*

fest, womit er die prinzipielle Geltung der dort aufgestellten Thesen zur obersten Norm einer rational begründeten Theorie der Arbeiterpolitik erhob:

»In Deutschland kämpft die kommunistische Partei, sobald die Bourgeoisie revolutionär auftritt, gemeinsam mit der Bourgeoisie gegen die absolute Monarchie, das feudale Grundeigentum und die Kleinbürgerei. Sie unterläßt aber keinen Augenblick, bei den Arbeitern ein möglichst klares Bewußtsein über den feindlichen Gegensatz von Bourgeoisie und Proletariat herauszubilden.« [29]

Im Laufe der 60er Jahre, die man wohl als die entscheidendsten sowohl für die Herausbildung der politischen als für die Ausarbeitung der ökonomischen Theorie von Marx ansehen darf, hat sich dieser zum ersten Male in der Lage befunden, das für ihn als höchste ethische Norm geltende Prinzip der proletarischen Selbstbefreiung vor einem breiteren europäischen Forum zu verteidigen. Die für das Wiederaufleben der deutschen Arbeiterbewegung so bedeutende Agitation Lassalles und der durch die Gründung der *Internationalen Arbeiterassoziation* erstmalig unternommene Versuch, über die Grenzen der nationalen Unabhängigkeitsbestrebungen hinweg die vereinigte Aktion der Arbeiterklassen in den zivilisierten Ländern möglich zu machen, gaben Marx die längst ersehnte Gelegenheit, die durch mühsames, unaufhörliches Studium erworbenen »Bildungselemente« jenen Menschen zu vermitteln, von deren Handeln er die radikale Umwälzung der gesellschaftlichen Verhältnisse erwartete. In seinem Kampf gegen die mit charismatischem Führungsanspruch sich entwickelnde antiliberale Parteipolitik Lassalles und seiner Erben einerseits, sowie gegen die romantisch-spielerhafte Verschwörertätigkeit Bakunins und deren westeuropäischen und russischen Verzweigungen andererseits, hat Marx zwei dem schöpferischen Prinzip der proletarischen Selbstemanzipation diametral entgegenlaufende Tendenzen innerhalb der Arbeiterbewegung bekämpft, die erst im 20. Jahrhundert unter dem Deckmantel des »Marxismus« in seinen vielfachen Varianten zur vollen Blüte gelangen sollten. [30] Es darf nicht vergessen werden, daß sowohl Lassalle als auch Bakunin sich insofern als Schüler von Marx betrachteten, als es ihnen um ein rational fundiertes Geschichtsverständnis ging; wo sie aber, Opfer ihrer Idiosynkrasien, die politische Agitation als Charismaträger betrieben, mißbrauchten sie die Gesellschaftstheorie des Meisters als Hilfsmittel, das ebensogut als schlechtes Plagiat wie als propagandistischer Vorwand die Eigenlegitimation prinzipienlosen Handelns zu sichern hatte. Lassalle hat den Ausdruck »Marxismus« nicht gekannt, den wahrscheinlich Bakunin erfunden hat, um sich durch absichtliche Verwechslung von Meister und Schüler an erstem zu rächen, wie er es mit sämtlichen Marx-Schülern seiner Zeit getan hat. [31] Bakunin konnte nicht ahnen, daß kaum vier Jahrzehnte nach seinem Tode in seinem Geburtslande; in dessen Bauerntum er die welterlösende Gesellschaftsklasse sah, eine Partei zur Macht gelangen würde, die in sich die kontrastierenden Tendenzen eines lassalleanisch-elitären Verbandes und einer anarchistisch-disziplinierten Glaubenssekte vereinigen sollte. [32] Wiederum war es ein Erfolg der geschichtlichen List, daß der Marxismus des 20. Jahrhunderts in seiner bolschewistischen Abart hauptsächlich aus der geistigen Erbschaft Lassalles und Bakunins – Staatskapital geschlagen hat.

4. Asiatischer Despotismus

Am Anfang ihrer politischen Laufbahn als radikale Demokraten, bald hernach als revolutionäre Kommunisten haben Marx und Engels bis an ihr Lebensende den russischen Absolutismus mit einer Leidenschaft bekämpft, die man nicht zu Unrecht als Russophobie bezeichnet hat. [33] Daß die theoretische Rechtfertigung ihrer antirussischen Haltung Richtersprüchen gleichkam, ist um so weniger befremdend, als ihre Geschichtsauffassung von vornherein ethischen Impulsen gehorchte, die ihre Fortentwicklung vom bürgerlichen Liberalismus zum staatsnegierenden Kommunismus als natürlich erscheinen ließen. Es war nicht das kritische Studium der politischen Ökonomie, das Marx von der in der *Rheinischen Zeitung* (1842) betriebenen Apologetik des demokratischen Repräsentativstaates zur Selbstidentifizierung mit der Arbeitersache führte, sondern der 1843 erfolgte Bruch mit der Hegelschen Staatsphilosophie und das dadurch erweckte Interesse für die Geschichte der bürgerlichen Revolution in ihren englischen, nordamerikanischen und französischen Erscheinungsformen. [34] In seiner unvollendet gebliebenen Kritik des Hegelschen Staatsrechts findet sich der deutliche Niederschlag dieser historischen Studien, sowohl im ersten Ansatz zu einer »materialistischen« Deutung des Verhältnisses von Staat und Ökonomie, als auch in der Ermittlung eines Demokratiebegriffes, welcher über die Grenzen des bürgerlichen Rechtsverständnisses weit hinausweist. Schon damals erkannte Marx, daß Hegels Begriff vom Staat als »Wirklichkeit der sittlichen Idee« sich bei näherer Beleuchtung als »Religion des Privateigentums« enthülle. [35] Es ist unzweifelhaft, daß die tiefschürfenden Überlegungen von Alexis de Tocqueville und von Thomas Hamilton bezüglich der virtuell revolutionären Konsequenzen der nordamerikanischen Demokratie Marx die Überzeugung einflößten, daß unter den bürgerlich-liberalen Wirtschafts- und Rechtsverhältnissen der Kommunismus sich als eine »historische Notwendigkeit« erweisen werde. Der mystisch-metaphysischen Staatsauffassung Hegels, die letztlich darauf hinauslief, den Monarchen als die Versubjektivierung des Staates und die Selbstverkörperung der Volkssouveränität zu demonstrieren, stellt Marx den ethisch-humanistischen Begriff einer schöpferisch-vielgestaltigen Demokratie entgegen, der seine bevorstehende Wendung zum Kommunismus als dem Ideal einer staatsfreien Gesellschaftsordnung logisch konsequent erscheinen läßt. An dem nachfolgenden Zitat kann man ermessen, warum Marx seinen Kampf gegen den französischen, den deutschen und besonders den russischen Absolutismus zuweilen mit einem Haß führte, der den idealistischen Grundimpuls seines »materialistischen« Geschichtsverständnisses verrät:

»Die Demokratie ist das aufgelöste *Rätsel* aller Verfassungen. Hier ist die Verfassung nicht nur *an sich*, dem Wesen nach, sondern der *Existenz*, der Wirklichkeit nach in ihren wirklichen Grund, den *wirklichen Menschen*, das *wirkliche Volk*, stets zurückgeführt und als sein *eignes* Werk gesetzt. Die Verfassung erscheint als das, was sie ist, freies Produkt des Menschen ... Wie die Religion nicht den Menschen, sondern wie der Mensch die Religion schafft, so schafft nicht die Verfassung das Volk, sondern das Volk die Verfassung. Die Demokratie verhält sich in gewisser Hinsicht zu allen übrigen Staatsformen, wie das Christentum sich zu allen übrigen Religionen verhält. Das Christentum ist die Religion katexochen, das *Wesen der Religion*, der deifizierte Mensch als eine *besondre Religion*. So ist die Demokratie das Wesen aller *Staatsverfassung*, der sozialisierte Mensch, als eine *besondere* Staatsverfassung ... Die Demokratie verhält sich zu allen übrigen Staatsformen als ihrem alten Testament. Der Mensch ist nicht des Gesetzes, sondern das Gesetz ist des Menschen wegen da, es ist *menschliches Dasein*, während in den andern der Mensch das *gesetzliche Dasein* ist. Das ist die Grunddifferenz der Demokratie.« [36]

Wenige Monate später unternahm Marx die Kritik der politischen Emanzipation, die ihn folgerichtig in die unmittelbare Nähe des Anarchismus bringen mußte: »Die Existenz des Staats und die Existenz der Sklaverei sind unzertrennlich.« [37]

Daß er bei der Niederschrift dieses Satzes nicht nur an Preußen, sondern auch an dessen »Protektor«, nämlich Rußland gedacht hat, ist um so sicherer anzunehmen, als der *Vorwärts* vom Beginn seines Erscheinens bis zu seinem Untergang sich unaufhörlich mit den inneren Zuständen dieses Landes, soweit sie durch die sensationellen Enthüllungen des Marquis de Custine bekannt geworden waren, befaßte. [38] In so manchen antirussischen Schriften von Marx aus den späteren

Jahren finden sich Gedanken und Stilwendungen, die an de Custines Formulierungen erinnern. Der französische Aristokrat war nach Rußland gereist, um sich dort Argumente gegen die repräsentativen Regierungsformen und für seine monarchistischen Überzeugungen zu holen; er war von dort als entschiedener Anhänger des Verfassungsstaates zurückgekehrt. Hier seien einige Stellen aus de Custines Reisebericht gebracht, die, wie man wohl annehmen darf, sich tief in Marx' Gedächtnis eingeschrieben haben. De Custine läßt zunächst einen alten russischen Prinzen sprechen:

»In Rußland ist die Zeit des Einfalls der Barbaren kaum vierhundert Jahre vorüber, während das Abendland diese Krisis vor schon vierzehnhundert Jahren bestand. Eine um tausend Jahre ältere Civilisation bringt einen unermeßlichen Abstand zwischen die Sitten der Nationen.« [39]

»Der vollständige Despotismus, so wie er bei uns herrschte, wurde in der Zeit begründet, als in dem übrigen Europa die Leibeigenschaft abgeschafft wurde. Seit dem Einfalle der Mongolen sind die Slawen, bis dahin eins der freiesten Völker der Welt, Sclaven erst der Sieger und dann ihrer eigenen Fürsten geworden. Die Leibeigenschaft entstand damals bei ihnen nicht blos factisch, sondern als constituirendes Gesetz der Gesellschaft. Sie hat das menschliche Wort in Rußland dermaßen herabgewürdigt, daß es dort nur noch als eine Schlinge angesehen wird. Unsere Regierung lebt von der und durch die Lüge, denn der Tyrann wie der Sclave fürchtet die Wahrheit.« [40]

»Der russische Despotismus rechnet nicht nur die Ideen und Gefühle für nichts, er ändert auch die Thatsachen um, kämpft gegen den Augenschein und siegt im Kampfe, denn der Augenschein hat keinen Advokaten bei uns, eben so wenig als die Achtung, wenn sie der Gewalt zuwider ist.« [41]

In den ersten aus Petersburg datierten Briefen de Custines finden sich diplomatische Zeugnisse und Äußerungen von Historikern, darunter des russischen Autors Karamsin, die Marx nicht unbekannt waren. Aus einer von Karamsin erwähnten Korrespondenz des deutschen Botschafters von Herberstein am Hofe des Zaren Wassili III. Iwanowitsch zitiert de Custine die Beschreibung des Autokraten, wonach er folgendes bemerkt:

»Dieser vor mehr als drei hundert Jahren geschriebene Brief schildert die damaligen Russen genau so, wie ich die Russen jetzt sehe. Ich frage mich wie der Gesandte Maximilians, ob der Charakter der Nation die Autocratie oder ob die Autocratie den russischen Character geschaffen hat und ich vermag die Frage eben so wenig zu lösen, als es der deutsche Diplomat vermochte.« [42]

Mit einem Gefühl des Schauderns berichtet de Custine von der Einstimmigkeit zwischen Volk und Regierung. Was ihn wundert, ist nicht die Tatsache, daß der Zar dieser Abgötterei kein Ende bereitet, sondern daß sich in einem Riesenland wie Rußland keine Stimme erhebt, die gegen die Orgien der absoluten Souveränität protestiert:

»... auch nicht eine von dem allgemeinen Chore sich abtrennt, um zu Gunsten der Wahrheit gegen die Wunderthaten der Autocratie zu protestiren. Man kann die Russen, die Großen wie die Geringen, von Sclaverei trunken nennen.« [43]

Die Lage der russischen Bauernschaft war dem Marquis nicht entgangen:

»Wir können uns nur mit Mühe eine richtige Vorstellung von der wahren Lage dieser Classe von Menschen machen, welche kein anerkanntes Recht haben und doch die Nation sind. Obgleich die Gesetze ihnen Alles genommen haben, so sind sie doch in moralischer Hinsicht nicht so tief gesunken als in socialer herabgedrückt; sie besitzen Geist, bisweilen Stolz, vorherrschend ist aber in ihrem Character und in ihrem ganzen Lebenswandel die List. Niemand hat das Recht, ihnen diese nur zu natürliche Folge ihrer Lage zum Vorwurfe zu machen. Dieses Volk, das immer gegen Herren auf der Hut ist, deren schamlose Treulosigkeit sie jeden Augenblick empfinden müssen, gleicht durch große Pfiffigkeit den Mangel an Redlichkeit der Herren gegen ihre Leibeigenen aus.« [44]

Die im 19. Jahrhundert den wesentlichen bürgerlichen Historikern geläufige Gegenüberstellung von westlicher Zivilisation und russischer Barbarei, die sich Marx und Engels ungeniert zu eigen machten, wird von de Custine auf – »marxistische« Weise zum Ausdruck gebracht:

»Es ist hier nur zu leicht, sich durch den Schein der Civilisation täuschen zu lassen. Wenn man den Hof und die Personen sieht, welche sich an demselben bewegen, so glaubt man sich unter einem Volke zu befinden, das in Bildung und in Staatswissenschaft weit fortgeschritten; bedenkt man aber die Verhältnisse, in denen die verschiedenen Classen des Staates zu einander stehen, erkennt man, wie wenig zahlreich diese Classen noch sind, betrachtet man endlich die Sitten und die Umstände genau, so erblickt man unter empörender Pracht eine kaum verhüllte wirkliche Barbarei.« [45]

Die feige Unterwürfigkeit des russischen Adels und sämtlicher höheren Schichten der Gesellschaft veranlaßt den aristokratischen Beobachter zu einer allgemeinen Überlegung, die man in ähnlicher Form auch bei Marx finden kann:

»Ein unterdrücktes Volk hat immer seine Strafe verdient; die Tyrannei ist das Werk der Nationen. Die civilisierte Welt nimmt entweder, ehe funfzig Jahre vergehen, das Joch der Barbaren noch einmal auf sich oder in Rußland bricht eine Revolution aus, schrecklicher als die, deren Wirkungen der Westen Europas noch immer fühlt.« [46]

Wohin die so treffend vorausgesagte russische Revolution, weniger als ein Jahrhundert später, geführt hat, darüber beginnt selbst jenen heute ein Licht aufzugehen, die »marxistisch« denken. Was jedoch Marx bei de Custine lesen konnte, hat ihn bestimmt nicht davon träumen lassen, daß die vom Marquis angeprangerten russischen Mißstände einst in »sozialistischer« Verkleidung und im Namen seiner Lehre institutionalisiert werden könnten:

»Je mehr ich von Rußland sehe, um so mehr stimme ich dem Kaiser bei, wenn er den Russen das Reisen verbietet und den Fremden den Eintritt in sein Land schwierig macht. Das politische Regime Rußlands würde der freien Comunication mit dem Westen Europas nicht zwanzig Jahre widerstehen.« [47]

De Custine hatte vor seiner Reise nach Rußland den Despotismus zum Gegenstand seines Studiums gemacht und seine Kenntnis desselben durch die Beobachtung Österreichs und Preußens erworben. Durch das russische Erlebnis kam er zur Überzeugung, daß jene Staaten nur dem Namen nach despotisch waren; erst jetzt wurde ihm klar, was das Zusammentreffen eines absoluten Herrschersystems und einer Sklavennation bedeutet. In Rußland wurde ihm offenbar, zu welchem Resultat die Verbindung europäischen Geistes und europäischer Wissenschaft mit dem asiatischen Genius führen könne. Diese »Mischung« schien ihm umso fürchterlicher, als ihr ewige Dauer zugesprochen werden konnte, da Ehrgeiz und Furcht nicht wie in allen anderen Ländern die Menschen gesprächig machte, sondern im Gegenteil ein allgemeines apathisches Schweigen erzeugte. Im Laufe dieser Überlegungen kommt dem »reaktionären« Marquis ein Vergleich in den Sinn, dessen Merkwürdigkeit keinem »marxistisch« geschulten Leser entgehen wird:

»Mit welchem Rechte wollen wir übrigens den Kaiser von Rußland wegen seiner Herrschsucht tadeln? Ist die Revolution in Paris nicht eben so tyrannisch, wie es der Despotismus in Petersburg ist? Wir sind es uns jedoch selbst schuldig, hier eine Beschränkung eintreten zu lassen, um den Unterschied zwischen dem socialen Zustande der beiden Länder zu charakterisieren. In Frankreich ist die Revolutions-Tyrannei ein vorübergehendes Übel, in Rußland ist die Tyrannei des Despotismus eine permanente Revolution.« [48]

Wenn dieser Begriff der »permanenten Revolution« in abgewandelter Form in der von Marx angeregten materialistischen Geschichtsauffassung Eingang gefunden hat, so gilt dies in noch stärkerem Maße vom Gedanken des »orientalischen Despotismus«, den de Custine gleichsam durch Anschauungsunterricht gewonnen hatte:

»Denken Sie sich die Geschicklichkeit unserer durch Jahrhunderte lange Übung geprüften Regierungen im Dienste eines noch jungen und rohen Staates, denken Sie sich, wie die Rubriken der Verwaltungen des Abendlandes mit der ganzen neuen

Erfahrung dem Despotismus des Orients beistehen, wie die europäische Disziplin die asiatische Tyrannei stützt, wie die Bildung gebraucht wird, die Barbarei zu verbergen, um sie zu verewigen, statt zu ersticken; denken Sie sich, wie die disciplinierte Brutalität und Grausamkeit, die Taktik der Armeen Europas, dazu beiträgt, die Politik des Orients zu befestigen, stellen Sie sich ein halbwildes Volk vor, das man in Regimenter ordnet, ohne es zu civilisieren, und Sie werden den geistigen und gesellschaftlichen Zustand des russischen Volkes verstehen.« [49]

Als de Custine nach Beendigung seiner fünfmonatigen Reise durch Rußland Rückschau hielt auf das Erlebte, faßte er in einem Schlußbericht sein Gesamturteil in einer Reihe von Aphorismen zusammen, in denen er gleichsam Gericht hielt über das Regierungssystem, das er sich zum Vorbild seiner persönlichen aristokratischen Erwartungen gewählt hatte. Hier seien aus seinem letzten Brief einige jener Aussprüche zitiert, deren Spuren in Marx' und Engels' antirussischen Schriften zu entdecken sind:

»In Rußland beherrscht die Regierung alles, belebt aber nichts.« [50]

»Nur das spät civilisierte Rußland sah sich durch die Ungeduld seiner Herrscher einer tiefen Gährung und der Wohlthat einer langsamen und natürlichen Ausbildung beraubt. Die innere Arbeit, welche die großen Völker bildet und eine Nation zum Herrschen, d.h. zur Bildung Anderer vorbereitet, fehlte Rußland ...« [51]

»Peter I. und Katharina II. haben der Welt eine große und nützliche Lehre gegeben, welche Rußland bezahlen mußte; sie zeigten uns, daß der Despotismus nie mehr zu fürchten ist, als wenn er Gutes schaffen will, denn dann glaubt er seine empörendsten Handlungen durch seine Absichten rechtfertigen zu können, und das Schlechte, das sich als Heilmittel ausgiebt, hat keine Grenzen mehr.« [52]

»... daß ich nicht zu übertreiben glaube, wenn ich Ihnen die Versicherung gebe, daß das russische Reich dasjenige Land auf Erden ist, wo die Menschen am unglücklichsten sind, weil sie zu gleicher Zeit an den Übeln der Barbarei und denen der Civilisation leiden.« [53]

»Ein maßloser ungeheuerer Ehrgeiz, ein Ehrgeiz, der nur in der Seele der Unterdrückten aufkeimen, sich nur durch das Unglück einer ganzen Nation nähren kann, gährt in dem Herzen des russischen Volkes. Diese wesentlich erobernde, in Folge von Entbehrungen habsüchtige Nation büßt im Voraus in der Heimath durch erniedrigende Unterthänigkeit die Hoffnung ab, die Tyrannei über andere auszuüben; der Ruhm, der Reichthum, den sie erwartet, läßt sie die Schmach vergessen, die sie erträgt, und um sich rein zu waschen von der gotteslästerlichen Aufopferung jeder öffentlichen und persönlichen Freiheit, träumt sie, die Sclavin, kniend von der Weltherrschaft.« [54]

5. Krieg dem Zarismus!

Der Gedanke der zivilisierenden Rolle der Bourgeoisie und des Kapitalismus ist einer der Grundpfeiler der materialistischen Geschichtsauffassung, die Marx und Engels in den Jahren 1845–1846 in Brüssel gemeinsam ausarbeiteten, ohne daß es ihnen gelang, in Deutschland einen Verleger zur Veröffentlichung ihres Manuskriptes bewegen zu können. Sie mußten das Manuskript der *Deutschen Ideologie* der »nagenden Kritik der Mäuse« [55] überlassen, was sie umso bereitwilliger taten, als der polemische Teil ihrer Arbeit den eigentlich theoretischen – den einleitenden Exkurs, der eine klare Fassung der hauptsächlich von Marx begründeten Geschichtstheorie enthält – bei weitem überwog und sie zufrieden waren, durch diese »Selbstverständigung« mit ihrem »ehemaligen philosophischen Gewissen« abgerechnet zu haben. [56] Das Wesentliche dieses, später von Marx als »Leitfaden« seiner Studien bezeichneten methodischen Schlüssels der Geschichts- und Gesellschaftsanalyse findet sich in einigen Seiten des Kommunistischen Manifests zusammengefaßt, worin die meisten Thesen sich auf die revolutionäre Rolle der modernen Bourgeoisie wie auf diejenige des modernen Proletariats beziehen. Das Auffallende an dieser sich als Schilderung bestehender gesellschaftlicher Verhältnisse und Konflikte darbietenden Behauptungen ist ihr im Grunde vorausnehmender Charakter. Das Manifest scheint die historische Funktion der Bourgeoisie wenn nicht als endgültig, so doch zumindest als zum großen Teil erfüllt zu betrachten. Die Entwicklungsstufen der Bourgeoisie und die ihnen entsprechenden politischen Fortschritte werden im Zusammenhang mit der Herstellung des Weltmarkts als Resultat der Entwicklung der Industrie und der Verkehrsmittel schrittweise geschildert; die Erkämpfung der ausschließlichen politischen Herrschaft im modernen Repräsentativstaat wird dem Bürgertum als ein geschichtlich vollzogenes Faktum zugestanden. Durch die Verbesserung der Produktions- und Verkehrsmittel reißt es »alle, auch die barbarischsten Nationen in die Zivilisation«. [57]

Im Lichte der seit dem Erscheinen des *Kommunistischen Manifests* stattgefundenen Weltereignisse und besonders der mit den Weltkriegen im Zwanzigsten Jahrhundert beginnenden neuen Geschichtsepoche kann man nicht umhin, an Friedrich Nietzsches Unterscheidung einer Dreiheit von Arten der Historie zu denken, nämlich der monumentalischen, antiquarischen und kritischen Betrachtung der Vergangenheit. [58] Marx selbst hat sein Geschichtsdenken als »kritisch« und »im Dienste des Lebens« verstanden; ebenso hätte er jenes Wort Nietzsches über die »Hegelisch verstandene Geschichte« und die »Priester der Ideen-Mythologie« unterschrieben. Darum ist das im *Manifest* skizzierte Entwicklungsschema der historisch notwendigen Verbürgerlichung der Welt nicht als ein Sichverbeugen vor der »Macht der Geschichte«, sondern vielmehr als ein von Freiheitspathos und Sendungsglauben getragenes Wunschbild zu deuten.

»Wie sie [die Bourgeoisie] das Land von der Stadt, hat sie die barbarischen und halbbarbarischen Länder von den zivilisierten, die Bauernvölker von den Bourgeoisievölkern, den Orient vom Okzident abhängig gemacht.« [59]

Dies mag wie die Feststellung einer gegebenen Tatsache klingen, man weiß aber, daß es sich hier eher um die Vorwegnahme eines historischen Entwicklungsprozesses handelt, dessen Anfänge mit der in Westeuropa und besonders in England sich mehr oder weniger rasch ausbreitenden Großindustrie zusammenfallen. Die Lobeshymne auf die Bourgeoisie erweist sich bei näherem Zusehen als ein Sendungsauftrag, dessen Zwecke für die Beauftragten nicht minder verpflichtend sind als für die von ihnen erzeugten »Totengräber«, das der kapitalistischen Ausbeutung ausgelieferte Proletariat. Dem zwieschlächtigen Charakter der kapitalistischen Produktionsweise entspricht eine Konfliktsituation, in der die zwei antagonistischen Hauptklassen der modernen Gesellschaft auf der historischen Bühne als Akteure eines für das Schicksal der Menschheit entscheidenden Dramas ihre Rolle im Dienste einer weltumfassenden Kulturrevolution zu spielen haben.

Dieses im Manifest gezeichnete historische Leitbild diente Marx und Engels im Revolutionsjahr 1848 als theoretische Grundlage ihrer journalistisch-politischen Tätigkeit in Köln. Für Frankreich erwarteten sie damals eine proletarische, für Deutschland eine demokratisch-bürgerliche Revolution. In den von ihnen verfaßten *Forderungen der Kommunistischen Partei in Deutschland* ist von Kommunismus keine Rede, wohl aber von Abschaffung aller Feudallasten, Einführung des allgemeinen Wahlrechts, von Umwandlung der feudalen Landgüter in Staatseigentum, von der Schaffung einer Staatsbank, um »das Kreditwesen im Interesse des *ganzen* Volkes zu regeln« und die »Herrschaft der großen Geldmänner« zu untergraben; letztere Maßregel war bestimmt, »die Interessen der konservativen Bourgeoisie an die Revolution zu knüpfen«. [60] Verstaatlichung der Transportmittel, Trennung der Kirche vom Staat, Beschränkung des Erbrechts, Errichtung von Nationalwerkstätten, allgemeine unentgeltliche Volkserziehung – obgleich dieses Programm radikalere Ziele formulierte als jene, deren Rechtsgrundsätze von der französischen Revolution festgelegt wurden, war trotzdem sein Hauptanliegen mit dem der französischen Bourgeoisie identisch: Zerstörung des feudalen Eigentums und »Herstellung der freien, grundbesitzenden Bauernklasse«. [61]

Engels hat sich 26 Jahre später über die Innen- und Außenpolitik der »Neuen Rheinischen Zeitung« auf eine Weise geäußert, die für das hier behandelte Thema von großer Wichtigkeit ist. Noch 1884 konnte er schreiben, daß das 1848 im *Kommunistischen Manifest* aufgestellte und unmittelbar darauf von der »Partei« in Deutschland befolgte prinzipielle und taktische Programm »in voller Geltung« stünde. [62]

Zur inneren Politik der »Neuen Rheinischen Zeitung« schrieb er folgendes:

»Die deutsche Bourgeoisie, die eben erst ihre große Industrie zu begründen anfing, hatte weder die Kraft noch den Mut, noch die zwingende Nötigung, sich die unbedingte Herrschaft im Staat zu erkämpfen; das Proletariat, in gleichem Verhältnis unentwickelt, herangewachsen in vollständiger geistiger Knechtung, unorganisiert und noch nicht einmal fähig zu selbständiger Organisation, besaß nur das dumpfe Gefühl seines Interessengesetzes gegen die Bourgeoisie. So, obgleich der Sache nach ihr drohender Gegner, blieb es andererseits ihr politisches Anhängsel. Geschreckt nicht durch das, was das deutsche Proletariat war, sondern durch das, was es zu werden drohte und was das französische schon war, sah die Bourgeoisie nur Rettung in jedem, auch dem feigsten Kompromiß mit Monarchie und Adel; unbekannt noch mit seiner eigenen geschichtlichen Rolle, mußte das Proletariat in seiner großen Masse zunächst die des vorantreibenden, äußersten linken Flügels der Bourgeoisie übernehmen. Die deutschen Arbeiter hatten vor allen Dingen diejenigen Rechte zu erkämpfen, die ihnen zu ihrer selbständigen Organisation als Klassenpartei unumgänglich waren: Freiheit der Presse, der Vereinigung und Versammlung – Rechte, die die Bourgeoisie im Interesse ihrer eigenen Herrschaft hätte erkämpfen müssen, die sie selbst aber in ihrer Angst den Arbeitern jetzt streitig machte. Die paar hundert vereinzelten Bundesmitglieder verschwanden in der ungeheuren, plötzlich in die Bewegung geschleuderten Masse. Das deutsche Proletariat erschien so zunächst auf der politischen Bühne als äußerste demokratische Partei.« [63]

Engels faßt weiterhin das politische Programm der »N. Rh. Z.« in zwei Hauptpunkten zusammen: »Einige, unteilbare, demokratische deutsche Republik und Krieg mit Rußland, die Wiederherstellung Polens einschloß.« [64] Auf die auswärtige Politik der Zeitung zurückgreifend schreibt er:

»Eintreten für jedes revolutionäre Volk, Aufruf zum allgemeinen Krieg des revolutionären Europas gegen den großen Rückhalt der europäischen Reaktion – Rußland. Vom 24. Februar an war es uns klar, daß die Revolution nur *einen* wirklich furchtbaren Feind habe, Rußland, und daß dieser Feind um so mehr gezwungen sei, in den Kampf einzutreten, je mehr die Bewegung europäische Dimensionen annahm. Die Ereignisse von Wien, Mailand, Berlin mußten den russischen Angriff verzögern, aber sein endliches Kommen wurde um so gewisser, je näher die Revolution Rußland auf den Leib rückte. Gelang es aber, Deutschland zum Krieg gegen Rußland zu bringen, so war es aus mit Habsburg und Hohenzollern, und die Revolution siegte auf der ganzen Linie.« [65]

Die 1853 ausgebrochene Orientkrise und der unmittelbar nachfolgende Krimkrieg gaben Marx und Engels Gelegenheit, für ihre ganz im Geiste der Französischen Revolution von 1789 durchdachte Zivilisations- und Fortschrittstheorie publizistisch aufzutreten, hauptsächlich in der amerikanischen und englischen Presse. [66] Was sie in ihren zahlreichen Artikeln verteidigten, waren die »bürgerlichen« Werte der Zivilisation, der europäischen Revolution und Demokratie. Das Festhalten an diesen Werten bestimmte ihre Gesichtspunkte und Urteile über das Schicksal der Türkei, die Zukunft der Südslawen, den unvermeidlichen militärischen Zusammenstoß zwischen den europäischen Westmächten und Rußland. In ihrem Eintreten für diese Werte scheuten sie nicht davor zurück, die in England und in Frankreich politisch unwirksame Bourgeoisie – also den »Klassenfeind« – an ihre historische Aufgabe und Pflicht zu erinnern, also gleichsam sich zu Wortführern einer Geschichtsphilosophie zu machen, in deren Begriffsarsenal die heroisch-militärischen Tugenden der fortschrittlichen europäischen Völker angesichts des »halbasiatischen«, nach »Weltherrschaft« strebenden Rußlands einen bedeutenden Rang einnahmen. Daher ihr Tadel der »Unwissenheit, Trägheit, fortwährenden Unbeständigkeit und Feigheit der westeuropäischen Regierungen« gegenüber der russischen Annexions- und Expansionspolitik [67]; daher Marx' »Kartellverhältnis« mit dem Russophoben David Urquhart, von dem er zugab, daß er »subjektiv-reaktionär (romantisch)« sei, was ihn aber nicht hinderte, die von dem schottischen Diplomaten geleitete Bewegung in der auswärtigen Politik als »objektiv-revolutionär« einzuschätzen. [68]

In der Bekämpfung des russischen Absolutismus sahen sich Marx und Engels genötigt, vor allem als Fürsprecher der »großen Bewegung von 1789« aufzutreten. [69] Sie taten dies während ihrer ganzen politischen Laufbahn und wichen von dieser Linie nie ab, selbst als es klar wurde, daß der Zersetzungsprozeß der russischen Gesellschaft bereits begonnen hatte und daß innere revolutionäre Kräfte dabei im Spiel waren. Die historische Priorität des Westens im sozial-kulturellen Umwandlungsgeschehen der Menschheit war das ethische Grundaxiom ihrer materialistisch begründeten Gesellschaftstheorie.

6. Gegen den russischen Messianismus

Im materialistischen Geschichtsverständnis von Marx und Engels ist die Sendungsidee doppeldeutig verflochten mit dem Gedanken des sozial-ökonomisch bedingten Revolutionsauftrags, den Klassen und Völker gleichermaßen zu erfüllen berufen sind, sobald deren historische Stunde geschlagen hat. Der geographisch-geschichtliche Raum des modernen Entwicklungs- und Umwälzungsprozesses ist das abendländische Europa, mit dem sein natürlicher Ausläufer, das europäisierte Nordamerika, unlöslich verbunden ist. Kapitalbildung und Kapitalakkumulation – Zweck und Ziel der kapitalistischen Produktionsweise – sind das Machtinstrument, dessen die Bourgeoisie sich bedient, um die Welt nach ihrem Bilde zu schaffen. Die Bourgeoisie verfügt gleichsam über das von Jacob Burckhardt gerühmte »Königsrecht der Kultur zur Eroberung und Knechtung der Barbarei« [70], ein weltanschaulicher Gesichtspunkt, den das von der »Partei Marx« gegründete »Organ der Demokratie«, die »Neue Rheinische Zeitung« 1848–1849, konsequent vertreten hat. Es war Friedrich Engels, dem die Rolle des Agitators in der Auseinandersetzung mit den seit dem Prager Slawenkongreß sich bemerkbar machenden panslawistischen Bestrebungen zufiel. [71] Die von Engels verfochtenen Ansichten waren gewissermaßen als das politische Manifest einer idealen europäischen Revolutionspartei gedacht, die sich kraft einer wissenschaftlich verstandenen Zivilisationsdoktrin bemüßigt und berechtigt wähnte, über die historische Zukunft der der österreichischen Monarchie unterworfenen Völker und Völkerstämme souveräne Entscheidungen zu treffen. Es schien Engels als erwiesen, daß »unter allen Nationen und Natiönchen Österreichs« nur drei als »Träger des Fortschritts« noch lebensfähig seien und darum (potentiell) revolutionär: die Deutschen, die Polen und die Ungarn. »Alle andern großen und kleinen Stämme und Völker haben zunächst die Mission, im revolutionären Weltsturm unterzugehen. Daher sind sie jetzt kontrerevolutionär.« [72] Hauptzeichen der nationalen Lebensfähigkeit ist für Engels das Bestehen eines industrie- und kapitalkräftigen Bürgertums, dem allein – denn Engels klammert hier vorläufig das Proletariat vollständig aus! – die geschichtliche Initiative gegenüber den zurückgebliebenen Nationen zukommt, die der Panslawismus unter die Botmäßigkeit der »russischen Knute« bringen will. [73] Auch der in rein moralischen Kategorien befangene demokratische Panslawismus eines Bakunin findet keine Gnade vor Engels' hegelisch geschulten Augen, die z.B. wohlgefällig auf die zivilisationsträchtigen Eroberungen des »amerikanischen Volks« blicken, das »das herrliche Kalifornien den faulen Mexikanern« entrissen hat, »die nichts damit zu machen wußten«. [74] Die brutale Art, in der Engels seine Diatribe gegen Bakunin beschließt, mag die spätere rücksichtslose Stellungnahme gegen Alexander Herzens sozialistischen »Panslawismus« verständlich machen:

»Auf die sentimentalen Brüderschaftsphrasen, die uns hier (in Bakunins »Aufruf an die Slaven«, M.R.) im Namen der kontrerevolutionärsten Nationen Europas dargeboten werden, antworten wir, daß der Russenhaß die *erste revolutionäre Leidenschaft* bei den Deutschen war und noch ist; daß seit der Revolution der Tschechen- und Kroatenhaß hinzugekommen ist und daß wir, in Gemeinschaft mit Polen und Magyaren, nur durch den entschiedensten Terrorismus gegen diese slawischen Völker die Revolution sicherstellen können. ... Kampf, ›unerbittlichen Kampf auf Leben und Tod‹ (E. zitiert hier Bakunin, der damit sein Einstehen für ein großes und freies Slawentum ausdrückt, M.R.) mit dem revolutionsverräterischen Slawentum; Vernichtungskampf und rücksichtslosen Terrorismus – nicht im Interesse Deutschlands, sondern im Interesse der Revolution!« [75]

Man mag in diesen Zeilen eine mehr oder weniger bewußte Weigerung der »Partei Marx« erkennen, an der Ende der vierziger und zu Beginn der fünfziger Jahre in Westeuropa sich entspinnenden geschichtsphilosophischen Debatte über das Thema Rußland und Europa teilzunehmen. [76] Themen wie die erwartete neue französische Revolution und die durch Rußland provozierte Orientkrise mußten Marx und Engels viel zu wichtig erscheinen, um sich etwa mit Alexander Herzens okzidentfeindlicher, für den russischen »Ursozialismus« plädierender Kampagne ernstlich zu befassen. [77] Auch nach Herzens Übersiedlung nach London (1852) waren sie kaum willig, von einem russischen Schriftsteller Notiz zu nehmen, der in ihren Augen höchstens in die *chronique scandaleuse* der politisch buntscheckigen Emigration hineinpaßte. Was Engels hauptsächlich beschäftigte, das waren die Bedingungen und Aussichten eines Krieges der Heiligen Allianz gegen ein revolutionäres Frankreich, eines Krieges, in dem die »halbbarbarischen« russischen Truppen durch ihre Massenhaftigkeit »den Kern und Rückhalt, das Pivot« einer Koalitionsarmee bilden würden. [78] Erst in diesem Zusammenhang kam Engels auf Herzen zu sprechen, dessen Buch »Du développment des idées révolutionnaires en Russie« ihm von Marx verschafft wurde. [79] In der Voraussetzung eines bevorstehenden europäischen Konflikts mit dem zaristischen Absolutismus war Engels an dem Problem interessiert, »was eine revolutionäre Armee im Fall der glücklichen Offensive gegen Rußland zu tun hat«. [80] Außer der strategischen Seite dieses Problems erwog er die Wahrscheinlichkeit innerer Bewegungen in Rußland, wobei er betonte, daß »eine Adels-Bürgerrevolution in Petersburg mit konsequentem Bürgerkrieg im Innern ... zu den möglichen Chancen« gehöre. Auf Herzens Schrift hinweisend schrieb er: »Herr Herzen hat sich das viel leichter gemacht, indem er ... die demokratisch-sociale-kommunistisch-proudhonistische Republik Rußland unter dem Triumvirat Bakunin-Herzen-Golowin hegelsch konstruiert, so daß es gar nicht fehlen kann.« [81] Als sich der panslawistische Einfluß in der englischen und amerikanischen Presse fühlbar machte, erboste sich Marx gegen die »elenden Russen«, die auf dem Steckenpferd herumritten, »daß das russische *Volk* durch und durch demokratisch ist, das offizielle Rußland (Kaiser und Bürokratie) nur Deutsche sind und der Adel ebenfalls deutsch ist«. [82] Er bat Engels, gegen den »Blödsinn« aufzutreten, wonach Deutschland in Rußland und nicht Rußland in Deutschland zu bekämpfen sei, wobei er an die »teutonischen Esel« erinnerte, die »den deutschen Despotismus Friedrichs II. etc. auf die Franzosen wälzen, als wenn zurückgebliebene Knechte nicht immer zivilisierte Knechte brauchten, um dressiert zu werden«. [83]

Daß zu jener Zeit nicht nur der Russe Herzen, sondern auch deutsche Autoren die Frage der weltgeschichtlichen Orientierung Rußlands zur Debatte stellten, dürfte Marx umso weniger unbekannt geblieben sein, als doch unter den letztern sich sein einstiger Studien- und Kampfgenosse Bruno Bauer befand, den er und Engels sich in der *Deutschen Ideologie* als junghegelianischen Massenverächter und »kritischen Kritiker« zur Zielscheibe einer ätzenden Polemik gewählt hatten. [84] Wie vor ihm Herzen, konstruierte sich Bauer zu Beginn der fünfziger Jahre seine Rußlandvision mit Hilfe der *Studien*, die der westfälische Baron August von Haxthausen 1847 und 1852 über die inneren Zustände und die ländlichen Einrichtungen Rußlands veröffentlicht hatte. [85] Der russische Absolutismus erschien Bauer als die Wiedergeburt römischer Staatskunst, als ein massenmäßig und religiös bedingtes Lebensprinzip, das er dem demokratischen Liberalismus des verfallenden westlichen Bürgertums entgegenstellte. Das noch im Zwiespalt verharrende »Germanentum« vertröstete er mit der aussichtsreichen Chance, seine noch zu erringende Selbstgewißheit mit einem Volke teilen zu können, »welches seit Peter dem Großen aus der Einheit seines Zwecks die Verachtung aller halben Maßregeln gezogen hat«, mit einem Volke, »welches durch seine riesenmäßige Anlage dazu bestimmt ist, die Axiome und Dogmen des Westens umzustoßen«. [86]

Noch bevor Marx von den anderen, im selben reaktionären Geiste verfaßten Broschüren Bruno Bauers Kenntnis genommen hatte, drängte er Engels, gegen eine sich immer stärker verbreitende Russomanie aufzutreten, die wie ein direkter Hohn auf ihre eigene Geschichts- und Zivilisationstheorie wirkte. [87] Engels machte sich ernstlich daran, diese Aufgabe zu erfüllen. Seine unvollendet und unveröffentlicht gebliebene Schrift *Germanen- und Slawentum* war zunächst eine scharfe Kritik des messianischen Glaubens von Alexander Herzen an die Berufung Rußlands zum Sozialismus, ein Glaube, der mit dem Bauerschen eines gemeinsam hatte: die Verleugnung des bürgerlich-demokratischen und des proletarisch-revolutionären Westens. [88] Engels behandelte Herzen als einen jener Panslawisten, die die Eroberung Europas durch das Slawentum herbeisehnten und von der Errichtung des tausendjährigen Reichs der russischen Dorfkommune träumten. Er bezichtigte Herzen des Plagiats an Haxthausen und verhöhnte den renommiersüchtigen Dilettantismus der russischen Intelligenz: »Wie der einzelne, so die Nation. Nur Europa imponieren. Dahinter das böse Gewissen der inneren Barbarei.« [84] Zusammen mit Marx war Engels zu einer Art Theorie des asiatischen Despotismus gekommen, wonach der Schlüssel zur politischen und religiösen Geschichte des ganzen Orients in der Abwesenheit des privaten Grundeigentums zu finden sei. »An diese Gedankengänge knüpfte Engels in seiner Broschüre Germanen- und Slawentum an, in der er Haxthausen zwar zugestand, daß der Zarismus die Gemeindedemokratie ergänze, doch gleichzeitig betonte, daß dem ganzen Orient das private Grundeigentum, also das Zwischenglied zwischen Gemeinde und Staat, fehle und daß die Gauverfassung der Germanen demgegenüber einen organischen Fortschritt bedeutete.« [90]

Es ist wahrscheinlich, daß die Hemmnisse, denen Marx und Engels begegneten, als sie ihre Kampagne gegen Herzen und Bauer mit publizistischen Mitteln zu betreiben suchten, Marx veranlaßten, nun selber mit einer Schrift an die Öffentlichkeit zu treten, die gewissermaßen die naturgesetzliche Entwicklung der russischen Autokratie und die Haltlosigkeit der messianischen russophilen Verkündigungen, sowohl Herzens als auch Bauers, nachweisen sollte. [91] Wie ernst er es mit diesem Vorhaben meinte, mag unter anderem daraus geschlossen werden, daß er sich weigerte, an einem von seinen chartistischen Freunden einberufenen internationalen Meeting teilzunehmen, weil er »mit *Herzen* nirgendwo und niemals zusammen figurieren« wollte, weil er nicht der Ansicht sei, »durch russisches Blut old Europa erneut zu sehn«. [92] Was Bruno Bauer anlangt, so hatte Marx allen Grund, die metaphysischen Geschichtsspekulationen des »pedantischen alten Professors« [93] mit einer mythosfreien, auf streng empirischer Forschung beruhenden Geschichtsdeutung zu widerlegen. Bei einem seiner Londoner

Besuche hatte ihm Bauer seinen Standpunkt Rußland betreffend wie folgt klargemacht: »... der alte Zustand im Westen müsse über den Haufen geworfen werden; das könne nur vom Orient her geschehn, da der Orientale allein wirklichen Haß besitzt, nämlich gegen den Okzidentalen, und Rußland die einzig kompakte Macht des Orients, besides das einzige Land in Europa, wo noch ›Zusammenhang‹ existiert.« [94]

Wie viele andere seiner wichtigen literarischen und wissenschaftlichen Pläne, hat Marx auch diesen nur zum Teil verwirklichen können. Die in David Urquharts Londoner »Free Press« vom 16. August 1856 bis zum 1. April 1857 von ihm veröffentlichten 13 Artikel waren als Einleitung zu einer größeren Arbeit gedacht, deren Absicht von N. Rjasanoff treffend beschrieben wird: »In der fernen Vergangenheit sucht (Marx) die Lösung des Rätsels der kolossalen Machtstellung Rußlands und zugleich die jener alten englisch-russischen Sklaverei, unter deren Joch ganz Europa stöhnte.« [95] In seinen *Revelations of the diplomatic history of the eighteenth century* hat Marx seine materialistische Geschichtsmethode auf eine Weise in Anwendung gebracht, die doch einem *kritischen* Geschichtsverständnis entsprach, das – um Nietzsches Unterscheidung beizubehalten – über die monumentale und antiquarische Historie weit hinausging. Er besaß die Kraft der Subjektivität, die nötig war, um »eine Vergangenheit zu zerbrechen und aufzulösen« [96], d.h. gewisse Lebenswerte dadurch zu verteidigen, daß er die Vergangenheit vor Gericht zog, peinlich inquirierte und endlich verurteilte, wie Nietzsche es von dem im Dienste des Lebens stehenden Historiker forderte.

Einen neuen Anreiz, sich mit dem russischen Problem zu befassen, erhielt Marx, als Bruno Bauer ihm seine gesamten Rußland-Broschüren zukommen ließ. [97] In der Art, wie er vor mehr als zwölf Jahren gegen die geschichtsphilosophischen Gedanken des »kritischen Kritikers« vorgegangen war – in der *Heiligen Familie* –, begann er hier die weltpolitischen Ansichten des Apologeten der russischen Diktatur unter die kritische Lupe zu nehmen, verlor aber bald das Interesse an Bauers russomaner Eschatologie. [98] Er und Engels sollten bald gewahr werden, daß die angeblich zur Unbeweglichkeit verurteilte russische Gesellschaft inneren Spannungen ausgesetzt war, und daß somit die Möglichkeit bestand, das Verhältnis von Staat und Gesellschaft in Rußland dem materialistischen Geschichtsverständnis nahezubringen. [99]

II

1. Das russische Testament der »Begründer«

Die russische Revolution von 1917 ist das einzige Beispiel eines geschichtlichen Ereignisses von immenser Tragweite, mit dem der Anspruch verbunden ist, es habe sich gemäß einer wissenschaftlichen Theorie – um nicht zu sagen: nach einem wissenschaftlichen Rezept – abgespielt. Dieser Anspruch wird noch dadurch verstärkt, daß dem »russischen Oktober« die Bedeutung zugemessen wird, die Ära der mit Bewußtsein »gemachten« Revolutionen eröffnet und damit die Entstehung jener Gesellschaftsform eingeleitet zu haben, mit der nach Karl Marx »die Vorgeschichte der menschlichen Gesellschaft« [100] abschließt. Der Mythos der russischen Kommune beruht hauptsächlich auf der dem wissenschaftlichen Sozialismus innewohnenden zwieschlächtigen Tugend, sowohl als analytische Theorie »naturgeschichtlicher Prozesse« [101] (als solche will Marx die Entwicklung ökonomischer Gesellschaftsformationen verstanden wissen) wie auch als »Anleitung zum Handeln« (wie Engels betonte) [102] allgemeine Geltung zu besitzen. Und doch haben Marx und Engels gerade in Hinsicht auf Rußland ihr geistiges Vermächtnis auf eine jeder Zweideutigkeit baren Weise formuliert und dies ihren russischen Schülern gleichsam als permanente Warnung hinterlassen. Die im Zarenreich immer zahlreicher und stärker sich manifestierenden gesellschaftlichen Ausbrüche wiesen endlich darauf hin, daß auch dort revolutionierende Kräfte wirksam waren, die den Beginn der historischen Selbsttätigkeit der russischen Volksmassen ankündigten und demnach keiner doktrinären, den Erfahrungen der westlichen Arbeiterbewegung entlehnten Rezepte bedurften, um ihr Ziel zu verwirklichen: den Sturz des zaristischen Absolutismus. Welche Bedenken die »Klassiker« auch gegen die auf die Bauerngemeinde mit religiösem Vertrauen blickenden sozialistischen Volkstümler hegen mochten, so standen sie deren, vor terroristischen Unternehmungen nicht zurückschreckender, revolutionärer Praxis viel näher als den im Ausland von den sich befehdenden russischen Emigrantengruppen gepflegten sektiererischen Zwistigkeiten. [103] Was Marx als Vertreter der in Genf gegründeten russischen Sektion der Internationalen Arbeiterassoziation erwartete, war nicht ein revolutionäres oder etwa »marxistisches« Parteiprogramm, sondern Mitwirkung an der Befreiung Polens durch Beseitigung des russischen Militarismus »als Vorbedingung für die allgemeine Befreiung des europäischen Proletariats«. [104] Marx' Wirken im Generalrat der Internationale und die

Veröffentlichung des *Kapitals* verschafften ihm auch in politischen und intellektuellen Kreisen Rußlands ein aufmerksames Publikum, dessen reformatorischen Bestrebungen er nunmehr Rechnung tragen mußte. [105] Als er gewahr wurde, daß auch das zaristische Rußland eine von antagonistischen Interessen durchwühlte Klassengesellschaft war, machte er sich an das Studium des Russischen, um die ökonomischen und sozialen Verhältnisse Rußlands in den Quellen studieren zu können. [106] Das Ergebnis seiner mehr als zehnjährigen Forschungen (die, wie Engels später mit Entrüstung gewahr werden sollte, Marx an der Beendigung des *Kapitals* gehindert hatten) – war die Entdeckung der russischen Bauernschaft als eines potentiell revolutionären Elements: Die Chance einer kommunistischen Gestaltung der gesellschaftlichen Zukunft Rußlands beruhte auf der Erhaltung der alten Dorfgemeinschaft, einer bei den slawischen Völkern verbreiteten Einrichtung, die deren historische Veranlagung für genossenschaftliche Selbstverwaltung offenbar machte. Diese unerwartete Stellungnahme, die Engels mit Marx vor dessen Ableben teilte, kam insofern einer Aussöhnung mit den inzwischen verstorbenen Herzen und Bakunin gleich, als die von ihnen systematisch betriebene Russenfeindschaft einer positiven Wertung der sozialen Neigungen des russischen Volkes Platz machte.

Regeneration der russischen Gesellschaft durch die dem Ansturm und der zersetzenden Wirkung des Kapitalismus Widerstand leistenden Landgemeinde *oder* mehr oder weniger rasche ökonomische und soziale Angleichung an die im Westen bereits fest eingewurzelten kapitalistischen Produktionsverhältnisse – so lautete die rigoros durchdachte Alternative, die Marx seinen russischen Schülern gleichsam als theoretischen Leitfaden für ihr politisches Handeln empfahl. Von diesem russischen Vermächtnis seines Freundes hat sich Engels in dem Augenblick losgelöst, da er zu der Einsicht gelangte, daß die Obschtschina zum Untergang verurteilt sei, und er sich ermächtigt dünkte, die russischen Sozialisten mit der nun einzig offen gebliebenen Perspektive zu vertrösten, daß die Segnungen des Kapitalismus bei weitem die Vorteile der Bauerngemeinde aufwogen. Engels forderte die Narodniki auf, den Glauben an eine besondere, »spontan-kommunistische« Sendung ihres Landes aufzugeben und versäumte keine Gelegenheit, die doktrinär-sektiererische Haltung der ersten russischen Marxisten zu verurteilen und sie daran zu mahnen, daß das »profane Rußland« nicht nur einen schwierigen Prozeß der kapitalistischen Umgestaltung seiner Wirtschaft durchzumachen, sondern auch in politischer und kultureller Hinsicht eine lange Periode bürgerlich-liberaler Umerziehung zu gewärtigen hätte. Was ihn besonders an den Zwistigkeiten der in der Emigration wirkenden russischen Schüler erbitterte, war deren Manie, ihren gelehrten Auslegungen der Marxschen Schriften – »als wären es Texte aus Klassikern oder aus dem Neuen Testament« [107] – größere Wichtigkeit zuzuschreiben als den in Rußland selbst in allen Schichten der Gesellschaft vor sich gehenden Ereignissen, die er – Engels – als Vorzeichen der unausbleiblichen bürgerlichen Revolution in Rußland nach französischem Muster wertete. [108]

Den Eindruck, daß die russischen Marxisten die Wichtigkeit der Schule des Kapitalismus zwar anerkannten, jedoch die für die vorwiegend aus Bauern bestehenden Volksmassen erzieherische Rolle des Liberalismus unterschätzten, scheint Engels aus der – vielleicht nur oberflächlichen – Lektüre von Plechanows Buch »Unsere Meinungsverschiedenheiten« gewonnen zu haben. Die Hochschätzung, die er und Marx der revolutionären Partei des »Volkswillens« bezeugten, war nicht zum wenigsten dem Umstand zuzuschreiben, daß das nach dem Attentat auf Alexander II. vom Exekutivkomitee der »Narodnaja Wolja« veröffentlichte Manifest von einem »staatsmännischen« Geist beseelt war, der den in narodniki-feindlichem Sektierertum verharrenden russischen Marxisten absolut fremd war. [109] Die Menschen, die ihr Leben in der Vorbereitung und Ausführung terroristischer Anschläge aufs Spiel setzten, wußten bestimmt viel weniger von der *Deutschen Ideologie* und vom *Kapital* als Plechanow; aber sie waren den Wünschen und Bedürfnissen des russischen Volkes weniger entfremdet als die in der Schweiz über »Organisationsfragen« sich streitenden Marx-Schüler, die vom Exil aus die revolutionäre Bewegung in Rußland lenken wollten. In ihrem Schreiben an Alexander III. nannten die Verfasser die Bedingungen, nach deren Erfüllung die revolutionäre Bewegung einer friedlichen Aktion Platz machen könnte, wobei sie betonten, daß es sich nicht um Forderungen handelt, sondern um Konsequenzen, die die Ereignisse selbst diktierten und die das Exekutivkomitee lediglich aufzeichne:

»Erstens: Allgemeine Amnestie für alle politischen Verbrecher, weil sie kein Verbrechen begangen, sondern ganz einfach ihre Pflicht als Bürger getan haben.

Zweitens: Einberufung von Vertretern des ganzen Volkes zur Beratung und Neugestaltung der Formen des sozialen und politischen Lebens, gemäß den Wünschen und den Bedürfnissen des Volkes.

Wir halten es jedoch für notwendig, darauf hinzuweisen, daß die Macht nur legalisiert werden kann durch eine Volksvertretung, wenn die Wahlen vollkommen frei sind. Diese müssen deshalb unter folgenden Bedingungen stattfinden:

1. Die Deputierten sollen aus allen Klassen ohne Unterschied nach Maßgabe der Einwohnerzahl berufen werden.

2. Weder für die Wähler, noch für die Gewählten dürfen Beschränkungen irgendwelcher Art festgesetzt werden.

3. Die Wahlagitation und die Wahlen selbst müssen vollkommen frei sein. Die Regierung muß daher bis zu einem Beschluß der Volksvertretung vorübergehend bewilligen:

a) volle Freiheit der Presse,
b) volle Freiheit der Rede,
c) volle Versammlungsfreiheit,
d) volle Freiheit des Wahlprogramms.« [110]

Aus Engels Arbeiten und Briefen, die er nach Marx' Ableben im Zusammenhang mit den Problemen der russischen revolutionären Bewegung schrieb, läßt sich erraten, daß dieses vom Exekutivkomitee der *Narodnaja Wolja* aufgestellte politische Programm seinem Geiste vorschwebte, als er Plechanows von einem doktrinären Marxismus genährte Kritik der terroristischen Narodowolzen mißbilligte. Als er seinem Unwillen darüber in Gegenwart seines Besuchers Woden Luft machte, unterließ er es nicht, sein Erstaunen über Plechanows Auffassung der Diktatur des Proletariats auszudrücken. [111] Selbst wenn man Wodens Bericht nur beschränkte Glaubwürdigkeit beimessen kann, wird man trotzdem nicht umhin können, Engels' ironische Ablehnung der als Diktatur der marxistischen Intelligenz verstandenen proletarischen Herrschaftsform für wahrscheinlich zu halten. Man geht also kaum fehl, wenn man behauptet, daß das russische Vermächtnis von Marx und Engels sich in einem wesentlichen Punkte als wahrhaft prophetisch erwiesen hat: Indem es für die eigenmächtige und schöpferische Initiative sämtlicher vom zaristischen Absolutismus bedrängten Gesellschaftsschichten eintrat, implizierte es die Verurteilung jenes von sämtlichen Fraktionen der russischen Sozialdemokratie betriebenen Parteifetischismus, dessen Auswirkungen den Geschichtsinhalt der Sowjetunion vom »großen Oktober« bis auf den heutigen Tag ausmacht.

2. Charismatischer Führungsanspruch

Die Geburtsstätte des russischen Marxismus ist nicht Rußland, sondern die Schweiz. Mit der Gründung der »Gruppe Befreiung der Arbeit« in Genf, von wo aus Plechanow, Axelrod, Vera Sassulitsch und Leo Deutsch zunächst mit Marx und später mit Engels in schriftlichen Kontakt zu kommen suchten, ergab sich das eigentümliche Phänomen einer Parteikonstitution, deren Geschichte und Entwicklung eher in den Forschungsbereich der Religionssoziologie gehört als in den der Politik-Wissenschaft. [112] Die ideologisch-sektiererischen Aspekte der russischen Sozialdemokratie, die Engels nicht entgangen waren, sollten sich aber erst nach dessen Tod voll auswirken und schließlich zu jenem Zwitterding von Pseudowissenschaft und Pseudophilosophie werden, das, in weit stärkerem Maße, als dies bei den westeuropäischen Bruderparteien der Fall war, unter marxistischer Etikette die Gestalt einer alleinseligmachenden politischen Theorie annahm. An der Peripherie des russischen Industrieproletariats und der russischen Bauernmassen lebend, konnten sich die russischen Exilmarxisten auch nicht in den geistigen Zentren des europäischen Sozialismus heimisch machen und zwar umso weniger, als sie in der durch Eduard Bernstein ausgelösten Polemik zwischen Revisionismus und Orthodoxie die Position der marxistischen Strenggläubigkeit bezogen, sich also von der reformistischen Partei- und Gewerkschaftspraxis der westeuropäischen Sozialdemokratie distanzieren mußten. Die von Plechanow im Namen der »Gruppe Befreiung der Arbeit« formulierte Marxorthodoxie ist für die russische Sozialdemokratie trotz aller inneren Fraktionskämpfe richtungsweisend geblieben; in ihr fand Lenin die wesentlichen Züge einer Avantgarde-Ideologie, welche der Hegemoniestellung seiner Partei vor und nach der Revolution die unentbehrliche theoretische Beglaubigung zu liefern imstande war. [113]

In seiner ersten marxgläubigen Schrift *Sozialismus und politischer Kampf* vollzog Plechanow den geistigen Bruch mit seiner eigenen revolutionären Vergangenheit, indem er die Marxsche, für die kapitalistisch entwickelten westlichen Länder geschaffene politische und ökonomische Theorie und deren Hauptkategorien, fast wie eine Parodie, für das kritische Verständnis der gesellschaftlichen Probleme des zaristischen Rußland heranzog. Der später von Lenin getreu übernommene Ausspruch, wonach es »ohne revolutionäre Theorie keine revolutionäre Bewegung im wahren Sinne des Wortes« [114] geben könne, wurde von Plechanow geprägt, wobei anscheinend keiner von beiden sich bewußt war, daß diese Heiligsprechung des Marxismus die vollständige Umkehrung der Grundlehre des »wissenschaftlichen Sozialismus« bedeutete, wie sie die »Klassiker« in der *Heiligen Familie* und in der *Deutschen Ideologie* in ihrer Auseinandersetzung mit dem Ideen- und Elitekultus der Neuhegelianer entwickelt hatten. Während Marx und Engels ihre Bewunderung für das von großer politischer Reife zeugende Programm des Exekutivkomitees der *Narodnaja Wolja* nicht verhehlten, warf Plechanow seinen einstigen Parteifreunden – den Narodowolzen – vor, in der städtischen Arbeiterbevölkerung nur eines der Elemente der revolutionären Bewegung zu sehen und nicht, wie im *Kommunistischen Manifest* nachgewiesen werde, die in geschichtlichem Auftrag für die Befreiung der ganzen Gesellschaft kämpfende und deshalb einzig revolutionäre Klasse. Der Begriff der historischen Selbsttätigkeit der Arbeiterklasse, den Marx aus der Beobachtung der Klassenkämpfe in Westeuropa im Zusammenhang mit der durch die bürgerlich-demokratische Gesetzlichkeit für das Industrieproletariat geschaffenen Assoziationsmöglichkeiten ableitete, wurde von den Senioren des russischen Marxismus auf eine gesellschaftliche Realität übertragen, die keinen der in Westeuropa soziologisch feststellbaren Züge aufzuweisen hatte. Auch in dieser wie in sonstiger Hinsicht hat Plechanow Lenin und dem Bolschewismus den ideologischen Weg geebnet, wenn auch letzterer in seinem Organisationsaktivismus den aus der revolutionären Vergangenheit des Landes übernommenen Verschwörungspraktiken mehr Achtung zollte als die Genfer Literatengruppe.

In ihrem an Fanatismus grenzenden Eifer, die Fortschritte der kapitalistischen Produktions- und Verkehrsweise in Rußland nicht nur als einen Beweis der Unhaltbarkeit agrarkommunistischer Doktrinen, sondern auch als ein untrügliches Zeichen der künftigen, mit historischer Notwendigkeit sich durchsetzenden Ablösung des Kapitalismus durch den Sozialismus hinzustellen, scheuten die russischen Marxschüler nicht davor zurück, als Apologeten, ja sogar als Verherrlicher des Kapitalismus aufzutreten. Kein bürgerlicher russischer Ökonom hat die Entwicklung des Kapitalismus und dessen »historische Mission« in Rußland mit so viel Sachkenntnis – und ebensoviel optimistischem Pathos – beschrieben wie z. B. die marxistisch geschulten Sozialisten Plechanow, Struwe und Lenin. [115] Da es dabei ebensosehr um Vorwegnahme künftiger Resultate eines langsamen Reifeprozesses ging, wie um Feststellung von bereits errungenen Machtpositionen des Kapitals, maßten sich die im Namen des wissenschaftlichen Sozialismus agitierenden Literaten an, die eben auf dem historischen Schauplatz erscheinenden russischen Fabrikarbeiter unter ihre geistige Obhut zu nehmen: Es galt die auf unmittelbar ökonomische Vorteile bedachten gewerkschaftlichen Kampfmethoden einer politischen Zielsetzung unterzuordnen, d. h. (um die vom Kautsky-Schüler Lenin geprägte klassische Formel zu gebrauchen) »das politische Klassenbewußtsein ... in den Arbeiter ... *von außen*« hineinzutragen, ihm, der nur ein »trade-unionistisches Bewußtsein herauszuarbeiten vermag«, die von den »gebildeten Vertretern der besitzenden Klassen, der Intelligenz« ausgearbeiteten philosophischen, historischen und ökonomischen Theorien des Sozialismus gleichsam einzuimpfen. [116] Wollte man Lenins Sonderstellung zur Problematik der revolutionären Intelligenz auf den einfachsten Ausdruck bringen, so könnte man sagen, daß sein ganzes Streben darauf zielte, die von ihm verurteilte »Anbetung der Spontaneität« durch den Kultus der ideologisch eingedrillten Parteielite zu ersetzen. Die russische Arbeiterbewegung wurde damit angewiesen, ihr Vertrauen weniger auf ihre eigene klassenkämpferische Aktion als auf die politische Erleuchtung einer selbstbewußten elitären Literatengruppe zu setzen.

Der russische Marxismus ist als Erzeugnis westeuropäischen Gedankenguts von Beginn an notgedrungen mit dem Anspruch charismatischer Autorität vor den im Geiste des »Ökonomismus« wirkenden Agitationszirkeln des russischen Fabrikproletariats aufgetreten. Die zunächst mit Bedauern aufgenommene Tatsache der »historischen Verspätung« Rußlands verwandelte sich allmählich im Bewußtsein der in den Begriffen einer dogmatischen Entwicklungsdialektik denkenden Marxisten in eine heilsträchtige Chance des »Überholens«: Weil der Kapitalismus – also Bourgeoisie und Proletariat in Rußland – erst im Werden begriffen war, bot sich der rasch anwachsenden Arbeiterschaft die Möglichkeit, sich sämtliche Erfahrungen der ökonomischen und politischen Klassenkämpfe des westeuropäischen Proletariats zunutze zu machen und durch Vermeidung der von diesem begangenen Fehler gewissermaßen als verbindliches Vorbild für *politische* Praxis von der übrigen proletarischen Welt akzeptiert zu werden. Den russischen Arbeitern war hiermit in doppelter Hinsicht von der Geschichte selbst eine hegemoniale Rolle zugewiesen, erstens indem sie als die eigentlichen Angehörigen der revolutionären Klasse selbst in der *bürgerlichen* Revolution Rußlands eine führende Position beanspruchen und einnehmen konnten, und zweitens, indem sie durch die Beschleunigung des sozialen Entwicklungsprozesses innerhalb ihres Landes die Arbeiterbewegung in den westeuropäischen Nationen zu entscheidenden Kämpfen voranzutreiben vermochten. Das Spezifische des russischen Parteimarxismus ist in dieser unverkennbar *idealistischen* Auffassung der gleichsam universellen Berufung des russischen Proletariats beschlossen, eine Auffassung, die im Grunde das ideologische Gemeingut der beiden Hauptströmungen der russischen Sozialdemokratie, des Menschewismus und des Bolschewismus, bildete. [117] Die Vollendung der bürgerlichen Revolution durch eine im Namen des Industrieproletariats regierende Partei, also *für* die bäuerlichen und die kleinbürgerlichen Massen, war eine mit der von Marx begründeten »materialistischen« Revolutionstheorie kaum zu vereinbarende These. Mehr als fünfzig Jahre moderner russischer Geschichte haben diese von seiner russischen Jüngerschaft gewagte »Erneuerung« seiner Theorie als völlig haltlos erwiesen.

3. Soziale Seele und politische Hülle der Revolution

Der Führungsanspruch der marxistischen Intelligenz in ihren sämtlichen Fraktionen ist, wie dies die Geschichte der spontanen Massenbewegungen in Rußland beweist, ohne nachhaltige Wirkung auf die Aktionsmethoden und die Zielvorstellungen der kämpfenden Bauern- und Arbeitergruppen geblieben. [118] Durch die Ablehnung rein politischer Kampfparolen während der großen Streiks der neunziger Jahre und in der Revolution von 1905 bekundeten die russischen Fabrikarbeiter zunächst ihren Willen, unmittelbare Verbesserungen ihrer Arbeits- und Lebensbedingungen zu erzwingen. Erst als die Streikbewegung unter die Führung der spontan entstandenen Arbeiterausschüsse gelangte und daraufhin zur Bildung von Sowjets der Arbeiterdeputierten führte, traten zu den wirtschaftlichen Forderungen politisch-revolutionäre Zielsetzungen hinzu, die davon zeugten, daß die revolutionäre Initiative der Fabrikarbeiter alle oppositionellen Gesellschaftsschichten aktionsbedürftig gestimmt hatte. So wurde der bürgerlich-demokratische Charakter der Revolution von 1905 durch die Arbeiterschaft selbst – also ohne Berufung auf irgendein doktrinäres Parteiprogramm – bestätigt und vom Zaren durch das »Oktobermanifest« gesetzlich sanktioniert. »In den Augen der Mehrheit des russischen Volkes bedeutete das nichts anderes als das Ende der alten Autokratie und den Anbruch der konstitutionell-parlamentarischen Ära.« [119]

Sämtliche Phasen der russischen Revolutionsgeschichte fügen sich bei näherer Beobachtung und Analyse in die ebensosehr romantisch ausgerichtete wie soziologisch bestimmte Revolutionsschau von Karl Marx ein. Das von diesem in Kreuznach 1843 begonnene historische Studium der drei großen bürgerlichen Revolutionen hat entscheidend auf die Herausbildung seiner Revolutionstheorie gewirkt, die von vornherein das idealisierend-ethische Moment – wenn auch nicht immer ausgesprochen – in die materialistisch-deterministische Betrachtungsweise mit hineinnahm. [120] Den historisch-empirischen Anlaß zur Formulierung seines Revolutionsideals bot Marx der schlesische Weberaufstand vom Sommer 1844. Zum Vorwand diente ihm ein Artikel Arnold Ruges, der sowohl die Zerstörungswut der darbenden Weber als auch die christlich-philanthropische Haltung des preußischen Königs auf die politische Rückständigkeit Deutschlands zurückführte. Ruge hatte seinem Aufsatz folgenden thesenartigen Abschluß gegeben: »Eine Sozialrevolution ohne politische Seele (d.h. ohne die organisierende Einsicht vom Standpunkt des Ganzen aus) ist unmöglich. Hierin werden Frankreich und England ohne Zweifel die Initiative haben, so sehr der König von Preußen auf neue Pläne und große Reformen bedacht ist.« [121]

Um Marx' Widerlegung dieser These in ihrer ganzen Tragweite zu erfassen, muß man bedenken, daß seine ersten literarischen Arbeiten aus der Pariser Periode noch keine Spuren einer kritischen Auseinandersetzung mit den damals vorherrschenden national-ökonomischen Theorien aufweisen. Die zwei bedeutenden Essays aus den »Deutsch-Französischen Jahrbüchern« – nämlich *Zur Judenfrage* und *Zur Kritik der Hegelschen Rechtsphilosophie. Einleitung* – enthalten trotzdem die endgültig festgelegten Werturteile, die den ethischen Grundbestand der später von Marx als »materialistisch« verstandenen Gesellschaftslehre ausmachen. Seine ökonomischen Studien und Erkenntnisse haben an dieser Werttafel nicht nur nichts geändert, sondern vielmehr nur zu deren wissenschaftlicher Untermauerung beigetragen. In *Zur Judenfrage* hat Marx die zwei Grundübel der mit der bürgerlichen Revolution aufgekommenen Gesellschaftsformation aufgezeigt: Geld und Staat. In *Zur Kritik der Hegelschen Rechtsphilosophie* bezeichnete er jene destruktiv-schöpferische Kraft, die er für berufen hielt, jenen Übeln abhelfen und das wahre menschliche Gemeinwesen verwirklichen zu können: das moderne Industrieproletariat. Wie unrichtig – weil vorzeitig – seine Gesamteinschätzung der revolutionären Perspektiven in Deutschland auch sein mag, so bleibt doch die idealtypische Begriffskonstruktion einer befreienden revolutionären Klasse davon unangetastet. Die revolutionäre Reife des deutschen Proletariats wird von Marx aus dem Radikalismus der »deutschen Theorie« hergeleitet, die selbst nur der philosophische Ausdruck bestimmter materieller Zustände sei, nämlich eines bestimmten Klassenverhältnisses innerhalb der bürgerlichen Gesellschaft. Dem universellen Leiden und dem absoluten Unrecht, welche das Proletariat verkörpert, entspricht die radikale Theorie, die ihrerseits zur materiellen Gewalt wird, sobald ihre Forderungen den praktischen Bedürfnissen der leidenden Massen entsprechen, denn »es genügt nicht, daß der Gedanke zur Verwirklichung drängt, die Wirklichkeit muß sich selbst zum Gedanken drängen«. [122]

Der schlesische Weberaufstand hatte in Marx' Augen eine über den lokalen Rahmen weit hinausgehende Bedeutung, weil er – im Unterschied zu den ersten französischen und englischen Arbeiterrevolten – einen »theoretischen und bewußten Charakter besaß«, der in der Tatsache offenbar wurde, daß die Weber nicht nur die Maschinen sondern auch die Kaufmannsbücher zerstörten, also den Gegensatz zwischen Proletariat und Privateigentum rücksichtslos und gewaltsam bekundeten. »Der schlesische Aufstand *beginnt* grade damit, womit die französischen und englischen Arbeiter-Aufstände *enden*, mit dem Bewußtsein über das Wesen des Proletariats.« [123] Die literarische Bestätigung der geistigen Überlegenheit der deutschen Arbeiter fand Marx in Wilhelm Weitlings »genialen« Schriften, die zwar Deutschlands »*klassischen* Beruf zur *sozialen* Revolution« [124], aber auch seine Unfähigkeit zur politischen Revolution offenbarten. Dabei unterstrich er, daß das Mißverhältnis zwischen der philosophischen und politischen Entwicklung Deutschlands keine Abnormität sei: »Es ist ein notwendiges Mißverhältnis. Erst in dem Sozialismus kann ein philosophisches Volk seine entsprechende Praxis, also erst im *Proletariat* das tätige Element seiner Befreiung finden.« [125] Der Mangel an politischem Verstand – den Ruge den Deutschen zum Vorwurf macht – zeuge gerade von der universellen *sozialen* Veranlagung des deutschen Proletariats. Ruges Forderung nach einer politisch beseelten sozialen Revolution laufe letztlich darauf hinaus, das politische Gemeinwesen, also den Staat, zur bleibenden Einrichtung der Gesellschaft zu erheben, also die Verewigung der menschlichen Knechtschaft zu proklamieren, denn – und hier spricht der heute mehr als je vergessene Anarchist Marx – »die Existenz des Staats und die Existenz der Sklaverei sind unzertrennlich«. [126] Dies beweise die französiche Revolution, deren Heroen aus Übermaß an politischem Verstand sich einbildeten, die sozialen Mängel durch eine Änderung der Staatsform beseitigen zu können. Sie hatten zwar den Mut, die Aufhebung des Pauperismus »anzuordnen«, aber die vom Konvent getroffenen Verwaltungs- und Wohltätigkeitsmaßnahmen waren eben politischer Natur, d.h. sie ließen den Grund der sozialen Gebrechen unangetastet. »Selbst die radikalen und revolutionären Politiker suchen den Grund des Übels nicht im *Wesen* des Staates, sondern in einer bestimmten *Staatsform*, an deren Stelle sie eine *andere* Staatsform setzen wollen.« [127] Für Marx hat der Ausdruck »soziale Revolution mit politischer Seele« nur insofern einen Sinn, als er eine rein politische Revolution, eine »Revolution schlechthin« bezeichnet, d. h. eine unwahre, weil nicht »auf dem Standpunkt des Ganzen« vollzogene gesellschaftliche Umwälzung, einen Wechsel in der Klassenherrschaft auf Kosten der Gesellschaft. Sinnvoll ist ihm »eine politische Revolution mit einer sozialen Seele«, womit die Notwendigkeit eines politischen Aktes angedeutet wird, der den Sturz der alten Gewalt bezweckt. »Ohne *Revolution* kann sich aber der *Sozialismus* nicht ausführen. Er bedarf dieses *politischen* Aktes, soweit er der *Zerstörung* und der *Auflösung* bedarf. Wo aber seine *organisierende Tätigkeit* beginnt, wo sein *Selbstzweck*, seine *Seele* hervortritt, da schleudert der Sozialismus die *politische* Hülle weg.« [128].

In modifizierter, weniger romantisch anmutender Form entwickelte Marx diesen Revolutionsbegriff im Zusammenhang mit der materialistischen Grundlegung seiner Geschichtsauffassung, wie er sie in der von ihm und Engels verfaßten *Deutschen Ideologie* unternahm. Die dort in vier Thesen formulierten Resultate der materialistischen Geschichtsauffassung seien hier stichwortartig zusammengefaßt: 1. Entwicklung der Produktivkräfte zu rein unheilvollen Destruktionskräften (Technik und Geld); dem entspricht die Entstehung eines revolutionären Massenproletariats, das allmählich sich selbst zum Kommunismus erzieht (»eine Klasse, die die Majorität aller Gesellschaftsmitglieder bildet und von der das Bewußtsein über die Notwendigkeit einer gründlichen Revolution, das kommunistische Bewußtsein, ausgeht, das sich natürlich auch unter den andern Klassen bilden kann«). [129] 2. Entstehung eines Herrschaftsverhältnisses, in dem die besitzende und darum herrschende Klasse über das Machtinstrument, den Staat, verfügt; gegen diese Klasse richtet sich der revolutionäre Kampf. 3. Abschaffung der Lohnarbeit und darum der Klassen und Klassenkonflikte durch das moderne Proletariat in einer kommunistischen Revolution. 4. Notwendigkeit einer »massenhaften Veränderung der Menschen«, vor allem der Arbeiter; kommunistisches Bewußtsein und Verwirklichung des Kommunismus sind an die revolutionäre Praxis der »stürzenden Klasse« gebunden, die damit ihre Befähigung zur Selbstbefreiung und zur »neuen Begründung der Gesellschaft« beweist. [130]

In der Haltung, die er mehr als ein Vierteljahrhundert später gegenüber der Pariser Kommune einnahm, hat Marx sich von den aus den obigen Thesen deduzierbaren Normen leiten lassen. Wie anläßlich der Weberrevolte von 1844, so angesichts der Pariser Erhebung von 1871 idealisierte und verherrlichte er die revolutionäre Tat moderner Lohnsklaven, obwohl er wußte, daß es in beiden Fällen nicht um den »Aufbau des Sozialismus« ging und nicht gehen konnte. Es handelte sich bei der Kommune auch nicht um die Schaffung eines »Arbeiter*staats*«, sondern um eine staatszerstörende demokratische Arbeiter*regierung*, weil eben durch die Aufhebung der stehenden Armee, der politischen

Polizei, der Bürokratie, des Richterstandes, durch die Trennung des Schulunterrichts von Staat und Kirche sämtliche Attribute des modernen Klassenstaates ausgelöscht wurden. [131]

Daß Marx' stellenweise unsachliche Beurteilung des Pariser Aufstandes dazu geführt hat, ihn der Urheberschaft des Kommune-Mythos zu beschuldigen, darf nicht vergessen machen, daß er diesen »Mythos« im Dienste einer Sache schuf, deren Gelingen er von der schöpferischen Initiative unterdrückter und verelendeter Volksmassen – und nicht von der wissenschaftlichen Erleuchtung einer Parteiführung abhängig machte. Marx betrachtete die Pariser »Himmelsstürmer« als *seine* Partei, was ihn aber nicht hinderte, die »Gutmütigkeit« und »Skrupulosität« ihrer Handlungsweise zu rügen. [132] Die Selbsttätigkeit der Arbeiter*klasse* war ihm höher und wichtiger als die politische Genialität der Arbeiter*führer,* die er unter die »Zufälligkeiten« im allgemeinen Gang der geschichtlichen Entwicklung rechnete und ihnen eine bloß beschleunigende und/oder verzögernde Wirkung zusprach. [133] Dieser Überzeugung muß Rechnung getragen werden, wenn man es unternimmt, den Mythos der russischen Kommune von 1917 unter die kritische Lupe zu nehmen.

4. Realität und Mythos der russischen Kommune

Marx und besonders Engels haben ihre russischen Schüler gelehrt, daß Rußland einer bürgerlichen Revolution kaum entgehen, daß diese sich in ihrem Verlaufe wie ihr französischer Vorläufer abspielen würde. Engels bezweifelte nicht, daß »wenn dort das 1789 einmal begonnen hat ... das 1793 nicht auf sich warten lassen wird«. [134] Nicht genug damit, zogen Marx und Engels ein drittes Datum, nämlich 1871 aus der französischen Revolutionsgeschichte heran, um, nach dem gelungenen Attentat auf den Zaren Alexander II., die russischen Revolutionäre in ihren Hoffnungen zu bestärken. So schrieben sie in einer Adresse an ein zur Feier des 10. Jahrestages der Pariser Kommune in London einberufenes Slawisches Meeting: »Als die Pariser Kommune dem furchtbaren Massaker unterlag, das die Verteidiger der ›Ordnung‹ organisiert hatten, vermuteten die Sieger schwerlich, daß keine zehn Jahre vergehen würden, bis sich im fernen Petersburg ein Ereignis abspielen würde, das, wenn auch vielleicht nach langen und heftigen Kämpfen, schließlich und mit Sicherheit zur Errichtung einer russischen Kommune führen muß.« [135]

Nichts scheint demnach natürlicher und konsequenter als die Entschiedenheit, mit der die Hauptvertreter der russischen Sozialdemokratie (vor, während und nach der Revolution von 1917) dem französischen Revolutionskalender jene drei bedeutsamen Daten entlehnen, ohne dabei zwei andere historische Vergleiche zu vernachlässigen, 1830 und 1848. [136] Je nach Bevorzugung des einen oder anderen historischen Vorbildes, adoptierten die bereits seit 1903 in bezug auf das Organisationsproblem und die Machtausübung geschiedenen marxistischen Fraktionen und Parteiinstanzen entgegengesetzte Anschauungen und Haltungen beim Ausbruch der Februarrevolution, als der Sturz des Zarismus ohne ihr direktes Eingreifen eine vollendete Tatsache geworden war und sich gegenüber der ratlosen provisorischen Regierung zuerst in Petrograd und bald darauf in den großen Provinzstädten Arbeiter- und Soldaten-Sowjets gebildet hatten. [137] Aber sowohl für die Menschewiki wie für die Bolschewiki bestand zunächst kein Zweifel, daß in Rußland durch den eben erfolgten politischen Umsturz die bürgerlich-demokratische Phase des Revolutionsprozesses begonnen hatte, also daß man gewissermaßen eine Wiederholung der französischen Ereignisse von 1789 und 1793 auf russischem Boden und unter spezifisch russischen Bedingungen zu gewärtigen habe. Der Umstand, daß Lenin in seinen *Aprilthesen* nicht jene Daten, sondern die Pariser Kommune von 1871 erwähnte, ändert nichts an der Tatsache, daß die Bolschewiki, genau wie die Menschewiki, keinen Augenblick an die »Abschaffung« des kapitalistischen Produktions- und Verteilungssystems in ihrem Lande dachten. Was Lenin von den Menschewiki – und anfangs auch von der Mehrheit seiner eigenen Partei – trennte, war seine Forderung einer »Republik der Sowjets der Arbeiter-, Landarbeiter- und Bauerndeputierten im ganzen Lande, von unten bis oben«, das heißt kurz – wie er sich zwei Tage später in seinem Artikel *Über die Doppelherrschaft* ausdrückte – der sofortigen Inangriffnahme einer Politik, die zur Schaffung eines »Staates vom Typus der Pariser Kommune« führen sollte. [138] Lenin unterließ es also nicht, ausdrücklich zu betonen, daß es sich nicht um die »Einführung des Sozialismus« durch die zu schaffende proletarische Staatsmacht handle. Im Gegenteil, gegen Plechanow und Kautsky polemisierend, beharrte er ausdrücklich auf der Unterscheidung von »Einführung der Kommune« und »Einführung des Sozialismus«. [139] Jene bedeutete ihm die politische Reife des russischen Volks zur Schaffung eines zeitlich begrenzten Staatsapparates, der an die Stelle der zu zerstörenden, auf Armee, Polizei und Bürokratie beruhenden bürgerlich-kapitalistischen Staatsmaschine treten müsse; diese war ihm gleichbedeutend mit dem organisatorischen Aufbau einer sozialistischen Wirtschaft, die sowohl die Reife der ökonomischen Bedingungen, als auch die organisatorische Erfahrung der werktätigen Massen zur Voraussetzung habe. Der »Kommunestaat« sollte die Staatsform der proletarischen Herrschaft im Stadium des Übergangs vom Kapitalismus zum Sozialismus sein. Die von ihm zu treffenden Eingriffe in das Privateigentum waren als die ersten ökonomischen Schritte zum Sozialismus gedacht. Als höchster Typus des demokratischen Staates – zugleich aber »kein Staat im eigentlichen Sinne mehr« – hatte die Kommune eine Reihe von Maßnahmen getroffen, die zwar einen Bruch mit der parlamentarischen bürgerlichen Republik darstellten, aber, entgegen den »zahllosen Lügen und Verleumdungen« bürgerlicher Autoren, durchaus nicht die Absicht und den Willen verrieten, sofort den Sozialismus »einführen« zu wollen. [140] Das von Lenin vorgeschlagene revolutionäre Programm war demgemäß von vornherein auf die Schwächung des Privatkapitalismus zugunsten einer beschleunigten Entwicklung des Staatskapitalismus ausgerichtet; es forderte die »Nationalisierung des *gesamten* Grund und Boden ... d.h. den Übergang des gesamten Grund und Boden im Staate in das Eigentum der zentralen Staatsmacht«, ferner die Nationalisierung »sämtlicher Banken und Syndikate der Kapitalisten oder zumindest die Einführung der *sofortigen Kontrolle* über sie durch die Sowjets ...«. Alle diese revolutionären Maßnahmen, betonte Lenin, bedeuteten durchaus nicht die »Einführung des Sozialismus«, wohl aber »Schritte zum Sozialismus«. [147] Lenin war mit dem ABC der Marxschen Kapitaltheorie viel zu vertraut, um nicht zu wissen, daß der bedeutendste Schritt zum Sozialismus die höchste Stufe der Kapitalkonzentration- und akkumulation ist, der historische Augenblick, wo gemäß der Dialektik der Negation das Kapitalmonopol zur Fessel der Produktionsweise und die Zentralisation der bereits vergesellschafteten Produktionsmittel »unverträglich werden mit ihrer kapitalistischen Hülle«. [142] Das russische Wirtschaftssystem erfüllte keine dieser nur bei einem entwickelten Kapitalismus vorhandenen Bedingungen. Die »Negation der Negation« hatte zur wesentlichen Voraussetzung die Existenz einer gesellschaftlichen, das Kapital monopolisierenden Minderheit von »Usurpatoren« einerseits, das Bestehen eines die Ausbeutungsbedürfnisse des Kapitals befriedigenden Massenproletariats andererseits. Lenins Programm der Nationalisierungen verhüllte die von Marx entdeckten und wissenschaftlich formulierten Zusammenhänge zwischen Wirtschaft und Politik. Der Machtwille einer Partei, die sich selbst zum Demiurgen sozialer Schöpfungen erhob, sollte sich gleichsam die »Naturgesetze der kapitalistischen Produktion« gefügig machen, das von Marx enthüllte »ökonomische Bewegungsgesetz der modernen Gesellschaft« [143] sollte zur normativen Basis eines politischen Reformprogramms werden, wobei die sozial-ökonomische Funktion der enteigneten Kapitalistenklasse von einem sich als »proletarisch« ausgebenden, vom Partei-Demiurgen beherrschten und manipulierten Staatsapparat übernommen werden sollte. Die von Lenin gebrauchte Begriffsformel einer »Bourgeoisieherrschaft ohne Bourgeoisie« impliziert eben diesen sozial-politischen Funktionswechsel, der das Übertragen der naturgesetzlich bestimmten Rolle einer *Klasse* auf eine sich selbst als bewußtes Instrument eines historischen Auftrags betrachtenden *Partei* kennzeichnet. Lenin war keinen Augenblick darüber im Zweifel, daß die von ihm vorgeschlagenen Nationalisierungsreformen den Rahmen einer kapitalistischen Ökonomie nicht überschritten; gleichzeitig war er davon überzeugt, daß die russische Bourgeoisie den Aufgaben eines den Regeln kapitalistischer Rationalität gehorchenden Wirtschaftssystems nach okzidentalem Vorbild nicht gewachsen war. Worauf es also ankam, war ein sozial-ökonomisches System zu verwirklichen, das imstande war, den Widerspruch zwischen der geplanten Monopol- und Zwangswirtschaft und dem politischen Machtanspruch einer sich als proletarische Klassendiktatur proklamierenden Parteiherrschaft vermittels einer revolutionären Ideologie aufzuheben. Dazu bot die im Marxismus des Epigonentums beschlossene Zweideutigkeit eine ausgezeichnete Handhabe: Je nach der sozialen Konfliktsituation konnten die Marxsche Wirtschaftstheorie des Kapitals oder die Marx-Engelsschen (meistens im Affekt momentaner Eindrücke getroffenen politischen) Urteile und Entscheidungen zur Richtlinie machtpolitischen Handelns benutzt werden. Das nach dem Sturz des Zarismus in Rußland entstandene politische Vacuum und die sich dort ausbreitende Rätebewegung gestatteten es der in quasi-militärischer Zucht aufgewachsenen bolschewistischen Partei, sich des Kommunenmythos als ideologischer Waffe zu bedienen, um sich im bäuerlichen Rußland die nötige Massenbasis für eine rasche Machteroberung zu sichern. Es ist jedoch wahrscheinlicher, daß die Versprechungen von Beendigung des Krieges und Gewährung von Land und Brot stärker und tiefer auf das Bewußtsein der russischen Volksmassen gewirkt haben als die Parole »Alle Macht den Räten«. [144]

5. Kapitalverhältnis und kommunistische Herrschaftsideologie

In seiner Geschichte der russischen Revolution hat Trotzki in einem naiven aber vielsagenden Satz die Maxime ausgesprochen, nach der die bolschewistische Partei als Herrschaftsapparat gehandelt hat, um ihrer politischen Theorie als Verhüllungsideologie der ökonomischen Gestaltung Sowjetrußlands den magischen Stempel einer marxistischen Staatsdoktrin aufdrücken zu können:

»Jedoch besaß Rußland gerade infolge seiner verspäteten Entwicklung für die Lösung dieser Aufgaben neue, im höchsten Grade moderne Klassen, Parteien, Programme. Und mit Rasputins Ideen und Methoden ein Ende zu machen, waren für Rußland die Ideen und Methoden von Marx erforderlich.« [145]

Es scheint Trotzki nicht in den Sinn gekommen zu sein, daß Marx niemals an einem Zarenhof gewirkt hat, wodurch der Vergleich seiner »Ideen und Methoden« mit denen des Magiers Rasputin irgendwie plausibel erscheinen könnte. Trotzdem hat der gescheiterte, zum Beruf des Historikers verurteilte Staatsmann in jenem Satz unbewußt das Geheimnis der bolschewistischen Staatskunst verraten: Um die oligarchische Machtergreifung und die staatskapitalistische Wirtschaftspolitik marxistisch zu rechtfertigen, wurden die wissenschaftlichen Thesen von Marx in magische Rezepte verwandelt, dank derer es dem rückständigen Rußland möglich wurde, ein doppeltes historisches Wunder zu vollbringen – als erste Nation der Welt politisch den Weg der proletarischen Diktatur zu beschreiten und wirtschaftlich den Grundstein der sozialistischen Produktionsweise zu legen. Nicht Marxsche Wissenschaft, sondern marxistische Magie spricht aus den Worten, mit denen der Vorsitzende des aus lauter Bolschewiki bestehenden Rates der Volkskommissare, Wladimir Iljitsch Uljanow-Lenin, am 25. Oktober 1917 die Sitzung des Sowjetkongresses eröffnete: »Wir beginnen jetzt mit dem Aufbau der sozialistischen Ordnung.« [146]

Soweit intellektuelle Ehrlichkeit überhaupt als moralische Regel für politische Entscheidungen maßgeblich ist, darf wohl angenommen werden, daß Lenin es mit dieser feierlichen Erklärung durchaus ehrlich gemeint hat. Die von ihm ständig geübte, fast manisch anmutende Selbstkritik zeugt vom Ausmaß seines politischen Anpassungsvermögens. Kein anderer bolschewistischer Staatsmann war sich der vom Standpunkt des historischen Materialismus (also der Grundprinzipien des wissenschaftlichen Sozialismus) ausschlaggebenden Tatsache der wirtschaftlichen und kulturellen Rückständigkeit Rußlands so sehr bewußt wie Lenin. Keinem anderen russischen Marxisten klangen wie ihm die Warnungen in den Ohren, die in Marx' und Engels' Kritik der »Ideen und Methoden« eines Bakunin, eines Netschajew oder eines Tkatschew vernehmlich waren und ebensogut für die bolschewistische Parteipraxis Geltung hatten. Wer anders hatte, wie Lenin 1917, die prophetisch wirkenden Spekulationen eines Engels im Gedächtnis, der manchmal für seine »Partei« die Eventualität einer vorzeitigen Machteroberung und deren wahrscheinlichen Konsequenzen in Erwägung zog. Was letzterer z.B. 1850 über Thomas Münzers unlösbares Dilemma im deutschen Bauernkrieg geschrieben hatte, war *mutatis mutandis* auch auf Lenin und seine Partei anwendbar und dies umso mehr, als Engels selber nicht umhin konnte, einen historischen Vergleich anzustellen, indem er etwa die Niederlage des französischen Proletariats 1848 beschwor. Den Organisationseifer des Revolutionspropheten Münzer schildert der revolutionäre Historiker mit einer bewundernden Sympathie, die er gewiß auch einem Lenin seiner Zeit entgegengebracht hätte, was umso gewisser ist, als er drei Jahre später das Münzersche Dilemma aktualisierte, nachdem die »sozialistischen Dummheiten« von 1848 und der Kölner Kommunistenprozeß von 1852 dem deutschen Kommunismus genügend Vorbereitungszeit zum Ablegen des »Abiturientenexamens« gestattet hatte. [147]

»Alles das bezieht sich natürlich auf die Theorie«, belehrte Engels seinen nach New York ausgewanderten Freund Weydemeyer. »In der Praxis werden wir immer darauf reduziert sein, vor allem auf resolute Maßregeln und absolute Rücksichtslosigkeit zu drängen. Und da liegt das Pech. Mir ahnt so was, als ob unsre Partei, dank der Ratlosigkeit und Schlaffheit aller andern, eines schönen Morgens an die Regierung forciert werde, um schließlich doch die Sachen durchzuführen, die nicht direkt in unserem, sondern im allgemein revolutionären und spezifisch kleinbürgerlichen Interesse sind; bei welcher Gelegenheit man dann, durch den proletarischen Populus getrieben, durch seine eignen, mehr oder weniger falsch gedeuteten, mehr oder weniger leidenschaftlich im Parteikampf vorangedrängten, gedruckten Aussprüche und Pläne gebunden, genötigt wird, kommunistische Experimente und Sprünge zu machen, von denen man selbst am besten weiß, wie unzeitig sie sind ... In einem arrierierten Lande wie Deutschland, das eine avancierte Partei besitzt und mit einem avancierten Land wie Frankreich zusammen in eine avancierte Revolution verwickelt wird, muß beim ersten ernsthaften Konflikt und sobald *wirkliche Gefahr* eintritt, die avancierte Partei drankommen, und das ist jedenfalls vor ihrer normalen Zeit. Indessen ist das alles Wurst, und das beste ist, daß für einen solchen Fall in der *Literatur* unsrer Partei schon im voraus ihre Rehabilitierung in der Geschichte begründet ist.« [148]

Im *Bauernkrieg* hatte Engels den Versuch einer solchen literarischen Rehabilitierung vorweggenommen, indem er das tragische Schicksal von Thomas Münzer, den der Aufstand von Mühlhausen im März

1525 an die Spitze des neugewählten »ewigen Rats« gebracht hatte, im Sinne der Marxschen Gesellschaftstheorie zu deuten sich bemühte:

»Es ist das Schlimmste, was dem Führer einer extremen Partei widerfahren kann, wenn er gezwungen wird, in einer Epoche die Regierung zu übernehmen, wo die Bewegung noch nicht reif ist für die Herrschaft der Klasse, die er vertritt, und für die Durchführung der Maßregeln, die die Herrschaft dieser Klasse erfordert. Was er tun *kann*, hängt nicht von seinem Willen ab, sondern von der Höhe, auf die der Gegensatz der verschiedenen Klassen getrieben ist, und von dem Entwicklungsgrad der materiellen Existenzbedingungen, der Produktions- und Verkehrsverhältnisse, auf dem der jedesmalige Entwicklungsgrad der Klassengegensätze beruht ... Er findet sich so notwendigerweise in einem unlösbaren Dilemma: Was er tun *kann*, widerspricht seinem ganzen bisherigen Auftreten, seinen Prinzipien und den unmittelbaren Interessen seiner Partei; und was er tun *soll*, ist nicht durchzuführen. Er ist, mit einem Wort, gezwungen, nicht seine Partei, nicht seine Klasse, sondern die Klasse zu vertreten, für deren Herrschaft die Bewegung gerade reif ist. Er muß im Interesse der Bewegung selbst die Interessen einer ihm fremden Klasse durchführen und seine eigene Klasse mit Phrasen und Versprechungen, mit der Beteuerung abfertigen, daß die Interessen jener fremden Klasse ihre eignen Interessen sind. Wer in diese schiefe Stellung gerät, ist unrettbar verloren. In der neuesten Zeit noch haben wir Beispiele davon erlebt; wir erinnern nur an die Stellung, die in der letzten französischen provisorischen Regierung die Vertreter des Proletariats einnahmen, obwohl sie selbst nur eine sehr untergeordnete Entwicklungsstufe des Proletariats repräsentierten. Wer nach den Erfahrungen der Februarregierung ... noch auf offizielle Stellungen spekulieren kann, muß entweder über die Maßen borniert sein oder der extrem-revolutionären Partei höchstens mit der Phrase angehören.« [149]

Es hieße übertreiben, Engels' allgemeine Betrachtungen in ihrem wörtlichen Sinne auf die russische Revolution von 1917 und die in ihr von der bolschewistischen Partei gespielte Rolle zu beziehen. Der Wahrheitsgehalt jener Sätze ist indes insofern von bleibendem Wert, als er sozialwissenschaftlich und methodologisch für jedes beliebige historische Geschehen von universeller Tragweite verwendbar ist. Der Kern jener Überlegungen ist eben der von Marx vertretene Gesichtspunkt des »neuen Materialismus« [150], wonach das Verhältnis von wirtschaftlicher Struktur und politischer Verhaltensweise für das dialektische Verständnis nur dann rationell faßbar ist, wenn von der Voraussetzung ausgegangen wird, daß »die Produktionsweise des materiellen Lebens ... den sozialen, politischen und geistigen Lebensprozeß überhaupt (bedingt)«. [151] Engels verpaßte keine Gelegenheit, seinen russischen Schülern einzuprägen, bei ihren politischen Differenzen keinen sektiererischen Mißbrauch mit Marxzitaten in selbstrechtfertigender Absicht zu treiben. Es kam ihm darauf an, die Ziele der revolutionären Bestrebungen sowohl der Narodniki als auch deren marxistischen Gegnern theoretisch im Einklang mit der Erkenntnis des gesellschaftlichen Gesamtprozesses eines hauptsächlich agrarwirtschaftlichen Landes festzulegen. Er sah für Rußland ein »1789« voraus, schloß aber nicht die Möglichkeit aus, daß es dort einer »blanquistisch« inspirierten Partei gelingen könnte, »eine Revolution zu *machen,* d.h. durch einen kleinen Anstoß ein ganzes System zu stürzen, dessen Gleichgewicht mehr als labil ist ... und durch einen an sich unbedeutenden Akt Explosivkräfte freizusetzen, die dann nicht mehr zu zähmen sind«. Warnend sprach er von den »Illusionen« und der dadurch bewirkten »überlegenen Willensstärke« jener Partei: »Die Leute, die sich rühmten, eine Revolution *gemacht* zu haben, haben noch immer am Tag darauf gesehen, daß sie nicht wußten, was sie taten, daß die *gemachte* Revolution jener, die sie machen wollten, durchaus nicht ähnlich sah. Hegel nennt das die Ironie der Geschichte, eine Ironie, der wenige historische *dijateli* (Persönlichkeiten) entgehen.« [152]

Marx und Engels hatten manchmal Gelegenheit, an sich selbst die psychologische Wirkung revolutionärer Ungeduld zu beobachten und sie im Lichte ihrer eigenen Theorie kritisch zu überprüfen. Als Marx im Sommer 1852 die Anzeichen einer neuen Wirtschaftskrise feststellte, schrieb er seinem Freunde: »Die Revolution könnte früher kommen als uns erwünscht. Nichts schlimmer, als wenn die Revolutionäre für Brot sorgen sollen.« [153]

Schlußbetrachtung

»Die Arbeiterklasse verlangte keine Wunder von der Kommune. Sie hat keine fix und fertigen Utopien durch Volksbeschluß einzuführen. Sie weiß, daß, um ihre eigne Befreiung und mit ihr jene höhere Lebensform hervorzuarbeiten, der die gegenwärtige Gesellschaft durch ihre eigne ökonomische Entwicklung unwiderstehlich entgegenstrebt, daß sie, die Arbeiterklasse, lange Kämpfe, eine ganze Reihe geschichtlicher Prozesse durchzumachen hat, durch welche die Menschen wie die Umstände gänzlich umgewandelt werden. Sie hat keine Ideale zu verwirklichen; sie hat nur die Elemente der neuen Gesellschaft in Freiheit zu setzen, die sich bereits im Schoß der zusammenbrechenden Bourgeoisgesellschaft entwickelt haben.«
Karl Marx, *Der Bürgerkrieg in Frankreich)*

Die von Marx im Auftrag des Generalrats der Internationalen Arbeiter-Assoziation verfaßte Adresse über die Pariser Kommune war, wie die 1852 über die Februarrevolution veröffentlichte historische Schrift *Der achtzehnte Brumaire des Louis Bonaparte,* nicht die Arbeit eines unbefangenen und vorurteilsfreien Wissenschaftlers, sondern der Kampfakt eines über den modernen Klassenstaat zu Gericht sitzenden und für die zukünftigen Arbeiterkämpfe eintretenden Revolutionärs. Weder dort noch hier hat Marx einem »neuen Staatstypus« oder etwa einem »Arbeiterstaat« das Wort geredet. Im Gegenteil, sein ganzes Denken ist darauf ausgerichtet, die Antinomie zwischen Staat und Gesellschaft als absolut nachzuweisen, die schöpferische Selbsttätigkeit der Gesellschaftsglieder als Befreiung von sämtlichen staatsautoritären Einrichtungen verstanden zu wissen. Genau wie er den Aufstand der schlesischen Weber vom Jahre 1844 als staatsnegierende Geste zum Symbol des der Arbeiterklasse innewohnenden Freiheitstriebes erhob, so sublimierte er siebenundzwanzig Jahre später die kurzlebige Tat der Pariser Kommune zu einem Ereignis von weltbefreiender Tragweite. In beiden Fällen war er darauf bedacht, die mythologisierende Verklärung heroischer Traditionen zu vermeiden, in der Überzeugung, daß die erhoffte soziale Revolution »ihre Poesie nicht aus der Vergangenheit ..., sondern nur aus der Zukunft (schöpfen kann)«. [154] Die Maßlosigkeit der barbarischen Repression, die Versailles gegen Paris ausüben ließ, mußte dem anklagenden Berichterstatter als der evidente Beweis erscheinen, daß die als Arbeiterregierung auftretende Kommune keine mythische Fiktion war, daß sie vielmehr trotz ihrer gegenwärtigen Hilflosigkeit den Keim zukünftigen Triumphs in sich barg. Stärker als die Besiegten selbst empfanden die Sieger die zukunftweisende Bedeutung der Kommune, deren Abschlachtung daher einem vorwegnehmenden Racheakt für spätere Niederlagen gleichkam. Nicht was sie wirklich war, sondern was sie virtuell versinnbildlichte, wurde in der Erscheinung der Pariser Kommune ausgemerzt. Deren symbolische Bedeutung wurde von Marx in einem seiner Entwürfe zum *Bürgerkrieg in Frankreich* wie folgt umschrieben:

»... die Kommune (war) nicht eine Revolution gegen diese oder jene – legitimistische, konstitutionelle, republikanische oder kaiserliche – Form der Staatsmacht. Die Kommune war eine Revolution gegen den *Staat* selbst, gegen diese übernatürliche Fehlgeburt der Gesellschaft; sie war eine Wiederbelebung durch das Volk und des eignen gesellschaftlichen Lebens des Volkes. Sie war nicht eine Revolution, um die Staatsmacht von einer Fraktion der herrschenden Klassen an die andre zu übertragen, sondern eine Revolution, um diese abscheuliche Maschine der Klassenherrschaft selbst zu zerbrechen.« [155]

Für den Kenner der russischen Geschichte war die mitten im Kriege durch den Sturz des Zarismus im Februar 1917 begonnene Revolution kein überraschendes Ereignis. Am wenigsten war sie dies den marxistisch geschulten Beobachtern oder politisch aktiven Marxisten, die sich ja im Besitze einer Gesellschaftslehre wußten oder glaubten, vermittels welcher sie imstande waren, den weiteren Verlauf der Umwälzung theoretisch und praktisch zu meistern. Bolschewiki wie Menschewiki waren sich darin einig, daß ihr Land die geschichtliche Phase der kapitalistischen – also bürgerlichen – Entwicklung bei weitem nicht vollendet hatte und daß die Hauptgewinnerin der Revolution nicht die Industrieproletarier, sondern die Bauern sein würden. Keinem russischen Marxisten fiel es im Februar 1917 ein, eine »proletarische« oder gar »sozialistische« Revolution für das damalige Rußland für möglich zu halten. Es bedurfte jener von Marx apropos der Pariser Kommune gerühmten »Zufälligkeiten« [156], nämlich des Auftretens führender Persönlichkeiten von ungewöhnlicher Statur, um einerseits sowohl die Beschleunigung als auch die Verzögerung der sozialen und ökonomischen Entwicklung Rußlands entscheidend zu bestimmen, und andererseits diesen Umwälzungsprozeß ideologisch durch weltgeschichtliche Rückerinnerungen und Totenbeschwörungen zu rechtfertigen und zu beschönigen. Es bedurfte eines Charakters wie Lenin, um für die

Alleinherrschaft seiner Partei das zum Mythos herabgewürdigte Vorbild der Pariser Kommune in Anspruch zu nehmen. [157] Es bedurfte endlich eines »Zufalls« wie Stalin, um die von Lenin eingeleitete Entmachtungspolitik gegenüber den Arbeiter-Bauern-und Soldatenräten bis zu ihren letzten Konsequenzen durchzuführen und die von Marx vorausgesehene Proletarisierung der russischen Volksmassen als Verwirklichung der ersten sozialistischen Kommune glaubhaft zu machen. 1917 holte sich Lenin sein theoretisches Rüstzeug für die geplante Machtergreifung aus einer Marxschen Schrift heraus, die das Bild einer rationellen Utopie der vom Staat befreiten Gesellschaft entworfen und überdies die Ursachen hervorgehoben hatte, die die Verwirklichung jenes Traumes im damaligen Frankreich unmöglich machten. [158] Was Frankreich 1871 nicht zu vollbringen vermochte, sollte das revolutionäre Rußland sechsundvierzig Jahre später eben dank der mißglückten Erfahrung der Kommune und der von Marx aufgezeigten Schwächen ihrer politischen Führung vollbringen. Erfahrung und Theorie waren somit vorhanden, um einen katastrophalen Ausgang des erneuten Unternehmens zu verhüten: Die Bolschewiki, vertreten durch ihren Wortführer Lenin, stellten sich im Juni 1917 dem Ersten Allrussischen Kongreß der Sowjets der Arbeiter- und Soldatendeputierten als jene Partei vor, die bereit war, »jeden Augenblick ... die gesamte Macht zu übernehmen«. [159] Wenn es irgend ein Dogma gibt, das als das Grundprinzip der bolschewistischen Politik bis zum heutigen Tag angesprochen werden kann, so ist es das von Lenin aufgestellte, wonach *seine* Partei als Regierungsmacht die »Diktatur des Proletariats« organisatorisch und gleichsam organisch verkörpere. [160] Wie könnte man es sonst verstehen, daß Lenin, der kaum sechs Monate an der Macht war, eine politische Sprache handhaben konnte, die ihn kaum als den Schüler von Marx, wohl aber als den eines ... Nietzsche charakterisierte! Damals galt es, den Sieg über die russische Bourgeoisie durch deren Ausrottung zu vollenden, einen Schritt weiter als die westeuropäischen Revolutionen zu gehen. Rußland hatte nicht bloß das Niveau von 1793 und 1871 erreicht, es war etwas weitergegangen, indem es (Lenin gebraucht das Wort »wir«) »den höchsten *Typus* des Staates, die Sowjetmacht, dekretiert und errichtet« hatte [161]; es sei erst der Übergang zum Sozialismus begonnen worden, nun gelte es die ebenso wesentliche, nämlich die materielle Vorbedingung für die Errichtung des Sozialismus durch Vernichtung des Privatkapitals zu bewerkstelligen, nämlich die »vom gesamten Volk durchgeführte Rechnungsführung und Kontrolle über die Produktion und die Verteilung der Produkte« [162] zu organisieren, die

Arbeitsproduktivität zu steigern durch Entwicklung der Großindustrie und Hebung des Bildungs- und Kulturniveaus der Volksmassen, durch Schaffung einer strengen Arbeitsdisziplin, usw. usw. Die Rede des Kommune-Apologeten verwandelt sich allmählich in die des Organisierungsspezialisten, des hochbegabten Industrie-Managers, dessen Ehrgeiz darin besteht, das privatkapitalistische Wirtschaftssystem durch das staatskapitalistische zu ersetzen, also die von Marx begrifflich als »Kapitalverhältnis« bestimmte hierarchische Gesellschaftsstruktur unangetastet zu lassen, wobei die dialektische Begründung natürlich schnell bei der Hand war, um den Anspruch der totalen Parteimacht – der »Diktatur der Einsicht«, um mit Lassalle zu sprechen – zu rechtfertigen: »Der Sozialismus ist nichts anderes als staatskapitalistisches Monopol, das *zum Nutzen des ganzen Volkes angewandt wird* und dadurch *aufgehört hat,* kapitalistisches Monopol zu sein.« [163] Genau wie er sich nicht scheute, das »Wort« Staatskapitalismus dem – vom Standpunkt der Marxschen Theorie unhaltbaren – Begriff »Staatssozialismus« [164] vorzuziehen, so schrak Lenin nicht davor zurück, das »große Wort« Diktatur in einem Sinne zu definieren, der den totalen Bruch mit dem von ihm selbst geschaffenen Kommune-Mythos besiegelte und dem von ihm bestimmt nicht gewollten Stalinismus Vorschub leistete: »Daß in der Geschichte der revolutionären Bewegungen durch die Diktatur einzelner Personen sehr oft die Diktatur der revolutionären Klassen zum Ausdruck gebracht, getragen, vollstreckt wurde, das bezeugt die unbestreitbare Erfahrung der Geschichte.« [165] Unbekümmert um jede »Poesie der Zukunft«, suchte Lenin seine historischen Vorbilder in der Vergangenheit, das heißt eben dort, wo Marx den Schauplatz der menschlichen Vorgeschichte erblickte. Unter dem Vorwand, kein Anarchist zu sein – was Marx jedenfalls grundsätzlich in der Kommune-Adresse war [166] – und den staatlichen Zwang für die politische Übergangsstruktur zwischen Kapitalismus und Sozialismus anzuerkennen, behauptete Lenin, daß »zwischen dem sowjetischen (*d.h.* dem sozialistischen) Demokratismus« einerseits, und der »Anwendung der diktatorischen Macht einzelner Personen« andererseits, »nicht der geringste prinzipielle Widerspruch« bestünde; ebensowenig sei die von einzelnen Personen im industriellen Großbetrieb ausgeübte diktatorische Macht zu verwerfen, wo es sich doch um zentral von *einem* Willen gelenkte Arbeit »von Tausenden und Zehntausenden Menschen« handle. »Aber wie kann die strengste Einheit des Willens gesichert werden? Durch die Unterordnung des Willens von Tausenden unter den Willen eines einzigen.« [167] Drei Jahre später konnten es sich Lenin und seine Partei gestatten, nachdem sie sich das Monopol der Alleinherrschaft durch die blutige Unterdrückung des Kronstädter Aufstands und die Verhinderung jeder – als »anarcho-syndikalistische Fraktionsmacherei« [168] gebrandmarkten – Opposition gesichert hatten, die »Neue Ökonomische Politik« (NEP) zu dekretieren, gleichsam als wirtschaftliche Zwischenstufe beim Übergang vom »kleinbürgerlichen Kapitalismus« zum »staatlichen Großkapitalismus«. [169] Es galt, in Erwartung des Sieges des »Weltsozialismus« und besonders der deutschen Revolution sich auf den Staatskapitalismus zurückzuziehen, um dann später um so sicherer und rascher den siegreichen Vormarsch anzutreten. Es galt, in der Schule des am meisten fortgeschrittenen Kapitalismus in die Lehre zu gehen: »Wenn in Deutschland die Revolution noch zögert, ›auszubrechen‹, so ist es unsere Aufgabe, den Staatskapitalismus der Deutschen zu *erlernen,* ihn *aus aller Kraft* zu übernehmen, keine diktatorischen Methoden zu scheuen, um diese Übertragung der westlichen Kultur auf das barbarische Rußland zu beschleunigen, ohne dabei vor barbarischen Methoden des Kampfes gegen die Barbarei zurückzuschrecken.« [170]

Die Verwendung barbarischer Methoden, die Lenin gemäß seiner persönlichen Revolutionsethik dem von ihm und seiner Partei geschaffenen staatlichen Zwangsapparat zwecks Schaffung einer modernen, dem bürgerlich-kapitalistischen Vorbild nicht nachstehenden, russischen Zivilisationsordnung zur Pflicht machte, bedurfte einer ganz anderen ideologischen Rechtfertigung als den Rückgriff auf Marx' Kommune-Schrift. Keinem bolschewistischen Parteiführer war dies so klar wie dem Nachfolger Lenins, Josef W. Stalin, der es verstand, seine staatsmännische Weisheit aus einem wesentlich bedeutenderen Werk von Marx zu schöpfen, nämlich aus dem ... *Kapital!* Er war es, der die logischen Konsequenzen aus der vier Jahre währenden Industrialisierungsdebatte zog und das umstrittene Gesetz der sogenannten »ursprünglichen sozialistischen Akkumulation« [171] zur Norm der von ihm dekretierten Wirtschaftspolitik erhob, deren Methoden im *Kapital* wie folgt zusammengefaßt sind: »Alle ... benutzten die *Staatsmacht,* die konzentrierte und organisierte Gewalt der Gesellschaft, um den Verwandlungsprozeß der feudalen in die kapitalistische Produktionsweise treibhausmäßig zu fördern und die Übergänge abzukürzen. *Die Gewalt ist der Geburtshelfer jeder alten Gesellschaft, die mit einer neuen schwanger geht. Sie selbst ist eine ökonomische Potenz.*« [172]

Die soziale und ökonomische Entwicklung der nun in das sechste Jahrzehnt ihrer Existenz getretenen Sowjetunion kann, sofern man sie vermittels der von Marx begründeten Gesellschaftstheorie analysiert, am besten als ein Sonderfall jenes Geschichtsprozesses angesehen werden, den das ökonomische System des Kapitalismus in der Ära der bürgerlichen Gesellschaftsformation kennzeichnet. [173] Dementsprechend erweist sich die historische Funktion des Bolschewismus als jene staats-ökonomische Potenz, deren Ziel die Industrialisierung und Proletarisierung auf nationaler Stufenleiter ist. Der »Stalinismus« als der konsequenteste Machtfaktor dieses gesellschaftlichen Umwandlungsprozesses ist keineswegs als »ein besonderer Erscheinungstypus der frühen sozialistischen Gesellschaft« [174] zu werten, sondern muß als der adäquate politische Ausdruck eines auf staatskapitalistischer Ausbeutung beruhenden Wirtschaftsystems betrachtet werden, das mit den klassischen und modernen privatkapitalistischen Wirtschaftsordnungen wesentliche irrationale Züge gemein hat. Vom Standpunkt der proletarischen Ethik, wie sie Marx vertrat (nämlich der Lehre von der Selbstbefreiung und Selbstverwirklichung der ungeheuren Mehrzahl der Menschen im Interesse der Allgemeinheit), bedrohen der echte Kapitalismus und der falsche Sozialismus gleichermaßen die physische und geistige Existenz der der permanenten Zerstörung durch Technik und Krieg ausgelieferten Spezies Mensch. In beiden, wenn auch rivalisierenden, Gesellschaftsordnungen verfolgt die Mythenfabrikation den gleichen Zweck der Wahrheitsverhüllung aus Profit- und Machtinteresse.

Die hier versuchte Denunziation des Mythos der russischen Kommune als Verschleierung der totalen Staats- und Lohnsklaverei sei dem Andenken der vor hundert Jahren in Paris gefallenen Opfer gewidmet, die ihre Poesie einem noch immer unerfüllten Zukunftstraum entlehnten.

M. R.

Anhang

Anmerkungen

Vorwort

1 Max Horkheimer, *Philosophie als Kulturkritik*. In: Sociologica II. Reden und Vorträge. Frankfurt a.M. 1962, S. 26. Dazu sei bemerkt, daß die »Machthaber drüben« sich damit treu an das liberal-kapitalistische Vorbild halten.

2 S. unten Text I, 7, S. 119ff.

3 Die bisher – trotz ihrer Kürze – gründlichste Übersicht der Marx/Engelsschen Schriften über Rußland findet sich bei Helmut Krause, *Marx und Engels und das zeitgenössische Rußland*. Gießen 1958 (Marburger Abhandlungen zur Geschichte und Kultur Osteuropas Bd. 1).

4 Vgl. M. Rubel, *Gesichtspunkte zum Thema »Engels als Begründer«*. Beitrag zur Internationalen wissenschaftlichen Engels-Konferenz in Wuppertal (Mai 1970). Aus hier nicht zu erörternden Gründen wurde das auf Einladung der Veranstalter vorgelegte Referat des Verf. nicht für würdig befunden, in dem Konferenz-Report abgedruckt zu werden. Wie der Kulturdezernent der Stadt Wuppertal Verf. mitteilte, würde dessen »Position ausführlich im 6. Bericht über die Diskussion dargestellt, der auf S. 255ff erscheint«. Der betreffende Konferenz-Bericht ist gegenwärtig im Druck und soll Ende 1971 im Verlag für Literatur und Zeitgeschehen, Hannover, erscheinen.

5 K. Marx/F. Engels, *Ein Komplott gegen die Internationale Arbeiter-Assoziation* (1874), MEW 18, 344. – »Jeder Kampf«, schrieb Engels, »schließt Augenblicke ein, wo man dem Gegner eine gewisse Genugtuung nicht verwehren kann, will man sich anders nicht selbst positiven Schaden antun.« (Flüchtlingsliteratur III, Der Volksstaat, 6. Okt. 1874)

6 Nur die Auszüge aus dem Bericht von A. M. Woden über sein Gespräch mit Engels werden hier zum erstenmal in einer deutschen Übersetzung gebracht.

I/1

1 MEW 29, 324.

2 MEW 29, 360.

3 MEW 29, 359ff.

4 MEW 30, 6 (11. Januar 1860).

5 MEW 13, 612f.

6 MEW 30, 324 (13. Februar 1863).

7 Vgl. dazu Karl Marx, *Die polnische Frage (1863–1864)*; hrsg. und eingel. von Werner Conze und Dietrich Hertz-Eichenrode. Den Haag 1961, S. 91/131.

8 Alexander II. hatte zunächst (Januar 1857) ein »Geheimes Komitee« beauftragt, sich mit der Frage der Bauernemanzipation zu befassen und seinen Bruder, den liberal gesinnten Großfürsten Konstantin, in dieses Komitee delegiert. Die Diskussionen

endeten mit der Niederlage der Konservativen, worauf der Zar »vorbereitende Komitees« bestellen ließ, deren Entscheidungen publiziert wurden, wonach das »Geheime Komitee« in eine »Zentralkommission« (oder »Hauptkomitee«) umgewandelt wurde, deren Vorsitz von Alexander (1858) übernommen wurde. Dies bedeutete eine Schwächung der Opposition und eine Vereitlung der Projekte, die die Freilassung der Bauern »ohne Land« vorsahen. Das »Befreiungsgesetz« wurde am 19. Februar 1861 verkündet. Vgl. Valentin Gitermann, Geschichte Rußlands. Zürich 1949, S. 146ff.

9 Von Alexander II. stammen die oft zitierten Worte, die er am 30. März 1856 an eine Deputation des Moskauer Adels richtete: »Es ist besser, das Recht der Leibeigenschaft von oben her aufzuheben, als den Zeitpunkt abzuwarten, da seine Aufhebung ohne unser Zutun von unten her beginnen würde.« V. Gitermann, a.a.O., S. 150ff.

10 Das englische Parlament erzwang 1628 von Karl I. durch diese »Bitte um Recht« das Steuerbewilligungsrecht für beide Kammern und die Sicherheit gegen willkürliche Verhaftung (*habeas corpus*) für alle englischen Bürger.

11 Wir haben es hier wohl mit der ersten Äußerung von Marx in bezug auf die »kommunistische« Veranlagung des russischen, in der *obschtschina* lebenden und arbeitenden Bauern zu tun, wobei zu unterstreichen ist, daß zu jenem Zeitpunkt Marx die russische Landgemeinschaft als eine Abart der indischen Urform betrachtete. Vgl. *Zur Kritik der politischen Ökonomie* (1859), MEW 13, 21.

12 Das »Befreiungsgesetz«, das ca. zwei Jahre nach Erscheinen von Marx' Artikel vom Zaren feierlich verkündet wurde, unterschied sich zwar nicht wesentlich von den hier zusammengefaßten Richtlinien des Zentralausschusses, zeitigte jedoch nicht die sozialen, den Adel ruinierenden Folgen, die Marx in der nun gebotenen Analyse und besonders im letzten Teil derselben voraussah. Zur Illustration der Geschichte der Bauernrevolten sei daran erinnert, daß während der Regierungszeit Nikolaus I. 556 Erhebungen stattfanden, »mit entsprechenden Zahlen ermordeter Gutsbesitzer«. Vgl. Wilhelm Treue, *Wirtschaftsgeschichte der Neuzeit*. Stuttgart 1966, S. 620. S. auch N. Rjasanoff, *Die Aufhebung der Leibeigenschaft in Rußland*; in: »Die Neue Zeit«, Schlußartikel, 25. Februar 1905, S. 733.

13 Karl Marx, *Herr Vogt* (1860), MEW 14, 496ff. Diese wenig beachtete Schrift ist mehr als eine persönliche Abrechnung mit dem bekannten Naturwissenschaftler und ehemaligen Mitglied der Frankfurter Nationalversammlung (1848). Irregeführt durch ein gegen ihn gerichtetes Flugblatt, dessen Autorschaft er Marx zuschrieb, hatte Vogt diesen in einer verleumderischen Schrift als Chef einer Clique von politischen Erpressern und Verschwörern dargestellt. Marx versuchte zunächst Vogt gerichtlich zu belangen, da aber dies mißlang, entschloß er sich zu einer literarischen Widerlegung. Er betrachtete seine Polemik gegen Vogt als »entscheidend für die *historische Vindikation* der Partei und für ihre spätere Stellung in Deutschland« (23. Februar 1860 an Ferdinand Freiligrath; MEW 30, 459). Im Vorwort zu *Herr Vogt* kennzeichnet Marx den eigentlichen Streitpunkt: »Von Männern, die schon vor 1848 miteinander darin übereinstimmten, die Unabhängigkeit Polens, Ungarns und Italiens nicht nur als ein *Recht* dieser Länder, sondern als das *Interesse* Deutschlands und Europas zu vertreten, wurden ganz entgegengesetzte Ansichten aufgestellt über

die Taktik, die Deutschland bei Gelegenheit des italienischen Kriegs von 1859 Louis Bonaparte gegenüber auszuführen habe. Dieser Gegensatz der Ansichten entsprang aus gegensätzlichen Urteilen über *tatsächliche Voraussetzungen*, über die zu entscheiden einer späteren Zeit vorbehalten bleibt. Ich für meinen Teil habe es in dieser Schrift nur mit den Ansichten *Vogts* und seiner Clique zu tun.« (MEW 14, 386ff) Was Marx an Vogts politischer Haltung bekämpfte, war nicht nur deren Befürwortung der bonapartistischen Bestrebungen hinsichtlich der Schwächung Österreichs; er denunzierte auch Vogts »Russentum« (a.a.O., S. 510) und bezeichnete ihn als einen »russischen Panslawisten« (S. 508). Zum Verständnis dieser Attacke noch diese Stelle: »Der einzige Umstand, der die staatliche Existenz Österreichs, seit Mitte des 18. Jahrhunderts, rechtfertigte, sein Widerstand gegen die Fortschritte Rußlands im Osten Europas ... veranlaßt Vogt zur Entdeckung, daß ›Oestreich der Hort jeden Zwiespalts im Osten ist‹. Mit ›einer gewissen Kindlichkeit‹, die seinem fetten Wesen so wohl ansteht, erklärt er die Verbindung Rußlands mit Frankreich gegen Oestreich, abgesehen von den befreienden Tendenzen des ›wohlwollenden Zar‹, aus dem *Undank* Oestreichs für die während der ungarischen Revolution von Nikolaus empfangenen Dienste.« (a.a.O., S 501ff)

I/2

1 MEW 18, 599/642.

2 a.a.O. 600.

3 a.a.O. 610.

4 a.a.O. 608.

5 a.a.O. 619.

6 a.a.O. 620.

7 a.a.O. 621.

8 a.a.O. 626.

9 a.a.O. 627.

10 a.a.O. 628.

11 MEW 19, 6ff.

12 MEW 19, 13f.

13 MEW 3, 76.

14 MEW 1, 401f (August 1844).

15 M. Bakunin, *Gossudarstwennost i anarchija* (Staatswesen und Anarchie). Genf 1873. Neudruck und franz. Übers. Bakunin-Archiv Bd. III, Leiden 1967, S. 3/200. (Hrsg. vom Internationaal Instituut voor Sociale Geschiedenis, Amsterdam. Textgestaltung und Kommentar von Arthur Lehning.) Die von Marx zitierte Stelle a.a.O., S. 278 der Erstausgabe (MEW 18, 630).

16 Ebenda.

17 MEW 18, 633.

18 a.a.O., S. 634.

19 Ebenda.

20 Ebenda.

21 Ebenda.

22 Ebenda.

23 Ebenda.

24 a.a.O., S. 635.

25 Ebenda.

26 Ebenda.

27 Ebenda.

28 a.a.O., S. 636.

29 Ebenda.

30 Ebenda. Die von Marx stellenweise angegebenen Seitenziffern des Bakunintextes wurden hier fortgelassen.

31 Aus: Karl Marx, *Erster Entwurf zu ›Bürgerkrieg in Frankreich‹*; verfaßt April-Mai 1871. Der vollständige, englisch geschriebene Text erschien erstmalig 1934 in *Arkhiv Marxa i Engelsa*, Bd. III (VIII), hrsg. vom Institut für Marxismus-Leninismus, Moskau. Deutsch nach der Handschrift in MEW 17 (1962), S. 493/571. Hier auszugsweise die Seiten 541 bis 549 aus dem Kapitel »Der Charakter der Kommune«, und S. 552 aus »Die Bauernschaft«.

32 Siehe Marx, *Der Bürgerkrieg in Frankreich* (letzte von Engels besorgte Ausgabe Berlin 1891), MEW 17, 336: »Nach jeder Revolution, die einen Fortschritt des Klassenkampfs bezeichnet, tritt der rein unterdrückende Charakter der Staatsmacht offner und offner hervor.«

33 *Erster Entwurf* ..., a.a.O., S. 541 ff.

34 a.a.O., S. 543.

35 a.a.O., S. 544. Vgl. Marx, *Theorien über den Mehrwert:* »... Milton, der das ›Verlorene Paradies‹ für fünf Pfund Sterling schrieb, war ein *unproduktiver Arbeiter*. Der Schriftsteller dagegen, der Fabrikarbeit für seinen Buchhändler liefert, ist ein *produktiver Arbeiter*. Milton produzierte das ›Paradise Lost‹ aus demselben Grund, aus dem ein Seidenwurm Seide produziert. Es war eine Bestätigung *seiner* Natur.« (MEW 26/1, 377)

36 a.a.O., S. 544ff. Man vergleiche den letzten Absatz mit der endgültigen Fassung, a.a.O., S. 339ff. Ein Beispiel: »Die Landgemeinden eines jeden Bezirks sollten ihre gemeinsamen Angelegenheiten durch eine Versammlung von Abgeordneten in der Bezirkshauptstadt verwalten, und diese Bezirksversammlungen dann wieder Abgeordnete zur Nationaldelegation in Paris schicken; die Abgeordneten sollten jederzeit absetzbar und an die bestimmten Instruktionen ihrer Wähler gebunden sein. Die wenigen, aber wichtigen Funktionen, welche dann noch für die Zentralregierung übrigblieben, sollten nicht, wie dies absichtlich gefälscht worden, abgeschafft, sondern an kommunale, d.h. streng verantwortliche Beamten übertragen werden. Die Einheit der Nation sollte nicht gebrochen, sondern im Gegenteil organisiert werden durch die Kommunalverfassung; sie sollte eine Wirklichkeit werden durch die Vernichtung jener Staatsmacht, welche sich für die Verkörperung dieser Einheit ausgab, aber unabhängig und überlegen sein wollte gegenüber der Nation, an deren Körper sie doch nur ein Schmarotzerauswuchs war.« (a.a.O., S. 340)

37 a.a.O., S. 545ff.

38 a.a.O., S. 552. Siehe den Abschnitt über den französischen Bauern im *Bürgerkrieg* ..., a.a.O., S. 344ff.

39 Aus: *Ein Komplott gegen die Internationale Arbeiter-Assoziation.* Im Auftrage des Haager Kongresses verfaßter Bericht über das Treiben Bakunins und der Allianz der sozialistischen Demokratie. Braunschweig 1874; MEW 18, 331/471.

40 a. a. O., S. 345. Hier der Wortlaut des 8. Artikels des Programms der »Revolutionären Organisation der Internationalen Brüder« (abgedruckt als eines der Belegstücke der Allianz-Broschüre): »Da die Revolution überall aus dem Volke selbst hervorgehen und die Oberleitung immer bei dem als freie Förderation ackerbauernder und industrieller Genossenschaften organisierten Volkes bleiben muß, so wird der neue revolutionäre Staat, der sich auf dem Wege der revolutionären Delegation von unten nach oben organisiert und alle im Namen derselben Prinzipien organisierten Länder ohne Rücksicht auf die alten Grenzen und die Verschiedenheit der Nationalität umfaßt, die Verwaltung des öffentlichen Dienstes und nicht der Regierung der Völker zum Gegenstande haben. Er wird das neue Vaterland, die Allianz der allgemeinen Revolution gegen die Allianz aller Reaktionären konstituieren.« (a. a. O., S. 465)

41 a. a. O., 346 u. 467 (Artikel 10 des Programms).

42 a. a. O., S. 346.

43 a. a. O., S. 407. Aus dem 8. Kapitel der Allianz-Broschüre. Es handelt von der Allianz in Rußland: 1. Der Prozeß Netschajew; 2. Der Revolutionskatechismus; 3. Der Aufruf Bakunins an die Offiziere der russischen Armee. In diesem 3. Teil erklärt Bakunin, daß seine Organisation »in ihrer Disziplin, in der leidenschaftlichen Hingebung und Selbstverleugnung ihrer Mitglieder und in dem blinden Gehorsam gegen ein *einziges* allwissendes, doch von niemandem gekanntes *Komitee* seine Stärke findet« (a. a. O., S. 433).

44 a. a. O., S. 437ff.

I/3

1 Vgl. dazu James H. Billington, *Mikhailovsky and Russian Populism.* Oxford 1958, S. 65ff und 172ff.

2 MERR S. 504 (5. Okt. 1884).

3 *Gruppa ›Oswoboshdenie Truda‹*, in: Letopisi Marxisma VI, 1928, S. 90ff.

4 cf. dessen Schreiben vom 9. 8. 1885, MERR 521ff.

5 MEW 21, 355.

6 cf. MERR 765, Anm. 278.

7 Hier der Wortlaut dieser Stelle: »Wenn auf dem Kontinent von Europa der Einfluß der kapitalistischen Produktion, welche die Menschenrace unterwühlt durch Überarbeit, Theilung der Arbeit, Unterjochung unter die Maschine, Verkrüppelung des unreifen und weiblichen Körpers, schlechtes Leben usw., sich, wie bisher, Hand in Hand entwickelt mit der Konkurrenz in Größe der nationalen Soldateska, Staatsschulden, Steuern, eleganter Kriegsführung usw., möchte die vom Halbrussen und ganzen Moskowiter *Herzen* (dieser Belletrist hat nebenbei seine Entdeckungen über den »russischen« Kommunismus nicht in Rußland gemacht, sondern in dem Werke des preußischen Regierungsraths *Haxthausen*) so ernst prophezeite Verjüngung Eu-

ropas durch die Knute und obligate Infusion von Kalmückenblut schließlich doch unvermeidlich werden.« (*Das Kapital,* 1. Band, Hamburg 1867, S. 762ff) Marx unterdrückte diese Zeilen in der 2. Ausgabe sowie in der französischen und russischen Übersetzung. Zur Zeit ihrer Abfassung stand er Herzens messianischem Glauben an die russische Bauernkommune durchaus feindlich gegenüber.

8 N. Tschernyschewski, der von Marx bewunderte Verfasser der »Briefe ohne Adresse« und der »Umrisse der politischen Ökonomie nach Mill« war der geistige Vater des politisch orientierten Populismus. (Vgl. F. Venturi, *Roots of Revolution.* London 1960, S. 129ff.)

9 Vgl. *Das Kapital,* Buch I, MEW 23, 21.

10 Marx begann Ende November 1869 russisch zu lernen, um das Werk N. Flerowskis (Pseudonym für W.W. Berwi) über die »Lage der arbeitenden Klasse in Rußland«, das ihm Danielson, der Übersetzer des »Kapitals«, geschickt hatte, studieren zu können. (Vgl. Danielson an Marx, 30. Sept. 1869; Marx an Kugelmann, 29. Nov. 1869; Jenny Marx an Engels, 17. Jan. 1870.) Danielson versorgte Marx mit den wichtigsten russischen Schriften – worunter zahlreiches statistisches Material – betreffend das Grundeigentum und die Bauerngemeinde von Rußland. (Siehe unten Text I/6, Nr. 28, 29, 35–39, 41, 47, 54, 67, 70, 71.

11 Vgl. *Das Kapital,* a. a. O., S. 744. Die zwei letzten Sätze entsprechen der französischen Ausgabe (S. 315).

12 A. a. O., S. 791.

I/4

1 *Das Kapital,* 1. Buch; MEW 23, 742ff. Marx zitiert diese Stellen nach der französischen Ausgabe, die besonders in den letzten Kapiteln des Werkes bedeutende Änderungen im Vergleich zum Originaltext aufweist. Der unterstrichene Satz, den wir aus dem Französischen übersetzen, kommt im deutschen Text nicht vor.

2 A. a. O., S. 315 der französischen Ausgabe. MEW, a. a. O., S. 789, wo es heißt: »... fremder, aber formell freier Arbeit beruht.«

3 S. 341 der französischen Ausgabe. MEW, a. a. O., S. 802. ... Von den eingeklammerten Wörtern fehlt das erste in der französischen Übersetzung, die anderen sind ausgelassen und durch Punkte bezeichnet.

4 S. 342 der französischen Ausgabe. MEW, a. a. O.; S. 789ff.

5 Hier eine Stelle aus dem ersten Entwurf:
»Beim Lesen der von bürgerlichen Historikern verfaßten Arbeiten über die Urgemeinschaften muß man auf der Hut sein. Sie schrecken nicht einmal vor Fälschungen zurück. Sir Henry Maine z. B., der der englischen Regierung bei ihrem Werk der gewaltsamen Zerstörung der indischen Gemeinden eifrig mithalf, versichert uns heuchlerisch, daß alle edlen Bemühungen der Regierung, diese Gemeinden zu erhalten, an der spontanen Gewalt der ökonomischen Gesetze gescheitert seien!«

6 Aus einem Brief von Marx an Engels, 25. März 1868:
»Es geht in der Menschengeschichte wie in der Paläontologie. Sachen, die vor der Nase liegen, werden prinzipiell, durch a certain judicial blindness, selbst von den be-

deutendsten Köpfen nicht gesehn. Später, wenn die Zeit angebrochen, wundert man sich, daß das Nichtgesehne allüberall noch seine Spuren zeigt. ... Die 2. Reaktion ist – und sie entspricht der sozialistischen Richtung, obgleich jene Gelehrten keine Ahnung haben, daß sie damit zusammenhängen – über das Mittelalter hinaus in die Urzeit jeden Volks zu sehn. Da sind sie dann überrascht, im Ältesten das Neuste zu finden, und sogar Egalitarians to a degree, wovor Proudhon schaudern würde. Wie sehr wir alle in dieser judicial blindness befangen: direkt in *meiner* Gegend, auf dem *Hunsrücken,* hat das altdeutsche System bis in die *letzten* Jahre fortgedauert. Ich erinnere mich jetzt, daß mein Vater als *Advokat* mir davon sprach!«

7 Die eingeklammerte Stelle ist in der Handschrift gestrichen.

8 Ländlicher Amtsbezirk.

9 Gemeint ist Lewis Henry Morgan, dessen Schrift *Ancient Society or Researches in the Lines of Human Progress from Savagery, through Barbarism to Civilization* (1877) Gegenstand der letzten Studien von Marx war. Zahlreiche Auszüge nebst Bemerkungen wurden von Engels im Buche über den *Ursprung der Familie, des Privateigentums und des Staates* (1884) verwertet.

10 Im ersten Entwurf lautet der letzte Passus wie folgt: »Der beste Beweis dafür, daß diese Entwicklung der ›Dorfgemeinde‹ dem historischen Verlauf unserer Epoche entspricht, ist die verhängnisvolle Krise, die die kapitalistische Produktion in den europäischen und amerikanischen Ländern durchmacht, wo sie den größten Aufschwung genommen hatte, eine Krise, die mit der Abschaffung dieser Produktionsweise und mit der Rückkehr der modernen Gesellschaft zu einer höheren Form des archaischsten Typus enden wird, nämlich der assoziierten Produktion und Aneignung.« MEW I, 326

11 Im Manuskript ist diese Stelle gestrichen.

12 In einer im Manuskript gestrichenen ähnlichen Fassung dieser Stelle folgen hier die Worte: »Börse, Spekulation, Banken, Aktiengesellschaften und Eisenbahnen, deren Defizite er deckt und deren Profite er dem Unternehmer vorschießt etc., etc.« A.a.O., S. 327.

13 Gestrichen: »wenn die russische Intelligenz alle lebendigen Kräfte des Landes konzentriert«.

I/5

1 MERR 457f (Lawrow an Marx, Januar 1882).

2 MEW 35, 262 (23. Januar 1882).

3 cf. seinen Brief vom 6. April 1882, MERR 462f.

4 Engels an Lawrow am 10. April 1882, MEW 35, 302.

5 cf. seinen Brief an Eduard Bernstein vom 17. April 1882, MEW 35, 312.

6 cf. dieses Vorwort vom 1. Mai 1890 in MEW 22, 52ff.

7 cf. MEW 19, 295f.

8 Ort und Datum dieser Ausgabe: Genf 1869. Weder ist die Autorschaft Bakunins erwiesen noch ist die Angabe der Druckerei korrekt. Wahrscheinlich ist, daß der damals mit Bakunin eng befreundete Nihilist Netschajew der Übersetzer war; der

Druck erfolgte bei L. Czerniecki, der u. a. auch die von Herzen und Ogarew herausgegebene Zeitschrift *Kolokol* druckte. Vgl. Bert Andréas, *Le Manifeste Communiste de Marx et Engels. Histoire et Bibliographie 1848–1918.* Milano 1963, S. 49ff.

9 Im Original: »Welch beschränktes Gebiet damals (Dezember 1847) die proletarische Bewegung noch einnahm, ...« (MEW 19, 295).

10 Im Original: »... vor dem erst erwachenden Proletariat.« (a.a.O., S. 296)

11 Nach dem gelungenen Attentat auf Alexander II. hielt sich dessen Nachfolger Alexander III. zumeist in dem bei Petersburg gelegenen Schloß Gatschina auf, um sich vor etwaigen Anschlägen des Exekutivkomitees der *Narodnaja Wolja* in Sicherheit zu bringen.

12 Im Original: »modernen«.

13 Im Original: »gegenüber rasch aufblühendem kapitalistischen Schwindel ...«

14 »... eine wenn auch stark untergrabene Form des uralten Gemeinbesitzes ...«

I/6

1 MEW 16, 13.

2 MEW 16, 510.

3 In: The Commonwealth, März/ Mai 1866; MEW 16, 153ff.

4 MEW 16, 202.

5 MEW 16, 203.

6 MEW 16, 204.

7 Bericht im »Vorboten« vom 3. März 1867, MEW 16, 524.

8 Rede vor dem Generalrat am 13. August 1867, MEW 16, 530. Siehe auch Marx an Engels am 4. Sept. 1867. Cf. N. Rjasanoff, *Die auswärtige Politik der alten Internationale und ihre Stellungnahme zum Krieg.*
In: NZ 33 vom 2. 11. und 18. Juni 1915.

9 Hinter diesen ironischen, von eingewurzeltem Mißtrauen zeugenden Zeilen verbirgt sich die ›außerordentliche‹ Freude, mit der Marx die überraschende Nachricht Engels bekanntgab (4. Oktober 1868). Dieser fand sie ebenso ›erfreulich‹ und schlug vor, sie ›in die Zeitung‹ zu bringen (an Marx, 8. Oktober 1868). Hier der Bericht eines Augenzeugen: »Anfang Oktober 1868 teilte mir Marx mit großer Freude mit, daß der erste Band des *Kapital* in das Russische übersetzt und in Petersburg unter der Presse sei. Er hielt von der damaligen Bewegung sehr viel und sprach mit großer Achtung von den Leuten, die dort so große Opfer für das Studium und die Verbreitung theoretischer Werke brachten, und von ihrem Verständnis für die modernen Ideen. Als dann das fertige Exemplar des russischen »Kapital« aus Petersburg an ihn gelangte, wurde dieses Ereignis als ein bedeutsames Zeichen der Zeit für ihn, seine Familie und seine Freunde zu einem Freudenfest.« (Friedrich Leßner, *Erinnerungen eines Arbeiters an Karl Marx;* NZ 1893, Nr. 24. Abgedruckt in *Karl Marx. Eine Sammlung von Erinnerungen und Aufsätzen.* Zürich 1934, S. 185) Zur Vorgeschichte der Übersetzung des *Kapital* ins Russische siehe Nikolai F. Danielson und N.N. Ljubawin an Marx, 30. September und 2. Oktober 1868 in MERR 158ff; Marx an Danielson 7. Oktober 1868, MEW 32, 563ff. Vgl. A.L.

Reuel, *Russkaija ekonomitscheskaija mysl 60–70 godow weka i marxism*. Moskau 1956, S. 215ff.

10 F. Engels, *Der demokratische Panslawismus;* in NRhZ, 15. und 16. Februar 1849, MEW 6, 270/86. Sigismund Borkheim, dem Marx die Russophobie ›inokuliert‹ hatte und bei dem diese ›gefährliche Dimensionen‹ annahm (siehe M. an E., 24. Okt. 1868), beabsichtigte, Engels' Aufsatz in dem von Liebknecht geleiteten Leipziger »Demokratischen Wochenblatt« zum Wiederabdruck zu bringen.

11 Pawel Lilienfeld, *Semlja i wolja*. Petersburg 1868 (deutsch in: Julius Eckhardt, *Rußlands ländliche Zustände seit Aufhebung der Leibeigenschaft*. Leipzig 1870). Borkheim hatte sich das Buch auf Engels' Ersuchen angeschafft; dort weise der Autor nach, »daß seit Einführung der Bauernfreiheit der russische Bauer *am Gemeindeeigentum kaputtgeht* und der russische Ackerbau – klein und groß – ditto. ... Der Tauschwert ist schon zu tief in diese urwüchsigen Gemeinden gedrungen, als daß die Sache, nach Abschaffung der Leibeigenschaft, noch haltbar schiene.« (E. an M., 2. Juli 1868)

12 D.K. Schédo-Ferroti (Pseudonym des russischen liberalen Publizisten F.I. Firks), *Études sur l'avenir de la Russie. Dixième étude: Le patrimoine du peuple*. Berlin 1868.

13 Im Oktober 1868 gründete Bakunin die *Alliance de la Démocratie Socialiste*, in deren Komitee Marx' und Engels' alter Kampfgefährte Johann Philipp Becker – seit 1865 Präsident der deutschen Abteilung des Zentralkomitees der Internationale für die Schweiz – eintrat. Becker sandte das Programm und das Reglement der Allianz dem Generalrat nach London zwecks Bestätigung. Engels fand das Programm »erbärmlich« und riet Marx ab, gegen die »russische Intrige« allzu heftig aufzutreten, denn »einem Russen gegenüber muß man nie sein temper verlieren« (18. Dez. 1868). Marx benutzte die ihm von Engels übermittelten kritischen Bemerkungen in dem von ihm im Auftrag des Generalrats der I.A.A. französisch verfaßten Zirkularbrief vom 22. Dezember 1868 (deutsch in MEW 16, 339ff): *Die Internationale Arbeiterassoziation und die Allianz der sozialistischen Demokratie*. Dieses Dokument kreuzte sich mit einem Brief von Bakunin an Marx, worin er diesen seiner Freundschaft versicherte, sich als seinen Schüler bezeichnete und die Internationale zu seinem »Vaterland« erhob (22. Dez. 1868, MEW 32, 757). Zu Bakunins Brief siehe auch M. an E. 13. Januar 1869 und M. an Laura und Paul Lafargue, 15. Feb. 1869. *Bakunania*, mitgeteilt und erläutert von N. Rjasanoff, Grünberg-Archiv V, 1915, S. 195ff.

14 In einem Schreiben vom 27. Februar 1869 an den Generalrat erklärte sich das Zentralbüro der Allianz bereit, diese aufzulösen und ersuchte um Aufnahme ihrer lokalen Sektionen bei Beibehaltung ihres Programms. Die von Marx redigierte Antwort (siehe M. an E., 5. März 1869) wurde vom Generalrat am 9. März 1869 angenommen. Wir zitieren den Anfang dieses Textes, welcher zeigt, wie weit Marx davon entfernt war, der Internationalen den »Marxismus« aufzwingen zu wollen:
»Nach Artikel I unserer Statuten läßt die I.A.A. ›alle Arbeitergesellschaften zu, welche dasselbe Ziel verfolgen, nämlich: den Schutz, den Fortschritt und *die vollständige Emanzipation der Arbeiterklasse*‹. Da die Bedingungen für die Arbeitersektionen in jedem Land und für die Arbeiterklasse in den verschiedenen Ländern sowie

auch ihre gegenwärtigen Entwicklungsstufen sehr verschieden sind, so folgt daraus notwendig, daß ihre theoretischen Ansichten, welche die reelle Bewegung widerspiegeln, ebenso verschieden sind. Die Gemeinsamkeit der Aktion, welche die I.A.A. ins Leben ruft, der durch die Organe der verschiedenen nationalen Sektionen erleichterte Ideenaustausch und die unmittelbare Debatte auf den allgemeinen Kongressen werden indes nicht verfehlen, nach und nach ein gemeinsames theoretisches Programm zu schaffen. Es gehört nicht zu den Funktionen des Generalrats, das Programm der Allianz kritisch zu prüfen. Wir haben nicht zu untersuchen, ob es ein adäquater Ausdruck der proletarischen Bewegung ist oder nicht. Für uns ist es nur wichtig zu wissen, ob es nichts enthält, was der *allgemeinen Tendenz* unserer Assoziation, d.h. *der vollständigen Befreiung der Arbeiterklasse* zuwiderläuft.«

In diesem Zusammenhang beanstandete die Antwort den Artikel 2 des Allianzprogramms, wo die »politische, ökonomische und soziale *Gleichmachung* der *Klassen*« gefordert wird:

»Die Gleichmachung der Klassen, wörtlich interpretiert, läuft auf die *Harmonie von Kapital und Arbeit* hinaus, welche die Bourgeoissozialisten so aufdringlich predigen. Nicht die *Gleichmachung der Klassen* – ein logischer Widersinn, unmöglich zu realisieren –, sondern vielmehr die *Abschaffung der Klassen*, dieses wahre Geheimnis der proletarischen Bewegung, bildet das große Ziel der Internationalen Arbeiterassoziation.« (MEW 16, 348ff)

15 Am Anfang dieses Schreibens bezieht sich Engels auf einen Artikel J.Ph. Bekkers im »Vorboten« vom Juli 1869, den Marx ihm mit der Bemerkung vermittelt hatte, »old Becker« verletze durch sein »Sprachgruppensystem« den Geist des Statuts der Internationalen zugunsten eines künstlichen Machwerks, das die »wirklichen Staats- und Nationalzusammenhänge« unberücksichtigt lasse. »Urreaktionäre, der Panslawisten würdige Wirtschaft!« fügte Marx hinzu und schloß mit den Worten: »Becker selbst ist nicht gefährlich. Aber sein Sekretär Remy ... ist ihm von Herrn Bakunin oktroyiert worden und ist ein Werkzeug Bakunins. Dieser Russe will offenbar Diktator der europäischen Arbeiterbewegung werden. Er soll sich in acht nehmen. Sonst wird er offiziell exkommuniziert.« (M. an E., 27. Juli 1869)

16 Zur Biographie von Alexander Serno-Solowjewitsch, der an der russischen revolutionären Bewegung der sechziger Jahre teilnahm und später nach Genf emigrierte, wo er sich in der Schweizer Arbeiterbewegung betätigte, siehe: Franco Venturi, *Roots of Revolution. A History of the Populist and Socialist Movements in Nineteenth Century Russia.* London 1960, S. 254ff. 1867 veröffentlichte Serno-Solowjewitsch eine Broschüre, deren deutsche Übersetzung 1871 in Leipzig unter dem Titel erschien: *Unsere russischen Angelegenheiten. Antwort auf den Artikel des Herrn Herzen: »Die Ordnung herrscht!«* (Kolokol Nr. 233). Die Meldung seines Todes betrübte Engels: »Der Serno tut mir leid, scheint wirklich mal ein anständiger Russe gewesen zu sein.« (E. an M., 1. Nov. 1869)

17 S. die folgenden Briefauszüge Nr. 9, 10, 12, 13, 14, 19, 25; Jenny Marx an Kugelmann, 30. Okt. 1869 (MEW 33, 699).

18 Amans Alexis Monteil (1769–1850), französischer Historiker; zitiert im *Kapital,* Buch I (MEW 23, 772ff).

19 Vgl. Friedrich Engels, *Die Lage der arbeitenden Klasse in England. Nach eigener Anschauung und authentischen Quellen.* Leipzig 1845 (MEW 2, 225/506).

20 S. oben Anm. 11.

21 S. oben Anm. 12.

22 S. oben Anm. 11.

23 Franciszek Duchiński (1817–1893), polnischer Historiker und Ethnograph, Verfasser von *Les origines slaves. Pologne et Ruthénie* (Paris 1861), wo er die These der mongolischen Abstammung der Russen vertrat. Siehe M. an E., 24. Juni 1865, wo Marx Duchińskis Forschungsergebnisse wie folgt zusammenfaßt: »Russia ist ein von den Moskowitern usurpierter Name. Sie sind keine Slawen; gehören überhaupt nicht zur indogermanischen Race, sind Eindringlinge, die wieder über den Dnepr gejagt werden müssen, etc. Der Panslawismus im russischen Sinn eine Kabinettserfindung etc. Ich wünsche, daß Duchiński recht hat und at all events diese Ansicht herrschend unter den Slawen würde.« Siehe auch M. an E., 7. Aug. 1866, mit ähnlichen Ansichten über die Tartarisierung der Slawen.

24 Henri Martin (1810–1883), *La Russie et l'Europe.* Paris 1866; deutsche Übers. von Gottfried Kinkel (1869).

25 Zur Gründung der russischen Sektion der Internationalen in der Schweiz vgl. B.P. Kosmin, *Russkaja sektsija I-go Internatsionala.* Moskau 1957. S. auch MEW 16, 789. Das Komitee schrieb am 12. März 1870 an Marx (s. MERR 168ff). Die Aufnahme wurde in einer Sitzung des Generalrats am 22. März bestätigt; Marx akzeptierte die Vertretung der russischen Sektion im Generalrat der I.A.A.

26 Die *Konfidentielle Mitteilung* sandte Marx am 28. März 1878 an Ludwig Kugelmann in Hannover, der sie dem Ausschuß der Sozialdemokratischen Arbeiterpartei übermitteln sollte (MEW 32, 664). Sie gelangte erst 1902 in die Öffentlichkeit (NZ XX, 2. Bd., 1901/02, S. 472ff) und ist abgedruckt in MEW 16, 409/20. Sie enthält eine kurze Schilderung der Tätigkeit Bakunins seit seinem Zusammentreffen mit Marx in London (s. M. an E., 4. Nov. 1864: »Ich sah ihn gestern wieder zum erstenmal nach 16 Jahren. Ich muß sagen, daß er mir sehr gefallen hat und besser als früher ... Im ganzen ist er einer der wenigen Leute, die ich nach 16 Jahren nicht zurück-, sondern weiterentwickelt finde.«); sie erwähnt sein Auftreten am Berner Kongreß der Friedensliga (wo Bakunin »seine Denunziation der okzidentalen Bourgeoisie in dem Ton hielt, worin die moskowitischen Optimisten die westliche Zivilisation – zur Beschönigung ihrer eigenen Barbarei – anzugreifen pflegen«), worauf sie genauer auf die Gründung und das Programm der Allianz eingeht (eine »Propagandagesellschaft spezifisch B'scher Geheimweisheit«, in der Bakunin »*einer der unwissendsten Menschen auf dem Feld der sozialen Theorie*« als »Sektenstifter« wirkt); sie skizziert, entgegen der vom Schweizer Föderalrat geforderten Trennung des Generalrats vom englischen Föderalrat die spezifisch Marxsche Revolutionstheorie, die eine indirekte Kritik des russisch-messianischen Sozialismus darstellt: »Obgleich die revolutionäre Initiative wahrscheinlich von Frankreich ausgehen wird, kann allein England als *Hebel* für eine ernsthafte ökonomische Revolution dienen. Es ist das einzige Land, wo es keine *Bauern* mehr gibt und wo der Grundbesitz in wenigen Händen konzentriert ist. Es ist das einzige Land, wo die *kapitalistische Form* ... sich fast der ganzen Produktion bemächtigt hat. Es ist das einzige Land,

wo *die große Mehrheit der Bevölkerung aus Lohnarbeitern besteht.* Es ist das einzige Land, wo der Klassenkampf und die Organisation der Arbeiter durch die *Trade-Unions* einen gewissen Grad der Reife und der Universalität erlangt haben. ... Die Engländer verfügen über alle notwendigen *materiellen Voraussetzungen* für eine soziale Revolution. Woran es ihnen mangelt, ist *der Geist der Verallgemeinerung und die revolutionäre Leidenschaft.* Dem kann nur der Generalrat abhelfen und somit eine wahrhaft revolutionäre Bewegung in diesem Land und folglich *überall* beschleunigen.« (MEW 16, 415)
Die »Mitteilung« endet mit der die persönliche Ehrenhaftigkeit Bakunins verletzenden Verdächtigung, er habe den von Herzen verwalteten sogen. Bachmetjew-Fonds für Propagandazwecke »auf sich gelenkt« (a.a.O., S. 420). Diese falsche Information erhielt Marx wahrscheinlich vom Russophoben Borkheim (s. oben, Anm. 10). Vgl. Max Nettlau, *Bakunin und die russische revolutionäre Bewegung in den Jahren 1868–1873.* Grünberg-Archiv V, 1915, S. 395.

27 Charles Dobson Collet redigierte die urquhartistische russenfeindliche *Free Press* (1859–1865), an der Marx mitarbeitete (s. unten S. 120ff.); ab 1866 gab er die *Diplomatic Review* heraus und benützte Marx' Informationen zu einem Artikel, in dem nachgewiesen wurde, daß der 1866 von Gladstone teilweise suspendierte Peelsche Bankakt von 1844 England, »das reichste Land der Welt, *buchstäblich der Gnade der Moskowiter Regierung,* der zahlungsunfähigsten Regierung Europas« ausliefere. MEW 16, 334ff) – *Omladina* (Jugend), ein 1848 in Preßburg gegründeter serbischer Verein, forderte ab 1866 die politische Einheit aller serbischen Länder. (S. MEW 32, 794.)

28 Es ist die Rede von Bakunins *Briefen über die revolutionäre Bewegung in Rußland,* deren 1. Teil im »Volksstaat« vom 16. und 20. April 1870 erschien.

29 »Das Heilige Rußland«.

30 Erschienen am 2. April 1870 unter dem Titel *Die Redaktion an das russische Publikum.* Nach A.I. Herzens Tod kam die russische Zeitschrift *Kolokol* (Die Glocke) in Genf bis zum 2. Mai 1870 heraus. Ihre Gründung war 1857 durch Herzen und N.P. Ogarjew erfolgt.

31 Vgl. *German Alexandrowitsch Lopatin (1845–1918).* Petersburg 1922, hrsg. von A.A. Schilow. In einem Brief an Lawrow vom 6. Juli 1870 erzählt Lopatin von seinem Besuch bei Marx (s. MEW 32, 801). Siehe unten S. 175 ff., Lopatins Bericht über seine erste Begegnung mit Engels.

32 Zu Netschajews Biographie, vgl. F. Venturi, a.a.O., S. 354ff.

33 Siehe den Brief des Komitees der russischen Sektion der I.A.A. an Marx vom 24. Juli 1870; aus dem Franz. übersetzt in MERR 172/180 (s. auch MEW 33, 712 sowie den folgenden Text). Zu jenem Zeitpunkt hatte Bakunin mit Netschajew bereits gebrochen. Vgl. F. Venturi, a.a.O., S. 384.

34 Es handelt sich um Bakunins *Aufruf an die Slawen,* auf den Engels mit dem Artikel *Der demokratische Panslawismus* antwortete (s. oben Anm. 10).

35 Borkheims Artikelreihe *Russische Briefe, VIII/X. Michel Bakunin* erschien anonym in der »Zukunft«, Juli bis November 1869 (s. MEW 33, 734).

36 Auf Ersuchen des Ausschusses der SDAP äußerte Marx seine Ansicht über die Stellung der deutschen Arbeiterklasse zum Deutsch-Französischen Krieg, nachdem

er mit Engels Fühlung aufgenommen hatte (siehe E. an M. am 15. Aug. und M. an E. am 17. Aug. 1870). Die endgültige Fassung wurde von beiden in Manchester redigiert. Der Brief wurde im September 1870 teilweise in das Manifest des Ausschusses ohne Namensnennung der Autoren aufgenommen. Siehe dazu die *2. Adresse des Generalrats über den Krieg* (9. Sept. 1870), wo es unter anderem heißt: »Des Zaren überwiegender Einfluß auf Europa wurzelt in seiner traditionellen Oberherrlichkeit über Deutschland. Im Augenblick, wo vulkanische soziale Kräfte in Rußland selbst die tiefsten Grundlagen der Selbstherrschaft zu erschüttern drohn, kann sich da der Zar eine Schwächung seiner Stellung gegenüber dem Ausland gefallen lassen? ... Wenn das Glück der Waffen, der Übermut des Erfolgs und dynastische Intrigen Deutschland zu einem Raub an französischem Gebiet verleiten, bleiben ihm nur zwei Wege offen. Entweder muß es, was auch immer daraus folgt, der *offenkundige* Knecht russischer Vergrößerung werden, oder aber es muß sich nach kurzer Rast für einen neuen ›defensiven‹ Krieg rüsten, nicht für einen jener neugebackenen ›lokalisierten‹ Kriege, sondern zu einem *Racenkrieg* gegen die verbündeten Racen der Slawen und Romanen.« (MEW 17, 275ff)
Der Weltkrieg von 1914–1918 hat bekanntlich die zweite Eventualität der Marxschen Prognose bestätigt.

37 Hinweis auf eine im »Volksstaat« vom 11. Jan. 1871 veröffentlichte Notiz über die Verhaftungen, die in Rußland im Zusammenhang mit der Ermordung des Studenten Iwanow stattfanden. Netschajew, der den Mord begangen hatte, gelang es, ins Ausland zu entkommen. Vgl. F. Venturi, a. a. O., S. 380ff.

38 Die auf Bismarcks Anregung einberufene Pontuskonferenz in London setzte am 13. März 1871 die Bestimmungen des Pariser Vertrags von 1865 außer Kraft, die Rußlands Souveränitätsrecht im Schwarzen Meer beschränkten.

39 Der Beginn dieses Briefauszuges betrifft German Lopatin (s. oben Anm. 31), der im Herbst 1870 nach Rußland zurückgekehrt war, um die Flucht des nach Sibirien verbannten Philosophen Tschernyschewski zu organisieren (s. MEW 33, 728 u. 751). Mit dem »Verfasser« meint Marx den letzteren (s. a. a. O., S. 751).

40 Siehe MEW 17, 727, Anm. 345.

41 Von diesen erstaunlichen Beschluß des Zensurkomitees erfuhr Marx durch den Übersetzer des *Kapitals* F. N. Danielson (s. dessen Brief vom 28. Mai 1872, MERR 244ff). Dieser berichtete ebenfalls von der günstigen Aufnahme des Buches durch die Presse. Auf Marx' Bitte (s. dessen Brief vom 28. Mai 1872) äußerte sich Danielson über das Verhältnis zwischen Bakunin und Netschajew, wie es im Prozeß des letzteren (Juli-August 1871) beleuchtet wurde.

42 Über das Mißlingen von Lopatins Unternehmen und (s. Anm. 39) seine Verhaftung berichtete Danielson an Marx (Brief vom 21. Nov. 1872, MERR 275ff).

43 Danielson hatte Marx das Manuskript der *Briefe ohne Adresse* von Tschernyschewski geschickt. – M. K. Elpidin, russischer Emigrant, Mitglied der Bakuninschen Allianz, gründete in Genf eine Druckerei.

44 Arbeit des russischen Ökonomen J. Shukowski: *Karl Marx und sein Buch über das Kapital* (russisch); sie erschien 1877 im *Westnik Jewropy*. Vgl. A. L. Reuel, a. a. O., S. 255ff. N. Siebers Buch *D. Ricardos Theorie des Werts und des Kapitals* ..., Petersburg 1871, wird von Marx im Nachwort zur zweiten Auflage des *Kapitals* lobend erwähnt.

45 Vgl. F. Engels, Vorwort zu Buch III des *Kapitals,* MEW 25, 14.

46 Siehe den Brief von A. A. Slepzow, Redakteur der Zeitschrift *Snanije,* an Marx, Oktober 1870, MERR 180ff.

47 Zur Vorgeschichte der russischen Übersetzung des *Kapitals* vgl. A. L. Reuel, a. a. O., S. 215ff. Über die »slawischen Freunde«, siehe MEW 33, 807, Anm. 641.

48 Der russische Rechtshistoriker R. N. Tschitscherin hatte 1856 in einem Aufsatz den Ursprung der Dorfgemeinde aus der zaristischen Steuerpolitik zu erklären versucht. Diese These wurde von seinem Kollegen, dem Slawophilen I. D. Beljajew kritisiert, was zum Anlaß einer anhaltenden Polemik wurde.

49 Im Juli 1873 war es Lopatin gelungen, über die russische Grenze zu kommen (s. Anm. 39 u. 42). Siehe auch Marx an Engels, 30. Nov. 1873.

50 Unter der Rubrik »Was geht im Vaterland vor?« veröffentlichte *Wperjod* Korrespondenzen aus Rußland.

51 In einer ungezeichneten Korrespondenz aus Irkutsk berichtete Lopatin über eine Gruppe von extremen Anarchisten, die er in Sibirien entdeckt hatte.

52 Über Marx Studium der russischen Wirtschaftsverhältnisse belehren die zahlreichen, im Marx-Engels-Nachlaß des Internationalen Instituts für Sozialgeschichte Amsterdam aufbewahrten Exzerpthefte, von denen bedeutende Materialien in der Moskauer Jahresschrift *Archiv Marksa i Engelsa* herausgegeben wurden. Für die siebziger Jahre siehe den 13. Band (1955).

53 Lawrow veröffentlichte diese Mitteilung im *Wperjod,* 1. Nov. 1876. Über die Beziehungen zwischen Marx und Maxim Kowalewski (Rechts- und Wirtschaftshistoriker, lehrte an der Moskauer Universität) vgl. dessen Erinnerungen in »Zwei Leben« (Marx und Spencer), *Westnik Jewropy,* Bd. 60, Nr. 6/8, 1909. Deutsch in »Karl Marx. Eine Sammlung von Erinnerungen ...«, Zürich 1934, S. 212ff.

54 Der russisch-türkische Krieg, welcher im April 1877 mit den Erhebungen der Balkanländer gegen die Türkei begann, endete mit der Niederlage der Hohen Pforte (türkische Regierung). Die auf dem Berliner Kongreß (Juni/Juli 1878) zusammengetretenen Großmächte hinderten Rußland daran, seinen Sieg richtig auszunutzen; die verkündete Wiedergeburt der slawischen Welt kam nicht zustande. Die panslawistische Partei in Rußland forderte die russisch-französische Allianz. Es kam zum Schutzbündnis zwischen dem deutschen Reich und Österreich, dessen Position im Balkan gestärkt wurde. Die dadurch entstehenden Spannungen zwischen den Großmächten sollten im ersten Weltkrieg zu einer katastrophalen Entladung kommen, die man geneigt ist, als Wendepunkt des geschichtlichen Entwicklungsprozesses der Menschheit zu betrachten. Marx' und Engels' Erwartungen seit 1871 haben sich in einer Weise erfüllt, die zwar die Hellsichtigkeit ihrer »materialistischen« Soziologie bestätigt, aber die optimistischen Erwartungen ihrer proletarischen Ethik Lügen straft: die gewünschte Bildung der großen – und kleinen – Nationalstaaten hat sich bisher nicht – und nirgends – als Ankündigung der freien Gesellschaft erwiesen.

55 Bei den Reichstagswahlen vom Januar 1877 erhielten die Sozialdemokraten mehr als neun Prozent der abgegebenen Stimmen und gewannen zwölf Abgeordnetensitze.

56 Marx übermittelte Lawrows Bericht einem Mitglied des Unterhauses, der die

Angaben über die polizeilichen und gerichtlichen Verfolgungen in Rußland in seinen parlamentarischen Reden benutzte. Siehe MEW 34, 588, Anm. 358.

57 Im September 1872 kam es bei einem Zusammentreffen in Berlin zwischen Wilhelm I., Franz Joseph und Alexander II. zu einem Bündnis, das dem Versuch gleichkam, die Heilige Allianz von 1815 wiederaufleben zu lassen.

58 Dieses und das vorhergehende Stück stammen aus zwei Briefen, die Marx auf Verlangen Liebknechts schrieb, der sie mit seiner Ermächtigung, aber ohne Namensnennung des Korrespondenten, in seine Broschüre *Zur orientalischen Frage oder Soll Europa kosakisch werden?* (2. Auflage 1878) aufnahm. Vgl. *Wilhelm Liebknecht: Briefwechsel mit Karl Marx und Friedrich Engels.* Hrsg. und bearbeitet von Georg Eckert, The Hague 1963, S. 242ff.

59 Siehe oben Anm. 54.

60 Im Juli 1878 begann die russische Regierung Verhandlungen mit Afghanistan zum Abschluß eines Bündnisses, gab aber den Plan auf, womit die nach dem russisch-türkischen Krieg entstandene Spannung zwischen England und Rußland provisorisch beseitigt wurde.

61 Zu diesen Polemiken vgl. A.L. Reuel, a.a.O., S. 252ff und MEW 34, 603, Anm. 471.

62 Das Verbot von Engels' *Anti-Dühring* erfolgte gemäß dem am 21. Okt. 1878 in Kraft getretenen Sozialistengesetzes. Siehe unten Anm. 64.

63 Zu diesem in der »Chicago Tribune« vom 5. Januar 1879 erschienenen Interview vgl. Bert Andréas, *Marx über die SPD, Bismarck und das Sozialistengesetz,* Archiv für Sozialforschung V, Hannover 1965, S. 363ff.

64 Zwei auf Wilhelm I. im Mai und Juni 1878 verübte Attentate boten Bismarck den Vorwand, ein »gegen die gemeingefährlichen Bestrebungen der Sozialdemokratie« gerichtetes Ausnahmegesetz zu erlassen (19. Okt. 1878). Es wurde am 30. Sept. 1890 wieder aufgehoben.

65 Der Pariser Friedensvertrag machte dem – vielleicht verfrüht – als »letzten Religionskrieg« bezeichneten Krieg der Westmächte gegen Rußland ein Ende.

66 Siehe J.Ph. Beckers Schreiben an Engels vom 16. Dez. 1879; zitiert in MEW 34, 612, Anm. 534.

67 Siehe die Briefe von M.K. Gorbunowa-Kablukowa an Engels im Sammelband: Marx/Engels, *Über Erziehung und Bildung,* Berlin 1960, S. 325/334. In dem aus Biarritz vom Juli 1880 adressierten Schreiben erfahren wir von Gorbunows Laufbahn als Lehrerin in Moskauer Gewerbeschulen, ihren Studienreisen im Ausland und ihrer Lektüre der Werke von Marx und Engels.

68 Aus dem ersten Brief der Bittstellerin a.a.O., S. 325: »Ich habe ... einen so sehnlichen Wunsch darüber ins Klare zu kommen, wie es jetzt dort [in England] mit der Erziehung der Kinder, der arbeitenden Klasse, aber auch mit den Mitteln für die Fortbildung der erwachsenen Arbeiter steht.« Am 25. Juli 1880 bedankte sie sich für Engels Brief vom 22. Juli und berichtete von ihrer Tätigkeit, wobei sie erwähnt, daß das *Kapital* in Rußland weit verbreitet sei, »und zwar nicht nur unter Gelehrten, sondern am meisten unter allen denen, die irgend ein Interesse an spezialem Wissen und den Volkszuständen haben, sehr viel von Lehrern und Lehrerinnen ... gelesen wird« (a.a.O., S. 327). Frau Gorbunowa verbarg nicht ihre populistische Gesinnung:

»Es gibt bei uns eine Partei, die die Ansicht hat, es wäre bei uns nicht schwer, die Hausindustrie in die Bahn der Großindustrie hinüberzuleiten ... Ich will gar nicht einmal erörtern, wie schwierig solch ein künstliches Eingreifen ... wäre, ich glaube, daß sogar in anderer Hinsicht der Versuch scheitern würde, insofern die an der Produktion beteiligten Arbeiter sich einfach in Arbeitgeber verwandeln würden. Die aus dem Arbeiterstande stammenden Fabrikanten sind bei uns die allerschlimmsten.« (a.a.O., S. 332)

69 Danielson hat von dieser Erlaubnis reichlich Gebrauch gemacht, insbesondere in seinem Werk *Otscherki naschewo poreformennowo obschtschestvennowo chosjaistwa,* Petersburg 1893. Siehe unten die Briefe von Engels an Danielson, 17. Okt. 1893 und 1. Juni 1894.

70 Marx irrt: Die Genfer »Schwarzen Umteiler« (*Tschornyperedeltsy*) (siehe oben die Einführung zu Marx Entwürfen der Antwort an Vera Sassulitsch, S. 54ff) waren wohl eine »Partei der Propaganda«, aber keine Anarchisten. Sie waren auf einem anderen »Sprung«: sie arbeiteten an einem ganz bestimmten Doktrinarismus, der Marx ebensowenig gefallen hätte, nämlich – am Marxismus. Siehe oben, S. 55.

71 Hinweis auf Danielsons (Pseud. Nikolai-on) Artikel in der Petersburger Zeitschrift *Slowo* vom Oktober 1880; der Aufsatz behandelt das Thema, das später im Buche desselben Titels entwickelt wurde (siehe Anm. 69). Marx' Antwort enthält wichtige Bemerkungen über die agrarischen Krisenzyklen in Rußland zwischen 1870 und 1880.

72 Wiederum handelt es sich um G.A. Lopatin.

73 Juli E. Janson (1835–1893), Verfasser von Arbeiten über Theorie und Geschichte der Statistik, veröffentlichte ein Werk über *Vergleichende Statistik Rußlands und der westeuropäischen Staaten,* Petersburg 1878/80. Siehe Marx' *Notizen zur Reform von 1861 und der damit verbundenen Entwicklung* (geschrieben 1881/82), MEW 19, 407/424.

74 Siehe oben S. 56ff die Entwürfe zu diesem Briefe.

75 Mit dem »Ereignis« meint Marx das geglückte Attentat auf Alexander II. vom 1. März 1881. Über die Bildung des Exekutivkomitees und die Vorbereitung des Anschlags siehe Alphons Thun, *Geschichte der revolutionären Bewegung in Rußland.* Leipzig 1883, S. 203ff.

76 Der Prozeß gegen die Narodowoltsy, die das Attentat auf Alexander II. verübt hatten, fand Ende März 1881 statt und endete mit der Hinrichtung der Hauptbeteiligten. Siehe MEW 35, 498, Anm. 229.

77 Zum Thema des russischen Nihilismus siehe F. Venturi, a.a.O., S. 316ff und A. Thun, a.a.O., S. 33ff.

78 Auf dem sozialistischen Weltkongreß, der auf Initiative der belgischen Sozialisten in Chur (Schweiz) einberufen wurde und dort vom 2. bis 4. Oktober 1881 tagte, ergaben sich Meinungsverschiedenheiten »zwischen den Nationalisten und den Internationalisten unter den polnischen Sozialisten« (Karl Kautsky, *Aus der Frühzeit des Marxismus.* Prag 1935, S. 66). »Schließlich mußten auch wir im Zürcher *Sozialdemokrat* zu diesen Diskussionen Stellung nehmen. Ich befragte Engels, wie er jetzt über die polnische Frage denke.« (a.a.O.)

79 Zu Beckers Vorschlag vgl. seinen Brief an Engels vom 1. Februar 1882, auszugsweise in MEW 35, 511, Anm. 339.

80 Engels' Brief ist, nach Bernsteins Angabe, verlorengegangen (vgl. Eduard Bernsteins Briefwechsel mit Friedrich Engels, hg. von H. Hirsch. Assen 1970, S. 86).

81 Siehe oben Seite 336, Anm. 11 von I/5.

82 Siehe oben Anm. 64.

83 Zu diesen im wahrsten Sinne des Wortes »vulgär-marxistischen« Ansichten von Engels, die direkt an das mehr als 30 Jahre zuvor veröffentlichte antislawische Manifest *Der demokratische Panslawismus* (siehe oben S. 297ff.) anknüpfen, vgl. Roman Rosdolsky, *Friedrich Engels und das Problem der ›Geschichtslosen Völker‹*. Archiv für Sozialgeschichte Bd. 4, 1964, S. 87/282; Zdeněk Šolle, *Die Sozialdemokratie in der Habsburger Monarchie,* ebendort Bd. 6/7, 1966/67, S. 315/390. Beide Verfasser erstreben eine ausweglose Klärung des Nationalproblems, indem sie sich »marxistisch« von Engels weg- und zu Lenin hinwenden. Die Berufung auf den letzteren wird durch die Tatsache haltlos, daß bei ihm Sprache, Denken und Handeln auf drei verschiedenen Ebenen sich abwickeln. Weil dies der Fall war, konnte Stalin mit schlechtem – weil marxistisch-leninistischem – Recht die Annexionsoperationen des Zarismus in großem Maßstabe betreiben.

84 Siehe A.L. Reuel, a.a.O., S. 290ff und MEW 35, 526, Anm. 468.

I/7

1 Marx, Zur Kritik der politischen Ökonomie (1859), Vorwort. MEW 13, 9.

2 MEW 14, 474 (Herr Vogt).

3 Marx, *Secret diplomatic* ..., hrsg. von L. Hutchinson, S. 108.

4 Ebenda S. 109. Marx stellt sich auf den Standpunkt der sogenannten normannischen Theorie, deren erster Vertreter, der deutsche Historiker Gerhard Friedrich Müller (1705–1783), sich die Ansicht des russischen Chronisten Nestor vom skandinavischen Ursprung des russischen Volkes zu eigen gemacht hatte. Sie wurde von A. L. Schlözer (1735–1809) wissenschaftlich unterbaut und vom ›vulgär‹–marxistischen sowjetischen Historiker M. Pokrowski übernommen. Als Stalin Mitte der dreißiger Jahre die Kursänderung der russischen Historiographie anordnete, mußte diese auf die These des Dichters und Gelehrten M. W. Lomonossow (1711–1765) zurückgreifen, d.h. die autochtone slawische Entstehung des russischen Staates wurde zum unantastbaren Dogma erhoben. (Vgl. den informationsreichen Aufsatz *Theorien über die Begriffe Russen und Rußland,* in »Ost-Probleme«, 3. Jg., Nr. 21, 26. Mai 1951, S. 656ff.)

5 Ebenda, S. 110ff.

6 Ebenda, S. 112.

7 Ebenda, S. 114.

8 Ebenda, S. 114ff.

9 Ebenda, S. 116.

10 Ebenda, S. 118ff.

11 Sophie Paläologa wurde 1472 von Iwan III. geehelicht.

12 Ebenda, S. 121.

13 Ebenda. Für die von Stalin systematisch betriebene Projizierung seines eigenen historischen Bewußtseins in die Gesinnung der sowjetischen Völkermassen ist nicht nur die befohlene Verherrlichung der absolutistischen Vergangenheit Rußlands bezeichnend, sondern auch der besondere Kult, den er in Wort und Bild mit Iwan dem Schrecklichen treiben ließ. Vgl. F. Barghoorn, *Stalinism and the Russian cultural Heritage;* in: »The Review of Politics«, April 1952; deutsch in »Ost-Probleme«, Jg. 4, Nr. 32, 9. August 1952, S. 1047ff.

I/8

1 Zu den NYDT-Artikeln von Marx und Engels über die orientalische Frage und den Krimkrieg, vgl. Rjazanovs Kommentare in Gesammelte Schriften von Karl Marx und Friedrich Engels, 1852–1862. Stuttgart 1920, 1. Bd., S. 467ff.

II/1

1 Vgl. MEW 23, 15ff.

2 MEW 18, 522.

3 MEW 18, 525.

4 MEW 18, 526.

5 MEW 18, 130ff.

6 Der russisch-türkische Krieg 1877/78. Siehe oben, S. 97.

7 Engels übernimmt die hier 1859 von Marx ausgesprochene Verkündigung eines russischen »1793« (siehe oben, S. 28.).

8 Siehe oben Marx' Aufsätze über die Befreiung der Leibeigenen, sowie die dazu gehörigen Kommentare, S. 13ff.

9 Zum polnischen Aufstand von 1863 siehe oben S. 72ff.

10 Siehe oben S. 97ff.

11 Vgl. Franz Mehring, *Geschichte der deutschen Sozialdemokratie,* Zweiter Teil (1863–1891); Neudruck Berlin 1960, S. 454/509.

12 Vgl. A. Thun, a. a. O., S. 115ff und 151ff, die Schilderung der revolutionären Agitation (1875–1877) und des Übergangs zum Terrorismus (1878 und 1879).

II/2

1 Vgl. MEW 37. Siehe Engels an Paul Lafargue am 7. März 1890 und unten S. 241f an Vera Sassulitsch am 3. April 1890.

2 V. Sassulitsch an Engels Ende März 1890, MERR 558f.

3 Es fehlt auch nicht an direkten Quellen; vgl. z. B. Axelrod, Die Gruppe »Befreiung der Arbeit«. Nachgelassene Fragmente aus seinen »Erinnerungen«; in: *Letopisi Marxisma* VI, 1928, S. 82ff.

4 Russisch veröffentlicht in: *Westnik Instituta po Isutscheniju i Kultury SSSR* Nr. 2. München 1952. Deutsch in: »Ost-Probleme«, Frankfurt/M. 5. Jg., Nr. 1 1953, S. 19ff unter dem Titel *Vom ›absoluten Übel zum ›absoluten Guten‹*.

5 MEW 37, 363.

6 Vgl. August Bebels Briefwechsel mit Friedrich Engels, hrsg. von Werner Blumenberg. Den Haag 1965, Nr. 144, 145, 146, 162, 163.

7 Time: Obigen Absatz ersetzte Engels durch folgenden: It is impossible, in England, to write about Russian foreign policy without at once recalling the name of David Urquhart. For fifty years he worked indefatigably to spread among his country-men a knowledge of the aims and methods of Russian diplomacy, a subject he thoroughly understood; and yet, all he got for his pains was ridicule and the reputation of an unmitigated bore. Now, the ordinary Philistine does indeed class under that head every one who insists upon unpalatable subjects, be they ever so important. But then, Urquhart, who hated the Philistine without understanding either his nature or his historical unavoidability for the time being, was bound to fail. A Tory of the old school, with the fact before his eyes that in England the Tories alone had hitherto offered effective resistance to Russia, and that the action of English and foreign Liberale, including the whole revolutionary movement on the Continent, had generally led to advantages gained by that power, he held that, to really resist Russian unroads, one must needs be a Tory (or else a Turk), and that every Liberal and Revolutionist was, knowingly or not, a Russian tool. His constant occupation with Russian diplomacy led him to look upon it as something all-powerful, as indeed the only active agent in modern history, in whose hands all other governments were but passive tools, so that, but for his equally exaggerated estimate of the strength of Turkey, one cannot make out why this omnipotent Russian diplomacy has not got hold of Constantinople long ago. In order thus to reduce all modern history since the French Revolution to a diplomatic game of chess between Russia and Turkey, with the other European States for Russia's chessmen, Urquhart had to set himself up as a sort of Eastern prophet who taught, instead of simple historic facts, a secret esoteric doctrine in a mysterious hyper-diplomatic language, full of allusions to facts not generally known, but hardly ever plainly stated; and who, as infallible nostrums against the suppremacy of Russian over English diplomacy, propounded the renewed impeachment of Ministers and the substitution, for the Cabinet, of the Privy Council. Urquhart was a man of great merit, and a fine Englishman of the old school to boot; but Russian diplomatists might well say: *Si M. Urquhart n'existait pas, il faudrait l'inventer.*

8 Die folgenden Ausführungen, bis zum Satz, der mit den Worten »ihm den Weg zur Weltherrschaft zu eröffnen«, zitierte Stalin in seinem Brief an das Politbüro (s. o. die Einführung), um Engels »unglaubliche« Verkennung gewisser »elementarer Dinge« vorzuwerfen, namentlich der Tatsache, daß die Eroberungspolitik durchaus kein Monopol der russischen Zaren bildete; so hatte der dem Bürgertum entstammende Napoleon in seiner Außenpolitik die Kunst der Intrige, der Lüge, der Schmeichelei, der Bestechung, des Mordens und der Zerstörung mit gutem Erfolg praktiziert.

9 Lew A. Tichomirow (1852–1923) begründete in Genf mit P.L. Lawrow die

Zeitschrift *Westnik Narodnoj Woli* und entwickelte sich von einem radikalen Populisten zu einem entschiedenen Fürsprecher der Autokratie.

10 (Zusammenfassung der übergangenen Stellen:) Rußland in der Mitte des 18. Jahrhunderts eine unangreifbare Macht, aber trotz eines ausgezeichneten Soldatenmaterials unfähig zu Angriffskriegen wegen materieller Schwierigkeiten und Mangels an Offizieren. Nur zu Kriegen geneigt, wo die Alliierten die Hauptlast tragen, wie 1813–1815 gegen das napoleonische Frankreich. Die russische Diplomatie zieht es vor, die andern Mächte aufeinander zu hetzen und zu Nutzen der zaristischen Eroberungspolitik auszubeuten. Gegen schwächere Mächte unternimmt das Zarentum Kriege auf eigene Faust. 1760 hatte es solche Länder zu Nachbarn wie Schweden im Norden und die Türkei im Süden. Der verfallenden »Pforte« gegenüber spielt es sich als Beschützer der griechischen Kirche und als Befreier des gefesselten Sklaventums auf und erstrebt als Siegerpreis Konstantinopel-Zarigrad, entscheidende Etappe zur Herrschaft über Europa. Noch günstiger waren die Verhältnisse im Westen, wo Polen und Deutschland der Zerrüttung verfallen waren.

11 Vgl. die scharfe Kennzeichnung der »Welteroberungs«-Politik Peters des Großen bei Karl Marx, *Revelations of the Diplomatic History of the Eighteenth Century* (1856–1857); neu veröffentlicht unter dem Titel *Secret Diplomatic History* ... London 1969, S. 120ff. S. die Auszüge weiter unten, S. 120ff.

12 Vgl. Karl Kautsky, *Thomas More* und seine Utopie. Stuttgart 1888.

13 Zusammenfassung: Katharina nützt den Erbfolgekrieg zwischen Österreich und Preußen (1778) aus und verschafft Rußland die Stellung eines Garanten der deutschen Unordnung gegen jeden Reformversuch. In zwei Kriegen gegen die Türkei erobert Rußland Gebiete am Asowschen Meere, erzwingt die Unabhängigkeit der Krim (die nachher russische Provinz wird) und schiebt die Grenze Rußlands vom Bug bis an den Dnestr vor.

14 Es mag nicht unwichtig sein, darauf hinzuweisen, daß Marx' Studienarbeiten betreffend Rußland und die Donauprovinzen im »sozialistischen« Rumänien gesammelt und veröffentlicht wurden. Obwohl es sich hauptsächlich um Exzerpta handelt, wurden diese unter dem Titel »Karl Marx, Aufzeichnungen über die Rumänen (unveröffentlichte Manuskripte)« abgedruckt, im Original und in rumänischer Übersetzung: *Insemnări despre Români. Manuscrise inedite*. Publicate de A. Otetea si S. Schwann. Editura Academiei Republicei Populare Romîne, Bukarest 1964. Die Exzerpta beziehen sich zumeist auf das – von Engels oben berührte – Thema des »einfachen Raubes« Bessarabiens, und es ist bezeichnend, daß die Herausgeber die Schlußglosse von Marx *nicht* bringen. »Thus we arrive at the same conclusion which we exposed at the outbreak of the present war. The questions involved in the so called oriental question must be solved in Russian sense, if Europe maintain her present constitution or they must altogether assume a new aspect. It becomes identical with the cause of a general European Revolution ...« Vgl. M. Rubel, »Les cahiers d'étude de Karl Marx«, *International Review of Social History*. V, Nr. 1, 1960. S. 64 u. 73ff.

15 Time: and the maintaining of the *status quo* ...

16 Zusammenfassung: In Verona gängelte die russische Diplomatie Frankreich mit der Aussicht auf das linke Rheinufer. Als nach der Erdrückung des griechischen Aufstands (1825) der mystisch-romantische Zar Alexander starb, gelang es seinem

Nachfolger Nikolaus mit Hilfe der französischen und englischen Flotte die türkisch-ägyptische Flotte bei Navarino (1827) zu zerstören. Der Friede von Adrianopol brachte Rußland die Donaumündungen, asiatisches Gebiet und das faktische Protektorat über die rumänischen Fürstentümer.

17 Polen als Retter der europäischen Revolution – ein im politischen Denken von Marx und Engels immerfort wiederkehrendes Thema. Vgl. die Artikel von Engels in *Commonwealth*, März/Mai 1866: *What have the working classes to do with Poland?* und die bereits erwähnte Rede von Marx auf dem Polenmeeting in London, Januar 1867. Siehe oben S. 72f)

18 Die fixe Idee, Palmerston sei das bewußte Werkzeug der zaristischen Außenpolitik, wurde von Marx im Jahre 1853 in einer Artikelreihe entwickelt, die dann als Broschüre mehrfach aufgelegt wurde. Ein von seiner Tochter Eleanor veranstalteter Wiederabdruck erschien 1899 in London unter dem Titel »The Story of the Life of Lord Palmerston«.

19 *Time:* Statt »Ausbeutung der« schrieb E. »quartering her soldiers upon the«.

20 Zu diesem Thema s. die Artikel von M. und E. in der *New York Daily Tribune*, 1852 bis 1854 und die Einleitung von D. Rjazanov zu den Gesammelten Schriften von Karl Marx und Friedrich Engels 1852 bis 1862, 1. Band, Stuttgart 1920, S. 1 ff.

21 Alexander II. (1818–1881).

22 »Rußland schmollt nicht, es besinnt sich«, hieß es in einer Depesche, die Gortschakow im August 1856 an die russischen Diplomaten im Ausland richtete, um ihnen die Richtlinien der Außenpolitik Rußlands vorzuzeichnen.

23 *Time* (Fußnote): The self-governing Commune of the Russian peasants.

24 Die als »Nihilismus« bezeichnete Geisteshaltung in der russischen studierenden Jugend kam erst in den sechziger Jahren auf. Sie spiegelte sich in Turgenjews Romanen wider. Ihr radikalster Fürsprecher war Dimitri Pissarew. Vgl. F. Venturi, a.a.O., S. 325 ff.

25 Time: »Uncle's a brick«, habitual exclamation of Alexander II. on receiving Williams telegraphic announcements of victories.

26 Der Schluß der von Marx verfaßten Inauguraladresse der I.A.A. lautet: »Der schamlose Beifall, die Scheinsympathie oder idiotische Gleichgültigkeit, womit die höheren Klassen Europas dem Meuchelmord des heroischen Polen und der Erbeutung der Bergveste des Kaukasus durch Rußland zusahen; die ungeheueren und ohne Widerstand erlaubten Übergriffe dieser barbarischen Macht, deren Kopf in St. Petersburg und deren Hand in jedem Kabinett von Europa, haben den Arbeiterklassen die Pflicht gelehrt, in die Geheimnisse der internationalen Politik einzudringen, die diplomatischen Akte ihrer respektiven Regierungen zu überwachen, ihnen wenn nötig entgegenzuwirken; wenn unfähig zuvorzukommen, sich zu vereinen in gleichzeitigen Denunziationen und die einfachen Gesetze der Moral und des Rechts, welche die Beziehungen von Privatpersonen regeln sollten, als die obersten Gesetze des Verkehrs von Nationen geltend zu machen. Der Kampf für solch eine auswärtige Politik ist eingeschlossen im allgemeinen Kampf für die *Emanzipation der Arbeiterklasse*. Proletarier aller Länder, vereinigt euch!« (MEW 16, 13)

27 Die »Zweite Adresse des Generalrats über den Deutsch-Französischen Krieg« hatte Marx zum Verfasser. (MEW 17, 275 ff)

28 »dem Schlüssel unseres Hauses«, Ausdruck Alexanders I. in einer Unterredung mit dem französischen Botschafter Caulaincourt. (Vgl. MEW 22, 569)

29 Time (Fußnote): The maritime rights, so long claimed by England, and at last abandoned by the Declaration of Paris, 1856, would not be missed by her in an ordinary war with one or two continental Powers. The latter would, in this age of railroads, even if blockaded by sea, always be supplied, by land, with any quantity of imports by conterminous neutrals; this was, indeed, the chief service rendered to Russia, during the Crimean war, by Prussia. But in a European war, such as now threatens us, the whole Continent would be cut up into hostile groups; neutrality would become, in the long run, impossible; international commerce by land would be almost, if not altogether, suspended. Under such circumstances England might regret giving up her maritime rights. But then, such a war would also display the full force and effect of England's naval superiority, and it may be questioned wether anything more would be at all required.

30 Hier folgt in der »Time« ein längerer Absatz, worin Engels das Vordringen Rußlands nach Turkestan zwischen 1865 und 1884 als Ausgangspunkt für einen Angriff auf Indien beschreibt. Eine Folge der russischen Eroberungen ist die Schwächung der englischen Herrschaft in Indien: »Was Gewalt geschaffen hat, kann Gewalt auch zerstören; und wann immer England versucht, Rußland den Weg auf dem Schwarzen Meer zu versperren, wird Rußland England in Indien Unannehmlichkeiten zu bereiten suchen. Trotz alledem aber – England hat eine solche Seemacht, daß es in einem allgemeinen Kriege, wie er jetzt bevorzustehen scheint, Rußland noch immer bei weitem mehr Schaden zufügen kann als Rußland England.« (MEW 22, 42)

31 Zum Thema des Boulangismus als einer Abart des Bonapartismus siehe die Briefe von Engels an Paul und Laura Lafargue, 1888–1889: F. Engels / P. et L. Lafargue, *Correspondance.* Paris 1956/59. Wir verweisen besonders auf Engels' Briefe vom 3. Juni 1888, 24. November 1888 und 16. November 1889.

32 Time: emancipation of oppressed Christian nations ...

33 Vgl. George Kennan, *Siberia and the Exile System;* Artikelserie in »The Century Illustrated Montbly Magazine«, New York, 1888–1890. Siehe unten S. 241, den Brief von Engels an Vera Sassulitsch, 3. April 1890.

34 1864 ins Leben gerufen, wurden diese Organe der lokalen Selbstverwaltung ab 1866 systematisch von der Regierung unterdrückt.

35 Obige drei Absätze sowie die Schlußzeilen von Engels Artikel wurden von Stalin zitiert, um daraus zu folgern, daß Engels in seiner Kennzeichnung der damaligen Lage in Europa und der Aufzählung der Gründe, die zu einem Weltkrieg führen konnten, einen wichtigen Faktor übergangen hatte, nämlich den »imperialistischen Kampf um die Kolonien, Absatzmärkte und Rohstoffquellen«, besonders die Rolle Großbritanniens in ihrem Konkurrenzkampf mit Deutschland. Stalin holte sich wahrscheinlich aus Rosa Luxemburgs »Juniusbroschüre« (1919) Argumente, um seine eigene, später im Bündnis mit Hitler verwirklichte Annexionspolitik »marxistisch« zu rechtfertigen.

36 Vgl. F. Engels, *Das Reichs-Militärgesetz;* »Der Volksstaat«, 8. und 11. März 1874 (MEW 18, 500/508).

37 Vgl. F. Engels Artikelserie *Kann Europa abrüsten?* Vorwärts 1893, MEW 22, 369ff.

38 Time: Statt »und der Überführung« usw. schrieb Engels: »and the solution of the economic problems connected with it«. Offensichtlich ist der für das englische Publikum schreibende Autor bestrebt, die radikale Absicht seiner Arbeit nicht allzusehr durchblicken zu lassen.

39 Time: Statt »reaktionären« usw. heißt es hier: »the gentlemen in Berlin and Vienna ...«

40 An Stelle dieses Satzes läßt Engels in der »Time« eine Betrachtung über die durch die wachsenden Wahlerfolge der deutschen Sozialdemokratie sich ergebenden Aussichten auf eine baldige Revolution in Deutschland folgen. Er spricht von der Entschlossenheit der deutschen Sozialisten, die 1848 verlorene politische Freiheit wiederzuerobern, um dadurch die Mittel zur Erlangung der wirtschaftlichen Befreiung der Arbeiterklasse zu erlangen. Hier die Schlußzeilen dieser Einfügung: »Die Wahlberichte zeigen, daß die Sozialisten selbst in ländlichen Bezirken rasche Fortschritte erzielen, während ihnen die großen Städte so gut wie gehören; und in einem Lande, in dem jeder gesunde junge Mann Soldat ist, bedeutet das den allmählichen Übertritt der Armee zum Sozialismus. Es braucht nur ein plötzlicher Systemwechsel in Rußland stattzufinden, und die Wirkung auf Deutschland wäre kolossal; er muß die Krisis beschleunigen und die Chancen der Sozialisten verdoppeln.« (MEW 22, 48)

41 In seinem Brief an das Politbüro zitiert Stalin die Stelle beginnend mit »Europa gleitet ...«, läßt aber den Schlußsatz weg. Das »Unvermeidliche« geschah – der Weltkrieg – und brachte den »Systemwechsel« in Rußland; die von Engels erhoffte Reihenfolge der Ereignisse wurde also umgekehrt, ohne daß die »westeuropäische Arbeiterpartei« die revolutionären Konsequenzen aus dem Sturz des Zarismus zu ziehen gewillt war. Die »Ironie der Weltgeschichte« machte Engels' Traumbild zunichte und bot so der großrussischen Nation die Gelegenheit – dank Mediation der bolschewistischen Partei –, die von den Slawophilen und Narodniki prophezeite Rolle des zum Sozialismus auserwählten Volkes zu spielen. Schließlich hat der Stalinsche Mythos vom »Sozialismus in einem Lande« über die Engelssche Geschichtskonstruktion triumphiert, nicht ohne dadurch die geistigen Potenzen der internationalen Arbeiterbewegung zu lähmen.

II/3

1 MEW 22, 247.

2 MEW 22, 251.

3 *Second Address of the General Council of the I.W.M.A. on the franco-russian war, 9. Sept. 1870.* Documents of the First International. The General Council of the First International 1870–1871, Moscow s.a., S. 338ff. Deutsch in MEW 17, 275ff.

4 Im 1. Abschnitt seines Artikels gibt Engels eine Statistik der von den Sozialisten erzielten Stimmen bei den Wahlen von 1871 (101.927) bis 1890 (1.427.298). Dabei

rechnet er damit, daß sich die Stimmenanzahl um das Jahr 1900 auf 3 1/2 bis 4 Millionen steigern würde. »Ein angenehmer ›Jahrhundertschluß‹ für unsre Bourgeois!« (MEW 22, 250)

5 Diese Sätze allein schon verboten es der sozialdemokratischen Reichstagsfraktion, am 4. August 1914 und später die von der Regierung geforderten Kriegskredite zu bewilligen: am 3. August hatte Deutschland Frankreich den Krieg erklärt und unmittelbar darauf die Neutralität Belgiens gebrochen. S. unten Anm. 44 von II, 6.

6 Am 10. August 1793 beschloß der Nationalkonvent unter dem Druck der Sansculotten die *levée en masse,* die Frankreich es ermöglichte, in einigen Monaten mehr als 800 000 Mann Truppen zu mobilisieren und die Armeen der europäischen Koalition über die Grenze zu jagen.

7 Siehe unten den Brief von Engels an Bebel vom 29. Sept. 1891, unten S. 247f.

8 Anspielung auf den Besuch eines französischen Flottengeschwaders im Hafen von Kronstadt im Juli 1891, Vorspiel zu dem im folgenden Jahre getroffenen militärischen Abkommen zwischen Frankreich und Rußland.

9 Infolge der Hungersnot von 1891 konnte Rußland die im September aufgenommene dreiprozentige Anleihe (125 Millionen Goldrubel) nicht ganz verwirklichen, da sich die Zeichner weigerten, die russischen Wertpapiere anzunehmen.

10 Das Thema der inneren Lage Rußlands seit der Bauernemanzipation von 1861 und der Folgen der Hungersnot von 1891 wurde von Engels in einem als Artikelserie im »Vorwärts« erschienenen Aufsatz (März 1893) – unter dem Titel *Kann Europa abrüsten?* – wieder aufgenommen. Hier der Beginn des VI. Kapitels dieser Schrift: »Die innere Lage Rußlands ist augenblicklich eine fast verzweifelte. Die Bauernemanzipation von 1861 und die mit ihr teils als Ursache, teils als Wirkung zusammenhängende Entwicklung der kapitalistischen Großindustrie haben dies stabilste aller Länder, *dies europäische China,* in eine ökonomische und soziale Revolution geworfen, die nun unaufhaltsam ihren Gang geht; und dieser Gang ist einstweilen ein vorwiegend verwüstender.« (MEW 22, 390)

II/4

1 Am 1. März 1881 war es den vom Exekutivkomitee der *Narodnaja Wolja* ausgewählten Terroristen gelungen, das lang vorbereitete Attentat auf den Zaren Alexander II. mit Erfolg durchzuführen.

2 Siehe den Text des vom geheimen Exekutivkomitee am 10. März 1881 an Alexander III. gerichteten »Offenen Briefes« in V. Gitermanns *Geschichte Rußlands,* 3. Band S. 615/20. So manche Forderungen dieses im höchst liberalen Geiste abgefaßten Dokuments werden im gegenwärtigen »sozialistischen« Rußland mit derselben Verachtung und Verletzung aller Menschenwürde zurückgewiesen wie dies vor 90 Jahren unter der zaristischen Autokratie geschah.

3 Diesen Ausspruch von Marx berichtete Engels zu wiederholten Malen privat und öffentlich. Vgl. Engels an Bernstein, 3. Nov. 1882; an C. Schmidt, 15. Aug. 1890; an P. Lafargue, 27. Aug. 1890; im »Sozialdemokrat« vom 13. Sept. 1890 (MEW 22, 69).

4 Es handelt sich um das Buch G. Plechanows *Naschi rasnoglassija* (Unsere Differenzen). Siehe unten Engels an Vera Sassulitsch, 23. April 1885; vgl. Anm. II, 6 Nr. 8, 12 und 13.

5 Siehe oben Engels' Gespräch mit Lopatin.

6 Siehe oben Anm. 8 von II, 3.

7 Über das Gerücht, wonach Nikolaus freiwillig aus dem Leben geschieden sei (am 2. März 1855), vgl. V. Gitermann, a.a.O., S. 72.

8 Hier folgen Äußerungen von Engels über den Mißerfolg der letzten ausländischen Anleihe Rußlands und die Unwahrscheinlichkeit kriegerischer Unternehmungen dieses in der Offensive schwachen Landes; dagegen sei die militärische Stärke Frankreichs für die europäische Arbeiterbewegung ebenso vorteilhaft wie ein militärisch nicht allzu starkes Deutschland. Am günstigsten für die Ruhe in Europa wäre eine »Tripelallianz« zwischen Frankreich, England und Deutschland, wie sie einst Saint-Simon herbeisehnte.

9 Grigori S. Skoworoda (1722–1794). Ukrainischer Philosoph und Dichter, Verfasser satirischer Fabeln.

10 Siehe oben, S. 77ff.

11 Hier folgen Einzelheiten über Wodens Begegnung mit Stepniak und Kropotkin.

12 In seiner Rede (Juli 1889) bezeichnete Plechanow die Bauerngemeinde als »Stütze des russischen Absolutismus« und die sich heranbildende Arbeiterklasse als die »wesentlich revolutionäre Klasse«, der die historische Aufgabe zufiele, den Zarismus zu stürzen.

13 Siehe oben Anm. 9 von II, 2.

14 Anm. 52 von II, 6.

15 Siehe oben Anm. 69 von I, 6.

16 In diesen Äußerungen von Engels zum Bauernproblem in Rußland offenbart sich der grundsätzliche Unterschied zwischen dem dogmatischen Marxismus Plechanows und einer undogmatischen Anwendung der Marxschen Sozialtheorie bei der Einschätzung spezifischer, von den westeuropäischen wesentlich verschiedener Produktionsverhältnisse. Vgl. F. Engels, *Die Bauernfrage in Frankreich und Deutschland;* Die Neue Zeit, No. 1894.

17 Siehe oben S. 51ff. Siehe auch unten S. 217ff.

18 Es handelt sich um das Buch von Nikolai I. Karejew, *Krestjanje i krestjanski wopros wo Franzii w poslednei tschetwerti XVIII weka,* Moskau 1879 (Die Bauern und das Bauernproblem in Frankreich im letzten Viertel des 18. Jahrhunderts). Marx erhielt es durch Vermittlung Maxim Kowalewskis und wertete es als »hervorragend«. (Vgl. Marx an Kowalewski, April 1897, MEW 34, 506.)

19 Woden berichtet weiter von seiner Unterhaltung mit Engels, die sich auf folgende Themen bezog: Marx' und Engels' Jugendschriften und Plechanows Interesse für deren Veröffentlichung; Marx' Kapitalmanuskripte (Mehrwerttheorien) und deren Herausgabe durch Engels; Neukantismus in Rußland; Hegel und Feuerbach, usf.. Engels gestattete Woden, Teile des Manuskripts der *Deutschen Ideologie* mit der Lupe zu lesen; er kommentierte selbst die *Heilige Familie* und gestattete Woden, seine mündlichen Erläuterungen an Plechanow weiterzuleiten. Auf die Bemerkung

Wodens betreffend die Ähnlichkeit zwischen manchen Ansichten der »Freien« und der »kritischen Kritiker« und der Ideologie der russischen »Subjektivisten« erwiderte Engels mit dem Hinweis auf den Einfluß Lawrows und selbst Bakunins, die jene Ideologie direkt assimiliert hatten.

20 Das Schlagwort der »reaktionären Masse«, das die Verfasser des Gothaer Programms der vereinigten sozialdemokratischen Arbeiterpartei Deutschlands von Lasalles Nachfolger Johann Schweitzer übernommen hatten, wurde von Marx in seinen *Randglossen zum Programm der deutschen Arbeiterpartei* (1875) scharf kritisiert. Marx wies dort auf das Kommunistische Manifest hin, wo nicht nur das Proletariat, sondern auch die Bourgeoisie als »revolutionäre Klasse« – weil »Trägerin der großen Industrie« – bezeichnet wird. (MEW 19, 22ff)

21 Engels hat mit diesen unverkennbar ironischen Bemerkungen zu Plechanows Überheblichkeit, sich selbst als marxistisches Orakel zu betrachten, das spätere Schicksal der russischen Sozialdemokratie haargenau vorausgesagt. Was er aber nicht voraussehen konnte, ist die Tatsache, daß der russische Marxismus, entgegen der Verkündigung Plechanows, nicht als Arbeiter-, sondern als marxistische Sektenbewegung triumphiert hat. Trotzdem hat Engels acht Jahre vorher für Rußland die Daseinsberechtigung einer vom »Blanquismus« inspirierten Verschwöreraktion in Erwägung gezogen. Über den Anspruch einer solchen »Phantasie«, die russische Gesellschaft gänzlich umzuwälzen, siehe unten Engels' Brief an Vera Sassulitsch vom 23. April 1885.

22 Als Henry Hyndman im Juni 1881 die *Democratic Federation* gründete, wandte er sich an Marx mit der Frage, ob es angezeigt wäre, dessen Namen als Verfasser des »Kapitals« im Gründungsprogramm der neuen Partei zu erwähnen. In seinem kurz vorher erschienenen Buch *England for all* hatte Hyndman eine Anzahl wörtlicher Auszüge aus dem *Kapital* gebracht, wobei er weder das Buch noch den Verfasser nannte, da, wie er Marx schrieb, »sich die Engländer nicht gern von Ausländern belehren lassen« (siehe Marx an Sorge, 15. Dez. 1881). Marx antwortete Hyndman, daß die Erwähnung des *Kapitals* in *England for all* allenfalls geboten war, jedoch im Gründungsprogramm »ein grober Mißgriff gewesen wäre«. Er fügte hinzu: »In Parteiprogrammen sollte alles vermieden werden, was auf die klare Abhängigkeit von einzelnen Autoren oder Büchern schließen läßt.« (an Hyndman, 2. Juli 1881, MEW 35, 203) 1884 wurde von Hyndman und anderen Sozialisten die *Social Democratic Federation* ins Leben gerufen. Ihr traten auch Eleanor und Edward Aveling bei. Bald erfolgte die Spaltung der Föderation, indem sich die radikalen Elemente gegen die Hyndmansche Linie zur Sozialistischen Liga zusammenschlossen. Noch 1893 äußerte Engels sich abfällig über die *Social Democratic Federation* und bezeichnete sie als »kleine Sekte«, die den »Marxismus in eine Orthodoxie verwandelt« hatte. (MEW 22, 545ff)

II/5

1 Über seine literarische Tätigkeit, sowohl in Rußland als auch in der Emigration, vgl. F. Venturi, *Roots of Revolution*. London 1960, S. 389ff. Zu Tkatschows Aus-

einandersetzungen mit Bakunin und Lawrow vgl. J.M.Meijer, *Knowledge and Revolution*. Assen 1955, S. 148ff und 161ff. Es ist erwähnenswert, daß Tkatschow sich im Jahre 1865 zum historischen Materialismus bekannte und 1878 – also im Exil – einen russischen Kritiker des »Kapitals« geistiger Schwindelei bezichtigte.

2 Vgl. MEW 18, 536/45.

3 Vgl. *Ein Komplott gegen die Internationale Arbeiterassoziation*. Übersetzt nach dem französischen Text, Braunschweig 1874; MEW 18, 331/471. Lawrows Aufsatz erschien in der von ihm in London herausgegebenen Zeitschrift *Wperjod!* (Vorwärts!).

4 MEW 18, 541.

5 MEW 18, 542.

6 MEW 18, 545f.

7 MEW 18, 546/67.

8 MEW 18, 548f.

9 MEW 18, 554.

10 Vgl. *K. Marks, F. Engels i revoliuzionnaja Rossija*. Moskau 1967 = MERR.

11 MEW 22, 418.

12 Im *Nachwort* berichtigt Engels diese Meinung (s.u.S. 210ff.).

13 Der »revolutionäre Krieg« gegen Rußland war eines der Leitmotive der »Neuen Rheinischen Zeitung« bei der Kritik des radikaldemokratischen Flügels des Frankfurter Parlaments. So hieß es in einem Artikel vom 7. Juni 1848: »Die deutsche Einheit, wie die deutsche Verfassung können nur als Resultat aus einer Bewegung hervorgehen, worin ebensosehr die inneren Konflikte als der Krieg mit dem Osten zur Entscheidung treiben werden.« (MEW 5, 42) In seinem Aufsatz *Marx und die Neue Rheinische Zeitung 1848–1849*, veröffentlicht im »Sozialdemokrat« vom 13. März 1884, schrieb Engels: »Das politische Programm der *N.Rh.Z.* bestand aus zwei Hauptpunkten: Einzige, unteilbar, demokratische deutsche Republik und Krieg mit Rußland, der Wiederherstellung Polens einschloß.« (MEW 21, 19)

14 Infolge der Zwistigkeiten zwischen Preußen und Österreich in der Frage der Unionsverfassung hatte der Prinz von Preußen im Mai 1850 den Zaren Nikolaus I. in Skierniewice bei Warschau aufgesucht, wo sich auch Fürst Schwarzenberg einfand. Der russische Kaiser erschien somit wie ein Schiedsrichter zwischen den beiden deutschen Großstaaten, wo es um die innere Organisation Deutschlands ging. 25 Jahre später, angesichts des drohenden Krieges zwischen Frankreich und Deutschland, begaben sich Zar Alexander II. und Fürst Gortschakow nach Berlin. Der Friede war gesichert, aber die damit begonnene Annäherung zwischen Rußland und Frankreich war der Auftakt zum späteren Bündnis, das sich 1914 in dem von Marx 1871 prophezeiten »Rassenkrieg« auswirken sollte.

15 S. oben, S. 16ff. Marx' Gedanken zur Bauernbefreiung in Rußland.

16 Hier endet die Vorbemerkung, die Engels im Mai 1875 für die in Broschürenform abgedruckten Artikel aus dem »Volksstaat« schrieb.

17 Engels konnte damals nicht ahnen, daß mehr als vierzig Jahre später andere russische Revolutionäre Tkatschows These zum Grundprinzip eines neuen Abc des Sozialismus erheben würden und zwar unter Berufung auf die Begründer des »Marxismus«! S. unten das Nachwort.

18 Hier beginnt Engels (auch im Namen von Marx) die historisch bestimmte, also doppelt bedingte »Auserwähltheit« der russischen Gesellschaft für den Sozialismus unter die Lupe zu nehmen: 1. Die Widerstandsfähigkeit der Obschtschina und des Artel gegenüber der von der zaristischen Autokratie verfolgten kapitalistischen Wirtschaftspolitik; 2. Die sozialistische Revolution in den kapitalistisch hochentwickelten Ländern Westeuropas als Bedingung *sine qua non* einer sozialistischen Umgestaltung Rußlands *auf Grund jener spezifischen Sozialeinrichtungen,* soweit diese nicht vorzeitig einem russischen Kapitalismus den Platz räumen müßten.

19 S. oben S. 77ff Marx' Beurteilung dieser Schrift.

20 Vgl. Karl Marx, *Das Kapital,* Buch III, Kap. 23 und 27, wo die Kooperativgesellschaften der Arbeiter – wie auch die kapitalistischen Aktienunternehmungen – als »Übergangsformen aus der kapitalistischen Produktionsweise in die assoziierte« bezeichnet werden. (MEW 25, 416)

21 Zu Marx' Beurteilung der Forschungen von Georg Ludwig Maurer siehe seinen Brief an Engels vom 25. März 1868.

22 Zum Begriff des »orientalischen Despotismus«, s. den Briefaustausch von Marx und Engels im Juni 1853 sowie Marx' Artikel über die britische Herrschaft in Indien und ihre künftigen Ergebnisse, veröffentlich in der »New York Daily Tribune«, 25. Juni und 8. August 1853. Vgl. ebenfalls K.A. Wittfogel, *Oriental Despotism. A Comparative Study of Total Power.* New Haven 1957.

23 P.N. Tkatschow, *Sadatschi revoliuzionnoi propagandy w Rossii.* London 1874.

24 Die »proletarische« Revolution in Rußland hat weder das alte Gemeineigentum gerettet noch ein »sozialistisches« Eigentum am Boden geschaffen, wie es Marx und Engels für die künftige, vom Staat befreite Gesellschaft freier assoziierter Produzenten vorgesehen hatten. Ihr eigentliches Resultat war die Schaffung eines »nicht antagonistischen« (Stalin *dixit*) Doppelproletariats von Industrie- und Landproletariern. S. unten das Nachwort.

25 Vgl. F. Engels, *Die Bakunisten an der Arbeit.* Artikelserie im »Volksstaat«, 31. Oktober, 2. und 5. November 1873. (MEW 18, 476/93)

26 Hier endet der im »Volksstaat« erschienene fünfte Artikel über »Flüchtlingsliteratur« (s. oben die Einführung). Die am Schluß in Aussicht gestellten Kriege haben wirklich stattgefunden und haben 1917 zu einer Revolution geführt, die die Bauern »über die erste konstitionelle Phase« – die mit Lenins Namen verbunden ist – »rasch hinausgetrieben« hat, und zwar mittels Zwangskollektivierung zur Bildung eines dem Staat untertänigen Bauernproletariats – das Werk Stalins und des von Lenin konstruierten Parteiapparats.

27 In seinem *Offenen Brief ...* verwarf Tkatschow die Anschuldigungen, die der im Auftrage des Haager Kongresses verfaßte *Bericht über das Treiben Bakunins und der Allianz der sozialistischen Demokratie* (veröffentlicht unter dem Titel *Ein Komplott gegen die Internationale Arbeiterassoziation,* 1873) gegen Bakunin erhoben hatte. Er bezeichnete diesen als »einen der größten ... Vertreter der revolutionären Epoche, in welcher wir leben« und nannte die hauptsächlich von Engels und Paul Lafargue verfaßte Broschüre »taktlos« und voll von »polemischem Schmutz«.

28 Herzens Briefe an W. Linton erschienen Anfang 1854 und wurden später auf-

genommen in den Sammelband *Die alte Welt und Rußland,* erschienen bei A. Trübner, Leipzig 1858.

29 S. oben S. 51.

30 Die historische Priorität des »Westens«, die Marx in seiner Antwort an Vera Sassulitsch (s. oben S. 58 ff) in aller Deutlichkeit und strenger Folgerichtigkeit ausgesprochen hatte, wird somit auch von Engels als eine geschichtliche Chance anerkannt, die einer russischen Revolution zugute kommen könnte. Sie fußt auf der materialistischen Gesellschaftstheorie, deren Verkehrung durch die bolschewistischen Schüler mit einer erstaunlichen Leichtfertigkeit vollzogen wurde. S. das Nachwort.

31 S. oben S. 69 ff.

32 S. Text I/3, S. 49 ff.

33 Man könnte beim Lesen dieser Zeilen mit viel Berechtigung die Frage stellen, welche der Vertreter der verschiedenen Richtungen des russischen Marxismus nach der Februarrevolution im Sinne des hier von Engels – mit Berufung auf Marx – formulierten Postulats des »Sich-nicht-Beeilens« gedacht und gehandelt haben. Wir kommen auf dieses Problem im Nachwort zurück. Soviel sei schon hier bemerkt: Von allen russischen Marxisten war Lenin der einzige, der sofort nach seinem Eintreffen in seiner Heimat die »Eigenart« der Revolution darin sah, daß diese eine »Doppelherrschaft« geschaffen hatte, nämlich die »Regierung der Bourgeoisie« einerseits und die »Regierung der Sowjets der Arbeiter- und Soldatendeputierten« andrerseits. (S. Lenins Artikel *Über die Doppelherrschaft,* erschienen in der »Prawda« 9, 22. April 1917.) Aber anstatt sich in der »marxistischen« Begründung seiner Aprilthesen auf die von Marx und Engels speziell für ihre russischen Schüler entwickelten Gedanken zu berufen, zog es Lenin vor, »sich zu erinnern, *wie* Marx und Engels in den Jahren 1871, 1872 und 1875 über die Erfahrung der Pariser Kommune und später darüber urteilten, *was für einen* Staat das Proletariat braucht« (*Über die Aufgaben des Proletariats in der gegenwärtigen Revolution.* »Prawda« 7, 20. April 1917).

34 1917 fanden die einstigen Gegner Lenin und Trotzki sich zusammen, um die hier ausgesprochene Leugnung der Auserwähltheit des russischen Volkes als unzeitgemäß zu verwerfen und sich eine Theorie zurechtzumachen, wonach es den rückständigen Ländern überhaupt und Rußland – als dem »schwächsten Glied der kapitalistischen Kette« – im besonderen möglich war, dank dem sogenannten »Gesetz der kombinierten Entwicklung«, den Weg der proletarischen und sozialistischen Revolution zu beschreiten, wobei damals Rußland eingestandenermaßen erst »die Probleme der Produktion und der Technik lösen mußte, die der fortgeschrittene Kapitalismus (in Europa und Amerika) seit langem bereits gelöst hatte« (s. L. Trotzki, *La révolution trahie.* Paris 1936, S. 14 ff).

35 Auf die russische Sozialgeschichte seit 1917 bezogen läßt die hier als »sicher« ausgesprochene Prognose nur eine Schlußfolgerung zu: Wenn das »heutige Rußland« zu einer »sozialistischen Umgestaltung« gekommen ist, obwohl 1917 alle vom »wissenschaftlichen Sozialismus« als unabdingbar definierten materiellen und geistigen Bedingungen einer solchen Umgestaltung fehlten, so ist damit die absolute Haltlosigkeit des »Marxismus« erwiesen. Im umgekehrten Falle, d. h. wenn man der materialistischen Soziologie von Marx und Engels wissenschaftliche Gültigkeit zu-

schreibt, so bedeutet der von oben dekretierte »Sozialismus« Sowjetrußlands bloß die ideologische Verbrämung eines spezifischen, historisch bedingten ökonomischen und politischen Systems, das als ein Zwitterding von Staatskapitalismus und Staatssozialismus zwar nicht ganz mit den von Marx entwickelten politisch-ökonomischen Denkkategorien begrifflich zu erfassen ist, dahingegen unter das kritisch-negative Verdikt der Marxschen, dem modernen Proletariat zugedachten, Ethik fällt.

II/6

1 Siehe den Brief von Vera Sassulitsch an Engels, erste Hälfte November 1883, MERR 489, sowie MEW 36, 754, Anm. 105. Die in Genf wirkende Gruppe russischer Marxisten »Befreiung der Arbeit« bot sich zur Übersetzung des zweiten Bandes des *Kapitals* an, dessen Herausgabe Engels vorbereitete.

2 Die Übersetzung des ersten Bandes des *Kapitals* wurde von G. Lopatin begonnen und von F. Danielson zu Ende geführt.

3 Die russische, von V. S. besorgte Übersetzung der Engelsschen Schrift *Die Entwicklung des Sozialismus von der Utopie zur Wissenschaft* (MEW 19, 177/228; zuerst französisch 1880, deutsch 1882) kam 1884 in Genf heraus.

4 Diese Worte stehen in der im September 1883 in Genf gedruckten Ankündigung der Schriftenreihe »Bibliothek des zeitgenössischen Sozialismus«, mit der die aus der Partei des »Volkswillens« ausgetretenen russischen Emigranten ihre marxistische Propagandatätigkeit zu eröffnen beschlossen. Die Reihe begann mit Plechanows Broschüre *Sozialismus und politischer Kampf* (Oktober 1883), die Lawrow im *Westnik Narodnoi Woli* (Nr. 2, 1884) wegen ihres gehässig-polemischen Tones streng verurteilte.

5 Siehe das Dankschreiben Lawrows vom 30. Jan. 1884, MERR 492ff. Hier eine Stelle: »Die Freundschaft, die ich ihm [Marx] entgegenbrachte, und die große Verehrung, die ich für seine Arbeiten empfand und empfinde, werden mir die Bücher, die Sie mir schicken wollen, doppelt teuer machen.« (MEW 36, 761) Über die Verteilung der Marxschen Bücherei siehe Engels an Laura Lafargue, 5. Febr. 1884: »Die russischen Bücher haben wir Lawrow versprochen; ich denke, er hat vor allem ein Recht darauf, ist er doch außerhalb Rußlands Danielsons engster Freund.« (MEW 36, 102) Vgl. *Ex Libris Karl Marx und Friedrich Engels. Schicksal und Verzeichnis einer Bibliothek*. Berlin 1967.

6 Siehe J. E. Papritz an Engels, 26. Juni 1884. MERR 501ff und MEW 36, 774ff, Anm. 266.

7 Letzter Absatz eines Artikels, den Engels als Entgegnung auf einen in der »Pall Mall Gazette« vom 15. Januar 1885 erschienenen, von einer russischen zarentreuen Publizistin (O. A. Nowikowa) gezeichneten Aufruf schrieb, worin die englische Regierung ermahnt wird, »nicht länger zu dulden, daß Leute wie Hartmann, Kropotkin und Stepniak auf englischem Boden konspirieren, ›*um uns in Rußland zu ermorden*‹«. Von den drei Genannten waren der erste und der letzte mit Engels befreundet.

8 Siehe Vera Sassulitsch an Engels, 14. Febr. 1885, MERR 508ff. Plechanows Buch *Naschi rasnoglassija* (Unsere Differenzen) behandelt, wie die Briefstellerin

schrieb, das von den russischen Volkstümlern – zumeist reaktionäre Slawophilen und Bakunisten – unablässig diskutierte Thema des vom Westen unabhängigen Entwicklungsweges Rußlands. Sie betont die Notwendigkeit einer kritischen Erledigung dieser fruchtlosen Bemühungen, die auf die russische Jugend zermürbend wirke. Siehe unten Nr. 11, Engels' Antwort.

9 Siehe Danielson an Engels, 9. März 1885, MERR 509ff und MEW 36, 791ff, Anm. 403.

10 Gestrichen: »zwischen Ihrer Fraktion und den Narodowolzen«.

11 Es muß festgehalten werden, daß Engels die »Narodowolzen«, d.h. die in der Geheimorganisation der *Narodnaja Wolja* (Volkswille) tätigen Revolutionäre – mit der die marxistische Gruppe »Befreiung der Arbeit« gebrochen hatte – zu seinen Freunden zählte. Durch diese Sympathie für die russischen Terroristen wollte er jedoch gewiß nicht bezeugen, daß er die eingestandenen oder intimen Hoffnungen der Narodowolzen oder, gegebenenfalls, der russischen Marxisten in bezug auf die »Auserwähltheit« ihres Landes für »sozialistische« oder »proletarisch«-umstürzlerische Unternehmungen teilte. Darum hielt er es für notwendig, seinen Standpunkt klar von sämtlichen sich befehdenden Tendenzen der russischen Bewegung abzugrenzen.

12 Das erste Kapitel von Plechanows *Unsere Differenzen* beginnt mit einem Angriff auf den »russischen Blanquismus« in der Person des Narodowolez L.A. Tichomirow, dessen Ideen der Verfasser einerseits mit den Lehren Tkatschows und andrerseits mit denen Bakunins vergleicht.

13 Daß Engels die Lektüre von Plechanows Buch fortgesetzt hat, beweist sein Gespräch mit Kautsky, von dem dieser an Bernstein berichtet (s. oben, S. 177f.). Noch mehr: seine kritische Beurteilung der »taktischen Ausführungen« des Nestors des russischen Marxismus klingt wie die Vorwegnahme einer marxistischen Verurteilung des ... Bolschewismus.

14 Engels sandte Danielson die Korrekturbogen des zweiten Bandes des *Kapitals* zur Übersetzung ins Russische. Der Übersetzer fragte Engels, ob Marx' Werk sich mit den Problemen des russischen Wirtschaftslebens befasse. Siehe D. an E., 24. April 1885; MEW 36, 795, Anm. 431.

15 Im April 1884 hatte die deutsche Finanz der russischen Regierung ein Darlehen von 300 Millionen Mark gewährt. Dazu schrieb Engels an Bebel, daß Bismarck dem Zaren geholfen habe, die dringendste Gefahr zu beseitigen, nämlich »in die Notwendigkeit zu kommen, Stände zur Geldbewilligung zu berufen wie 1789 in Frankreich und 1846 in Preußen. Soll die Revolution in Rußland nicht ein paar Jahre verschoben werden, so müssen entweder unvorherzusehende Verwicklungen kommen, oder aber ein paar nihilistische Donnerschläge.« (6. Juni 1884, MEW 36, 158)

16 In seinem Schreiben vom 25. August 1885 machte Danielson für Engels Auszüge aus mehreren Briefen, die er von Marx erhalten hatte. (MERR 523ff)

17 Die von Danielson besorgte und mit einem Vorwort versehene russische Übersetzung des zweiten Bands des *Kapitals* erschien 1886 in Petersburg. Wiederum war es das absolutistische Rußland, das den westlichen Ländern den Rang ablief, Marx' bedeutendste Schrift als erstes zu übersetzen und herauszugeben.

18 Im ersten, vom 13. Sept. datierten Teil seines Briefes behandelt Engels die

durch die groß-bulgarischen Bestrebungen des Fürsten Alexander entstandene Gefahr eines europäischen Krieges, heraufbeschworen durch den russisch-englischen Gegensatz und die sich steigernde deutsch-französische Spannung. »Alles das«, schrieb Engels »setzt voraus, daß im Innern der verschiedenen Länder nichts geschieht. Nun kann aber in Frankreich ein Krieg die revolutionären Elemente ans Ruder bringen, in Deutschland eine Niederlage oder der Tod des Alten [Wilhelm I.] einen heftigen Systemwechsel hervorrufen ... Kurz, es gibt ein Chaos mit nur *einem* sicheren Resultat: Massenmetzelei auf unerhörter Stufe, Erschöpfung von ganz Europa in bisher unerhörtem Grad, schließlich Zusammenbruch des ganzen alten Systems ... Am günstigsten wäre eine russische Revolution, die aber nur nach sehr schweren Niederlagen der russischen Armee zu erwarten.« (MEW 36, 525f)

19 Der konservative und deutschfreundlich gesinnte Baron von Giers wurde 1882 von Alexander III. zum Minister des Auswärtigen an Stelle des Fürsten Gortschakow berufen.

20 Zur Frage der »Südslawen«, siehe oben S. 115 f. Daß Engels seine Ansicht von 1848/1849 nicht geändert hatte, beweist folgender Passus aus einem Brief an Bebel: »Der europäische Krieg fängt an, uns ernstlich zu drohen. Diese elenden Trümmerstücke ehemaliger Nationen, Serben, Bulgaren, Griechen und anderes Räubergesindel, für die der liberale Philister im Interesse der Russen schwärmt, gönnen also einander die Luft nicht, die sie einatmen, und müssen sich untereinander die gierigen Hälse abschneiden. Das wäre wunderschön und geschäh dem nationalitätenschwärmenden Philister recht, wenn nicht jeder dieser Zwergstämme über europäischen Krieg oder Frieden disponierte.« Wie »optimistisch« Engels die Perspektive eines solchen Krieges einschätzte, mag man aus dem abschließenden Teil desselben Briefes ersehen: »Das gibt ein Blutvergießen und eine Verwüstung und schließlich eine Ermattung wie nie zuvor. ... Und das kann man vorhersagen, kommt dieser Krieg, so ist es der letzte; er ist der vollständige Zusammenbruch des Klassenstaaates, politisch, militärisch, ökonomisch (auch finanziell) und moralisch. ... Es bleibt also beim alten: was auch passieren möge, es schlägt schließlich aus in ein Mittel, unsre Partei zur Herrschaft zu bringen und dem ganzen Schwindel ein Ende zu machen. Aber ich gestehe, ich wünsche, daß es auch ohne diese Mörderei abgeht; nötig ist sie nicht. Wenn's aber sein muß, dann will ich nur hoffen, daß mein alter Leibschaden mich im richtigen Moment nicht hindert, wieder aufs Pferd zu steigen.« (17. Nov. 1885, MEW 36, 390f) Was an diesem historischen Fresko auffällt, ist der dem Maler teure Grundstrich à la Hegel: das ironische Antlitz der Geschichte.

21 Vgl. A. Bebel, *Deutschland, Rußland und die orientalische Frage.* NZ IV, 1886, Nr. 11, S. 502ff. und Brief an Engels, 12. Okt. 1886, BE 293ff. Siehe auch: Engels an J.Ph. Becker, 5. Dez. 1885, MEW 36, 401; Wilhelm Liebknechts Rede zum Reichshaushaltsetat für 1886/87 am 8. Februar 1886.

22 Alexander Battenberg (1857–1893), als Alexander I. Fürst von Bulgarien.

23 Siehe Anm. 18. Im November 1885 überschritten serbische Truppen – da Serbien (sowie Griechenland) das Gleichgewicht auf dem Balkan durch den Aufstieg Bulgariens für gestört hielten – die bulgarische Grenze, wurden aber bei Sliwnitza geschlagen. Die Intervention Österreichs rettete das serbische Königreich. Zur bulgarischen »Kommune« siehe Nr. 18 und 34.

24 Paul Lafargue hatte Engels um Aufklärung über die »orientalische Affaire« gebeten und redigierte diesen Brief in etwas gekürzter Form für die von Jules Guesde 1885 gegründete Pariser Wochenzeitung *Le Socialiste,* wo er als Artikel am 6. November unter dem Titel *Situation politique de l'Europe* erschien. Neudruck in CEL, Bd. I, S. 424/30 (MEW 21, 310ff).

25 Der im Oktober 1884 verhaftete Lopatin befand sich damals in der Peter-Pauls-Festung. Der Prozeß der 14 Angeklagten fand im Juni 1887 statt.

26 Siehe Danielson an Engels, 22. Januar 1887; MERR 538ff und oben S. 231 Nr. 12. Vgl. Marx, *Das Kapital,* Buch III; MEW 25, 627ff.

27 Zu Beginn seines Schreibens dankt Engels dem rumänischen Publizisten und Sozialdemokraten für die von diesem besorgten Übersetzungen einiger seiner Schriften (siehe MEW 37, 541, Anm. 2). Nadejde übersetzte Engels' französisch abgefaßten Brief ins Rumänische und ließ ihn in der literarisch-politischen Zeitschrift *Contemporanul* (Der Zeitgenosse) abdrucken.

28 Zum »Raub« Bessarabiens siehe oben Engels' Aufsatz über *Die auswärtige Politik des russischen Zarentums* (S. 138ff). Vgl. K. Marx, *Herr Vogt,* MEW 14, 522. Es blieb dem »sozialistischen« Rußland vorbehalten, mit Hitlers Genehmigung (Juni 1940), die von Marx und Engels gebrandmarkte Annexion Bessarabiens – wie auch die der Nordbukowina – dem »sozialistischen« Rumänien als ein fait accompli aufzuzwingen.

29 Über die im Frühjahr 1888 ausgebrochenen Bauernaufstände in Rumänien vgl. MEW 37, 555; Anm. 82.

30 Die Anfang 1887 versuchte Annäherung zwischen Deutschland und Rußland verursachte in Frankreich den Ausbruch einer patriotisch-deutschfeindlichen Stimmung, die der Kriegsminister Georges-Ernest Boulanger zu einem politischen Abenteuer auszunützen vermochte, dessen Peripetien sich im Briefwechsel zwischen Engels und dem Ehepaar Lafargue widerspiegeln (siehe CEL, Bd. 2). Nach der Verwundung Boulangers in einem Duell mit dem Ministerpräsidenten Floquet schrieb Engels an Paul Lafargue: »Wollen wir jedenfalls hoffen, daß dies das Ende Boulangers ist, denn wenn die Popularität dieses Narren andauerte, würde *sie den Zar in die Arme Bismarcks treiben,* und das wollen wir ebensowenig wie den russisch-französischen Revanchekrieg. Wenn die Volksmassen in Frankreich durchaus einen leibhaftigen Gott haben wollen, sollten sie sich lieber nach einem anderen Mann umsehen, dieser macht sie lächerlich. Aber es ist überdies klar, daß dieser Wunsch nach einem *sauveur de la société,* falls wirklich in den Massen vorhanden, nur eine andere Form des Bonapartismus ist, und deshalb kann ich mich beim besten Willen nicht zu dem Glauben aufraffen, daß er so tief verwurzelt und wahrhaft populär sei, wie das manche Leute behaupten.« (15. Juli 1888, MEW 37, 75) Vom »bonapartistischen Hang im französischen Charakter – erklärbar aus dem Erbe der großen Revolution –«, spricht Engels in seinem Brief an Laura Lafargue vom 27. Aug. 1889 (a.a.O., S. 265).

31 Engels bemühte sich um die Sammlung von Unterschriften führender Sozialisten verschiedener Länder anläßlich der Bekanntgabe der Einberufung des internationalen sozialistischen Arbeiterkongresses (siehe MEW 21, 544ff), der am 14. Juli 1889 in Paris eröffnet wurde und die zweite Arbeiter-Internationale begründete. Als

Vertreter Rußlands zeichnete schließlich der seit 1844 in England lebende, mit Engels befreundete populistische Revolutionär Stepniak (Pseudonym für S. M. Krawtschinski), Verfasser des Buches *Das unterirdische Rußland* (franz., Paris 1885). An diesem Kongreß nahm Plechanow als Vertreter der Gruppe »Befreiung der Arbeit« teil und verkündete in seiner Rede das Dogma, das von sämtlichen marxistischen Gruppierungen der russischen Sozialdemokratie zum Glaubensartikel erhoben wurde: »Die revolutionäre Bewegung in Rußland kann, wenn überhaupt, nur als Arbeiterbewegung triumphieren. Es gibt keine andere Lösung, es kann keine andere geben.« (Vgl. G. Plekhanow, *Oeuvres philosophiques* Bd. I, Moskau s. a., S. 417 und 418.)

32 Vgl. MEW 37, 577; Anm. 253: »Viele Offiziere der russischen Armee waren Anhänger der liberalen Semstwobewegung, die eine gemäßigte konstitutionelle Reform anstrebten.«

33 Engels meint die Februarnummer der russischen Zeitschrift »Sozial-Demokrat«, die 1890 in London erschien und den Artikel *Revolutionäre aus bürgerlichem Milieu* von V. Sassulitsch sowie den 1. Teil des Aufsatzes *N. G. Tschernyschewski* von Plechanow enthielt.

34 Es handelt sich um die russische Übersetzung von Engels' Aufsatz *Die auswärtige Politik des russischen Zarentums* (s. oben S. 138ff). Engels' Brief ist eine Antwort auf das Schreiben der V. Sassulitsch von Ende März 1890, worin sie sich u. a. über den dauernden Einfluß der volkstümlerischen Ideen auf die russische Intelligenz beklagte. (Vgl. MERR 558ff.)

35 Stepniak half bei der Gründung der englischen Gesellschaft »Freunde der russischen Freiheit«, welche 1891/1900 die Zeitung »Free Russia« herausgab. Vgl. Dietrich Geyer, *Lenin in der russischen Sozialdemokratie*. Köln/Graz 1962, S. 21.

36 *Le Citoyen* und *Le Cri du Peuple*, zwei Pariser sozialistische Zeitungen der siebziger und achtziger Jahre.

37 Engels erwidert hier auf einen langen Brief, den ihm V. Sassulitsch Anfang April 1890 schickte, um sich über die Haltung des damals in London erscheinenden »Sozialdemokrat« zu beklagen, der seine Spalten dem Narodnik Grigori Beck geöffnet hatte (s. MEW 37, 595, Anm. 402 und MERR 561ff).

38 Unter der Führung von Paul Brousse und Benoît Malon hatte sich eine Gruppe französischer Sozialisten 1882 von der französischen Arbeiterpartei abgespalten und die Föderation sozialistischer Arbeiter gegründet, die die reformistische Losung vom Streben nach dem »Möglichen« (possible) auf ihre Fahne schrieben.

39 Vgl. Maxime Kovalesvsky, *Tableau des origines et de l'évolution de la famille et de la propriété*. Stockholm 1890. (Über Marx' Freundschaftsverhältnis mit dem Verfasser siehe I/6, Anm. 53.) Das Buch wird von Engels mehrfach lobend erwähnt in *Der Ursprung der Familie, des Privateigentums und des Staats*.

40 Vgl. *Der Ursprung*..., 4. Auflage, 1892, MEW 21, 136ff. Siehe Paul Lafargues abfälliges Urteil über Kowalewskis Werk in seinen Briefen an Engels vom 24. und 27. August 1890 (CEL, Bd. 2, S. 406 und 409). Er beschuldigt den Autor, weder Marx noch Engels, sondern nur bürgerliche Quellen zitiert zu haben, um sich nicht zu kompromittieren.

41 Über die Hungersnot in Rußland und ihre Folgen für das roggenimportierende

Deutschland siehe Engels an Sorge, 11. Aug. 1891 (MEW 38, 143): »Und *unsre Partei wächst riesig* – diese Mißernte bringt uns um fünf Jahre vorwärts, abgesehn davon, daß sie den Krieg verhindert, der hundertmal mehr Opfer kosten würde.«

42 G. Plechanow, *Die sozialpolitischen Zustände in Rußland im Jahre 1890*. NZ. IX, 1890/91, 2. Bd., Nr. 47/51.

43 Engels bezieht sich hier auf Bebels Leitartikel im »Vorwärts« vom 27. Sept. 1891, worin die russische Anleihe vom September 1891 als Kriegsanleihe gekennzeichnet wurde. Am 5. Oktober 1891 sprach Bebel in einer Berliner Wählerversammlung über dieses Thema (*Die europäische Lage und der Sozialismus*). Der »Vorwärts« berichtete darüber am 8. Oktober. Siehe Bebel an Engels, 29. Sept. 1891; BBE 433.

44 Zum Verständnis der in diesem Briefe auszugsweise gegebenen Ansichten von Engels, betreffend Bebels Überzeugung von der unmittelbar drohenden Gefahr eines durch Rußland provozierten Krieges, sei ein Passus aus Bebels Brief vom 12. September 1891 zitiert: »Ich bin der Meinung, daß, wenn's losgeht, die allgemeine Volksbewaffnung für alle Männer von siebzehn bis sechzig kategorisch zu verlangen. Gegen Rußland muß der *Vernichtungskrieg* proklamiert werden; das Zarentum mit seinem Anhang zu stürzen, durch die Niederlage von außen und zu vernichten, muß der ausgesprochene Zweck des Krieges werden. Gleichzeitig hätten wir eine Proklamation an das französiche Volk zu erlassen, worin wir ihm abraten, gemeinsame Sache mit Rußland zu machen und auf die unheilvollen Folgen eines Sieges Rußlands für ganz Europa hinweisen. Wir müßten erklären, daß, wenn Frankreich dennoch mit Rußland gemeinsame Sache machte, wir auch gezwungen seien, gegen Frankreich zu kämpfen, das durch diesen seinen Bund mit Rußland der Barbarei und der Unterdrückung Handlangerdienste leiste. Wir hatten stets den Frieden und die Aussöhnung mit Frankreich gesucht und befürwortet; aber der Krieg sei nicht das geeignete Mittel dafür, der aufgenötigte Kampf sei ein Kampf um unsere Existenz usw.« (BBE 431) Diese Stellungnahme Bebels, welche Engels durchaus billigte, sollte erst am 4. August 1914 ihre praktische Durchführung finden, als die sozialdemokratische Reichstagsfraktion die von der deutschen Regierung geforderten Kriegskredite bewilligte, wobei ihr die Mühe erspart wurde, eine »Proklamation an das französische Volk« zu richten, da zwei Tage vorher deutsche Truppen die französiche Grenze bereits überschritten hatten und einen Tag zuvor Deutschland Frankreich den Krieg erklärt hatte.

45 Am 9. Oktober 1891 hatte Bebel an Engels geschrieben: »Mittlerweile wirst Du aus meinem Vortrage ... hier in Berlin, den im Résumé der heutige ›Vorwärts‹ [siehe Anm. 43] brachte, gesehen haben, wie ich die Angelegenheit behandelte. Nebensächliches beiseite gelassen, dürften wir vollständig übereinstimmen. Ich hatte bemerkt, daß Ihr, Marx und Du, dieselben Anschauungen über Rußland stets vertreten hättet. Die Bemerkung ist aus dem Bericht fortgeblieben, was mich ärgert. Differenzen bestehen zwischen uns über die Zeit, wann der Krieg kommen dürfte, und über die Frage, ob Rußland ihn provozieren wird. ... Ich halte Deine Beurteilung der Lage und Stellung der verschiedenen in Frage kommenden Volksklassen in Rußland für richtig, und so mag in dieser kein zwingender Anlaß zum Losschlagen sein. ... Für mich steht fest, daß Rußland losschlägt, sobald es kann, und zwar bin ich

überzeugt, daß Rußland die Initiative ergreift und Frankreich folgt.« (BBE 447ff)

46 Engels entsprach der Bitte Laura Lafargues, für den *Almanach du Parti ouvrier,* ein von Jules Guesde und Paul Lafargue redigiertes sozialistisches Jahrbuch, das Thema »Der Fortschritt des Sozialismus in Deutschland« zu behandeln. Der Aufsatz erschien dort im Dezember 1891; die deutsche, von Engels verfaßte Übersetzung erschien Februar 1892 mit einem Zusatz in der »Neuen Zeit« unter dem Titel *Der Sozialismus in Deutschland* (MEW 22, 245ff). In seinem Brief an Sorge vom 24. Oktober 1891 erwähnt Engels seinen Ideenaustausch mit Bebel und den für den französischen Almanach bestimmten Artikel: »... wir sind der Ansicht, daß, wenn die Russen Krieg mit uns anfangen, die deutschen Sozialisten à outrance auf die Russen und ihre Bundesgenossen, wer sie auch seien, loshauen. Wird Deutschland erdrückt, dann auch wir; während der Kampf im günstigsten Falle ein so heftiger wird, daß Deutschland sich nur durch revolutionäre Mittel halten kann und daß daher sehr möglicherweise wir gezwungen werden, ans Ruder zu kommen und 1793 zu spielen.« (MEW 38, 184) Dasselbe wiederholt Engels am 26. Oktober in einem Schreiben an Bebel, wo er den Gedankengang des französischen Textes zusammenfaßt und das »glorreiche Beispiel der Franzosen von 1793« hervorhebt, die vorbildliche Tat der Sansculotten, deren »die deutschen Arbeiter von 1893« sich als würdig erweisen würden (a.a.O., S. 188). Es ist für Engels' Haltung charakteristisch, daß er seine historischen Vorbilder der jakobinischen Phase der französischen Revolution entlehnt und nicht etwa – der Pariser Kummune von 1871! Dies gilt für seine Beurteilung der deutschen Situation nicht minder wie für seine Einschätzung der revolutionären Perspektive Rußlands. Und dennoch atmet der Schluß seines Almanach-Artikels anderes als erzjakobinischen (etwa hegelianischen?) Geist. Nachdem Engels ein sozialistisches Friedensbekenntnis abgelegt, schreibt er: »Kommt aber der Krieg dennoch, dann ist nur eins sicher: Dieser Krieg, wo fünfzehn bis zwanzig Millionen Bewaffneter sich untereinander abschlachten und ganz Europa verwüsten würden wie nie vorher – dieser Krieg muß entweder den sofortigen (!) Sieg des Sozialismus bringen oder die alte Ordnung der Dinge derart von Kopf zu Fuß umstürzen und einen solchen Trümmerhaufen hinterlassen, daß die alte kapitalistische Gesellschaft unmöglicher würde als je und die soziale Revolution zwar um zehn oder fünfzehn Jahre hinausgeschoben würde, dann aber auch siegen müßte nach umso rascherem und gründlicherem Verlauf.« (MEW 22, 256) Den in der »Neuen Zeit« hinzugefügten Schlußteil siehe oben S. 170ff.

47 Siehe K. Marx, *Das Kapital,* Buch I, 24. Kapitel (MEW 23, 773ff).

48 Danielson an Marx, 1. Mai 1891 (MERR 575ff).

49 Engels beantwortet Danielsons Briefe vom 12. und 20. Nov. 1891 (MERR 593ff u. 597).

50 Siehe Marx an Danielson, 10. April 1879 (oben S. 103ff), wo derselbe historische Vergleich angestellt wird.

51 Die von Engels vielgerühmte – weil trostspendende – »Ironie der Geschichte« hat es gewollt, daß die im Westen, gemäß der materialistischen Geschichtsauffassung, Kapital und Bürgertum obliegende historische Pflicht der proletarischen Ausbeutung zum Zweck der industriellen Revolution, in einem vornehmlich bäuerlich-rückständigen Land von einer politischen Oligarchie übernommen wurde, welche

– Gipfel der historischen Ironie! – den »Sozialismus« dekretierte, um die Industrialisierung durch staatliche Kapitalakkumulation, d.h. ökonomische Ausbeutung von proletarischen Massen, nach »marxistischem« Rezept zu verwirklichen. Siehe unser Nachwort.

52 Das Buch des sich selbst als »marxistischen Narodnik« bezeichnenden Wassili P. Woronzow, *Krestjanskaja obschtschina* (Die Bauerngemeinde, Moskau 1892), wurde Engels von Danielson im März 1892 geschickt (siehe MERR 603). Vgl. Arthur P. Mendel, *Dilemmas of Progress in Tsarist Russia. Legal Marxism and Legal Populism;* Cambridge, Mass. 1961, S. 37ff; biogr. Anm. S. 275.

53 Wochenzeitschrift hrsg. vom russischen Finanzministerium, Petersburg 1885/1917.

54 Es ist erstaunlich, mit welch gefühlvoller Eindringlichkeit und großem Aufwand von Argumenten Engels in den letzten drei Briefen den von der Vision des kapitalistischen Unheils geplagten russischen Forscher mit dem Balsam des bürgerlichen Fortschrittsideals zu heilen sucht. Er nimmt hier vorweg, was bereits liberale Wirtschaftstheoretiker – wie Sieber, Kaufmann u.a. – und später die in Rußland wirkenden ersten Marxschüler wie Potresow, Struve und Lenin gegen den »Industrie-Skeptizismus« und »agrarischen Romantizismus der Narodniki-Ökonomen« vorbrachten. Vgl. D. Geyer, a.a.O., S. 26ff. Sehr treffend bemerkt der Autor: »Mit dieser Abwehr der traditionellen Thesen des Narodnitschestwo wurde zugleich eine Form des Argumentierens sichtbar, die kennzeichnend blieb für das Marx-Verständnis eines Teils der ›lernenden Jugend‹: Die ökonomische und politische Verfassung des Reiches erschien in einem entwicklungsgesetzlichen Zusammenhang ... So hatte der Kapitalismus eine ›historische Mission‹ zu erfüllen, die Licht statt Dämmerung verhieß: als Motor des Klassenkampfes mußte er Totengräber der Selbstherrschaft sein und Geburtshelfer einer sozialistischen Zukunft.« (ebd. S. 28ff) Zu diesen Bemerkungen wäre nur eins hinzuzufügen: Die russischen Marxisten gingen so weit in ihrem unromantischen Kult des Kapitalismus, daß sie darüber vergaßen, sich zu fragen, *wie* diese sozialistische Zukunft auszusehen hätte. Sie hatten den Kapitalismus studiert und dessen historische Funktion dem Westen abgelauscht, aber sie wußten so gut wie nichts vom Geist des Sozialismus, dessen Begriff sie durch die Phrase ersetzten.

55 Auf der Tagesordnung des zweiten internationalen Arbeiterkongresses, welcher im August 1891 in Brüssel tagte, figurierte u.a. die Frage des Militarismus und die Stellung und Pflicht der Arbeiterklasse diesem gegenüber. Die holländische Delegation unter Führung von F. Domela Nieuwenhuis brachte angesichts der von Liebknecht und Vaillant vorgeschlagenen Resolution – die den prinzipiellen Pazifismus ablehnte – eine Gegenresolution ein, wonach die Internationale im Falle eines Krieges den Arbeiterklassen den Generalstreik zu empfehlen verpflichtet wäre. Der der »marxistischen« Arbeiterpartei Frankreichs angehörige und mit Jules Guesde eng befreundete Schriftsteller Charles Bonnier stimmte für den »anarchistischen« Vorschlag der Holländer. Rußland war auf diesem Kongreß nicht vertreten, doch wurden zwei Berichte vorgelegt, deren Verfasser einerseits Lawrow (»Die russischen Sozialisten«) und andrerseits die Redaktion des russischen »Sozialdemokrat« (Plechanow und Sassulitsch) waren. Vgl. Georges Haupt, *La Deuxième Internationale*

1889–1914; Etude critique des sources, Essai bibliographique. Paris/La Haye 1964, S. 115ff.

56 In seinem Brief an Engels vom 21. Oktober 1892 hatte Charles Bonnier geschrieben, daß die französische Arbeiterpartei stark genug sei, einen Krieg, von welcher Seite er auch drohe, zu verhindern. Vgl. MEW 38, 646, Anm. 529.

57 Dieser prophetische Satz darf einen heute nicht daran hindern, sich die Frage zu stellen, *welche* Revolution im besiegten Rußland von 1917 stattgefunden hat: im Gegenteil, gerade heute ist eine solche Fragestellung die erste Pflicht eines jeden denkenden Menschen. (Was das im I. Weltkrieg besiegte Deutschland betrifft, so ist die Problematik durch den Umstand vereinfacht, daß hier kein »sozialistischer« Mythos die Überlegung erschwert.) Siehe unser Nachwort.

58 Engels zitiert den russischen Wortlaut, der hier vom Originalmanuskript und dem Text der vierten Ausgabe (1890) des *Kommunistischen Manifests* abweicht, wo die Schlußworte lauten: »... zum Ausgangspunkt einer kommunistischen Entwicklung dienen«. Siehe oben, S. 71 und 216.

59 »alles noch vor Ende des Jahrhunderts«. Engels meint mit diesem geflügelten Wort etwa: *die wahre Götterdämmerung.*

60 Vgl. Isaac Hourwich, *The Economics of the Russian Village.* New York 1892. Der Verfasser sandte Engels außer diesem Buch noch einige seiner Artikel über die russische revolutionäre Bewegung, die er in der russischen Zeitschrift »Progress« im Februar und März 1892 veröffentlicht hatte. Siehe seinen Brief an Engels vom 26. März 1893, MERR 650 und 772, Anm. 358.

61 Siehe Engels' Brief an den bulgarischen Sozialisten Stojan Nokoff, 9. Juni 1893, MEW 39, 83, und MEW 22, 629, Anm. 360.

62 Danielsons Werk *Otscherki naschewo poreformennowo obschtschestwennowo chosjaistwa* (Essais über unsere Volkswirtschaft nach der Agrarreform) erschien 1893 in Petersburg unter dem Pseudonym Nikolai-on. Über die Aufnahme dieser Arbeit in Rußland und in der Londoner Russenkolonie vgl. D. Geyer, a. a. O., S. 27ff. Eine deutsche Übersetzung erschien 1899, eine französische 1899. Es ist wohl der erste wissenschaftlich-systematische Versuch, die Entwicklung der Wirtschaftsverhältnisse Rußlands im Lichte der Marxschen Akkumulationstheorie zu untersuchen. Lenins Buch *Die Entwicklung des Kapitalismus in Rußland* (geschrieben im Gefängnis 1896, veröffentlicht 1899) ist hauptsächlich Widerlegung der »moralisierenden« Thesen Woronzows und Danielson gewidmet.

63 Peter v. Struves Artikel *Zur Beurteilung der kapitalistischen Entwicklung Rußlands* war eine Abrechnung mit den »Utopien« Danielsons. Vgl. D. Geyer, a.a.O., S. 30, sowie R. Pipes, a.a.O., S. 89ff.

64 Man kann nicht umhin, den Weitblick von Engels zu bewundern, sofern man unsere These akzeptiert, daß diese ökonomische Umwälzung als totalitär-kapitalistisch charakterisiert werden kann. Siehe unser Nachwort.

65 Engels zitiert aus dem Brief Danielsons vom 23. April 1893 (MERR 652).

66 Diese ganz im Sinne der Marxschen (»materialistischen«) Geschichtstheorie gestellte Frage hatte auch noch 1917 ihren Sinn und ist durch die mehr als fünfzigjährige ökonomische, soziale, politische und geistige Entwicklung Sowjetrußlands im gleichen Sinne gelöst worden, jedoch mit der paradoxen Einschränkung, daß in

der herrschenden und aufgezwungenen Ideologie der spezifisch russische, historisch bedingte Kapitalismus als »Sozialismus« ausgegeben wird.

67 Boris Kritschewski (1866–1919), der anfangs der Genfer Gruppe »Befreiung der Arbeit« nahestand, gründete später mit Leon Jogiches ein Verlagsunternehmen, um u. a. die früher begonnene Übersetzungstätigkeit zur Verbreitung Marxscher und Engelsscher Schriften fortzusetzen. Zu den Spannungen zwischen Plechanow und der Jogiches-Rosa Luxemburg-Gruppe vgl. D. Geyer, a.a.O., S. 136ff. (Siehe auch Engels an Kritschewski, 31. Mai 1894, MEW 39, 251.)

68 Die in diesem Briefauszug erwähnten Personen – Kritschewski, Helphand (später als Parvus bekannt und berüchtigt) und Jogiches – wurden von Plechanow dem Zorn des Jupiter-Engels ausgeliefert. Dank demselben Plechanow konnte Engels auch von einer marxistisch-unorthodoxen »Mademoiselle Luxemburg« erfahren, die sich schon am Züricher Kongreß der II. Internationale (August 1893) durch ihr Ketzertum bemerkbar gemacht hatte. (Siehe Plechanow an Engels, 16. Mai und 10. Juli 1894, MERR 680ff u. 699ff.)

69 Siehe Kritschewski an Engels, 25. Mai 1894 (MERR 689ff).

70 Wilhelm II. (1859–1941).

71 Der Chinesisch-Japanische Krieg brach im Juli 1894 aus und begann mit der Besitzergreifung Koreas durch die Japaner. Er endete, nach schweren Niederlagen Chinas, im April 1895; die Intervention Rußlands, Frankreichs und Deutschlands zwang die Japaner zum Verzicht auf festländische Eroberungen.

72 Man merke, wie leicht Engels sich zu einer schablonenhaften Anwendung der Marxschen Geschichtstheorie verführen läßt, wogegen Marx selbst die historisch bedingte Partikularität der Sozialentwicklung im asiatischen Raum zumindest im Ansatz theoretisch festgelegt hat. Vgl. Karl A. Wittfogel, *Oriental Despotism. A Comparative Study of Total Power.* New Haven 1957; die in dieser sonst bedeutenden Arbeit praktizierte Denunzierung einer geistigen Unehrenhaftigkeit von Marx wegen dessen »Verschwiegenheit« betreffend die bürokratische Natur der asiatisch-orientalischen Gesellschaft erscheint uns haltlos (vgl. zu diesem Thema P. Vidal-Naquet, Einleitung zur franz. Ausgabe des Buches von Wittfogel, *Le despotisme oriental.* Paris 1964). Von anderen wichtigen Schriften seien hier genannt: George Lichtheim, *Marx and the »Asiatic Mode of Production«*, in: »St. Antony's Papers« 14, 1963; D. Thorner: *Marx on India and the Asiatic Mode of Production;* in: »Contributions to Indian Sociology«, Dez. 1966.

73 Es sei hier daran erinnert, daß einige Wochen nach der Machtergreifung durch die bolschewistische Partei ein von Lenin entworfenes Dekret die in- und ausländischen Staatsanleihen annullierte: die lang ersehnte und versprochene Nationalversammlung wurde am 19. Januar 1918 durch Waffengewalt aufgelöst und das dem »verstorbenen« Absolutismus anvertraute französische Kapital wurde vom neuen Absolutismus (dem, nach Lenin, in der Revolution sich herausbildenden »neuen Staatstypus«) – »sozialisiert«.

74 Engels bekam das Buch durch die Vermittlung Kautskys (siehe E. an K., 23. Sept. 1894).

75 In seinem Brief vom 12. Nov. 1894 (MERR 709ff) verständigte Danielson Engels, daß er beabsichtige, das Buch Struves *Kritische Bemerkungen zur Frage der*

ökonomischen Entwicklung Rußlands (russ., Petersburg 1894) zu besprechen und sich auf Engels' Ansichten zu stützen. Über die sensationelle Wirkung von Struves Schrift, die eine scharfe Kritik der populistischen Anschauungen mit einer dithyrambischen Apologie des Kapitalismus verband, vgl. D. Geyer, a.a.O., S. 31ff, sowie R. Pipes, a.a.O., S. 102ff.

76 Engels' reservierte Haltung Danielson gegenüber erklärt sich zum Teil durch Plechanows hartnäckige Bekrittelung des »reaktionären« Narodnik. Siehe Plechanow an Engels, Ende Mai und 10. Juli 1894 (MERR 691ff u. 699ff).

77 Plechanows Buch *Zur Frage der Entwicklung der monistischen Geschichtsauffassung. Eine Antwort an die Herren Michailowski, Karejew und Comp.* erschien (russisch) 1895 in Petersburg; deutsch Berlin 1956.

78 Liberale Tageszeitung, Petersburg 1890 bis 1895.

79 In der Januar-Nummer dieser liberal-volkstümlichen Monatsschrift erschien ein Artikel von L. Sak, *Istoritscheski materialism,* der Engels *Ursprung der Familie* ... scharf kritisierte. Siehe Plechanow an Engels, 20. Febr. 1895 (MERR 721ff). In derselben Zeitschrift veröffentlichte Danielson seine Kritik des Struveschen Buches (siehe Nr. 86).

80 Über den »legalen Narodnitschestwo« siehe D. Geyer, S. 22ff. Zu den »seltsamsten Ideenverbindungen« bei einem anderen Russen – Lenin – siehe unser Nachwort.

81 Siehe oben Nr. 12. Zu Marx' Studium russischer Quellen siehe die Zusammenstellung von H. Krause, a.a.O., S. 85ff.

Anmerkungen zum Nachwort

1 Eine überaus nützliche Behandlung der gesamten Problematik nach der einschlägigen Literatur bietet Dieter Groh, *Rußland und das Selbstverständnis Europas. Ein Beitrag zur europäischen Geistesgeschichte.* Neuwied 1961. Von früheren Arbeiten seien genannt: Th.G. Masaryk, *Rußland und Europa. Studien über die geistigen Strömungen in Rußland.* Jena 1913; vgl. dazu Alexander Brückner, *Rußland und Europa.* In: »Arch. f.d. Gesch. des Sozialismus u.d. Arbeiterbewegung« VI (1916), 84ff. – K. Nötzel, *Die Grundlagen des geistigen Rußlands.* Jena 1917. Zur geschichtsphilosophischen Selbstinterpretation Rußlands vgl. Alexander von Schelting, *Rußland und Europa im russischen Geschichtsdenken.* Bern 1948.

2 W.I. Lenin, *Vom Zentralkomitee* ... In: »Prawda« Nr. 182, 7. Nov. 1917 (AW, Bd. 2, S. 275).

3 W.I. Lenin, *Thesen über den sofortigen Abschluß eines annexionistischen Separatfriedens.* In: »Prawda« Nr. 34, 24. Februar 1918 (AW, Bd. 2, S. 311).

4 MEW 4, 473.

5 Ein charakteristisches Beispiel leichtfertiger Handhabung der (später empirisch widerlegten) Dialektik bietet Trotzkis »Theorie der permanenten Revolution«. Noch 1928 – also im Exil – zitierte er mit Stolz folgende Stelle eines Artikels von 1906: »In einem ökonomisch zurückgebliebenen Lande kann das Proletariat eher

an die Macht kommen als in den kapitalistisch fortgeschrittenen Ländern. Die Vorstellung von irgendeiner automatischen Abhängigkeit der proletarischen Diktatur von den technischen Kräften und Mitteln des Landes bildet ein Vorurteil des bis zum äußersten versimpelten ›ökonomischen‹ Materialismus. Mit Marxismus hat diese Ansicht nichts gemein.« *Die permanente Revolution*. Berlin 1930, S. 62ff.

6 Im Grunde beschränkt sich diese »Theorie« auf apodiktische Behauptungen oder nichtssagende Trivialitäten, die einfach dazu bestimmt sind, das *fait accompli* des Parteisieges als unbezweifelbare Garantie jeder wie immer gearteten Formulierung historischer oder gesellschaftlicher Gesetzmäßigkeit zu dekretieren. Vgl. zu dieser »Dialektik der Rückschrittlichkeit« Alfred G. Meyer, *Leninism*. Cambridge/Mass. 1957, S. 257ff. Im einleitenden Kapitel seiner *Geschichte der russischen Revolution* beruft sich Trotzki auf das sogenannte »Gesetz der kombinierten Entwicklung«, demzufolge »die Revolution« (!) in einigen Monaten das Proletariat (!) an die Macht gebracht hatte, mit der kommunistischen Partei an der Spitze!

7 Vgl. Nicolas Berdiaev, *L'Idée russe. Problèmes essentiels de la pensée russe au XIXeet début du XXe siècle*. Tours 1969 (die russische Originalausgabe erschien in Paris 1946). Dem Verfasser zufolge bewies 1917, daß die russische Revolution, der besonderen religiösen Sendung Rußlands entsprechend, nur eine sozialistische sein konnte, aber nicht im Sinne der Lehre von Marx und Engels, sondern im Geiste der spezifischen russischen Tradition, die nicht Plechanow, sondern Tkatschow – Lenins Vorläufer! – repräsentierte. Man darf Berdjajews Geschichtsmystik aus guten Gründen ablehnen, auch wenn man zugeben muß, daß die revolutionäre Auserwähltheit Rußlands eine Hauptkomponente der bolschewistischen Ideologie ist. Vgl. dazu Lenin, der in der Rückständigkeit seines Landes eine der historischen Ursachen sah, die bewirkten, daß dort die Revolution früher als in anderen Ländern ausbrach und »daß Rußland hinsichtlich seines *politischen* Systems die fortgeschrittenen Länder in einigen Monaten eingeholt hat«: *Die drohende Katastrophe und wie man sie bekämpfen soll*; geschrieben im September 1917 (AW II, S. 129ff.).

8 Vgl. besonders im *Manifest der Kommunistischen Partei* die Beschreibung der revolutionären Rolle der Bourgeoisie (MEW 4, 464ff.).

9 Vgl. Heinrich Scharp, *Abschied von Europa?* Frankfurt/M. 1953, S. 166.

10 Marx, *Die moralisierende Kritik* ... In: »Deutsche-Brüsseler-Zeitung«, 18. Nov. 1847 (MEW 4, 352). Auf diesen Artikel beriefen sich Marx und Engels 18 Jahre später, als sie gegen den von Johann Schweitzer im »Social-Demokrat« vertretenen »königlich preußischen Regierungssozialismus« auftraten (MEW 16, 79).

11 Vgl. H. Scharp, a.a.O., S. 164.

12 Vgl. Siegfried Bahne, *Zwischen »Luxemburgismus« und »Stalinismus«. Die »ultralinke« Opposition in der KPD*. In: Vierteljahrshefte für Zeitgeschichte, Heft 4, Okt. 1961, S. 378ff. Der Verfasser behandelt in diesem Zusammenhang die von Korsch in verschiedenen Aufsätzen vertretenen Ansicht, daß nicht nur der »Trotzkismus« und der »Stalinismus« eigentlich »auf der ›neu-narodnikischen‹ Negation der Möglichkeit einer normalen kapitalistischen Entwicklung in Rußland (basierten)«, sondern daß auch Lenin selbst »um die Jahreswende 1920/21 vollkommen bewußt entgegen all seinen früheren Erklärungen den neuen marxistischen Mythos von dem an sich sozialist. Charakter des Sowjetstaates ... aufgestellt hat« (zitiert aus »Der

Gegner«, Nr. 3, S. 11). Bahne, a.a.O., S. 377. Vom selben Verfasser siehe *Der »Trotzkismus« in Geschichte und Gegenwart*, ebendort, Heft 1, 1967, S. 56ff.

13 Vgl. z.B. Marx, *Sieg der Kontrerevolution in Wien*. In: »Neue Rheinische Zeitung«, 7. Nov. 1848 (MEW 5, 455ff).

14 Marx, *Die Bourgeoisie und die Kontrerevolution*. In: »N.Rh.Z.«, 15. Dez. 1848 (MEW, 6, 108ff).

15 MEW 4, 464.

16 Vgl. M. Rubel, *Marx devant le bonapartisme*. Paris/La Haye 1960.

17 *Manifest der Kommunistischen Partei* (MEW 4, 471).

18 a.a.O., S. 490.

19 »Unsere Theorie ist kein Dogma, sondern die Darlegung eines Entwicklungsprozesses, und dieser Prozeß schließt aufeinanderfolgende Phasen ein. Erwarten, daß die Amerikaner mit dem vollen Bewußtsein der Theorie beginnen werden, die in älteren industriellen Ländern ausgearbeitet ist, heißt Unmögliches erwarten.« Engels an Florence Kelley-Wischnewetzky, 28. Dez. 1886. (S. auch Engels an dieselbe, 27. Jan. 1887.) »Unsere Geschichtsauffassung ... ist vor allem eine Anleitung beim Studium, kein Hebel der Konstruktion à la Hegelianertum« (Engels an C. Schmidt, 5. Aug. 1890). Siehe unten Anm. 102.

20 Vgl. *Manifest der Kommunistischen Partei*, MEW 4, 471. Ebenso Marx/Engels an Bebel, Liebknecht, Bracke u.a., 17/18. Sept. 1879, MEW 34, 406.

21 Vgl. Marx, *Enthüllungen über den Kommunisten-Prozeß zu Köln*, 1853 MEW 8, 458ff).

22 Ebenda, S. 458. Auch die in ausgesprochen »jakobinistischem« Geist abgefaßte Ansprache der Zentralbehörde an den Bund vom März 1850 berechtigt zu keinem – Leninschen! – Parteifetischismus. Das dort aufgestellte Postulat der »Revolution in Permanenz« betont den prozeßartigen – also durchaus nichtumstürzlerischen – Charakter der proletarischen Machteroberung; daher die These, daß die Gründung einer neuen Gesellschaft die vorherige Herrschaft der »kleinbürgerlichen Demokratie«, die »Assoziation der Proletarier nicht nur in einem Lande, sondern in allen herrschenden Ländern der ganzen Welt« sowie die Konzentration der »entscheidenden produktiven Kräfte in den Händen der Proletarier« voraussetze. MEW 7, 244–254 passim.

23 Marx an Engels, 8. Okt. 1859.

24 Vgl. z.B. Marx, *Eine preußische Meinung zum Krieg*. In: »New-York Daily Tribune«, 10. Juni 1859 (MEW 13, 353ff).

25 Vgl. Marx, *Herr Vogt*, 1860. MEW 14, 385ff, besonders das 8. Kapitel, S. 490ff.

26 Marx an Freiligrath, 29. Febr. 1860 (MEW 30, 495).

27 *Herr Vogt*, a.a.O., S. 449.

28 Ebenda, S. 449ff.

29 Ebenda, S. 450.

30 Zum Verhältnis von Marx zu Lassalle, vgl. besonders den Brief des ersten an Ludwig Kugelmann, 23. Febr. 1865 (MEW 31, 451ff). Die diktatorisch-cäsaristischen Manieren des »Realpolitikers«, der Bismarcks Hand »im Interesse des Proletariats« schüttelte, waren ihm ein Greuel. Vgl. ebenfalls Marx an Engels, 9. April

1863, 30. Jan. 1865, 18. Febr. 1865. Ein prägnantes Gesamtbild Lassalles gibt Hans Mommsen, Artikel *Lassalle.* In: SDG, Bd. 3, 1969, S. 1333–74. Vgl. die neueste politische, sehr ausführliche Biographie des Begründers des Allgemeinen Deutschen Arbeiter-Vereins von Shlomo Na'aman, *Lassalle.* Hannover 1970. Zu Bakunins autokratischem Anarchismus siehe oben, S. 46ff. Siehe auch Marx an Paul und Laura Lafargue, 19. April 1870 (MEW 32, 673ff).

31 Vgl. M. Rubel, *La charte de la Première Internationale. Essai sur le marxisme dans l'A.I.T.* In: Mouvement social, Nr. 51, 1965, S. 3ff.

32 Zu Lenins positiver Einschätzung der politischen Wirksamkeit Lassalles und dessen Auffassung der Erziehungsdiktatur vgl. H. Mommsen, a.a.O., S. 1369ff.

33 Zum Antirussentum der aus der linkshegelianischen Schule hervorgegangenen deutschen Radikalen vgl. Helmut Krause, a.a.O., S. 12ff. Wenig aufschlußreich ist die kleine Schrift von W.N. Kotow, *Karl Marx und Friedrich Engels über das russische Volk.* (Ost-) Berlin 1953.

34 Einen Gesamtüberblick über die von Marx in Kreuznach 1843 betriebenen geschichtlichen Studien gibt MEGA, Bd. 1, 2. Halbband, S. 118–136.

35 Vgl. *Kritik des hegelschen Staatsrechts*, MEW 1, 203–331. Vgl. Joseph O'Malley, Einleitung zu: Karl Marx: *Critique of Hegel's Philosophy of Right*, Cambridge, 1970, S. IXff.

36 MEW 1, 231.

37 *Kritische Randglossen* ... In: »Vorwärts«, 7. Aug. 1844 (MEW 1, 347).

38 Von der 4. Nummer (13. Jan. 1844) an erschienen im Pariser »Vorwärts« zahlreiche Artikel, die sich mit de Custines Buch und mit den vom russischen Zaren angeregten und bezahlten Repliken beschäftigten. Vgl. D. Groh, a.a.O., S. 184ff.

39 A. de Custine: *Rußland im Jahre 1839.* Aus dem Französischen des Marquis de Custine von Dr. A. Dietmann. Leipzig 1843, Bd. I, S. 106.

40 Ebenda, S. 108f.

41 Ebenda, S. 138.

42 Ebenda, S. 178.

43 Ebenda, S. 180.

44 Ebenda, S. 217f.

45 Ebenda, S. 223.

46 Ebenda, S. 227.

47 Ebenda, S. 236.

48 Ebenda, Bd. II, S. 28.

49 Ebenda, Bd. II, S. 64.

50 Ebenda, Bd. III, S. 339. Die letzten Äußerungen de Custines tragen das Datum »Ems, 22. Oktober 1839«.

51 Ebenda, S. 347.

52 Ebenda, S. 352.

53 Ebenda, S. 365.

54 Ebenda, S. 373.

55 Marx, *Zur Kritik der politischen Ökonomie.* Vorwort, MEW 13, 10.

56 Ebenda.

57 *Manifest der Kommunistischen Partei*, MEW 4, 466.

58 Friedrich Nietzsche, *Vom Nutzen und Nachteil der Historie für das Leben.* In: Werke, 1. Band, München 1966, S. 219ff. Zur »Hegelisch verstandenen Geschichte«, s. ebenda, S. 263ff. Es sei jedoch betont, daß Nietzsches verächtliche Behandlung der »Geschichte vom Standpunkt der *Massen*« (ebda S. 272ff) Marx' Auffassung diametral entgegengesetzt ist.

59 *Manifest*, a.a.O., S. 466.

60 *Forderungen der Kommunistischen Partei in Deutschland*, MEW 5, 3ff.

61 Marx, *Der Gesetzentwurf über die Aufhebung der Feudallasten.* In: »N.Rh.Z.«, 30. Juli 1848. MEW 5, 283.

62 *Marx und die »Neue Rheinische Zeitung« 1848–1849.* In: »Der Sozialdemokrat«, 13. März 1884. MEW 21, 16.

63 A.a.O., S. 17ff.

64 A.a.O., S. 19.

65 A.a.O., S. 22. Auf die anti-russische Haltung der »N.Rh.Z.« hinweisend, schrieb Marx zwölf Jahre später an Lassalle: »Über unsere Rußlandbeziehung glaube ich, daß Du Dich täuschst. Die Ansicht, die ich und Engels sich gebildet haben, ist ganz selbständig, und ich kann sagen, mühsam, durch vieljähriges Studium der russischen Diplomatie erzeugt. Man haßt Rußland allerdings in Deutschland, und wir haben schon in der ersten Nummer der ›N.Rh.Z.‹ den Krieg gegen Rußland als Revolutionsmission Deutschlands hingestellt. Aber Hassen und Verstehn sind zwei ganz verschiedne Dinge.« MEW 30, 565. Lassalle hatte Marx geschrieben, daß der »Krieg gegen Rußland« das »populärste, alles hinschreiende Feldgeschrei« wäre, »das jemals in Deutschland erhoben worden«, und daß er diesen Krieg als Deutschlands »bestes und notwendiges Erbteil« betrachte. Vgl. F. Lassalle: *Nachgelassene Briefe und Schriften*, 3. Band. Berlin 1922, S. 324ff.

66 Aussagen wie die nachfolgenden sind für die Tendenz jener Zeitungsberichte charakteristisch: »Rußland ist entschieden eine Eroberernation und war es auch ein ganzes Jahrhundert lang, bis ihm die große Bewegung von 1789 einen furchtbaren Gegner voll mächtiger Tatkraft schuf. Wir meinen die europäische Revolution, die Explosivkraft der demokratischen Ideen und den der Menschheit angeborenen Drang nach Freiheit.« F. Engels, *Worum es in der Türkei in Wirklichkeit geht.* In: »New-York Daily Tribune« 12. April 1853 (MEW 9, 17). – »Beim Beurteilen der Außenpolitik der herrschenden Klassen und des Kabinetts (gemeint ist England, M.R.) dürfen wir nicht einen Krieg mit Rußland aus den Augen verlieren, der ein allgemeines revolutionäres Aufflammen auf dem Kontinent nach sich ziehen und heute wahrscheinlich bei den Volksmassen in Großbritannien einen schicksalsschweren Widerhall hervorrufen würde.« K. Marx, *Kontinentale und englische Begebenheiten.* In: »N.Y.D.T.«, 5. Sept. 1853 (MEW 9, 291).

67 So Engels, *Die türkische Frage.* In: »N.Y.D.T.«, 19. April 1853 (MEW 9, 23ff).

68 Marx an Lassalle, um den 2. Juni 1860, MEW 30, 547ff. Marx lobte die Urquhartisten, ein »großes Ziel«, nämlich den Kampf mit Rußland zu verfolgen und er machte die »diplomatische« Bemerkung: »Wir Revolutionäre haben sie zu benutzen, solange sie nötig sind. Es hindert dies nicht, ihnen direkt auf den Kopf zu schlagen, wo sie in der inneren Politik hemmend entgegentreten.« Ebenda, S. 549.

69 Siehe Anm. 66.

70 Jacob Burckhardt, *Weltgeschichtliche Betrachtungen*. Leipzig, s.a. S. 37.

71 Siehe F. Engels, *Der magyarische Kampf*. In: »N. Rh. Z.«, 13. Jan. 1849, MEW 6, 171. Derselbe, *Der demokratische Panslawismus*. In: »N. Rh. Z.«, 15. u. 16. Febr. 1849, MEW 6, 270–286.

72 A. a. O., S. 168. Siehe hingegen Engels an Marx, 23. Mai 1851, wo die Ansicht vertreten wird, daß die Polen »une nation foutue« sind, denen gegenüber die Deutschen nur die Wiederherstellung »mit suitabler Grenze« schuldig sind, »unter der Bedingung der agrarischen Revolution«. Engels ist sicher, »daß diese Revolution in Rußland eher vollständig zustande kommt als in Polen, wegen des Nationalcharakters und wegen der entwickelteren Bourgeoisieelemente in Rußland«. MEW 27, 266ff.

73 Engels, *Der magyarische Kampf*, a. a. O., S. 171.

74 Engels, *Der demokratische Panslawismus*, a. a. O., S. 273. Früher hatte sich Engels auf Hegel bezogen, um die slawischen »Völkerabfälle« als dem unbarmherzigen Gang der Geschichte ausgeliefert zu sehen. Ihre ganze Existenz sei »überhaupt schon ein Protest gegen eine große geschichtliche Revolution«. A. a. O., S. 172.

75 A. a. O., S. 286.

76 Vgl. Groh, a. a. O., S. 206ff.

77 Siehe dagegen den Gedankenaustausch zwischen Moses Hess und Herzen. In: Moses Hess, *Briefwechsel*. Hrsg. v. E. Silberner. ›S-Gravenhage 1959, S. 234ff u. 277ff. In seinem anonym veröffentlichten Buch *Vom anderen Ufer* (Hamburg 1850) prophezeite Herzen, daß die slawische Völkerfamilie die altersschwache europäische beerben werde. Dazu schrieb Hess (etwa Febr. 1850): »Ich gebe zu, daß die Slawen ein modernes Byzanz, ein westliches China, aber nicht, daß sie eine sozialdemokratische Republik aus unsrem Europa machen können, wenn nicht Europa sich selbst befreit.« A. a. O., S. 245. Vgl. Groh, a. a. O., S. 253ff.

78 Nach dem Manuskript veröffentlicht in MEW 7, 468ff. Über die russische Armee, ebenda S. 476ff. »General« Engels trug anscheinend keine Bedenken, die proletarische Revolution mit dem Imperatif des Gebrauchs der von der Bourgeoisie erfundenen Mittel und Methoden der modernen Kriegführung auszustatten.

79 Marx an Engels, 21. Jan., 29. Jan. u. 23. Febr. 1853.

80 Engels an Joseph Weydemeyer, 12. April 1853, MEW 28, 577.

81 Ebenda.

82 Marx an Engels, 7. Sept. 1853, a. a. O., S. 287.

83 Ebenda.

84 Vgl. Marx/Engels, *Die heilige Familie*, 1844, und *Die deutsche Ideologie*, 1845–1846.

85 Vgl. Groh, a. a. O., S. 265ff.

86 Vgl. Bruno Bauer, *Rußland und das Germanenthum*. Charlottenburg 1853, S. 117ff.

87 Marx an Engels, 8. Dez. 1854.

88 Über Engels' unvollendete Broschüre *Deutschland und das Slawentum* vgl. Gustav Mayer: *Friedrich Engels*. Eine Biographie. Haag 1934, 2. Bd., S. 54ff. Das Manuskript befand sich ursprünglich in dem heute vom Amsterdamer »Internationalen

Institut für Soziale Geschichte« aufbewahrten Nachlaß von Marx und Engels. Nach der Vermutung von Helmut Krause (a. a. O., S. 90) wurde es »von Rjazanov mit nach Moskau genommen«. Vgl. dazu N. Rjasanoffs Anmerkung in: Gesammelte Schriften von Marx/Engels ..., II. Band, Stuttgart 1920, S. 520.

89 G. Mayer, a. a. O., S. 57.

90 Ebenda, S. 58. Siehe auch Engels, *Deutschland und der Panslawismus*, »Neue Oder-Zeitung«, 21. u. 24. April 1855, MEW 11, 193ff. Dazu Marx an Moritz Elsner, 17. April 1855 (MEW 28, 616).

91 Über die von der »New-York Daily Tribune« aus »Russophilie« nicht abgedruckten anti-panslawistischen Artikel von Marx und Engels vgl. N. Rjasanoff, Einleitung zu: Gesammelte Schriften ..., Bd. I, S. XXXVff. Siehe auch MEW 28, 719 (Anm. 454).

92 Marx an Engels, 13. Febr. 1855, MEW 28, 434ff.

93 Marx an Engels, 14. Dez. 1855.

94 Marx an Engels, 18. Jan. 1856.

95 N. Rjasanoff, *Karl Marx über den Ursprung der Vorherrschaft Rußlands in Europa*. Ergänzungshefte zur »Neuen Zeit« Nr. 5, 5. März 1909, S. 11. Siehe oben S. 119ff einen Auszug aus Marx' *Enthüllungen*.

96 Nietzsche, a. a. O., S. 229.

97 Ende 1855 erschien Bruno Bauer bei Marx in London und besuchte ihn dann öfters. Siehe Marx' Berichte über den »alten Jungen« in Briefen an Engels, 14. Dez. 1855, 18. Jan. u. 12. Febr. 1856. In bezug auf Rußland bekam Marx von seinem Besucher folgendes zu hören: »... der alte Zustand im Westen müsse über den Haufen geworfen werden; das könne nur vom Orient her geschehen, da der Orientale allein wirklichen Haß besitzt, nämlich gegen den Okzidentalen, und Rußland die einzig kompakte Macht des Orients, besides das einzige Land in Europa, wo noch ›Zusammenhang‹ existiert.« An Engels, 18. Jan. 1856, MEW 29, 6. Ein Jahr später erhielt Marx von Bauer dessen Rußland-Broschüren. »Schwach und prätentiös«, urteilte Marx (Brief an Engels, 10. Jan. 1857, a. a. O., S. 93), nachdem er sich ernstlich mit dem Gedanken getragen hatte, gegen Bauer loszuziehen, wie dies durch eine unvollendet gebliebene Arbeit bezeugt wird (siehe folgende Anm.).

98 Vgl. Karl Marx, *Pamflety Bruno Bauera o russkom konflikte*. In: *Letopisi marksisma*, VI, 1928, S. 52–61. Eingeleitet von F. Schiller. Soweit bekannt, ist die deutsche Originalfassung des Marxschen Manuskripts noch nicht veröffentlicht worden. Jedenfalls fehlt sie in den bis heute erschienenen Bänden der MEW, ebenso wie Engels' oben genannte Schrift (s. Anm. 88).

99 Für weitere Details zu Marx' und Engels' Beurteilung des russischen Absolutismus – besonders nach 1860 – sei hier auf die bereits genannte Arbeit von Helmut Krause verwiesen.

100 *Zur Kritik der Politischen Ökonomie*. 1859, MEW 13, 9.

101 *Das Kapital*, Buch I, Vorwort, MEW 23, 14.

102 Engels an F. A. Sorge, 29. Nov. 1886: »Die Deutschen ... verstehn die Theorie großenteils selbst nicht und behandeln sie doktrinär und dogmatisch als etwas, das auswendig gelernt werden muß ... Es ist ihnen ein Credo, keine Anleitung zum Handeln.« MEW 36, 578.

103 Siehe Marx an Jenny Longuet, 11. April 1881, oben S. 112; Engels: *Flüchtlingsliteratur, IV.* In »Volksstaat«, 28. März 1875 (MEW 18, 546ff), oben S. 195ff. Vgl. N. A. Morosows Erinnerungen an Marx in RSME, S. 78–86; L. N. Hartman an N. A. Morosow, 14. Mai 1880, ebenda S. 180ff.

104 Der Generalrat der I. A. A. an die Mitglieder des Komitees der russischen Sektion in Genf, 24. März 1870, MEW 1), 407ff.

105 Vgl. A. L. Reuel, *Russkaja ekonomitscheskaja mysl 60 – 70 godow XXX weka i marksism.* Moskau 1956. Siehe oben, S. 117f, Marx an Laura Lafargue, 14. Dez. 1882; Engels an J. E. Papritz, 26. Juni 1884, oben S. 227.

106 Siehe die Auszüge aus Marx' Briefen, oben S. 77ff.

107 Engels an I. A. Gurwitsch, 27. Mai 1893 (siehe S. 274f).

108 Engels an Danielson, 17. Okt. 1893; an Plechanow, 26. Febr. 1895, S. 266ff u. S. 263.

109 Siehe Marx an Jenny Longuet, 11. April 1881, oben S. 112, Kautsky an Bernstein, 30. Juni 1885; S. 177.

110 Vgl. V. Gitermann, a. a. O., S. 619. »Kampf um eine gemäßigt liberale Verfassung – das war der objektive Sinn von *Narodnaja Woljas* legendärer revolutionärer Arbeit«, schreibt Theodor Dan, a. a. O., S. 112.

111 Siehe oben, S. 187, Wodens Bericht.

112 Vgl. P. Akselrod, *Gruppa »Oswoboshdenie Truda«*. In: *Letopiso Marksisma VI*, 1928, S. 82–112. Th. Dan, a. a. O., S. 141ff.

*113 Vgl. D. Geyer, a. a. O., S. 26ff. Bezeichnend für die Heterogenität des Marx-*Verständnisses der russischen Studentengeneration der neunziger Jahre ist der von A. N. Potresov und P. Struve ins Leben gerufene sogenannte »legale Marxismus«. Zu Struves bahnbrechender Leistung vgl. neuestens Richard Pipes, *Struve. Liberal on the Left. 1870–1905.* Cambridge Mass. 1970. Vom selben Verfasser vgl. *Social Democracy and the St. Petersburg Labor Movement 1885–1897.* Cambridge Mass. 1963.

114 G. Plechanow, *Sotsialism i polititscheskaja borba.* Genf 1883. Hier zitiert nach der franz. Ausgabe; Oeuvres philosophiques, Bd. I, Moskau s. a. S. 55. Lenin nannte diese Schrift »das erste Glaubensbekenntnis des russischen Sozialismus« (a. a. O., S. 853).

115 Vgl. Plechanow, *Unsere Meinungsverschiedenheiten;* 2., 3. u. 4. Kapitel, worin der Verfasser die Fortschritte des Kapitalismus und das Anwachsen des Fabrikproletariats in Rußland zum Hauptargument gegen sämtliche politischen Richtungen – namentlich gegen die populistische, anarchistische und jakobinistische – erhebt. – Lenin, *Die Entwicklung des Kapitalismus in Rußland. Der Prozeß der Bildung des inneren Marktes für die Großindustrie.* Petersburg 1899. – Struve, *Kritische Bemerkungen zur Frage der ökonomischen Entwicklung Rußlands.* Petersburg 1894. Dazu D. Geyer, a. a. O., S. 1ff.

116 Vgl. K. Kautskys Kommentar zum Programmentwurf der österreichischen sozialdemokratischen Partei. In: »Neue Zeit« XX, Bd. I, 1901/02, S. 79ff: »Das sozialistische Bewußtsein ist ... etwas in den Klassenkampf des Proletariats Hineingetragenes, nicht etwas aus ihm urwüchsig Entstandenes.« Lenin zitiert in *Was tun?* (1902) einen längeren Passus aus Kautskys Artikel zur Untermauerung seiner eige-

nen These, wonach »die Arbeiterklasse aus ihren eigenen Kräften einzig und allein ein trade-unionistisches Bewußtsein herauszuarbeiten vermag«, wogegen das »sozialdemokratische Bewußtsein ... ihnen nur von außen gebracht werden« kann; AW, Bd. I, S. 199 u. 206ff. Dabei bringt Lenin zuvor ein Zitat aus Engels' *Der deutsche Bauernkrieg*, worin von den deutschen Arbeitern gesagt wird, »daß sie dem theoretischsten Volk Europas angehören und daß sie sich den theoretischen Sinn bewahrt haben, der den sogenannten ›Gebildeten‹ Deutschlands so gänzlich abhanden gekommen ist« (a.a.O., S. 195). Was Engels von den deutschen Arbeitern behauptet, wird zunächst von Lenin als nationale Aufgabe der sozialistischen Partei Rußlands übernommen, der die »Rolle des Vorkämpfers« schon deshalb zukommt, weil sie von einer revolutionären, »fortgeschrittenen« Theorie begleitet wird (ebenda); unmerklich vollzieht sich dann bei Lenin die Übertragung des Sendungspostulats von der Partei auf die Klasse, wobei der charismatische Charakter dieser Identifizierung klar hervortritt: »Die Geschichte hat uns (!) jetzt die nächste Aufgabe gestellt, welche die *revolutionärste* von allen *nächsten* Aufgaben des Proletariats irgendeines anderen Landes ist« (S. 197). Schließlich versteigt sich Lenin zu dem vom Standpunkt der materialistischen Zivilisationstheorie haarsträubenden Glaubensbekenntnis: »Die Verwirklichung dieser Aufgabe, die Zerstörung des mächtigsten Bollwerks nicht nur der europäischen, sondern ... auch der asiatischen Reaktion, würde das russische Proletariat zur Avantgarde des internationalen revolutionären Proletariats machen.« (ebenda). Auch darin wurde Lenin von Kautsky bestärkt, der 1902 in einem speziell für die »Iskra« geschriebenen Aufsatz *Die Slawen und die Revolution* dozierte, »daß die Slawen nicht nur in die Reihen der revolutionären Völker getreten sind, sondern daß auch der Schwerpunkt des revolutionären Gedankens und der revolutionären Tat sich immer mehr und mehr zu den Slawen verschiebt ... Rußland hat längst aufgehört, für Westeuropa einfach das Bollwerk der Reaktion und des Absolutismus zu sein. Jetzt ist wohl gerade das Umgekehrte der Fall. Westeuropa wird zum Bollwerk der Reaktion und des Absolutismus in Rußland.« Was Wunder, daß Lenin achtzehn Jahre später diese Worte seines einstigen Lehrers – »als Kautsky noch Marxist und kein Renegat war« – triumphierend zitierte? Vgl. *Der »linke Radikalismus«, die Kinderkrankheit im Kommunismus*, 1920. In: AW II, S. 670ff.

117 Vgl. Th. Dan, a.a.O., S. 152.

118 Sieben Jahre vor dem Oktoberumsturz registrierte Trotzki das negative Fazit der sozialdemokratischen Aktion innerhalb der russischen Arbeiterschaft, wobei er sowohl die Menschewiki wie die Bolschewiki des Sektierertums, des Intelligenzlerindividualismus, des ideologischen Fetischismus und der Verzerrung des Marxismus bezichtigte. Vgl. L. Trotzky, *Die Entwicklungstendenzen der russischen Sozialdemokratie*. In: »Die Neue Zeit«, 9. Sept. 1910, S. 860ff. Noch 1916 äußerte Trotzki die größten Vorbehalte gegen ein Zusammengehen mit den sektiererischen »Leninisten«. Vgl. L.J. van Rossum, *Ein unveröffentlichter Brief Tročkijs von Anfang 1916*. In: »International Review of social History« XIV, 1969, Part 2, S. 251ff. Zum Verhältnis zwischen Trotzki und Lenin vor 1917 vgl. S. Bahne, *Der »Trotzkismus« in Geschichte und Gegenwart*, a.a.O., S. 68ff. Daß schließlich Trotzki in den Leninschen Parteifetischismus verfiel, obwohl er für einen »demokra-

tischen Zentralismus« eintrat, darf um so weniger Wunder nehmen, als ja die Partei für beide Protagonisten »der höchste Ausdruck der proletarischen Selbsttätigkeit überhaupt« war (siehe ebenda S. 72). Vgl. ebenfalls L. Trotzki, *Terrorisme et communisme*. Paris 1963; in dieser 1920 veröffentlichten Philippika gegen Kautskys gleichnamige Schrift (Berlin 1919) verteidigt Trotzki das Vorrecht der kommunistischen Partei, die Diktatur des Proletariats politisch zu vertreten.

119 Vgl. Oskar Anweiler, *Die Rätebewegung in Rußland. 1905–1921*. Leiden 1958, S. 55.

120 Siehe die genaue Beschreibung der Studienhefte von Marx aus der Kreuznacher Periode (Juli–Oktober 1843) in: MEGA, 1. Abtg., 1. Bd, Zweiter Halbband, S. 118–136.

121 *Der König von Preußen und die Sozialreform*. Von einem Preußen [A. Ruge]. In: »Vorwärts«, Paris, 27. Juli 1844.

122 Marx, *Zur Kritik der Hegelschen Rechtsphilosophie. Einleitung*. In: »Deutsch-Französische Jahrbücher«, 1844, MEW 1, 386.

123 Marx, *Kritische Randglossen zu dem Artikel »Der König von Preußen ...«*. In: »Vorwärts«, 10. Aug. 1844. MEW 1, 404.

124 Ebenda, S. 404ff.

125 Ebenda, S. 405.

126 Ebenda, S. 401ff. Marx hielt an diesem Axiom fest, als er 27 Jahre später die Kommune-Adresse schrieb. Siehe oben das Zitat aus dem ersten Entwurf. S. 41ff.

227 Ebenda, S. 401.

128 Ebenda, S. 409.

129 *Die deutsche Ideologie*, MEW 3, 69.

130 Ebenda, S. 70.

131 Die Kennzeichnung der Kommune als »Regierung der Arbeiterklasse« beruhte offensichtlich auf der ersten Proklamation des von der Nationalgarde geformten Zentralkomitees, die Marx französischen und englischen Presseberichten entnahm, als er – wenige Tage vor dem Fall der Kommune – im Auftrag des Generalrats der Internationale die Adresse über den »Bürgerkrieg in Frankreich« zu schreiben begann. (Siehe den ersten Entwurf, MEW 17, 558ff, sowie das von Marx gesammelte Zeitungsmaterial, veröffentlicht in *Archiv Marksa i Engelsa*. Moskau 1934, Bd. III (VIII).) Marx ließ es aber bei dieser im Feuer der Ereignisse verfaßten Kampfschrift nicht bewenden, sondern sammelte nach deren Veröffentlichung systematisch weiteres Material über die Kommune. (Veröffentlicht in *Archiv Marksa i Engelsa*, Bd. XV, 1963.) Der Umstand, daß er 1876 Lissagarays *Geschichte der Kommune von 1871* hoch einschätzte, weist darauf hin, daß er sich dessen der historischen Wahrheit durchaus treuen Darstelllung der Ereignisse und dessen Deutung der Kommune-Verwaltung als einer hauptsächlich kleinbürgerlichen Einrichtung angenähert hatte. Marx' Briefe an Wilhelm Bracke zwischen September 1876 u. August 1877 betreffend die deutsche Ausgabe des Buches von Lissagaray sind dafür ein Zeugnis. Vgl. Günter Grützner, *Die Pariser Kommune. Macht und Karriere einer politischen Legende. Die Auswirkungen auf das politische Denken in Deutschland*. Köln und Opladen 1963, S. 49ff. Der Verfasser geht indes bei der Behandlung der Marxschen Kommune-Konzeption viel zu weit, wenn er schreibt, es sei Karl Marx

vorbehalten geblieben, »die theoretische (?) Grundlage für einen regelrechten Mythos um die Pariser Erhebung zu liefern« (S. 42). Zehn Jahre nach dem Ereignis schrieb Marx nüchtern, daß die Kommune, deren Majorität keineswegs sozialistisch war noch sein konnte, »mit geringem Quantum common sense ... einen der ganzen Volksmasse nützlichen Kompromiß mit Versailles – das allein damals Erreichbare – erreichen (konnte)«. Brief an F. Domela Nieuwenhuis, 22. Februar 1881, MEW 35, 160.

132 Siehe Marx an Kugelmann, 12. April 1871.

133 Marx an Kugelmann, 17. April 1871.

134 Engels an Vera Saussulitsch, 23. April 1885 (siehe oben S. 228ff.).

135 MEW 19, 244.

136 Siehe z. B. Lenin, *Die nächsten Aufgaben der Sowjetmacht.* In: »Iswestija des ZEK«, 28. April 1918 (AW, Bd II, S. 362). – *Thesen zum Referat ...*, 13. Juni 1921 (ebenda, S. 870). – *Der »linke Radikalismus« ...*, Mai 1920 (ebenda, S. 707).

137 Vgl. O. Anweiler, a. a. O., S. 127ff.

138 Siehe Lenins April-Thesen; AW, Bd II, S. 9. *Über die Doppelherrschaft,* ebenda, S. 12ff. *Die Aufgaben des Proletariats in unserer Revolution,* ebenda, S. 26ff.

139 Lenin, *Die Aufgaben des Proletariats ...*, ebenda, S. 26, 28ff, 30.

140 A. a. O., S. 10, 26ff.

141 Ebenda, S. 32.

142 *Das Kapital,* Buch I (MEW 23, 791).

143 Ebenda, S. 12 u. 15.

144 Vgl. Lenin, *Thesen und Referat über die bürgerliche Demokratie und die Diktatur des Proletariats ...*, 4. März 1919. »Uns fiel der Sieg«, heißt es dort, »dadurch leichter zu, weil wir im Oktober mit der Bauernschaft, mit der ganzen Bauernschaft gingen. In diesem Sinne war unsere Revolution eine bürgerliche.« Wollte Lenin damit etwa sagen, daß, wenn die Bolschewiki damals *gegen* die Bauernschaft »gegangen« wären, die Revolution eine ... sozialistische gewesen wäre? Es steht fest, daß Stalin diese Schlußfolgerung gezogen hat, als er die Zwangskollektivierung der russischen Landwirtschaft anordnete und innerhalb von 10 Jahren (1929 bis 1939) 93,5 v. H. aller Gehöfte zu Kolchosen vereinigen ließ. Plechanows 1883 geäußerte Meinung, daß im 20. Jahrhundert »selbst in Osteuropa« ein »Inka-Kommunismus« unmöglich wäre, wurde somit von Stalin Lügen gestraft. Vgl. Plechanow, *Sozialismus und politischer Kampf,* a. a. O., S. 66.

145 L. Trotzki, *Geschichte der russischen Revolution.* Frankfurt/M. 1960, S. 548.

146 Vgl. V. Gitermann, a. a. O., S. 534.

147 Engels an Joseph Weydemeyer, 12. April 1853, MEW 28, 580.

148 Ebenda.

149 F. Engels, *Der deutsche Bauernkrieg.* In: »N. Rh. Z.-polit.-ökon. Revue«. MEW 7, 400ff. Der von Münzer erträumte Gesellschaftsumsturz »ging in der Tat nie hinaus über einen schwachen und unbewußten Versuch zur übereilten Herstellung der späteren bürgerlichen Gesellschaft«. Ebenda, S. 402.

150 K. Marx, *Thesen über Feuerbach* (1845), MEW 3, 7.

151 K. Marx, *Zur Kritik* ..., a.a.O., S. 8ff.

152 Engels an Vera Sassulitsch, 23. April 1885 (siehe oben, S. 228ff). Mehr als 30 Jahre waren verflossen, da Engels seinem Freunde Marx seine Ansichten über ihre Partei als einer »Bande von Eseln, die auf uns schwört, weil sie uns für ihresgleichen hält«, und über die Revolution als »ein reines Naturphänomen« darlegte. »Und sowie man als der Repräsentant einer Partei auftritt, wird man in diesen Strudel der unaufhaltsamen Naturnotwendigkeit hereingerissen.« Brief vom 13. Februar 1851, MEW 27, 190.

153 Brief vom 19. Aug. 1852.

154 Marx, *Der achtzehnte Brumaire* ..., MEW 8, 117.

155 Erster Entwurf, MEW 17, 541.

156 Marx an Kugelmann, 17. April 1871.

157 Der Vergleich zwischen der Pariser Kommune und den Sowjets ist nicht Lenins originale Geistestat, sondern wurde bereits 1905 und 1906 von sozialrevolutionären Maximalisten und von Anarchisten propagandistisch verwertet. Vgl. O. Anweiler, a.a.O., S. 114ff.

158 Im ersten Entwurf der Kommune-Adresse unterstreicht Marx die Identität der Zielsetzung – »Beseitigung des Systems der Lohnarbeit mit allen seinen ökonomischen Bedingungen der Klassenherrschaft« – bei den in der Internationale politisch tätigen Sozialisten und bei den utopischen Gründern von Sekten. A.a.O., S. 557.

159 Siehe Lenins Rede vom 4. Juni 1917 über die Stellung zur Provisorischen Regierung; AW, Bd II, S. 59.

160 Lenins Parteifetischismus, der praktisch jene »ökonomische Potenz« implizierte, von der Marx nachwies, daß sie in der Form der *Staatsmacht* »der Geburtshelfer jeder alten Gesellschaft (sei), die mit einer neuen schwanger geht« (*Das Kapital*, Buch I, 24. Kap.), kommt am deutlichsten in seiner im Juni 1920 veröffentlichten Kampfschrift gegen den »linken Radikalismus« zum Ausdruck (AW, Bd II, S. 669–757). Der Verfasser scheute nicht davor zurück, die Herrschaftsbefugnisse des Zentralkomitees seiner Partei als *oligarchisch* zu bezeichnen, war aber vorsichtig genug, den Terminus »Oligarchie« in Anführungszeichen zu setzen, wohl um anzudeuten, daß er ihn im übertragenen Sinne gebrauchte. In Wahrheit verbargen die Anführungszeichen einen Geltungsanspruch, der einem persönlichen Charisma gleichkam. Siehe ebenda, S. 694. Lenins Identifizierungsbewußtsein versteigt sich manchmal zur Selbsthypnose: »Wir wollen nicht begreifen, daß wenn wir ›Staat‹ sagen, dieser Staat wir sind, das Proletariat, die Vorhut der Arbeiterklasse«. Rede auf dem 11. Parteitag, 27. März 1922, a.a.O., S. 927.

161 *Die nächsten Aufgaben* ..., a.a.O., S. 362.

162 Ebenda, S. 368.

163 *Die drohende Katastrophe* ... (1917), a.a.O., S. 124. Im Jahre 1921, da der Zusammenbruch der russischen Volkswirtschaft ihn zwang, sich an die Elementardoktrin des Marxschen *Kapital* zu erinnern und vom »Paradoxon« zu sprechen, wonach der privat- und staatswirtschaftliche Kapitalismus der Wegbereiter des Sozialismus ist, verwies Lenin auf die vier Jahre zuvor geschriebene Schrift, »damit – so schrieb er – der Leser sich davon überzeuge, daß ich keineswegs erst jetzt den

Staatskapitalismus ›hoch‹ einschätze, sondern das auch *vor* der Eroberung der Macht durch die Bolschewiki getan habe«. *Über die Naturalsteuer,* a.a.O., S. 831.

164 *Die nächsten Aufgaben* ..., a.a.O., S. 381.

165 Ebenda, S. 384. Aus diesen, dem proletarischen Marx-Schüler unglaublich klingenden Zeilen spricht der Geist jenes Führerkultus, den Engels 1850 folgendermaßen brandmarkte: »Die ganze Anschauung (Thomas Carlyles, M.R.) des historischen Entwicklungsprozesses verflacht sich zur platten Trivialität der Illuminaten- und Freimaurerweisheit des vorigen Jahrhunderts, zur einfachen Moral aus der ›Zauberflöte‹ und zu einem unendlich verkommenen und banalisierten Saint-Simonismus. Damit kommt natürlich die alte Frage, wer denn eigentlich herrschen soll, die mit hochwichtiger Seichtigkeit des breitesten diskutiert und endlich dahin beantwortet wird, daß die Edlen, Weisen und Wissenden herrschen sollen, woran sich dann ganz ungezwungen die Folgerung anschließt, daß viel, sehr viel regiert werden müsse, daß nie zuviel regiert werden könne, da ja das Regieren die stete Enthüllung und Geltendmachung des Naturgesetzes gegenüber der Masse ist.« Rezension von Thomas Carlyles *Latter-Day-Pamphlets.* In: »N.Rh.Z.-Polit.-ökon. Revue«, 4. Heft, April 1850 (MEW 7, 261).

166 Vgl. Hans Kelsen, *Marx oder Lassalle. Wandlungen in der politischen Theorie des Marxismus.* In: Archiv f. Gesch. d. Sozialismus u.d. Arbeiterbewegung XI, 1925, S. 261ff. »Die politische Theorie, so wie sie M. und E. entwickelt haben, *ist* reiner Anarchismus« (ebenda, S. 264).

167 *Die nächsten Aufgaben* ..., a.a.O., S. 383ff.

168 Siehe Lenins Resolutionsentwürfe des 10. Parteitags (8.–16. März 1921), a.a.O., S. 801ff u. S. 805ff.

169 »Der proletarische Staat muß ein vorsichtiger, sorgsamer, verständiger Wirt, ein richtiger *Großkaufmann* werden – sonst kann er das kleinbäuerliche Land nicht ökonomisch auf die Beine bringen ... Aber das ist gerade einer von jenen Widersprüchen, der im lebendigen Leben von der bäuerlichen Kleinwirtschaft über den Staatskapitalismus zum Sozialismus führt.« *Zum vierten Jahrestag der Oktoberrevolution,* a.a.O., S. 890.

170 *Über die Naturalsteuer,* a.a.O., S. 830.

171 Vgl. Alexander Erlich, *The Soviet Industrialization Debate. 1924–1928.* Cambridge/Mass. 1960. Hauptverfechter des dem *Kapital* entliehenen und für die Zwecke der Wirtschaftsentwicklung Rußlands umgetauften kapitalistischen Akkumulationsgesetzes des Sozialismus war Evgeni A. Preobrashenski, der zu jenem Zeitpunkt zu der von Trotzki geführten linken Opposition gehörte. Siehe ebd., S. 31ff.

172 *Das Kapital,* Buch I, MEW 23, 779.

173 Ein nicht-marxistischer Autor hat den – sozusagen – statistischen Beweis für diese These erbracht, indem er zum Maßstab seiner Untersuchung die Marxsche Analyse des Kapitalismus wählte. Das Ergebnis war die »überraschende Erkenntnis, daß sich die Bolschewisten in der Tat nicht zu Unrecht auf Marx berufen können – allerdings nicht auf den Marx, der die Ablösung der kapitalistischen Gesellschaft durch den Sozialismus voraussagte, sondern auf den Marx, der den Kapitalismus im *Kapital* beschrieben hat«. Vgl. Günther Wagenlehner, *Das sowjetische Wirtschaftssystem und Karl Marx.* Köln–Berlin 1960, S. 15.

174 Vgl. Werner Hofmann, *Stalinismus und Antikommunismus. Zur Soziologie des Ost-West-Konflikts.* Frankfurt/M. 1969, S. 40. Die Widerlegung dieser »Phänomenologie des sowjetischen Stalinismus« wurde vom selben Verfasser in einem früheren Werke erbracht: *Die Arbeitsverfassung der Sowjetunion,* Berlin 1956. Was Hofmann neuestens über die Praxis der Parteimacht und den »demokratischen Zentralismus« schrieb, hat nichts mit Marxscher Soziologie zu tun, wohl aber mit jener Parteimystik, die ihren glänzendsten Vertreter in Georg Lukács gefunden hat. Von diesem stammt die die Marxsche Selbstbefreiungsethik absolut negierende These: »Die kommunistische Partei ist eine – im Interesse der Revolution – selbständige Gestalt des proletarischen Klassenbewußtseins.« *Geschichte und Klassenbewußtsein. Studien über materialistische Dialektik.* Berlin 1923, S. 333. Wenn derselbe Lukács das *Kommunistische Manifest* zitiert, wo von den Kommunisten im Unterschied von der übrigen Masse des Proletariats theoretische Einsicht in den Gang und die allgemeinen Resultate der Arbeiterbewegung gefordert wird, so verrät er seine hierokratische Absicht in folgendem Zusatz: »Sie (die Kommunisten) sind – mit anderen Worten – *das zur sichtbaren Gestalt gewordene Klassenbewußtsein des Proletariats.«* Vgl. G. Lukács: *Lenin. Studie über den Zusammenhang seiner Gedanken.* Wien 1924, S. 25. In diesen »anderen Worten« enthüllt sich der charismatische Führungsanspruch des Bolschewismus als Herrschaftsideologie der sowjetischen Partei- und Staatsbourgeoisie.

Karl Marx

Exzerpte über Arbeitsteilung, Maschinerie und Industrie

Historisch-kritische Ausgabe
Transkribiert und herausgegeben von
Rainer Winkelmann

Ullstein Buch 35136

Ullstein Materialien

Inhalt: L. Krader: Zur Theorie der Technik · Vorwort · R. Winkelmann: Problematik einer historisch-kritischen Edition/Theoretische Grundbestimmungen · Ch. Babbage und A. Ure in ihrer Zeit · Marx' Exzerpte im Verhältnis zu den Vorlagen · Wirkungsgeschichte im Marxschen Werk · Die Bedeutung der Exzerpte im »Kapital« · Karl Marx: Die Exzerpte zu Ch. Babbage und A. Ure (Erstausgabe der unveröffentlichten Texte) · Wissenschaftlicher Apparat

Karl Marx

Produktivkräfte und Produktionsverhältnisse

Herausgegeben von
Helmut Reichelt und
Reinhold Zech

Ullstein Buch 35161

Ullstein Materialien